PSALMS

찬양하라 내 영혼아

| 김영길 지음 |

쿰란출판사

머리말

《찬양하라 내 영혼아》는 내가 은퇴한 후에 저술한 '가슴으로 읽는 성경' 시리즈의 아홉 번째 책이다. 이런 시리즈의 책들을 저술하게 된 동기는 단순했다. 35년 동안 설교하면서 짧은 본문과 제한된 시간 때문에 성경을 폭넓게 이해하고 전달하는 데 한계가 있었다. 그래서 은퇴한 후에는 성경 66권을 각 권별로 파노라마처럼 연결해서 읽어보고 싶었다. 이제 겨우 17권을 읽었는데 벌써 은퇴한 지 8년이 되었다. (어떤 책은 여러 권들을 하나로 묶었다.) 앞으로 몇 권을 더 저술할지 모르지만 최선을 다해 볼 계획이다.

시편을 가슴으로 읽으면서 시인들과 많은 대화를 나누었다. 간혹 어려운 구절이 나오면 시인들을 붙잡고 물어보기도 했다. 대부분의 시인들은 빙긋이 미소만 지었다. 그때는 성령님께 묻는 수밖에 없었다. 그런데도 나의 모자람 때문에 명쾌하게 이해하지 못한 곳이 더러 남아 있다. 이런 부분은 독자들의 기도와 지혜에 넘겨 드리기로 했다.

시편을 읽으면서 몇 차례 회개하는 시간을 가졌다. 시편은 장의 숫자로 치면 거의 모세오경 분량과 맞먹는다. 그중에는 비슷한 시들도 자주 나온다. 어떤 시는 문자적으로 거의 같은 경우도 있다. 그래서 그 많은 시들 중에서 종류별로 몇 편씩 추려서 읽고 싶은 유혹을 여러 번 느꼈다. 그때마다 나는 무릎을 꿇고 회개했다. 하나님의 말씀이었기 때문이다.

전체 시편 가운데 거의 절반은 다윗의 작품이다. 그러나 시마다

배경이 달랐다. 잠 못 이루며 쓴 시, 별빛 아래 들판에서 쓴 시, 부끄러워하며 쓴 시, 춤을 추며 쓴 시, 놀라운 지혜를 깨닫고 깜짝 놀라며 쓴 시, 그리고 어린애처럼 눈물을 쏟으며 쓴 시도 있었다. 그런데 나는 어리석게도 도매상에서 물건 사듯이 시를 읽으려고 했다. 그러다가 어느 날 문득 시인들을 개인적으로 만났다. 그들의 음성이 들려왔다. 민망하고 죄송했다. 먼저 하나님께 회개하고 시인들에게 사과했다. 몰상식에 후안무치를 더한 나 자신을 책망하며 조금 속도를 늦추고 넉넉한 묵상의 시간을 가졌다. 그랬더니 시작한 지 1년 만에 이 책을 출간하게 되었다.

시편은 포로 후기 때부터 5권으로 나누어졌다. 흔히들 1권(1-41편)은 창세기, 2권(42-72편)은 출애굽기, 3권(73-89편)은 레위기, 4권(90-106편)은 민수기, 5권(107-150편)은 신명기와 비교하고 있다. 각 권의 마지막 부분은 항상 "이스라엘의 하나님 여호와를 영원부터 영원까지 송축할지로다 아멘 아멘"과 같은 송영으로 끝맺는다(시편 41:13).

시편을 내용별로 크게 분류하면 예배시, 탄식시(lament), 감사시, 찬양시, 의지하는 시, 참회시, 지혜시, 율법에 관한 시, 순례의 노래, 역사를 회고하는 시, 탄원시 등으로 나눌 수 있다.

시편의 저자들은 다윗(73편), 아삽과 그의 후손들(12편), 레위의 증손인 고라 자손들(10편), 솔로몬(2편), 모세(1편), 헤만(1편), 에단(1편), 그리고 나머지 50편은 익명의 저자들이다. 익명의 시들 가운데 한두편은 다윗 또는 모세와 연관된 것으로 보인다.

시편에 자주 나오는 용어들로는 마스길(지혜와 교훈의 시), 믹담(금언이나 귀한 노래), 식가욘(감정의 기복이 큰 탄원), 소산님(복합의 곡조), 셀라(잠시 멈추어서 뜻을 묵상하거나 음을 높여서 강조함) 등이 있다.

일부 시에는 표제(表題)가 붙어 있다. 시의 제목이라기보다는 시의 배경이 되는 사건, 시를 노래로 부를 때 사용할 특정한 곡조 또는 악기들의 이름이 명시되어 있다. 그러나 어느 시도 독립적인 제목을 가지고 있지 않다. 그래서 원고를 쓰는 동안 자주 멈춰 서서 내가 이 시들에 제목을 붙이는 것이 혹시 주제 넘는 일은 아닌가 망설였다. 그러다가 기왕 가슴으로 읽기로 했으니 가슴에 떠오르는 제목을 달아 보기로 했다. 독자들도 시들을 읽으면서 성령님께서 감동을 주시는 대로 제목을 만들어 보면 좋을 것이다.

이 책을 쓰기 위해 몇 분들과 함께 '시편 스터디 그룹'(Psalms Study Group)을 만들었다. 최석환 장로님과 최주희 권사님 부부, 이석현 집사님과 이성희(Julie) 집사님 부부, 나와 내 아내 김정자를 포함하여 6명으로 구성된 그룹이다. 우리는 9개월 동안 일주일에 두 번씩 모여서 시들을 감상하고 은혜를 나누었다. 그분들의 격려와 도움으로 이 책이 세상에 나올 수 있었다. 거듭 진심으로 감사드린다.

아울러 '가슴으로 읽는 성경' 시리즈를 출간하도록 도와주신 감사선교재단의 김영필 장로님, 오병근 장로님, 김미니 권사님께 감사드린다. 또한 사랑으로 격려하고 후원해 주신 감사한인교회 성도님들과 구봉주 담임목사님께 감사드린다.

그리고 이 책을 아름답게 편집하고 발간해 주신 쿰란출판사의 이형규 장로님과 모든 직원분들에게 감사드린다.

마지막으로 부족한 사람에게 이런 소명을 주시고 힘과 능력을 부어주신 좋으신 우리 하나님께 영광과 감사와 찬송을 올려 드린다. 할렐루야.

2025년 11월,
미국 캘리포니아 라미라다에서
감사한인교회 김영길 원로 목사

목차

〈시편 1편〉

복 있는 사람

시편 1편의 저자는 누구일까? 어떤 이는 다윗이라고 생각하고, 다른 이는 시편을 편집한 사람이라고 주장한다. 그보다는 하나님께서 직접 쓰신 시편 전체의 머리글이라고 여기면 어떨까. 왜냐하면 이 시는 나머지 시편들의 요약이며 성경 전체의 핵심이기 때문이다.

"복 있는 사람은 악인들의 꾀를 따르지 아니하며 죄인들의 길에 서지 아니하며 오만한 자들의 자리에 앉지 아니하고"(1절).

복 없는 사람은 '악인의 꾀, 죄인의 길, 오만한 자의 자리'라는 함정에 빠져들어 간다. 어떤 사람이 있었다. 그는 악인들의 꾀가 부러워 모방하기 시작했다. 꾀는 본심을 드러내지 않고 상대를 속이는 처세술이다. 꾀를 부리다 보면 죄를 범하게 된다. 세월이 지나자 그는 죄짓는 전문가가 되었다. 주변에서 그의 기술(?)을 배우려는 사람들이 모여들었다. 그는 기고만장했다. 가끔 죄책감이 들었지만, 하나님이 어디 있느냐고 큰소리치며 하나님을 능멸했다. 그는 마침내 오만한 자의 자리에 앉았다. 이 모든 과정이 불가항력적으로 진행되었다. 이런 사람이 복 없는 사람이다.

성경에 다윗만큼 하나님을 사랑하고 그의 영광을 최우선에 두었던 사람이 몇이나 될까. 그런 다윗도 잠깐 동안 악인의 꾀를 좇은 적이 있었다. 그는 정욕을 못 이겨 우리아의 아내 밧세바를 범했다. 아마 한 번으로 끝내려고 했을 것이다. 다행히 궁궐에는 보고도 못 본 척 입이 무거운 사람들만 있어서 소문날 염려도 없었다. 그런데 얼마 후에 밧세바가 다윗의 아이를 가졌다고 알려왔다. 곤란하게 된 다윗은 궁리 끝에 꾀를 냈다. 전쟁터에 나가 있던 우리아를 불러다가 아내와 잠자리를 하게 하면 감쪽같이 사건을 덮을 수 있으리라고 생각했다. 그런데 우직한 성품의 우리아는 예루살렘에 돌아와서도 아내를 찾아가지 않았다. 다윗이 그를 집으로 보내려고 여러 번 시도했지만 끝내 궁궐의 문지기들과 합숙하며 집에 가지 않았다. 하는 수 없이 다윗은 우리아의 손에 1급 군사비밀 편지를 들려 요압 장군에게 보냈다. 이런 내용이었다.

"너희가 우리아를 맹렬한 싸움에 앞세워 두고 너희는 뒤로 물러가서 그로 맞아 죽게 하라"(사무엘하 11:15).

이렇게 해서 다윗은 죄인의 길로 더 깊이 들어섰다. 그 길에 요압 장군까지 끌어들였다. 며칠 후 우리아는 영문도 모른 채 격렬한 싸움터에서 전사했다. 다윗은 전사한 우리아를 우국 열사로 치켜세웠을 것이다. 그리고 슬퍼하는 밧세바를 자신의 아내로 맞아들였다. 백성들의 눈에는 세상에 둘도 없는 자비로운 왕으로 보였다. 잉태된 아이도 자연스럽게 다윗의 자식으로 인정받았다. 그렇게 해서 다윗은 오만한 자의 자리에 좌정했다. 하나님을 그렇게 사랑하고 경외했던 다윗이 심한 건망증에 걸렸다. 하나님의 불꽃 같은 눈이 그를 지켜보고 계신다는 사실을 까마득히 잊고 있었다. 어떻게 그런 일이 가능했을까? 다윗이 그처럼 악한 자의 길로 미끄러져 갔다면 우리는 안전할까?

그러면 복 있는 사람은 '악인의 꾀를 따르지 않고 죄인의 길에 서지 않으며 오만한 자의 자리에 앉지 않는 사람'으로 충분할까? 아니다. 그랬다면 다윗에게는 희망이 없었을 것이다. 이미 끝났으니까. 그런데 시인은 '복 있는 사람은 무엇인가를 하는 자'라고 말한다.

"[복 있는 사람은] 오직 여호와의 율법을 즐거워하여 그의 율법을 주야로 묵상하는도다"(2절).

어느 날 나단 선지자가 다윗을 찾아왔다. 그는 다윗의 죄를 온 천하에 드러내며 장차 그의 집에 임할 심판을 예언했다. 이런 경우, 다른 왕이라면 어떤 반응을 보였을까? 처음 성경을 읽을 때 나는 다윗의 인생이 그것으로 끝난 줄 알았다. 그런데 반전이 일어났다.

"다윗이 나단에게 이르되 내가 여호와께 죄를 범하였노라 하매 나단이 다윗에게 말하되 여호와께서도 당신의 죄를 사하셨나니"(사무엘하 12:13).

어떤 이들은 하나님께서 죄를 너무 쉽게 용서하신다고 불평한다. 그러나 하나님은 그의 분노를 삭이시느라 지체하지 않으신다. 회개하면 즉시 용서하신다. 비록 저지른 죄의 쓴 열매는 맛보겠지만 그래도 죄는 용서받는다. 다윗은 '내가 여호와께 죄를 범하였노라' 하고 즉시 하나님의 말씀을 복창(復唱)했다. 그것이 바로 죄의 자백이다. 물론 다윗은 우리아에게 죄를 범했고, 밧세바에게도 죄를 범했다. 그러나 모든 죄는 궁극적으로 하나님께 범하는 것이다. 하나님께서만 죄인을 심판하고 용서하실 수 있기 때문이다. 다행히 다윗은 하나님의 말씀을 붙들었다. 죄를 용서받고 다시 시작할 수 있는 희망을 하나님께 두었다. 그래서 하나님의 책망하시는 말씀에 엎드려 동의했다. 그는 처량하기 짝이 없는 자신을 하나님의 인자하심에 믿음으로 얽어맸다.

여호와의 말씀을 즐거워하고 주야로 묵상한다는 말은 그 말씀으로 자신을 주님께 묶어 둔다는 말이다. 마치 부둣가의 배가 밧줄로 돌기둥에 묶여 있듯이 말씀으로 우리를 주님께 묶어 놓아야 한다. 왜냐하면 하나님의 말씀은 생명의 말씀이기 때문이다. 베드로의 고백이다.

"주여 영생의 말씀이 주께 있사오니 우리가 누구에게로 가오리이까"(요한복음 6:68).

주야로 하나님의 말씀을 묵상하는 자에게는 하나님께서 생명을 주신다. 그 생명이 싹트고 자라면 시냇가에 심긴 나무처럼 사시사철 열매를 맺게 된다. 그리고 하나님 앞에 의로운 자로 여기심을 받는다. 우리의 노력 때문이 아니다. 하나님의 말씀 때문이다. 사람의 인격은 말로 표현된다. 마찬가지로 하나님의 성품도 말씀에 담겨있다. 주야로 말씀을 가까이하면 모르는 사이에 하나님을 닮아간다.

하나님의 말씀에는 능력이 있다. 그 말씀으로 천지와 만물을 지으셨다. 하나님의 말씀을 읽고 묵상하면 죄와 탐욕을 이기고, 좌절과 절망에서 벗어나며, 고난과 역경을 극복할 수 있다. 영혼 속에서 솟아나는 능력으로 사탄의 세력을 물리치고 넘어진 형제를 일으킬 수 있다.

하나님의 말씀이 우리의 영혼을 부흥시킨다. 부흥은 하나님과 우리 사이에 막힌 죄의 담이 무너지고 하나님의 능력이 우리에게 쏟아져 들어오는 초자연적인 현상이다. 하나님의 말씀은 우리의 영혼뿐만 아니라 사회와 나라를 새롭게 한다. 영국의 한 마을에 부흥운동이 일어나자 마을의 술집들이 모두 문을 닫은 것처럼 말이다.

말씀을 묵상한다는 말은 문자적으로 '읊조린다'는 뜻이다. 읊조림은 하나님의 말씀을 읽고, 되새김질 하고, 그 말씀이 내 영혼에게 말하게 하는 행위다. 또 그것은 내가 그 말씀에 사로잡히고, 그 말씀 앞에 온전히 항복하고, 그 말씀을 주신 하나님을 찬양하며, 말씀에 담겨있는 하나님의 뜻에 순종하는 행동이다. 그래서 말씀에 능력이 있다. 그 능력이 우리를 사로잡고 말씀대로 살게 한다. 그러면 어떤 일이 일어날까?

"그는 시냇가에 심은 나무가 철을 따라 열매를 맺으며 그 잎사귀가 마르지 아니함 같으니 그가 하는 모든 일이 다 형통하리로다"(3절).

'농부는 좋은 나무를 구하여 좋은 땅에 심는다. 복 있는 사람도 하나님께서 선택하여 그의 은혜의 강물 곁에 심어 놓으신다. 복 있는 사람은 하나님의 은혜로 살아간다. 하나님의 생명이 그 속에 흐르고 있어 메마름이 없다. 제철이 되면 맛있는 열매들을 맺는다.'

"나는 포도나무요 너희는 가지라 그가 내 안에, 내가 그 안에 거하면 사람이 열매를 많이 맺나니 나를 떠나서는 너희가 아무것도 할 수 없음이라"(요한복음 15:5).

"악인들은 그렇지 아니함이여 오직 바람에 나는 겨와 같도다 그러므로 악인들은 심판을 견디지 못하며 죄인들이 의인들의 모임에 들지 못하리로다"(4-5절).

의인들에게 형통함이 있다면 악인들에게는 심판이 있다. 의인은 주의 말씀에 사로잡혀 살아간다. 악인은 꾀로 살아간다. 의인에게는 영원한 생명이 있으나 악인에게는 없다. 생명이 있고 없음을 어떻게 알 수 있을까? 추수를 마친 농부가 바람 부는 언덕 위에서 알곡과 쭉정이를 나눈다. 타작한 곡식을 바람결에 조금씩 쏟아 내리면 생명 있는 알곡은 발밑에 떨어지고, 생명 없는 쭉정이는 바람에 날려 간다. 우리가 주의 말씀에 사로잡히지 않으면 환난과 유혹의 바람이 불어올 때 쉽게 날아간다.

"무릇 의인들의 길은 여호와께서 인정하시나 악인들의 길은 망하리로다"(6절).

하나님께서 의인과 악인의 차이점을 이렇게 말씀하셨다.

"여호와께서 이와 같이 말씀하시니라 무릇 사람을 믿으며 육신으로 그의 힘을 삼고 마음이 여호와에게서 떠난 그 사람은 저주를 받을 것이라 그는 사막의 떨기나무 같아서 좋은 일이 오는 것을 보지 못하고 광야 간조한 곳, 건건한 땅, 사람이 살지 않는 땅에 살리라 그러나 무릇 여호와를 의지하며 여호와를 의뢰하는 그 사람은 복을 받을 것이라 그는 물 가에 심어진 나무가 그 뿌리를 강변에 뻗치고 더위가 올지라도 두려워하지 아니하며 그 잎이 청청하며 가무는 해에도 걱정이 없고 결실이 그치지 아니함 같으리라"(예레미야 17:5-8).

복 있는 사람이 되기 위해 매일매일 성경을 읽자.

〈시편 2편〉

하나님이 웃으신다

시인은 어떤 생각을 하며 이 시를 지었을까? 시의 내용은 언뜻 보기에 하나님께서 세우신 이스라엘 왕을 주변의 왕들이 넘어뜨리기 위해 에워싸고 있는 모습이다. 그러나 여호와 하나님께서 그들의 모략을 깨뜨리시고 이스라엘 왕권을 견고하게 해주신다는 이야기처럼 들린다. 적어도 구약 시대에는 이 시를 그렇게 읽었을 것이다.

그런데 이 시가 사도행전에서 인용되었다. 베드로와 요한이 성전 미문 곁에서 구걸하던 장애인을 고쳐 주었다. 그는 한 번도 일어서서 걸어 본 적이 없는 사람이었다. 이 일로 인하여 민심이 동요하자 유대교 지도자들은 베드로와 요한을 잡아 옥에 가두었다. 이 소식을 듣고 교회는 긴장하며 근심했다. 다음 날 유대교 지도자들은 베드로와 요한에게 '다시는 예수의 이름으로 이런 일을 하지 말라'고 위협한 후에 풀어 주었다. 제자들이 돌아오자 성도들은 시편 2편을 기억하며 한마음으로 하나님께 기도하기 시작했다.

초대교회는 다윗이 이 시를 지었다고 생각했다. 그들은 이 시에 나오는 '기름 부음 받은 자'와 하나님께서 시온산에 세우신 '나의 왕', 그리고 하나님께서 '너는 내 아들이라. 오늘 내가 너를 낳았도다' 하신 그 아들을 메시아로 오신 예수 그리스도라고 믿었다. 우리도 그런 마음으로 이 시를 묵상해 보자.

"어찌하여 이방 나라들이 분노하며 민족들이 헛된 일을 꾸미는가 세상의 군왕들이 나서며 관원들이 서로 꾀하여 여호와와 그의 기름 부음 받은 자를 대적하며 우리가 그들의 맨 것을 끊고 그의 결박을 벗어 버리자 하는도다"(1–3절).

예수님께서 이 세상에 오신 그때부터 지금까지 이런 현상은 계속되고 있다. 하나님께서 시온산에 세우신 왕과 이 세상 군왕들 곧 공중 권세 잡은 자들 사이에 팽팽한 긴장이 흐르고 있다. 세상의 군왕들은 끊임없이 하나님의 '기름 부음 받은 자', 곧 예수 그리스도를 대적했다. 지금도 문화와 과학 그리고 공산주의나 유물론 같은 잘못된 사상을 통해 기독교를 대적한다. 대적할 뿐만 아니라 그들은 예수님의 맨 것과 결박을 벗어 버리려고 한다. 예수님이 이 세상을 결박하시는 줄은 어떤 줄일까? 그것은 사랑의 줄이다. 하나님의 인자하심이다. 세상은 하나님의 선하심과 인자하심을 등지고 도망치려고 한다. 거만한 몸짓으로 하나님을 부인하고 거역하며 도망친다. 그들에 대한 하나님의 반응은 무엇일까?

"하늘에 계신 이가 웃으심이여 주께서 그들을 비웃으시리로다 그때에 분을 발하며 진노하사 그들을 놀라게 하여 이르시기를 내가 나의 왕을 내 거룩한 산 시온에 세웠다 하시리로다"(4–6절).

하나님께서 그의 왕 예수 그리스도를 거룩한 산 시온산에 세우셨다. 좀더 자세히 이야기하면, 하나님께서 세우신 왕 예수님이 시온산에서 십자가에 달려 죽으셨다. 그러나 사흘 후에 부활하셔서 온 세상을 다스릴 만왕의 왕이 되셨다. 이제는 아무도 그의 사랑 앞에서 도망칠 수 없다. 아무도 그의 심판에서 벗어날 수 없다. 다윗은 훗날 이렇게 고백했다.

"내가 주의 영을 떠나 어디로 가며 주의 앞에서 어디로 피하리이까 내가 하늘에 올라갈지라도 거기 계시며 스올에 내 자리를 펼지라도 거기 계시니이다 내가 새벽 날개를 치며 바다 끝에 가서 거주할지라도 거기서도 주의 손이 나를 인도하시며 주의 오른손이 나를 붙드시리이다"(시편 139:7-10).

십자가 위에서 예수님은 아버지 하나님의 칙령을 대독하셨다.

"내가 여호와의 명령을 전하노라 여호와께서 내게 이르시되 너는 내 아들이라 오늘 내가 너를 낳았도다 내게 구하라 내가 이방 나라를 네 유업으로 주리니 네 소유가 땅끝까지 이르리로다 네가 철장으로 그들을 깨뜨림이여 질그릇같이 부수리라 하시도다"(7–9절).

이방 나라의 왕들은 스스로를 신이나 신의 아들이라고 여겼다. 그러나 이스라엘은 어느 왕도 하나님의 아들이라고 일컬음을 받은 적이 없다. 더구나 하나님께서 '오늘 내가 너를 낳았다'고 말씀하신 적도 없다. 다윗이 이스라엘의 영토를 크게 확장했지만 중동 지역의 일부분에 불과했다. 그렇다면 이 말씀에서 '너'는 누구를 가리킬까?

예수님은 항상 하나님을 '내 아버지'라고 부르셨다. 사복음서에서 적어도 70회 이상 그렇게 부르셨다. 예수님은 아주 어렸을 때부터 하나님을 '내 아버지'라고 부르셨다. "예수께서 이르시되 어찌하여 나를 찾으셨나이까 내가 내 아버지 집에 있어야 될 줄을 알지 못하셨나이까 하시니"(누가복음 2:49). 예수님의 부모들이 사흘 만에 성전에서 그를 찾아냈을 때 하신 말씀이다.

세상의 어떤 왕도 땅끝까지 소유한 적은 없다. 그러나 지금은 예수님의 이름이 온 땅에 충만하게 되었다. 공산주의 국가나 무슬림 국가에도 성도들이 모여서 예배드리는 지하교회들이 있다. 그의 복음이 세상 끝까지 전파되는 날 예수님은 이 세상에 다시 오실 것이다. '철장'은 쇠로 만든 몽둥이다. 예수님은 십자가 위에서 철장으로 어둠의 세력, 곧 원수 마귀 사탄을 굴복시키시고 죄와 사망의 권세를 깨뜨리셨다. 그리고 그 권세를 교회에 주셨다.

"내가 이 반석 위에 내 교회를 세우리니 음부의 권세가 이기지 못하리라"(마태복음 16:18).

어둠의 세력들은 장차 그들이 온 세계를 다스릴 것처럼 오만방자하다. 그런데 하나님께서 그들을 보시고 웃으신다. 그것은 기가 막힐 때 나오는 헛웃음이며 냉소와 비웃음이다. 누가 감히 하나님의 주권을 넘볼 수 있겠는가. 그래서 시인은 안타까운 마음으로 대적들을 향해 이렇게 권면했다.

"그런즉 군왕들아 너희는 지혜를 얻으며 세상의 재판관들아 너희는 교훈을 받을지어다 여호와를 경외함으로 섬기고 떨며 즐거워할지어다 그의 아들에게 입맞추라 그렇지 아니하면 진노하심으로 너희가 길에서 망하리니 그의 진노가 급하심이라 여호와께 피하는 모든 사람은 다 복이 있도다"(10-12절).

세상의 왕들은 하나님을 아는 지혜가 없다. 그래서 패망한다. 지혜 있는 사람은 창조주 하나님을 안다. 그래서 겸손하다. 세상의 지도자들은 누구나 권력의지를 가지고 있다. 물론 시작은 '백성을 섬기기 위해서'라는 말로 아름답게 포장한다. 그러나 권력의 정점에 이르면 자기 위에 아무도 없다고 생각한다. 그러다가 어느 시점에 그의 권력이 모래성처럼 무너진다. 그러나 여호와를 경외하는 지도자는 떨면서도 즐거워한다.

하나님께서 세상의 군왕들을 불러 그의 아들 예수 그리스도에게 입 맞추라고 하셨다. 모든 지도자들이 예수 이름의 권세에 무릎 꿇을 날이 올 것이다. 그날에는 자신도 즐겁고, 그가 섬기는 백성들도 행복할 것이다.

〈시편 3편〉 다윗이 그의 아들 압살롬을 피할 때에 지은 시

여호와께서 나를 붙드셨다

시편 3편은 다윗이 아들 압살롬의 반역을 피해 도망가며 지은 시다. 좀더 구체적으로 말하자면 압살롬이 반역을 일으킨 날, 다윗은 맨발로 요단강을 건너면서 이 시상(詩想)을 마음에 담았을 것이다.

다윗이 예루살렘을 떠난 다음 날 압살롬은 아버지의 후궁 열 명과 밝은 대낮에 옥상에 텐트를 치고 패륜을 저질렀다. 그러자 백성들은 다윗과 압살롬의 관계가 파탄 났다 생각하고 다윗을 포기했다. 충성스러운 신하들은 다윗을 따랐지만, 다른 지도자들은 반역자들의 명단에 버젓이 그들의 이름을 올렸다. 충신 몇 사람과 소수의 백성들을 제외하고는 모든 사람들이 다윗의 원수 편으로 돌아섰다. 다윗의 마음에 두려움이 밀려왔다. 두려움은 이성의 산물이 아니라 감성의 산물이다.

"여호와여 나의 대적이 어찌 그리 많은지요 일어나 나를 치는 자가 많으니이다"(1절).

인생을 살다가 갑자기 주변의 모든 사람들이 원수로 보이는 경험을 해보셨는가? 실제로 그들이 나에게 원수인지 아닌지는 중요하지 않다. 내가 그렇게 느꼈다는 사실이 중요하다. 압살롬을 따르는 무리들의 손에는 다윗을 죽이려는 살상 무기들이 들려 있었다. 그보다 더 소름 돋는 것은 그들의 입에서 나오는 악한 말들이었다.

"많은 사람이 나를 대적하여 말하기를 그는 하나님께 구원을 받지 못한다 하나이다 (셀라)"(2절).

많은 사람들이 말하면 사실처럼 들린다. 하나님께서 다윗 구원하시기를 포기하셨다는 소문이 돌았다. 누가 그들에게 그런 확신을 주었을까? 그들이 하나님의 말씀을 직접 들었을까? 기가 막혀 말문이 막혔다.

결단의 시간이 다윗에게 다가왔다. 두려움에 사로잡혀 무너질 것인가, 아니면 두려움을 헤치고 나가서 구원자 하나님을 만날 것인가를 결정해

야 할 때였다. 그 순간 다윗은 '여호와여!' 하고 부르짖었다. '나의 구원자여!'라는 뜻이다. 그 위기의 상황에서 다윗은 '구원하시는 하나님'의 이름을 의지하기로 작정했다. 그러자 마음에 여호와께서 행하실 일들이 선명하게 그려졌다.

"여호와여 주는 나의 방패시요 나의 영광이시요 나의 머리를 드시는 자이시니이다"(3절).

이 구절에 생략된 단어가 있다. '그러나'(배, ו)라는 단어다. 다윗은 하나님을 신뢰할 때마다 이 단어를 사용했다. 이 단어를 넣어 읽으면 '그러나 당신 여호와는 나의 방패가 되시고, 영광이 되시고, 나의 머리를 드시는 분이십니다'가 된다. '그러나'는 앞의 내용과 뒤의 내용이 상반될 때 사용하는 접속사다.

현실 세계에 수많은 원수들이 있다. 그들은 마치 예언자들처럼 '다윗은 하나님께 구원을 받지 못한다'고 단언했다. 다윗은 그 현실의 벼랑 끝에서 위를 올려다보았다. 거기에 그를 구원하실 여호와가 좌정하고 계셨다. 그래서 '나를 구원하실 여호와여!' 하고 그 이름을 불렀다. 그 순간 새로운 세계가 열리기 시작했다. 그것은 오직 믿음의 눈으로만 볼 수 있는 세계였다.

먼저 다윗은 여호와가 그를 위해 방패가 되어 주시는 모습을 보았다. 원수들이 쏘아 대는 비난의 불화살들이 모두 그 방패에 맞고 땅에 떨어졌다. 그 순간 마음에 평안이 깃들고 담대함이 회복되었다. 밖의 소음이 차단되고 마음속에는 찬송이 울려 퍼졌다. 하나님의 영광의 빛이 어둠을 뚫고 그의 영혼 속으로 흘러 들어왔다. 그동안 두려움 때문에 숙이고 있던 다윗의 머리를 하나님께서 당당하게 들어올려 주셨다. '방패'는 다른 말로 하면 '하나님의 날개 그늘'이다. 다윗은 자주 '주의 날개 그늘 아래'라는 표현을 사용했다. 성경에서 몇 구절을 찾아 읽어보자.

"나를 눈동자같이 지키시고 주의 날개 그늘 아래에 감추사"(시편 17:8).

"하나님이여 주의 인자하심이 어찌 그리 보배로우신지요 사람들이 주의 날개 그늘 아래에 피하나이다"(시편 36:7).

"하나님이여 내게 은혜를 베푸소서 내게 은혜를 베푸소서 내 영혼이 주께로 피하되 주의 날개 그늘 아래에서 이 재앙들이 지나기까지 피하리이다"(시편 57:1).

"주는 나의 도움이 되셨음이라 내가 주의 날개 그늘에서 즐겁게 부르리이다"(시편 63:7).

이런 믿음을 소유한 사람은 환난을 당할 때 어떤 반응을 보일까? 다윗에게 직접 들어보자.

"내가 나의 목소리로 여호와께 부르짖으니 그의 성산에서 응답하시는도다 (셀라)"(4절).

여기에서 '응답하시는도다'라는 동사는 히브리 문법으로 '순차적(順次的) 미완료형'이다. 다윗이 먼저 부르짖어 기도했더니 하나님께서 응답하셨다는 뜻이다. 부르짖는 기도가 없었다면 응답도 없었을 것이다. 하나님은 거룩한 시온산에 있는 예루살렘 성소에서 응답하신다.

다윗은 도망가면서도 예루살렘의 성소를 바라보았다. 다윗의 생애에서 '하나님의 성소'는 대단히 중요한 역할을 했다. 그곳에 하나님이 임재해 계시기 때문이다. 그날 다윗은 무슨 응답을 받았을까? 아마도 다시 성소에 돌아가서 하나님께 제사드리는 날이 반드시 올 것이라는 응답이었을 것이다. 성도들의 가장 큰 기쁨은 하나님께서 그의 기도에 응답하실 때다. 반역자 압살롬에게 쫓겨 가면서도 다윗의 마음속에는 기쁨의 강이 흐르고 있었다. 그리고 그 기쁨이 그를 담대하게 했다.

"내가 누워 자고 깨었으니 여호와께서 나를 붙드심이로다"(5절).

'내가 누워 자고 깨었으니', 이 세 가지 행동도 순차적으로 이루어졌다. 다른 말로 하면, 다윗이 잠자리에 누운 뒤 이튿날 아침까지 긴 밤을 단숨에 자고 아침에 상쾌하게 일어났다는 말이다. 어떻게 반역자들로부터 쫓기는 상황에서 단잠을 잘 수 있을까? 두려움이 사라지고 마음이 평화로웠기 때문이다. 어떻게 그런 변화가 가능했을까? 여호와께서 그를 붙들고 계셨기 때문이다. 어떻게 그런 확신을 가질 수 있었을까? 기도하고 응답받았기 때문이다. 아침에 일어난 다윗은 새사람이 되어 있었다. 그는 두 손을 높이 들고 큰 소리로 이렇게 외쳤다.

"천만인이 나를 에워싸 진 친다 하여도 나는 두려워하지 아니하리이다"(6절).

하나님께서 함께하시면 아무도 그를 두렵게 할 수가 없다. 곁에 있던 신하들이 다윗의 이런 자신감을 이해할 수 있었을까? 아마도 이해하기 어려웠을 것이다. 이제 다윗은 더 이상 도망자가 아니었다. 그날부터 반격이 시작되었다. 쫓기는 자는 다윗이 아니라 반역의 무리가 될 것이다.

다윗은 다시 한번 부르짖어 기도했다.

"여호와여 일어나소서 나의 하나님이여 나를 구원하소서 주께서 나의 모든 원수의 뺨을 치시며 악인의 이를 꺾으셨나이다"(7절).

조금 불편한 표현이지만 문자적으로 해석하면 '주께서 나의 모든 원수들의 뺨을 후려치시니 그들의 이들이 산산이 부서졌습니다'라는 뜻이다. 그것도 미래형이 아니고 완료형이다. 믿음의 세계에서는 미래에 일어날 일들이 과거에 일어난다. 그것이 믿음의 신비다. 그 믿음 때문에 다윗은 싸우기도 전에 승전가를 부를 수 있었다. 예수님께서 제자들에게 말씀하셨다.

"그러므로 내가 너희에게 말하노니 무엇이든지 기도하고 구하는 것은 받은 줄로 믿으라 그리하면 너희에게 그대로 되리라"(마가복음 11:24).

다윗은 마지막으로 백성들의 안위를 위해서 기도했다.

"구원[혹은 승리]은 여호와께 있사오니 주의 복을 주의 백성에게 내리소서 (셀라)"(8절).

주의 복을 주의 백성들에게 내려 달라는 기도다. 아마도 다윗은 이 기도를 온 백성들이 들을 수 있도록 큰 소리로 외쳤을 것이다. 지도자의 믿음은 백성들에게 전이된다. 아버지의 믿음이 가정을 살려낸다. 경제적으로 넉넉하지 않을지라도 우리는 자녀들을 얼마든지 축복할 수 있다. 아침마다 자녀들의 머리에 손을 얹고 믿음의 언어로 축복해 주자. 훗날 자녀들이 받을 복을 마음에 그려보며 믿음으로 선언해 보자. 우리의 생애에 반드시 그 기도가 응답되는 날을 보게 될 것이다.

다윗은 그 혼돈스러운 밤에 무거운 짐을 하나님께 맡겨 드렸다. 자기가 할 수 있는 일은 아무것도 없었다. 다윗은 하나님 앞에서 순진한 사람이었다. 그래서 예수님은 어린아이와 같은 믿음을 칭찬하셨다.

우리도 '그러나'의 비결을 배워야 한다. 삶이 어려울지라도 '그러나' 하나님께서 나와 동행하시면 반드시 이겨 내고 승리할 것이라는 믿음을 고백해 보자. '그러나', 이 말은 믿음의 성도들이 어려움을 당할 때 사용할 수 있는 가장 긍정적인 언어다.

〈시편 4편〉 다윗의 시, 인도자를 따라 현악에 맞춘 노래

주께서 내 마음에 두신 기쁨

다윗은 언제 이 시를 지었을까? 짐작건대 3편을 지었을 때와 가까운 시점이었을 것이다. 다윗이 압살롬을 피해 마하나임으로 도망했을 때 암몬 족속 몇 사람이 그를 찾아왔다(사무엘하 17장). 그들은 침상과 대야와 질그릇과 밀과 보리와 밀가루와 볶은 곡식과 콩과 팥과 볶은 녹두와 꿀과 버터와 양과 치즈를 가져왔다. 얼마나 하찮은 품목들인가. 그러나 경황이 없는 중에 예루살렘성을 빠져나온 다윗 일행들에게 큰 기쁨을 주는 선물이었다. 선물을 받은 사람들이 하나님께 감사하고 기뻐하며 노래했을 것이다. 그러나 다윗에게는 그보다 훨씬 더 큰 기쁨이 있었다. 그것은 모든 고난을 능히 극복하고도 남을 만한 초월적 기쁨이었다. 그 기쁨은 어디에서 왔을까?

다윗은 먼저 하나님의 은혜를 구했다. 우리가 하나님께 단 한 가지만 구해야 한다면 그것은 단연코 은혜여야 한다. 하나님의 은혜 안에 모든 기도 응답이 다 포함되어 있기 때문이다.

"내 의의 하나님이여 내가 부를 때에 응답하소서 곤란 중에 나를 너그럽게 하셨사오니 내게 은혜를 베푸사 나의 기도를 들으소서"(1절).

곤란한 상황이 오면 몸도 마음도 위축된다. 가슴이 답답하고 숨 쉬기도 어렵다. 그런데 하나님께서 다윗의 마음을 넓게 해주셨다. 거친 호흡을 평안하게 해주셨다. 그것이 바로 은혜다. 다윗의 마음에 여유가 생겼다. 그래서 악을 행하는 무리들을 책망했다.

"인생들아 어느 때까지 나의 영광을 바꾸어 욕되게 하며 헛된 일을 좋아하고 거짓을 구하려는가 (셀라) 여호와께서 자기를 위하여 경건한 자를 택하신 줄 너희가 알지어다 내가 그를 부를 때에 여호와께서 들으시리로다 너희는 떨며 범죄하지 말지어다 자리에 누워 심중에 말하고 잠잠할지어다 (셀라) 의의 제사를 드리고 여호와를 의지할지어다"(2-5절).

악한 자들은 다른 사람의 영광을 욕되게 하고, 쓸데없는 일에 열심을 내며, 상황에 따라 거짓말을 밥 먹듯 한다. 왜 사람들은 악한 일을 좋아할까? 하나님을 두려워하지 않기 때문이다. 그들의 마음속에 하나님이 거하시지 않기 때문이다. 그래서 다윗은 그들에게 '하나님께로 돌아오라'고 권했다. 두려워 떨며 범죄하지 말고, 자리에 누워 잠잠히 자신을 돌아보라고 충고했다. 하나님 앞에 의의 제사를 드리고 하나님만 의지하라고 부탁했다. 그러면서 그가 하나님을 부르면 꼭 응답하신다고 간증했다. 왜냐하면 그가 하나님 앞에서 경건한 생활을 하고 있었기 때문이다. 원수들에게 하는 이야기치고는 너그럽기 짝이 없다. 다윗은 자세를 고쳐 앉으며 다시 하나님께 간구했다.

"여러 사람의 말이 우리에게 선을 보일 자 누구뇨 하오니 여호와여 주의 얼굴을 들어 우리에게 비추소서"(6절).

주께서 그의 인자하신 얼굴로 다윗을 바라보셨다. 그러자 다윗의 가슴에 기쁨과 평안이 솟아올랐다.

"주께서 내 마음에 두신 기쁨은 그들의 곡식과 새 포도주가 풍성할 때보다 더하니이다 내가 평안히 눕고 자기도 하리니 나를 안전히 살게 하시는 이는 오직 여호와이시니이다"(7-8절).

주께서 다윗의 마음에 두신 기쁨은 곡식이나 새 포도주가 풍성할 때보다 더 컸다. 다윗은 그 기쁨 때문에 원수들이 겹겹이 진치고 있는 저녁에도 평안히 누워 잠들 수 있었다. 당신은 지난밤에 평안히 눕고 잠들었는가? 그랬다면 하나님께서 당신의 마음에 기쁨을 주셨기 때문이다. 혹시 잠들지 못하고 뒤척였는가? 하나님의 은혜를 구하고 회상하며 감사하라. 그러면 오늘 저녁에는 기쁨이 충만하여 숙면하게 될 것이다. 바울에게는 그런 기쁨이 있었다.

> "나에게 이르시기를 내 은혜가 네게 족하도다 이는 내 능력이 약한 데서 온전하여짐이라 하신지라 그러므로 도리어 크게 기뻐함으로 나의 여러 약한 것들에 대하여 자랑하리니 이는 그리스도의 능력이 내게 머물게 (나를 덮으시게) 하려 함이라 그러므로 내가 그리스도를 위하여 약한 것들과 능욕과 궁핍과 박해와 곤고를 기뻐하노니 이는 내가 약한 그 때에 강함이라"(고린도후서 12:9-10).

바울은 그가 약할 때, 능욕을 당할 때, 궁핍할 때, 박해를 받을 때, 그리고 곤고할 때, 오히려 기뻐했다. 블레인 알렌(Blaine Allen) 목사님은 이 다섯 가지를 다음과 같이 시각적으로 설명했다.

'약한 것'은 아무것도 할 수 없는 영적 중환자실에 누워있는 상태다. 온몸에 각종 의료 기구들이 연결되어 있다. 모든 도움이 끊어지고, 모든 희망이 사라졌다. 그런데 바울은 그와 같은 연약함 가운데서도 자족(自足)하며 기뻐했다. 하나님의 은혜 때문이다. 그의 약함이 더 이상 그를 붙잡을 수 없었다. 바울은 약한 그 상태로 앞을 향해 전진해 나갔다. 그리스도의 강함이 그의 연약함을 등에 업고 앞서 가셨다. 그의 약함은 보이지 않고 오직 그리스도의 능력만 보였다.

바울은 '능욕'(In Insults)도 기쁨으로 넘어갔다. 능욕은 상처를 말한다. 육체의 상처보다 더 아프게 하는 것이 마음의 상처다. 육체의 상처는 치료될 수 있지만 마음의 상처는 쉽게 아물지 않는다. 주변을 둘러보면 우리를 격려하고 칭찬하고 붙들어주는 사람들보다 우리를 낙심하게 하는 사람들이 더 많아 보인다. 그런 상황에서도 하나님의 은혜가 임하면, 우리는 우리를 비인격적으로 깔아뭉개려는 사람들 사이를 헤치고 당당하게 걸어 나갈 수 있다.

바울은 '궁핍'(In Hardship)도 기쁨으로 넘어갔다. 궁핍은 단순히 생활비가 부족하다는 것보다 훨씬 더 심각한 상태를 말한다. 궁핍은 꼭 필요한 것들이 결여된 상태다. 건강의 궁핍, 지혜의 궁핍, 능력의 궁핍, 도움의 궁핍, 우리는 살면서 여러 가지 궁핍을 경험한다. 산을 옮길 만한 큰 과제가 우리에게 맡겨졌는데 쓸 만한 도구가 없다. 우리의 능력이 한계에 도달했다. 도와줄 사람도 없다. 그런 와중에 사람들은 나의 무능을 비난한다. 내가 게으르다고 비난한다. 그러나 하나님의 은혜가 우리에게 임하면 무대는 바뀐다. 먼저 주께서 우리에게 능력을 주신다. 그러면 우리는 절대 불가능한 상황에서도 태산을 옮길 수 있다.

바울은 '핍박'(In Persecution)도 기쁨으로 넘어갔다. 그는 루스드라에서 복음을 전하다가 나면서부터 일어나 본 적이 없는 장애인을 걷고 뛰게 했다. 사람들은 바울과 바나바를 제우스와 헤르메스 신이라고 생각하며 환호했다. 그러나 유대인들의 충동을 받은 루스드라 사람들은 며칠 후에 바울을 돌로 쳐서 죽은 줄 알고 성 밖으로 내다 버렸다. 우리도 까닭 없이 대적하는 사람들을 만날 때가 있다. 그러나 하나님의 은혜로 우리 마음에 기쁨이 주어지면 유연하게 대적자들 사이로 지나갈 수 있다.

바울은 '곤란'(In Difficulty)도 기쁨으로 넘어갔다. 곤란은 문자적으로 협소한 장소를 말한다. 바울은 핍박과 고난과 비난으로 인하여 숨 쉴 여유도 없는 협소한 상황에 갇혔다. 특히 고린도교회의 분열 때문에 그런 고통을 당했다. 그러나 하나님의 은혜로 그는 기뻐하며 그 곤란한 길을 지나갈 수 있었다.
바울은 그리스도를 위하여 이런 역경에 처해 있었다. 그때 그리스도의 강력한 능력이 은혜로 그에게 임했다. 바울은 그 능력을 힘입어 기뻐하며 역경을 헤쳐 나갔다.

다윗도 항상 하나님의 은혜 아래 있었다. 그래서 늘 기뻤다. 하나님께서 언제 다윗의 마음을 기쁨으로 채우셨을까? 원수들이 그를 둘러 진치고 그의 명예와 영광을 더럽히려고 할 때였다. 보통 사람이라면 절대로 기뻐할 수 없을 때였다. 어떻게 그런 환경에서 다윗은 기쁨으로 노래할 수 있었을까? 오직 하나님만 의뢰했기 때문이다. 만일 다윗이 자기 손을 의지하고 원수를 대적했다면 그런 기쁨을 누릴 수 없었을 것이다. 1절을 다시 읽어보자.

"내 의의 하나님이여 내가 부를 때에 응답하소서 곤란 중에 나를 너그럽게 하셨사오니 내게 은혜를 베푸사 나의 기도를 들으소서"(1절).

'곤란 중에 나를 너그럽게 하셨사오니', 오늘의 믿음은 어제의 경험에서 온다. 이전에 하나님께서 그를 구원해 내신 경험이 지금의 그를 담대하게 했다. 그 담대함으로 다윗은 하나님 앞에서 죄와 악을 멀리하고 경건한 생활을 했다. 그래서 하나님의 택하심을 받았다. 하나님과 그의 택하심을 받은 자 사이에는 언제나 핫라인(hot line)이 연결되어 있다. 바울은 택하심을 받은 자들의 특권을 이렇게 선언했다.

"누가 능히 하나님께서 택하신 자들을 고발하리요 의롭다 하신 이는 하나님이시니"(로마서 8:33).

기쁨은 영혼의 비타민 C와 같다. 기쁨만 있으면 무슨 역경이든지 다 극복할 수 있다. 기쁨이 있으면 창조적 아이디어가 머리와 가슴에서 솟구쳐 오른다. 하나님의 선하심과 인자하심을 날마다 경험하며 살게 된다. 바울은 감옥에서 "주 안에서 항상 기뻐하라 내가 다시 말하노니 기뻐하라"고 권했다(빌립보서 4:4). 아침마다 '나는 주 안에서 오늘도 기뻐하리라'하고 결심해 보라. 삶의 질이 달라질 것이다. 마음이 침울할 때 그동안 베풀어 주신 하나님의 은혜를 기억해 보라. 기쁨이 회복될 것이다.

〈시편 5편〉 다윗의 시, 인도자를 따라 관악에 맞춘 노래

아침 기도

시편 4편은 현악에 맞춘 노래다. 그러나 5편은 관악기에 맞춘 노래다. 이스라엘의 관악기는 통소, 피리, 저, 양각나팔 그리고 은나팔 등이 있다. 이 중에 어떤 관악기를 사용했는지는 알 수 없다. 혹 모든 관악기가 다 동원되었을지도 모른다. 일반적으로 관악기의 소리는 깊고 장엄하다. 안개가 지면을 덮은 이른 아침, 다윗의 기도가 관악에 맞추어 울려 퍼졌다.

"여호와여 나의 말에 귀를 기울이사 나의 심정을 헤아려 주소서 나의 왕, 나의 하나님이여 내가 부르짖는 소리를 들으소서 내가 주께 기도하나이다. 여호와여 아침에 주께서 나의 소리를 들으시리니 아침에 내가 주께 기도하고 바라리이다"(1–3절).

말로 다 표현할 수 없을 때, 다윗은 하나님께 그의 마음을 헤아려 달라고 기도했다. 그의 기도에는 하나님을 향한 명령어(Imperative)가 자주 나온다. 1절의 '나의 말에 귀를 기울이소서'와 '나의 심정을 헤아려 주소서'는 모두 명령형이다. 어떻게 인간이 하나님께 명령할 수 있을까? 그의 간절한 호소를 명령어가 아니면 달리 표현할 길이 없었기 때문이다.

다윗의 일생을 살펴보면 악한 자의 꾀에 빠진 적이 거의 없었다. 선택의 지혜가 필요한 순간마다 그는 사람에게 묻지 않고 왕 되신 하나님께 물었기 때문이다. 그날도 다윗은 아침 일찍 일어나서 하나님께 기도하며 인도하심을 구했다. 기도하는 사람은 '하나님께서 내 기도를 반드시 들으신다'는 믿음을 가져야 한다. 그러면 조급하지 않고 하나님의 응답을 기다릴 수 있다. 하나님의 도우심을 기다리지 못하고 조급하게 행동하면 후회한다. 믿음으로 기도하고 잠잠히 기다리는 이 두 가지 행위가 온전한 기도를 이룬다.

그런데 다윗은 왜 하필 아침에 기도했을까? 저녁에는 하루를 정리하는 기도를 드린다. 그래서 저녁 기도에는 감사가 있고 뉘우침이 있다. 그러나 아침에는 하루를 시작하는 기도를 드린다. 계획을 세우고 지혜와

능력을 구한다. 다윗은 하나님께서 아침에 드리는 그의 기도를 들으시고 지혜를 주시리라고 확신했다.

그럼 다윗의 기도에 응답하시는 하나님은 어떤 분이실까?

"주는 죄악을 기뻐하는 신이 아니시니 악[인]이 주와 함께 머물지 못하며 오만한 자들이 주의 목전에 서지 못하리이다 주는 모든 행악자를 미워하시며 거짓말하는 자들을 멸망시키시리이다 여호와께서는 피 흘리기를 즐기는 자와 속이는 자를 싫어하시나이다"(4-6절).

기도로 하루를 시작하면 마음이 평안해진다. 홍해가 갈라지듯이 '바름과 그름'이 나누어지고 안전한 길이 드러난다. 기도는 하나님께 가까이 다가감이다. 기도는 하나님의 임재하심 아래 겸손히 나아감이다. 옛날 모세가 회막에 들어갈 때마다 구름이 회막을 덮었다. 모세는 그렇게 하나님의 임재하심 아래 앉아 있었다. 그것이 바로 기도다. 기도를 통하여 우리는 우리의 그릇됨을 벗어 버리고 하나님의 거룩하심으로 옷 입는다. 때때로 우리의 기도는 언어를 초월한다. 기도는 하나님과 대면하는 교감의 시간이기 때문이다.

다윗은 기도할 때마다 하나님의 성품을 먼저 묵상했다. 하나님은 의로우시기 때문에 우리의 죄와 악을 미워하신다. 악인은 하나님 앞에 설 수 없고, 그와 동행할 수도 없다. 악한 자들은 하나님의 심판을 견디지 못하고 멸망할 것이다. 악한 자는 오만하여 악을 행하고 거짓말을 밥 먹듯 하는 자들이다. 피 흘리기를 즐기고 자기 유익을 위해 남을 속이는 자들이다. 하나님께서는 이런 자들을 싫어하시고 미워하신다. 그러므로 하나님과 동행하는 사람은 절대로 악인과 동행할 수 없다. 하나님께서 싫어하시는 사람을 굳이 우리가 좋아해야 할 이유도 없다. 기도는 이처럼 하나님의 성품을 묵상함으로 시작한다. 그런 기도는 아침에 드리기에 안성맞춤이다.

"오직 나는 주의 풍성한 사랑을 힘입어 주의 집에 들어가 주를 경외함으로 성전을 향하여 예배하리이다"(7절).

하나님의 성품 중에 으뜸은 사랑(인자하심)이다. 아침 기도는 하나님의 풍성한 사랑을 우리 영혼에 가득 채우는 시간이다. 아침에 일어나서 하나님의 사랑을 묵상해 보라. 하나님께서 그동안 얼마나 당신을 사랑하셨는지 회상해 보라. 감사가 넘쳐날 것이다. 하루를 힘차게 살아갈 영적 에너지가 충만하게 될 것이다. 가슴속에 부요의식이 가득할 것이다.

하나님의 사랑을 받은 성도들이 아버지의 집으로 들어간다. 주를 사랑하고 존경하는 마음으로 하나님을 사모한다. 우리들의 시선이 주님 계신 곳에 고정된다. 우리들의 삶 속에 주님 계신 성전이 지어진다. 생각이 거룩해지고 언어가 정제되며 이웃을 향한 사랑이 강물처럼 흘러간다. 주의 이름을 부르는 횟수가 잦아지고, 그래서 우리들의 삶이 예배가 된다. 예배는 우리에게 베풀어 주신 풍성한 사랑을 하나님께 되돌려 드리는 거룩한 행위다. 하나님을 사랑하는 사람만이 진정한 예배를 드릴 수 있다. 그래서 예배에는 항상 감사와 찬송이 넘친다.

진심으로 하나님께 예배드리면 악인들의 모습이 선명하게 드러난다.

"여호와여 나의 원수들로 말미암아 주의 의로 나를 인도하시고 주의 길을 내 목전에 곧게 하소서 그들의 입에 신실함이 없고 그들의 심중이 심히 악하며 그들의 목구멍은 열린 무덤 같고 그들의 혀로는 아첨하나이다"(8-9절).

고대의 제왕들은 무소불위의 권력을 휘둘렀다. 그들 앞에서 사람 목숨은 파리 목숨과 다를 바 없었다. 그러나 다윗은 권력을 함부로 사용하지 않았다(밧세바로 인해 범죄할 때와 오만하여 인구조사를 할 때를 제외하고는). 자신의 권세를 의지하지 않고 하나님의 능력을 의지했다. 그를 넘어뜨리려고 기다리는 원수들이 누구인지 잘 알면서도 고작 어린아이처럼 하나님께 일러바치는 것이 전부였다.

악한 자들은 속마음을 드러내지 않는다. 상대를 위하는 척하면서 실상은 멸망의 길로 인도한다. 그들의 아첨이 상대를 죽음의 무덤으로 인도한다. 권좌에 앉은 사람은 아첨하는 자와 진언(進言)하는 자를 구별하기가 어렵다. 왕을 무너뜨리는 사람은 국경 너머에 있는 적군이 아니라 궁궐 안에서 아첨하는 신하들이다. 아첨하는 자들은 믿을 수가 없다. 신실함이 없다. 그들의 마음 깊숙한 곳에 있는 악한 생각은 쉽게 드러나지 않는다. 그들의 말은 쓴맛을 달게 포장한 당의정 같아서 겉은 달콤하지만 속은 열린 무덤처럼 파멸로 가득 차 있다. 다윗은 아첨하는 자에게 속아 넘어가서 무슨 실수를 저지를지 모른다고 스스로 경계했다. 그래서 이른 아침부터 '원수들로 말미암아 주의 의로 나를 인도하시고 주의 길을 내 목전에 곧게 하소서' 하고 간절히 기도했다. 주님과 동행하면 실족하지 않기 때문이다.

“하나님이여 그들을 정죄하사 자기 꾀에 빠지게 하시고 그 많은 허물로 말미암아 그들을 쫓아내소서 그들이 주를 배역함이니이다”(10절).

다윗은 의도적으로 악한 자들을 멀리했다. 그러나 자기 힘으로는 그들에게서 자기를 지켜내기가 버거웠다. 무엇보다도 악한 자들을 구별하기가 쉽지 않았다. 그래서 하나님의 도우심을 구했다. 속과 겉이 다른 자들을 하나님께서 드러나게 해달라고 기도했다. 그들의 꾀가 만천하에 드러나게 해달라고 간구했다. 무엇보다 그 악한 자들을 자기 주변에서 쫓아내 달라고 간청했다. 왜 그랬을까? 그들이 다윗을 속였기 때문이 아니다. 그들이 하나님을 대적했기 때문이다. 다윗은 항상 하나님의 이름과 그 영광을 우선으로 생각했다. 자기를 욕하는 사람은 참을 수 있어도 하나님을 대적하는 자들은 용납할 수 없었다.

악한 자들의 세력이 너무 강할 때는 어떻게 해야 할까? 다윗은 주께로 피했다. 그보다 더 좋은 방법이 없다. 왜냐하면 주께서 큰 방패로 보호해 주시고 은혜의 날개로 호위해 주시기 때문이다.

“그러나 주께 피하는 모든 사람은 다 기뻐하며 주의 보호로 말미암아 영원히 기뻐 외치고 주의 이름을 사랑하는 자들은 주를 즐거워하리이다 여호와여 주는 의인에게 복을 주시고 방패로 함같이 은혜로 그를 호위하시리이다”(11–12절).

악인들이 진을 치고 있는 상황에서 주께로 피하는 사람에게 어떤 일이 일어날까? 11-12절에 눈에 띄는 단어들이 있다. ‘기쁨’과 ‘즐거움’이다. 주께 피하면 두려움이 사라지고 영원한 기쁨이 다가온다. 주께로 피할 때 그의 보호하심을 체감한다. 마음속에 하나님의 사랑이 샘솟듯 솟아난다. 하나님의 복을 경험한다. 그리고 은혜 아래 평안한 삶을 살게 된다.

오늘 하나님의 은혜 가운데 살기를 원하는가? 아침에 일어나서 하나님의 성품을 묵상해 보라. 그리고 하나님의 성전으로 올라가 지성소의 문을 열고 들어가라. 그곳으로 피난처를 삼으라. 그러면 두려움의 안개는 사라지고 은혜가 쏟아질 것이다. 가슴에 기쁨의 노랫소리가 울려 퍼질 것이다. 그것은 하나님을 향한 사랑의 노래다.

〈시편 6편〉 다윗의 시, 인도자를 따라 현악 여덟째 줄에 맞춘 노래

주여, 내 영혼이 떨립니다

수금의 여덟 번째 줄은 가장 낮은 음이다. 다윗의 비통함을 표현하는데 그 음보다 더 좋은 것이 없었다. 다윗의 비통함은 자신의 범죄와 하나님의 책망, 그리고 그를 비난하는 원수들의 조롱에서 왔다. 그의 죄가 정확하게 무엇이었는지는 모른다. 거룩하게 살려는 사람에게 죄의 무겁고 가벼움은 중요하지 않다. 큰 돌이나 작은 돌 모두 연못에 가라앉는다. 마찬가지로 크고 작은 모든 죄들이 동일한 심판을 받게 된다. 하나님은 반드시 죄인을 책망하시고 징계하신다. 그래서 심판이 두렵다. 다윗은 하나님의 인자하심을 의지하는 수밖에 없었다.

"여호와여 주의 분노로 나를 책망하지 마시오며 주의 진노로 나를 징계하지 마옵소서"(1절).

예수님도 하나님을 두려워하라고 말씀하셨다.

"몸은 죽여도 영혼은 능히 죽이지 못하는 자들을 두려워하지 말고 오직 몸과 영혼을 능히 지옥에 멸하실 수 있는 이를 두려워하라"(마태복음 10:28).

하나님의 진노와 책망 앞에서 다윗은 육체와 정신과 영혼의 삼중고를 경험했다.

"여호와여 내가 수척하였사오니 내게 은혜를 베푸소서 여호와여 나의 뼈가 떨리오니 나를 고치소서 나의 영혼도 매우 떨리나이다 여호와여 어느 때까지니이까"(2-3절).

자신이 저지른 죄에 대한 하나님의 책망과 징계를 생각하니 다윗의 얼굴이 수척해졌다. 뼈가 떨리고 영혼까지 떨렸다. 영혼이 떨린다는 말은 하나님과의 친밀한 관계가 무너져 내리고 있다는 표현이다. 하나님을 믿지 않는 사람들은 영혼의 개념이 없다. 기껏해야 마음이나 감정을 포함한 정신세계 정도를 언급한다. 그러나 그리스도인들은 영의 세계를 이해한다. 영은 우리가 하나님을 대면할 수 있는 지성소다. 지성소가 성전의 가장 내밀한 곳에 있는 것처럼 우리의 영도 우리 인격의 가장 깊은 곳에 있다. 예수님을 믿는다는 말은 그의 영이 살아났다는 뜻이다. 그러면 우리의 영이 죽었던 때가 있었던가? 그렇다. 우리가 죄 가운데 살고 있을 때 우리의 영은 죽은 상태로 있었다. 거듭난다는 말은 우리의 영이 다시 살아났다는 말이다. 그리스도인들이 하나님의 뜻을 거역하고 죄의 길로 들어설 때 영이 떨리는 현상을 체험하게 된다. 그 떨림은 존재의 기초가 흔들리는 현상이요, 동시에 그가 지금 하나님 앞에 서있다는 증거다.

이렇게 영혼이 떨리는 고통 가운데서 다윗은 주의 분노와 진노를 거두어 달라고 하소연했다. 그런데 하나님께서 아무 대답도 하지 않으신다. 언제까지 침묵하실까. 다윗은 너무 늦기 전에 구원해 달라고 다시 한번 부르짖었다.

"여호와여 돌아와 나의 영혼을 건지시며 주의 사랑으로 나를 구원하소서" (4절).

이 짧은 구절에 명령형 동사 셋이나 있다. 풀어 쓰면 이런 내용이다. '여호와여, 저에게 돌아오세요. 내 영혼을 구해 주세요. 주의 변치 않는 사랑 때문에라도 나를 구원해 주세요.' 다윗이 하나님께 명령어를 사용할 때마다 어린아이가 부모에게 무엇인가 강하게 요구하는 모습이 연상된다. 아이들이 명령어를 사용하면 부모들은 '얘 좀 봐, 맡겨 놓은 것처럼 달라고 하네' 하며 피식 웃는다. 그리고 원하는 대로 준다. 귀찮아서가 아니라 사랑하기 때문이다.

하나님은 사랑이시다. 그러므로 그의 자녀들을 사랑하지 않으실 수가 없다. 다윗은 하나님께서 그의 사랑을 위해서라도 자기를 구원해 달라고 간청했다. 다윗이 구원받아야 할 이유가 자신에게 있지 않았다. 하나님의 변치 않는 사랑에 있었다. 하나님과 자신 사이에 있는 문제를 해결할 능력도 하나님의 사랑뿐이었다. 다윗은 바로 그 진리를 붙들며 기도했다.

"사망 중에서는 주를 기억하는 일이 없사오니 스올에서 주께 감사할 자 누구리이까"(5절).

주의 은혜 없이 사는 삶은 죽음과 다를 바 없다. 다윗은 하나님께 감사하지 않고 사는 날을 상상할 수 없었다. 감사가 없는 생활은 지옥이다.

그래서 하나님께 감사하며 살 수 있도록 자기를 용서하시고 회복시켜 달라고 간청했다. 그렇게 기도하다 보면 뜬 눈으로 밤을 새우기 일쑤였다.

"내가 탄식함으로 피곤하여 밤마다 눈물로 내 침상을 띄우며 내 요를 적시나이다 내 눈이 근심으로 말미암아 쇠하며 내 모든 대적으로 말미암아 어두워졌나이다"(6-7절).

얼마나 많은 눈물을 흘리면 침상을 띄울 수 있을까? 이 말은 단순한 시적인 표현이 아니다. 실제로 그만큼 많은 눈물을 흘렸을 것이다. 보통 사람이라면 몇 마디 호소하는 기도를 드리고 잠을 청할 수 있다. 그러나 다윗은 하나님께서 멀리 떠나 계신다는 사실이 견딜 수가 없었다. 밤새 눈물이 멈추지를 않았다. 마음이 상하면 눈이 가장 먼저 반응한다. 눈이 충혈되고 시력도 흐려진다. 다윗의 고통은 육체와 마음에서 멈추지 않고 영혼 깊숙이 파고들었다.

우리도 때때로 죄를 저지르고 넘어진다. 그런데 다윗처럼 하나님으로부터 멀어진 느낌 때문에 눈물로 밤을 지새우지는 않는다. 당신은 이런 일로 침상에서 눈물을 흘려 본 적이 있는가? 그것이 다윗과 우리의 차이점이다. 하나님을 사모하고 그리워하는 다윗의 그 열망을 우리에게도 달라고 기도해 보자.

이 시는 탄식시다. 그러나 다윗의 시는 탄식으로 끝나는 법이 없다. 반드시 놀라운 반전이 일어난다. 마침내 하나님께서 다윗에게로 돌아오셨다. 밤새 눈물로 기도하던 다윗이 아침에 일어나며 이렇게 외쳤다.

"악을 행하는 너희는 다 나를 떠나라 여호와께서 내 울음 소리를 들으셨도다 여호와께서 내 간구를 들으셨음이여 여호와께서 내 기도를 받으시리로다"(8-9절).

다윗은 주변의 악인들에게 '악을 행하는 너희는 다 나를 떠나라'고 소리쳤다. 그들은 다윗을 비난하며 그의 가슴을 후벼 파는 사람들이었다. 다윗은 까닭 없이 그를 비난하는 악인들을 대적할 힘이 없었다.

예를 들어 보자. 닭장에 특별히 연약한 닭 한 마리가 있다. 다른 닭들이 깃털을 세우고 달려들면 그 닭은 구석에 머리를 박고 돌아선다. 그러면 다른 닭들이 와서 쪼아대기 시작한다. 어느새 궁둥이 털이 다 뽑혀 나가고 붉은 피부가 드러난다. 돌아서서 같이 싸우면 되련만 그 연약한 닭은 돌아설 기력마저 없어 보인다. 측은하기 짝이 없다.

다윗의 상태가 그랬다. 악인들이 그를 둘러싸고 공격할 때 그는 대항할 힘이 없었다. 그래서 하나님의 도우심을 간구하며 눈물로 밤을 지새웠다. 그런데 갑자기 하나님께서 그의 기도를 들으셨다는 확신이 왔다. 그의 영혼에 밝은 빛이 비쳐왔다. 하나님께서 그의 눈물을 보시고 간절한 기도에 응답하시자 다윗은 담대하게 되었다.

이 구절의 '내 간구를 들으셨음이여'에서 '들으심'은 완료형이고, '내 기도를 받으시리로다'에서 '받다'는 미완료형, 곧 현재진행형이다. 하나님께서 그의 기도를 이미 들으셨고, 지금도 계속 그의 기도를 듣고 계신다는 말이다. 미래에 다가올 기도의 응답이 믿음 가운데 이미 주어졌다. 믿음으로 기도하는 사람은 응답받기 전에 미리 응답을 받았다고 선포한다. 다윗도 그렇게 승리를 선포했다.

"내 모든 원수들이 부끄러움을 당하고 심히 떪이여 갑자기 부끄러워 물러가리로다"(10절).

다윗 주변에는 유난히 원수들이 많았다. 왜 그렇게 많았을까? 인생을 대충 살면 원수도 적어진다. 그러나 거룩한 삶을 살다 보면 원수들이 알래스카 늪지대의 모기떼처럼 덤벼든다. 하나님께서 그의 눈물을 보시고 간구를 들으셨다는 확신이 다윗에게 밀려왔다. 그 순간 그를 둘러싸고 있던 원수들이 갑자기 부끄러워하며 심히 떨더니 모두 물러갔다. 그 일이 하룻밤 사이에 일어났다.

다윗은 원수들과 악인들의 비난과 공격을 단순히 인간적인 차원에서 이해하거나 해결하려고 하지 않았다. 언제나 하나님과의 관계에서 이해하고 해결했다. 그래서 이 시의 첫 절을 "여호와여 주의 분노로 나를 책망하지 마시오며 주의 진노로 나를 징계하지 마옵소서" 하고 시작했다.

다윗은 처음부터 자신의 죄를 시인하고 회개했다. 하나님께서 분노를 푸시고 진노를 거두어 주시기를 간구했다. 그의 육체가 쇠잔하고 마음이 흘러내리며 영혼마저 떨리는 삼중고를 하나님 앞에서 해결하기로 작정했다. 오직 하나님의 사랑만이 다윗을 그 고통에서 구해 내실 수 있었다. 그것은 원수들과 싸움으로 해결할 수 있는 문제가 아니었다. 원수들을 설득시킴으로 벗어날 수 있는 문제도 아니었다. 원수들과 사이좋게 지낸다고 해서 없어질 고통도 아니었다. 오직 하나님의 도우심으로만 해결될 수 있는 문제였다.

〈시편 7편〉 다윗의 식가욘, 베냐민인 구시의 말에 따라 여호와께 드린 노래

하나님의 재판정에서

억울한 모함을 당해 본 경험이 있는가? '삼인성호'(三人成虎)라는 말이 있다. 세 사람이 우기면 없는 호랑이도 생겨난다는 뜻이다. 다윗이 그런 일을 당했다. 사울왕이 다윗을 죽이려고 쫓아다니던 시절이었다. 원수들은 없는 말을 만들어 내어 다윗을 갈기갈기 찢었다. 사무엘상 24장 14절에 보면 다윗은 사울왕에게 자신을 '죽은 개나 벼룩 같다'고 표현했다. 기가 막혔다. 갑자기 억울하게 모함을 당하며 쫓기는 신세가 되었다. 골리앗을 죽였던 위용은 간데없고 자기가 보아도 죽은 개나 벼룩처럼 처량했다. 보통 사람 같으면 즉시 자기를 모함하는 자를 찾아가 결판을 내었을 것이다. 그러나 다윗은 달랐다. 그는 하나님 앞에 엎드려 어린아이처럼 그의 억울함을 쏟아 놓았다.

"여호와 내 하나님이여 내가 주께 피하오니 나를 쫓아오는 모든 자들에게서 나를 구원하여 내소서 건져 낼 자가 없으면 그들이 사자같이 나를 찢고 뜯을까 하나이다"(1–2절).

다윗은 그의 원수를 자주 사자로 비유했다. 사자가 작은 짐승을 물고 좌우로 심하게 흔들 때 그 사체가 이리저리 찢겨 나가는 장면을 연상케 한다. 사울이 3천여 명의 정예부대를 데리고 다윗을 찾아 나섰다. 광야로 도망갔지만 숨을 만한 곳이 여의치 않았다. 그래서 하나님께 피했다.

이 시에는 '다윗의 식가욘, 베냐민인 구시의 말에 따라 여호와께 드린 노래'라는 표제가 붙어있다. '식가욘'은 음악 용어로 급격한 변화가 있는 열정적인 노래라는 말이다. 이 시를 지을 때 다윗의 마음은 요동치는 파도 같았다. 그렇다면 베냐민 사람 구시는 누구일까? 구시라는 이름은 성경에서 여기에만 나온다. 어떤 사람은 그가 사울이었을 것이라고 생각한다. 그러나 확실한 증거는 없다. 다만 이 사람은 앞장서서 다윗을 모함하며 그를 잡아 죽여야 한다고 사람들을 충동질했을 것이다. 다윗은 그의 억울함을 하나님께 호소했다.

"여호와 내 하나님이여 내가 이런 일을 행하였거나 내 손에 죄악이 있거나 화친한 자를 악으로 갚았거나 내 대적에게서 까닭 없이 빼앗았거든 원수가 나의 영혼을 쫓아 잡아 내 생명을 땅에 짓밟게 하고 내 영광을 먼지 속에 살게 하소서 (셀라)"(3–5절).

다윗은 3절과 4절에서 '만일'(임, אם)이라는 말을 네 번 사용한다. 첫 번째 '만일'은 '이런 일'로서 단수다. 그 일이 무엇이었는지는 분명하지 않다. 혹 사울왕을 모반하고 스스로 왕이 되려고 한다는 모함이었을지도 모른다. 두 번째 '만일'은 '내 손에 죄악이 있다면'이다. 세 번째 '만일'은 '화친한 자를 악으로 갚았다면'이다. '앞에서 평화협정을 맺어 놓고 돌아서서 악을 행했다면'이라는 말이다. 네 번째는 '내 대적에게서 까닭 없이 빼앗았다면'이다. 자기는 그런 악을 절대로 행하지 않았다는 하소연이다.

사람 앞에서 변명하기는 쉽다. 적당히 둘러대고 속이면 된다. 그러나 하나님 앞에서는 거짓말을 할 수 없다. 적어도 다윗에게 있어서 하나님은 그의 생각과 말과 행위를 모두 살피시는 분이셨다. 다윗은 하나님께 자기의 무죄함을 증명해 달라고 간청했다. 만일 앞서 나열한 네 가지 잘못을 자기가 저질렀다면 '원수가 나의 영혼을 쫓아 잡아 내 생명을 땅에 짓밟게 하고 내 영광을 먼지 속에 살게 하소서' 하고 호소했다. 다른 말로 하면 자기 목을 내놓겠다는 뜻이다.

다윗은 그만큼 하나님 앞에서 흠 없는 삶을 살았다. 얼마나 훌륭한가. 이런 사람만이 하나님의 재판정으로 들어갈 수 있다. 하나님을 재판장으로 모신 사람은 악한 자들의 모함을 개의치 않는다. 하나님께서 반드시 자신의 무죄함을 입증해 주실 것이기 때문이다. 다윗은 하나님께 그의 진정서를 제출했다.

"여호와여 진노로 일어나사 내 대적들의 노를 막으시며 나를 위하여 깨소서 주께서 심판을 명령하셨나이다 민족들의 모임이 주를 두르게 하시고 그 위 높은 자리에 돌아오소서"(6–7절).

이 두 구절에 네 개의 동사들이 나온다. '일어나소서', '막으소서', '깨소서' 그리고 '돌아오소서'로 모두 명령형이다. 가장 간절한 간청은 명령어 외에는 표현할 길이 없기 때문이다. 다윗은 하나님께서 모든 민족들을 부르시고 높은 자리에 앉으셔서 재판해 달라고 간청했다. 다윗은 하나님께서 자신의 억울함을 반드시 판단해 주시리라고 믿었다.

"여호와께서 만민에게 심판을 행하시오니 여호와여 나의 의와 나의 성실함을 따라 나를 심판하소서 악인의 악을 끊고 의인을 세우소서 의로우신 하나님이 사람의 마음과 양심을 감찰하시나이다"(8-9절).

8절에 '심판'이 두 번 나오는데 서로 다른 단어다. 첫 번째 심판은 '판단하다'는 뜻이고, 두 번째 심판은 '변호하다'는 뜻이다. 다윗은 하나님께서 그의 행위를 판단하시고 자기의 무죄함을 변호해 달라고 기도했다. 왜냐하면 그는 '의와 성실함'을 따라 살아왔기 때문이다. 마음에 악을 품은 사람은 쫓아오는 사람이 없어도 도망간다. 그러나 마음에 책망할 것이 없는 사람은 사자 앞에서도 담대하게 된다. 하나님께서 그를 아시고 구원해 주실 것이기 때문이다.

"나의 방패는 마음이 정직한 자를 구원하시는 하나님께 있도다"(10절).

마침내 하나님께서 사자처럼 포효하며 달려드는 악한 자들을 가로막으시고 재판을 시작하셨다. 여러 민족들이 증인석에 자리 잡고 공의로우신 하나님은 높은 재판석에 앉으셨다. 그의 불꽃 같은 눈이 모든 사람들의 마음과 양심을 꿰뚫어 보셨다. 일련의 재판이 끝나고 마침내 판결이 내려졌다. 판결하실 뿐만 아니라 하나님께서 다윗의 정직함과 의로움과 성실함을 변호해 주셨다.

여전히 원수들이 다윗을 파멸시키기 위해 없는 말을 지어내고 공격했다. 그러나 하나님의 공의로우심을 신뢰하는 다윗의 마음속에는 이미 판결이 내려져 있었다. 그것은 믿음의 귀로 듣고 믿음의 눈으로 보는 판결이었다. 그러자 악인들이 '다윗의 의로움을 변호해 주시는 하나님'을 대적하기 시작했다. 그러나 누가 하나님을 이길 수 있겠는가? 그들은 하나님의 엄위한 심판을 면할 수 없을 것이다.

"하나님은 의로우신 재판장이심이여 매일 분노하시는 하나님이시로다 사람이 회개하지 아니하면 그가 그의 칼을 가심이여 그의 활을 이미 당기어 예비하셨도다 죽일 도구를 또한 예비하심이여 그가 만든 화살은 불화살들이로다"(10-13절).

하나님의 심판을 대수롭지 않게 여기는 사람들이 있다. 죄인을 향한 하나님의 판결은 세상의 법정처럼 '몇 년 징역에 몇 년 집행유예', 이런 식이 아니다. 회개하지 않는 자들에게 내리시는 하나님의 판결문은 오직 한 단어뿐이다. 그것은 바로 '사망'이다. 그래서 바울은 죗값을 사망이라고 했다(로마서 6:23).

다윗은 악한 자들이 그를 죽이려고 모함할 때 하나님께로 피했다. 악을 악으로 갚으려 하면 함께 악한 자가 된다. 악한 자를 만날 때는 하나님께 피하는 것이 상책이다. 하나님께 피하면 마음에 평안이 찾아온다. 원수 갚는 일은 우리의 권리가 아니다. 하나님께서 처리해 주실 것이다. 그러나 다윗은 악한 자들을 보며 안타까운 마음을 금할 수 없었다.

"[보라] 악인이 죄악을 낳음이여 재앙을 배어 거짓을 낳았도다 그가 웅덩이를 파 만듦이여 제가 만든 함정에 빠졌도다 그의 재앙은 자기 머리로 돌아가고 그의 포악은 자기 정수리에 내리리로다"(14-16절).

다윗은 소리 높여 '보라!' 하고 외쳤다. 악인이 죄악을 품더니 재앙을 잉태하고 거짓을 낳았다고 외쳤다. "욕심이 잉태한즉 죄를 낳고 죄가 장성한즉 사망을 낳느니라"는 야고보 선생의 말이 생각난다(야고보서 1:15). 악인들이 다윗을 잡으려고 웅덩이를 파더니 오히려 자기들이 그 함정에 빠졌다. 그들의 머리 위로 재앙과 포악이 쏟아졌다. 도끼로 제 발등을 찍었다. 이 모습을 보고 다윗이 통쾌했을까? 아니다. 그는 악한 자들의 어리석음이 안타까웠다.

하나님 앞에 자신의 억울함을 호소했던 다윗은 마지막으로 감사의 찬송을 드렸다. 영적 전투에서 하나님의 이름을 찬송하는 자가 최후의 승리자다. 첫 절과 끝 절을 붙여서 다시 읽어보자. 얼마나 감격적인가.

"여호와 내 하나님이여 내가 주께 피하오니 나를 쫓아오는 모든 자들에게서 나를 구원하여 내소서"(1절).

"내가 여호와께 그의 의를 따라 감사함이여 지존하신 여호와의 이름을 찬양하리로다"(17절).

살다 보면 억울한 일을 당할 때가 있다. 만일 우리의 허물 때문이라면 하나님 앞에 겸손히 엎드려 회개하자. 그러면 하나님께서 우리의 방패가 되시고 구원자가 되실 것이다. 그러나 아무런 허물도 없는데 우리를 넘어뜨리려고 악한 말을 하는 대적자들이 있다면 하나님께 피하자. 우리의 억울함을 감찰하시고 변호하시며 방패로 감싸 주시는 하나님을 절대 신뢰하자. 반드시 하나님께 감사드리며 하나님을 찬양하는 날이 올 것이다. 할렐루야.

〈시편 8편〉 다윗의 시, 인도자를 따라 깃딧에 맞춘 노래

주의 이름, 아름다워라

우리는 경치나 그림을 아름답다고 표현한다. 그러나 다윗은 천지를 창조하신 여호와 하나님의 이름을 아름답다고 찬양했다.

"여호와 우리 주여 주의 이름이 온 땅에 어찌 그리 아름다운지요 주의 영광이 하늘을 덮었나이다"(1절).

한번은 이스라엘에서 사역하시는 선교사님과 함께 자동차로 광야를 지난 적이 있었다. 그는 광야를 가리키며 말했다. "목사님, 다음에 오실 때는 광야에서 사흘쯤 머물 수 있도록 스케줄을 잡아 오세요. 밤에 텐트를 치고 슬리핑백에 누우면 광야의 소리가 들려요. 그러면 은혜가 돼요." 그러나 바쁘게 지내다 보니 그럴 기회가 없었다. 도시의 소음을 벗어나 하나님의 이런 아름다움과 영광을 볼 수 있다면 얼마나 큰 축복일까.
다윗은 역사를 주관하시는 하나님의 능력을 찬양했다.

"주의 대적으로 말미암아 어린아이들과 젖먹이들의 입으로 권능을 세우심이여 이는 원수들과 보복자들을 잠잠하게 하려 하심이니이다"(2절).

인간은 맹수를 이길 수 없다. 그러나 맹수는 인간을 두려워한다. 인간은 맹수에 비해 그 힘이 보잘것없다. 그러나 인간은 어떤 맹수도 이룰 수 없는 큰 일들을 해낸다. 우리 자신을 '어린아이와 젖먹이'로 겸손하게 낮출 때 하나님의 권세와 능력을 경험하게 된다.

블레셋의 골리앗이 여호와를 대적하던 날, 이스라엘은 그의 위력에 눌려 아무도 나서지 못하고 숨어 있었다. 그런데 골리앗 크기의 절반인 다윗이 겨우 돌맹이 다섯 개를 준비하고, 하나님의 이름을 의지하며 들판을 가로질렀다. 사람들은 그 싸움의 결과를 차마 볼 수 없었다. 그러나 다윗은 전속력으로 달려가며 물맷돌을 던졌다. 하나님께서 다윗의 손을 떠난 돌멩이에 가속력을 더해 골리앗의 이마에 박히게 하셨다. 골리앗이 쓰러지는 순간 아군과 적군이 모두 손으로 자기 입을 막았다. 이스라엘 진영

에서는 함성이 터져 나왔다. 그 사건이 이 시를 짓기 이전이었는지 이후였는지는 모른다. 그러나 확실한 것은 다윗의 마음에 이미 하나님의 이름을 전적으로 의지하는 믿음이 자리 잡고 있었다는 사실이다.

> **"주의 손가락으로 만드신 주의 하늘과 주께서 베풀어 두신 달과 별들을 내가 보오니 사람이 무엇이기에 주께서 그를 생각하시며 인자가 무엇이기에 주께서 그를 돌보시나이까"(3-4절).**

들에서 양을 치는 다른 목동들은 어둠이 내려앉기가 무섭게 잠을 잔다. 그러나 다윗은 밤하늘에 나타난 주의 아름다우심과 영광을 바라보고 있었다. '아름다움'의 사전적 의미는 '보이는 대상이나 음향, 목소리 따위가 균형과 조화를 이루어 눈과 귀에 즐거움과 만족을 줄 만하다'는 뜻이다. 다윗은 다른 사람이 볼 수 없는 주의 이름의 아름다움을 보았다. 그 이름이 다윗을 기쁘게 했다. '여호와 우리 주여' 하고 부르면 가슴이 뿌듯하고 행복했다. 구원주 되시는 여호와께서 그의 곁에 계신다는 확신이 들었다. 다윗은 어떤 상황에서도 그를 보호하시고 구원하시는 하나님을 주로 모시고 살았다.

다윗은 왜 주의 이름을 노래했을까? 여호와 하나님 외에 그를 구원할 다른 이름이 없었기 때문이다. 사도 베드로도 대제사장 안나스 앞에서 "다른 이로써는 구원을 받을 수 없나니 천하 사람 중에 구원을 받을 만한 다른 이름을 우리에게 주신 일이 없음이라"고 단언했다(사도행전 4:12). 주의 이름에 힘과 권세가 있다. 다윗은 그 이름을 힘입어 사자를 쳐 죽이고 곰의 입을 찢었다. 주의 이름 앞에서 다윗은 한없이 낮아졌다. 그는 자신을 어린아이, 혹은 젖먹이로 생각했다. 그러나 하나님의 권세와 능력이 그에게 임하니 원수들과 보복자들이 입을 다물고 잠잠했다.

다윗은 다시 밤하늘을 바라보았다. 주의 아름다움과 영광이 파도처럼 밀려왔다. 그는 달과 별들을 통하여 하나님께서 세우신 질서를 보았다. 밤마다 같은 시간에 같은 별자리들이 나타났다. 자연과학은 창조된 세계를 연구하고 파악하며 이해하려는 인간의 노력이다. 모든 과학적 발견은 하나님의 지혜를 깨닫고 그에게 영광을 돌리는 도구가 되어야 한다.

다윗은 주께서 밤하늘의 달과 별들을 그의 손가락으로 만드셨다고 고백했다. 광활한 밤하늘과 하나님의 손가락을 비교해 보라. 얼마나 대조적인가. 적막한 들판에 누워 밤하늘의 별들을 보면서 '주께서 나를 생각하시고 저 하늘을 만드셨다'고 생각할 사람이 몇이나 될까? 우리는 볼품없는 주변적인 존재가 아니다. 하나님께서 눈동자같이 보호해 주시는 특별한 존재들이다. 교만의 계곡으로 떨어지지만 않는다면 천애(天涯) 절벽의 가장자리에 앉아서 하나님의 사랑을 마음껏 상상하고 누려도 괜찮다.

"그를 하나님보다 조금 못하게 하시고 영화와 존귀로 관을 씌우셨나이다 주의 손으로 만드신 것을 다스리게 하시고 만물을 그의 발 아래 두셨으니 곧 모든 소와 양과 들짐승이며 공중의 새와 바다의 물고기와 바닷길에 다니는 것이니이다"(5-8절).

'나를 하나님(혹은 천사)보다 조금 못하게 하시고', 이 사실만 기억하면 된다. 우리는 하나님의 형상과 모양대로 지음받은 걸작품들이다. 처음부터 하나님께서 우리 머리에 영화와 존귀로 관을 씌워 주셨다. 우리가 얼마나 존귀한가를 깨닫고 그 영광을 누리는 것은 죄가 아니다. 오히려 하나님을 기쁘시게 하는 예배가 된다.

창세기 1장은 하나님께서 천지와 그 가운데 만물을 지으신 후에 마지막 날에 인간을 지으셨다고 기록했다. 창세기 2장은 각종 들짐승과 공중의 각종 새들을 지으시기 전에 사람을 먼저 지으셨다고 기록하고 있다. 순서야 어찌 되었든 창조의 중심에 인간이 있다.

물론 우리가 교만하면 어느 순간 무너져 내릴 것이다. 하나님과 우리 사이에는 넘어갈 수 없는 선이 있다. 우리는 그 선 안에 머물러야 한다. 겸손한 사람만이 여호와를 '우리 주여' 하고 부를 수 있다. 하나님을 주로 삼은 자는 그 자신이 종이라는 사실을 잊지 않는다. 그럼 우리는 하찮은 종들인가? 아니다. 절대로 아니다. 주변을 살펴보자. 만물이 우리 발아래 있다. 하나님께서 우리를 만물 위에 두셨다. 다윗은 목동 시절에 이미 그 진리를 깨달았다. 얼마나 복 있는 사람인가. 하나님의 영광을 찬양하는 사람은 이미 그 자신이 그 영광스러운 존재가 되어 있다.

"여호와 우리 주여 주의 이름이 온 땅에 어찌 그리 아름다운지요"(9절).

맑은 밤하늘은 아름답다. 초록빛 능선이나 굽이진 강물도 아름답다. 비탈에 선 나무나 이름 모를 꽃들도 아름답다. 풀잎을 누비며 달려가는 바람도 아름답다. 만물이 다 아름답다. 그러나 그 모든 것들보다 더 아름다운 것은 주님의 이름이다. 주님의 이름이 아름답다는 말은 무슨 뜻인가? 주님 자신이 아름다우시다는 말이다. 누가 아름다우신 주님을 볼 수 있는가? 어린아이처럼 겸손한 마음을 지닌 사람만이 볼 수 있다.

〈시편 9편〉 다윗의 시, 인도자를 따라 뭇랍벤에 맞춘 노래

변호사와 재판장이 되신 하나님

찬양 인도자는 다윗의 시를 '아들의 죽음'이라는 곡조에 맞추어 노래했다. 이 시에는 간절함과 애절함이 깃들어 있다. 이 시는 크게 두 부분으로 나누어져 있다. 1-11절까지는 공의로우시고 정직하신 하나님께서 다윗의 변호사와 재판장이 되셨음을 간증하는 내용이다. 그리고 12-20절까지는 고통당하는 자들을 위해 간구하는 내용이다. 이 시에는 억울하게 고난당하고 무시당하는 사람들의 한이 서려 있다. 그런데 놀랍게도 시의 서두는 감사로 시작한다.

"내가 전심으로 여호와께 감사하오며 주의 모든 기이한 일들을 전하리이다"(1절).

다윗은 그가 당하고 있는 고난을 강조하지 않는다. 승리하게 하신 하나님의 은혜를 노래하고 있다. 하나님을 의지하고 끝까지 견디어 내었던 다윗은 하나님께서 행하신 놀라운 일들을 증거했다. 다윗이 후대에 들려주고 싶었던 그 감사한 일들은 무엇일까?

첫째로, 원수들이 주 앞에서 물러간 일이다. 벌떼처럼 달려들던 원수들이 황급하게 물러가다가 주 앞에서 넘어지고 멸망했다. 그뿐만이 아니다. 하나님께서 재판정을 개설하시고 손수 다윗의 의로움을 변호하셨으며 원수들을 심판하셨다.

"내가 주를 기뻐하고 즐거워하며 지존하신 주의 이름을 찬송하리니 내 원수들이 물러갈 때에 주 앞에서 넘어져 망함이니이다 주께서 나의 의와 송사를 변호하셨으며 보좌에 앉으사 의롭게 심판하셨나이다"(2-4절).

내가 억울한 일을 당할 때 나를 변호해 줄 사람이 필요하다. 나의 무죄함을 증명하고 원수들의 악함을 들추어 낼 수 있는 유능한 변호사가 필요하다. 다윗은 하나님께서 그를 변호해 주셨다고 간증했다. 하나님은 변호해 주실 뿐만 아니라 의롭게 심판도 해주셨다. 하나님께서 동시에

변호사와 심판자 역할을 하신다. 생각해 보라. 얼마나 감사한 일인가.

둘째로, 하나님께서는 재판정에서 이방 나라들을 책망하시고 악인을 멸하시며 그들의 이름을 영원히 지워 버리셨다. 다윗이 전쟁으로 원수들을 멸한 것이 아니다. 하나님께서 다윗과 이스라엘의 원수들을 멸망시켜 주셨다. 하나님께서 무너뜨리신 성읍들이 너무 많아 그 숫자를 기억할 수가 없었다. 다윗은 이 일을 기억하고 하나님께 감사드렸다.

"이방 나라들을 책망하시고 악인을 멸하시며 그들의 이름을 영원히 지우셨나이다 원수가 끊어져 영원히 멸망하였사오니 주께서 무너뜨린 성읍들을 기억할 수 없나이다"(5-6절).

셋째, 하나님께서 공의로 세계를 심판하셨다. 모든 사람들이 하나님의 심판대 앞에 설 날이 올 것이다. 하나님의 심판 기준은 공의와 정직이다. 하나님의 공의는 부자나 가난한 사람, 많이 배운 사람이나 적게 배운 사람, 누구에게나 공평하게 적용되는 불편부당의 원칙이다. 하나님은 또한 정직하시기 때문에 아무도 그 앞에서 거짓으로 자신을 변명하거나 속일 수 없다. 그 하나님께서 다윗의 재판장이 되셨다.

"여호와께서 영원히 앉으심이여 심판을 위하여 보좌를 준비하셨도다 공의로 세계를 심판하심이여 정직으로 만민에게 판결을 내리시리로다"(7-8절).

넷째, 하나님께서 압제당한 자들의 요새가 되어 주셨다. 원수들이 앞으로도 간헐적으로 공격하겠지만 하나님을 의지하는 자들은 그 요새에서 안전하게 지낼 것이다.

"여호와는 압제를 당하는 자의 요새이시요 환난 때의 요새이시로다 여호와여 주의 이름을 아는 자는 주를 의지하오리니 이는 주를 찾는 자들을 버리지 아니하심이니이다"(9-10절).

하나님은 그를 찾는 자들을 모른 척하지 않으신다. 다윗은 백성들에게 하나님께 감사드리고 그가 행하신 놀라운 일들을 세상에 선포하자고 권면한다.

"너희는 시온에 계신 여호와를 찬송하며 그의 행사를 백성 중에 선포할지어다"(11절).

이 시의 후반부는 고난당하는 자가 하나님의 도우심을 구하는 내용이다. 하나님은 그들의 부르짖음을 외면하지 않으신다. 시인이 말하는 '가난한 자'는 고난당하는 자를 의미한다.

"피 흘림을 심문하시는 이가 그들을 기억하심이여 가난한 자의 부르짖음을 잊지 아니하시도다"(12절).

다윗은 하나님께서 반드시 악인들을 심판하실 것이라고 확신했다. 하나님은 억울한 일을 당한 자들(가난한 자)의 부르짖음을 기억하시고 잊지 않으신다. 만일 하나님께서 고통당하는 자들의 부르짖음을 외면하신다면 세상에 무슨 소망이 있겠는가? 그러나 원수는 계속해서 다윗을 괴롭혔다. 하나님께서 그의 원수들을 멸망시키셨지만 아직도 그 잔당들이 남아 다윗을 공격하고 있었다. 그래서 매일매일 하나님의 도우심을 구했다.

"여호와여 내게 은혜를 베푸소서 나를 사망의 문에서 일으키시는 주여 나를 미워하는 자에게서 받는 나의 고통을 보소서 그리하시면 내가 주의 찬송을 다 전할 것이요 딸 시온의 문에서 주의 구원을 기뻐하리이다"(13-14절).

다윗에게 다시 역경이 몰아쳐 왔다. 너무 좌절한 나머지 사망의 문 앞에 엎드려 있었다. 원수들이 승전가를 부르기 직전이었다. 다윗은 그 절망의 순간에 하나님의 은혜를 구했다. 그를 사망의 문 앞에서 일으켜 달라고 간절히 기도했다. 이 위기에서 구원해 주시면 하나님께서 행하신 기이한 일들을 온 세상에 전하겠다고 다짐했다. 다윗은 최후의 승리가 그의 것이 될 것이라고 믿었다. 성전에 들어가며 노래하고 춤출 날이 조만간에 오리라고 믿었다. 그리고 그런 날이 정말로 찾아왔다.

"이방 나라들은 자기가 판 웅덩이에 빠짐이여 자기가 숨긴 그물에 자기 발이 걸렸도다 여호와께서 자기를 알게 하사 심판을 행하셨음이여 악인은 자기가 손으로 행한 일에 스스로 얽혔도다 (힉가욘, 셀라)"(15-16절).

기도가 응답되고 상황은 종료되었다. '다윗에게는 더 이상 희망이 없다' 하던 자들은 입을 다물게 되었다. 다윗과 이스라엘을 잡으려고 파놓은 함정에 원수 자신들이 빠졌다. 사실은 하나님께서 그들을 함정으로 몰아넣으셨다. 그들이 쳐놓은 그물에 스스로 잡히게 하셨다. 그것은 하나님의 심판이었다. '힉가욘, 셀라'는 잠시 묵상하며 이 말씀을 음미해 보라는 뜻이다. 얼마나 놀라운 말씀인가. 잠시 침묵이 흘렀다. 그리고 다윗의 찬송이 울려 퍼졌다.

"악인들이 스올로 돌아감이여 하나님을 잊어버린 모든 이방 나라들이 그리하리로다 궁핍한 자가 항상 잊어버림을 당하지 아니함이여 가난한 자들이 영원히 실망하지 아니하리로다"(17-18절).

스올은 무덤 혹은 구덩이다. 하나님을 대적하고 하나님의 백성들을 괴롭히던 악인들과 이방 나라들이 모두 절망의 스올로 빠져 들어갔다. 그러나 하나님을 의지하는 궁핍하고 가난한 자, 곧 고난을 당하던 자들은 영원히 소망 가운데 살게 된다. 하나님께서 그들을 잊지 않으셨기 때문에 그들은 결코 실망하지 않을 것이다. 다윗은 마지막으로 하나님께 기도했다.

"여호와여 일어나사 인생으로 승리를 얻지 못하게 하시며 이방 나라들이 주 앞에서 심판을 받게 하소서 여호와여 그들을 두렵게 하시며 이방 나라들이 자기는 인생일 뿐인 줄 알게 하소서 (셀라)"(19-20절).

지혜 있는 사람은 자신이 누구이며 하나님이 누구이신가를 아는 사람이다. 하나님과 인간 사이에는 건널 수 없는 강이 있다. 하나님은 영원하시지만 인생은 유한하다. 그 길이가 너무 짧아서 풀의 꽃과 같다. 하나님은 모든 것을 아시지만, 우리는 극히 제한적인 것만 이해할 수 있다. 하나님은 불가능이 없으시지만, 우리에게는 가능한 일이 많지 않다. 하나님은 모든 것을 소유하고 계시지만, 우리는 가진 것이 별로 없다. 하나님은 완전히 의로우시지만, 우리는 죄와 허물 투성이다. 하나님의 본성은 선하심과 인자하심, 곧 사랑이지만, 우리의 본성은 미움이다. 하나님은 세우시기를 기뻐하시지만, 우리는 파괴하기를 기뻐한다. 하나님은 우리의 허물을 용서하시지만, 우리는 남의 허물을 들추려고 한다. 그것이 인생이다.

그러므로 하나님 앞에 나아가는 자는 자신이 인생일 뿐임을 시인해야 한다. 그것이 바로 겸손이다. 겸손한 사람은 하나님을 두려워한다. 하나님을 두려워하는 사람은 원수를 두려워하지 않는다. 이것이 믿음의 법칙이다.

〈시편 10편〉

주여, 일어나소서

히브리 성경을 헬라어로 번역한 70인역에는 9편과 10편이 하나로 묶여 있다. 그렇다면 이 시도 다윗의 시로 읽을 수 있다. 9편은 하나님을 압제당하는 자의 변호사와 심판자 그리고 영화롭게 하시는 분으로 묘사한다. 놀라운 착상이다. 변호해 주시는 분이 재판까지 해주신다면 얼마나 든든하겠는가. 더구나 그는 재판만 하시는 것이 아니라 실추된 명예까지 회복시켜 주신다. 한편 10편은 압제당하는 자를 위하여 하나님께서 속히 개입해 주시기를 간구하는 탄식으로 시작한다. 악한 자들이 연약한 자들을 해치려고 맹수처럼 웅크리고 있기 때문이다.

"여호와여 어찌하여 멀리 서시며 어찌하여 환난 때에 숨으시나이까"(1절).

시인은 하나님께서 무관심하신 것처럼 느껴졌다. 악한 자들이 약한 자들을 괴롭히는데 하나님은 조용히 숨어 계시는 것처럼 여겨졌다. 그래서 시인은 하나님을 원망했을까? 아니다. 이 구절은 하나님을 원망하는 말이 아니다. 오히려 하나님의 개입을 간청하는 기도다. 다윗은 그의 생애에서 한 번도 하나님의 살아 계심을 의심하지 않았다. 만일 하나님의 존재를 의심했다면 이런 기도를 드리지도 않았을 것이다. 다윗은 하나님께서 속히 임재하시어 그의 손으로 악인들을 처리해 주시기를 간구했다. 먼저 악인들을 향한 그의 고소장을 읽어 보자.

"악한 자가 교만하여 가련한 자를 심히 압박하오니 그들이 자기가 베푼 꾀에 빠지게 하소서"(2절).

악한 자들은 교만하다. 교만한 사람은 하나님이 계시지 않는 것처럼 생각하고 행동한다. 그들은 심판을 두려워하지 않는다. 그래서 다윗은 '살아 계신 하나님, 저들로 자기 꾀에 자기가 빠지게 해주세요' 하고 기도했다. 악인은 가장 악한 꾀를 생각해 낸다. 만일 그들이 자기 꾀에 빠지면 얼마나 고통스럽겠는가.

"악인은 그의 마음의 욕심을 자랑하며 탐욕을 부리는 자는 여호와를 배반하여 멸시하나이다"(3절).

악한 자들도 처음에는 가난하고 보잘것없었다. 그러나 하나님께서 그들에게 복을 주시어 부자가 되었다. 부자가 되고 나니 사람이 변했다. 자기 힘으로 부자가 된 것처럼 자랑하며 하나님을 배반했다. 감사하지도 않았다. 나아가서 그들은 하나님을 멸시했다. 무슨 말로 멸시했을까? 다윗의 고소는 계속되었다.

"악인은 그의 교만한 얼굴로 말하기를 여호와께서 이를 감찰하지 아니하신다 하며 그의 모든 사상에 하나님이 없다 하나이다"(4절).

하나님을 향한 가장 큰 멸시는 하나님의 존재를 부인하는 말이다. 악인이 교만한 얼굴로 이죽거리며 '하나님은 없다' 하고 단언했다. 자기가 무슨 악한 일을 해도 간섭할 자가 없다는 말이다. 그는 악에 악을 더해 갔다. 그래서 교만한 자는 어리석다. 그에게는 보좌에 앉아 계시는 하나님을 볼 수 있는 눈이 없다. 하나님의 음성을 들을 수 있는 귀도 없다. 왜 그럴까? 하나님은 그가 볼 수 없는 높은 곳에 계시기 때문이다. 이 세상 누구도 스스로 하나님을 발견할 수 없다. 하나님께서 자신을 보여 주셔야만 비로소 볼 수 있다. 우리는 이것을 '하나님의 자기 계시'라고 부른다. 그럼 악인은 책임이 없을까? 아니다. 하나님께서는 이 악인이 변질되기 전에 이미 그 자신을 여러 방법으로 보여 주셨다. 다만 그가 하나님을 외면했을 뿐이다.

"그의 길은 언제든지 견고하고 주의 심판은 높아서 그에게 미치지 못하오니 그는 그의 모든 대적들을 멸시하며 그의 마음에 이르기를 나는 흔들리지 아니하며 대대로 환난을 당하지 아니하리라 하나이다"(5-6절).

교만한 사람은 하나님 중심으로 살지 않고 자기 중심으로 산다. 그래서 '나'라는 1인칭을 '너'라는 2인칭보다 더 자주 사용한다. 악인은 그의 마음에 이르기를 '나는 절대로 흔들리지 않으며 대대로(자기뿐만 아니라 자손들까지도) 환난을 당하지 않을 것이다' 하고 자신한다. 이렇게 심판을 두려워하지 않는 사람은 더 악을 행한다. 다윗은 악인이 행하는 악한 일들을 구체적으로 고소장에 적시했다.

"그의 입에는 저주와 거짓과 포악이 충만하며 그의 혀 밑에는 잔해와 죄

악이 있나이다 그가 마을 구석진 곳에 앉으며 그 은밀한 곳에서 무죄한 자를 죽이며 그의 눈은 가련한 자를 엿보나이다 사자가 자기의 굴에 엎드림같이 그가 은밀한 곳에 엎드려 가련한 자를 잡으려고 기다리며 자기 그물을 끌어당겨 가련한 자를 잡나이다 그가 구푸려 엎드리니 그의 포악으로 말미암아 가련한 자들이 넘어지나이다"(7-10절).

악한 자들이 악을 행하는 대상은 무죄한 자와 가련한 자들이다. 다윗은 그의 경험을 통해 이것을 깨달았다. 그는 아무 잘못이 없음에도 사울왕에게 쫓겨 다녔다. 요나단을 제외하고는 누구도 그를 변호해 주지 않았다. 그의 형편은 가련하기 짝이 없었다. 그의 주변에는 그를 넘어뜨리려는 악인들만 있었다. 악인은 까닭 없이 무죄하고 가련한 사람들에게 포악을 행하는 자들이다. 악한 자들은 하나님이 계시지 않는다고 큰소리쳤다. 다윗이 가장 견디기 힘든 것은 그가 당하고 있는 고난 자체가 아니었다. 이스라엘의 하나님을 멸시하는 교만한 자들이었다.

"그가 그의 마음에 이르기를 하나님이 잊으셨고 그의 얼굴을 가리셨으니 영원히 보지 아니하시리라 하나이다"(11절).

그런데 이상한 점이 있다. 다윗은 하나님 앞에 악인들의 행위를 낱낱이 고소하면서도 자신이 직접 그 악한 자들을 공격하지 않았다. 왜 그랬을까? 악을 악으로 갚으려다가 자신도 악인이 된다는 진리를 알고 있었기 때문이다. 그래서 다윗은 하나님께만 호소했다. 하나님께서 그의 얼굴을 돌려 고난당하는 자들을 살펴보시기를 간구했다. 이 시의 핵심은 악한 자들의 행위가 아니라 살아 계신 하나님의 개입이다.

"여호와여 일어나옵소서 하나님이여 손을 드옵소서 가난한 자들을 잊지 마옵소서 어찌하여 악인이 하나님을 멸시하여 그의 마음에 이르기를 주는 감찰하지 아니하리라 하나이까"(12-13절).

하나님께서 일어나시면 어떤 일을 행하실까? 그의 오른손을 높이 드시면 무슨 일이 일어날까? 먼저 가련한 자들을 찾아 보호하시고 긍휼을 베푸실 것이다. 그 후에 악한 자들을 심판하실 것이다. 하나님께서 하시는 일은 언제나 정확하고 효과적이다. 이사야가 전한 하나님의 말씀이다.

> "그러나 여호와께서 기다리시나니 이는 너희에게 은혜를 베풀려 하심이요 일어나시리니 이는 너희를 긍휼히 여기려 하심이라 대저 여호와는 정의의 하나님이심이라 그를 기다리는 자마다 복이 있도다"(이사야 30:18).

다윗은 하나님께서 가련한 자들을 악한 자들로부터 구원해 주시기를 간구했다. 그렇게 구원받아야 할 가련한 사람 중의 하나가 바로 다윗 자신이었다. 그는 하나님을 멸시하는 악인들의 교만함을 보복해 달라고 간구했다. 다윗의 기도는 간청으로 끝나지 않았다. 그는 기도를 통하여 하나님께서 하시는 일들을 보기 시작했다. 기도는 우리의 영적인 눈을 열어 준다. 그리하여 가련한 자들과 고아들을 도우시는 하나님의 사랑의 손길을 보게 한다.

"주께서는 보셨나이다 주는 재앙과 원한을 감찰하시고 주의 손으로 갚으려 하시오니 외로운 자가 주를 의지하나이다 주는 벌써부터 고아를 도우시는 이시니이다"(14절).

악인들은 하나님의 심판을 피할 수 없다. 자신의 악행을 감추거나 스스로 숨을 곳도 없다. 하나님께서 불꽃같은 눈으로 그들의 악행을 낱낱이 들추어 내실 그날이 반드시 올 것이다.

"악인의 팔을 꺾으소서 악한 자의 악을 더 이상 찾아낼 수 없을 때까지 찾으소서"(15절).

하나님의 심판은 철저하다. 악한 자의 악을 더 이상 찾아낼 수 없을 때까지 찾아내신다. 하나님 앞에서 악은 설 자리가 없다. 다윗은 스스로 왕이 되기를 원하지 않았다. 왕이 된 후에도 자신을 지고(至高)한 존재라고 생각하지 않았다. 그는 자신의 왕 되신 하나님 앞에 꿇어 엎드렸다. 그리고 하나님의 승리에 대한 확신을 가지고 그의 시를 마무리 지었다.

"여호와께서는 영원무궁하도록 왕이시니 이방 나라들이 주의 땅에서 멸망하였나이다 여호와여 주는 겸손한 자의 소원을 들으셨사오니 그들의 마음을 준비하시며 귀를 기울여 들으시고 고아와 압제당하는 자를 위하여 심판하사 세상에 속한 자가 다시는 위협하지 못하게 하시리이다"(16-18절).

하나님의 도우심을 구하는 사람은 겸손한 사람이다. 기도는 겸손한 자의 강력한 무기다. 기도로 악한 사탄을 이기자.

〈시편 11편〉 다윗의 시, 인도자를 따라 부르는 노래

나는 여호와께 피했다

이 시는 다윗이 어려운 환경에 처했을 때 그의 친구들과 나눈 대화로 구성되어 있다. 세상의 친구가 많으면 뒷배가 든든하다. 곤란한 일을 당할 때 도움을 받을 수 있다. 그러나 영적으로 보면 반드시 그런 것만도 아니다. 오히려 잘못된 친구가 우리를 그릇된 길로 인도할 수 있다. 그러므로 세상의 지혜는 하나님의 말씀과 성령님에 의해 분별되어야 한다.

다윗이 위기에 처했을 때 친구들이 은밀히 찾아와서 조언을 했다. 신뢰할 만한 벗들이었다. 그러나 다윗이 그들의 말을 들었더라면 큰일 날 뻔했다. 다행히 다윗에게는 영적 분별력이 있었다. 그래서 친구들의 조언이 하나님께로부터 온 것이 아님을 깨달았다. 그 친구들은 하나님을 신뢰하지 못하는 영적인 겁쟁이들이었다. 그들의 조언은 다윗에게 도움이 되지 못했다. 그래서 친구들의 말을 단호히 거절했다.

"내가 여호와께 피하였거늘 너희가 내 영혼에게 새같이 네 산으로 도망하라 함은 어찌함인가"(1절).

전쟁이 일어나면 사람들은 먼저 산으로 도망간다. 그곳에는 숨을 만한 바위틈이나 굴이 많이 있다. 수풀 속에 숨을 수도 있다. 지금 다윗은 마치 독수리에게 쫓기는 작은 새 같은 신세가 되었다. 친구들은 일단 도망치는 것이 상책이라고 권했다. 다윗을 도우려는 착한 마음으로 그렇게 재촉했다.

"악인이 활을 당기고 화살을 시위에 먹임이여 마음이 바른 자를 어두운 데서 쏘려 하는도다 터가 무너지면 의인이 무엇을 하랴"(2-3절).

친구들은 다윗의 억울함을 잘 알고 있었다. 하나님 앞에서 그가 의롭다는 사실도 알고 있었다. 사울왕이 까닭 없이 다윗을 핍박하고 있음도 알고 있었다. 나라의 법치나 기강은 이미 무너졌다. 지금은 공의나 상식이 통하는 시대가 아니다. 다윗과 같은 의인이 할 수 있는 일도 없다. 요즘 이야기로 하면 법은 멀고 주먹이 가깝다. 더구나 사울은 하나님을 두려워하지 않는 사람이다. 그는 이미 이성을 상실했다. 왕의 명령을 받은 궁수(弓手)들이 어두운 데서 다윗을 향해 활을 겨누고 있었다. 언제 어디에서 화살이 날아올지 모른다. 그러니 '빨리 산으로 너의 추종자들과 함께 도망가라'고 친구들이 재촉했다.

어려운 일을 당할 때는 누가 곁에 있느냐가 중요하다. 겁쟁이가 곁에 있으면 두려움이 전이된다. 그러나 담대한 믿음의 사람이 함께 있으면 두려울 것이 없다. 하나님께서는 두려워하는 자들과 함께 동행하실 수 없다. 그래서 언제나 먼저 하시는 말씀이 '두려워하지 말라'였다. 예수님도 회당장 야이로의 딸을 살리실 때 그녀의 부모에게 '두려워 말고 믿기만 하라'고 말씀하셨다. 하나님을 믿는 다윗에게는 두려울 것이 없었다. 그래서 친구들에게 대답했다. "나는 벌써 여호와께 피해 버렸다."

물론 다윗이 친구들의 충정을 모르는 바는 아니었다. 그러나 육신의 생각과 영의 생각은 차원이 달랐다. 겸연쩍은 얼굴로 서 있는 친구들을 향해 다윗이 그의 신앙을 고백했다.

"여호와께서는 그의 성전에 계시고 여호와의 보좌는 하늘에 있음이여 그의 눈이 인생을 통촉하시고 그의 안목이 그들을 감찰하시도다"(4절).

이 말씀을 요약하면 '하나님께서 여기 계신다'는 뜻이다. 히브리서 기자는 "믿음이 없이는 하나님을 기쁘시게 하지 못하나니 하나님께 나아가는 자는 반드시 그가 계신 것과 또한 그가 자기를 찾는 자들에게 상 주시는 이심을 믿어야 할지니라"고 말했다(히브리서 11:6).

성도들은 하나님의 계심을 믿고 그를 찾는 자들이다. 다윗은 친구들에게 여호와가 지금 어디에 계시는지 아느냐고 물었다. 모두 꿀먹은 벙어리들이 되었다. 그래서 다윗이 스스로 대답했다. '여호와는 산에 계시지 않는다. 거기에는 우상을 섬기는 산당들이 있다. 산은 우리가 피할 곳이 아니다. 여호와께 피해야 한다. 여호와는 그의 성전에 계신다. 여호와의 보좌는 하늘에 있다. 그의 눈은 인간 세상에서 일어난 일들을 보시고 감찰하시며 시시비비를 가려 주신다. 나는 하나님만 신뢰할 것이다. 나는 지금 하나님의 보호 아래 있다. 나는 두려워하지 않을 것이다.'

친구들은 다윗의 말을 이해할 수 없었다. 그들의 눈에는 여호와 하나님이 보이지 않았다. 사울의 폭력과 위협만 보였다. 그러자 다윗은 여호와께서 하시는 일들을 다시 한 번 친구들에게 설명해 주었다.

"여호와는 의인을 감찰하시고 악인과 폭력을 좋아하는 자를 마음에 미워하시도다 악인에게 그물을 던지시리니 불과 유황과 태우는 바람이 그들의 잔의 소득이 되리로다"(5-6절).

다윗만큼 여호와 하나님에 대하여 잘 알고 있는 사람이 몇이나 될까? 여호와를 아는 것보다 더 큰 축복이 무엇이겠는가? 하나님에 관한 지식을 가진 사람은 아무리 상황이 어려워도 새처럼 산으로 도망가지 않는다. 여호와 하나님이 가장 안전한 피난처가 되시기 때문이다.

하나님은 악인이 누구인지 알고 계신다. 세상 사람들이 두려워하는 폭력(파괴적인 힘)을 하나님께서는 미워하신다. 때가 되면 하나님께서 악인들에게 그물을 던져 꼼짝 못 하게 하실 것이다. 그리고 소돔과 고모라 성을 심판하셨던 것처럼 불과 유황과 태우는 바람으로 그들을 소멸시키실 것이다. 악인들의 손에는 멸망의 잔이 들려 있지만, 다윗의 손에는 구원의 잔이 들려 있다.

새처럼 그물에 걸려 사로잡힐 자들은 다윗이 아니라 악한 일을 꾀하는 자들이다. 다윗은 여호와 하나님의 의로우신 성품을 잘 알고 있었다.

"여호와는 의로우사 의로운 일을 좋아하시나니 정직한 자는 그의 얼굴을 뵈오리로다"(7절).

여호와 하나님은 의로우신 분이시다. 그래서 의로운 일을 좋아하신다. 하나님 앞에 의롭고 정직한 자는 그의 얼굴을 보게 될 것이다. 다윗의 믿음은 바로 이런 영적인 지식에 기초를 두고 있었다. 다윗의 시를 읽다 보니 찬송가 한 구절이 입가에 맴돈다.

1. 주여 지난 밤 내 꿈에 뵈었으니 그 꿈 이루어 주옵소서
   밤과 아침에 계시로 보여 주사 항상 은혜를 주옵소서
2. 마음 괴롭고 아파서 낙심될 때 내게 소망을 주셨으며
   내가 영광의 주님을 바라보니 앞길 환하게 보이도다
3. 세상 풍조는 나날이 변하여도 나는 내 믿음 지키리니
   인생 살다가 죽음이 꿈 같으나 오직 내 꿈은 참되리라

(후렴) 나의 놀라운 꿈 정녕 나 믿기는 장차 큰 은혜 받을 표니
나의 놀라운 꿈 정녕 이루어져 주님 얼굴을 뵈오리라

〈시편 12편〉 다윗의 시, 인도자를 따라 여덟째 줄에 맞춘 노래

최후의 승리자

세월이 지나면 세상이 좀더 선해질까? 예를 들어 보자. 주전 7백여 년 경에 살았던 호세아 선지자는 자신이 살고 있는 세상을 보며 이렇게 한탄했다.

> "이스라엘 자손들아 여호와의 말씀을 들으라 여호와께서 이 땅 주민과 논쟁하시나니 이 땅에는 진실도 없고 인애도 없고 하나님을 아는 지식도 없고 오직 저주와 속임과 살인과 도둑질과 간음뿐이요 포악하여 피가 피를 뒤이음이라"(호세아 4:1-2).

진실과 인애(곧 사랑)와 하나님을 아는 지식이 사라졌다. 반면에 저주의 소리와 속임과 살인과 도둑질과 간음과 포악함이 온 땅에 가득했다. 그 결과 다툼과 전쟁은 꼬리를 물었고 피 흘림이 쉬지 않았다. 그로부터 8백여 년이 지난 후에 바울도 같은 탄식을 했다.

> "기록된바 의인은 없나니 하나도 없으며 깨닫는 자도 없고 하나님을 찾는 자도 없고 다 치우쳐 함께 무익하게 되고 선을 행하는 자는 없나니 하나도 없도다"(로마서 3:10-12).

그럼 바울이 살던 시대에서 2천여 년이 지난 지금은 좀 나아졌을까? 그렇게 보이지 않는다. 시편으로 돌아가 보자. 다윗은 먼저 여호와 하나님의 도우심을 구하며 탄식했다.

"여호와여 도우소서 경건한 자가 끊어지며 충실한 자들이 인생 중에 없어지나이다"(1절).

1절을 풀어 읽으면 이런 말이 된다. '도우소서, 여호와여, 사람의 아들들 가운데 경건한 자가 더 이상 존재하지 않습니다. 믿을 만한 사람도 사라져 버렸습니다.' '경건한 자'는 히브리어로 '하시드'인데, 그 어근은 '하세드'로서 사랑과 인애를 의미한다. 신약에서 무조건적인 하나님의 사랑을 의미하는 '아가페'와 같은 말이다. 그러므로 경건한 자는 하나님을 사랑하며 그 언약을 지키는 사람이다. 한편 '충실한 자'는 히브리어 '아멘'으로 진실한 사람을 의미한다. 예수님께서 '내가 진실로 진실로 너희에게 이르노니' 하실 때의 '진실'이 바로 아멘이다. 그런데 시인이 살던 시대에는 하나님을 사랑하여 그와 맺은 약속을 진실하게 지키는 자들을 찾아볼 수가 없었다. 그럼 경건한 자와 진실한 자는 모두 어디로 갔을까?

"그들이 이웃에게 각기 거짓을 말함이여 아첨하는 입술과 두 마음으로 말하는도다"(2절).

경건하고 진실했던 사람들이 모두 변질되었다. 그들은 아첨하는 입술과 두 마음을 가지고 이웃에게 거짓말을 했다. 다윗은 그렇게 신뢰가 사라진 시대에 살고 있었다. 영적, 도덕적으로 타락한 시대를 묘사하는 이 시는 그래서 가장 낮은 여덟째 음으로 작곡되었다.

"여호와께서 모든 아첨하는 입술과 자랑하는 혀를 끊으시리니 그들이 말하기를 우리의 혀가 이기리라 우리 입술은 우리 것이니 우리를 주관할 자 누구리요 함이로다"(3-4절).

다윗이 목소리를 높여 선포했다. 여호와 하나님께서 살아 계시기 때문에 반드시 교만한 자들을 심판하실 것이라고 선언했다. 그들은 '우리의 혀가 이길 것이다. 우리 입술은 우리 것이다. 누가 우리를 주관한단 말인가?' 하고 큰소리쳤다. 그들이 언제까지 그렇게 교만한 말을 할 수 있을까? 다윗은 '여호와께서 모든 아첨하는 입술과 자랑하는 혀를 끊으실 것'이라고 확신했다. 이것은 믿음을 버리고 변질되어 거짓말하는 자들에게 임할 무서운 심판이다. 하나님의 심판은 이방인들에게만 임하지 않는다. 하나님을 떠난 그의 백성들에게도 임한다. 다윗은 하나님을 떠난 지도자들 때문에 고통을 당하고 있는 백성들을 생각하며 하나님께 기도했다. 그러자 여호와께서 대답하셨다.

"여호와의 말씀에 가련한 자들의 눌림과 궁핍한 자들의 탄식으로 말미암아 내가 이제 일어나 그를 그가 원하는 안전한 지대에 두리라 하시도다"(5절).

'가련한 자들'과 '궁핍한 자들'은 악한 자들의 횡포 아래 눌려서 탄식하는 하나님의 자녀들이다. 악한 시대에 성도들이 할 수 있는 일은 기도뿐이다. 하나님께서 그들의 기도를 들으시고 일어나시겠다고 말씀하신다. 무슨 뜻일가? 눌림과 궁핍함 가운데 탄식하고 있는 그의 자녀들을 악한 자들의 손이 닿지 않는 안전한 곳으로 옮기시겠다는 말씀이다. 하나님은 엘리야 시대에 바알에게 무릎을 꿇지 않은 7천 명을 안전한 지대에 두셨다. 마찬가지로 악한 시대에 하나님을 의지하는 그의 자녀들을 반드시 구원의 안전지대로 인도하실 것이다. 하나님의 약속은 언제나 진실하다.

"여호와의 말씀은 순결함이여 흙 도가니에 일곱 번 단련한 은 같도다"(6절).

악인들은 거짓말을 한다. 아첨하는 입술로 하는 말과 행동이 다르다. 두 마음을 가지고 말하기 때문에 상황에 따라 말이 달라진다. 그러나 하나님의 약속은 신실하고 순전해서 의심할 여지가 없다. 그래서 우리는 하나님의 약속을 믿을 수 있다.

약속은 미래에 이루어진다. 아직은 비열하고 악한 자들이 기승을 부리고 있다. 그러나 머지않아 하나님의 약속이 반드시 성취될 것이다. 눈물로 밤을 지새운 사람만 새벽을 기다린다. 대낮에는 아무도 새벽을 그리워하지 않는다. 당분간은 악한 자들이 날뛰고 있지만 최후 승리자는 반드시 하나님이 되실 것이다.

"여호와여 그들을 지키사 이 세대로부터 영원까지 보존하시리이다 비열함이 인생 중에 높임을 받는 때에 악인들이 곳곳에서 날뛰는도다"(7-8절).

문자적으로 해석하면 이런 말이다. '여호와께서 이 세대, 비열함이 인생 중에 높임을 받고 악인들이 곳곳에서 날뛰는 세대로부터 가련한 자들과 궁핍한 자들을 영원히 지켜 주실 것이다.' 비열함은 무가치함이다. 그들이 지금은 잘되는 것 같지만 하나님 편에서 보면 바람에 날아가는 쭉정이다. 지금은 그들이 권력을 쥐고 약한 자들을 괴롭히지만 머지않아 흔적도 찾아볼 수 없을 것이다. 아무도 그들을 기억하지 않을 것이다. 그리하여 최후 승리자는 여호와 하나님을 신뢰하는 성도들이 될 것이다.

지금 당신의 주변에 악한 자들이 산재해 있는가? 가슴이 답답하고 외로운가? 하나님을 신뢰하라. 하나님께서 당신을 날뛰는 악한 자들로부터 영원히 지켜 주겠다고 하신 약속을 굳게 붙잡으라. 그리고 하나님께서 일하시기 위해 일어나실 때를 기다리라. 우리의 소망은 하나님의 약속의 말씀에서 나온다.

〈시편 13편〉 다윗의 시, 인도자를 따라 부르는 노래

탄식이 변하여 찬송으로

어느 날 다윗이 정서적으로 밑바닥을 헤매고 있었다. 고난은 끝없는데 하나님을 뵐 수 없었다. 죽음의 그림자가 문 앞에 드리웠다. 원수들이 다윗을 이겼다면서 괴성을 지르고 광란의 춤을 추었다. 다윗이 두려운 것은 그의 죽음이 아니었다. 훗날 사람들이 '하나님도 다윗을 외면하셨다' 하거나 '다윗이 하나님 믿기를 포기했다'고 수근거리는 것이었다.

그러나 다윗은 끝까지 하나님에 대한 그의 믿음을 지켰다. 입으로는 '하나님, 지금 어디 계시나이까?' 하고 울부짖어도 마음으로는 하나님이 분명히 계심을 의심하지 않았다. 하나님이 계신 줄 믿었기 때문에 어디 계시냐고 물었던 것이다. 믿음이 없었다면 묻지도 않았을 것이다. 다윗의 탄식은 포기가 아니고 갈망이었다. 밤낮없이 하나님을 찾느라 목소리가 가라앉은 다윗의 음성으로 13편의 전반부를 읽어 보자.

"여호와여 어느 때까지니이까 나를 영원히 잊으시나이까 주의 얼굴을 나에게서 어느 때까지 숨기시겠나이까 나의 영혼이 번민하고 종일토록 마음에 근심하기를 어느 때까지 하오며 내 원수가 나를 치며 자랑하기를 어느 때까지 하리이까 여호와 내 하나님이여 나를 생각하사 응답하시고 나의 눈을 밝히소서 두렵건대 내가 사망의 잠을 잘까 하오며 두렵건대 나의 원수가 이르기를 내가 그를 이겼다 할까 하오며 내가 흔들릴 때에 나의 대적들이 기뻐할까 하나이다"(1–4절).

"언제까지니이까?"라는 탄식은 시간의 개념이 아니고 공간의 개념이다. 주님의 얼굴을 다시 볼 수 있는 만남의 공간이다. 성도들이 가장 슬플 때는 하나님께서 나를 잊으셨다고 느낄 때다. 반대로 가장 행복할 때는 하나님께서 내 안에 계시고, 내가 하나님 안에 있을 때다. 하나님께서 우리와 거리 두기를 원하실까? 아니다. 처음부터 하나님은 그의 백성들과 함께하시기를 원하셨다. 하나님은 그가 사랑하시는 자녀들에게 쉽게 발견되기를 원하신다. 그는 우리와 함께하시는 임마누엘의 하나님이시다.

아버지가 세 살배기 딸과 집 안에서 숨바꼭질을 하고 있다. 아버지의 목적은 아이가 찾을 수 없는 곳으로 영원히 사라지는 것일까? 아이가 울든 말든 슬그머니 집을 빠져나와 친구와 바둑 두러 가는 것일까? 아니다. 아버지의 소원은 아이 곁에 머물러 있는 것이다. 그래서 아이가 쉽게 찾을 수 있도록 흔적을 남긴다. 발 한쪽을 덜 감추든지, 아니면 헛기침 소리라도 낸다. 다윗이 "주의 얼굴을 나에게서 어느 때까지 숨기시겠나이까?" 하고 부르짖는 소리는 아빠를 못 찾아 애타는 아이의 목소리다. 그러나 아이는 아빠가 집 안 어디에선가 스스로 발견되기 위해 기다리고 있다는 사실을 분명히 알고 있다. 다윗도 그랬다.

다윗의 시에서는 자주 반전이 일어난다. 이 시도 전반에서는 고난과 탄식이 주를 이루지만, 후반에서는 승리와 위로가 주를 이룬다. 이 시의 반전은 5절에서 나타난다.

"나는 오직 주의 사랑을 의지하였사오니 나의 마음은 주의 구원을 기뻐하리이다"(5절).

이제부터 주의 사랑을 의지하겠다는 말이 아니다. 의지해 버렸다는 완료형이다. 주의 구원을 (계속해서) 기뻐하겠다는 말은 미완료형(현재진행형)이다. 다윗은 그를 사랑하시는 하나님께서 반드시 그에게 발견되어 주실 것이라는 '의지적 믿음'을 가졌다. 너무 늦지 않게 이 고난을 끝내 주시고 원수의 입을 다물게 해주실 것이라고 믿었다. 그의 눈꺼풀이 감기지 않게 하시고 산 자의 땅에 머물게 해주실 것이라고 믿었다. 하나님의 사랑은 변치 않는다. 문제는 하나님의 사랑에 대한 우리의 믿음이다. 다윗은 하나님의 변치 않는 사랑을 믿었다. 그 믿음이 다윗을 기쁘게 했다. 아직 환난에서 구원을 받지 못했지만 믿음의 눈으로 볼 때 구원이 오늘 벌써 일어난 것이나 다름없었다. 믿음은 미래를 끌어다 현재진행형으로 만드는 능력이 있다.

"내가 여호와를 찬송하리니 이는 주께서 내게 은덕을 베푸심이로다"(6절).

미래를 오늘에 살아가는 믿음은 어떤 것일까? 예를 들어 보자. 수업료가 필요한 자식이 부모에게 전화를 걸었다. 다음 날 부모로부터 전화가 왔다. '얘야, 오늘 오후에 네 통장에 넣었다. 내일이면 인출할 수 있을 거야.' 아직 돈은 통장에 들어오지 않았다. 그러나 그날 밤은 편안한 마음으로 잠자리에 들 수 있다. 가끔 하나님께서 침묵하실 때가 있다. 언제 그러실까? 우리를 만나고 싶으실 때 침묵하시며 기다리신다. 그때 주의 이름을 부르자.

〈시편 14편〉 다윗의 시, 인도자를 따라 부르는 노래

어리석은 자

성경이 말하는 어리석은 자는 지능지수(IQ)가 낮은 사람이 아니다. 학력이 낮은 사람도 아니다. 재물을 모을 능력이 부족한 가난한 사람도 아니다. 어리석은 자는 하나님이 없다고 부인하는 자다. 다윗은 이런 어리석은 자에게 나타나는 일곱 가지의 특징들을 지적하고 있다.

첫째로, 어리석은 자는 부패하고 행실이 가증하며 선을 행할 줄 모른다.

"어리석은 자는 그의 마음에 이르기를 하나님이 없다 하는도다 그들은 부패하고 그 행실이 가증하니 선을 행하는 자가 없도다"(1절).

모든 생물에는 생명이 있다. 생명이 없으면 부패하기 시작한다. 마찬가지로 생명의 근원이 되신 하나님, 곧 그들에게 생기를 불어 넣으신 하나님이 함께하시지 않을 때 악인들은 부패하기 시작한다. 무엇보다도 먼저 도덕적으로, 윤리적으로 부패하게 된다. 옳음과 그름을 구별하지 못한다. 그들의 행위를 심판하실 하나님이 없다고 생각하기 때문에 자기중심적인 삶을 산다. 행실이 가증하다는 말은 그들의 행위에 구역질이 날 것 같다는 말이다. 눈 씻고 보아도 그들의 삶에 선한 것이 없다. 여기에서 선은 하나님의 뜻대로 사는 삶이다. 하나님이 없다고 생각하는 사람들의 삶에서 무슨 선한 것이 나오겠는가?

둘째로, 어리석은 자들은 하나님을 찾지 않는다.

"여호와께서 하늘에서 인생을 굽어살피사 지각이 있어 하나님을 찾는 자가 있는가 보려 하신즉"(2절).

하나님께서는 의인을 악인과 함께 내버리지 않으신다. 혹시라도 악인들 중에 하나님을 찾는 자가 있는지 살펴보신다. 마치 농부가 버려야 할 과일들 중에 조금이라도 성한 것이 있는지 골라내는 것처럼 하나님께서 자세히 찾아보신다. 이 구절이 강조하는 바는 어리석은 자들 중에는 하나님을 찾는 자가 하나도 없다는 점이다. 왜 어리석은 자들은 하나님을 찾지 않을까? 이유는 간명하다. 하나님이 없다고 생각하기 때문이다. 없다고 생각하는 하나님을 왜 찾겠는가? 그러므로 '하나님은 없다'는 악인들의 생각 자체가 그들에게 저주가 된다.

셋째로, 어리석은 자들은 함께 더러운 자가 되고 선을 행하는 자가 하나도 없다.

"다 치우쳐 함께 더러운 자가 되고 선을 행하는 자가 없으니 하나도 없도다"(3절).

철새들이 무리 지어 날아가는 것처럼 어리석은 자들도 함께 어울려 산다. 무리의 법칙이다. 여기에서 '함께'라는 말이 섬뜻하다. 바벨탑을 함께 쌓던 사람들이 모두 심판을 받았다. 소돔과 고모라에 함께 살던 사람들이 모두 죽었다. 하나님께서는 이스라엘 중에서 함께 우상숭배를 하는 자들을 돌로 쳐 죽이라고 하셨다. 그들 때문에 이스라엘 온 백성에게 임할 재앙을 예방하기 위해서였다. 우리는 우리들이 살고 있는 환경을 주의 깊게 살펴보아야 한다. 우리 자신이 악한 자들과 함께 어울리지 않기 위해서다. 다윗도 주위를 둘러보았다. 그랬더니 악을 행하는 자들 중에 선을 행하는 사람은 하나도 없었다. 하나님의 뜻을 구하고 선을 행한다면 그는 어리석은 사람이 아니다. 만일 그런 사람이 있다면 하나님께서 그를 악한 자들의 무리에서 구해 내실 것이다.

넷째로, 어리석은 자들은 무지(無知)하다.

"죄악을 행하는 자는 다 무지하냐 그들이 떡 먹듯이 내 백성을 먹으면서 여호와를 부르지 아니하는도다"(4절).

악한 자들은 가까운 형제에게도 악을 행한다. 하나님이 없다고 생각하니 그가 사랑해야 할 형제가 없다. 그의 주위에는 모두 이기고, 미워하고, 착취하고, 짓밟아야 할 '대상물'만 있을 뿐이다. 어리석은 자들은 이웃에게 몹쓸 짓을 하면서도 하나님의 심판을 두려워하지 않는다. 그들 생각에 하나님은 '처음부터 안 계신 분'이기 때문이다. 이것이 그들의 무지함이다. 그래서 하나님의 심판이 임하는 순간에도 하나님의 이름을 부르지 않는다. 단지 운이 없었거나 꾀가 부족했다고 자책한다. 회개하거나 악에서 돌이키려고 하지 않는다. 그들에게는 회개와 용서에 대한 개념이 없다. 악인들의 가장 큰 불행은 회개하고 용서받을 기회가 없다는 점이다.

다섯째로, 어리석은 사람들에게는 갑자기 두려움이 임한다.

"그러나 거기서 그들은 두려워하고 두려워하였으니 하나님이 의인의 세대에 계심이로다"(5절).

'거기서'란 시간과 장소를 모두 의미한다. '하나님은 없다'고 주장하며 평생 살아왔던 그 상황이 바로 '거기서'다. 그런데 갑자기 그 상황에서 하나님이 의인들 가운데 나타나셨다. 그것은 아무도 의심할 수 없는 객관적인 나타나심이었다. 알고 보니 하나님은 오래전부터 의인들 사이에 머물고 계셨다. 갑자기 숨 막히는 두려움이 악인들의 가슴을 짓눌렀다. 마치 신랑이 온다는 소리에 놀라 깨어났지만 등불에 기름이 없음을 알게 된 다섯 처녀들처럼 그들은 당황했다. 이 문제를 어떻게 해석하고 해결해야 할지 난감했다. 평소에 하나님의 계심을 부인했기 때문에 새삼스럽게 하나님의 이름을 부를 용기도 없었다. 하나님의 나타나심이 성도들에게는 큰 축복이다. 그러나 어리석은 자들에게는 두려운 저주가 된다.

여섯째로, 어리석은 자는 악한 꾀에 능하다.

"너희가 가난한 자의 계획을 부끄럽게 하나 오직 여호와는 그의 피난처가 되시도다"(6절).

가난한 자들이 가련함에서 벗어나려고 애쓸 때 어리석은 자들은 온갖 수단을 다하여 그들을 짓밟았다. 그 결과 가련한 자들이 또다시 함정에 빠졌다. 그때마다 악인들은 너털웃음을 웃으며 가난한 자들을 수치스럽게 했다. 그런데 갑자기 하나님이 나타나셔서 그 가난한 자들을 구원하시고 피난처가 되어 주셨다. 이 구절에 생략된 말이 있다. 그것은 하나님께서 가난한 자들의 필요를 넉넉하게 채워 주시고 모든 근심과 염려로부터 자유하게 해주셨다는 말이다. 가난한 자들이 갑자기 흥하게 되었다. 이를 본 어리석은 자들의 두려움은 점점 더 깊어갔다.

일곱째로, 어리석은 자들에게 큰 슬픔이 임했다.

"이스라엘의 구원이 시온에서 나오기를 원하도다 여호와께서 그의 백성을 포로 된 곳에서 돌이키실 때에 야곱이 즐거워하고 이스라엘이 기뻐하리로다"(7절).

포로로 잡혀간 이스라엘 백성들이 돌아왔다. 여기에서 '포로'는 전쟁에 패하고 잡혀간 사람들만을 의미하지 않는다. 포로처럼 소망 없이 살아가던 모든 사람들을 가리킨다. 그동안 어리석은 자들은 하나님을 믿는 성도들을 향해 '저들은 없는 하나님을 믿다가 망한 사람들'이라고 조롱해 왔다. 그런데 하나님께서 그들의 결박을 풀어 주시고 자유롭게 해 주셨다. 하나님께서 엘리사의 종의 눈을 열어 불말과 불병거를 보게 하신 것처럼, 어리석은 자들로 하여금 하나님과 그의 복 받은 백성들에게 일어나는 놀라운 현상을 보게 하셨다. 어디로부터 이런 구원이 임하였을까? 악인들은 그 구원이 시온으로부터 왔다는 사실을 알게 되었다. '하나님이 어디 계시냐'고 조롱했는데 바로 그 하나님이 시온, 곧 예루살렘에 그들과 함께 계셨던 것이다. 하나님께서 포로들을 돌이켜 고향으로 오게 하시는 그날, 야곱은 즐거워하고 이스라엘 백성들은 기뻐할 것이다. 반면에 어리석은 자들은 가슴을 치며 슬피 울게 될 것이다.

이제 다윗의 시를 거꾸로 읽어 보자. 지혜로운 자는 누구인가?

첫째로, 하나님의 살아 계심을 믿는 자들이다. 하나님의 존재를 믿는 사람은 하나님을 사랑하게 된다.

둘째로, 하나님을 찾는 자들이다. 하나님의 살아 계심을 믿는 자들은 하나님을 찾게 된다.

셋째로, 하나님의 뜻(선)을 행하는 자들이다. 하나님을 찾는 자들은 하나님께서 기뻐하시는 뜻을 찾아 행한다.

넷째로, 형제를 사랑하는 자들이다. 하나님께서 가장 기뻐하시는 일은 우리가 서로 사랑하는 일이다.

다섯째로, 하나님의 임재하심을 즐거워하는 자들이다. 하나님은 그를 사랑하고 이웃을 사랑하는 자들과 함께하신다.

여섯째로, 가난한 자들을 돕고 일으켜 주는 자들이다. 하나님과 동행하는 사람들은 하나님처럼 가난한 자들을 긍휼히 여기게 된다.

마지막 일곱째로, 하나님의 구원을 사모하고 다가올 기쁨의 시대를 믿음으로 바라보며 사는 자들이다. 하나님의 살아 계심을 믿고, 이웃을 사랑하며, 가난한 자를 긍휼히 여기고, 하나님과 동행하는 자들은 그의 나라에서 영원히 사는 날들을 소망 가운데 바라보며 기뻐한다.

〈시편 15편〉 다윗의 시

예배자의 삶

시편 15편은 하나님께 예배드리는 자들의 삶에 대한 열 가지 교훈을 담고 있다. 이것은 다윗 자신의 교훈이 아니다. 하나님의 말씀에 대한 동의(同意)와 복창(復唱)이다.

"여호와여 주의 장막에 머무를 자 누구오며 주의 성산에 사는 자 누구오니이까"(1절).

'주의 장막에 머무를 자'와 '주의 성산에 사는 자'는 같은 의미다. 그는 하나님께 예배드리기 위해 성소를 찾는 사람이다. 다윗은 하나님께 예배(제사)드리는 자가 갖추어야 할 영적, 도덕적, 윤리적 자격을 열 가지로 열거했다. 먼저 세 가지는 하나님 앞에서의 거룩한 자세다.

"정직하게 행하며 공의를 실천하며 그의 마음에 진실을 말하며"(2절).

첫째로, 하나님 앞에 나아가는 자는 정직해야 한다. 정직은 말과 행동의 일치를 뜻한다. 하나님은 태초에 사람을 정직한 존재로 지으셨다.

"내가 깨달은 것은 오직 이것이라 곧 하나님은 사람을 정직하게 지으셨으나 사람이 많은 꾀들을 낸 것이니라"(전도서 7:29).

죄짓고 심판에 이른 사람은 절대로 하나님을 탓할 수 없다. 꾀는 다른 사람에게 손해를 끼치는 악한 생각이다. 사랑하거나 선을 행하기 위해 꾀를 부리지는 않는다. 하나님은 정직한 사람을 찾으신다. 그래서 다윗이 회복하기를 간절히 원했던 것은 정직한 마음이었다.

"하나님이여 내 속에 정한 마음을 창조하시고 내 안에 정직한 영을 새롭게 하소서"(시편 51:10).

정직한 마음은 하나님의 선물이다. 우리는 이 선물 받기를 간절히 소원해야 한다.

둘째로, 예배자는 공의를 실천해야 한다. 공의는 하나님의 의로우신 성품이다.

"그는 반석이시니 그가 하신 일이 완전하고 그의 모든 길이 정의롭고 진실하고 거짓이 없으신 하나님이시니 공의로우시고 바르시도다"(신명기 32:4).

공의(公義)는 하나님과의 언약 관계와 이웃과의 도덕적 관계를 충실하게 지키는 자세다. 편애(偏愛)나 이기주의는 공의를 실천하는 데 방해가 된다. 공의를 실천하려면 자신에게 더 엄격해야 한다. 공의는 '흠 잡을 데 없음'이다.

셋째로, 예배자는 진실만을 말해야 한다. 진실도 하나님의 성품이다.

"여호와께서 그의 앞으로 지나시며 선포하시되 여호와라 여호와라 자비롭고 은혜롭고 노하기를 더디하고 인자와 진실이 많은 하나님이라"(출애굽기 34:6).

진실한 말은 입술이 아닌 마음으로 하는 말이다. 자기 자신을 속이지 않는 말이다. 진실하면 안과 밖이 다를 수 없다. 자기 이익을 우선하는 사람은 절대로 진실한 말을 할 수 없다. 진실에서 나오는 '예'와 '아니오'는 누구에게나 동일하게 적용되어야 한다. 건강한 사회는 진실을 가장 중요한 가치로 삼는 사회다. 그다음 네 가지는 이웃과의 관계를 다루고 있다.

"그의 혀로 남을 허물하지 아니하고 그의 이웃에게 악을 행하지 아니하며 그의 이웃을 비방하지 아니하며 그의 눈은 망령된 자를 멸시하며 여호와를 두려워하는 자들을 존대하며"(3-4a절).

하나님께 예배드리는 자의 네 번째 자세는 '혀로 남을 허물하지 않음'이다. 남을 중상모략하지 않아야 한다. 혀보다 더 날카로운 무기가 없다. 없는 말을 지어 내어 타인의 인격을 무너뜨리는 비도덕적인 사람의 예배는 하나님께서 받으실 수가 없다. 하나님은 누구에게도 속지 않으신다. 십계명은 "네 이웃에 대하여 거짓 증거 하지 말라"고 했다(출애굽기 20:16). 이웃 사랑은 이웃의 허물을 덮어 주고 그의 인격을 세워 주는 것이다.

다섯째로 예배자는 이웃에게 악을 행하지 않아야 한다. 이웃에게 행하는 악은 그 범위가 매우 넓다. 이웃이 싫어하는 일, 이웃을 슬프게 하는 일, 이웃을 곤란하게 하는 일, 이웃을 공격하는 일, 이웃의 것을 탈취하는 일 그리고 이웃을 망하게 하는 일 등 다양하다. 하나님은 악한 자를 미워하신다. 다윗은 그의 다른 시에서 "여호와는 의인을 감찰하시고 악인과 폭력을 좋아하는 자를 마음에 미워하시도다"라고 했다(시편 11:5). 바울도 "사랑에는 거짓이 없나니 악을 미워하고 선에 속하라"라고 권했다(로마서 12:9). 이웃이 망하기를 바라는 마음을 가지고 어떻게 '복 주시시기를 기뻐하시는 하나님'을 예배할 수 있겠는가.

보편적으로 사람들은 시기와 질투 때문에 이웃에게 악을 행한다. 그런 마음을 제거하려면 이웃이 잘될 때 하나님께 감사하고 그를 축하해야 한다. 잠언에 이런 말씀이 있다.

"네 이웃이 네 곁에서 평안히 살거든 그를 해하려고 꾀하지 말며 사람이 네게 악을 행하지 아니하였거든 까닭 없이 더불어 다투지 말며 포학한 자를 부러워하지 말며 그의 어떤 행위도 따르지 말라"(잠언 3:29-31).

여섯째로 예배자는 이웃을 비방하지 않아야 한다. 비방은 '당신 때문에 이런 고통이 왔다'고 책임을 전가하는 행위다. 예수님은 십자가 위에서 모든 사람이 받아야 할 비방을 대신 받으셨지만 아무도 비방하지 않으셨다(시편 22:6). 이웃을 비방하는 행위는 하나의 습관이다. 이 잘못된 습관을 고칠 수 있는 좋은 방법이 있다. 이웃을 칭찬하면 된다. 칭찬할 일이 없더라도 찾아내면 된다. 비방하기보다 칭찬하면 본인이 먼저 행복하게 된다.

일곱째로 예배자는 망령된 자를 멸시하고 여호와를 두려워하는 자를 존대해야 한다. '망령된 자'는 하나님을 거절하고 거역하는 자다. 예배자는 망령된 자와 동행할 수 없다. 오히려 하나님을 사랑하고 두려워하는 사람을 존귀하게 여기고 그와 동행해야 한다. 예배자는 사회적 관계에 있어서도 영적 분별력을 발휘해야 한다.

마지막 세 가지는 재물과 관련된 내용이다.

"그의 마음에 서원한 것은 해로울지라도 변하지 아니하며 이자를 받으려고 돈을 꾸어 주지 아니하며 뇌물을 받고 무죄한 자를 해하지 아니하는 자이니 이런 일을 행하는 자는 영원히 흔들리지 아니하리이다"(4b-5절).

여덟째로 예배자는 서원한 것은 해로울지라도 변치 않고 실천해야 한다. 할 수 있으면 필요 없는 맹세는 처음부터 하지 않아야 한다. 사람들은 곤란한 상황에서 벗어나기 위해 거짓 맹세를 하는 경향이 있다. 스가랴가 전한 하나님의 말씀이다.

"마음에 서로 해하기를 도모하지 말며 거짓 맹세를 좋아하지 말라 이 모든 일은 내가 미워하는 것이니라 여호와의 말이니라"(스가랴 8:17).

사람에게 약속(서원)한 것이 있다면 비록 손해가 될지라도 지켜야 한다. 그렇게 함으로 성도의 신실함을 증명해 보여야 한다. 말로 서원한 것뿐만 아니라 마음으로 서원한 것도 지켜야 한다. 서원은 하나님께 했던 약속을 말한다.

아홉째로 예배자는 높은 이자로 돈을 빌려주는 고리대금을 하지 않아야 한다. 고리대금을 하지 않아야 할 가장 큰 이유는 가난한 자를 불쌍히 여겨야 하기 때문이다. 바벨론의 연리(年利)는 33.3퍼센트였고, 앗수르의 연리는 50퍼센트였다. 모세는 외국인을 제외한 (이스라엘) 동족에게는 절대로 이자를 받지 말라고 엄금하고 있다.

> "네가 형제에게 꾸어 주거든 이자를 받지 말지니 곧 돈의 이자, 식물의 이자, 이자를 낼 만한 모든 것의 이자를 받지 말 것이라"(신명기 23:19).

옛날 한국의 농촌에도 50퍼센트에 이르는 높은 금리가 있었다. 쌀 한 가마를 빌려가면 1년 후에 한 가마 반을 갚아야 했다. 남의 땅을 빌려 농사짓는 소작농은 소득의 50퍼센트를 땅 주인에게 주어야 했다. 소작농의 입장에서 보면 마이너스 농사나 다름없었다. 그래서 가난한 사람들은 그 굴레를 벗어날 수 없었다.

그런데 애굽의 총리가 된 요셉은 백성들이 왕의 땅에서 농사를 지은 후에 소득의 20퍼센트만 국고로 돌리라고 했다. 아마도 인류 역사에 나오는 제일 낮은 소작료일 것이다. 남에게 돈을 빌려줄 수 있는 사람은 이미 하나님께 복을 받은 사람이다. 가난한 사람의 생활비를 빼앗아가지 않아도 넉넉한 사람이다. 만일 우리가 형제에게 돈을 빌려주면서 이자를 면제하고 원금 중에서 80퍼센트만 갚으라고 한다면 하나님께서 얼마나 기뻐하실까? 우리 하나님은 가난한 자들을 돌보시는 인자하신 분이시다.

마지막 열 번째로 예배자는 뇌물을 받지 않아야 한다. 선물과 뇌물은 동기부터가 다르다. 선물은 감사하는 마음의 표현인 반면, 뇌물은 사사로운 이익을 위해 사회정의를 도적질하는 행위다. 선물에는 아무런 기대도 없다. 고맙다는 말조차 기대하지 않는다. 그러나 뇌물에는 불의한 기대가 있다. 뇌물을 받은 관리는 절대로 일을 바르게 처리할 수가 없다.

진실한 예배를 드리자. 먼저 우리의 내면을 살펴보자. 혹시 거짓되고 불의한 일을 하지 않았는지, 혹시 이웃을 시기한 일은 없었는지, 혹시 망령된 자들과 동행하지 않았는지, 가난한 자들을 무정하게 대하지 않았는지, 물질을 부정하게 사용한 적은 없는지 주의 깊게 살펴보자.

〈시편 16편〉 다윗의 믹담

여호와는 나의 기업

다윗은 그의 생명이 경각에 달렸을 때 이 시를 썼다. 그래서 이 시의 후반부는 신약에서 부활과 연관되어 자주 인용되고 있다.

"하나님이여 나를 지켜 주소서 내가 주께 피하나이다"(1절).

세상 사람들은 피할 곳이 없다고 말한다. 그러나 다윗은 주께로 피할 수 있었다. 하나님께서 그를 지켜 주셔서 죄의 길에서 벗어나게 하시고 아무도 만지지 못하게 하실 것이다. 사도 요한도 그 진리를 깨달았다.

"하나님께로부터 난 자는 다 범죄하지 아니하는 줄을 우리가 아노라 하나님께로부터 나신 자가 그를 지키시매 악한 자가 그를 만지지도 못하느니라"(요한1서 5:18).

"내가 여호와께 아뢰되 주는 나의 주님이시오니 주밖에는 나의 복이 없다 하였나이다"(2절).

이런 상상을 해보자. 어느 날 종이 주인에게 무슨 말인가 할 듯 말 듯한 표정을 지었다. 주인이 무슨 말인지 해보라고 다그쳤다. 그때 종이 겸연쩍은 얼굴로 이렇게 말했다. '저는 주인님의 종입니다. 그런데 주인님은 저에게 복덩이십니다.' 주인이 그 말을 얼른 이해하지 못하고 종을 물끄러미 쳐다보았다. 그런데 다윗이 하나님께 그런 말을 하자 하나님은 즉시 이해하시고 기쁜 표정을 지으셨다. 다윗의 복은 하나님이었다. 우리의 복도 오직 하나님뿐이다. 이것이 신앙이다.

"땅에 있는 성도들은 존귀한 자들이니 나의 모든 즐거움이 그들에게 있도다 다른 신에게 예물을 드리는 자는 괴로움이 더할 것이라 나는 그들이 드리는 피의 전제를 드리지 아니하며 내 입술로 그 이름도 부르지 아니하리로다"(3-4절).

존귀하다는 말은 영광스럽다는 의미다. 왜 성도들이 존귀한 자일까? 다윗처럼 하나님으로 복을 삼았기 때문이다. 그들은 존귀하신 하나님 때문에 존귀하게 된 자들이다. 그러나 우상을 섬기는 자들에게는 괴로움만 있다. 다윗은 성도들과 교제했다. 우상을 숭배하는 자들과는 상종도 하지 않았다.

"여호와는 나의 산업과 나의 잔의 소득이시니 나의 분깃을 지키시나이다 내게 줄로 재어 준 구역은 아름다운 곳에 있음이여 나의 기업이 실로 아름답도다"(5-6절).

우리에게는 산업이나 분깃이라는 단어가 생소하게 들린다. 그러나 다윗의 노래를 듣는 사람들은 그 뜻이 무엇인지 다 알고 있었다. 이 구절을 잘 이해하기 위해 여호수아가 가나안 땅을 이스라엘 백성들에게 분배해 주던 그 시절로 돌아가 보자. 여호수아는 이스라엘 땅을 열두 조각으로 나누어 각 지파들에게 한 조각씩 기업으로 주었다. 그리고 지파의 족장들은 가족별로 그 땅을 다시 나누어 주었다. 이 땅은 영원히 그 가족의 소유가 되었다. 그 가족에 형제들이 나면 또다시 땅을 나누게 될 것이었다. 이런 면에서 땅은 하나님께서 주신 기업이었다.

그런데 레위 지파에게는 분배된 땅이 없었다. 그들은 각 성에 흩어져 살았지만 땅은 분배받지 못했다. 요셉의 아들 에브라임과 므낫세가 열두 지파에 포함되었기 때문이다. 처음에 여호수아의 말을 듣고 레위 지파들은 속상하고 섭섭했을 것이다. 그때 하나님의 말씀이 임했다.

"여호와께서 또 아론에게 이르시되 너는 이스라엘 자손의 땅에 기업도 없겠고 그들 중에 아무 분깃도 없을 것이나 내가 이스라엘 자손 중에 네 분깃이요 네 기업이니라"(민수기 18:20).

아론은 레위 지파의 우두머리다. 하나님의 말씀은 '아론아, 걱정 말아라. 내가 너의 기업이다. 내가 너와 너의 후손들을 책임질 것이다'라는 뜻이다. 얼마나 따뜻한 말씀인가. 다윗이 '여호와는 나의 산업이고 기업이십니다' 할 때 그의 마음은 평안과 행복으로 충만했다. 이스라엘 백성들에게 기업은 줄로 측량된 땅이었다. 하나님께서 다윗에게 가장 아름다운 기업이 되어 주셨다.

"나를 훈계하신 여호와를 송축할지라 밤마다 내 양심이 나를 교훈하도다 내가 여호와를 항상 내 앞에 모심이여 그가 나의 오른쪽에 계시므로 내가 흔들리지 아니하리로다"(7-8절).

모든 기업은 소득을 창출한다. 다윗의 기업이 되신 하나님께서는 그에게 무엇을 주셨을까? 하나님은 밤마다 다윗의 양심을 통하여 교훈을 주셨다. 그것은 세상이 줄 수 없는 최고의 교훈이었다. 다윗은 저녁에 하나님께 기도하고 받은 교훈으로 이튿날 아침에는 지혜롭게 나라를 다스리고 백성들을 섬겼다. 하나님께서 다윗의 우편에 계시니 흔들림이 없었다. 그래서 다윗은 하나님을 송축했다.

> **"이러므로 나의 마음이 기쁘고 나의 영도 즐거워하며 내 육체도 안전히 살리니 이는 주께서 내 영혼을 스올에 버리지 아니하시며 주의 거룩한 자를 멸망시키지 않으실 것임이니이다 주께서 생명의 길을 내게 보이시리니 주의 앞에는 충만한 기쁨이 있고 주의 오른쪽에는 영원한 즐거움이 있나이다"(9–10절).**

다윗은 하나님께서 그의 생명을 붙들고 계심을 알았다. 그는 하나님께서 그를 죽음에 내던지지 않으실 것을 믿었다. 주께서 택하시고 거룩하게 구별하신 자신을 멸망하도록 모른 체하지 않으실 것을 확신했다. 그래서 천만인이 그를 치려고 진을 칠 때에도 평안히 잠들 수 있었다. 주변 환경은 삭막했지만 그의 영혼은 기쁨으로 충만했다.

어떻게 다윗은 그렇게 담대했을까? 마치 태아가 탯줄을 통하여 어머니와 생명을 공유하듯이, 그의 생명이 하나님의 생명에 연결되어 있었기 때문이다. 그래서 신약의 저자들은 이 구절을 예수님의 부활을 증명하는 데 자주 인용했다. 먼저 베드로는 다윗이 예수 그리스도의 부활을 미리 예견하고 "그리스도의 부활을 말하되 그가 음부에 버림이 되지 않고 그의 육신이 썩음을 당하지 아니하시리라"고 말했다고 해석했다(사도행전 2:31). 그리고 담대히 "이 예수를 하나님이 살리신지라 우리가 다 이 일에 증인"이라고 외쳤다(사도행전 2:31). 바울도 이 구절을 인용하여 예수님의 부활을 증거했다(사도행전 13:35-37).

이처럼 다윗의 개인적인 경험들이 예수 그리스도 안에서 역사적인 사건이 되었다. 예수 그리스도께서 죽음을 이기시고 부활하셨기 때문에 우리도 담대하게 선포할 수 있다.

> "우리가 살아도 주를 위하여 살고 죽어도 주를 위하여 죽나니 그러므로 사나 죽으나 우리가 주의 것이로다 이를 위하여 그리스도께서 죽었다가 다시 살아나셨으니 곧 죽은 자와 산 자의 주가 되려 하심이라"(로마서 14:8-9).

여호와 하나님으로 기업을 삼은 이들은 복 받은 사람들이다.

〈시편 17편〉 다윗의 기도

주여, 나의 기도를 들으소서

하나님께서는 분명 그의 자녀들을 고난에서 구원해 주신다. 하나님께는 그럴 만한 능력이 있고, 또 그렇게 하시기를 원하신다. 그런데 왜 우리가 하나님께 구원해 주시기를 기도해야 하는가? 가만히 있어도 구원해 주시지 않을까? 어떤 사람들은 이런 잘못된 논리 때문에 기도하지 않는다. 그리고 그 시간부터 그의 믿음이 시들어 간다. 기도의 유익은 무엇일까?

기도하면 하나님의 구원을 체험한다. 바울은 "누구든지 주의 이름을 부르는 자는 구원을 받으리라"고 했다(로마서 10:13). 기도는 하나님께서 우리를 구원하시는 열쇠다. 기도는 우리를 하나님께로 더욱 가까이 나아가게 하는 통로다. 기도는 산을 움직일 만한 능력이다. 기도는 우리의 영·혼·육을 건강하게 하는 최고의 명약이다. 기도는 원수의 마음을 변화시키고, 연약한 자들을 일으켜 세운다. 기도는, 기도는,… 그 축복은 다 나열할 수가 없다.

다윗은 사울왕 때문에 많은 고난을 당했다. 그때마다 기도했다. 오직 하나님만 의지하고 그의 도우심을 구했다. 다른 누구도 의지하지 않았다. 시편 17편은 세 부분으로 구성되어 있다. 자신의 무죄를 주장하고 하나님의 도우심을 구하는 첫째 연(1-5절), 원수들로부터 구원해 주시기를 탄원하는 둘째 연(6-12절), 그리고 하나님의 구원을 믿고 신뢰하는 셋째 연(13-15절)이다.

첫째 단락부터 읽어 보자.

"여호와여 의의 호소를 들으소서 나의 울부짖음에 주의하소서 거짓 되지 아니한 입술에서 나오는 나의 기도에 귀를 기울이소서"(1-2절).

언뜻 보면 다윗이 하나님 앞에 자신의 무죄함과 결백함을 자랑하고 있는 것 같다. 정말 그럴까? 아니다. '의의 호소'는 의로운 기도를 말한다. 기도에도 불의한 기도가 있을까? 그렇다. 거짓된 입술에서 나오는 기도는 하나님 앞에서 불의한 기도다. 누가 하나님을 속일 수 있겠는가? '의의 호소'는 정직함에 기초를 두어야 한다.

"주께서 나를 판단하시며 주의 눈으로 공평함을 살피소서"(3절).

기도하다가 자신의 불의함이 드러나면 먼저 회개해야 한다. 회개는 성령님께서 주시는 축복의 선물이다. 기도 가운데 우리는 더욱 의롭게 된다. 다윗의 기도 생활이 그를 거룩하게 만들어 주었다. 기도 가운데 주께서 그를 판단하시고 주의 눈이 그의 공평함을 살피셨다. 주께서 다윗의 마음을 시험해 보시고 철저하게 감찰하셨다.

"주께서 내 마음을 시험하시고 밤에 내게 오시어서 나를 감찰하셨으나 흠을 찾지 못하셨사오니 내가 결심하고 입으로 범죄하지 아니하리이다 사람의 행사로 논하면 나는 주의 입술의 말씀을 따라 스스로 삼가서 포악한 자의 길을 가지 아니하였사오며 나의 걸음이 주의 길을 굳게 지키고 실족하지 아니하였나이다"(4-5절).

하나님께서 다윗을 낱낱이 살피신 후에 그가 의롭다는 확신을 주셨다. 그래서 다윗은 하나님께 감사드렸다. "[주께서 나의] 흠을 찾지 못하셨사오니 내가 결심하고 입으로 범죄하지 아니하리이다." 주의 말씀이 다윗을 붙들어 주셨기 때문에 그는 구별된 생활을 할 수 있었다. 기도가 날마다 우리의 영혼을 깨끗이 씻어 준다. 죄를 깨닫고 회개하게 한다. 기도하는 가운데 성령님의 도우심으로 우리의 내면세계가 더욱 깨끗하게 된다. 그리하여 하나님의 말씀을 따라 실족하지 않고 바른길로 걸어가게 한다. 기도가 복이다.

둘째 연으로 넘어가 보자.

"하나님이여 내게 응답하시겠으므로 내가 불렀사오니 내게 귀를 기울여 내 말을 들으소서 주께 피하는 자들을 그 일어나 치는 자들에게서 오른손으로 구원하시는 주여 주의 기이한 사랑을 나타내소서"(6-7절).

기도는 우리를 믿음의 사람이 되게 한다. 기도하지 않으면 응답도 없다. 다윗은 하나님께서 그에게 응답하실 줄 믿었기 때문에 그의 이름을 불렀다. 기도하는 사람만이 하나님의 오른손을 볼 수 있다. 기도하는 사람만이 하나님의 사랑으로 옷 입을 수 있다.

"나를 눈동자같이 지키시고 주의 날개 그늘 아래에 감추사 내 앞에서 나를 압제하는 악인들과 나의 목숨을 노리는 원수들에게서 벗어나게 하소서"(8-9절).

기도하면 영적인 눈이 열린다. 하나님께서 귀를 기울이시고 우리의 기도를 들으시는 모습, 능력의 오른손으로 원수에게서 우리를 구원하시는 모습, 눈동자같이 우리를 지키시는 모습, 암탉이 병아리들을 품듯이 그의 날개 아래 우리를 품으시는 모습, 그리고 까닭 없이 압제하는 원수들로부터 벗어나게 하시는 모습을 볼 수 있다. 기도하는 사람만이 이런 복을 누릴 수 있다.

"그들의 마음은 기름에 잠겼으며 그들의 입은 교만하게 말하나이다 이제 우리가 걸어가는 것을 그들이 에워싸서 노려보고 땅에 넘어뜨리려 하나이다 그는 그 움킨 것을 찢으려 하는 사자 같으며 은밀한 곳에 엎드린 젊은 사자 같으니이다"(10-12절).

기도는 우리를 담대하게 한다. 때때로 기도가 원수들을 자극할 때도 있다. 기도하지 않으면 원수 마귀들도 잠잠해진다. 오해하지 말자. 마귀가 잠잠해지는 까닭은 그들이 이겼다고 생각하기 때문이다. 그러나 기도하면 원수들이 길길이 날뛴다. 그때 놀라지 말자. 그것은 마귀가 쫓겨 가면서 분을 내는 패배자의 모습일 뿐이다.

다윗이 기도를 시작하자 오히려 원수들이 그를 향해 분을 내며 날뛰었다. 교만한 마음과 입술로 다윗을 경멸하는 말을 내뱉었다. 다윗을 노려보는 그들의 눈길이 예사롭지 않았다. 마치 움켰던 것을 빼앗긴 사자가 분노하며 다시 덤벼들려는 것 같았다. 이럴 때 세상 사람들은 두려움에 떨며 도망칠 것이다. 그러나 기도를 통하여 영적인 눈이 열린 사람, 그와 함께하시는 하나님의 모습을 본 사람은 절대로 위축되지 않는다. 원수가 하찮은 존재로 보인다. 그래서 담대하게 사탄을 향해 맞설 수 있다. 두려워 피할 자는 우리가 아니라 마귀들이다.

"그런즉 너희는 하나님께 복종할지어다 마귀를 대적하라 그리하면 너희를 피하리라"(야고보서 4:7).

이제 마지막 셋째 연을 묵상해 보자.

"여호와여 일어나 그를 대항하여 넘어뜨리시고 주의 칼로 악인에게서 나의 영혼을 구원하소서"(13절).

다윗은 다시 한번 하나님의 구원을 간청했다. 하나님께서 일어나셔서 자기를 향해 달려드는 원수들과 싸워 주시기를 간구했다. 그들을 넘어뜨리시고 주의 칼을 높이 빼 들어 원수들에게서 자신을 구원해 달라고 호소했다. 결과는 불을 보듯 분명하게 될 것이다. 넘어질 사람은 다윗이 아니라 원수들이다.

> **"여호와여 이 세상에 살아 있는 동안 그들의 분깃을 받은 사람들에게서 주의 손으로 나를 구하소서 그들은 주의 재물로 배를 채우고 자녀로 만족하고 그들의 남은 산업을 그들의 어린아이들에게 물려 주는 자니이다 나는 의로운 중에 주의 얼굴을 뵈오리니 깰 때에 주의 형상으로 만족하리이다"(14-15절).**

나아가서 다윗은 원수들의 불의한 삶을 하나님께 고소했다. 그들은 이 세상에서 이미 충분한 몫을 챙겼다. 자기도 넉넉하게 가졌고, 자식과 그들의 자식들에게 넘겨줄 몫까지 모아 두었다. 대부분 불의한 재물들이다. 세상적으로 보면 그들은 전혀 부족함이 없어 보인다. 과연 그럴까? 아니다. 그들에게 절대 부족한 부분이 있다. 그들에게는 여호와가 안 계셨다. 그들은 여호와의 얼굴을 볼 수가 없다. 그들은 여호와 하나님과 상관없는 사람들이다. 그들이 소유한 모든 것은 하나님께로부터 온 것들이 아니다. 그러므로 주께서 그들의 소유를 지켜 주실 책임이 없다. 주의 형상으로 만족할 수 없는 사람은 세상 모든 것들을 소유해도 만족함이 없다. 그들은 다 가진 것처럼 보이지만 실상은 아무것도 가지지 않은 자들이다.

처음 질문으로 돌아가 보자. 왜 가만히 있어도 하나님께서 구원해 주실 텐데 구태여 그렇게 애써 기도해야 할까? 기도의 유익과 사명과 능력 때문이다.

기도하는 사람은 어떤 상황에서도 거룩한 길을 걸어간다. 결코 불의와 타협하지 않고, 악은 그 모양이라도 버린다.

기도하는 사람은 하나님의 사역에 동참할 수 있다. 하나님은 그의 나라와 의를 위하여 기도하는 자를 찾으신다.

기도하는 사람은 자기 능력으로 살지 않는다. '내게 능력 주시는 자 안에서 내가 모든 것을 할 수 있다'고 고백하며 살아간다. 기도하는 사람은 하나님의 능력으로 옷 입는다.

기도의 선지자 E. M. 바운즈는 그의 책 《기도의 능력》에서 이런 말을 했다. "기도를 자신의 주된 일로 생각하고, 기도를 중요하게 여기며, 기도에 시간을 바치는 사람들에게 하나님은 천국의 열쇠를 맡기신다."

〈시편 18편〉 여호와의 종 다윗의 시, 인도자를 따라 부르는 노래, 여호와께서 다윗을 그 모든 원수들의 손에서와 사울의 손에서 건져 주신 날에 다윗이 이 노래의 말로 여호와께 아뢰어 이르되

여호와 외에 누가 하나님이냐

길고 길었던 인고(忍苦)의 계절이 지나갔다. 사울왕은 세상을 떠났고, 압살롬의 난과 뜬금없이 나타난 불량배 세바의 난도 제압되었다. 다윗이 무너지기를 바라던 이방 세력들은 안정을 되찾은 이스라엘을 보며 슬그머니 목소리를 낮추고 눈치를 살폈다. 그렇게 평안이 다시 찾아온 어느 날, 다윗은 하나님께 감사와 찬송으로 가득 찬 긴 시를 지었다.

"나의 힘이신 여호와여 내가 주를 사랑하나이다"(1절).

나는 이 구절을 좋아한다. 그래서 어려운 일을 당한 성도들을 위로할 때에 자주 사용한다. 특히 수술받기 위해 마취실로 이동하는 성도들의 손을 붙잡고 갈 때마다 이 구절을 들려주고 반복해서 암송하게 한다. '나의 힘이 되신 여호와', 얼마나 아름다운 말씀인가. 다윗은 하나님께서 어떻게 그의 힘이 되셨는지를 여덟 가지로 묘사했다.

"여호와는 나의 반석이시요 나의 요새시요 나를 건지시는 이시요 나의 하나님이시요 내가 그 안에 피할 나의 바위시요 나의 방패시요 나의 구원의 뿔이시요 나의 산성이시로다 내가 찬송 받으실 여호와께 아뢰리니 내 원수들에게서 구원을 얻으리로다"(2-3절).

구구절절이 구원하시는 하나님을 묘사하는 단어들이다. 하나님은 다윗이 흔들릴 때 반석이 되어 주셨다. 그가 사울에게 쫓길 때 숨을 요새가 되어 주셨다. 깊은 함정에 빠졌을 때 오른팔로 건져 주셨다. 다윗의 개인적인 하나님이 되셨다. 그에게 피할 바위가 되어 주셨고, 튼튼한 방패가 되셨으며, 승리의 뿔을 높이 들게 하시고, 견고한 산성이 되어 주셨다. 이렇게 좋으신 하나님을 어찌 사랑하지 않을 수 있겠는가? 고난 가운데서도 소망을 잃지 않았던 다윗의 놀라운 힘은 언제나 하나님께로부터 왔다. 3절을 문자적으로 해석하면 '내가 찬송 받으실 여호와께 아뢸 때마다 (나는) 내 원수들로부터 계속 구원을 받아 오고 있다'는 현재진행형이다. 다윗에게 있어서 하나님의 구원은 '그때'가 아니라, '여기 그리고 지금'이었다. 다윗은 하나님께서 그를 구원하셨을 때의 상황을 이렇게 간증했다.

"사망의 줄이 나를 얽고 불의의 창수[계곡에 흐르는 급류]가 나를 두렵게 하였으며 스올의 줄이 나를 두르고 사망의 올무가 내게 이르렀도다 내가 환난 중에서 여호와께 아뢰며 나의 하나님께 부르짖었더니 그가 그의 성전에서 내 소리를 들으심이여 그의 앞에서 나의 부르짖음이 그의 귀에 들렸도다"(4-6절).

다윗은 그가 당하고 있는 환난을 '사망의 줄'과 '불의의 창수' 그리고 '스올(사망)의 줄'로 표현했다. 한마디로 요약하면 꼼짝할 수 없는 형편에 처해 있었다는 말이다. 때로 기도 외에는 아무것도 할 수 없는 경우가 있다. 그래서 다윗은 하나님께 부르짖었다. 그랬더니 그의 부르짖음이 하나님의 귀에 들렸다. 그리고 놀라운 반전이 일어나기 시작했다.

"이에 땅이 진동하고 산들의 터도 요동하였으니 그의 진노로 말미암음이로다 그의 코에서 연기가 오르고 입에서 불이 나와 사름이여 그 불에 숯이 피었도다 그가 또 하늘을 드리우시고 강림하시니 그의 발 아래는 어두캄캄하도다 그룹을 타고 다니심이여 바람 날개를 타고 높이 솟아오르셨도다 그가 흑암을 그의 숨는 곳으로 삼으사 장막같이 자기를 두르게 하심이여 곧 물의 흑암과 공중의 빽빽한 구름으로 그리하시도다 그 앞에 광채로 말미암아 빽빽한 구름이 지나며 우박과 숯불이 내리도다 여호와께서 하늘에서 우렛소리를 내시고 지존하신 이가 음성을 내시며 우박과 숯불을 내리시도다 그의 화살을 날려 그들을 흩으심이여 많은 번개로 그들을 깨뜨리셨도다 이럴 때에 여호와의 꾸지람과 콧김으로 말미암아 물 밑이 드러나고 세상의 터가 나타났도다"(7-15절).

다윗은 우레와 번개와 폭풍과 구름과 비 같은 자연현상을 통해 하나님의 능력을 묘사했다. 그것들은 단순한 자연현상이 아니었다. 믿음의 눈으로 볼 때 하나님께서 원수들을 흩으시고 다윗을 구원하시는 장면이었다. 하나님께서 다윗을 구원하시기 위해 하늘에서 내려오셨다. 그리고 불같은 진노를 발하시며 원수들을 소멸시키셨다. 뇌성벽력 같은 음성으로 원수들을 꾸짖으시고 번개를 화살같이 쏘시며 그들을 흩어 버리셨다. 그런 다음 그의 오른팔로 다윗을 구원해 주셨다.

"그가 높은 곳에서 손을 펴사 나를 붙잡아 주심이여 많은 물에서 나를 건져 내셨도다 나를 강한 원수와 미워하는 자에게서 건지셨음이여 그들은 나보다 힘이 세기 때문이로다 그들이 나의 재앙의 날에 내게 이르렀으나 여호와께서 나의 의지가 되셨도다. 나를 넓은 곳으로 인도하시고 나를 기뻐하시므로 나를 구원하셨도다"(16-19절).

원수들이 다윗보다 힘이 셌다. 그래서 줄에 묶인 죄수처럼 그들의 압제로부터 벗어날 수 없었다. 그런데 원수들의 힘은 하나님의 초자연적 능력 앞에서 아무것도 아니었다. 하나님께서 벼락과 천둥을 보내시고 회오리 바람에 우박을 내리시니 원수들이 혼비백산했다. 하나님께서 다윗을 넓은 곳으로 구원해 내신 까닭은 그를 기뻐하셨기 때문이다.

"여호와께서 내 의를 따라 상 주시며 내 손의 깨끗함을 따라 내게 갚으셨으니 이는 내가 여호와의 도를 지키고 악하게 내 하나님을 떠나지 아니하였으며 그의 모든 규례가 내 앞에 있고 내게서 그의 율례를 버리지 아니하였음이로다"(20-22절).

다윗은 그가 고난 중에도 어떻게 하나님을 사랑하고 섬겼는지, 그리고 하나님께서 그에게 어떤 복을 주셨는지를 간증하고 있다. 그는 의를 추구했고, 손을 깨끗하게 했으며, 하나님을 떠나지 않았고, 여호와의 말씀을 힘써 지키며 그 자신을 죄로부터 멀리했다. 그랬더니 하나님께서 다윗에게 넘치게 보상해 주셨다.

"또한 나는 그의 앞에 완전하여 나의 죄악에서 스스로 자신을 지켰나니 그러므로 여호와께서 내 의를 따라 갚으시되 그의 목전에서 내 손이 깨끗한 만큼 내게 갚으셨도다 자비로운 자에게는 주의 자비로우심을 나타내시며 완전한 자에게는 주의 완전하심을 보이시며 깨끗한 자에게는 주의 깨끗하심을 보이시며 사악한 자에게는 주의 거스르심을 보이시리니 주께서 곤고한 백성은 구원하시고 교만한 눈은 낮추시리이다"(23-27절).

다윗은 하나님의 성품을 닮고 싶었다. 그래서 자비를 베풀고 완전한 길로 행하며 거룩한 삶을 살았다. 그랬더니 하나님의 자비하심과 완전하심과 거룩하심이 그에게 임했다.

"주께서 나의 등불을 켜심이여 여호와 내 하나님이 내 흑암을 밝히시리이다 내가 주를 의뢰하고 적군을 향해 달리며 내 하나님을 의지하고 담을

뛰어넘나이다 하나님의 도는 완전하고 여호와의 말씀은 순수하니 그는 자기에게 피하는 모든 자의 방패시로다"(28-30절).

다윗은 28절부터 50절까지 그가 하나님의 능력을 힘입어 사울의 박해에서 벗어나고 이방 나라들과의 전쟁에서 승리했던 경험들을 열거하고 있다. 꺼져 가던 등불 같은 다윗에게 하나님의 생명의 빛이 비쳐 오니 사망의 어둠이 물러갔다. 다윗은 하나님의 초자연적인 능력을 힘입고 적군을 향해 달려갔다. 천군천사들이 방패로 그를 호위하며 함께 달렸다.

"여호와 외에 누가 하나님이며 우리 하나님 외에 누가 반석이냐 이 하나님이 힘으로 내게 띠 띠우시며 내 길을 완전하게 하시며 나의 발을 암사슴 발 같게 하시며 나를 나의 높은 곳에 세우시며 내 손을 가르쳐 싸우게 하시니 내 팔이 놋 활을 당기도다"(31-34절).

다윗의 승전가는 하나님의 능력에 대한 송가(頌歌)이다. '여호와 외에 누가 하나님이냐?' 여호와 외에 다른 하나님은 이 세상에 없다는 말이다. 영적 전사들은 이런 믿음을 가지고 영적 전쟁터를 누벼야 한다. 그러면 하나님께서 우리의 허리에 띠를 띠우시고 힘 있게 하실 것이다. 우리가 달려갈 길을 평탄하게 하실 것이다. 암사슴같이 뛰게 하시고 무거운 발을 가볍게 해주실 것이다. 우리를 깊은 좌절의 계곡에서 번쩍 들어 높은 반석에 세우시고, 원수 사탄을 이길 수 있는 전술과 무기들을 공급해 주실 것이다. 이런 믿음과 기도로 다윗이 싸울 때 그 전쟁의 결과는 너무나 자명했다. 다윗은 주께서 행하신 일들을 기억하며 감사드렸다.

"또 주께서 주의 구원하는 방패를 내게 주시며 주의 오른손이 나를 붙들고 주의 온유함이 나를 크게 하셨나이다 내 걸음을 넓게 하셨고 나를 실족하지 않게 하셨나이다 내가 내 원수를 뒤쫓아가리니 그들이 망하기 전에는 돌아서지 아니하리이다 내가 그들을 쳐서 능히 일어나지 못하게 하리니 그들이 내 발 아래에 엎드러지리이다 주께서 나를 전쟁하게 하려고 능력으로 내게 띠 띠우사 일어나 나를 치는 자들이 내게 굴복하게 하셨나이다 또 주께서 내 원수들에게 등을 내게로 향하게 하시고 나를 미워하는 자들을 내가 끊어 버리게 하셨나이다"(35-40절).

다윗이 말하는 '주의 온유함'은 '부드러운 돌보심'을 의미한다. 다윗은 지금 하나님의 사랑과 돌보심을 노래하고 있다. 하나님께서 그를 돌보셨기 때문에 끝까지 원수를 이길 수 있었다. 세상 왕들은 전쟁에서 이긴 후에 승전비를 세운다. 그러나 다윗은 원수들을 물리친 후에 감사의 제사를 드렸다. 왜냐하면 하나님께서 그들로 승리하게 하셨기 때문이다.

"그들이 부르짖으나 구원할 자가 없었고 여호와께 부르짖어도 그들에게 대답하지 아니하셨나이다 내가 그들을 바람 앞에 티끌같이 부서뜨리고 거리의 진흙같이 쏟아 버렸나이다 주께서 나를 백성의 다툼에서 건지시고 여러 민족의 으뜸으로 삼으셨으니 내가 알지 못하는 백성이 나를 섬기리이다 그들이 내 소문을 들은 즉시로 내게 청종함이여 이방인들이 내게 복종하리로다 이방 자손들이 쇠잔하여 그 견고한 곳에서 떨며 나오리로다" (41-45절).

하나님께서 다윗을 심판의 도구로 사용하셨다. 악한 자들이 다윗 앞에서 티끌처럼 부서지고 진흙처럼 쏟아졌다. 다윗은 권력의 근원을 하나님께 두었다. 하나님께서 그를 다스리는 자로 만드셨다. 그러나 다윗은 자신을 하나님의 다스림 아래 두었다. 하나님의 다스림을 받는 사람만이 올바로 백성들을 다스릴 수 있다. 그때 그를 알지 못하는 민족들도 그를 섬기고 다스림을 받게 될 것이다.

"여호와는 살아 계시니 나의 반석을 찬송하며 내 구원의 하나님을 높일지로다 이 하나님이 나를 위하여 보복해 주시고 민족들이 내게 복종하게 해 주시도다. 주께서 나를 내 원수들에게서 구조하시니 주께서 나를 대적하는 자들의 위에 나를 높이 드시고 나를 포악한 자에게서 건지시나이다 여호와여 이러므로 내가 이방 나라들 중에서 주께 감사하며 주의 이름을 찬송하리이다 여호와께서 그 왕에게 큰 구원을 주시며 기름 부음 받은 자에게 인자를 베푸심이여 영원토록 다윗과 그 후손에게로다"(46-50절).

이 시를 읽다 보면 마치 하나님께서 다윗을 위해서만 존재하시는 것처럼 느껴진다. 기도는 하나님과 우리의 관계를 일대일로 만들어 준다. 우리는 수많은 사람들 중의 하나로 하나님을 만나지 않는다. 부르짖는 기도는 변방에 살던 우리를 하나님의 성소로 인도한다. 하나님을 의지하자. 그러면 절대로 패배하는 일이 없을 것이다.

〈시편 19편〉 다윗의 시, 인도자를 따라 부르는 노래

순금보다 더 사랑하는 것

기독교 신앙은 창조 신앙이며 말씀 신앙이다. 하나님이 없다고 주장하는 사람들은 자연세계의 시작을 알지 못한다. 그래서 자연을 즐기거나 감사할 줄도 모른다. 그러나 그리스도인들은 자연을 즐기고 보존하며 유익을 누리고 감사드린다. 다윗의 노래를 들어 보자.

"하늘이 하나님의 영광을 선포하고 궁창이 그의 손으로 하신 일을 나타내는도다 날은 날에게 말하고 밤은 밤에게 지식을 전하니 언어도 없고 말씀도 없으며 들리는 소리도 없으나 그의 소리가 온 땅에 통하고 그의 말씀이 세상 끝까지 이르도다"(1-4a절).

하늘이 낮을 가리킨다면 궁창은 밤을 가리킨다. 다윗은 밝은 대낮 하늘에서 하나님의 영광을 보았다. 달과 별빛이 수놓은 밤하늘에서는 하나님께서 손으로 하신 일들을 보았다. 그는 눈으로만 보지 않고 귀로도 들었다. 그것은 피조물들이 서로 창조주 하나님을 찬양하는 이야기였다. 그 세계에는 언어의 장벽이 없었다. 그 소리가 땅끝까지 들렸다.

"하나님이 해를 위하여 하늘에 장막을 베푸셨도다 해는 그의 신방에서 나오는 신랑과 같고 그의 길을 달리기 기뻐하는 장사 같아서 하늘 이 끝에서 나와서 하늘 저 끝까지 운행함이여 그의 열기에서 피할 자가 없도다" (4b-6절).

당시 중근동 나라들은 태양을 '정의를 지배하는 신'으로 숭배했다. 아침에 떠오르는 해는 마치 신방에서 나오는 신랑처럼 우아했다. 동쪽에서 떠올라 하루 종일 지치지 않고 밝은 빛을 쏟아 내며 서쪽을 향해 달리는 태양의 모습이 장사 같았다. 그 열기 앞에서 만물이 그늘을 그리워했다. 그러나 태양은 신이 아니다. 다윗은 하나님께서 해를 창조하시고 해를 위하여 하늘에 있을 곳을 마련해 주셨다고 대수롭지 않게 말했다.

우리는 창조 신앙뿐만 아니라 말씀 신앙도 가져야 한다. 이 둘은 나누

어질 수 없다. 둘 모두 우리에게 하나님이 어떤 분이신지를 계시하고 있기 때문이다. 다윗은 여호와의 말씀을 많은 순금보다 더 사모했다. 그 말씀이 송이꿀보다 더 달았다. 왜 그렇게 달았을까?

"여호와의 율법은 완전하여 영혼을 소성시키며 여호와의 증거는 확실하여 우둔한 자를 지혜롭게 하며 여호와의 교훈은 정직하여 마음을 기쁘게 하고 여호와의 계명은 순결하여 눈을 밝게 하시도다 여호와를 경외하는 도는 정결하여 영원까지 이르고 여호와의 법도 진실하여 다 의로우니 금 곧 많은 순금보다 더 사모할 것이며 꿀과 송이꿀보다 더 달도다"(7-10절).

'소성'(蘇醒)은 회복을 의미한다. 성경 말씀을 읽으면 우리 영혼이 살아난다. 입에 찬송이 맴돌고 기도의 문이 열리며 마음은 평안과 기쁨으로 충만하게 된다. 무엇보다도 하나님의 약속의 말씀을 절대 신뢰하는 믿음의 사람이 된다. 그 믿음에서 긍정적인 능력이 나온다. 그 말씀이 어리석은 자에게 지혜를 준다. 지혜는 선과 악을 분별하는 능력이다. 그 지혜가 불의한 길을 버리고 의로운 길을 걸어가게 한다. 무가치한 것을 버리고 가치 있는 삶을 살게 한다. 이런 지혜는 세상에서 얻을 수 없다. 성령님께서 우리 영혼 속에 심어 주신 신적인 능력이기 때문이다.

나아가서 여호와의 교훈은 정직하여 마음을 기쁘게 하고, 여호와의 계명은 순결하여 눈을 밝게 해준다. 정직하지 못한 사람은 이런 말씀을 불편하게 생각한다. 무엇인가를 숨겨야 하기 때문이다. 그러나 정직한 사람은 항상 기뻐한다. 감출 것이 없기 때문이다. 하나님은 정직하게 행하는 자에게 좋은 것을 아끼지 않으신다(시편 84:11). 그래서 다윗은 "하나님이여 내 속에 정한 마음을 창조하시고 내 안에 정직한 영을 새롭게 하소서" 하고 기도했다(시편 51:10). 정직한 성품은 하나님의 말씀에서 온다. 그 말씀이 우리를 정직한 사람으로 변화시켜 주신다.

하나님의 말씀은 또한 우리의 눈을 밝게 해준다. 더러운 것과 깨끗한 것, 좋은 것과 나쁜 것을 구별하게 한다. 밝은 눈은 영혼의 창과 같아서 세상 사람들이 볼 수 없는 보배를 보게 한다. 말씀은 우리 눈의 양약이다. 매일 하나님의 말씀을 읽고 묵상하는 사람은 그 영혼 속에 천국의 나침반을 가질 수 있다. 그 나침반이 진실하고 의로운 길로 우리를 인도한다. 그리하여 마침내 주님이 계시는 영원한 나라에 이르게 한다.

우리는 하나님의 말씀을 순금보다 더 사모해야 한다. 억지로 말씀을 읽으라는 말이 아니다. 순종하는 마음으로 읽어 보라. 그러면 성경 읽는 시간이 기다려질 것이다. 그 말씀이 송이꿀보다 더 달기 때문이다. 다윗은 하나님의 말씀에서 받은 복을 이렇게 간증했다.

"또 주의 종이 이것으로 경고를 받고 이것을 지킴으로 상이 크니이다 자기 허물을 능히 깨달을 자 누구리요 나를 숨은 허물에서 벗어나게 하소서 또 주의 종에게 고의로 죄를 짓지 말게 하사 그 죄가 나를 주장하지 못하게 하소서 그리하면 내가 정직하여 큰 죄과에서 벗어나겠나이다"(11-13절).

죄인은 자신의 허물을 모른다. 그러나 주의 말씀은 우리의 내면에 숨어 있는 허물이 드러나게 한다. '숨은 허물'은 의식하지 못하는 죄를 말하고, '고의로 짓는 죄'는 잘못인지 알면서도 짓는 죄를 말한다. 죄와 악에는 힘이 있다. 보통 사람은 그 힘을 이겨낼 수가 없다. 그러나 하나님의 말씀을 읽다 보면 죄를 이길 수 있는 능력이 생겨난다. 다윗이 하나님의 말씀을 통하여 받은 가장 큰 복은 죄를 분별하고 싸워 이김으로 거룩한 삶을 사는 것이었다. 모세는 광야 생활의 끝 무렵에 이렇게 가르쳤다.

"우리가 오늘 여기에서는 각기 소견대로 하였거니와 너희가 거기에서는 그렇게 하지 말지니라"(신명기 12:8).

'여기'는 애굽의 고센 땅이다. '거기'는 앞으로 들어가서 얻게 될 젖과 꿀이 흐르는 땅이다. 지금까지는 애굽 사람들의 우상숭배에 영향을 받고 자기 욕심을 따라 불의한 삶을 살아왔다. 그러나 하나님께서 인도하시는 축복의 땅에서는 하나님의 말씀을 따라 살아가야 한다.

"나의 반석이시요 나의 구속자이신 여호와여, 내 입의 말과 마음의 묵상이 주님 앞에 열납되기를 원하나이다"(14절).

지금까지는 하나님의 말씀의 능력과 축복 그 말씀을 가까이해야 할 이유들을 노래했다. 그런데 이제는 자기 입의 말과 묵상을 이야기하기 시작한다. 그의 입에서 나오는 말과 마음의 묵상은 하나님의 말씀에 대한 반응이다. 하나님의 말씀을 읽다 보면 마음으로 '예, 이 말씀이 맞습니다' 하고 복창(復唱)할 때가 있다. 회개할 때나 감사드릴 때, 혹은 믿음을 고백할 때 그런 복창의 말을 하게 된다. 마음의 묵상은 하나님의 말씀을 되새김질하는 영적인 행동이다. 다윗은 하나님의 말씀에 대한 반응으로 나오는 그의 입술의 말과 마음의 묵상이 하나님께서 받으실 만한 감사제물이 되기를 원했다.

〈시편 20편〉 다윗의 시, 인도자를 따라 부르는 노래

다윗의 출정가(出征歌)

이스라엘 백성들은 전쟁에 나갈 때마다 성전에 모여 하나님께 제사드리며 승리를 기원했다. 블레셋과 싸울 때에도 그들은 사무엘을 찾아와서 중보기도를 요청했다.

> "이스라엘 자손이 사무엘에게 이르되 당신은 우리를 위하여 우리 하나님 여호와께 쉬지 말고 부르짖어 우리를 블레셋 사람들의 손에서 구원하시게 하소서 하니"(사무엘상 7:9).

하나님께서 사무엘의 기도를 들으시고 승리하게 하셨다. 이 시는 큰 전쟁을 앞두고 다윗왕과 제사장들과 백성들이 하나님의 성전에서 드리는 기도이며 출정가다. 1절부터 5절까지는 백성이 왕을 위해 드리는 기도이고, 6절부터 8절은 왕의 기도이며, 9절은 왕과 백성이 함께 드리는 기도다.

우리 성경에는 왕을 향하여 "환난 날에 여호와께서 네게 응답하시고" 처럼 하대(下待)하는 식으로 기록되어 있어서 어색한 느낌이 든다. 히브리어에는 존댓말이나 하대말이 없다. 그래서 이 구절을 '환난 날에 여호와께서 왕에게 응답하시고'라고 읽으면 훨씬 더 부드럽다. 먼저 1절부터 5절까지 존칭어로 바꾸어 읽어 보자.

> **"환난 날에 여호와께서 왕에게 응답하시고 야곱의 하나님의 이름이 왕을 높이 드시며 성소에서 왕을 도와 주시고 시온에서 왕을 붙드시며 왕의 모든 소제를 기억하시며 왕의 번제를 받아 주시기를 원하나이다 (셀라) 왕의 마음의 소원대로 허락하시고 왕의 모든 계획을 이루어 주시기를 원하나이다 우리가 왕의 승리로 말미암아 개가를 부르며 우리 하나님의 이름으로 우리의 깃발을 세우리니 여호와께서 왕의 모든 기도를 이루어 주시기를 원하나이다"(1-5절).**

이런 장면을 상상해 보자. 거룩한 성소 앞에 왕과 군대와 백성들이 모였다. 먼저 백성들이 왕의 승리를 기원하며 축복했다. 전쟁은 백성들의 삶에 큰 변화를 가져다준다. 전사하거나 다치지 않는 전쟁이 어디 있겠

는가. 다윗은 소제와 번제를 드리면서 백성 중의 한 사람도 다치지 않고 승리하기를 기도했다. 백성들도 하나님께서 다윗왕의 소원을 허락해 주시고 모든 전쟁이 계획한 대로 수행되기를 기도했다. 그리고 모든 백성들이 왕과 함께 승리의 노래를 부르며 여호와 하나님의 깃발을 높이 들고 무사히 귀향하게 해달라고 기도했다.

'하나님의 이름으로 세운 깃발'은 무슨 뜻일까? 이스라엘은 곧 하나님의 군대라는 의미다. 이스라엘 백성과 군대와 나라가 모두 하나님의 소유다. 진정한 이스라엘의 지도자들은 어려운 일을 당할 때마다 하나님의 이름과 그의 영광이 손상될까 염려하며 근심했다. '하나님의 이름으로 우리의 깃발을 세우리니'라는 말은 곧 전쟁에서 승리함으로 하나님의 이름을 깃발처럼 높이 세우겠다는 말이다. 왕과 백성들은 단순히 승전을 위해서 기도드리지 않았다. 하나님의 이름이 모든 나라들 위에 높이 들리기를 소원하며 기도드렸다. 백성들의 축복기도가 끝나자 다윗이 일인칭으로 화답했다.

"여호와께서 자기에게 기름 부음 받은 자를 구원하시는 줄 이제 내가 아노니 그의 오른손의 구원하는 힘으로 그의 거룩한 하늘에서 그에게 응답하시리로다"(6절).

군대와 백성들의 우렁찬 노랫소리를 듣는 순간 문득 다윗은 깨달았다. 그것은 바로 '여호와께서 자기의 기름 부음 받은 자를 구원하신다'는 확신이었다. 하나님께서 사무엘 선지자를 자기에게 보내셔서 두 번이나 기름을 부어 주셨던 장면이 떠올랐다. 그런데 다윗은 잠시 동안 '기름 부으심의 능력'을 잊어버렸다. 전쟁을 앞에 두고 잠을 이룰 수 없었다. 이번에는 적군의 세력도 만만치 않았다. 승리를 장담할 수 없었다. 이번 전쟁이 다윗의 왕위와 그의 나라에 어떤 영향을 미칠지 두려웠다. 그때 백성들의 함성이 들려왔다. 그리고 그 순간 '아, 그때 하나님께서 내게 기름을 부어주셨지' 하는 깨달음이 왔다.

이 깨달음이 다윗의 영혼에 어떤 영향을 미쳤을까? 무엇보다도 전쟁의 주체가 누구인가에 대한 인식이 달라졌다. 하나님께서 그의 기름 부으신 자를 반드시 구원해 주실 것이라는 믿음이 생겨났다. 이 전쟁에서 다윗은 자기 힘으로 싸우지 않을 것이다. 하나님께서 그의 오른손의 힘으로 싸우실 것이다. 싸움의 주체가 다윗 자신에게서 하나님께로 바뀌었다. 그러자 염려와 근심과 불안과 긴장이 사라지고 평안이 밀려왔다. 하나님께서 반드시 그의 거룩한 처소에서 그의 기도에 응답하실 것이라는 믿음이 가슴에 충만하게 되었다.

그런 다윗의 믿음이 백성들에게 전이되었을까? 다윗의 말이 끝나자 백성들이 (아마도 두 손을 높이 들고 흔들며) 그들의 믿음을 큰 소리로 노래했다. 그 함성이 예루살렘을 뒤흔들었다.

"어떤 사람은 병거, 어떤 사람은 말을 의지하나 우리는 여호와 우리 하나님의 이름을 자랑하리로다 그들은 비틀거리며 엎드러지고 우리는 일어나 바로 서도다"(7–8절).

병거와 말이 숫자적으로 우세하면 전쟁에서의 승률도 높았다. 우선 상대방의 전쟁 의지부터 꺾을 수 있었다. 그런 일이 실제로 사울왕 때 있었다. 이스라엘과 싸우기 위해 해변에서 올라온 블레셋 군대는 병거가 3만이요, 마병이 6천 명이요, 백성은 해변의 모래같이 많았다. 병거 3만은 그만두고라도 말 탄 병사 6천 명의 간격을 최소 2미터로 잡고 일렬횡대로 세우면 전체 길이가 12킬로미터, 30리다. 그 위세에 질린 사울왕과 군사들이 모두 바위틈과 토굴과 수풀 속에 숨었다. 다만 한 사람, 여호와의 이름을 의지했던 요나단만 떳떳이 적군 앞에 모습을 드러냈다. 그날 하나님께서 요나단을 위해 싸워 주시고 승리하게 하셨다.

다윗과 그의 백성들도 말과 병거를 의지하지 않고 여호와 하나님만을 의지하기로 작정했다. 그러면 하나님 앞에서 적군들이 비틀거리다가 땅에 엎드러질 것이다. 반면에 다윗왕과 백성들은 일어나서 똑바로 설 것이다. 왕과 백성들의 마음에 승전의 그림이 그려졌다.

"여호와여 왕을 구원하소서 우리가 부를 때에 우리에게 응답하소서"(9절).

무엇을 기도할 것인가가 중요하다. 어떤 중요한 일을 앞에 두고 기도문을 잘 만들어서 온 교회 성도들이 큰 소리로 함께 기도하면 어떨까?(나는 25년 전에 우리 교회를 건축할 때에 다섯 가지 기도 제목을 예배 때마다 성도들과 함께 큰 소리로 읽었다. 그리고 건축을 잘 마쳤다.) 함께 드리는 기도의 가장 큰 유익은 공동체 믿음의 회복이다. 그때 모두가 잊고 있었던 은혜를 다시 깨닫게 될 것이다.

우리 눈앞에 적군이 위세를 떨치며 서 있는가? 우리가 누구의 소유인지 기억하자. 그리고 다윗처럼 믿음의 출정가를 부르며 나아가자.

〈시편 21편〉 다윗의 시, 인도자를 따라 부르는 노래

다윗의 전승가(戰勝歌)

이 시는 다윗왕이 전쟁에서 승리하고 돌아온 후 백성들과 함께 성소에 올라가서 부른 노래다. 그래서 20편과 밀접한 관계가 있다. 20편에 기록된 기도들이 모두 응답되었기 때문이다. 이 시에서 노래하는 자는 3인칭으로 표현된 다윗 자신이며, 노래의 핵심은 '왕의 승리'가 아니라 '왕을 승리하게 하신 하나님의 힘과 구원'이다.

이 시에는 14개의 (미래와 연결되는) 현재진행형 동사가 나온다. 다윗과 백성들은 이번 전쟁에서 승리하게 하신 하나님께 감사할 뿐만 아니라 앞으로도 계속해서 승리하게 해주실 것을 간청했다. 다음 구절에 나오는 '기뻐하며'와 '즐거워하리이다'가 바로 현재진행형 동사들이다.

"여호와여 왕이 주의 힘으로 말미암아 기뻐하며 주의 구원으로 말미암아 크게 즐거워하리이다"(1절).

로마 시대에 전쟁에 나간 장군이 승전하고 돌아오면 성대한 개선식을 거행했다. 승전한 장군은 사두마차(四頭馬車)를 타고 개선문을 지나 로마 시내를 행진했다. 그를 뒤따르는 부하 장수들과 병사들은 포로들과 노략물들을 시민들에게 자랑했다. 그런데 한 가지 특이한 점이 눈에 띄었다. 장군의 뒤에서 월계관을 받쳐 든 노예가 개선행진이 끝날 때까지 '메멘토 모리'(Memento Mori)라는 말을 계속 외쳤다는 말이 있었다. 라틴어로 '죽음을 기억하라'는 말이다. '당신도 언젠가 죽을 날이 있으니 겸손하라'는 의미다. 행진하는 동안 그 말을 들으면서 장군은 무슨 생각을 했을까?

다윗은 승전한 후에 곧바로 성소로 향했다. 그리고 하나님께 모든 영광을 돌려드렸다. 승전한 후에 기뻐하고 즐거워함은 당연하다. 그러나 다윗은 주의 힘을 기뻐하고 주의 구원을 즐거워했다. 승리감에 도취하면 교만하게 된다. 모든 일이 잘되었을 때에 우리는 하나님의 도우심을 기억하고 겸손해야 한다. 그러면 겸손이 또 다른 승리의 발판이 된다.

다윗은 자신을 3인칭인 '그'로 부르며 하나님께서 전쟁 중에 그에게 베푸셨던 다섯 가지의 놀라운 은혜를 열거했다.

"그의 마음의 소원을 들어 주셨으며 그의 입술의 요구를 거절하지 아니하셨나이다 (셀라) 주의 아름다운 복으로 그를 영접하시고 순금 관을 그의 머리에 씌우셨나이다 그가 생명을 구하매 주께서 그에게 주셨으니 곧 영원한 장수로소이다 주의 구원이 그의 영광을 크게 하시고 존귀와 위엄을 그에게 입히시나이다 그가 영원토록 지극한 복을 받게 하시며 주 앞에서 기쁘고 즐겁게 하시나이다"(2-6절).

첫째로, 하나님께서 다윗의 마음의 소원을 만족케 하시고 그의 입술의 요구를 거절하지 않으셨다. 훗날 다윗은 하나님께서 베푸신 은택을 기억하고 "좋은 것으로 네 소원을 만족하게 하사 네 청춘을 독수리같이 새롭게 하시는도다" 하고 간증했다(시편 103:5). 하나님은 우리 마음의 소원을 아신다. 하나님은 한나가 마음의 소원을 쏟아놓고 기도할 때 그 기도를 들어 주셨다. 우리가 하나님께 무엇인가를 구할 때 이 점을 기억하자. 하나님께서 우리 마음의 소원을 이루어 주신다. 우리 입술의 요구를 거절하지 않으신다.

둘째로, 하나님께서는 아름다운 복을 미리 예비하시고 다윗이 돌아오는 길목에서 그에게 순금 왕관을 씌워 주셨다. '아름다운 복'은 '좋은 복'이다. 다윗은 전리품에 관심이 없었다. 하나님의 아름다운 복에만 관심이 있었다. 하나님께서 그를 찾는 자들에게 이런 복을 주시기 위해 기다리신다. 하나님은 우리가 치열한 영적 전쟁에서 승리하고 돌아올 때 순금으로 된 왕관을 씌워 주시고 예비하신 복을 내려 주신다.

셋째로, 하나님께서 다윗의 생명을 지켜 주셨다. 전쟁에 나가는 사람은 목숨부터 내놓아야 한다. 다윗은 만용을 부리지 않았다. 언제나 목자 앞의 어린양처럼 겸손했다. 그는 이번 전쟁에서도 하나님께서 그의 생명을 지켜 주시기를 기도했다. 그랬더니 그의 생명을 지켜 주실 뿐만 아니라 영원한 장수도 주셨다.

넷째로, 하나님은 처음부터 다윗과 함께 전장터로 나가셨다. 그가 베푸신 구원은 전투의 마지막 단계에서 얻은 '구사일생'이 아니었다. 하나님은 처음부터 다윗에게 큰 영광과 존귀와 위엄으로 옷 입혀 주셨다. 그리하여 다윗의 위엄이 주변 나라에 드높아지게 하셨다.

다섯째로, 하나님께서 다윗에게 기뻐하고 즐거워하는 복을 주셨다. 다만 한 가지 단서가 있었다. 하나님 앞에서 기뻐하고 즐거워해야 했다. 하나님은 다윗으로 하여금 어린아이처럼 주 앞에서 노래하며 춤추게 하셨다. 모든 성도들은 이런 복을 받은 사람들이다.

다윗은 현재의 승리에 만족하지 않았다. 그와 그의 후손들이 계속해서 원수들과 싸워야 한다는 사실을 잘 알고 있었다. 그래서 장래에도 하나님께서 그와 그의 백성들을 구원해 주시기를 기도했다. 그의 기도가 쉬지 않았다. 다음 구절부터는 미완료형의 동사를 사용하여 '지금부터 계속하여' 하나님께서 이루어 주실 일들을 간구하고 있다.

"왕이 여호와를 의지하오니 지존하신 이의 인자함으로 확실하지 아니하리이다"(7절).

이 구절을 풀어 쓰면, '제가 여호와를 의지합니다. 그리하여 지극히 높으신 하나님의 끝없는 사랑으로 흔들림 없는 삶을 살겠습니다'라는 말이다. 우리는 순간순간 자신을 돌아보며 '나는 지금 무엇을, 혹은 누구를 의지하고 있는가?' 하고 스스로에게 물어보아야 한다. 왜냐하면 우리가 의지하는 그것, 혹은 그 사람이 흔들릴 때 우리는 몇 갑절 더 심하게 흔들리기 때문이다. 오직 한 분, 천지와 만물을 지으신 하나님만이 변치 않으시고 흔들리지 않으신다. 그러므로 하나님을 의지하는 자는 흔들리지 않는 평안한 삶을 살 수 있을 것이다.

"왕의 손이 왕의 모든 원수들을 찾아냄이여 왕의 오른손이 왕을 미워하는 자들을 찾아내리로다"(8절).

보이는 원수보다 보이지 않는 원수가 더 무섭다. 누가 원수인지 모르기 때문이다. 하나님께서 다윗으로 하여금 장래에 화근이 될 숨어 있는 원수를 찾아 멸하게 하실 것이다. 그 결과 다윗은 불안과 두려움에서 자유하게 될 것이다.

"왕이 노하실 때에 그들을 풀무불 같게 할 것이라 여호와께서 진노하사 그들을 삼키시리니 불이 그들을 소멸하리로다"(9절).

'그들'은 숨어 있는 원수들이다. 가장 완벽한 소독 방법은 불로 태우는 것이다. 실제로 다윗은 암몬을 정복한 후에 그 백성들로 풀무 가마에서 벽돌을 굽게 했다(사무엘하 12:31). '다윗이 노할 때'와 '여호와께서 진노로 그들을 삼킬 때'는 같은 목표를 지향하고 있다. 하나님께서 노하시는 일에 다윗을 도구로 사용하실 것이다.

"왕이 그들의 후손을 땅에서 멸함이여 그들의 자손을 사람 중에서 끊으리로다 비록 그들이 왕을 해하려 하여 음모를 꾸몄으나 이루지 못하도다 왕이 그들로 돌아서게 함이여 그들의 얼굴을 향하여 활시위를 당기리로다" (10–12절).

흔히 전쟁은 대를 물려 진행된다. 아버지가 패한 전쟁을 아들이 다시 일으키는 경우가 허다했다. 다윗은 자기 후손들이 전쟁에서 승리할 토대를 마련했다. 원수들의 모든 꾀들이 허사가 되게 했다. 그들의 얼굴을 향해 활을 당김으로 저들이 더 이상 헛된 마음을 품지 못하게 했다. 그리고 하나님께서 다윗과 그의 백성들에게 대를 이은 승리, 완전하고 철저한 승리를 보장해 주시기를 축원했다.

여기에 우리들이 얻을 교훈이 있다. 성도들은 하늘나라에 들어갈 때까지 영적 전투를 멈추지 말아야 한다. 오늘의 승리로 만족하지도 말아야 한다. 내일의 승리를 위해 하나님을 의지하고 그의 도우심을 구해야 한다. 로마 속담에 "전투에 이긴 후에 투구를 벗지 말라"고 했다. 오늘의 승리에 도취하면 자만심이 생겨나고 내일의 전투에서는 기력이 쇠할 것이다. 선한 싸움은 끝까지 싸워야 한다. 달음박질은 목표 지점에 이를 때까지 계속해서 달려야 한다. 지켜야 할 믿음은 천국에서 의의 면류관을 받을 때까지 굳게 지켜야 한다(디모데후서 4:7-8).

다윗왕과 백성들은 마지막으로 목소리로 높여 하나님을 찬양했다.

"여호와여 주의 능력으로 높임을 받으소서 우리가 주의 권능을 노래하고 찬송하게 하소서"(13절).

다윗왕을 높임 받게 해주시라는 말이 아니다. 왕의 권세와 능력을 찬송한다는 말도 아니다. 다윗은 자기를 중심에 두지 않았다. 언제나 하나님을 중심에 모셨다. 그는 높임을 받거나 찬송을 받을 위치에 자신을 두지 않았다. 하나님을 높이고 찬송하는 회중 가운데 서 있었다. 백성들로 하여금 자기를 보지 않고 하나님을 보게 했다. 많은 지도자들이 이 부분에서 넘어진다. 그러나 다윗은 겸손했기 때문에 넘어지지 않고 끝까지 승리했다. 바울의 가르침은 우리 마음에 새겨야 할 명언이다.

"그런즉 선 줄로 생각하는 자는 넘어질까 조심하라"(고린도전서 10:12).

〈시편 22편〉 다윗의 시, 인도자를 따라 아앨렛샤할(아침의 암사슴 곡)*에 맞춘 노래*

엘리 엘리 라마 사박다니

이 시는 '엘리 엘리 라마 사박다니'라는 말로 시작한다. 히브리어로는 '엘리이 엘리이 라마 아잡다니이'였으나, 아람어 방식을 따라 '아잡다니이'가 '사박다니'로 표기되었다. 번역하면 '나의 하나님 나의 하나님 어찌 나를 버리셨나이까'라는 뜻이다. 복음서들은 이 시를 인용하여 고난당하시는 예수님의 모습을 묘사했다.

사람들마다 고난에 반응하는 방식이 다르다. 어떤 사람은 원망하고, 어떤 사람은 폭력을 사용하며, 어떤 사람은 숨어 지낸다. 그러나 다윗은 하나님께 그의 고통을 쏟아 놓았다.

"내 하나님이여 내 하나님이여 어찌 나를 버리셨나이까 어찌 나를 멀리하여 돕지 아니하시오며 내 신음 소리를 듣지 아니하시나이까 내 하나님이여 내가 낮에도 부르짖고 밤에도 잠잠하지 아니하오나 응답하지 아니하시나이다"(1-2절).

다윗은 하나님께서 자기를 버리셨기 때문에 돕지도 않으시고, 응답하지도 않으신다고 생각했다. 그래서 이 시는 절망적인 절규로 시작한다(1-21절). 그러나 후반부는 구원의 기쁨을 노래한다(22-31절). 그 비참한 고난과 구원의 기쁨 사이에 무엇이 있었을까? 하나님에 대한 절대 의지의 신앙이 있었다. 다윗은 조상들로부터 그 신앙을 유산으로 물려받았다.

"이스라엘의 찬송 중에 계시는 주여 주는 거룩하시니이다 우리 조상들이 주께 의뢰하고 의뢰하였으므로 그들을 건지셨나이다 그들이 주께 부르짖어 구원을 얻고 주께 의뢰하여 수치를 당하지 아니하였나이다"(3-5절).

다윗은 살아 계신 하나님을 믿었다. 또한 찬양을 받으실 공의로우시며 신실하신 하나님을 믿었다. 그 무렵 다윗의 믿음은 거의 바닥을 치고 있었다. 자기 힘으로는 일어설 힘조차 없었다. 그때 다윗은 조상들이 보여 주었던 믿음의 모범을 기억했다. 애굽에서 나올 때 모세는 하나님만 의지하고 바다를 건너며 광야를 지났다. 돌이켜보면 다윗의 현재 상황이 애굽에서 종살이하던 조상들과 비슷했다.

"나는 벌레요 사람이 아니라 사람의 비방거리요 백성의 조롱거리니이다"(6절).

사람들이 그를 벌레 취급했다. 비방거리와 조롱거리로 삼았다. 그런 사람들에게 무엇을 기대할 수 있겠는가? 그래서 사람들을 의지하지 않았다. 사람들의 말에 휘둘리지도 않았다. 그는 온 힘을 다해 '나는 하나님만 의지합니다'라고 외쳤다. 그러자 사람들이 그를 조롱했다.

"나를 보는 자는 다 나를 비웃으며 입술을 비쭉거리고 머리를 흔들며 말하되 그가 여호와께 의탁하니 구원하실걸 그를 기뻐하시니 건지실걸 하나이다"(7-8절).

이 구절은 대제사장들이 십자가에 달리신 예수님을 조롱할 때 인용한 구절이다(마태복음 27:43). 어떻게 하나님을 섬긴다는 지도자들이 "여호와께 의탁하니 구원하실걸, 그를 기뻐하시니 건지실걸" 하며 냉소를 지을 수 있을까? 과연 그들이 하나님의 사람들이었을까?

"오직 주께서 나를 모태에서 나오게 하시고 내 모친의 젖을 먹을 때에 의지하게 하셨나이다 내가 날 때부터 주께 맡긴 바 되었고 모태에서 나올 때부터 주는 내 하나님이 되셨나이다 나를 멀리하지 마옵소서 환난이 가까우나 도울 자 없나이다"(9-11절).

하나님께서 다윗으로 하여금 하나님만 의지하게 해주셨다. 그것은 은혜였다. 그 은혜가 너무 신비해서 다윗은 '내 어머니의 태로부터'라는 표현을 사용했다. 다윗의 의지 신앙은 철저히 하나님의 은혜에 뿌리를 내리고 있다. 다윗은 그 은혜를 하나님께 상기시켜 드리면서 '나를 멀리하지 마소서' 하고 탄원했다. 우리는 이 시에서 다윗의 고난과 구원을 통하여 예수님의 수난과 부활 이야기를 읽을 수 있다. 특히 12절 이하에는 예수님이 당하실 고난들이 자세히 묘사되어 있다.

"많은 황소가 나를 에워싸며 바산의 힘센 소들이 나를 둘러쌌으며 내게 그 입을 벌림이 찢으며 부르짖는 사자 같으니이다"(12-13절).

예수님께서는 십자가 위에서 연약한 모습으로 못 박히셨다. 그런 예수님께 유대교 지도자들과 로마의 권력자들이 마치 힘센 황소와 사자처럼 달려들었다. 창조주가 피조물들에게 스스로 고통을 당하고 계셨다. 바산의 황소들은 난폭하고 힘이 세기로 유명했다(아모스 4:1). 다음 구절들은 예수님이 고난당하시는 모습을 더 생생하게 그리고 있다.

"나는 물같이 쏟아졌으며 내 모든 뼈는 어그러졌으며 내 마음은 밀랍 같아서 내 속에서 녹았으며 내 힘이 말라 질그릇 조각 같고 내 혀가 입천장에 붙었나이다 주께서 또 나를 죽음의 진토 속에 두셨나이다 개들이 나를 에워쌌으며 악한 무리가 나를 둘러 내 수족을 찔렀나이다 내가 내 모든 뼈를 셀 수 있나이다 그들이 나를 주목하여 보고 내 겉옷을 나누며 속옷을 제비 뽑나이다"(14-18절).

예수님은 십자가 위에서 '내가 목마르다' 하고 신음하셨다(요한복음 19:28). 입 속의 침이 마르면 혀가 입천장에 붙는다. 뼈가 어그러졌다는 말은 뼈 마디들이 모두 분리되었다는 뜻이다. 그렇게 어긋난 뼈들을 셀 수 있을 정도였다. 고통 때문에 마음이 촛농처럼 흘러내렸다. 예수님은 지금 사망의 문턱 앞에 서 계셨다. 예수님을 십자가에 못 박은 로마 병정들은 무심하게 예수님의 옷을 나누기 위해 제비를 뽑았다. 이 구절들은 예수님의 수난을 묘사하고 있다. 다윗은 그런 경험이 없었다.

19절에서 21절까지는 다윗의 고난과 예수님의 고난이 겹쳐 보인다. 다윗이 하나님의 도우심을 구했던 것처럼 예수님도 아버지의 도우심을 간절히 구했다. 구원의 소망이 오직 아버지에게만 있었기 때문이다.

"여호와여 멀리하지 마옵소서 나의 힘이시여 속히 나를 도우소서 내 생명을 칼에서 건지시며 내 유일한 것을 개의 세력에서 구하소서 나를 사자의 입에서 구하소서 주께서 내게 응답하시고 들소의 뿔에서 구원하셨나이다 내가 주의 이름을 형제에게 선포하고 회중 가운데에서 주를 찬송하리이다"(19-22절).

그러나 예수님께서 당하신 고난은 승리의 발판이 되었다. 부활의 아침이 오자 전혀 다른 노래가 시작되었다. 예수님께서 우리를 형제라 부르시고, 하나님을 아버지라고 부르게 하셨다(히브리서 2:12). 다윗처럼 예수님도 아버지 하나님의 영광을 온 땅에 선포하셨다.

"여호와를 두려워하는 너희여 그를 찬송할지어다 야곱의 모든 자손이여 그

에게 영광을 돌릴지어다 너희 이스라엘 모든 자손이여 그를 경외할지어다 그는 곤고한 자의 곤고를 멸시하거나 싫어하지 아니하시며 그의 얼굴을 그에게서 숨기지 아니하시고 그가 울부짖을 때에 들으셨도다"(23-24절).

여호와를 두려워하는 자는 '여호와를 경외하는 자'를 말한다. 부정적인 의미로 하나님을 두려워하면 하나님을 찬송하거나 영광을 돌려드릴 수 없다. 왜냐하면 찬송은 구원받은 자들의 몫이기 때문이다. 다윗은 특히 하나님의 인자하심을 찬송했다. 하나님께서는 고통당하는 자들을 멸시하지 않으신다. 그의 얼굴 빛을 비추어 영광스럽게 하시며 그들의 부르짖음에 반드시 응답하신다.

"큰 회중 가운데서 나의 찬송은 주께로부터 온 것이니 주를 경외하는 자 앞에서 나의 서원을 갚으리이다"(25절).

다윗은 서원과 함께 감사 기도를 드렸다. 성도들은 감사를 잊지 않아야 한다. 감사를 잊어버리면 구원의 감격이 사라진다. 다윗은 백성들에게 하나님의 구원을 기억하라고 권면했다.

"겸손한 자는 먹고 배부를 것이며 여호와를 찾는 자는 그를 찬송할 것이라 너희 마음은 영원히 살지어다 땅의 모든 끝이 여호와를 기억하고 돌아오며 모든 나라의 모든 족속이 주의 앞에 경배하리니 나라는 여호와의 것이요 여호와는 모든 나라의 주재심이로다 세상의 모든 풍성한 자가 먹고 경배할 것이요 진토 속으로 내려가는 자 곧 자기 영혼을 살리지 못할 자도 다 그 앞에 절하리로다"(26-29절).

'풍성한 자'는 넉넉한 백성과 나라를 말한다. 잘사는 자나 못사는 자나 다 하나님께 경배하라는 말이다. 이 시의 마지막 두 절은 다시 예수님께 우리의 관심을 돌리게 한다.

"후손이 그를 섬길 것이요 대대에 주를 전할 것이며 와서 그의 공의를 태어날 백성에게 전함이여 주께서 이를 행하셨다 할 것이로다"(30-31절).

'후손'은 우리를 가리킨다. 우리의 가장 중요한 섬김은 예수님께서 행하신 일을 전하는 것이다. 우리는 십자가의 복음을 전하면서 '주께서 이 일을 행하셨다'고 선포해야 한다.

〈시편 23편〉 다윗의 시

여호와는 나의 목자시니

이 시는 수천 년 동안 성도들이 애송하며 위로와 용기를 얻었던 시다. 이 시는 다윗의 믿음을 잘 표현하고 있다. 이 시를 읽기 전에 한 가지 기억해 두자. 하나님께서 하시는 모든 일들, 즉 '부족함이 없으리로다' '물가로 인도하시는도다' '의의 길로 인도하시는도다' '나를 안위하시나이다' '내게 상을 베푸시고' 그리고 '정녕 나를 따르리니'는 모두 다 미완료형 동사들이다. 미완료형 동사는 지금부터 시작하여 앞으로 계속될 현재진행형이다.

"여호와는 나의 목자시니 내게 부족함이 없으리로다"(1절).

믿음의 가장 중요한 요소는 '하나님의 계심'을 믿는 것이다. 그러나 그것만으로는 부족하다. 마귀도 그런 믿음은 가지고 있다. 이스라엘 주변의 나라들도 하나님이 계심을 믿었다. 그 하나님이 '나의 하나님'이 되셔야 한다. 이 고백은 모든 것이 풍족하여 전혀 부족함이 없는 사람이 할 수 있는 고백이 아니다. 오히려 뼈저린 부족함을 맛본 사람만이 고백할 수 있는 믿음이다.

다윗은 9척 장신의 골리앗을 향해 '만군의 여호와의 이름'을 외치며 달려갔다. 만일 다윗이 자기 힘으로 골리앗을 이길 수 있었다면 주의 이름을 부르지 않았을 것이다. 다윗은 자신의 연약함을 너무나 잘 알고 있었다. 자기가 골리앗의 상대가 될 수 없음도 현실적으로 알고 있었다. 그러나 하나님은 골리앗을 넉넉히 이기실 수 있었다. 다윗은 하나님의 능력을 믿고 달려가며 물맷돌을 던졌다.

다윗은 모든 것이 부족했다. 만일 그가 사울왕을 피해 도망다니던 시절에 이 시를 지었다면 자기를 따르는 수백 명과 그들의 가족이 먹을 양식과 거처 때문에 항상 궁핍했을 것이다. 골리앗을 향해 '만군의 여호와'의 이름을 외치며 달려갔던 다윗이 이번에는 조용한 목소리로 "여호와는 나의 목자"(여호와 로이)라고 부른다. '만군의 여호와'가 다른 사람들 앞에서 담대하게 부르는 이름이라면, '여호와는 나의 목자'는 개인적인 관계에서 부르는 다정다감한 이름이다. 하나님과 은밀한 관계를 맺은 사람은 밖으로도 담대할 수 있다.

우리는 공동예배에 익숙하다. 그러나 하나님 앞에 홀로 앉아서 그의 말씀을 묵상하고, 그의 영광을 찬송하고, 그의 행하신 일들에 감사하며, 개인적으로 주시는 말씀을 듣는 일에는 어색하고 조급하고 쑥스러워한다. 그런데 다윗은 인생의 외로운 들판에서 하나님을 홀로 만났다.

'내게 부족함이 없다'는 말은 부족할 것이 없는 사람의 배부른 노래가 아니다. 지금은 부족하지만 앞으로는 부족함이 없을 것이라고 믿는 '배고픈 사람'의 노래다. 다윗은 어릴적부터 목동으로 살아왔다. 그래서 목자가 일상적으로 하는 일들을 너무나 잘 알고 있었다. 목자보다 더 양을 잘 알고 돌보는 존재는 이 세상에 없다. 만일 하나님께서 그의 목자가 되신다면 무슨 일부터 하실지 잘 알고 있었다.

"그가 나를 푸른 풀밭에 누이시며 쉴 만한 물가로 인도하시는도다"(2절).

사울왕에게 쫓겨다니는 다윗에게 가장 필요한 것은 '안전하다는 느낌'(sense of security)이었다. 목자는 양들의 안전을 책임지는 사람이다. 밤잠을 설치더라도 양들을 맹수들로부터 지켜야 했다. 하나님께서도 목자처럼 다윗과 그를 따르는 사람들의 안전을 지켜 주고 계셨다. 그 점에 있어서 다윗은 부족함이 없었다.

선교사의 자녀로 태어나 케냐의 대자연 속에서 자랐던 필립 켈러(Phillip Keller)는 그의 책 《목자가 본 시편 23편》(*A Shepherd Looks at Psalm 23*)에서 이 구절을 독특한 방식으로 설명했다. 그는 양들이 편안하게 누우려면 네 가지 문제가 해결되어야 한다고 했다. 첫째로, 배고픔의 문제가 해결되어야 한다. 둘째로, 두려움의 문제가 해결되어야 한다. 셋째로, 여유 공간의 문제가 해결되어야 한다. 몸이 서로 부딪히면 긴장감 때문에 편히 잘 수가 없다. 넷째로 건강의 문제가 해결되어야 한다. 양의 콧구멍 피부에 파리가 알을 낳고, 그 알이 벌레가 되어 뇌 속으로 들어가면, 양은 자기 머리를 아무 데나 부딪히며 괴로워하다가 죽고 만다.

"내 영혼을 소생시키시고 자기 이름을 위하여 의의 길로 인도하시는도다"(3절).

'소생'은 회복을 말한다. 하나님께서 다윗의 위축된 영혼을 소생시켜 주셨다. 우울증 환자는 자신이 우울하다는 사실을 알면서도 스스로 그 느낌을 떨쳐 버릴 수 없다. 일반적으로 우울한 감정은 지속적으로 억울한 일을 당할 때, 자신의 힘이 한계에 달했을 때, 희망이 사라졌을 때에 느끼는 감정이다. 우울한 감정이 파괴적인 성품으로 나타나면 다른 사람의 생명에 해를 끼친다. 반대로 심한 자기 비하와 미움으로 나타나면 스스로 생명을 포기한다. 어느 쪽으로 가든 모두 불행한 길이다.

'의의 길로 인도하시는도다'의 동사도 현재진행형이다. '지금부터 영원까지 인도하실 것'이라는 말이다. 목자 되신 하나님께서 '자기 이름을 위하여' 다윗을 의로운 길로 인도해 주신다. 이름은 가족관계를 의미한다. 다윗은 하나님의 자녀였다. 하나님의 자녀라는 관계 때문에 다윗을 복된 길로 인도해 주셨다. 다윗은 영혼이 짓눌린 상황에서도 그를 회복시키시고 의의 길로 인도하실 하나님을 믿었다.

"주께서 생명의 길을 내게 보이시리니 주의 앞에는 충만한 기쁨이 있고 주의 오른쪽에는 영원한 즐거움이 있나이다"(시편 16:11).

목자가 잠깐만 눈을 팔면 양들은 뿔뿔이 흩어진다. 어떤 양은 절벽 언저리에 걸려서 오도 가도 못 한다. 그때 목자는 지팡이와 막대기를 들고 양이 있는 곳으로 뛰어간다. 그리고 끝이 굽어진 목자의 지팡이로 양의 목덜미를 걸어서 끌어올린다.

"내가 사망의 음침한 골짜기로 다닐지라도 해를 두려워하지 않을 것은 주께서 나와 함께하심이라 주의 지팡이와 막대기가 나를 안위하시나이다"(4절).

사망의 음침한 골짜기로 양을 인도할 목자가 어디 있겠는가. 하나님께서도 다윗을 그런 곳으로 인도하지 않으셨다. 사망의 음침한 골짜기는 타의에 의해 쫓겨 들어갔거나, 아니면 자신이 잘못하여 스스로 들어간 곳이다. 성경에 기록된 절대 명제들 중의 하나가 '하나님은 사람에게 원망받으실 만한 일을 하지 않으신다'는 사실이다. 솔로몬도 말했다. "사람이 미련하므로 자기 길을 굽게 하고 마음으로 여호와를 원망하느니라"(잠언 19:3). 다윗이 자기의 잘못으로 사망의 골짜기로 들어섰다고 가정해 보자. 목자 되신 하나님께서 못 본 척할까? 아니다. 그의 손에 들린 막대기와 지팡이로 원수를 물리치시고 다윗을 구원해 주실 것이다. '해를 두려워하지 않는다'도 현재진행형 동사다. 그보다 더 큰 평안과 위로가 어디에 있겠는가. 필립 켈러는 일찍 아버지를 잃었다. 그는 하나님을 위해 살겠다는 젊은 선교사를 왜 데려가셨는지 이해가 되지 않았다. 이 의문이 그로 하여금 하나님을 등지게 했고, 젊은 시절을 사망의 골짜기에서 방황하게 했다. 그러나 마침내 그는 사망의 음침한 골짜기에서도 그와 동행하시는 하나님을 만난 후에 《하나님 아버지 고맙습니다》라는 책을 썼다.

"주께서 내 원수의 목전에서 내게 상을 차려 주시고 기름을 내 머리에 부으셨으니 내 잔이 넘치나이다"(5절).

가까운 사이가 원수로 변하면 더 고통스럽다. 살릴 수도 없고, 죽일 수도 없기 때문이다. 원수 관계를 해결할 수 있는 길은 무엇일까? 하나님께 그 원수를 넘겨 드리면 된다. 그러면 원수는 작아 보이기 시작한다. 그리고 어느 날씨 좋은 날, 하나님께서 원수와 우리 사이에 잔칫상을 베풀어 주신다. 늑대와 양이 식탁을 두고 마주 앉게 하신다. 양이 주인이고 늑대는 손님이다. 하나님은 다윗으로 하여금 사울이라는 원수를 두 번이나 식탁에 초대하게 하셨다. 그리고 선으로 악을 이기게 하셨다. 잔치 자리에서 하나님은 그의 자녀들의 머리에 기름을 부으시고 영광스럽게 하신다. 그리고 손에 들고 있는 잔을 기쁨으로 넘치게 해주신다.

"내 평생에 선하심과 인자하심이 반드시 나를 따르리니 내가 여호와의 집에 영원히 살리로다"(6절).

누구나 미래를 두려워한다. 무슨 일이 일어날지 모르기 때문이다. 그러나 하나님으로 인생의 목자를 삼은 사람들은 내일을 기대한다. 그의 평생에 하나님의 선하심과 인자하심이 반드시 그를 따를 것을 믿기 때문이다. '선하심'은 하나님 보시기에 가장 좋은 것이다. '인자하심'은 그의 선하심이 행동으로 나타나는 사랑이다. 이 둘이 다윗을 영원한 아버지의 집으로 인도한다. 그 집에서 다윗은 아버지 하나님과 함께 영원히 살 것이다.

《하나님을 경험하는 삶》이라는 책을 저술한 헨리 블랙가비 목사님은 하나님의 선하시고 인자하신 성품에 대하여 이렇게 설명했다.

"하나님은 사랑이시다. 그러므로 우리에게 최선의 것을 주신다. 하나님은 전지하시다. 그러므로 언제나 맨 처음에 가장 옳은 것을 주신다. 하나님은 전능하시다. 그러므로 우리로 하여금 그 최선의 것과 가장 옳은 것을 행할 능력을 주신다."

〈시편 24편〉 다윗의 시

영광의 왕이 들어가신다

기독교와 세상 종교의 다른 점은 무엇일까? 세상 종교는 믿음의 대상을 인간이 선택한다. 부잣집마다 신전이 있다. 아무리 가난해도 나무조각으로 깎아 만든 우상을 이삿짐 속에 넣고 다닌다. 그들은 신에게 임무를 부여한다. 그리고 신을 달래기 위해 제물도 드린다. 그런데 그 신은 아무것도 할 수 없다. 처음부터 존재하지 않았기 때문이다.

기독교는 하나님께서 우리를 창조하셨다고 믿는다. 그 믿음은 우리의 창작품이 아니다. 하나님께서 말씀을 통하여 우리 영혼 속에 새겨 놓으신 선물이다. 이런 믿음을 가진 사람들은 다윗처럼 '인간을 포함한 만물들이 다 하나님의 것입니다' 하고 고백한다.

"땅과 거기에 충만한 것과 세계와 그 가운데에 사는 자들은 다 여호와의 것이로다 여호와께서 그 터를 바다 위에 세우심이여 강들 위에 건설하셨도다"(1–2절).

이런 믿음을 지닌 사람은 평생을 청지기로 살아간다. 청지기는 하늘과 땅 사이에 '내 것'이라고 주장할 만한 것이 하나도 없다는 세계관을 가지고 살아간다. 청지기 의식은 '내 생명, 내 소유, 내 날, 내 모든 감정과 분별력, 그리고 나의 추진력까지도 모두 나를 지으신 하나님의 것'이라는 의식이다. 주변의 것들은 하나님께서 잠깐 나에게 맡겨 주신 것들이다. 이런 사람의 관심은 어디에 있을까?

"여호와의 산에 오를 자가 누구며 그의 거룩한 곳에 설 자가 누구인가 곧 손이 깨끗하며 마음이 청결하며 뜻을 허탄한 데에 두지 아니하며 거짓 맹세하지 아니하는 자로다"(3–4절).

성도들의 관심은 하나님 앞에 서는 것이다. 거룩하신 하나님 앞에 서려면 거룩해야 한다. 거룩은 구별이다. 손으로 하는 일 곧 모든 행실이 깨끗해야 한다. 믿음은 악하고 추한 행실과 공존할 수 없다. 밖으로 나타나는 행실뿐만 아니라 생각과 마음도 정결해야 한다. 우리는 마음과 생각을 사람 앞에서는 숨길 수 있다. 그러나 하나님 앞에서는 숨길 수가 없다. 예수님은 더러운 마음에 관해 이렇게 말씀하셨다.

> "속에서 곧 사람의 마음에서 나오는 것은 악한 생각 곧 음란과 도둑질과 살인과 간음과 탐욕과 악독과 속임과 음탕과 질투와 비방과 교만과 우매함이니 이 모든 악한 것이 다 속에서 나와서 사람을 더럽게 하느니라"(마가복음 7:21-23).

그뿐만 아니라 성도들은 뜻을 허탄한 데 두지 않아야 한다. '허탄'은 '없는 것'(emptiness)으로서 우상숭배를 의미한다. 존재하지 않는 우상에 존재가치를 부여할 때 우리는 허탄한 데 뜻(will)을 두게 된다. 하나님 앞에 서기를 원하는 자는 거짓 맹세를 하지 않아야 한다. 거짓 맹세는 사사로운 이익을 위해 하는 거짓말이다.

흔히 우리들은 주일 아침에 이런 말을 주고받는다. "여보, 헌금봉투 준비했어요?" 하나님 앞에 예물을 가지고 가는 것도 중요하다. 그러나 더 중요한 것은 깨끗한 손과 청결한 마음이다. 예배드리러 가는 길에 이 두 가지가 마음에 걸리면 먼저 회개해야 한다. 거룩한 삶을 사는 사람만이 하나님 앞에 설 수 있다. 그러나 오해하지 말자. 거룩하기 때문에 하나님께 예배드리는 것이 아니라. 거룩하기 위해 예배드려야 한다.

"그는 여호와께 복을 받고 구원의 하나님께 의를 얻으리니 이는 여호와를 찾는 족속이요 야곱의 하나님의 얼굴을 구하는 자로다 (셀라)"(5–6절).

깨끗한 손과 청결한 마음으로 성소에 들어가는 성도는 하나님의 복, 곧 구원하심을 받고 의롭다 하심을 얻는다. 왜냐하면 그가 하나님을 찾았고 그의 얼굴을 구했기 때문이다.

이 시의 후반부는 '영광의 왕 되신 하나님께서 들어가시는 문들'을 다루고 있다. 그것도 두 번 반복해서 같은 내용을 노래한다.

"문들아 너희 머리를 들지어다 영원한 문들아 들릴지어다 영광의 왕이 들어가시리로다 영광의 왕이 누구시냐 강하고 능한 여호와시요 전쟁에 능한 여호와시로다 문들아 너희 머리를 들지어다 영원한 문들아 들릴지어다 영광의 왕이 들어가시리로다 영광의 왕이 누구시냐 만군의 여호와께서 곧 영광의 왕이시로다 (셀라)"(7–10절).

이 구절들은 우리에게 두 가지 장면을 연상케 한다. 첫째로, 다윗이 오벧에돔의 집에 있던 언약궤를 다윗성으로 옮기는 장면이다. 다윗은 베옷을 입고 하나님 앞에 춤을 추었고, 백성들은 즐거이 환호하며 나팔을 불었다. 이스라엘 백성들에게 언약궤는 굉장히 중요한 성물이었다. 하나님께서 은혜를 베푸시는 시은좌가 그 위에 있었기 때문이다.

그런데 언약궤에 대한 이야기가 이 시에는 없다. 언약궤가 들어가니 성전 문을 높이 들어 올리라는 내용이 아니다. 영광의 왕이 들어가신다고 했다. 영광의 왕은 누구신가? 강하고 능한 여호와시요, 전쟁에 능한 여호와시다. 그가 이스라엘 백성들을 보호하시고 축복하시기 위해 지금 성전으로 들어가신다.

하나님께서 은혜를 베풀지 않으시면 언약궤는 평범한 상자에 불과하다. 물론 그 안에 십계명 돌판과 만나를 담은 항아리가 들어있다. 그러나 하나님께서 동행하시지 않으면 언약궤는 단순한 역사적 유물에 불과하다. 엘리 대제사장의 아들 홉니와 비느하스가 그 언약궤를 가지고 블레셋과 싸우는 전장터에 나갔지만 오히려 적군에 빼앗기고 말았다. 그들의 불의함 때문에 하나님께서 동행하실 수가 없었다.

둘째로, 이 노래는 만왕의 왕 되신 예수님께서 우리를 찾아오시는 장면을 묘사하고 있다. 예수님은 우리 안에 좌정하기를 원하신다. 우리 마음을 예수님께 활짝 열어야 한다. 예수님을 문밖에 서 계시게 하면 안 된다.

> "볼지어다 내가 문밖에 서서 두드리노니 누구든지 내 음성을 듣고 문을 열면 내가 그에게로 들어가 그와 더불어 먹고 그는 나와 더불어 먹으리라"(요한계시록 3:20).

왜 예수님께서 우리 안에 들어오시기를 원하시는가? 믿음의 열매를 맺게 해주시기 위해서다.

> "내 안에 거하라 나도 너희 안에 거하리라 가지가 포도나무에 붙어 있지 아니하면 스스로 열매를 맺을 수 없음같이 너희도 내 안에 있지 아니하면 그러하리라 나는 포도나무요 너희는 가지라 그가 내 안에, 내가 그 안에 거하면 사람이 열매를 많이 맺나니 나를 떠나서는 너희가 아무것도 할 수 없음이라"(요한복음 15:4-5).

오늘도 성부 성자 성령 하나님을 향해 마음의 문을 열자. 하나님은 강하고 능하신 분이시다. 아침에 일어나면 이런 기도부터 드리자. '주님, 내 안에 들어오시옵소서. 나의 삶에는 오직 예수님밖에 없습니다. 나의 모든 것은 주님의 것입니다. 오셔서 나를 다스리시고 주의 영광을 위하여 선하게 사용하시옵소서. 주님의 손에 오늘 하루를 맡겨 드립니다. 사랑합니다.'

〈시편 25편〉 다윗의 시

내 영혼이 주를 바라봅니다

우리 내면에는 선과 악이 공존한다. 바울은 "그러므로 내가 한 법을 깨달았노니 곧 선을 행하기 원하는 나에게 악이 함께 있는 것이로다"라고 말했다(로마서 7:21). 악을 악으로 갚으면 함께 악한 자가 되고, 악을 선으로 갚으면 선한 자가 된다. 그래서 바울은 "악에게 지지 말고 선으로 악을 이기라"고 했다(로마서 12:21).

다윗도 원수 때문에 환난을 당하고 있었다. 그러나 다윗은 원수를 보지 않고 하나님만 바라보았다. 하나님만이 그를 구원하실 수 있기 때문이다.

"여호와여 나의 영혼이 주를 우러러보나이다 나의 하나님이여 내가 주께 의지하였사오니 나를 부끄럽지 않게 하시고 나의 원수들이 나를 이겨 개가를 부르지 못하게 하소서 주를 바라는 자들은 수치를 당하지 아니하려니와 까닭 없이 속이는 자들은 수치를 당하리이다"(1-3절).

다윗은 원수들이 개가를 부르며 '하나님이 다윗을 버리셨다'고 악담할까 두려웠다. 그래서 원수의 문제를 하나님의 손에 올려 드렸다. 하나님을 의지하는 자는 절대로 수치를 당하지 않을 것이다. 그러나 하나님을 의지하지 않고 자기 꾀를 의지하며 속이는 자는 반드시 수치를 당할 것이다.

원수 때문에 괴로워하는 분들과 이야기를 나눌 때가 있다. 그때 나의 관심사는 그의 원수가 아니라 그 사람 자신이다. 어떻게 하면 그 사람이 원수의 그물에서 벗어날 수 있을까를 생각한다. 왜냐하면 그의 분노가 원수들에게 아무런 영향도 미치지 못하고 오히려 그의 마음만 병들게 하기 때문이다. 원수를 용서하고 사랑하면 하나님께서 복을 주신다. 그 복은 원수에게 임하지 않고 용서하는 사람에게 임한다.

이 시에서 다윗은 하나님 앞에 아픔을 쏟아 놓으면서도 자신에게 축복의 길을 보여 달라고 기도하고 있다.

"여호와여 주의 도를 내게 보이시고 주의 길을 내게 가르치소서 주의 진

리로 나를 지도하시고 교훈하소서 주는 내 구원의 하나님이시니 내가 종일 주를 기다리나이다"(4-5절).

왜 다윗이 '주의 진리로 나를 지도하시고 교훈하소서' 하고 기도했을까? 그는 원수 때문에 하나님을 잊어버릴까 두려웠다. 분노가 안개처럼 마음을 가득 채우면 바른길에서 이탈할 수 있다. 다윗은 삶의 중심에 원수가 아닌 하나님을 모시고 싶었다. 그를 환난에서 구원하실 분은 오직 하나님 한 분이시기 때문이다. 그래서 종일 기도하며 하나님을 기다렸다.

다윗이 이렇게 기도하며 기다리자 원수가 잊혔다. 그리고 뜬금없이 자신의 죄와 허물이 생각났다. 먼저 해결해야 할 문제는 원수가 아니었다. 주의 도와 길과 진리에서 벗어난 자신이었다. 상대방에게만 잘못이 있다고 우기면 반사적으로 자신의 의를 강조하게 된다. 그런데 다윗은 하나님 앞에서 자신의 모자람부터 먼저 보았다. 그 문제부터 먼저 해결해야 했다.

옛날 어머니들은 가정이 어려운 일을 만나면 '다 내 죄 때문이다' 하시며 눈물짓곤 하셨다. 역경을 마주할 때마다 지난날의 잘못을 기억하는 것은 자연스러운 일이다. 다윗도 그랬다. 그러나 한 가지가 달랐다. 다윗은 하나님의 용서를 경험했기 때문에 막연한 죄책감에 빠지지 않았다.

"여호와여 주의 긍휼하심과 인자하심이 영원부터 있었사오니 주여 이것들을 기억하옵소서 여호와여 내 젊은 시절의 죄와 허물을 기억하지 마시고 주의 인자하심을 따라 주께서 나를 기억하시되 주의 선하심으로 하옵소서"(6-7절).

젊은 시절의 죄와 허물에 대한 기억이 자주 다윗을 괴롭혔다. 그때마다 다윗은 하나님의 긍휼하심과 선하심과 인자하심으로 자기를 기억해 달라고 기도했다. 다윗의 죄가 용서받았던 근거는 그의 선행에 있지 않고 하나님의 인자하심에 있었다. 하나님은 용서하시기를 기뻐하신다. 용서하신 후에는 다시 기억하지도 않으신다. 왜냐하면 하나님의 인자하심이 영원하기 때문이다.

이사야 선지자를 통해 하나님께서 약속하신 말씀이다.

"나 곧 나는 나를 위하여 네 허물을 도말하는 자니 네 죄를 기억하지 아니하리라"(이사야 43:25).

'도말'은 페인트로 지워 버린다는 말이다. 우리가 회개할 때에 예수님의 피로 우리의 죄를 지워 주신다. 혹자는 다윗이 너무 뻔뻔하다고 생각한다. 맞는 말이다. 그러나 하나님 앞에 회개하고 용서받은 사람들은 너나 할 것 없이 다윗처럼 뻔뻔하다. 가끔 과거에 범한 죄가 우리 기억에 떠오르지만 일체 수치감이 없다. 다만 감사만 넘칠 뿐이다. 다윗은 하나님의 자비로운 성품을 계속해서 회상했다. 그러는 사이에 원수로 인한 마음속의 고통도 점점 사라져 갔다.

"여호와는 선하시고 정직하시니 그러므로 그의 도로 죄인들을 교훈하시리로다 온유한 자를 정의로 지도하심이여 온유한 자에게 그의 도를 가르치시리로다 여호와의 모든 길은 그의 언약과 증거를 지키는 자에게 인자와 진리로다"(8-10절).

하나님께서 죄인들을 교훈하시는 교재의 내용은 '선하심과 정직하심'이다. 그것은 하나님의 성품이다. '하나님 학교'의 입학 조건은 온유와 겸손이다. 온유한 자만이 하나님의 도를 배울 수 있다. 겸손한 자만이 그 도를 따라 살아갈 수 있다. 그리하여 삶은 인자와 진리로 채워진다.

"여호와여 나의 죄악이 크오니 주의 이름으로 말미암아 사하소서"(11절).

여기에서 '사하소서'는 현재형이 아니라 완료형이다. 이 말씀을 풀어쓰면 이런 뜻이다. '여호와여, 내 죄가 아주 컸지만 주의 이름으로 이미 용서하셨나이다.' 히브리어에서 완료형은 '언제'뿐 아니라 '어떻게'도 강조한다. 하나님께서 그의 이름 때문에 다윗의 죄를 용서하셨다. 하나님을 경외하면 하나님과 친밀한 관계를 맺으며 바른길로 인도하심을 받게 된다. 다윗은 이런 복이 그의 자손들에게 상속될 것을 믿었다.

"여호와를 경외하는 자 누구냐 그가 택할 길을 그에게 가르치시리로다 그의 영혼은 평안히 살고 그의 자손은 땅을 상속하리로다 여호와의 친밀하심이 그를 경외하는 자들에게 있음이여 그의 언약을 그들에게 보이시리로다"(12-14절).

계속해서 기도하다 보면 기도의 방향이 조금씩 바뀌는 것을 경험할 때가 있다. 다윗의 기도도 처음에는 탄식으로 시작했으나 감사로 끝났다. 원수 갚아 주시기를 바라며 기도를 시작했는데 원수를 축복해 달라는 말로 마쳤다. 외로움과 괴로움으로 시작했는데 평안으로 마쳤다. 왜 나를 모른 척하시느냐고 하나님을 원망했는데 항상 내 곁에 계시는 하나님을 발견하고 찬송으로 끝났다. 왜 이런 일이 일어날까? 성령님께서 말할 수 없는 탄식으로 우리의 기도를 도와주시기 때문이다. 다윗은 '원수 때문에 내가 수치를 당하지 않게 해주소서' 하고 시작했는데 끝은 하나님만 바라보는 기도로 마쳤다. 그러자 그의 마음에 하나님께서 그를 안전한 길로 인도하신다는 확신이 왔다.

"내 눈이 항상 여호와를 바라봄은 내 발을 그물에서 벗어나게 하실 것임이로다"(15절).

다윗은 다시 한번 하나님의 도우심을 구하며 기도를 마무리 지었다.

"주여 나는 외롭고 괴로우니 내게 돌이키사 나에게 은혜를 베푸소서 내 마음의 근심이 많사오니 나를 고난에서 끌어 내소서 나의 곤고와 환난을 보시고 내 모든 죄를 사하소서 내 원수를 보소서 그들의 수가 많고 나를 심히 미워하나이다 내 영혼을 지켜 나를 구원하소서 내가 주께 피하오니 수치를 당하지 않게 하소서 내가 주를 바라오니 성실과 정직으로 나를 보호하소서"(16-21절).

우리도 다윗처럼 이런 식으로 기도할 때가 있다. 그때마다 우리는 기도를 멈추고 깊은 생각에 잠긴다. 무슨 염치로 마치 맡겨 놓은 것을 다시 찾듯이 하나님께 이렇게 명령조로 기도할 수 있는가 하는 자격지심 때문이다. 아무리 생각해도 그렇게 당당한 기도를 드릴 자격이 우리에게는 없다. 그런데 성령님의 음성이 들려온다. '너의 자격 때문이 아니라 하나님의 은혜 때문'이라고 말씀하신다. 오히려 하나님께서 우리의 그런 기도 들으시기를 기뻐하신다고 알려 주신다. 아마 그날 다윗도 이런 생각들을 했을 것이다. 마지막으로 다윗은 나라와 백성을 위해 기도했다.

"하나님이여 이스라엘을 그 모든 환난에서 속량하소서"(22절).

현대식 표현을 빌리자면 '국태민안'(國泰民安)을 구했다는 이야기다. 기도는 우리 마음을 평안하게 한다. 내가 평안하면 이웃과 사회와 국가의 평안을 위해 기도할 마음이 생긴다. 평안이 물결처럼 퍼져 나간다. 하나님은 원수까지도 평안하기를 기도하라고 하셨다.

"너희는 내가 사로잡혀 가게 한 그 성읍의 평안을 구하고 그를 위하여 여호와께 기도하라 이는 그 성읍이 평안함으로 너희도 평안할 것임이라"(예레미야 29:7).

하나님의 관심은 이스라엘의 원수가 아니라 이스라엘에게 있었다. 원수를 바라보지 말고 하나님만 바라보자. 그것이 영적 승리의 비결이다.

〈시편 26편〉 다윗의 시

여호와여, 나를 판단하소서

이 시를 지을 무렵 다윗은 억울한 일을 당하고 있었다. 다윗은 사람들이 다 오해해도 하나님은 그의 마음을 아실 것이라고 믿었다. 법을 만든 사람만이 올바른 판단(재판)을 할 수 있다. 판단(Vindicate)은 '정당성과 무죄를 입증한다'는 뜻이다. 최고의 법을 만드신 분이 바로 하나님이시다. 다윗은 지금까지 여호와를 의지하고 세상 조류에 흔들리지 않으며 말씀에 따라 완전한 길을 걷기 위해 최선을 다해 왔다. 이제 다윗은 하나님께서 자기가 지금까지 살아온 길과 앞으로 살아갈 길이 하나님의 법에 합법함을 증명해 달라고 호소했다.

"내가 나의 완전함에 행하였사오며 흔들리지 아니하고 여호와를 의지하였사오니 여호와여 나를 판단하소서"(1절).

여기에서 '완전함'은 절대적인 완전함이 아니라 상대적인 완전함이다. 하나님과 견줄 만큼 완전하지는 않지만, 주변 사람들에 비하면 상대적으로 완전하다는 말이다. 이 단어에 다윗의 겸손함이 배어있다. 이 구절을 히브리어 어순대로 풀어 읽어 보면 이런 내용이 된다. '나를 판단하소서. 오, 여호와여. 왜냐하면 나는 지금까지 나의 완전함에 행하였고 여호와를 의지하였으며 (지금뿐만 아니라 앞으로도) 흔들리지 않고 그렇게 살아갈 것이기 때문입니다.'

누군가 우리를 오해하고 누명을 씌울 때 인간적인 방법으로 대처하면 점점 더 깊은 수렁으로 빠져들어 간다. 그때는 하나님께 나아가 억울함을 호소해야 한다. 다윗은 하나님께서 그의 혐의를 벗겨 주실 것을 믿었다.

"백성들아 시시로 그를 의지하고 그의 앞에 마음을 토하라 하나님은 우리의 피난처시로다 (셀라)"(시편 62:8).

다윗은 단순히 그의 무죄를 주장하지 않았다. 만일 그랬더라면 그는 '교만'이라는 함정에 빠졌을 것이다. 다윗은 하나님의 인자하심을 따라 자기를 더 완전한 길로 인도해 달라고 간구했다.

"내가 여호와를 기다리고 기다렸더니 귀를 기울이사 나의 부르짖음을 들으셨도다 나를 기가 막힐 웅덩이와 수렁에서 끌어올리시고 내 발을 반석 위에 두사 내 걸음을 견고하게 하셨도다"(시편 40:1-2).

다윗은 자신의 허물을 하나님 앞에서 토해 냈다.

"여호와여 나를 살피시고 시험하사 내 뜻과 내 양심을 단련하소서 주의 인자하심이 내 목전에 있나이다 내가 주의 진리 중에 행하여"(2–3절).

이 시에는 1인칭 대명사가 자주 나온다. 다윗이 하나님을 홀로 대면하고 있기 때문이다. 그는 하나님께서 자신의 행위뿐 아니라 동기를 살피시고 하나님의 말씀대로 살았는지 시험(증명)해 달라고 기도했다. 자기의 의로움을 주장하기 위해서가 아니다. 악한 세상에 영향을 받지 않고 더 거룩한 삶을 살기 위해서다. 그래서 '내 뜻과 내 양심을 단련하소서' 하고 간구했다. 여기에서 '양심'은 히브리어로 '신장', '콩팥'을 의미한다. 히브리인들은 그곳에 인간의 감정이 자리 잡고 있다고 생각했다. '주의 인자하심이 내 목전에 있나이다 내가 주의 진리 중에 행하여'는 한 문장으로서 '왜냐하면 주의 인자하심이 내 눈앞에 있고, 내가 주의 진리 중에 행하였기 때문입니다'라는 뜻이다. 다윗은 자기가 어떻게 살아왔는지 하나님께서 시험해 보시고 더욱 순전한 길로 인도해 달라고 거듭 간청했다.

악한 세상에서 거룩한 삶을 살기란 쉬운 일이 아니다. 다윗은 시편 12편 8절에서 "비열함이 인생 중에 높임을 받는 때에 악인들이 곳곳에서 날뛰는도다" 하고 탄식했다. 비열함은 '절대 용납할 수 없는 비도덕적 행실'을 가리킨다.

"[내가] 허망한 사람과 같이 앉지 아니하였사오니 간사한 자와 동행하지도 아니하리이다 내가 행악자의 집회를 미워하오니 악한 자와 같이 앉지 아니하리이다"(4–5절).

다윗은 주위를 둘러보았다. 그곳에는 허망한 사람, 간사한 자, 악을 행하는 자들이 떼를 지어 있었다. 허망한 사람은 사기꾼을 가리키고, 간사한 자는 가식적인 사람을 말하며, 행악자는 악을 행하는 자를 뜻하고, 악한 자는 범죄자를 의미한다. 다윗은 이런 사람들을 싫어하여 동행하지 않았고 함께 앉지도 않았다. 자신을 거룩하게 지키기 위해서였다.

이제 우리는 왜 다윗이 억울한 비난과 모함을 받았는지 이해할 수 있다. 악한 자들과 함께 악을 행하지 않으면 눈총을 받게 된다. 악한 자들에게 '정직하게 살자. 선을 행하자. 의롭게 살자' 하고 권면하면 미움과 공격을 받게 된다. 다윗이 지금 그런 상황에 처해 있었다. 이런 경우에는 어떻게 해야 할까? 바울의 가르침이 기억난다.

"너희는 믿지 않는 자와 멍에를 함께 메지 말라 의와 불법이 어찌 함께하며 빛과 어둠이 어찌 사귀며 그리스도와 벨리알이 어찌 조화되며 믿는 자와 믿지 않는 자가 어찌 상관하며 하나님의 성전과 우상이 어찌 일치가 되리요"(고린도후서 6:14-16).

"너희는 이 세대를 본받지 말고 오직 마음을 새롭게 함으로 변화를 받아 하나님의 선하시고 기뻐하시고 온전하신 뜻이 무엇인지 분별하도록 하라"(로마서 12:2).

다윗은 악한 세상을 보고 마음이 아플 때마다 주님 앞으로 나아갔다. 다윗에게 있어서 그곳은 바로 하나님께 예배드리는 성소가 되었다.

"여호와여 내가 무죄하므로 손을 씻고 주의 제단에 두루 다니며 감사의 소리를 들려 주고 주의 기이한 모든 일을 말하리이다 여호와여 내가 주께서 계신 집과 주의 영광이 머무는 곳을 사랑하오니"(6-8절).

악한 자를 만나면 무조건 피해야 한다. 믿음을 지키려면 하나님 앞으로 나아가야 한다. 우리가 무죄하기 때문에 예배드리는 것이 아니다. 오히려 죄를 멀리하기 위해 예배드린다. 예배는 우리의 영적 면역체계를 강하게 만들어 준다. 제사를 드리는 사람은 성전 밖에서 손을 씻지 않는다. 성전 안 뜰에 있는 물두멍에서 씻는다. 예배를 통해서 우리는 정결함을 유지할 수 있다. 그만큼 예배가 중요하다.

교회학교에 다니던 어린 시절, 나는 예배를 사닥다리로 이해했다. 야곱이 꿈에 본 사닥다리처럼 천국에 이르는 사닥다리가 있다고 생각했다. 사닥다리는 가름대가 하나쯤 망가져도 올라갈 수 있다. 그러나 두 개가 빠지면 올라가기가 힘들다. 세 개쯤 빠지면 아예 불가능해진다. 그런 생각 때문인지 예배에 절대 빠지지 않으려고 노력했다. 지금 생각하면 성령님께서 어린아이 수준에서 나를 가르쳐 주셨던 것 같다.

그러나 예배는 의무가 아니다. 예배는 '주께서 계신 집과 주의 영광이 머무는 곳을 사랑하는 사람'이 하나님께 드리는 진정한 선물이다. 시편 84편을 지은 시인은 "만군의 여호와여 주의 장막이 어찌 그리 사랑스러운지요" 하고 감격했다(1절). 엄밀한 의미에서 예배는 하나님의 선하심과 인자하심에 대한 우리들의 영적인 반응이다. 예배에는 감격이 있어야 한다. 왜냐하면 우리는 단순히 예배드리는 사람이 아니라 하나님을 뵙기 위해 초청받은 사람들이기 때문이다. 예배드릴 때에 성령님께서 우리를 하나님 앞으로 인도해 가신다. 성령님이 우리의 예배를 산 제사가 되게 하신다. 성령님의 임재하심이 없는 예배는 예배가 아니다.

다윗은 다시 한번 악한 세상에서 자기를 보존해 달라고 기도했다.

"내 영혼을 죄인과 함께, 내 생명을 살인자와 함께 거두지 마소서 그들의 손에 사악함이 있고 그들의 오른손에 뇌물이 가득하오나 나는 나의 완전함에 행하오리니 나를 속량하시고 내게 은혜를 베푸소서"(9-11절).

왜 다윗이 "내 영혼을 죄인과 함께, 내 생명을 살인자와 함께 거두지 마소서" 하고 기도했을까? 우리말 가운데 "모진 놈 옆에 있다가 벼락 맞는다"는 말이 있다. 자신은 잘못이 없지만 악한 사람 곁에 있다가 함께 심판받는다는 말이다. 그래서 다윗은 악한 자들과 자리도 함께하지 않았다. 그러니 죄인이나 살인자와 함께 자기를 다루지 마시라고 간구했다. 하나님께서 롯의 가족을 피하게 하지 않으셨다면 그들 역시 유황불 앞에서 자유롭지 못했을 것이다. 시편 1편 1절의 "복 있는 사람은 악인들의 꾀를 따르지 아니하며 죄인들의 길에 서지 아니하며 오만한 자들의 자리에 앉지 아니하고"라는 말씀도 그런 뜻이다.

'성도'는 예수님을 따르는 거룩한 무리들이다. 세상을 사는 동안 악한 자들과 구별된 삶을 살아야 한다. 악한 자들의 성공을 부러워하지 말고 하나님 앞에서 온전한 삶을 살아가야 한다. 우리에게 '의의 면류관'이 약속되어 있기 때문이다. 악을 멀리하고 완전한 길에 행하며 선한 싸움에 승리한 사람이 부를 마지막 노래는 무엇일까?

"내 발이 평탄한 데에 섰사오니 무리 가운데에서 여호와를 송축하리이다" (12절).

까닭 없는 오해와 비난을 받을 때 우리 마음에 의심이 들어온다. 그것은 곧 '하나님이 과연 인간사를 알고 계실까?' 하는 의구심이다. 그런데 다윗은 그의 발이 의심을 벗어나 평탄한 가운데 서 있다고 고백한다. 하나님께서 그의 기도를 들으셨다는 말이다. 그래서 다윗은 그를 비난하는 무리들 가운데서 당당하게 여호와 하나님을 송축할 수 있었다.

지금 혹시 영적으로 깊은 늪지대에 빠져 있는가? 두 손 들고 겸손하게 주의 도우심을 구하자.

〈시편 27편〉 다윗의 시

나 두려울 것 없어라

가장 고통스러운 감정은 두려움이다. 두려움을 극복하는 신앙은 하나님께서 우리와 함께하신다는 믿음에서 온다. 다윗은 이전에 경험한 하나님의 구원의 능력을 회상하며 이 시를 썼다.

"여호와는 나의 빛이요 나의 구원이시니 내가 누구를 두려워하리요 여호와는 내 생명의 능력이시니 내가 누구를 무서워하리요 악인들이 내 살을 먹으려고 내게로 왔으나 나의 대적들, 나의 원수들인 그들은 실족하여 넘어졌도다"(1-2절).

다윗의 대적과 원수들이 그를 죽이려고 찾아왔다. 그러나 칼 한 번 휘두르지 못하고 제풀에 넘어지더니 황급히 물러갔다. 하나님께서 다윗을 보호하고 계셨기 때문이다. 하나님께서 그의 능력으로 다윗의 생명을 붙들고 계셨다. 이런 경험을 해본 사람은 두려울 것이 없다.

"군대가 나를 대적하여 진 칠지라도 내 마음이 두렵지 아니하며 전쟁이 일어나 나를 치려 할지라도 나는 여전히 태연하리로다"(3절).

두려움이 전혀 없었다는 말이 아니다. 두려움 가운데서도 태연했다는 말이다. 두려울 때는 하나님을 기억해야 한다. 하늘과 땅과 그 가운데 있는 만물을 지으시고 나를 구속하신 하나님을 사모하며 묵상해야 한다. 오직 하나님의 능력으로만 두려움을 이길 수 있기 때문이다.

"내가 여호와께 바라는 한 가지 일 그것을 구하리니 곧 내가 내 평생에 여호와의 집에 살면서 여호와의 아름다움을 바라보며 그의 성전에서 사모하는 그것이라"(4절).

죽음이 문턱에 이르렀다. 원수들의 함성이 땅을 뒤덮었다. 그러나 아무리 원수가 날뛰어도 두려워하지 않는 사람은 이길 수가 없다. 다윗에게는 두려움이 없었다. 대신 소원이 하나 있었다. 그것은 평생에 여호와의 집에서 사는 것이었다. 그는 성전에서 여호와의 아름다움을 바라보며 살기를 원했다. 하나님과 함께 사는 사람에게는 두려움이 없다.

"여호와께서 환난 날에 나를 그의 초막 속에 비밀히 지키시고 그의 장막 은밀한 곳에 나를 숨기시며 높은 바위 위에 두시리로다 이제 내 머리가 나를 둘러싼 내 원수 위에 들리리니 내가 그의 장막에서 즐거운 제사를 드리겠고 노래하며 여호와를 찬송하리로다"(5-6절).

막연하게 '두려워하지 말라'는 말은 효력이 없다. 두려워하지 않을 이유가 있어야 한다. 다윗에게는 두려워하지 않을 분명한 이유가 있었다. 하나님께서 환난 날에 그를 초막과 장막의 은밀한 곳에 옮기시고 비밀히 지켜 주셨기 때문이다. 하나님은 또한 다윗을 높은 바위 위에 두셨다. 그리하여 다윗의 머리가 원수들의 머리보다 더 높은 곳에 있게 하셨다. 전투할 때는 고지(高地)부터 점령해야 한다. 이제 다윗은 여호와의 장막에서 노래하며 즐거운 제사를 드릴 것이다. 반면에 원수들은 슬피 울며 물러갈 것이다. 바울은 두려움을 이기는 비결을 이렇게 들려주었다.

"아무것도 염려하지 말고 다만 모든 일에 기도와 간구로, 너희 구할 것을 감사함으로 하나님께 아뢰라 그리하면 모든 지각에 뛰어난 하나님의 평강이 그리스도 예수 안에서 너희 마음과 생각을 지키시리라"(빌립보서 4:6-7).

물론 두려움 자체가 없어지는 것은 아니다. 다윗에게도 두려움은 현실이었다. 그러나 기도하면 두려움을 이겨 낼 수 있다.

"여호와여 내가 소리 내어 부르짖을 때에 들으시고 또한 나를 긍휼히 여기사 응답하소서 너희는 내 얼굴을 찾으라 하실 때에 내가 마음으로 주께 말하되 여호와여 내가 주의 얼굴을 찾으리이다 하였나이다"(7-8절).

우리가 하나님의 자녀라는 이유만으로 모든 환난과 어려움을 면할 수는 없다. 사탄이 우리를 그렇게 내버려두지 않는다. 그러나 우리에게는 도우시는 하나님이 계신다. 하나님께서 우리의 부르짖음을 들으시고 긍휼히 여기시며 응답하신다. 하나님은 그런 날이 오거든 그의 얼굴을 찾으라고 다윗에게 말씀하셨다. 다윗은 그 말씀을 붙들고 하나님께 기도했다.

"주의 얼굴을 내게서 숨기지 마시고 주의 종을 노하여 버리지 마소서 주는 나의 도움이 되셨나이다 나의 구원의 하나님이시여 나를 버리지 마시고 떠나지 마소서 내 부모는 나를 버렸으나 여호와는 나를 영접하시리이

다"(9–10절).

다윗의 기도가 절절하다. 설사 부모가 버릴지라도 하나님은 자기를 영접하실 것이라는 절대 의지의 기도를 드렸다. 최근 다윗에 대한 영화를 한 편 본 적이 있다. 그 영화는 다윗을 부정한 여인의 자식으로 묘사하고 있었다. 아마도 다윗이 밧세바와 저지른 죄를 회개할 때 "내가 죄악 중에서 출생하였음이여 어머니가 죄 중에서 나를 잉태하였나이다" 했던 말을 오해한 것 같았다(시편 51:5). 그래서 그 영화는 사무엘이 방문했을 때 이새가 다윗을 들판에 머물게 했다는 식으로 전개해 나갔다. 또 아버지의 심부름으로 전장터를 방문했을 때도 형들이 모질게 대한 것처럼 묘사했다. 그러나 이는 성경적인 해석이 아니다. 사무엘이 방문했을 때는 다윗이 막내였으므로 형들만 참석하게 했을 것이다. 오히려 사무엘상 22장에 보면 다윗의 부모와 형제들이 그와 합류했고, 다윗은 그들의 안전을 모압 왕에게 부탁했다. 여기에서 "내 부모는 나를 버렸으나"라는 말은 '하나님의 절대 버리지 않으심'을 상대적으로 강조하기 위한 시적 표현이다.

"여호와여 주의 도를 내게 가르치시고 내 원수를 생각하셔서 평탄한 길로 나를 인도하소서 내 생명을 내 대적에게 맡기지 마소서 위증자와 악을 토하는 자가 일어나 나를 치려 함이니이다"(11–12절).

어떤 상황에서도 하나님이 우리의 생명을 붙들고 계시면 두려울 것이 없다. 두려울 때는 하나님을 찾아야 한다. 하나님께서 '그런 일이 있거든 나를 찾으라'고 말씀하셨다. 솔로몬이 성전을 헌당할 때 주신 약속이다.

> "내 이름으로 일컫는 내 백성이 그들의 악한 길에서 떠나 스스로 낮추고 기도하여 내 얼굴을 찾으면 내가 하늘에서 듣고 그들의 죄를 사하고 그들의 땅을 고칠지라"(역대하 7:14).

그런데 왜 사람들이 하나님을 찾지 않을까? 무지와 교만 때문이다.

"내가 산 자들의 땅에서 여호와의 선하심을 보게 될 줄 확실히 믿었도다 너는 여호와를 기다릴지어다 강하고 담대하며 여호와를 기다릴지어다" (13–14절).

다윗은 산 자의 땅에서 하나님의 선하심을 보기 원했다. 다윗은 자신을 향해 믿음을 선포했다. '다윗아, 강해라! 담대해라! 여호와를 기다려라. 조만간 그의 선하심을 보게 될 것이다.' 모든 기도는 믿음으로 드려야 한다. 믿음은 소망의 꽃들이 피어나는 하나님의 아름다운 정원이다.

〈시편 28편〉 다윗의 시

당당한 기도

극한 어려움을 당할 때 우리는 눈물을 흘리거나 기껏 몇 마디 말만 반복하다가 기도를 마친다. 그러면서 내가 다 말하지 못할지라도 하나님께서 내 마음을 아실 것이라고 스스로 위로한다. 우리의 기도는 그렇게 푸념이나 한탄으로 끝나지 않아야 한다.

다윗은 하나님 앞에서 그가 하고 싶은 말을 다 했다. 좀 설익은(rare) 언어로, 그것도 명령어를 써가면서 하나님 앞에 대들듯이 기도했다. 다윗의 이런 당당함은 어디에서 왔을까? 하나님과 그의 특별한 관계에서 왔다. 다윗은 하나님을 그의 목자라고 불렀다. 목자는 양을 책임져야 한다. 양의 아픔과 고난과 궁핍함을 해결해 주어야 한다. 다윗은 자신의 의로움이나 성실함을 내세우지 않았다. 다만 지성소를 향해 손을 들고 기도하면 목자 되신 하나님께서 반드시 들어 주신다는 믿음이 있었다.

"여호와여 내가 주께 부르짖으오니 나의 반석이여 내게 귀를 막지 마소서 주께서 내게 잠잠하시면 내가 무덤에 내려가는 자와 같을까 하나이다"(1절).

누가 하나님을 향해 '내가 기도할 때 귀 막지 마시고 잘 들으세요' 하고 당차게 요구할 수 있을까? 누가 '주께서 내게 잠잠하시면 내가 무덤에 내려가는 자같이 됩니다' 하고 하나님의 책임(?)을 상기시켜 드릴 수 있을까? 여호와로 자기의 반석을 삼은 사람, 하나님을 주로 모시는 사람만이 그런 기도를 드릴 수 있다. 왜냐하면 그가 하나님의 소유이기 때문이다.

물론 기도하기 전에 불신앙 문제부터 해결해야 한다. 하나님께서 내 기도에 귀를 막고 계신다고 생각하면 우리의 기도는 무기력하게 된다. 기도하기 전에 우리에게 귀를 기울이고 계시는 하나님을 믿음의 눈으로 바라보아야 한다. 다윗은 평소에 그런 믿음을 가지고 기도했다.

"내가 여호와를 기다리고 기다렸더니 귀를 기울이사 나의 부르짖음을 들으셨도다"(시편 40:1).

기도하기 전에 해결해야 할 불신앙이 또 하나 있다. 그것은 기도해도 소용없다는 패배 의식이다. 다윗은 그런 생각을 '주께서 내게 잠잠하시면 내가 무덤에 내려가는 자와 같을까 하나이다'라는 말로 대신했다. 물론 이 말은 하나님께서 응답하지 않으시고 침묵하신다는 하소연이 아니다. 떨치고 일어나셔서 주의 공의를 보여 달라는 간절한 요청이다. 침묵하시는 하나님이 마음에 그려진다면 그것은 우리의 불신앙 때문이다. 하나님께서는 우리의 기도를 반드시 들으시고 그의 선하신 뜻을 이루어 주신다.

"내가 주의 지성소를 향하여 나의 손을 들고 주께 부르짖을 때에 나의 간구하는 소리를 들으소서"(2절).

지성소는 언약궤가 안치된 '거룩한 곳'이다. 하나님께서 그의 백성들에게 은혜를 베푸시기 위해 언약궤 위의 시은좌에 앉아 계신다. 다윗은 그곳을 향해 손을 들고 '여호와 하나님, 내 간구하는 소리에 귀 좀 기울여 주세요' 하고 부르짖었다. 다윗의 기도가 과녁을 향해 힘차게 날아가는 화살처럼 하나님의 보좌로 올라갔다. 다윗은 '내가 너에게 무엇을 해주기를 원하느냐?'고 물으시는 하나님께 그의 소원을 아뢰었다.

"악인과 악을 행하는 자들과 함께 나를 끌어내지 마옵소서 그들은 그 이웃에게 화평을 말하나 그들의 마음에는 악독이 있나이다 그들이 하는 일과 그들의 행위가 악한 대로 갚으시며 그들의 손이 지은 대로 그들에게 갚아 그 마땅히 받을 것으로 그들에게 갚으소서"(3-4절).

다윗은 억울했다. 양비론(兩非論)자들이 다윗을 악인과 동일하게 취급했기 때문이다. 혹시 하나님께서도 그런 생각을 하실까 걱정되었다. 그래서 다윗은 하나님께서 악인들의 악행을 낱낱이 살펴보시고 마땅히 받을 형벌로 갚아 달라고 간구했다. 일반적으로 사람들은 자기의 생각을 말로 표현한다. 말을 들어 보면 그 사람의 생각을 알 수 있다. 그러나 악인들은 말과 생각이 다르다. 입으로는 화평을 말하고, 마음으로는 악을 계획한다. 하나님 외에 누가 그들의 생각을 알 수 있겠는가? 악한 자를 심판하실 분이 하나님 외에 누가 있겠는가? 그래서 다윗은 악인들의 '손이 지은 대로' 갚아 달라고 기도했다. 무슨 뜻일까?

"그들은 여호와께서 행하신 일과 손으로 지으신 것을 생각하지 아니하므로 여호와께서 그들을 파괴하고 건설하지 아니하시리로다"(5절).

악인들은 '하나님께서 지으신 대로' 선하게 살지 않고 자기가 주인이 되어 악을 행하며 살아간다. 하나님께서 손으로 자기를 지으신 것을 생각하고 감사하는 사람은 하나님의 뜻을 따라 이웃을 세워 주며 살아간다. 그러나 악인들이 지나간 자리에는 파괴와 폐허와 절망만 남는다. 그들은 사회를 붕괴시키며 가정을 파괴하며 자기 자신을 파멸에 이르게 한다. 다윗은 견고한 믿음의 반석 위에 서서 당당하게 외쳤다.

"여호와를 찬송함이여 내 간구하는 소리를 들으심이로다 여호와는 나의 힘과 나의 방패이시니 내 마음이 그를 의지하여 도움을 얻었도다 그러므로 내 마음이 크게 기뻐하며 내 노래로 그를 찬송하리로다"(6-7절).

기도하다 보면 어떤 일이 내면에서 일어난다. 그것은 하나님께서 내 기도를 들으셨다는 확신이다. 이런 확신이 들면 하나님을 의지하는 믿음이 생겨난다. 그 사람은 하나님의 확실한 응답을 받아 들고 지성소를 나선다. 기도하는 사람의 눈에는 하나님께서 예비하신 은혜의 선물들이 보인다. 믿음은 바라는 것들의 실상이 되고, 보지 못하는 것들의 증거가 된다. 엘리야는 그런 믿음을 가지고 일곱 번 기도한 후에 아합왕에게 "큰 비 소리가 있나이다" 하고 담대하게 말했다(열왕기상 18:41). 그리고 그 날 3년 6개월 만에 엄청난 비가 내렸다.

기도 응답의 확신이 오면 찬송이 나온다. 마음에 가득 찬 큰 기쁨이 찬송으로 터져 나온다. 다윗의 노랫소리를 들어 보자.

"여호와는 그들의 힘이시요 그의 기름 부음 받은 자의 구원의 요새이시로다 주의 백성을 구원하시며 주의 산업에 복을 주시고 또 그들의 목자가 되시어 영원토록 그들을 인도하소서"(8-9절).

하나님께서 기름 부음 받은 다윗을 구원해 주셨다. 그러나 혼자 구원받으면 무슨 기쁨이 있겠는가. 다윗은 여호와께 백성들의 목자가 되어 달라고 간절히 기도했다. 그는 자신을 이스라엘의 목자로 내세우지 않았다. 그에게는 백성을 인도할 능력이 없었다. 오직 하나님만이 그들을 영원히 인도하실 수 있었다. 다윗은 청지기에 불과했다. 청지기의 사명은 주인의 산업이 더 잘되게 돌보는 것이다. 그 산업을 지키시고 복 주실 분은 하나님이셨다. 그가 할 일은 자신과 이스라엘 백성을 위해 당당하게 기도하는 것뿐이었다.

〈시편 29편〉 다윗의 시

여호와의 소리

가끔 손목의 전자시계가 진동을 일으킬 때가 있다. 소음이 너무 커서 청각장애를 일으킬 수 있다는 경고다. 세상에는 많은 소리들이 있다. 온 도시가 소리를 내고, 정치가들도 소리를 내고, 불평하는 사람들도 집단적으로 소리를 낸다. 그러나 다윗은 자연을 통하여 들려오는 하나님의 소리를 들었다. 이 시에는 '여호와의 소리'라는 구절이 여섯 번 나온다. 그 소리는 아무나 들을 수 없다. 겸손하게 하나님을 경외하는 사람만이 그 소리를 들을 수 있다.

"너희 권능 있는 자들아 영광과 능력을 여호와께 돌리고 돌릴지어다 여호와께 그의 이름에 합당한 영광을 돌리며 거룩한 옷을 입고 여호와께 예배할지어다"(1–2절).

영광과 능력은 이 세상의 권세 있는 자들에게 속한 것이 아니다. 태초부터 하나님께 속한 것이다. 그러므로 하나님께 마땅히 돌려드려야 한다. 그리고 겸손하게 하나님을 예배해야 한다. 그것이 성도들이 해야 할 합당한 일이다.

세상에는 사람들의 목소리가 가득하다. 권세를 잡은 자들은 교만하여 자기의 목소리를 더 높인다. 확성기를 사용하기도 하고, SNS를 사용하기도 한다. 그러나 세상의 소리들은 모두 잡음이다. 다윗은 아첨하는 소리로 가득 찬 궁정을 떠나 광야로 나갔다. 거기에는 다른 곳에서 들을 수 없는 소리가 있었다. 그 소리 앞에서 다른 모든 소리는 묵음으로 처리되었다. 그것은 바로 여호와 하나님의 소리였다.

"여호와의 소리가 물 위에 있도다 영광의 하나님이 우렛소리를 내시니 여호와는 많은 물 위에 계시도다 여호와의 소리가 힘 있음이여 여호와의 소리가 위엄차도다"(3–4절).

물 위에 있는 창공으로부터 우렛소리가 울려 퍼졌다. 평범한 우렛소리가 아니었다. 우렛소리를 통하여 말씀하시는 하나님의 위엄에 넘치는 목소리였다. 우리는 이런 소리를 '자연을 통해 주시는 하나님의 계시'라고 말한다. 예수님은 자주 '들을 귀 있는 자는 들을지어다' 하고 말씀하셨다. 다윗은 단순히 소리만 듣지 않았다. 그 소리와 함께 일어나는 여러 가지 자연현상들을 관찰했다. 자연을 관찰하며 하나님의 음성을 들을 수 있는 사람은 복 있는 사람이다.

"여호와의 소리가 백향목을 꺾으심이여 여호와께서 레바논 백향목을 꺾어 부수시도다 그 나무를 송아지같이 뛰게 하심이여 레바논과 시룐으로 들송아지같이 뛰게 하시도다 여호와의 소리가 화염을 가르시도다"(5-7절).

백향목은 강하기로 이름난 나무다. 그런데 하나님의 우렛소리 앞에서 레바논의 백향목들이 꺾이고 부서졌다. 성경에 나오는 백향목의 부정적 의미는 '권세와 위엄과 교만'이다. 하나님의 소리 앞에서 인간의 위엄과 권세와 교만이 설 자리를 잃었다. '교만한 자들아, 내가 너희의 교만을 꺾어 버리리라. 권세 잡고 우쭐대는 자들아. 내가 너희를 땅바닥에 메어치리라.' 그것이 바로 다윗이 우레를 통하여 들었던 하나님의 소리였다.

다윗은 나무(권세자들)뿐만 아니라 레바논과 시룐(헬몬)산도 여호와의 소리 앞에서 두려워 떠는 모습을 보았다. 세상의 모든 나라들과 군왕들이 하나님의 위엄 앞에서 두려워 떨었다. 여호와의 소리가 번갯불을 가르며 들려왔다. 무슨 소리였을까? '너희 권능 있는 자들아, 영광과 능력을 여호와께 돌리고 돌릴지어다' 하는 소리였을까?

"여호와의 소리가 광야를 진동하심이여 여호와께서 가데스 광야를 진동시키시도다 여호와의 소리가 암사슴을 낙태하게 하시고 삼림을 말갛게 벗기시니 그의 성전에서 그의 모든 것들이 말하기를 영광이라 하도다"(8-9절).

여호와의 소리가 가데스 광야를 진동시켰다. 레바논은 북쪽에 있고 가데스 광야는 남쪽에 있다. 그 광야는 하나님께서 이스라엘 백성들을 40여 년 동안 품으셨던 곳이다. 하나님께서 불모의 땅 광야에서 2백만여 명의 이스라엘 백성들을 먹이시고 입히시고 평안히 눕게 하셨다. 광야에서 마른 번개가 치고 우렛소리가 지평으로 퍼져나갈 때 광야는 예전의 일을 기억하고 하나님께 영광과 능력을 돌려드렸다. 다윗은 광야에서 그런 소리를 들으며 잠잠히 서 있었다.

얼마 전에 멕시코 과달라하라주(州)의 원주민 마을 때뻭(Tepic)으로 선교여행을 다녀왔다. 깊은 산에 사는 원주민 목사님들 30여 명이 참석하기로 한 세미나에 20여 명만 도착했다. 하룻길을 걸어 참석하기로 한 8명의 목회자들은 낙석으로 길이 막혀서 오지 못했다. 깊은 산골짜기에 벼락이 치고 뇌성이 울리면 바위가 굴러 내려와 길을 막는다고 했다. 다윗은 광야에서 그런 번개와 뇌성 소리를 듣고 있었다.

우렛소리가 암사슴을 낙태하게 했다. 우레와 번개와 폭풍이 지나간 자리에는 나무들이 꺾인 채로 드러누워 있었다. 산이 말갛게 벌거벗은 것처럼 보였다. 그때 성전에서 우렁찬 소리가 들려왔다. "영광이라!" 사람들은 우레와 번개와 폭우를 두려워한다. 그러나 다윗은 창조주의 영광을 보았다.

"여호와께서 홍수 때에 좌정하셨음이여 여호와께서 영원하도록 왕으로 좌정하시도다"(10절).

'좌정'은 흔들림 없는 모습이다. 폭우와 홍수가 몰려올 때 누구를 보느냐가 중요하다. 사람을 보면 실망하지만 좌정하신 하나님을 보면 마음이 평안해진다. 홍수 가운데 찾아오신 하나님께서 그의 백성들에게 힘을 주시고 평강의 복을 주시기 때문이다.

"여호와께서 자기 백성에게 힘을 주심이여 여호와께서 자기 백성에게 평강의 복을 주시리로다"(12절).

마음이 답답할 때면 들판으로 나가 보라. 광야로 들어가 보라. 아무 소리도 들리지 않는 곳에 머물러 보라. 그곳에서 하나님의 음성을 들어 보자. 그의 부드러운 목소리를 들어 보자. 우리를 사랑하신다는 음성을 들어 보자. 그리고 우리의 목소리도 들려드리자. '하나님, 사랑해요' 하고.

얼마 전 어느 가게에 들렀더니 중년 여인 대여섯 명이 둘러앉아 식사를 하고 있었다. 그중 한 명이 갑자기 벌떡 일어나더니 "김영길 목사님 아니세요?" 하고 소리쳤다. 어떻게 나를 알아보았느냐고 물었더니 내 목소리를 듣고 알았다고 했다. 그 집사님은 40여 년 전에 잠깐 우리 교회에 출석했던 분이었다.

하나님의 음성을 들을 수 있는 사람은 복 있는 사람이다. 모든 일에서 하나님의 음성에 귀를 기울이는 훈련을 하자.

〈시편 30편〉 다윗의 시, 곧 성전 낙성가

슬픔이 변하여 춤이 되고

이 짧은 시에 '여호와'가 9회 나오고, '주'가 11회 나온다. 그만큼 시인은 그와 하나님 사이에서 일어났던 많은 경험들을 기록하고 있다.

"여호와여 내가 주를 높일 것은 주께서 나를 끌어내사 내 원수로 하여금 나로 말미암아 기뻐하지 못하게 하심이니이다"(1절).

첫 절은 대부분 나머지 부분에서 다룰 이야기들의 요약이다. 이 구절에 나오는 동사들은 모두 완료형이다. 하나님께서 이미 다윗을 수렁에서 끌어내 주셨고 원수들로 기뻐하지 못하게 하신 후에 지은 시다.

"여호와 내 하나님이여 내가 주께 부르짖으매 나를 고치셨나이다 여호와여 주께서 내 영혼을 스올에서 끌어내어 나를 살리사 무덤으로 내려가지 아니하게 하셨나이다"(2-3절).

다윗이 죽을병에 걸렸다. 사람들은 마음으로 그의 장례를 준비하고 있었다. 이스라엘 사람들에게 스올(음부)은 무의식 상태로 있는 지하세계(underworld)였다. 다윗은 인생의 밑바닥에서 하나님께 기도했다. 그랬더니 하나님께서 그를 스올에서 벗어나게 하시고 무덤에 내려가지 않게 하셨다. 다윗은 그가 왜 그런 위기에 처했는지, 그러고 어떻게 기도했는지 간증했다. 간증하려고 하니 마음에 감격이 북받쳐 올라왔다.

"주의 성도들아 여호와를 찬송하며 그의 거룩함을 기억하며 감사하라 그의 노염은 잠깐이요 그의 은총은 평생이로다 저녁에는 울음이 깃들일지라도 아침에는 기쁨이 오리로다"(4-5절).

은혜를 잊어버리면 찬송이 그치고 감사가 사라진다. 은혜는 반드시 기억되어야 한다. 다윗은 하나님의 은혜를 '그의 노염은 잠깐이요 그의 은총은 평생이로다'로 표현했다. 잠깐과 평생은 비교할 수 없다. 울음과 기쁨도 바꿀 수 없다. 잠시 숨을 고른 다윗은 그에게 어떤 일이 있었는지를 설명하기 시작했다.

"내가 형통할 때에 말하기를 영원히 흔들리지 아니하리라 하였도다 여호와여 주의 은혜로 나를 산같이 굳게 세우셨더니 주의 얼굴을 가리시매 내가 근심하였나이다"(6-7절).

인생이 잘 풀리면 자만하게 된다. 그래서 '내 앞에는 영원히 어려움이 없을 것이다' 하고 느긋해진다. 성공이 잘못된 것은 아니다. 그러나 성공이 그를 형통하게 하신 하나님의 은혜을 잊어버리게 한다면 심각한 문제다. 그동안 여호와께서 은혜로 다윗을 태산처럼 굳게 세워 주셨다. 아무도 건드리지 못하도록 보호하시고 지켜 주셨다. 그러나 다윗이 하나님의 은혜를 망각하자 어느 순간부터 하나님의 얼굴을 뵐 수가 없었다. 그 대신 근심이 밀려들어 왔다. 설상가상으로 몸까지 병들었다.

"여호와여 내가 주께 부르짖고 여호와께 간구하기를 내가 무덤에 내려갈 때에 나의 피가 무슨 유익이 있으리요 진토가 어떻게 주를 찬송하며 주의 진리를 선포하리이까 여호와여 들으시고 내게 은혜를 베푸소서 여호와여 나를 돕는 자가 되소서 하였나이다"(8-10절).

사람이 죽어 무덤에 묻히면 어떻게 하나님을 찬양하고 그의 진리를 전파할 수 있겠는가. 죽음의 문턱에서 다윗이 애타게 구한 것은 은혜의 회복이었다. 그랬더니 하나님께서 다윗을 다시 일으켜 주셨다.

"주께서 나의 슬픔이 변하여 내게 춤이 되게 하시며 나의 베옷을 벗기고 기쁨으로 띠 띠우셨나이다 이는 잠잠하지 아니하고 내 영광으로 주를 찬송하게 하심이니 여호와 나의 하나님이여 내가 주께 영원히 감사하리이다"(11-12절).

베옷은 회개를 의미한다. 하나님께서 다윗의 회개의 기도를 들으시고 용서하셨다. 슬픔을 바꾸어 춤추게 하시고 기쁨의 띠를 띠워 주셨다. 다윗 혼자서 추는 춤이 아니다. 하나님께서 그의 두 손을 붙잡고 함께 추시는 흥겨운 춤이다. 다윗은 온 마음(영광)으로 주를 찬송하며 감사드렸다. 찬송과 감사는 하나님께서 주시는 선물(은총)이다.

(한편 이 시의 서두에 '성전 낙성가'라는 표제가 붙어 있다. 그런데 다윗은 성전을 짓지 않았다. 아마도 후대, 곧 B.C. 516년에 봉헌된 제2성전이나 B.C. 165년에 청결하게 되어 봉헌된 성전을 의미할 것이다.)

〈시편 31편〉 다윗의 시, 인도자를 따라 부르는 노래

여호와는 나의 피난처

다윗은 주변 사람들로부터 모함과 경멸을 당하고 있을 때 이 시를 지었다. 누구에겐가 쫓기는 사람은 물리적인 피난처부터 찾는다. 그러나 다윗은 여호와로 그의 피난처를 삼았다.

"여호와여 내가 주께 피하오니 나를 영원히 부끄럽게 하지 마시고 주의 공의로 나를 건지소서"(1절).

그런데 다윗의 기도가 응답되었을까? 그가 찾던 피난처가 과연 구원의 망루가 되었을까? 여호와께서 정말로 그를 수치에서 벗어나게 해주셨을까? 이 시의 마지막 두 절을 먼저 읽어 보자.

"너희 모든 성도들아 여호와를 사랑하라 여호와께서 진실한 자를 보호하시고 교만하게 행하는 자에게 엄중히 갚으시느니라 여호와를 바라는 너희들아 강하고 담대하라"(23-24절).

이 시는 해피 엔딩으로 끝난다. 하나님께서 다윗에게 견고하고 안전한 피난처가 되어 주셨다. 그를 보호하시고 교만한 자를 심판하셨다. '엄중히 갚으시느니라'는 충분히 그리고 남김없이 갚으셨다는 말이다. 다윗은 하나님만 바라는 경건한 자들에게 두 가지 교훈을 가르쳤다. 하나는 여호와를 사랑하는 열정이요, 다른 하나는 강하고 담대한 마음가짐이었다. 다윗이 왜 하나님으로 그의 피난처를 삼았을까? 다윗에게 직접 들어 보자.

첫째로, 다윗은 그 자신을 하나님의 손에 온전히 맡겨 버렸다.

"내게 귀를 기울여 속히 건지시고 내게 견고한 바위와 구원하는 산성이 되소서 주는 나의 반석과 산성이시니 그러므로 주의 이름을 생각하셔서 나를 인도하시고 지도하소서 그들이 나를 위하여 비밀히 친 그물에서 빼내소서 주는 나의 산성이시니이다"(2-4절).

2절에 명령어가 세 번 나온다. '귀를 기울이소서'는 '귀를 쭈욱 뻗어 주시라(stretch out)'는 표현이다. 두려움 때문에 음성이 속으로 기어들어가는 사람의 말을 들으려면 윗몸을 구부리고 귀를 가까이 대야 한다. '속히 건지소서'는 자기를 원수의 손에서 낚아채듯이 '빼앗아 달라'(snatch away)는 표현이다. 마지막 명령어는 '내게 견고한 바위와 구원하는 산성이 되어 달라(become)'는 간청이다.

3절은 그 이유를 설명하는 히브리어 '키'(כִּי, 왜냐하면)라는 단어로 시작한다. 하나님께서 다윗의 견고한 바위와 산성이 되셨으니 이제 주의 이름을 걸고 세 가지를 이행하여 주시라는 부탁이다. 첫째는 '인도해 주소서'다. 인생의 밀림 지대를 지날 때 하나님께서 우리의 인도자가 되시면 안전하다. 둘째는 '지도해 주소서'다. 하나님은 단순히 길만 안내해 주시는 가이드가 아니시다. 우리가 바른길을 찾아갈 수 있도록 지혜를 주신다. 셋째는 원수들의 '그물에서 빼내 주소서'다. 오직 하나님만이 우리를 그 올무에서 빼어 내실 수 있다. 이 세 가지 명령어들은 '지금부터 영원토록'이라는 의미를 지닌 미래 완료형이다.

이 단락에 '산성'(山城)이라는 말이 세 번 나온다. 가파른 산비탈 꼭대기의 넓은 바위 위에 지어진 산성, 그 뒤에는 천애(天涯)의 절벽이 병풍처럼 둘러쳐 있다. 산성의 주인은 전쟁에 능하신 만군의 주 여호와시다. 여호와는 자기 산성을 피난처로 삼은 자를 그의 이름을 걸고 지켜 주신다. 그 산성 안에 있으면 원수가 친 그물이나 덫을 걱정할 필요가 없다. 이런 여호와 하나님께 그의 영혼을 맡기는 사람은 지혜로운 사람이다.

"내가 나의 영을 주의 손에 부탁하나이다 진리의 하나님 여호와여 나를 속량하셨나이다"(5절).

예수님은 십자가 위에서 '아버지, 내 영혼을 아버지 손에 부탁하나이다' 하시며 운명하셨다. 순교자 스데반도 '주 예수여, 내 영혼을 받으시옵소서' 하며 숨을 거두었다. 그 이후로 수많은 성도들이 이 말을 하고 순교하거나 숨을 거두었다. 얼마나 장엄한 모습인가. 맑은 정신으로 건강하게 살다가 '나의 영을 주의 손에 부탁하나이다' 하며 운명하는 복을 누려 보자.

"내가 허탄한 거짓을 숭상하는 자들을 미워하고 여호와를 의지하나이다 내가 주의 인자하심을 기뻐하며 즐거워할 것은 주께서 나의 고난을 보시고 환난 중에 있는 내 영혼을 아셨으며 나를 원수의 수중에 가두지 아니

하셨고 내 발을 넓은 곳에 세우셨음이니이다"(6-8절).

다윗의 주변은 우상을 숭배하는 사람들로 가득했다. 자신의 힘만으로는 그 역류를 버티어 내기 힘들었다. 그래서 다윗은 여호와 하나님만 의지했다. 찬송가 543장의 가사가 기억난다. '어려운 일 당할 때 나의 믿음 적으나 의지하는 내 주를 더욱 의지합니다 세월 지나갈수록 의지할 것뿐일세 무슨 일을 당해도 예수 의지합니다.'

다윗이 사모하는 산성의 주인은 인자하신 하나님이시다. 그는 우리의 고난을 이해하시며 환난 중에 괴로워하는 우리의 영혼을 사랑으로 돌보신다. 그는 우리에게 지금 필요한 것이 무엇인지 아신다. 그것은 안전하고 넓은 피난처다. 여호와의 산성은 협소한 곳이 아니다. 원수들처럼 그를 가두어 두는 곳이 아니다. 주의 인자하심을 즐길 수 있는 넓고 안전한 곳이다.

둘째로, 다윗은 하나님에 대한 믿음을 견고하게 붙들었다.

"여호와여 내가 고통 중에 있사오니 내게 은혜를 베푸소서 내가 근심 때문에 눈과 영혼과 몸이 쇠하였나이다 내 일생을 슬픔으로 보내며 나의 연수를 탄식으로 보냄이여 내 기력이 나의 죄악 때문에 약하여지며 나의 뼈가 쇠하도소이다 내가 모든 대적들 때문에 욕을 당하고 내 이웃에게서는 심히 당하니 내 친구가 놀라고 길에서 보는 자가 나를 피하였나이다 내가 잊어버린 바 됨이 죽은 자를 마음에 두지 아니함 같고 깨진 그릇과 같으니이다 내가 무리의 비방을 들었으므로 사방이 두려움으로 감싸였나이다 그들이 나를 치려고 함께 의논할 때에 내 생명을 빼앗기로 꾀하였나이다" (9-13절).

다윗은 고통 때문에 눈이 짓무르고 영과 혼도 쇠약하게 되었다. 그가 저질렀던 죄 때문에 기력이 약해지고 뼈까지 상했다. 친구들까지도 그를 멀리했다. 그를 아예 없는 사람 취급하는 이웃들 때문에 마음이 산산이 부서졌다. 무리들이 그의 생명을 취하기로 서로 맹세했다는 괴상한 소문도 들려왔다. 그런 상황에서 피할 곳은 하나님밖에 없었다.

"여호와여 그러하여도 나는 주께 의지하고 말하기를 주는 내 하나님이시라 하였나이다"(14절).

다윗은 눈에 보이는 현상보다 눈에 보이지 않는 영적 세계를 더 중요하게 생각했다. 그래서 그는 어려운 상황에서도 '주는 내 하나님이시라'

고 고백했다. 일단 그렇게 고백하고 나니 기도가 술술 풀려 나왔다.

"나의 앞날이 주의 손에 있사오니 내 원수들과 나를 핍박하는 자들의 손에서 나를 건져 주소서 주의 얼굴을 주의 종에게 비추시고 주의 사랑하심으로 나를 구원하소서 여호와여 내가 주를 불렀사오니 나를 부끄럽게 하지 마시고 악인들을 부끄럽게 하사 스올에서 잠잠하게 하소서 교만하고 완악한 말로 무례히 의인을 치는 거짓 입술이 말 못 하는 자 되게 하소서"(15-18절).

다윗은 그의 앞날을 주의 손에 맡겼다. 이제 주께서 그를 핍박하는 원수들로부터 구원해 주실 것이다. 그 과정에서 다윗은 하나님의 사랑스러운 얼굴을 뵈올 것이다. 더 이상 부끄러운 날들을 살지 않을 것이다. 부끄러워해야 할 당사자는 오히려 원수들이다. 그들은 죽음의 자리에서 입을 다물게 될 것이다. 교만하고 완악한 말로 무례하게 의인을 치던 자들이 말도 못 하는 신세로 전락하고 말 것이다.

셋째로, 다윗은 하나님의 헤아릴 수 없는 은혜를 깨닫게 되었다.

"주를 두려워하는 자를 위하여 쌓아 두신 은혜 곧 주께 피하는 자를 위하여 인생 앞에 베푸신 은혜가 어찌 그리 큰지요 주께서 그들을 주의 은밀한 곳에 숨기사 사람의 꾀에서 벗어나게 하시고 비밀히 장막에 감추사 말다툼에서 면하게 하시리이다 여호와를 찬송할지어다 견고한 성에서 그의 놀라운 사랑을 내게 보이셨음이로다"(19-21절).

은혜는 하나님을 경외하는 자들을 향하여 베푸신 하나님의 선하심이다. 주께 피하는 자들을 위하여 준비하신 은혜가 산더미처럼 쌓여있다. 하나님께서 다윗을 악한 자들이 찾지 못하도록 은밀한 곳에 숨겨 주셨다. 사람들의 꾀와 구설수를 피하게 해주셨다. 하나님의 은혜를 생각하니 입에서 찬송이 흘러나왔다. 다윗은 안도의 숨을 내쉬면서 이렇게 고백했다.

"내가 놀라서 말하기를 주의 목전에서 끊어졌다 하였사오나 내가 주께 부르짖을 때에 주께서 나의 간구하는 소리를 들으셨나이다"(22절).

우리의 삶에 피난처가 필요한가? 주의 이름을 부르자. 그러면 하나님께서 그의 산성 문을 여시고 우리를 안전한 곳으로 인도해 주실 것이다.

〈시편 32편〉 다윗의 마스길(교훈)

행복한 사람

이 시는 다윗이 자신의 경험을 예로 들면서 후대를 교훈하는 내용이다. 세상에서 가장 행복한 사람은 죄 사함을 받은 사람이다.

"허물의 사함을 받고 자신의 죄가 가려진 자는 복이 있도다 마음에 간사함이 없고 여호와께 정죄를 당하지 아니하는 자는 복이 있도다"(1-2절).

이 말을 할 때 다윗은 아마도 밧세바와 저질렀던 불륜을 생각했을 것이다. 모든 죄는 궁극적으로 하나님께 저지른 죄다. 그러므로 용서도 하나님께로부터 와야 한다. 물론 해를 끼친 사람에게 용서를 구하고 필요하면 보상도 해야 한다. 그러나 본질적으로 죄 사함은 하나님께로부터 온다. 왜냐하면 하나님만이 우리의 허물을 용서하시고 우리의 죄를 가려주실 수 있기 때문이다.

이 구절에는 죄를 의미하는 세 가지 다른 의미의 단어들이 나온다. 첫째는 '허물'로서 하나님의 뜻을 거역하는 반역 행위다. 둘째는 '죄'로서 표적을 맞히지 못하거나 길에서 벗어난 행위를 의미한다. 셋째는 '정죄'로서 하나님의 뜻을 왜곡하고 순종하지 않는 행위를 말한다. 이 세 가지 단어 안에 인간이 저지를 수 있는 모든 죄가 포함되어 있다.

하나님께서 우리의 죄를 용서하실 때 어떤 일이 일어날까? 무거운 허물을 들어 올려주신다(lift up). 죄를 가려 주시고 감추어 주신다(conceal). 정죄를 당하지 않게 하신다. 지은 죄를 일일이 따지지 않으신다(not count).

죄를 용서받으려면 마음에 간사함이 없어야 한다. 면피가 아닌 진정으로 회개해야 한다. 진정한 회개가 없으면 그는 여전히 하나님 앞에서 '죄인'으로 남아 있게 된다. 그것이 바로 죄책감이다. 진정으로 회개하고 용사받은 사람은 죄책감에서 자유롭게 된다.

인간은 본능적으로 죄를 부인한다. 설사 죄가 드러나도 변명과 핑계로 얼버무리려 한다. 회개는 언제나 자복으로부터 시작한다. 자복(自服)은 나의 죄를 추상같이 책망하시는 성령 하나님께 '그렇습니다. 제가 바로 그 잘못을 저질렀습니다' 하고 복창하는 행위다. 그렇게 자복하기 전까지는 말할 수 없는 고통 가운데 살게 된다.

"내가 입을 열지 아니할 때에 종일 신음하므로 내 뼈가 쇠하였도다 주의 손이 주야로 나를 누르시오니 내 진액이 빠져서 여름 가뭄에 마름같이 되었나이다 (셀라) 내가 이르기를 내 허물을 여호와께 자복하리라 하고 주께 내 죄를 아뢰고 내 죄악을 숨기지 아니하였더니 곧 주께서 내 죄악을 사하셨나이다 (셀라)"(3-5절).

시편 전체에 70여 차례 나오는 '셀라'가 이 시에 세 번이나 나온다. 그만큼 다윗의 감정이 요동치고 있었다. 그가 회개하지 않았더니 종일토록 신음했다. 뼈도 녹는 것 같았다. '신음'은 으르렁거리는 소리다. 또한 주께서 회개를 재촉하시느라 손으로 누르시니 마음이 여름 가뭄에 쩍쩍 갈라진 논바닥처럼 되었다. 진액이 빠졌다는 말은 기운이 탈진했다는 뜻이다. 생전에 회개하지 않아 이런 고통을 당해 본 적이 있는가? 그렇다면 기뻐하라. 당신은 하나님께 사랑받는 사람이다.

결국 다윗이 입을 열어 회개하기 시작했다. 하나님 앞에 죄를 낱낱이 고백하고 숨기지 않았다. 그랬더니 놀랍게도 하나님께서 그의 죄를 즉시로 용서해 주셨다. 회개하는 사람만이 용서받은 기쁨을 알 수 있다. 하나님의 용서는 기다릴 필요가 없다. 죄를 회개하면 즉시 용서를 받는다.

회개는 하나님 앞에 입을 여는 행위로 시작된다. 예를 들면 이런 말이다. '하나님, 제가 오늘 화를 냈습니다. 화를 냄으로 제 안에 계신 성령님을 근심하게 해드렸습니다. 아무개의 마음에도 상처를 주었습니다.' 회개는 말로 시작하고 행동으로 완성된다. 말로 고백할 뿐만 아니라 손해 끼친 것들을 되돌려 주어야 한다. 다른 사람들 앞에서 그의 인격에 난 상처를 치료해 주고 용서를 구해야 한다.

진정한 회개는 성령님의 도우심으로만 가능하다. 회개하기가 어렵거든 성령님께 구하라. 성령님께서 회개할 마음을 주실 것이다. 그것이 은혜다. 진정한 용서의 기회는 은혜로 주어진다.

"이로 말미암아[그러므로] 모든 경건한 자는 주를 만날 기회를 얻어서 주께 기도할지라 진실로 홍수가 범람할지라도 그에게 미치지 못하리이다 주는 나의 은신처이오니 환난에서 나를 보호하시고 구원의 노래로 나를 두

르시리이다 (셀라)"(6-7절).

모든 일에 때가 있듯이 회개에도 기회가 있다. 가룟 유다에게도 회개할 기회가 있었다. 예수님께서 그와 함께 떡 그릇에 손을 넣으시며 '나와 함께 그릇에 손을 넣는 그가 나를 팔리라'고 하셨다. 하나님 앞에 경건하게 살기로 작정한 성도들은 회개의 기회를 놓치지 않아야 한다. 그러면 홍수가 범람할지라도 그에게 미치지 못할 것이다. 회개한 자만이 하나님께서 예비하신 피난처에 들어갈 수 있다. 하나님께서 그를 모든 환난에서 보호하시고 구원의 노래를 부르게 하실 것이다. 회개의 복을 경험한 다윗은 다른 사람들에게 중요한 교훈을 들려 주었다.

"내가 네 갈 길을 가르쳐 보이고 너를 주목하여 훈계하리로다 너희는 무지한 말이나 노새같이 되지 말지어다 그것들은 재갈과 굴레로 단속하지 아니하면 너희에게 가까이 가지 아니하리로다 악인에게는 많은 슬픔이 있으나 여호와를 신뢰하는 자에게는 인자하심이 두르리로다"(8-10절).

놀랍게도 이 교훈은 다윗이 알고 있는 어떤 개인에게 주어졌다. 교훈의 대상이 모두 이인칭 단수 대명사이기 때문이다. '무지한 말'은 훈련받지 못한 야생마다. 야생마들은 자기 등에 아무도 태우려고 하지 않는다. 훈련받지 못한 노새는 고집이 세어서 가축으로 사용할 수가 없다. 그것들은 재갈과 굴레를 씌워야 억지로 끌고 다닐 수 있다. 회개하지 않는 사람은 무지한 말과 같고, 고집 센 노새와 같다. 성경은 그들을 악인이라고 부른다. 왜 악인들에게는 많은 슬픔이 있을까? 히브리어 성경을 헬라어로 번역한 70인역은 '슬픔'을 '채찍'으로 번역했다. 무지한 말과 고집 센 노새의 등에는 채찍에 맞은 흔적들뿐이다. 그러나 하나님을 신뢰하고 회개하는 자들에게는 하나님의 인자하심이 풍성하게 둘려 있다.

"너희 의인들아 여호와를 기뻐하며 즐거워할지어다 마음이 정직한 너희들아 다 즐거이 외칠지어다"(11절).

의인들은 회개하고 죄 사함을 받은 사람들이다. 의인은 정직한 사람이다. 의인들이 받는 복은 기쁨과 즐거움이다. 의인들이 누리는 모든 기쁨과 즐거움은 하나님께로부터 오는 선물이다. 그러므로 의인들은 기뻐하고 즐거워하기로 작정해야 한다. 오늘도 하나님을 찬양하며 하루를 시작하자. 찬양하는 사람들은 참으로 행복한 사람들이다.

〈시편 33편〉

내가 찬양하는 이유

70인역은 이 시를 다윗의 작품으로 분류하고 있다. 이 시에는 '원수'나 '고통'이나 '환난' 같은 단어가 나오지 않는다. 처음부터 끝까지 찬양의 기쁨과 감사의 즐거움으로 가득 차 있다.

"너희 의인들아 여호와를 즐거워하라 찬송은 정직한 자들이 마땅히 할 바로다 수금으로 여호와께 감사하고 열 줄 비파로 찬송할지어다 새 노래로 그를 노래하며 즐거운 소리로 아름답게 연주할지어다"(1–3절).

'여호와를 즐거워하라'의 문자적 해석은 '여호와 안에서 즐거워하라'다. 즐거움은 하나님과의 친밀하고 정직한 관계에서 온다. 정직한 관계는 하나님 앞에서 '의롭다 하심'을 얻은 관계다. '의롭다 하심'은 하나님의 말씀대로 살았다는 증거다. 그래서 칼뱅은 '하나님의 선하심을 맛보지 못한 불신자들은 결코 마음으로부터 주를 찬양할 수 없으며, 또한 하나님께서도 불신자들의 불경스러운 입으로 당신의 이름을 부르는 것을 기뻐하지 않으신다'고 했다.

예수님 안에 거하는 성도들은 늘 새로운 노래를 부를 수 있다. 날마다 새로운 은혜를 경험하기 때문이다. 마음이 메마르고 즐거움이 사라졌는가? 찬송의 우물을 다시 파보라. 복음성가가 잘못되었다는 말은 아니다. 그러나 너무 복음성가에 편중한 나머지, 우리가 가지고 있던 찬송가는 펴보지 않은 지 오래되었다. 찬송가를 펴지 않으니 덩달아 성경도 읽지 않게 되었다. 하나로 묶여 있는 이 소중한 책은 우리가 교회에 갈 때 홀로 집에 남아 있다. 결국 우리 입에서 찬송이 사라졌고, 암송하던 말씀도 잊혔다. 복음성가는 대부분 인도자를 따라 부른다. 그러나 찬송가는 혼자서도 부를 수 있다. 찬송을 다시 회복해 보자. 한 장을 선택해서 일곱 번 정도 계속해서 불러 보자. 그리고 가슴 속에 어떤 일이 있어나는지 직접 경험해 보자.

시인은 왜 우리가 하나님께 아름다운 찬양을 드려야 하는지, 또 무엇을 찬양해야 하는지 그 이유를 일곱 가지로 설명했다.

첫째로, 시인은 하나님의 성품을 찬양했다.

"여호와의 말씀은 정직하며 그가 행하시는 일은 다 진실하시도다 그는 공의와 정의를 사랑하심이여 세상에는 여호와의 인자하심이 충만하도다"(4-5절).

상대방의 성품은 경험해 보아야 알 수 있다. 시인은 하나님의 바르고 정직한 말씀, 신실하고 진실한 행위, 공의와 정의를 사랑하심 그리고 세상에 충만한 그의 인자하심을 모두 경험해 보았다. 시인은 그가 경험한 하나님의 성품을 찬양했다. 이 두 구절을 통하여 시인은 '온 세상에서 찬양받으실 분은 하나님밖에 없다'고 선언하고 있다.

둘째로, 시인은 창조주 하나님을 찬양했다.

"여호와의 말씀으로 하늘이 지음이 되었으며 그 만상을 그의 입 기운으로 이루었도다 그가 바닷물을 모아 무더기같이 쌓으시며 깊은 물을 곳간에 두시도다"(6-7절).

시인은 창조 신앙을 가지고 있었다. '있으라'(존재하라)라는 하나님의 말씀으로 만물이 지음을 받았다. 하나님은 그의 명령으로 무더기 같은 바닷물을 깊은 곳간에 가두셨다. 해변에 서서 일렁이는 파도를 바라보라. 그 엄청난 바닷물이 해변의 얕은 모래 언덕 아래 겸손히 무릎을 꿇고 있다. 물을 가득 채운 대접을 들고 조심스럽게 걸어 보라. 세 걸음도 걷기 전에 물이 출렁거리고 넘칠 것이다. 그러나 바닷물은 절대로 쏟아지지 않는다. 바닷물만 보고 있어도 아름다운 찬양시가 태어날 수 있다.

셋째로, 시인은 유일하신 하나님을 찬양했다.

"온 땅은 여호와를 두려워하며 세상의 모든 거민들은 그를 경외할지어다 그가 말씀하시매 이루어졌으며 명령하시매 견고히 섰도다"(8-9절).

하나님의 말씀으로 지어진 세상이 그의 명령으로 보존되고 있다. 여호와 하나님은 이스라엘의 신에 국한되지 않는다. 온 땅에 사는 인류의 하나님이 되신다. 하나님께서 그들을 모두 지으셨기 때문이다. 이런 진리를 깨달은 사람은 하나님을 찬양하지 않을 수 없다. 당연히 하나님을 경외하며 사랑하게 된다.

넷째로, 시인은 하나님의 절대 통치권을 찬양했다.

"여호와께서 나라들의 계획을 폐하시며 민족들의 사상을 무효하게 하시도다 여호와의 계획은 영원히 서고 그의 생각은 대대에 이르리로다 여호와를 자기 하나님으로 삼은 나라 곧 하나님의 기업으로 선택된 백성은 복이 있도다"(10-12절).

여호와 하나님은 나라들의 계획을 폐하실 수 있지만, 나라들은 하나님의 계획을 거스를 수 없다. 세상의 나라들은 끊임없이 하나님을 대적하려고 꾀를 낸다. 그러나 하나님은 그들의 꾀를 무력화시키신다. 이사야는 '그(여호와)에게는 열방이 통의 한 방울 물과 같고, 저울의 작은 티끌 같으며 섬들은 떠오르는 먼지 같다'고 묘사했다(이사야 40:15). 하나님은 인류 역사에서 절대주권을 행사하신다. 나라와 지도자들을 세우기도 하시고, 폐하기도 하신다. 하나님의 기업으로 선택받은 백성들은 복이 있다. 그것이 하나님을 찬양할 또 다른 이유다.

다섯째로, 시인은 인생을 굽어살피시는 하나님을 찬양했다.

"여호와께서 하늘에서 굽어보사 모든 인생을 살피심이여 곧 그가 거하시는 곳에서 세상의 모든 거민들을 굽어살피시는도다 그는 그들 모두의 마음을 지으시며 그들이 하는 일을 굽어살피시는 이로다"(13-15절).

하나님께서 하늘에서 굽어보시며 모든 인생을 살피신다. 여기에서 '굽어보사'는 인생을 존귀하게 여기시며 각 사람을 개인적으로 돌보신다는 말이다. 마치 모종을 밭으로 옮겨 심은 농부가 매일 아침 몸을 굽혀 하나하나 살펴보는 모습과 같다. 그래서 다윗은 '사람이 무엇이기에 주께서 그를 생각하시며, 인자가 무엇이기에 주께서 그를 돌보시나이까?' 하고 물었다(시편 8:4). 겸손한 사람은 자기를 살피기 위해 굽어보시는 하나님의 인자하신 얼굴을 우러러 뵐 수 있다. 하나님께서는 우리의 마음을 지으셨기 때문에 우리의 생각과 감정도 다 아신다. 이 진리를 깨닫는 순간 우리의 가슴에는 감격이 넘치고, 우리의 입가에는 즐겁고 기쁜 찬송이 맴돌 것이다.

여섯째로, 시인은 구원하시는 하나님을 찬양했다.

"많은 군대로 구원 얻은 왕이 없으며 용사가 힘이 세어도 스스로 구원하지 못하는도다 구원하는 데에 군마는 헛되며 군대가 많다 하여도 능히 구하지 못하는도다 여호와는 그를 경외하는 자 곧 그의 인자하심을 바라는 자를 살피사 그들의 영혼을 사망에서 건지시며 그들이 굶주릴 때에 그들

을 살리시는도다"(16-19절).

우리를 구원하시는 능력은 오직 하나님께로부터 나온다. 군대나 용사는 우리를 구원하지 못한다. 이런 믿음을 가지면 우리가 환난을 만났을 때 바른 자세를 취할 수 있다. 왜 하나님께서 우리를 구원하실까? 우리가 하나님을 경외하며 그의 인자하심을 바라기 때문이다. 여호와는 그를 바라는 자를 사망에서 건지시며 굶주림에서 벗어나게 하신다. 민족이 재난을 당하고 있을 때 미가 선지자는 이렇게 그의 믿음을 선포했다.

"오직 나는 여호와를 우러러보며 나를 구원하시는 하나님을 바라보나니 나의 하나님이 나에게 귀를 기울이시리로다"(미가 7:7).

일곱째로, 시인은 도움과 방패가 되신 여호와를 찬양했다.

"우리 영혼이 여호와를 바람이여 그는 우리의 도움과 방패시로다 우리 마음이 그를 즐거워함이여 우리가 그의 성호를 의지하였기 때문이로다 여호와여 우리가 주께 바라는 대로 주의 인자하심을 우리에게 베푸소서"(20-22절)

하나님을 바라는 사람은 그분에게 희망을 둔다. 하나님만이 우리의 도움과 방패가 되시기 때문이다. 그러나 다른 대상에게 희망을 두는 사람은 다 망할 것이다. 하나님에게 희망을 두면 마음에 즐거움이 넘치고 입술로 하나님을 찬송하게 된다. 찬송은 하나님과 우리의 관계를 더욱 친밀하게 만들어 주며 반석과 같은 믿음을 얻게 한다. 우리들의 삶 속에서 찬송할 이유들을 찾아보자.

마지막으로 시인은 하나님께 사랑받기를 간절히 기도했다. 인간이 가장 행복한 순간은 사랑받고 있다고 느낄 때다. 하나님을 찬송하면 하나님의 사랑이 우리 영혼 속으로 흘러 들어온다.

〈시편 34편〉 다윗이 아비멜렉 앞에서 미친 체하다가 쫓겨나서 지은 시

광대하신 하나님

사울왕에게 쫓겨 다니던 다윗은 이스라엘 경내에 숨을 곳이 없었다. 그래서 아비멜렉이 다스리는 블레셋 지역으로 정치적 망명을 했다. (아비멜렉은 왕의 칭호이고, 실제 이름은 가드 지역을 다스리는 아기스다.) 사무엘상 21장 10-15절에 기록된 사건이다. 아기스는 다윗을 환영했다. 그러나 아기스의 신하들은 맹렬히 반대했다. 다윗이 누구인가? 수년 전에 그들의 영웅 골리앗을 죽인 원수가 아닌가? 신하들의 말을 듣고 나자 다윗을 바라보는 왕의 눈빛이 변했다. 사태가 미묘하게 돌아가자 다윗은 갑자기 미친 척하기 시작했다. 그러다가 쫓겨났다. 다윗은 구사일생으로 아비멜렉의 왕궁을 벗어나며 이 시를 지었다.

이 시는 고난 가운데서 어떻게 하나님께 기도하고 찬양해야 할지 가르쳐 주는 교훈적인 시다. 일반적으로 어려운 일을 당하면 맥박수와 혈압이 올라간다. 그래서 '새 가슴 뛰듯 한다'는 말이 있다. 이 시를 읽다 보면 다윗의 심장 고동 소리가 들려온다.

"내가 여호와를 항상 송축함이여 내 입술로 항상 주를 찬양하리이다 내 영혼이 여호와를 자랑하리니 곤고한 자들이 이를 듣고 기뻐하리로다" (1-2절).

평화로운 봄날 같은 이 시는 사실 다윗이 사경을 헤매던 날에 지어졌다. 지금은 주를 찬양할 수 있다. 지금은 여호와를 자랑할 수 있다. 그러나 조금 전까지는 그의 목숨이 경각에 달려 있었다. 그날 다윗 혼자서 아비멜렉 왕을 찾아간 것이 아니었다. 그를 따르는 사람들도 동행했다. 그들 모두 사울왕의 추격에서 벗어나고 싶었다. 그런데 다윗의 정체가 드러났다. 이제는 독 안에 든 쥐처럼 피할 길이 없었다. 모두 도망갈 궁리를 하고 있을 때, 갑자기 다윗이 미친 척하기 시작했다. 그중 몇은 다윗이 너무 스트레스를 받다가 정말로 정신줄을 놓은 줄 알았을 것이다. 그만큼 다윗의 연기가 실감 났다. 그리고 왕궁에서 쫓겨났다. 갑자기 다윗

의 리더십이 와르르 무너졌다. 발걸음도 무거웠고, 흐르는 침묵도 무거웠다. 그런데 갑자기 다윗이 노래를 부르기 시작했다. 혼자서 노래하지 않고 '나와 함께 노래하자'고 동행하는 이들을 초대했다. 다윗은 하나님의 광대하심을 찬양하면서 그 위기를 헤쳐 나갔다.

"나와 함께 여호와를 광대하시다 하며 함께 그의 이름을 높이세 내가 여호와께 간구하매 내게 응답하시고 내 모든 두려움에서 나를 건지셨도다" (4절).

다윗은 지치고 피곤한 영혼들에게 그의 믿음을 나누어 주었다. 그들의 가슴에 기쁨의 모닥불을 지펴 주었다. 도망다니느라 곤고한 자들에게 하나님의 광대하심을 보여 주었다. '광대하시다'는 말은 히브리어로 '가달'(גָּדַל)인데 비교급으로 '어떤 것보다도 더 크다'는 뜻이다. 하나님은 다윗이 느꼈던 두려움보다 더 크신 분이었다. 아비멜렉 왕과 그의 신하들 앞에서 다윗은 단순히 광인(狂人) 연기만 하지 않았다. 마음으로 하나님의 구원하심을 간절히 구하고 있었다. 그랬더니 하나님께서 그를 사망의 음침한 골짜기에서 건져 내셨다. 다윗은 자기만 바라보던 추종자들에게 광대하신 하나님을 바라보라고 권했다.

"그들이 주를 앙망하고 광채를 내었으니 그들의 얼굴은 부끄럽지 아니하리로다"(5절).

미친 척하느라 흘러내렸던 침 자국이 아직도 다윗의 턱수염에 남아 있었다. 그러나 그의 얼굴은 광채로 빛나고 있었다. 하나님의 인자하심이 다윗의 수치감보다 훨씬 더 컸다. 마음속에서 부끄러움이 사라졌다.

"이 곤고한 자가 부르짖으매 여호와께서 들으시고 그의 모든 환난에서 구원하셨도다 여호와의 천사가 주를 경외하는 자를 둘러 진 치고 그들을 건지시는도다"(6–7절).

'곤고'는 극한 가난과 고통 그리고 비천과 비참함이다. 다윗은 그의 인생이 곤고할 때마다 하나님께 부르짖었다. 그러면 하나님께서 그의 부르짖음을 들으셨다. 하나님께 기도할 수 있기 때문에 그는 더 이상 곤고하지 않았다. 하나님께서 천사를 보내어 그를 보호하시고 곤고한 상황으로부터 벗어나게 해주셨다.

다윗이 갑자기 몸을 돌이켜 뒤따르는 사람들을 향해 이렇게 말했다.

"너희는 여호와의 선하심을 맛보아 알지어다 그에게 피하는 자는 복이 있도다 너희 성도들아 여호와를 경외하라 그를 경외하는 자에게는 부족함이 없도다 젊은 사자는 궁핍하여 주릴지라도 여호와를 찾는 자는 모든 좋은 것에 부족함이 없으리로다"(8-10절).

호랑이 굴에서 벗어난 다윗은 하나님의 선하심을 마음껏 누렸다. 하나님의 광대하심이 그를 곤고한 골짜기로부터 들어 올려 주셨다. 그에게 피하는 자를 숨겨 주시는 하나님, 그를 경외하는 자의 궁핍함을 가장 좋은 것으로 넉넉하게 채워 주시는 하나님, 다윗은 그를 따르는 자들에게 '너희도 이런 하나님의 선하심과 인자하심을 맛보라'고 권면했다.

다윗은 나아가 '너희 성도들아 여호와를 경외하라'고 외쳤다. 경외는 사랑과 두려움이 뒤섞인 마음이다. 방금 두려움에 떨다가 쫓겨나온 다윗이 이제는 주변 사람들에게 하나님을 두려워하며 사랑하라고 말한다. 이것은 다른 종류의 두려움이다. 세상을 두려워하면 침몰당하지만, 하나님을 두려워하면 구원을 받는다. 다윗은 그를 따르는 사람들에게 여호와를 경외하는 네 가지의 비결을 알려 주었다.

"너희 자녀들아 와서 내 말을 들으라 내가 여호와를 경외하는 법을 너희에게 가르치리로다 생명을 사모하고 연수를 사랑하여 복 받기를 원하는 사람이 누구뇨 네 혀를 악에서 금하며 네 입술을 거짓말에서 금할지어다 악을 버리고 선을 행하며 화평을 찾아 따를지어다"(11-14절).

악한 말과 거짓말을 하지 말고 선을 행하며 화평을 따르라는 명령이다. 이 두 가지 '하지 말 것들'과 두 가지 '해야 할 일들'은 모두 이웃과의 관계를 말한다. 하나님을 경외하는 자는 마땅히 이웃을 존중하고 사랑해야 한다. 그러면 장수하고 화평한 삶을 살게 될 것이다.

"여호와의 눈은 의인을 향하시고 그의 귀는 그들의 부르짖음에 기울이시는도다 여호와의 얼굴은 악을 행하는 자를 향하사 그들의 자취를 땅에서 끊으려 하시는도다"(15-16절).

하나님께서는 똑같이 의인과 악인을 보고 계신다. 그러나 의인을 '향한'(upon) 그의 눈은 도와주기 위함이고, 악인을 '향한'(against) 그의 얼굴은 심판하시기 위함이다. 그것은 가벼운 심판이 아니다. 그들의 자취를 땅에서 끊어 버리시는 심판이다. 두렵지 않은가? 그럼 의인이 고난을 당할 때 하나님께서 어떻게 도와주실까?

"의인이 부르짖으매 여호와께서 들으시고 그들의 모든 환난에서 건지셨도다 여호와는 마음이 상한 자를 가까이하시고 충심으로 통회하는 자를 구원하시는도다 의인은 고난이 많으나 여호와께서 그의 모든 고난에서 건지시는도다 그의 모든 뼈를 보호하심이여 그중에서 하나도 꺾이지 아니하도다"(17-20절).

의인도 어려운 일을 당할 때가 있다. 그때는 하나님께 부르짖어야 한다. 그러면 하나님께서 들으시고 그를 모든 환난에서 구원해 주신다. '하나님 아버지' 하고 소리 내어 부를 수 있는 특권이 우리에게 있다. 우리는 이 특권을 사용해야 한다.

의인도 잘못을 범할 수 있다. 그러나 의인은 손을 씻듯이 자주 회개한다. 조그만 악이라도 스스로 용납할 수 없기 때문이다. 우리가 진심으로 회개하면 마음이 상하기 시작한다. 자신의 허물과 죄로 인하여 하나님의 영광이 가려졌다는 생각에 가슴이 아프다. 우리 하나님은 회개하는 자의 죄를 용서하실 뿐만 아니라 그의 상한 심령도 고쳐 주신다.

다윗은 자기가 많은 고난을 당하고 있다고 생각했다. 그러나 돌이켜보면 그때마다 하나님께서 악한 자들의 올무에서 벗어나게 해주셨다. 그의 뼈를 보호하셔서 하나도 꺾이지 않게 해주셨다. 사도 요한은 이 구절을 인용하여 예수님께서 운명하실 때에 다른 강도들과 달리 뼈가 꺾임을 당하지 않으셨다고 증언했다(요한복음 19:36).

"악이 악인을 죽일 것이라 의인을 미워하는 자는 벌을 받으리로다"(21절).

악한 자는 의인과 달라서 죄를 회개하지 않는다. 그러면 하나님의 심판이 그 집 문 앞에 이르게 된다. 악인은 의인을 미워한다. 결국에는 그 미움이 맹독을 뿜어 악인 자신을 죽인다.

"여호와께서 그의 종들의 영혼을 속량하시나니 그에게 피하는 자는 다 벌을 받지 아니하리로다"(22절)

그러나 하나님은 의인을 속량하신다. 값을 지불하시고 구속하신다.

하나님께서 의인들을 위하여 지불하신 그 값은 십자가에 달려 돌아가신 예수 그리스도의 생명이다. 십자가는 우리의 진정한 피난처다. 오늘도 어려운 일을 당할 때에 십자가 아래로 피하자.

〈시편 35편〉 다윗의 시

누가 권위의 인물인가

대부분의 사람들은 '권위의 인물'(authoritative figure)을 두고 살아간다. 우리의 친구일 수도 있고, 부모일 수도 있고, 직장 상사일 수도 있다. 누구나 권위의 인물로부터 인정과 칭찬과 사랑을 받고 싶어 한다. 만일 권위의 인물이 우리를 무시하거나 거절하면 우리는 두 가지 반응을 보인다. 공격적인 성품을 가진 사람은 권위의 인물을 향해 분노를 표출한다. 반면에 방어적인 성품을 가진 사람은 권위자의 거절을 수용한다. 분노가 점점 더 심해지면 살인에 이르고, 수용이 점점 더 깊어지면 자살에 이른다. 인생을 살면서 우리가 누구를 권위의 인물로 두느냐와 그 권위의 인물에게 우리가 어떤 반응을 보이느냐가 대단히 중요하다.

시편 35편은 이 점을 아주 적나라하게 묘사하고 있다. 사울왕이 다윗을 죽이려고 쫓아다니자 배신자들이 생겨났다. 주로 다윗이 잘 알고 지내던 사람들이었다. 다윗은 슬픔과 분노를 억누르며 하나님께 기도했다.

"여호와여 나와 다투는 자와 다투시고 나와 싸우는 자와 싸우소서 방패와 손 방패를 잡으시고 일어나 나를 도우소서 창을 빼사 나를 쫓는 자의 길을 막으시고 또 내 영혼에게 나는 네 구원이라 이르소서"(1-3절).

'다투시고'는 '변론해 주시고'라는 뜻이다. 하나님께서 그의 무죄함을 변론해 주시고 작은 방패와 큰 방패로 보호해 달라고 기도했다. 쫓아오는 원수들이 들어올 수 없도록 하나님께서 손에 창을 드시고 문을 걸어 잠가 달라고 기도했다. 두려움으로 숨을 헐떡거리고 있는 자신에게 하나님께서 인자한 음성으로 '나는 네 구원이니라' 하고 속삭여 달라고 기도했다. 다음 구절들은 다윗이 처한 심각한 위기를 잘 나타내고 있다.

"내 생명을 찾는 자들이 부끄러워 수치를 당하게 하시며 나를 상해하려 하는 자들이 물러가 낭패를 당하게 하소서 그들을 바람 앞에 겨와 같게 하시고 여호와의 천사가 그들을 몰아내게 하소서 그들의 길을 어둡고 미

끄럽게 하시며 여호와의 천사가 그들을 뒤쫓게 하소서 그들이 까닭 없이 나를 잡으려고 그들의 그물을 웅덩이에 숨기며 까닭 없이 내 생명을 해하려고 함정을 팠사오니 멸망이 순식간에 그에게 닥치게 하시며 그가 숨긴 그물에 자기가 잡히게 하시며 멸망 중에 떨어지게 하소서"(4-8절).

다윗을 쫓아다니는 원수들은 그에게 치명타를 입히려고 했다. 그러나 다윗은 그들을 죽일 생각이 없었다. 그러니 하나님께서 개입하셔서 그들의 악한 계획을 바람에 날리는 쭉정이처럼 낭패가 되게 해달라고 탄원했다. 자기는 그들을 쫓아가지 않겠지만 천사가 그들을 추격하여 그의 주변에서 물러가게 해달라고 기도했다. 여기에 '까닭 없이'라는 말이 두 번 나온다. 그들에게는 다윗을 죽일 만한 아무런 이유가 없었다. 그러므로 하나님께서 그들로 하여금 자신들이 판 함정에 빠지게 하시고, 몰래 쳐놓은 그물에 잡히게 해달라고 기도했다. 다윗은 '이제 내가 그들을 칼로 치려고 하오니 내 손에 힘을 주옵소서' 하고 기도하지 않았다. 다윗은 원수에게 초점을 맞추지 않고 오직 하나님만 바라보았다.

"내 영혼이 여호와를 즐거워함이여 그의 구원을 기뻐하리로다 내 모든 뼈가 이르기를 여호와와 같은 이가 누구냐 그는 가난한 자를 그보다 강한 자에게서 건지시고 가난하고 궁핍한 자를 노략하는 자에게서 건지시는 이라 하리로다"(9-10절).

다윗은 잠시 숨을 고른 후에 하나님을 바라보았다. 그리고 어려운 환난 가운데서도 하나님 때문에 즐거워하기로 했다. 왜냐하면 하나님께서 그를 구원해 주실 것이기 때문이다. 하나님이 누구이신가? 가난한 자를 강한 자에게서 건지시고, 궁핍한 자를 노략하는 자에게서 건지시는 하나님 아니신가? 그래서 더 이상 원수들에게 관심을 두지 않기로 작정했다. 그런데도 원수들은 다윗을 가만히 놔두지 않았다.

"불의한 증인들이 일어나서 내가 알지 못하는 일로 내게 질문하며 내게 선을 악으로 갚아 나의 영혼을 외롭게 하나 나는 그들이 병들었을 때에 굵은 베 옷을 입으며 금식하여 내 영혼을 괴롭게 하였더니 내 기도가 내 품으로 돌아왔도다"(11-13절).

이번에는 불의한 거짓 증인들이 일어났다. 없는 말을 지어내며 다윗을 공격했다. 그들은 이전에 다윗에게 은혜를 입었던 사람들이다. 그들이 얼굴빛을 바꾸고 다윗을 대적하니 그 배신감이 말할 수 없었다. 그들이 병들었을 때에 다윗은 마치 자기 죄를 회개하는 것처럼 굵은 베옷을 입고 금식하며 하나님께서 그들을 치유해 주시기를 기도했다. 그것은 긍휼한 마음으로 드리는 진실한 기도였다. 그런데 그 기도가 다윗의 품으로 돌아왔다. 그들이 하나님 앞에서 너무 악하기 때문에 다윗의 기도가 응답될 수 없었다. 그래도 다윗은 그들을 위해 기도하기를 포기하지 않았다.

"내가 나의 친구와 형제에게 행함같이 그들에게 행하였으며 내가 몸을 굽히고 슬퍼하기를 어머니를 곡함같이 하였도다 그러나 내가 넘어지매 그들이 기뻐하여 서로 모임이여 불량배가 내가 알지 못하는 중에 모여서 나를 치며 찢기를 마지아니하도다 그들은 연회에서 망령되이 조롱하는 자같이 나를 향하여 그들의 이를 갈도다"(14-16절).

원수들을 향한 다윗의 마음에 넉넉한 사랑이 있었다. 그들을 친구나 형제처럼 대했다. 그들이 어려움을 당하면 자기 어머니가 돌아가실 때처럼 하나님 앞에 몸을 굽히고 슬퍼했다. 창자가 끊어지는 것 같은 아픔을 느꼈다는 말이다. 그런데 다윗이 곤란한 지경에 이르자 그들은 환호성을 올렸다. 서로 의기투합하여 다윗을 치고 그의 인격을 짓이겼다. 자기가 그들에게 도대체 무슨 잘못을 저질렀다는 말인가? 무슨 이유로 그들이 자신을 향해 이를 갈고 있는가? 아무리 생각해도 알 수가 없었다.

만일 다윗이 악한 자들을 권위의 인물로 삼았다면 결과는 어떻게 되었을까? 분해서 잠을 잘 수 없었을 것이다. 입맛을 잃고 식사도 제대로 하지 못했을 것이다. 마음도 몸도 병들어 갔을 것이다. 손에 무기를 들고 나가서 원수들과 싸웠을 것이다. 그런데 그들이 누구인가? 사랑하던 친구들 아닌가? 애증(愛憎)은 사랑과 미움이 공존하는 감정이다. 이런 감정은 고통을 배가시킨다. 만일 다윗이 그들에게 시선을 맞추고 애증의 노예가 되었다면 그는 더욱 비참하게 되었을 것이다. 그런데 감사하게도 다윗은 그들을 권위의 인물로 삼지 않았다. 다윗에게 권위의 인물은 오직 하나님 한 분밖에 없었다. 그는 시선을 하나님께 돌렸다.

"주여 어느 때까지 관망하시려 하나이까 내 영혼을 저 멸망자에게서 구원하시며 내 유일한 것을 사자들에게서 건지소서 내가 대회 중에서 주께 감사하며 많은 백성 중에서 주를 찬송하리이다 부당하게 나의 원수 된 자가 나로 말미암아 기뻐하지 못하게 하시며 까닭 없이 나를 미워하는 자들이 서로 눈짓하지 못하게 하소서"(17-19절).

마치 하나님께서 관망하시는 것처럼 보였다. 그래서 다윗은 하나님께 속히 개입해 달라고 부르짖었다. 그의 소중한 것, 곧 생명을 원수들의 손에서 구원해 달라고 기도했다. 다윗의 소원은 백성들의 모임에서 하나님께 감사드리며 찬송하는 것이었다. 어서 그런 날이 오게 해달라고 간절히 기도했다. 원수들이 승리하지 못하게 해달라고 탄원했다. 다윗은 다시 한번 원수들의 악행을 하나님께 아뢰며 도우심을 구했다.

"무릇 그들은 화평을 말하지 아니하고 오히려 평안히 땅에 사는 자들을 거짓말로 모략하며 또 그들이 나를 향하여 입을 크게 벌리고 하하 우리가 목격하였다 하나이다 여호와여 주께서 이를 보셨사오니 잠잠하지 마옵소서 주여 나를 멀리하지 마옵소서 나의 하나님, 나의 주여 떨치고 깨셔서 나를 공판하시며 나의 송사를 다스리소서 여호와 나의 하나님이여 주의 공의대로 나를 판단하사 그들이 나로 말미암아 기뻐하지 못하게 하소서 그들이 마음속으로 이르기를 아하 소원을 성취하였다 하지 못하게 하시며 우리가 그를 삼켰다 말하지 못하게 하소서 나의 재난을 기뻐하는 자들이 함께 부끄러워 낭패를 당하게 하시며 나를 향하여 스스로 뽐내는 자들이 수치와 욕을 당하게 하소서"(20-26절).

다윗은 하나님을 권위자로 삼았다. 사람은 배신하고 모략하며 은혜를 악으로 갚아도 하나님은 그를 찾는 자를 거절하지 않으신다. 반드시 하나님께서 떨치고 일어나셔서 악한 자들을 심판하시고 다윗을 구원하실 것이다. 만일 다윗이 원수들을 권위자로 삼았다면 그는 스스로 몰락하고 말았을 것이다. 그러나 하나님을 권위자로 삼았기 때문에 다시 일어설 수 있었다. 이제 하나님만 찬송하는 것이 다윗의 소원이었다.

"나의 의를 즐거워하는 자들이 기꺼이 노래 부르고 즐거워하게 하시며 그의 종의 평안함을 기뻐하시는 여호와는 위대하시다 하는 말을 그들이 항상 말하게 하소서 나의 혀가 주의 의를 말하며 종일토록 주를 찬송하리이다"(27-28절).

살다가 어려운 일을 당할 때 이런 질문을 해보자. 지금 나의 권위자는 누구인가? 지금 나는 누구를 바라보고 있는가? 지금 나는 누구에게 인정받기를 원하는가?

〈시편 36편〉 여호와의 종 다윗의 시, 인도자를 따라 부르는 노래

가장 귀한 보배

이 시는 크게 세 단락으로 나누어진다. 첫째 단락은 어둠 가운데 사는 악인들의 삶을 묘사하고(1-4절), 둘째 단락은 하나님의 빛 가운데 사는 의인들의 삶을 묘사하며(5-9절), 셋째 단락은 주의 인자하심이 계속되기를 구한다(10-12절). 첫째 단락부터 살펴보자.

"악인의 죄가 그의 마음속으로 이르기를 그의 눈에는 하나님을 두려워하는 빛이 없다 하니 그가 스스로 자랑하기를 자기의 죄악은 드러나지 아니하고 미워함을 받지도 아니하리라 함이로다"(1-2절).

시인은 죄와 악인의 관계를 관찰하고 있다. 죄가 악인을 지배하면 그는 말하기를 '나의 눈은 하나님을 두려워하지 않는다'고 큰소리치게 된다. 이 말은 죄가 악인의 생각을 통해 하는 말이다. 하나님을 두려워하지 않는다는 말은 하나님의 심판을 개의치 않는다는 말이다. 왜 그럴까?

악인들은 교만하여 스스로를 치켜세운다. '그가 스스로 자랑하기를'에서 '자랑'은 '매끄럽게 한다'는 뜻이다. 죄를 심판하시는 하나님에 대한 두려움을 스스로 무마시킨다는 말이다. 죄가 악인에게 속삭인다. '네 죄는 절대로 드러나지 않을 것이다. 아무도 발견하지 못할 것이다. 그러므로 너를 비난할 자가 없다. 하나님도 네 죄를 보지 못한다. 그러니 두려워하지 말라.' 그래서 악인은 자기의 죄와 악행이 완전범죄가 되리라고 생각한다. 죄가 마취제처럼 그를 안심시켰다. 죄란 참 고약한 녀석이다.

죄가 드러날 것을 걱정하면 작은 희망이라도 있다. 회개할 수 있으니까. 그러나 죄를 감추려고 하면 점점 더 큰 죄에 빠져들어 간다. 악인은 죄에 지배당한 사람이다. 그런데도 자기가 인생의 주인이라고 착각한다. 자신이 악한 세력에 지배당하고 있다는 사실을 자기만 모른다.

"그의 입에서 나오는 말은 죄악과 속임이라 그는 지혜와 선행을 그쳤도다 그는 그의 침상에서 죄악을 꾀하며 스스로 악한 길에 서고 악을 거절하지

아니하는도다"(3-4절).

입의 말이 죄악과 속임으로 점철되어 있으면 그 사람의 인격을 신뢰할 수 없다. 그는 이미 지혜를 버리고 선행을 그쳤다. 이 단계에 이르면 사람이 죄를 짓는 것이 아니라, 죄가 사람으로 죄를 짓게 한다. 꿈속에서도 죄지을 궁리만 한다. 조금 더 나아가면 더 이상 죄의 유혹도 필요 없다. 스스로 악한 길로 들어서고 각종 악한 일들을 행한다. 그것이 바로 예수님께서 하신 말씀이다.

"선한 사람은 마음에 쌓은 선에서 선을 내고 악한 자는 그 쌓은 악에서 악을 내나니 이는 마음에 가득한 것을 입으로 말함이니라"(누가복음 6:45).

세상은 하나다. 죄인이 사는 세상에 의인도 함께 산다. 그러나 결정적으로 다른 점이 있다. 악인에게는 하나님을 두려워하는 빛이 없지만, 의인에게는 하나님을 경외하는 빛이 있다. 죄인은 어둠 가운데 살아가지만, 의인은 빛 가운데 살아간다. 죄인은 하나님의 심판을 보지 못하지만, 의인은 하나님의 인자하심(헤세드)을 보는 영적 눈이 있다.

"여호와여 주의 인자하심이 하늘에 있고 주의 진실하심이 공중에 사무쳤으며 주의 의는 하나님의 산들과 같고 주의 심판은 큰 바다와 같으니이다 여호와여 주는 사람과 짐승을 구하여 주시나이다"(5-6절).

의인이 어떻게 하나님의 인자하심과 심판을 볼 수 있을까? 하나님께서 그에게 빛을 주셨기 때문이다. 빛이 없으면 아무것도 보이지 않는다. 우리는 반사되는 빛을 통해서 사물을 볼 수 있다. 예수님께서 참빛으로 세상에 오셨다. 예수님 안에서 우리는 그의 빛으로 인간과 역사를 볼 수 있다. 외면뿐만 아니라 내면의 세계까지도 볼 수 있다. 우리가 볼 수 있는 가장 귀한 보배는 '주의 인자하심'이다. 너무 귀해서 값을 매길 수 없는 보배다.

"하나님이여 주의 인자하심이 어찌 그리 보배로우신지요 사람들이 주의 날개 그늘 아래에 피하나이다"(7절).

'주의 인자하심'은 단순히 하나님의 사랑만을 의미하지 않는다. '주의 인자하심'은 그의 끝없고 광대한 사랑이 행동으로 나타나는 '사랑 사건'이다. 성경에 최초로 기록된 '인자하심'(헤세드)은 노아의 방주 사건이다. 하나님께서 그 가족을 구원해 주셨다. 하나님께서 롯을 동굴로 인도하여 재앙을 면하게 하신 것도 '헤세드' 사건이다(창세기 19:19). 아브라함을 블레셋의 족장 아비멜렉으로부터 구원해 주신 사건도 '헤세드' 사건이다(창 20:13). 성경에는 수많은 '헤세드' 사건들이 기록되어 있다. 이스라엘을 애굽에서 구원해 내신 사건, 광야에서 그들을 돌보신 사건, 가나안 땅을 얻게 하신 사건, 다윗을 용서하신 사건, 바벨론 포로들을 예루살렘으로 돌아오게 하신 사건, 그리고 그의 하나뿐인 아들 예수님을 십자가 위에 내어놓으신 사건, 모두 다 하나님의 '헤세드' 사건들이다. 이처럼 하나님의 '헤세드'는 수많은 개인들에게 잊을 수 없는 사건으로 경험된다.

하나님의 구원 사건을 경험한 시인은 그가 살고 있는 '지금 여기'에서 계속되는 하나님의 사랑을 믿음으로 선포하고 있다.

"그들이 주의 집에 있는 살진 것으로 풍족할 것이라 주께서 주의 복락의 강물을 마시게 하시리이다 진실로 생명의 원천이 주께 있사오니 주의 빛 안에서 우리가 빛을 보리이다"(8-9절).

악인들은 악을 심고 저주를 거둔다. 그들이 배부를 때 누군가는 배고프다. 그들이 즐거워할 때 누군가는 눈물로 밤을 지새운다. 그들이 자랑할 때 누군가는 부끄러워한다. 악인들의 주변에는 언제나 저주와 멸망과 고통뿐이다. 그러나 의인은 의를 심고 복을 거둔다. 의인들이 살진 음식으로 배부르고 축복과 기쁨의 강물을 마시는데도 원망하는 사람 하나 없다. 왜 그럴까? 주의 집에 있는 살진 것들을 함께 먹고 마시기 때문이다. 의인이 잘될 때는 손해 보는 사람이 없다. 오히려 함께 잘된다. 악인은 죽이는 자다. 그러나 의인은 자신이 먼저 산 자가 된 후에 그 생명의 원천으로 사람들을 인도한다. 의인은 주님께서 주시는 빛으로 선악을 구별하며 밝은 길로 함께 나아간다. 그러나 악인은 다른 사람들을 사망의 어둠 속으로 인도한다. 그럼 의인은 완전한가? 아니다. 그래서 시인은 하나님의 '인자하심'(헤세드)을 계속해서 구했다.

"주를 아는 자들에게 주의 인자하심을 계속 베푸시며 마음이 정직한 자에게 [계속] 주의 공의를 베푸소서"(10절).

'주를 아는 자들'은 주의 빛 가운데서 의롭게 사는 사람들이다. 그들은 죄를 멀리하고 하나님을 가까이한다. 그런데 자신들의 힘만으로는 주님께 가까이 갈 수가 없다. 그만큼 죄의 유혹이 강하다. 자칫 방심하면 선과 악을 구별하는 지혜를 잃어버리고 선행마저 그칠 수 있다. 그래서 주의 돌보시는 인자하심이 필요하다. 주께서 그의 선하신 능력으로 그들을 매일매일 붙들어 주셔야 한다. 그래서 다윗은 '마음이 정직한 자에게 (계속) 주의 공의를 베푸소서' 하고 기도했다. 마음이 정직한 자는 하나님을 기쁘시게 하는 자다. 그가 계속하여 하나님을 기쁘시게 하려면 하나님의 도우심이 필요하다. 그 도우심이 곧 하나님의 공의다.

토마토를 재배하려면 반드시 지주대를 세워 주어야 한다. 토마토는 나무가 아니고 채소이기 때문에 열매를 맺을 때 그 무게를 지탱할 수가 없다. 마찬가지로 우리 힘으로는 정직하게 바로 설 수가 없다. 하나님께서 그의 의로우심에 우리를 묶어 주셔야 한다. 그러므로 진정한 그리스도인은 겸손할 수밖에 없다.

"교만한 자의 발이 내게 이르지 못하게 하시며 악인들의 손이 나를 쫓아내지 못하게 하소서"(11절).

교만은 전염병처럼 소리 없이 스며든다. 잠언서에 "교만은 패망의 선봉이요 거만한 마음은 넘어짐의 앞잡이니라"는 말씀이 있다(잠언 16:18). 그래서 다윗은 하나님께 자신을 교만하지 않게 해달라고 기도했다.

어떤 어머니가 아들을 위해 나에게 기도를 부탁하셨던 말씀을 잊을 수가 없다. 그 아들은 사회적으로 크게 성공하고 있었다. 어머니는 '우리 아들 사업이 더 잘되게 기도해 주세요' 하고 부탁하지 않았다. 오히려 '목사님, 우리 아들이 교만하지 않게 기도해 주세요' 하고 부탁했다. 고린도전서 12장에서 바울은 과거 이스라엘 백성들이 실족했던 예들을 들면서 "그런즉 선 줄로 생각하는 자는 넘어질까 조심하라"고 경고했다(12절). 다윗도 자신이 교만에 물들지 않게 해달라고 기도했다.

다윗은 또 악인들의 손에서 구원해 달라고 기도했다. 악은 악으로 갚을 수 없다. 악한 자는 무조건 피해야 한다. 다윗은 "나의 하나님이여 나를 악인의 손 곧 불의한 자와 흉악한 자의 장중에서 피하게 하소서" 하고 기도했다(시편 71:4). 마침내 다윗의 기도가 응답되었다.

"악을 행하는 자들이 거기서 넘어졌으니 엎드러지고 다시 일어날 수 없으리이다"(12절).

악을 이기는 데 기도보다 더 좋은 방법은 없다. 오늘도 악한 자를 만나거든 기도하자. 우리의 삶 속에 가장 귀하고 보배로운 하나님의 '헤세드' 사건이 계속되도록 기도하자.

〈시편 37편〉 다윗의 시

이 땅에 사는 동안

세상에는 인과응보나 사필귀정이라는 보편적 사상이 있다. 모든 일들은 결국 올바르게 귀결된다는 뜻이다. 이런 생각 때문에 사람들은 억울함을 견디며 정의가 승리할 때까지 기다린다. 그러나 기다려도 정의가 실현되지 않으면 어떤 반응을 보일까? 처음에는 자기의 신념이 잘못된 것은 아닐까 하고 의심할 것이다. 그러다가 악한 사람이 더 잘되는 세상을 보며 불평할 것이다. 예레미야도 그렇게 불평했다.

"여호와여 내가 주와 변론할 때에는 주께서 의로우시니이다 그러나 내가 주께 질문하옵나니 악한 자의 길이 형통하며 반역한 자가 다 평안함은 무슨 까닭이니이까"(예레미야 12:1).

시편 37편은 크게 네 단락으로 나누어진다. 첫 번째 단락에서 다윗은 성도(의인)들에게 악한 자들 때문에 불평하지도 말고 시기하지도 말라고 권한다(1-8절).

"악을 행하는 자들 때문에 불평하지 말며 불의를 행하는 자들을 시기하지 말지어다"(1절).

두 가지 이유 때문이다. 하나는 악한 자는 곧 소멸할 것이기 때문이다. 그러므로 악한 자 때문에 고민하고 불평할 필요가 없다. 곧 사라질 사람을 왜 시기해야 하는가?

"그들은 풀과 같이 속히 베임을 당할 것이며 푸른 채소같이 쇠잔할 것임이로다"(2절).

또 다른 이유는 악한 자들을 불평하고 시기하다 보면 우리도 악을 행할 수 있기 때문이다. 만일 악한 자들 때문에 우리 마음에 불평이 일어날 때는 어떻게 해야 할까? 다윗은 여러 명령어를 사용하며 우리가 취해야 할 바른 자세를 가르쳐 주고 있다.

"여호와를 의뢰하고 선을 행하라 땅에 머무는 동안 그의 성실을 먹을거리로 삼을지어다 또 여호와를 기뻐하라 그가 네 마음의 소원을 네게 이루어 주시리로다 네 길을 여호와께 맡기라 그를 의지하면 그가 이루시고 네 의를 빛같이 나타내시며 네 공의를 정오의 빛같이 하시리로다 여호와 앞에 잠잠하고 참고 기다리라 자기 길이 형통하며 악한 꾀를 이루는 자 때문에 불평하지 말지어다"(3-7절).

이 땅에 사는 동안 우리는 여호와 하나님을 신뢰해야 한다. 신뢰는 믿고 의지한다는 말이다. 세상에는 내가 할 수 있는 일이 있고, 할 수 없는 일이 있다. 악인을 심판하는 일은 우리가 할 일이 아니라 하나님께서 하실 일이다. 심판은 하나님께 맡겨 드리고 우리는 선을 행하며 살아야 한다. 땅에 머무는 동안에 우리는 하나님의 성실하심을 먹으며(의지하며) 진실하게 살아야 한다. 또 여호와를 기뻐해야 한다. 왜냐하면 그가 우리의 소원을 이루어 주시기 때문이다.

'맡기라'와 '의지하라'는 둘 다 명령형이다. 우리는 미래를 주의 손에 맡기고 주님을 의지해야 한다. 그러면 주께서 우리의 의를 대낮의 햇빛처럼 드러나게 해주실 것이다. 그렇다면 우리가 이 땅에 사는 동안 해야 할 일이 더욱 분명해진다. 먼저 여호와 앞에서 불평을 그치고 잠잠해야 한다. 그리고 인내하며 하나님의 때를 기다려야 한다. 기다리는 동안 '자기 길이 형통하며 악한 꾀를 이루는 자'의 성공에 대하여 관심을 두지 말아야 한다. 시선을 악한 자로부터 하나님께로 돌려야 한다. 이것이 악한 세상에서 살아가는 성도들의 올바른 자세다.

"분을 그치고 노를 버리며 불평하지 말라 오히려 악을 만들 뿐이라"(8절).

세상 일이 내 마음대로 되지 않는다고 분을 내고 불평하면 점점 더 미궁에 빠진다. 분노를 대체할 수 있는 감정은 감사다.

두 번째 단락에서는 악한 자를 보고 불평하거나 시기하지 말아야 할 이유들을 설명하고 있다(9-20절). 여기에서는 주로 의인과 악인을 비교하는 구절이 반복된다. 의인과 악인 중에 누가 더 오래, 더 평안하고 행복한 삶을 살 수 있을까?

"진실로 악을 행하는 자들은 끊어질 것이나 여호와를 소망하는 자들은 땅을 차지하리로다 잠시 후에는 악인이 없어지리니 네가 그곳을 자세히 살필지라도 없으리로다 그러나 온유한 자들은 땅을 차지하며 풍성한 화

평으로 즐거워하리로다"(9-11절).

'끊어짐과 연결됨', 이것이 악인과 의인의 차이점이다. 하나님의 심판 앞에서 악인은 끊어지고 마른 겨처럼 날아갈 것이다. 그러나 의인은 하나님에게 연결되며 그 땅에서 자자손손 살아갈 것이다.

"악인이 의인 치기를 꾀하고 그를 향하여 그의 이를 가는도다 그러나 주께서 그를 비웃으시리니 그의 [멸망의] 날이 다가옴을 보심이로다 악인이 칼을 빼고 활을 당겨 가난하고 궁핍한 자를 엎드러뜨리며 행위가 정직한 자를 죽이고자 하나 그들의 칼은 오히려 그들의 양심을 찌르고 그들의 활은 부러지리로다"(12-15절).

악한 자가 까닭 없이 의인을 치려 할 때는 어떻게 해야 할까? 잊지 말자. 주께서 지금 보고 계신다. 모든 갈등은 주의 능력의 손에 맡겨 드리자. 그럼 의인은 평생 악인으로부터 고난을 당하며 살아야 할까? 아니다. 하나님께서 의인의 편에 서 계신다. 동시에 악인들은 하나님의 원수가 된다. 그러면 대반전이 일어날 것이다.

"의인의 적은 소유가 악인의 풍부함보다 낫도다 악인의 팔은 부러지나 의인은 여호와께서 붙드시는도다 여호와께서 온전한 자의 날을 아시나니 그들의 기업은 영원하리로다 그들은 환난 때에 부끄러움을 당하지 아니하며 기근의 날에도 풍족할 것이나 악인들은 멸망하고 여호와의 원수들은 어린 양의 기름같이 타서 연기가 되어 없어지리로다"(16-20절).

소유의 가치가 반전된다. 악인의 넓은 토지에서 거둔 곡식보다 의인의 작은 밭에서 나온 곡식이 더 가치 있게 될 것이다. 가만히 있는 악인의 팔은 부러지지만, 넘어지는 의인은 하나님께서 붙들어 주신다. 악인의 기업이 타인의 손에 넘어가지만, 의인의 기업은 자손에게 상속될 것이다. 의인은 환난의 날에도 당당하며 기근의 날에도 배가 부를 것이다. 악인들은 연기처럼 멸망하여 사라질 것이다. 그러니 불평을 멈추라는 말이다.

세 번째 단락은 의인이 받게 될 복들을 열거하고 있다(21-31절).

"악인은 꾸고 갚지 아니하나 의인은 은혜를 베풀고 주는도다 주의 복을 받은 자들은 땅을 차지하고 주의 저주를 받은 자들은 끊어지리로다 여호와께서 사람의 걸음을 정하시고 그의 길을 기뻐하시나니 그는 넘어지나 아주 엎드러지지 아니함은 여호와께서 그의 손으로 붙드심이로다 내가 어

려서부터 늙기까지 의인이 버림을 당하거나 그의 자손이 걸식함을 보지 못하였도다 그는 종일토록 은혜를 베풀고 꾸어 주니 그의 자손이 복을 받는도다"(21–26절).

악인은 꾸고도 갚지 않지만 의인은 베풀며 살아간다. 악인들의 이름이 그 땅에서 끊어질 때에 의인은 오히려 땅을 차지한다. 하나님께서 사람의 가는 길을 정하시고 인도하시기를 기뻐하신다. 그래서 의인이 길을 가다가 넘어지면 하나님께서 그의 손을 잡아 일으켜 주신다. 다윗은 그의 생전에 의인이 버림을 당하거나 그의 자손들이 구걸하는 모습을 보지 못했다고 증언했다. 왜냐하면 베풀며 사는 의인의 자손들에게 하나님께서 복을 주시기 때문이다. 이것이야말로 진정한 '조상의 은덕(恩德)'이다.

"악에서 떠나 선을 행하라 그리하면 영원히 살리니 여호와께서 정의를 사랑하시고 그의 성도를 버리지 아니하심이로다 그들은 영원히 보호를 받으나 악인의 자손은 끊어지리로다 의인이 땅을 차지함이여 거기서 영원히 살리로다"(27–29절).

자손을 생각해서라도 악에서 떠나 선하게 살라는 말이다. 그러면 자자손손 그 땅에서 영원히 살게 될 것이다. 공의로우신 하나님께서 그의 성도들을 끝까지 붙들어 주신다. 악인은 보호자가 없지만 의인은 하나님께서 영원히 보호해 주신다. 다윗은 이처럼 복 받을 의인들에게 "악에서 떠나 선을 행하라"고 강권한다. 무엇보다 마음에 하나님의 계명을 간직하며 입술로 선한 말을 하라고 한다.

"의인의 입은 지혜로우며 그의 혀는 정의를 말하며 그의 마음에는 하나님의 법이 있으니 그의 걸음은 실족함이 없으리로다"(30–31절).

이 시의 마지막 단락은 심판하시는 하나님을 묘사하고 있다(32-40절). 하나님은 악인들이 의인을 핍박하도록 내버려두지 않으신다. 악인들은 반드시 심판대 앞에 설 것이다. 그러나 의인은 심판을 면할 것이다.

"악인이 의인을 엿보아 살해할 기회를 찾으나 여호와는 그를 악인의 손에 버려 두지 아니하시고 재판 때에도 정죄하지 아니하시리로다"(32–33절).

악인들이 극성을 부릴 때 의인들은 어떻게 해야 할까? 하나님의 말씀을 붙들고 살면서 잠잠히 그들의 종말을 지켜보라고 권한다. 그것은 다윗의 경험에서 나온 증언이었다.

"여호와를 바라고 그의 도를 지키라 그리하면 네가 땅을 차지하게 하실 것이라 악인이 끊어질 때에 네가 똑똑히 보리로다 내가 악인의 큰 세력을 본즉 그 본래의 땅에 서 있는 나무 잎이 무성함과 같으나 내가 지나갈 때에 그는 없어졌나니 내가 찾아도 발견하지 못하였도다"(34-36절).

우리의 시선을 하나님께로 돌려 보자. 한평생 악인들의 포악을 보고 사는 것은 불행한 일이다. 눈을 돌려 의인들이 하나님 앞에서 복 받고 사는 모습을 보자. 화평케 하는 자들의 미래에 어떤 일이 일어나는지 지켜보자. 하나님께서 의인들을 어떻게 다루시는지 끝까지 살펴보자. 마음속에 있던 불평과 시기가 사라지고 평안이 임할 것이다.

"온전한 사람을 살피고 정직한 자를 볼지어다 모든 화평한 자의 미래는 평안이로다 범죄자들은 함께 멸망하리니 악인의 미래는 끊어질 것이나 의인들의 구원은 여호와로부터 오나니 그는 환난 때에 그들의 요새이시로다"(37-39절).

다윗은 이 시의 첫머리에서 "악을 행하는 자들 때문에 불평하지 말며 불의를 행하는 자들을 시기하지 말지어다"라고 교훈했다. 하나님께서 악인들을 심판하시고 의인들에게는 복을 주신다고 가르쳤다. 환난이 다가올 때 하나님께서 의인의 요새가 되어 주신다고 말했다. 누군가 다윗에게 '어떻게 그런 일이 일어날 수 있어요?' 하고 묻는다면 이렇게 대답할 것이다.

"여호와께서 그들을 도와 건지시되 악인들에게서 건져 구원하심은 그를 의지한 까닭이로다"(40절).

다윗은 노년에 이처럼 지혜로운 시를 지었다. 살다 보면 이런 일도 만나고 저런 일도 만나는데 그때에는 하나님만 의지하고 살아가라고 가르쳐 주는 주옥같은 시다. 만일 우리의 노년에 자녀들에게 인생시 한 편을 남겨야 한다면 어떤 내용이 될까?

〈시편 38편〉 다윗의 기념하는 시

주여, 속히 나를 도우소서

이 시의 제목, '다윗의 기념하는 시'의 원래 의미는 '다윗으로 기억하게 하는 시'다. 다윗은 우리가 알지 못하는 과거의 어떤 절박했던 경험을 기억하며 이 시를 지었을 것이다. 그는 그 경험이 후대에게 교훈이 되기를 원했다. 어거스틴은 죄로 인하여 괴로워할 때마다 이 시를 즐겨 암송했다. 그래서 이 시가 많은 이들에게 참회의 시로 알려져 있다.

다윗은 그가 지은 죄 때문에 하나님의 징계를 받았으며, 그 징계가 육신의 질병으로 나타났다고 생각했다. 비록 원수들의 비난과 친구들의 외면이 그의 고통을 가중시켰지만 그것은 중요한 문제가 아니었다. 가장 시급한 일은 하나님께서 그의 죄를 용서하시고 병을 치료해 주시는 것이었다. 그러면 모든 문제들이 일거에 해결되리라고 확신했다. 이제 다윗의 경험을 들어 보자.

"여호와여 주의 노하심으로 나를 책망하지 마시고 주의 분노하심으로 나를 징계하지 마소서 주의 화살이 나를 찌르고 주의 손이 나를 심히 누르시나이다 주의 진노로 말미암아 내 살에 성한 곳이 없사오며 나의 죄로 말미암아 내 뼈에 평안함이 없나이다 내 죄악이 내 머리에 넘쳐서 무거운 짐 같으니 내가 감당할 수 없나이다"(1-4절).

다윗이 어떤 병을 앓고 있었는지는 모른다. 그러나 그는 자신의 범죄에 대한 하나님의 진노가 병으로 나타났다고 생각했다. 그래서 죄를 회개하며 하나님의 치료하심을 간구했다. '주의 화살이 나를 찌른다'는 표현은 회개를 의미한다. 하나님은 그가 사랑하는 사람을 회개하도록 촉구하신다. 다윗은 하나님의 분노 가운데서도 그의 인자하심을 기억했다.

"사람이 회개하지 아니하면 그가 그의 칼을 가심이여 그의 활을 이미 당기어 예비하셨도다"(시편 7:12).

'주의 손이 나를 심히 누르신다'는 표현은 하나님께서 강한 죄책감을 일으키어 그를 회개의 길로 인도하신다는 뜻이다. '주의 진노'와 '나의 죄'

는 정비례한다. 죄책감이 클수록 하나님의 진노가 더 강하게 느껴진다. 그 진노 때문에 몸이 병들고 뼛속까지 아팠다. 그의 죄 짐이 감당할 수 없을 만큼 무거워졌다. 다윗은 그 고통을 좀더 구체적으로 표현했다.

"내 상처가 썩어 악취가 나오니 내가 우매한 까닭이로소이다 내가 아프고 심히 구부러졌으며 종일토록 슬픔 중에 다니나이다 내 허리에 열기가 가득하고 내 살에 성한 곳이 없나이다 내가 피곤하고 심히 상하였으매 마음이 불안하여 신음하나이다"(5-8절).

왜 자신을 '우매한 자'라고 자책했을까? 이 지경에 이를 때까지 회개하지 않았기 때문이다. 회개에도 기회가 있다. 상처가 썩어 악취가 나고 고통 때문에 허리가 구부러진 자신의 모습을 보며, 다윗은 그동안 회개하지 않고 교만하게 버티었던 어리석음을 자책하고 있다. 이제는 하나님의 인자하심, 곧 용서 외에는 고통에서 벗어날 다른 길이 없었다.

"주여 나의 모든 소원이 주 앞에 있사오며 나의 탄식이 주 앞에 감추이지 아니하나이다 내 심장이 뛰고 내 기력이 쇠하여 내 눈의 빛도 나를 떠났나이다"(9-10절).

다윗은 하나님께서 그의 소원과 탄식을 듣고 계신다고 믿었다. 힘이 없고 기력이 쇠하니 심장 소리만 크게 들렸다. 시력도 희미해져 가고 있었다. 그런 절망적인 시간에 가까운 사람들이 그를 멀리 떠났다. 그리고 원수들은 그를 더 괴롭히기 위해 혈안이 되어 있었다. 이제는 원수들을 원망하거나 대적할 힘이 없었다. 그래서 듣고도 못 들은 척 입을 다물었다. 그의 고통은 원수들과 싸워서 해결될 문제가 아니었다.

"내가 사랑하는 자와 내 친구들이 내 상처를 멀리하고 내 친척들도 멀리 섰나이다 내 생명을 찾는 자가 올무를 놓고 나를 해하려는 자가 괴악한 일을 말하여 종일토록 음모를 꾸미오나 나는 못 듣는 자같이 듣지 아니하고 말 못 하는 자같이 입을 열지 아니하오니 나는 듣지 못하는 자 같아서 내 입에는 반박할 말이 없나이다"(11-14절).

15절부터 18절은 히브리어 접속사 '키'(כִּי, 왜냐하면)로 시작한다. 친구와 친척들이 그를 외면할 때 그리고 원수가 종일토록 그를 해하려고 음모를 꾸밀 때에 왜 다윗이 입을 닫고 있었는지 그 이유들을 설명하고 있다.

“여호와여 내가 주를 바랐사오니 내 주 하나님이 내게 응답하시리이다 내가 말하기를 두렵건대 그들이 나 때문에 기뻐하며 내가 실족할 때에 나를 향하여 스스로 교만할까 하였나이다 내가 넘어지게 되었고 나의 근심이 항상 내 앞에 있사오니 내 죄악을 아뢰고 내 죄를 슬퍼함이니이다”(15–18절).

다윗이 입을 열지 않았던 이유는 첫째로 그가 하나님께 소망을 두었기 때문이다. 둘째로 원수들이 그의 고통당함을 보고 기뻐하며 그가 넘어질 때 교만하게 우쭐댈까 두려웠기 때문이다. 셋째로 그가 거의 넘어질 뻔했고 근심이 그를 떠나지 않았기 때문이다. 넷째로 그의 죄를 하나님께 아뢰고 그 죄 때문에 슬퍼했기 때문이다. 그러나 친구들과 친척들, 그리고 원수들의 행위는 도를 넘어도 한참 넘었다. 시인은 다시 한번 원수들로 인한 고통을 하나님께 아뢰었다.

“내 원수가 활발하며 강하고 부당하게 나를 미워하는 자가 많으며 또 악으로 선을 대신하는 자들이 내가 선을 따른다는 것 때문에 나를 대적하나이다”(19–20절).

원수들의 공격이 점점 더 강렬해지고, 그를 미워하는 자들의 숫자는 점점 더 늘어났다. 왜 그들이 악으로 선을 갚는지, 왜 선을 행한다는 사실 때문에 그를 싫어하는지 이해할 수가 없었다. 세상이 거꾸로 뒤집어졌다. 선을 행하는 사람보다 악을 행하는 사람을 더 좋아하는 세상이 되었다. 중심축이 무너진 세상에서 누구를 의지할 수 있겠는가. 누구에게 옳고 그름을 분별해 달라고 부탁할 수 있겠는가. 다윗은 하나님 앞에 엎드렸다.

“여호와여 나를 버리지 마소서 나의 하나님이여 나를 멀리하지 마소서”(21절).

어려운 일을 당할 때에 하나님 앞에 나아갈 수 있는 사람은 복 있는 사람이다. 다윗은 ‘여호와여, 나를 버리지 마세요’ 하고 호소했다. ‘나를 떠나지 마세요’ 하고 간절히 기도했다. 하나님께서 성도를 버리거나 모른척하시면 무슨 소망이 있겠는가. 모세는 두려워 떠는 이스라엘 백성들과 여호수아에게 이렇게 말했다.

“너희는 강하고 담대하라 두려워하지 말라 그들 앞에서 떨지 말라 이는 네 하나님 여호와 그가 너와 함께 가시며 결코 너를 떠나지 아니하시며 버리지 아니하실 것임이라 하고”(신명기 31:7-8).

그때 이후로 '하나님께서 너희를 떠나지 아니하시고 버리지 아니하시리라'는 말은 이스라엘 백성들을 위로하는 관용구가 되었다. 어떤 역경 가운데서도 하나님이 함께하시면 이겨 낼 수 있다는 말씀이다. 다윗도 그 말씀을 기억하며 부르짖었다.

"속히 나를 도우소서 주 나의 구원이시여"(22절).

다윗은 하나님만이 그를 고통과 수난으로부터 구원해 주실 수 있다고 굳게 믿었다. 그래서 속히 도와 달라고 간구했다. 이 시는 이미 구원받고 승리한 내용이 아니다. 어떻게 그 고난의 시간을 견뎌 내었는가에 대한 간증이다. 그래서 비슷한 고통을 당하고 있는 성도들에게 큰 위로가 될 수 있는 내용이다.

다윗이 이 시를 통하여 후대에 전하고 싶었던 교훈은 무엇일까? 우선 그는 자신의 죄를 시인하고 하나님 앞에 회개했다. 결코 자신의 죄를 가볍게 보지 않았다. 허리가 구부러질 정도의 무거운 짐으로 여겼다. 죄 때문에 그의 몸에 성한 곳이 없고 뼛속까지 아팠다. 그러나 한 마디도 변명하지 않았다. 오히려 '이 모든 고통은 나의 죄 때문입니다' 하고 자복했다. 친구나 친척들이 그를 외면할 때에도 섭섭하게 여기지 않았다. 원수가 그를 헐뜯고 비난할 때도 대적하지 않았다. 왜냐하면 그의 죄를 용서하시고 그의 몸을 치료해 주실 분은 하나님이셨기 때문이다. 다윗은 사람들을 의지하지 않았다. 온 마음을 다하여 하나님을 의지했다. 그리고 자신의 무거운 죄 짐을 그 발 앞에 내려놓았다. 그러자 문제가 해결되기 시작했다. 이것이 바로 다윗이 기억해 낸 진리였다.

우리가 자주 부르는 찬송가 한 장이 생각난다. 287장이다.

1. 예수 앞에 나오면 죄 사함 받으며 주의 품에 안기어 편히 쉬리라
2. 예수 앞에 나와서 은총을 받으며 맘에 기쁨 넘치어 감사하리라
3. 예수 앞에 설 때에 흰옷을 입으며 밝고 빛난 내 집에 길이 살리라

(후렴) 우리 주만 믿으면 모두 구원 얻으며 영생 복락 면류관 확실히 받겠네

〈시편 39편〉 다윗의 시, 인도자를 따라 여두둔 형식으로 부르는 노래

주와 함께 있는 나그네

우리는 시를 읽을 때마다 그 시의 배경이 될 만한 상황을 그려 본다. 아무런 배경 없이 태어나는 시는 세상에 없기 때문이다. 그래서 이번에는 다윗이 압살롬으로부터 도망가 있는 동안 이 시를 지었으리라고 생각하며 읽어 보려고 한다. 다윗은 중요한 결심을 했다. 그것은 자신의 입을 단속하는 일이었다.

"내가 말하기를 나의 행위를 조심하여 내 혀로 범죄하지 아니하리니 악인이 내 앞에 있을 때에 내가 내 입에 재갈을 먹이리라 하였도다"(1절).

두 가지 이유 때문이었다. 하나는 말을 많이 하다 보면 후회스러운 말을 할 때가 있기 때문이요, 다른 하나는 그가 아무리 선한 말을 해도 악한 자들이 그 말을 왜곡하기 때문이다. 그래서 입에 재갈을 먹였다.

"내가 잠잠하여 선한 말도 하지 아니하니 나의 근심이 더 심하도다 내 마음이 내 속에서 뜨거워서 작은 소리로 읊조릴 때에 불이 붙으니 나의 혀로 말하기를"(2-3절).

그러나 말을 참고 있자니 가슴이 불타는 듯했다. 더 이상 참을 수 없게 되자 다윗은 입을 열어 하나님께 작은 소리로 아뢰었다.

"여호와여 나의 종말과 연한이 언제까지인지 알게 하사 내가 나의 연약함을 알게 하소서"(4절).

'나의 종말과 연한이 언제까지인지 알게 하사', 이 말은 자기의 고통이 언제 끝날지 알게 해달라는 말이 아니다. 오히려 그가 이 세상에 머물 날들이 얼마나 짧은지 알게 해주시라는 말이다. '나의 연약함'은 '나의 일시성(一時性)', 즉 이 세상에 잠깐 체류하고 있음을 가리킨다. 일단 입을 열고 나니 하고 싶었던 말들이 술술 나오기 시작했다.

"주께서 나의 날을 한 뼘 길이만큼 되게 하시매 나의 일생이 주 앞에는 없는 것 같사오니 사람은 그가 든든히 서 있는 때에도 진실로 모두가 허사뿐이니이다 (셀라) 진실로 각 사람은 그림자같이 다니고 헛된 일로 소란하며 재물을 쌓으나 누가 거둘는지 알지 못하나이다"(5-6절).

'한 뼘 길이'는 손바닥 넓이, 곧 10센티미터를 말한다. 그의 인생이 너무 짧아서 영원하신 주님 앞에서 아예 없는 것과 마찬가지라는 말이다. 한 뼘밖에 되지 않는 인생, 그것이 하나님께서 다윗으로 하여금 깨닫게 하신 진리였다. 사람이 한평생 살면서 이룬 일들이 하나님 보시기에는 모두 허사였다. 여기에서 '허사'는 단수로서 '한 번의 숨', 곧 한 번 들이쉬고 한 번 내쉬는 숨에 불과하다는 표현이다. '진실로 각 사람은 그림자같이 다니고.' 이 말이 인생의 허무함을 극적으로 표현하고 있다. 그림자는 실체가 아니다. 그림자는 아무 일도 하지 못한다. 소리도 내지 못한다. 그런데 사람들은 자기가 많은 것들을 이루었다고 자랑하며 다닌다. 그들이 쌓아 놓은 재물도 그림자에 불과하다. 엄청나게 높이 쌓아 놓았다고 생각했는데 돌아보니 흔적도 없다. 인생은 그렇게 짧고 무의미한 허상에 불과하다. 그것이 다윗이 깨달은 진리였다.

사랑하는 아들 압살롬에게 왕위를 빼앗기고 기드론 시내를 건너 광야로 도망갈 때, 많은 신하들과 백성들이 자신을 배신하고 압살롬을 따를 때 다윗이 느꼈던 깊은 허무감이 이 시의 전반부에 촘촘히 배어 있다. 그가 지금까지 수고하며 쌓아 올렸던 모든 것들이 하루아침에 뜬구름처럼 사라졌다. 다시 예루살렘으로 돌아간다는 보장도 없었다. 인생의 들녘에 싸늘한 가을바람이 불어 왔다. 이런 심정을 누구와 나누겠는가? 모두 그의 잘못 때문에 자초한 고난 아닌가? 차마 낯을 들 수 없었다.

그럼 다윗에게는 절망만 남아 있었을까? 아니다. 다윗에게는 하나님이 계셨다. 다 잃어버려도 하나님만 잃어버리지 않으면 그 사람은 아무것도 잃어버린 것이 없다. 압살롬에게 쫓겨난 후, 다윗은 아무것도 가진 것이 없었다. 요압을 비롯한 몇몇 장수와 소수의 병사와 신하들이 그를 따라 왔지만 다윗은 그들의 식생활도 책임져 줄 수가 없었다. 갑자기 다윗은 동가식서가숙 신세, 즉 동쪽 동네에서 밥을 얻어먹고 서쪽 동네에서 잠을 자야 할 형편이 되었다. 그러나 하나님께서 그와 함께하신다는 믿음은 변함이 없었다. 그래서 하나님께 속삭였다.

"주여 이제 내가 무엇을 바라리요 나의 소망은 주께 있나이다"(7절).

왕위에서 쫓겨난 상황에서 무엇을 바라겠는가? 그것도 자식에게 쫓겨났으니 무슨 얼굴로 다시 백성들을 볼 수 있겠는가? 이 세상에서는 소망이 없었다. 그러나 하나님께 둔 소망은 버리지 않았다. 다윗이 '나의 소망은 주께 있습니다' 하고 속삭일 때 그 소망은 무엇이었을까? 시의 나머지 부분에서 다윗은 그에게 남아 있는 네 가지의 소망을 이야기하고 있다.

"나를 모든 죄에서 건지시며 우매한 자에게서 욕을 당하지 아니하게 하소서 내가 잠잠하고 입을 열지 아니함은 주께서 이를 행하신 까닭이니이다" (8–9절).

첫째 소망은 죄 사함과 회복이었다. 이 첫째 소망은 양면성을 지니고 있다. 하나님께 그의 모든 죄를 용서받으리라는 소망과 어리석은 자들로부터 '다윗은 이제 끝났다'는 비웃음을 당하지 않으리라는 소망이었다. 밧세바 때문에 죽을죄를 지은 것은 사실이었다. 그러나 직접 그 일과 상관없는 자들이 그의 인격을 짓밟는 것은 견딜 수 없었다. 압살롬의 반역은 자기가 저지른 죄의 열매였다. 그것은 하나님의 심판이었다. 변명할 여지가 없었다. 다투거나 회피할 수도 없었다. 그러나 다윗을 배신한 자들은 견딜 수 없었다. 그렇다고 그가 할 수 있는 일도 딱히 없었다. 그래서 하나님께서 그의 인자하심으로 용서해 주실 때까지 입을 다물고 기다렸다. 동시에 하나님께서 그의 얼굴을 다시 들게 해주시기를 소원했다. 좀 염치없어 보이는가? 아니다. 진정한 회개는 온전한 용서에 이르고, 온전한 용서는 완전한 회복을 이룬다. 이런 면에서 다윗의 소망은 정당했다.

"주의 징벌을 나에게서 옮기소서 주의 손이 치심으로 내가 쇠망하였나이다 주께서 죄악을 책망하사 사람을 징계하실 때에 그 영화를 좀먹음같이 소멸하게 하시니 참으로 인생이란 모두 헛될 뿐이니이다 (셀라)"(10–11절).

둘째 소망은 징벌로부터의 자유였다. 다윗의 기도는 이런 뜻이다. '하나님은 언제나 옳으십니다. 그래서 하나님과 논쟁하지 않겠습니다. 제가 죄를 지었으므로 징벌을 받아 마땅합니다. 그러나 주의 손으로 저를 후려치시면 제 목숨은 순식간에 끊어지고 맙니다. 그러니 불쌍히 보시고 진노의 손을 거두어 주세요.'

주께서 죄인을 책망하시고 징계하시면 어떤 일이 일어날까? 그 사람이 쌓아 올린 모든 영화가 아침 안개처럼 사라질 것이다. 이 기도를 드리면서 다윗은 온 이스라엘과 이방 나라들 앞에서 순식간에 무너져 내린 자신의 영화(榮華)를 생각했을 것이다. 아무리 좋은 옷도 좀이 먹으면 여기저기 구멍이 나서 더 이상 입을 수 없다. 아무리 튼튼한 집도 흰개미들이 기둥을 갉아먹으면 맥없이 무너진다. 마찬가지로 하나님께서 죄인을 징벌하시면 그가 쌓아 올린 명예와 영화는 사상누각이 되고 만다.

이 대목에서 다윗은 감정이 복받쳐 올라 '참으로 인생이란 모두 헛될 뿐이니이다' 하고 부르짖으며 '셀라'를 넣었다. 셀라는 앞의 내용을 잠시 묵상해 보라는 뜻이다. 이곳의 '헛되다'와 5절의 '허사'는 히브리어로 같은 단어(הֶבֶל, 헤벨)다. 하나님께서 죄인을 징계하시면(10절의 말씀처럼 한 번 손으로 후려치시면), 인생은 숨 한 번 쉬는 순간에 망하고 만다. 그러니 제발 용서해 달라는 탄원이다.

"여호와여 나의 기도를 들으시며 나의 부르짖음에 귀를 기울이소서 내가 눈물 흘릴 때에 잠잠하지 마옵소서 나는 주와 함께 있는 나그네이며 나의 모든 조상들처럼 떠도나이다"(12절).

셋째 소망은 주님과 함께 있는 것이었다. 돌이켜보면 조상들보다 더 나은 점이 없었다. 조상들처럼 다윗도 지금 거류자(나그네)의 삶을 살고 있다. 물론 나그네라고 해서 다 같은 나그네는 아니다. 주님과 함께 사는 나그네는 부러울 것이 없다. 아마도 다윗은 그가 시편 23편에서 '내가 여호와의 집에 영원히 살리로다' 했던 노래를 회상하고 있었을 것이다.

"주는 나를 용서하사 내가 떠나 없어지기 전에 나의 건강을 회복시키소서"(13절).

넷째 소망은 회복이었다. '주는 나를 용서하사.' 이 구절을 직역하면 '(내 죄 때문에) 나를 지긋이 응시하고 계시는 그 (두려운) 시선을 거두어 주세요'라는 말이다. 만일 하나님께서 다윗의 죄를 계속해서 감찰하시고 책망하신다면 그는 이 세상에 더 이상 존재할 수 없을 것이다. 죗값은 사망이니까. 그러므로 '내가 죽어 없어지기 전에 나의 건강을 회복시키소서' 하고 간청했다. 여기에서 '회복'은 '웃음의 회복'을 의미한다. 이 구절을 풀어 쓰면 이런 내용이 된다. '주님, 그 두려운 눈빛을 거두시고 저로 하여금 다시 웃게 해주세요. 제발 이 생명이 끝나기 전에.' 다윗처럼 끝까지 소망을 잃지 말자. 그러면 우리는 아무것도 잃어버릴 것이 없다.

〈시편 40편〉 다윗의 시, 인도자를 따라 부르는 노래

기다림

기도의 적(敵)은 의심이 아니다. 의심은 믿음의 다른 면이다. 믿으려고 하기 때문에 의심한다. 기도할 때 가장 큰 적은 절망과 포기다. 사탄은 우리에게 '기도해도 소용없다. 이제 포기하라'고 속삭인다. 다윗도 그런 유혹을 받았지만 강하게 뿌리쳤다.

"내가 여호와를 기다리고 기다렸더니 귀를 기울이사 나의 부르짖음을 들으셨도다"(1절).

급하지 않으면 기다릴 수 있다. 그러나 다윗은 지금 절벽에 매달려 있다. 지금 당장 하나님께서 구해 주시지 않으면 모든 것이 끝장날 그런 순간이다. 그런데 하나님께서 그의 기도를 들으시고 구원해 주셨다.

"나를 기가 막힐 웅덩이와 수렁에서 끌어올리시고 내 발을 반석 위에 두사 내 걸음을 견고하게 하셨도다"(2절).

'기가 막힐 웅덩이'를 칼뱅은 '사나운 물결이 입을 벌리고 있는 격류의 계곡'이라고 해석했다. 수렁은 그 밑바닥을 알 수 없는 더러운 시궁창이다. 다른 말로 표현하면 '산 넘어 산' 같은 고난이다. 다윗은 그런 역경 가운데서 하나님께 부르짖으며 기다렸다. 그랬더니 하나님께서 그를 반석 위로 들어 올리시고 다시 걷게 해주셨다. 그래서 하나님을 찬송했다.

"새 노래 곧 우리 하나님께 올릴 찬송을 내 입에 두셨으니 많은 사람이 보고 두려워하여 여호와를 의지하리로다"(3절).

새 노래는 새로운 경험을 하고 부르는 노래다. 다윗은 자기가 그 노래를 지어 부른 것이 아니라 하나님께서 그 노래를 자기 입에 두셨다고 고백했다. 찬송할 이유를 하나님께서 만들어 주셨다는 말이다. 앞으로 그 찬송을 들으면서 많은 사람들이 하나님을 두려워하고 의지할 것이다.

“여호와를 의지하고 교만한 자와 거짓에 치우치는 자를 돌아보지 아니하는 자는 복이 있도다”(4절).

세상 사람들은 두 부류로 나누어진다. 겸손하여 하나님을 의지하는 자들과 교만하여 거짓에 치우치는 자들이다. 전자는 복을 받고, 후자는 화를 당한다. 영적으로 보면 이 두 종류의 사람들은 확연히 구별된다. 다윗은 복 받은 자로서 하나님을 찬양했다.

“여호와 나의 하나님이여 주께서 행하신 기적이 많고 우리를 향하신 주의 생각도 많아 누구도 주와 견줄 수가 없나이다 내가 널리 알려 말하고자 하나 너무 많아 그 수를 셀 수도 없나이다”(5절).

믿음은 체험을 통해 성장한다. 다윗은 하나님께서 자기를 위해 행하신 그 많은 기적들을 회상해 보았다. 그리고 자기를 향한 하나님의 사려 깊은 생각들도 살펴보았다. 너무 크고 많아서 셀 수가 없었다. 이 세상 어느 누가 다윗을 그런 수렁에서 건져 주시고 영화의 면류관을 씌워 주실 수 있겠는가. 하나님을 찬송하던 다윗에게 하나님의 음성이 들려왔다.

“주께서 내 귀를 통하여 내게 들려 주시기를 제사와 예물을 기뻐하지 아니하시며 번제와 속죄제를 요구하지 아니하신다 하신지라 그때에 내가 말하기를 내가 왔나이다 나를 가리켜 기록한 것이 두루마리 책에 있나이다 나의 하나님이여 내가 주의 뜻 행하기를 즐기오니 주의 법이 나의 심중에 있나이다 하였나이다 내가 많은 회중 가운데에서 의의 기쁜 소식을 전하였나이다 여호와여 내가 내 입술을 닫지 아니할 줄을 주께서 아시나이다 내가 주의 공의를 내 심중에 숨기지 아니하고 주의 성실과 구원을 선포하였으며 내가 주의 인자와 진리를 많은 회중 가운데에서 감추지 아니하였나이다”(6-10절).

하나님의 구원의 은혜를 노래하던 다윗이 갑자기 주제를 바꾸었다. 특히 6절과 7절은 시의 흐름을 바꾸는 중요한 내용이다. 그 내용이 없었다면 8-10절을 다윗 자신의 말로 이해할 수 있다. 그러나 6절과 7절의 ‘나’라는 1인칭 주격이 10절까지 계속되기 때문에 이 단락은 하나님의 말씀으로 보아야 한다. 더구나 이 단락은 하나님께서 다윗의 귀에 들려주신 이야기들이다.

성경 어디에도 다윗이 ‘하나님은 제사와 예물을 기뻐하지 아니하시고 번제와 속죄제를 요구하지 아니하신다’고 주장하거나 가르친 곳이 없다. 그랬더라면 각종 제사를 그들의 신앙 행위의 핵심으로 삼고 있는 이스라엘 백성들에게 배척당했을 것이다. 더구나 다윗은 '내가 말하기를 내가 왔나이다. 나를 가리켜 기록한 것이 두루마리 책에 있나이다' 하고 큰소리를 칠 만큼 교만한 사람도 아니었다. 두루마리 책은 모세의 오경이다.

훗날 시편 40편을 낭송하던 이스라엘 사람들은 이 구절들을 어떻게 해석했을까? 아마도 큰 고민 없이 읽었을 것이다. 그러나 신약에서 히브리서 기자는 이 단락을 인용하여 예수님께서 하신 일을 증거하고 있다. 히브리서 기자에 의하면 이 단락에 나오는 1인칭 대명사 '나'는 예수님을 가리킨다. 그리고 예수님의 대화 상대는 성부 하나님이시다. 히브리서 내용을 시편 40편과 대조하며 읽어 보자.

> "그러므로 주께서 세상에 임하실 때에 이르시되 하나님이 제사와 예물을 원하지 아니하시고 오직 나를 위하여 한 몸을 예비하셨도다 번제와 속죄제는 기뻐하지 아니하시나니 이에 내가 말하기를 하나님이여 보시옵소서 두루마리 책에 나를 가리켜 기록된 것과 같이 하나님의 뜻을 행하러 왔나이다 하셨느니라 위에 말씀하시기를 주께서는 제사와 예물과 번제와 속죄제는 원하지도 아니하고 기뻐하지도 아니하신다 하셨고 (이는 다 율법을 따라 드리는 것이라) 그 후에 말씀하시기를 보시옵소서 내가 하나님의 뜻을 행하러 왔나이다 하셨으니 그 첫째 것을 폐하심은 둘째 것을 세우려 하심이라 이 뜻을 따라 예수 그리스도의 몸을 단번에 드리심으로 말미암아 우리가 거룩함을 얻었노라"(히브리서 10:5-10).

분명하지 않은가? 초대교회 지도자들과 성도들은 시편 40편 6-10절에 나온 내용을 '메시아에 관한 예언'으로 받아들였다. 특히 히브리서 기자가 이 단락을 해석하면서 삽입한 "하나님께서…오직 나를 위하여 한 몸을 예비하셨도다"라는 말씀이 우리의 가슴을 뭉클하게 한다. 그 몸은 바로 십자가에 못 박혀 죽으신 예수님의 몸, 곧 처녀 마리아에게 성령으로 잉태되어 세상에 오신 몸이었기 때문이다.

물론 당시에는 다윗도 하나님께서 들려주신 이 말씀을 다 이해하지 못했을 것이다. 그것은 하나님께서 그때로부터 1천여 년 후에 이루어질 십자가 사건을 마치 인치듯이 다윗의 영혼 속에 새겨 주신 말씀이었으니까. 그러나 우리는 이 말씀의 뜻을 잘 이해하고 있다. 다윗은 하나님께서 행하신 기적과 그를 향한 사려 깊음을 찬양했다. 만일 다윗이 십자가의 사랑을 깨달았다면 말문이 막혔을 것이다. 그가 전한 의의 기쁜 소식은 예수님께서 우리에게 전해 주신 복음이었다. 그가 하나님의 성품을 묘사하기 위해 사용한 단어들, 곧 공의, 성실, 구원, 인자, 그리고 진리가 십자가의 복음에 모두 담겨 있다. 하나님께 용서받기 위해 드리는 번제와 속죄제가 십자가 위에서 단번에 드려졌다. 그래서 다시는 그런 제사가 필요 없게 되었다. 다윗은 이 진리를 알지 못했지만 우리는 잘 알고 있다.

이렇게 예수님에 대한 예언의 말씀이 폭풍처럼 지나간 후에 다윗은 자신의 처지로 눈을 돌리며 하나님의 구원을 간청했다.

> **"여호와여 주의 긍휼을 내게서 거두지 마시고 주의 인자와 진리로 나를 항상 보호하소서 수많은 재앙이 나를 둘러싸고 나의 죄악이 나를 덮치므로 우러러볼 수도 없으며 죄가 나의 머리털보다 많으므로 내가 낙심하였음이니이다"(11-12절).**

우리는 하나님의 긍휼과 사랑을 필요로 한다. 성도들도 하나님의 나라에 들어갈 때까지 죄와 싸워야 한다. 죄의 결과로 다가오는 재앙 때문에 두려워해야 한다. 죄로 인하여 우리가 하나님의 얼굴을 우러러볼 수 없을 때, 머리털보다 더 많은 죄가 기억나며 낙심하게 될 때, 그때 우리는 우리를 구원해 주실 주님의 은혜가 필요하다. 다윗은 계속해서 하나님의 구원의 은혜를 구했다.

> **"여호와여 은총을 베푸사 나를 구원하소서 여호와여 속히 나를 도우소서 내 생명을 찾아 멸하려 하는 자는 다 수치와 낭패를 당하게 하시며 나의 해를 기뻐하는 자는 다 물러가 욕을 당하게 하소서 나를 향하여 하하 하하 하며 조소하는 자들이 자기 수치로 말미암아 놀라게 하소서 주를 찾는 자는 다 주 안에서 즐거워하고 기뻐하게 하시며 주의 구원을 사랑하는 자는 항상 말하기를 여호와는 위대하시다 하게 하소서 나는 가난하고 궁핍하오나 주께서는 나를 생각하시오니 주는 나의 도움이시요 나를 건지시는 이시라 나의 하나님이여 지체하지 마소서"(13-17절).**

다윗은 마지막으로 다시 한번 '하나님이여, 지체하지 마소서' 하고 부르짖었다. '나는 가난하고 궁핍하오나'는 '나는 고통당하고 있는 가난한 자'라는 뜻이다. 자신을 낮추는 사람만이 하나님께서 그를 도우시며 건져 주시는 분이심을 알게 된다. '나의 하나님이여 지체하지 마소서'는 그가 얼마나 애타게 기다리는지를 잘 보여 준다. 이 시의 첫 구절, '내가 기다리고 기다렸더니 귀를 기울이사 나의 부르짖음을 들으셨도다'는 이 시의 결론이다. 하나님의 도우심을 기다리는 사람은 결코 후회하지 않는다.

〈시편 41편〉 다윗의 시, 인도자를 따라 부르는 노래

병든 자의 노래

우리는 언제 다윗이 이런 투병 생활을 했는지 알 수 없다. 그러나 70세까지 살았던 다윗의 일생에 왜 병든 날이 없었겠는가. 다윗은 이 시에서 그의 특별한 경험을 노래하고 있다.

"가난한 자를 보살피는 자에게 복이 있음이여 재앙의 날에 여호와께서 그를 건지시리로다"(1절).

'가난한 자를 보살피는 자'는 다윗 자신을 가리킨다. 여기에서 가난한 자는 단순히 물질적으로 궁핍한 자를 뜻하지 않는다. 마치 가느다란 줄에 매달린 것처럼 연약한 자를 뜻한다. 다윗은 평소 가난하고 약한 자들을 긍휼히 여기고 보살펴 주었다. 그런데 어느 날 병이라는 재앙이 그를 찾아왔다. 그러자 하나님께서 그를 건져 주셨다. 이는 그가 가난한 자들에게 베풀었던 긍휼을 하나님께서 기억하셨기 때문이라고 생각했다.

"여호와께서 그를 지키사 살게 하시리니 그가 이 세상에서 복을 받을 것이라 주여 그를 그 원수들의 뜻에 맡기지 마소서 여호와께서 그를 병상에서 붙드시고 그가 누워 있을 때마다 그의 병을 고쳐 주시나이다"(2-3절).

여기에서 '그'는 가난한 자를 보살폈던 다윗 자신을 가리킨다. 하나님께서 다윗이 병들었을 때 그를 보살피시고, 그의 생명을 연장시키시며, 그를 향한 악한 자들의 소원이 이루어지지 않게 해주셨다. 그래서 세상 사람들은 다윗을 가리켜 '복 받은 자'라고 불렀다. 그가 병들어 누울 때마다 하나님께서 그를 치료하시고 일어나게 하셨기 때문이다.

"내가 말하기를 여호와여 내게 은혜를 베푸소서 내가 주께 범죄하였사오니 나를 고치소서 하였나이다"(4절).

병석에서 하나님을 원망하고 낙심하면 백해무익하다. 다윗은 투병하는 동안 하나님의 은혜를 구하며 기억나는 죄들을 회개했다. 회개하는

자만이 담대하게 하나님께 '나를 고치소서' 하고 기도할 수 있다. 야고보 선생도 그렇게 가르쳤다.

"너희 중에 병든 자가 있느냐 그는 교회의 장로들을 청할 것이요 그들은 주의 이름으로 기름을 바르며 그를 위하여 기도할지니라 믿음의 기도는 병든 자를 구원하리니 주께서 그를 일으키시리라 혹시 죄를 범하였을지라도 사하심을 받으리라 그러므로 너희 죄를 서로 고백하며 병이 낫기를 위하여 서로 기도하라 의인의 간구는 역사하는 힘이 큼이니라"(야고보서 5:14-16).

병이 꼭 나쁜 것만은 아니다. 병석에서도 받을 복이 있고, 부를 노래가 있다. 《빙점》의 저자 미우라 아야꼬(三浦綾子) 여사는 오랜 투병 생활을 하면서 이런 시를 지었다.

아프지 않으면 드리지 못할 기도가 있다.
아프지 않으면 듣지 못할 말씀이 있다.
아프지 않으면 접근하지 못할 장소가 있다.
아프지 않으면 우러러 뵙지 못할 얼굴이 있다.
아아, 아프지 않으면 나는 인간일 수 없다.

결핵환자로 국립마산병원에서 오랜 투병 생활을 했던 신학자 고 김정준 박사도 비슷한 말을 남겼다.

병이란 반드시 불행하거나 괴로운 것만은 아니다. 병은 인간을 고독하게 만들고 인간을 실망시키고 인간을 정지시키고 우울하게 만들고 여러 가지 손해를 주지만, 병을 잘 앓고 난 사람은 일생에 자랑할 수 있는 교훈을 얻게 된다. 이 병은 확실히 그에게 새로운 삶, 멋진 삶, 보람 있는 삶을 살게 한다.

투병할 때 긍정적인 마음을 가지고 하나님과 동행하면 큰 유익이 된다. 그때 누군가가 긍휼히 여기는 마음으로 병석을 지키며 용기를 북돋아 준다면 치유가 더 빠를 것이다. 그러나 불행하게도 다윗에게는 그런 친구들이 없었다. 병석에 누워 있는 그를 두고 악한 자들이 내뱉는 가슴 아픈 말들이 들려왔다.

"나의 원수가 내게 대하여 악담하기를 그가 어느 때에나 죽고 그의 이름이 언제나 없어질까 하며 나를 보러 와서는 거짓을 말하고 그의 중심에 악을 쌓았다가 나가서는 이를 널리 선포하오며 나를 미워하는 자가 다 하나같이 내게 대하여 수군거리고 나를 해하려고 꾀하며 이르기를 악한 병이 그에게 들었으니 이제 그가 눕고 다시 일어나지 못하리라 하오며 내가 신뢰하여 내 떡을 나눠 먹던 나의 가까운 친구도 나를 대적하여 그의 발꿈치를 들었나이다"(5-9절).

구구절절 다윗의 가슴을 후벼 파는 말들이다. 원수들은 '아직도 다윗이 안 죽었어? 제발 빨리 죽고 그의 이름도 사라졌으면 좋으련만…' 하고 수군거렸다. 세상에 이보다 더한 악담이 없었다. 병문안 온 척하고는 나가서 없는 말을 지어 퍼뜨리는 위선자들, 그들의 중심에는 악이 켜켜이 쌓여 있다. 평소 물과 기름 같던 사람들이 다윗을 미워하는 일에 하나가 되었다. 그들은 서로 수군거리며 다윗을 칠 궁리만 했다. 혹자는 다윗이 악한 병에 걸렸으니 며칠 못 가서 죽을 것이라고 단언하기도 했다. 특별히 다윗의 가슴을 아프게 하는 사람들이 있었다. 그들은 이전에 다윗과 함께 한 상에서 밥을 먹던 친구들이었다. 그들까지도 다윗을 대적하고 발꿈치를 들었다. 발꿈치를 들었다는 말은 공격적인 자세를 취했다는 뜻이다. 예수님은 이 구절을 인용하여 가룟 유다의 배신을 말씀하셨다(요한복음 13:18).

만일 다윗이 원수들만 쳐다보았다면 다시 일어설 수 없었을 것이다. 그러나 다윗은 하나님의 은혜에 시선을 집중했다.

"그러하오나 주 여호와여 내게 은혜를 베푸시고 나를 일으키사 내가 그들에게 보응하게 하소서 이로써 내 원수가 나를 이기지 못하오니 주께서 나를 기뻐하시는 줄을 내가 알았나이다"(10-11절).

'다윗은 죽어야 한다'고 악담하는 원수들에게 다윗이 보여 줄 수 있는 가장 통쾌한 보응은 무엇일까? 그것은 무력이나 폭력이 아니다. 하나님께서 다윗을 건강하게 회복시켜 주시는 은혜다. 이 은혜 때문에 원수는 다윗 앞에서 머쓱하게 되고, 교만한 입을 다물게 될 것이다. 반면에 다윗은 하나님께서 자기를 기뻐하신다는 사실을 확신하게 될 것이다. 얼마나 통쾌한가. 바울이 로마 교회 성도들에게 보내었던 편지 한 구절이 생각난다.

> "내 사랑하는 자들아 너희가 친히 원수를 갚지 말고 하나님의 진노하심에 맡기라 기록되었으되 원수 갚는 것이 내게 있으니 내가 갚으리라 고 주께서 말씀하시니라"(로마서 12:19).

환난이 파도처럼 밀려오고 원수들이 겹겹이 진을 칠 때, 우리는 하나님만 바라보아야 한다. 오직 하나님만이 우리를 건지실 수 있기 때문이다. 그래서 이사야 선지자는 말했다.

"오직 여호와를 앙망하는 자는 새 힘을 얻으리니 독수리가 날개치며 올라감 같을 것이요 달음박질하여도 곤비하지 아니하겠고 걸어가도 피곤하지 아니하리로다"(이사야 40:31)

다윗은 어떤 역경 가운데서도 주께서 그를 붙드시면 두려울 것 없다는 믿음을 가지고 있었다. 그 믿음 앞에서 원수들의 존재는 보잘것없었다.

"주께서 나를 온전한 중에 붙드시고 영원히 주 앞에 세우시나이다"(12절).

여기에서 중요한 단어는 정직과 진실을 의미하는 '온전함'(integrity)이다. 다윗이 하나님 앞에 온전하게 섰더니 하나님께서 그를 붙드시고 영원히 주 앞에 세워 주셨다는 말이다.

"이스라엘의 하나님 여호와를 영원부터 영원까지 송축할지로다 아멘 아멘"(13절).

다윗의 노래가 '나의 하나님'에서 '이스라엘의 하나님'으로 확장되어 갔다. 하나님은 영원부터 영원까지 송축을 받으실 분이다. 이 말이 너무 진실하기 때문에 다윗은 '아멘 그리고 아멘'이라고 찬송했다. 이즈음은 다윗이 완치되고 원수들이 물러간 이후였을 것이다. 이 시의 첫 구절로 다시 돌아가 보자.

"가난한 자를 보살피는 자에게 복이 있음이여 재앙의 날에 여호와께서 그를 건지시리로다"(1절).

다윗은 자신이 환난을 당하면서도 가난하고 연약한 자를 외면하지 않고 보살펴 주었다. 하나님께서 그런 다윗의 온전함을 귀하게 여기시고 복을 주셨다. 다윗의 병을 고쳐 주시고, 원수들의 악담을 잠재우시며, 그를 하나님 앞에 영광스럽게 세워 주셨다. 그래서 다윗은 자신을 복 받은 자라고 노래했다.

다윗처럼 복 받은 사람이 되고 싶은가? 그러면 다윗처럼 온전한 삶을 살자. 어려운 사람들을 돌보고 위로하며 살자. 그러면 하나님의 돌보심을 받게 될 것이다.

〈시편 42편〉 고라 자손의 마스길, 인도자를 따라 부르는 노래

초월적 신앙

시편 42-72편은 제2권으로 분류된다. 42편과 44-49편은 고라 자손의 이름으로, 50편은 아삽의 이름으로, 51-70편은 다윗의 이름으로, 세 편(43, 67, 71편)은 무명으로, 그리고 72편은 솔로몬의 이름으로 기록되어 있다. 그중에 시편 42편과 43편은 그 형식과 내용에서 하나의 시로 여겨진다. 그 증거는 이 두 편의 시에 나타나는 동일한 후렴들이다.

"하나님이여 사슴이 시냇물을 찾기에 갈급함같이 내 영혼이 주를 찾기에 갈급하니이다 내 영혼이 하나님 곧 살아 계시는 하나님을 갈망하나니 내가 어느 때에 나아가서 하나님의 얼굴을 뵈올까"(1-2절).

시는 어휘로 선명한 그림을 그려 주는 예술이다. '분명히 살아 계시는데 보이지 않으시는 하나님, 어디로 가면 하나님의 얼굴을 뵐 수 있을까' 하고 애타는 모습을 시인은 '사슴이 헐떡거리면서 시냇물을 찾음같이'라고 묘사하고 있다. 이보다 더 좋은 표현이 또 있겠는가? 광야의 뜨거운 태양과 메마른 땅 위에서 시냇물을 찾기가 얼마나 힘든 일인가? 그래서 '갈급'이라는 단어를 요엘 1장 20절에서는 '헐떡거림'으로 표현하고 있다.

목마른 사슴에게 물은 생사의 문제였다. 그만큼 시인은 절절한 심정으로 하나님을 찾았다. 왜냐하면 살아 계신 하나님만이 자기를 구원해 주실 수 있기 때문이다. '내가 어느 때에 나아가서'는 어떤 특정한 장소, 곧 성소를 가리킨다. 무슨 연고인지 모르지만 시인은 성전 예배에서 배제되고 있었다. 설상가상으로 무정한 사람들이 그를 세차게 몰아세웠다.

"사람들이 종일 내게 하는 말이 네 하나님이 어디 있느뇨 하오니 내 눈물이 주야로 내 음식이 되었도다"(3절).

'네 하나님이 어디 있느뇨?'는 이방인들이 조롱하는 말이다. 그들은 '하나님은 없으며, 설사 있다 해도 그의 백성들에게 아무런 관심도 없는 신'이라고 조소했다. 그들은 종일 같은 말을 반복했다. 시인의 눈에서는 밤이나 낮이나 눈물이 멈추지 않았다.

"내가 전에 성일을 지키는 무리와 동행하여 기쁨과 감사의 소리를 내며 그들을 하나님의 집으로 인도하였더니 이제 이 일을 기억하고 내 마음이 상하는도다"(4절).

시인은 성전 예배를 인도하는 지도자 중의 한 사람이었다. 이전에 하나님의 성소에 동료들과 함께 올라가 기쁨으로 제사를 드리던 날들을 생각하니 더 가슴이 아팠다. 시인은 자신에게 물었다.

"내 영혼아 네가 어찌하여 낙심하며 어찌하여 내 속에서 불안해하는가 너는 하나님께 소망을 두라 그가 나타나 도우심으로 말미암아 내가 여전히 찬송하리로다"(5절).

'어찌하여 낙심하며'는 문자적으로 '어찌하여 고개를 떨어뜨리며'다. 정말로 하나님께서 그를 잊어버리셨을까 하는 의구심이 들었다. 원수들은 어떻게 해서든지 시인의 마음에 불신앙을 심어 주려고 했다. 그러나 원수들의 의도를 알아챈 시인은 즉시 정신을 차리고 믿음을 붙들었다. 그리고 하나님께만 소망을 두자고 스스로에게 다짐했다. 소망은 현재가 아니라 미래에 있다. 시인은 자신에게 '두고 보아라. 너는 하나님을 다시 섬기게 될 것이고, 여전히 그를 찬송하게 될 것이다' 하고 확신을 심어주었다.

우리도 자신의 모습을 객관적으로 볼 수 있어야 한다. 현실의 '나'와 변화되어야 할 '나'를 구별할 수 있어야 한다. 현실 속의 '나'는 삶의 중압감에 시달리고 사탄의 비난에 고통받으며 하나님에 대한 신뢰를 서서히 잃어 가고 있다. 그러나 소망 중의 '나'는 변화와 승리를 믿음의 눈으로 바라보며 인내 가운데 현실의 역경을 헤쳐 나가고 있다. 자신의 변화될 모습을 보는 사람만이 소망의 길을 걸어갈 수 있다. 자신을 객관화시킬 수 있었던 이 시인은 영적으로 성숙한 사람이었다. 그는 살아 계신 하나님께 자신의 처지를 아뢰었다.

"내 하나님이여 내 영혼이 내 속에서 낙심이 되므로 내가 요단 땅과 헤르몬과 미살 산에서 주를 기억하나이다 주의 폭포 소리에 깊은 바다가 서로 부르며 주의 모든 파도와 물결이 나를 휩쓸었나이다"(6-7절).

시인은 지금 예루살렘에서 멀리 떨어진 레바논의 산악 지대에 머물고 있다. 그는 계곡을 거칠게 흘러가는 물줄기를 보며 자신에게 밀려오는 슬픔을 연상했다. 그가 당한 환난이 성난 파도처럼 그를 엄습했다. 도저히 벗어날 수 없는 낙심과 비탄의 물결이 그를 덮쳐왔다. 그럼에도 시인은 하나님을 기억했다. 이 점이 중요하다. 만일 그가 하나님 기억하기를 포기했다면 절망의 계곡 물에 떠내려갔을 것이다. 그가 기억하는 하나님은 어떤 분이신가?

"낮에는 여호와께서 그의 인자하심을 베푸시고 밤에는 그의 찬송이 내게 있어 생명의 하나님께 기도하리로다"(8절).

몸은 나라의 북쪽 끝자락에 머물고 있었지만 마음까지 하나님께로부터 멀리 떨어져 있는 것은 아니었다. 낮에는 하나님의 사랑이 그와 함께하고, 밤에는 하나님의 노래가 그를 위로했다. 그래서 시인은 생명의 하나님을 기억하며 찬송하고 기도했다. 하지만 여전히 그는 원수들에게 괴롭힘을 당하고 있었다. 푸념 섞인 기도가 그의 입에서 나왔다.

"내 반석이신 하나님께 말하기를 어찌하여 나를 잊으셨나이까 내가 어찌하여 원수의 압제로 말미암아 슬프게 다니나이까 하리로다 내 뼈를 찌르는 칼같이 내 대적이 나를 비방하여 늘 내게 말하기를 네 하나님이 어디 있느냐 하도다"(9–10절).

시인은 반석 되신 하나님을 애타게 찾았다. 정말로 자기를 잊으셨느냐고 물었다. 언제까지 이렇게 슬픔의 눈물을 먹고 마시며 살아야 하느냐고 절규했다. 그는 하나님을 찾으며 원수의 압제에서 벗어나기를 간구했다. 그 소식을 듣고 원수들이 '네 하나님이 어디 있느냐?' 하고 비난했다. 그 말이 마치 칼로 뼈를 찌르는 것처럼 아팠다. 그의 영혼에서 비명이 흘러나왔다.

"내 영혼아 네가 어찌하여 낙심하며 어찌하여 내 속에서 불안해하는가 너는 하나님께 소망을 두라 나는 그가 나타나 도우심으로 말미암아 내 하나님을 여전히 찬송하리로다"(11절).

자기 영혼에게 이런 말을 할 수 있는 시인은 영적으로 성숙한 사람이었다. 그는 낙심과 불안에 지쳐 있었다. 그러나 그는 그것들보다 더 크신 하나님을 바라보았다. 하나님께서 나타나셔서 반드시 그를 도와주시리라고 믿었다. 그래서 어떤 역경에도 불구하고 계속해서 하나님을 찬송하겠다고 스스로 다짐했다. 이 시인의 믿음은 초월적인 믿음이었다. 사람을 믿지 않고 하나님을 믿었기 때문이다.

〈시편 43편〉

의지적 신앙

시편 42편과 43편은 그 형식과 내용에서 하나의 시로 여겨진다. 그 증거는 이 두 편의 시에 나타나는 동일한 후렴들이다. 다른 점이 있다면 42편은 갈급한 마음으로 하나님을 찾는 내용이고, 43편은 다시 하나님께 나아가서 그를 찬송하겠다는 단호한 결심이다.

"하나님이여 나를 판단하시되 경건하지 아니한 나라에 대하여 내 송사를 변호하시며 간사하고 불의한 자에게서 나를 건지소서"(1절).

시인은 하나님의 법정에 서서 '하나님, 나의 무죄함을 판단(입증)해 주세요' 하고 호소했다. 아마도 그는 북쪽에 있는 어느 이방 나라에 볼모로 잡혀 있었을 것이다. '경건하지 아니한 나라'는 '하나님의 사랑이 없는 나라'를 말한다. 시인은 하나님께서 그를 변호해 주실 뿐만 아니라 불의한 자에게서 구원해 달라고 호소했다.

"주는 나의 힘이 되신 하나님이시거늘 어찌하여 나를 버리셨나이까 내가 어찌하여 원수의 억압으로 말미암아 슬프게 다니나이까"(2절).

하나님께서 그를 붙들고 계신 줄 믿었지만 현실은 그렇게 녹록하지 않았다. 42편에서 '잊으셨나이까' 하는 호소가 43편에서는 '버리셨나이까'로 더욱 강렬해진다. 물론 이 말은 원망이 아니다. 능히 그를 구원해 주실 힘(능력)을 가지신 하나님에 대한 신뢰다. 하나님께서 그를 절대로 버리지 않으실 것이라는 확신이다. 원수의 억압에서 그를 구원하시고 슬픔이 변하여 기쁨이 되게 하실 하나님의 사랑(인자하심)에 대한 강한 의지적 신앙이다. 사도 요한은 이런 믿음이 세상을 이긴다고 가르쳤다.

"무릇 하나님께로부터 난 자마다 세상을 이기느니라 세상을 이기는 승리는 이것이니 우리의 믿음이니라 예수께서 하나님의 아들이심을 믿는 자가 아니면 세상을 이기는 자가 누구냐"(요한1서 5:4-5).

세상을 이기는 힘이 예수 그리스도를 믿는 믿음에서 나온다는 말이다.

"주의 빛과 주의 진리를 보내시어 나를 인도하시고 주의 거룩한 산과 주께서 계시는 곳에 이르게 하소서"(3절)

시인의 의지적 신앙이 마침내 열매를 맺기 시작했다. 그는 하나님의 능력의 손을 붙잡고 고통의 늪지대를 벗어나기 시작했다. '주의 빛과 진리를 보내소서'라는 말은 '주의 말씀으로 나를 인도하소서'라는 뜻이다. 하나님의 말씀이 '발등의 빛'이 되어 시인을 바른길로 인도하실 것이다. 천지를 창조한 능력의 말씀이 시인을 하나님의 제단으로 인도할 것이다. 세상 종교는 사람들이 아름답게 꾸며 놓은 제단으로 스스로 나아간다. 그러나 기독교 신앙은 '돌아오라'는 하나님의 초청을 받고 나아간다.

"악인은 그의 길을, 불의한 자는 그의 생각을 버리고 여호와께로 돌아오라 그리하면 그가 긍휼히 여기시리라 우리 하나님께로 돌아오라 그가 너그럽게 용서하시리라"(이사야 55:7).

하나님의 말씀이 우리를 부르실 때는 민감하게 반응해야 한다.

"그런즉 내가 하나님의 제단에 나아가 나의 큰 기쁨의 하나님께 이르리이다 하나님이여 나의 하나님이여 내가 수금으로 주를 찬양하리이다"(4절).

하나님께로부터 기쁨이 흘러나온다. 그 기쁨은 세상의 모든 기쁨보다 더 큰 기쁨이다. 하나님께 돌아가는 모든 사람들은 이 기쁨을 누리게 될 것이다. 그곳에서 시인은 수금을 손에 들고 그의 큰 기쁨이 되신 하나님을 찬양할 것이다. 시인은 그 기쁨을 생각하다가 너무 감격해서 '오, 하나님, 나의 하나님' 하고 부르짖었다. 그리고 자기 영혼에게 물었다.

"내 영혼아 네가 어찌하여 낙심하며 어찌하여 내 속에서 불안해하는가 너는 하나님께 소망을 두라 그가 나타나 도우심으로 말미암아 내 하나님을 여전히 찬송하리로다"(5절).

이 구절 앞에 '그런데'를 넣어 읽어야 한다. '그런데 이렇게 기쁜 날에 왜 너는 낙심하고 불안해하고 있느냐'는 질문이다. 42편에 나오는 첫 번째와 두 번째 후렴이 '내 영혼아 네가 어찌하여 낙심하며 어찌하여 내 속에서 불안해하는가'에 강조점을 두었다면, 세 번째 후렴은 '너는 하나님께 소망을 두라 그가 나타나 도우심으로 말미암아 내 하나님을 여전히 찬송하리로다'에 강조점을 두고 있다.

하나님만 의지하는 자는 승리의 노래를 부르게 될 것이다.

〈시편 44편〉 고라 자손의 마스길, 인도자를 따라 부르는 노래

주여, 우리를 도우소서

이 시는 이방 나라의 침략을 받아 이스라엘이 위기에 처했을 때를 배경으로 하고 있다. 그 칠흑같이 어두운 시절, 시인은 과거에 하나님께서 자기 조상들에게 베푸신 은혜를 회상하고, 현재 당하고 있는 고난을 토로하며, 하나님의 도우심에 대한 믿음과 소망을 고백하고 있다. 먼저 하나님께서 이스라엘의 조상들에게 베푸셨던 은혜부터 읽어 보자.

"하나님이여 주께서 우리 조상들의 날 곧 옛날에 행하신 일을 그들이 우리에게 일러 주매 우리가 우리 귀로 들었나이다 주께서 주의 손으로 뭇 백성을 내쫓으시고 우리 조상들을 이 땅에 뿌리 박게 하시며 주께서 다른 민족들은 고달프게 하시고 우리 조상들은 번성하게 하셨나이다 그들이 자기 칼로 땅을 얻어 차지함이 아니요 그들의 팔이 그들을 구원함도 아니라 오직 주의 오른손과 주의 팔과 주의 얼굴의 빛으로 하셨으니 주께서 그들을 기뻐하신 까닭이니이다"(1-3절).

이스라엘 가정에서는 절기 때마다 부모가 자녀들에게 성경 이야기를 들려준다. 아름다운 전통이다. 우리 부모들도 자녀들에게 성경 이야기를 들려주고 자신의 신앙 체험을 들려준다면 복된 큰 유산이 될 것이다.

시인은 그가 부모로부터 들었던 이야기를 짧게 요약했다. 주께서 가나안의 여러 민족들을 쫓아내시고 조상들로 그 땅에 뿌리를 내리게 해주셨던 이야기들이었다. 다른 민족을 고달프게 하시고, 그들의 조상은 번성하게 하셨다. 이 모든 일들을 주의 오른손과 펴신 팔과 얼굴의 빛으로 하셨다. 여기에서 '얼굴의 빛'은 하나님의 특별한 사랑을 의미한다. 하나님은 처음부터 시인의 조상들에게 복 주시기를 기뻐하셨다.

"하나님이여 주는 나의 왕이시니 야곱에게 구원을 베푸소서 우리가 주를 의지하여 우리 대적을 누르고 우리를 치러 일어나는 자를 주의 이름으로 밟으리이다 나는 내 활을 의지하지 아니할 것이라 내 칼이 나를 구원하지

못하리이다 오직 주께서 우리를 우리 원수들에게서 구원하시고 우리를 미워하는 자로 수치를 당하게 하셨나이다 우리가 종일 하나님을 자랑하였나이다 우리는 하나님의 이름에 영원히 감사하리이다 (셀라)"(4-8절).

조상들로부터 들었던 구원의 이야기를 통해 다음 세대들에게 믿음이 전달되었다. 그들도 주의 이름을 의지하면 원수들을 밟을 수 있다고 믿었다. 활이나 칼이 아닌 오직 하나님의 이름으로 그들이 구원받게 될 것이다. 하나님 앞에서 원수들은 부끄러워하며 물러갈 것이다. 그들은 하나님의 백성이 된 것이 자랑스러웠다. 그래서 하나님의 이름에 감사를 드렸다. 적어도 하나님의 도우심이 그렇게 계속될 것처럼 보였다. 그런데 갑자기 하늘이 무너질 만한 일이 벌어졌다.

"그러나 이제는 주께서 우리를 버려 욕을 당하게 하시고 우리 군대와 함께 나아가지 아니하시나이다 주께서 우리를 대적들에게서 돌아서게 하시니 우리를 미워하는 자가 자기를 위하여 탈취하였나이다 주께서 우리를 잡아먹힐 양처럼 그들에게 넘겨주시고 여러 민족 중에 우리를 흩으셨나이다 주께서 주의 백성을 헐값으로 파심이여 그들을 판 값으로 이익을 얻지 못하셨나이다 주께서 우리로 하여금 이웃에게 욕을 당하게 하시니 그들이 우리를 둘러싸고 조소하고 조롱하나이다 주께서 우리를 뭇 백성 중에 이야기거리가 되게 하시며 민족 중에서 머리 흔듦을 당하게 하셨나이다 나의 능욕이 종일 내 앞에 있으며 수치가 내 얼굴을 덮었으니 나를 비방하고 욕하는 소리 때문이요 나의 원수와 나의 복수자 때문이니이다"(9-16절).

이 단락에서 시인은 '주께서'라는 단어를 여섯 번이나 사용한다. 도대체 주께서 그들에게 무슨 일을 하셨다는 말인가? 첫째로, 주께서 그들로 욕을 당하게 하셨다. 전쟁에서 패배했기 때문이다. 왜 패배했는가? 주께서 이스라엘과 함께 나아가지 않으셨기 때문이다. 둘째로, 주께서 그들로 원수 앞에서 도망가게 하셨다. 그러자 원수들이 이리처럼 덤벼들어 그들을 갈가리 찢어 놓았다. 셋째로, 마치 하나님께서 잡아먹힐 양처럼 그의 백성을 포기하셨다. 죽지 않고 남은 자들도 여러 나라에 잡혀갔다. 넷째로, 주께서 이스라엘을 헐값으로 팔아넘기셨다. 그것은 하나님께 아무 유익도 없는 거래처럼 보였다. 다섯째로, 주께서 이웃 나라들로 하여금 이스라엘을 비웃게 하셨다. 그것은 심한 굴욕이었고, 하나님 자신이 비웃음을 당하시는 것과 다를 바 없었다. 여섯째로, 주께서 이스라엘로 하여금 주변 나라의 조롱거리가 되게 하셨다. 보는 자마다 못 볼 꼴을 본 것처럼 머리를 흔들며 지나갔다. 능욕과 비방과 욕하는 소리가 그치지 않았다. 부끄러워 고개를 들 수 없었다. 민족의 자존감이 땅에 떨어졌다.

그런데 이상하다. 이 정도라면 시인은 모든 원망을 하나님께 돌려야 한다. 어떻게 애굽에서 구원해다가 가나안 땅에 심어 놓으신 사랑하는 백성들을 그렇게 무책임하게 던져 버리실 수 있느냐고 불평해야 정상이다. 그런데 어느 문장을 읽어 보아도 하나님을 원망하는 말이 없다. 오히려 이스라엘 백성들에게 그런 일이 일어나도록 허락하신 하나님의 절대 주권 앞에 복종하는 모습을 보이고 있다. 하나님으로 하여금 그렇게 하실 수밖에 없게 했던 자신들의 잘못을 은연중에 시인하고 있다. 나아가서 그 모든 역경과 환난 가운데서도 하나님을 향한 그의 믿음을 포기하지 않겠다고 고백하고 있다.

"이 모든 일이 우리에게 임하였으나 우리가 주를 잊지 아니하며 주의 언약을 어기지 아니하였나이다 우리의 마음은 위축되지 아니하고 우리 걸음도 주의 길을 떠나지 아니하였으나 주께서 우리를 승냥이의 처소에 밀어 넣으시고 우리를 사망의 그늘로 덮으셨나이다 우리가 우리 하나님의 이름을 잊어버렸거나 우리 손을 이방 신에게 향하여 폈더면 하나님이 이를 알아내지 아니하셨으리이까 무릇 주는 마음의 비밀을 아시나이다 우리가 종일 주를 위하여 죽임을 당하게 되며 도살할 양같이 여김을 받았나이다" (17-22절).

아마도 이 고통은 시인의 전 세대들이 지은 죄 때문이었을 것이다. 그러나 시인의 세대는 그 고통 중에도 주의 언약을 기억했다. 마음도 위축되지 않았다. 왜냐하면 그들 마음에 하나님을 모시고 살았기 때문이다. 그들의 삶은 여전히 주의 말씀에서 벗어나지 않고 거룩했다. 하나님의 이름을 잊어버리지도 않았다. 이방의 신들을 향해 '우리를 구원해 주소서' 하고 손을 들지도 않았다. 만일 그랬더라면 하나님께서 모르실 리가 없지 않는가? 하나님은 사람의 마음을 감찰하시는 분이시다.

물론 현실은 고통스러웠다. 전쟁에서 연전연패하자 적들이 이스라엘을 조롱했다. 이스라엘의 눈앞에 죽음의 장막이 드리워졌다. 그들은 마치 도살자 앞의 양들처럼 전전긍긍했다. 그래서 시인은 탄식했다. '주께서 우리를 승냥이의 처소에 밀어 넣으시고 우리를 사망의 그늘로 덮으셨나이다.' 승냥이는 여우(coyote)다. 긴 입에 날카로운 이빨을 가진 여우는 자기보다 작은 짐승을 잡아먹는다. 그런데 하나님께서 이스라엘을 여우들의 굴에 밀어 넣으셨다. 그곳은 죽음의 굴이다(바울은 교회가 당하는 환난을 로마서 8장 36절에서 이 시의 22절을 인용하여 묘사하고 있다). 그런데 여기에서도 무엇인가 이상하다. 얼마든지 시인이 강렬하게 하나님을 원망할 수 있으련만, 단순히 현실을 묘사하는 선에서 멈춘다. 원망의 선을 넘어가지 않는다. 왜 그럴까?

"주여 깨소서 어찌하여 주무시나이까 일어나시고 우리를 영원히 버리지 마소서 어찌하여 주의 얼굴을 가리시고 우리의 고난과 압제를 잊으시나이까"(23-24절).

원망의 선 앞에서 시인은 걸음을 멈추고 주의 이름을 불렀다. 하나님께서 마치 깊이 잠드신 것처럼 그의 백성들이 당하는 고난을 외면하고 계셨다. 그래서 '하나님, 일어나세요. 우리를 영원히 버리지 마세요' 하고 부르짖었다. 시인은 하나님을 절대 의지하는 신앙을 포기하지 않았다. 왜 주의 얼굴을 가리고 계시냐고 부르짖었다. 전에 하나님께서 빛난 얼굴로 우리 조상들을 구원하셨듯이 다시 한번 그 얼굴을 보여 달라고 간청했다. 자신들이 당하고 있는 고난과 압제를 기억해 달라고 간절히 구했다.

중요한 것은 그들의 고난이 아니었다. 전쟁에서 패하고 굴욕당한 수치가 아니었다. 쫓겨난 형편도 아니었다. 중요한 것은 하나님의 얼굴이었다. 이스라엘은 하나님의 얼굴 보기를 간절히 소원했다. 하나님께서 그들을 사랑의 눈빛으로 쳐다보아 주시기를 간절히 바랐다. 그들을 구원하실 분은 오직 하나님 한 분뿐이셨기 때문이다.

"우리 영혼은 진토 속에 파묻히고 우리 몸은 땅에 붙었나이다 일어나 우리를 도우소서 주의 인자하심으로 말미암아 우리를 구원하소서"(25-26절).

시인은 '영혼이 진토 속에 파묻히고 몸은 땅에 붙었다'는 말로 그의 절망감을 표현했다. 다시 회복될 기미가 보이지 않았다. 그들은 잊혔고 다시 일어날 기운도 없었다. 주변을 둘러보니 원수들뿐이요, 들려오는 소리는 조소와 비웃음뿐이었다. 그런데 그 절대 절망 가운데서 시인은 포효했다. '주여, 일어나 우리를 도우소서. 주의 인자하심으로 말미암아 우리를 구원하소서.' 그것은 반드시 일어나셔서 그들을 구원해 주실 하나님의 사랑과 능력에 대한 절대 믿음의 고백이었다. 그 순간 하나님께서 그들의 믿음에 소망의 밝은 빛을 비춰 주기 시작하셨다.

〈시편 45편〉 고라 자손의 마스길, 사랑의 노래, 인도자를 따라 소산님에 맞춘 것

왕의 결혼식

이 시는 왕의 결혼식에서 부르는 사랑의 노래로 시편에 나오는 유일한 세속적 노래다. 그러나 단순한 세속적 노래가 아니라 왕과 그의 가족을 위한 교훈적인 노래다. 그래서 '마스길'(명상의 시)이라는 제목을 붙였다. 이 시는 고라 자손이 지었다. 그러므로 다윗왕의 후손 중 어떤 왕을 위해 지었을 것이다. 시인은 먼저 이 시를 쓰게 된 동기를 말했다.

"내 마음이 좋은 말로 왕을 위하여 지은 것을 말하리니 내 혀는 글솜씨가 뛰어난 서기관의 붓끝과 같도다"(1절).

시인이 왕을 위하여 이 시를 쓰기 시작하자 엄청난 영감이 그의 마음에 흘러넘쳤다. 그의 혀는 마치 탁월한 서기관의 붓끝처럼 좋은 말들을 쏟아내기 시작했다. 시인은 그 순간 하나님의 감동하심 아래 있었다.

"왕은 사람들보다 아름다워 은혜를 입술에 머금으니 그러므로 하나님이 왕에게 영원히 복을 주시도다"(2절).

왕은 모든 사람들보다 뛰어났다. 그의 입술에 하나님의 은혜가 부어졌기 때문이다(수동태). 왕에게 임한 은혜는 하나님께서 베풀어 주신 복이었다. 시인은 왕의 위에 하나님이 계신다는 사실을 기억하게 했다. 하나님의 다스리심 아래서 왕이 해야 할 일들이 있었다.

"용사여 칼을 허리에 차고 왕의 영화와 위엄을 입으소서 왕은 진리와 온유와 공의를 위하여 왕의 위엄을 세우시고 병거에 오르소서 왕의 오른손이 왕에게 놀라운 일을 가르치리이다 왕의 화살은 날카로워 왕의 원수의 염통을 뚫으니 만민이 왕의 앞에 엎드러지는도다"(3-5절).

원문은 '용사여, 바깥 허벅지에 칼을 차고'다. 당시에는 짧은 칼을 허벅지에 차고 다녔다. 왕의 영화와 위엄은 그의 권위를 가리킨다. 하나님께서 왕에게 권위를 주셔서 원수를 치고 그의 백성들을 보호하게 하셨다.

왕이 병거 위에서 쏜 화살이 원수들의 심장을 뚫고 적들은 왕의 발 앞에 엎드러질 것이다. 그런데 이 단락에서 가장 중요한 구절은 전투의 묘사가 아니다. '왕은 진리와 온유와 공의를 위하여 왕의 위엄을 세우시고 병거에 오르소서'라는 말이다. 이 구절에 왕이 취해야 할 세 가지의 바른 자세들이 나온다.

첫째로, 진리는 하나님 앞에서의 신실함이다. 왕에게는 거짓이 없어야 한다. 변함도 없어야 한다. 백성들이 신뢰할 수 있는 왕이 되어야 한다.

둘째로, 온유는 하나님 앞에서의 겸손이다. 하나님께서 그에게 부여하신 복과 권위, 영화와 위엄 그리고 권력과 부가 다른 사람들보다 뛰어나기 때문이다. 왕이 교만하면 나라에 재앙이 임한다. 그러므로 왕은 늘 하나님의 권위 아래 자신을 두어야 한다.

셋째로, 공의는 하나님 앞에서의 정의로움이다. 지도자는 정직하고 공평하며 사리사욕에 얽매이지 않고 모든 사람들의 유익을 구해야 한다.

이 구절이 의미하는 바는 비록 왕이 위엄과 권세를 가지고 병거에 오를지라도, 그것은 하나님의 뜻 안에서 절제하며 사용해야 할 권력임을 잊지 말라는 말이다. 다른 말로 하면 왕은 하나님의 절대 권위 아래서 하나님의 뜻을 이루는 대행자(agent)임을 기억하라는 말이다. 시인은 왕의 결혼식에서 장차 왕이 하나님 앞에서 취해야 할 바른 자세에 대한 영감 넘치는 시를 낭독하고 있다.

"하나님이여 주의 보좌는 영원하며 주의 나라의 규는 공평한 규이니이다 왕은 정의를 사랑하고 악을 미워하시니 그러므로 하나님 곧 왕의 하나님이 즐거움의 기름을 왕에게 부어 왕의 동료보다 뛰어나게 하셨나이다" (6-7절).

시인은 감격에 겨워 하나님을 바라보았다. 하나님께서 이스라엘을 위해 좋은 왕을 세워 주심을 감사드렸다. 하나님께서 그 왕을 다스리고 계심에 감사드렸다. 그러나 왕이 알아야 할 진리가 있었다. 하나님의 보좌는 영원하지만 왕의 보좌는 영원하지 않다. 영원한 보좌는 하나님께 속한다. 왕의 손에 들린 규(圭, 일종의 지휘봉)도 주의 나라의 규다. 하나님은 완전하시지만 왕은 완전할 수 없다. 그러므로 왕은 하나님의 다스림 아래 자신을 두어야 한다. 그때 공평하게 백성을 다스릴 수 있을 것이다. 그러면 하나님께서 왕에게 즐거움을 누리게 하실 것이다.

히브리서 기자는 이 구절들을 인용하여 예수님을 노래했다. 동류들보다 뛰어난 왕은 예수님을 가리킨다.

"아들에 관하여는 하나님이여 주의 보좌는 영영하며 주의 나라의 규는 공평한 규이니이다 주께서 의를 사랑하시고 불법을 미워하셨으니 그러므로 하나님 곧 주의 하나님이 즐거움의 기름을 주께 부어 주를 동류들보다 뛰어나게 하셨도다 하였고"(히브리서 1:8-9).

다시 왕의 결혼식 노래로 돌아가 보자.

"왕의 모든 옷은 몰약과 침향과 육계의 향기가 있으며 상아궁에서 나오는 현악은 왕을 즐겁게 하도다"(8절).

왕의 즐거움은 하나님께로부터 온다. 하나님께서 왕의 머리에 기름을 부으시듯이 즐거움을 부어 주셨다. 왜 그랬을까? 왕이 정의를 사랑하고 악을 미워하였기 때문이다. 다른 말로 하면 왕이 하나님의 마음에 합당하게 행하였기 때문이다. 하나님께서 주시는 즐거움이 왕의 삶을 즐겁게 해줄 것이다. 하나님의 즐거움이 없으면 왕이 아무리 좋은 옷을 입고 향유를 바르며 상아로 궁을 꾸미고 최고의 악사(樂士)들을 곁에 둔다고 해도 즐겁지 않을 것이다. 진정한 즐거움은 하나님께로부터 온다.

"왕이 가까이하는 여인들 중에는 왕들의 딸이 있으며 왕후는 오빌의 금으로 꾸미고 왕의 오른쪽에 서도다 딸이여 듣고 보고 귀를 기울일지어다 네 백성과 네 아버지의 집을 잊어버릴지어다 그리하면 왕이 네 아름다움을 사모하실지라 그는 네 주인이시니 너는 그를 경배할지어다"(9-11절).

왕의 오른쪽에 아름다운 신부가 서 있었다. 이번에는 노래하는 자들이 왕의 신부를 향해 노래하기 시작했다. '딸이여 듣고 보고 귀를 기울일지어다'는 그들이 부르는 노랫소리에 특별한 주의를 기울이라는 말이다.

'네 백성과 네 아버지의 집을 잊어버릴지어다.' 나라들마다 섬기는 신이 달랐다. 나라들마다 풍습과 제도와 삶의 양식도 달랐다. 이스라엘과 유다의 왕들 중에 많은 이들이 이방 세계에서 시집온 처첩들 때문에 곤욕을 치렀다. 그 대표적인 왕이 바로 솔로몬이었다. 이 시에 나온 왕의 신부도 이웃 나라 왕의 딸이었을 것이다. 만일 그녀가 우상과 비도덕적인 풍습을 가지고 시집온다면 그것은 왕과 백성들에게 재앙이 될 것이다. 그래서 단호하게 '네 백성과 아버지의 집을 잊어버리라'고 충고했다.

신부는 왕을 주인으로 섬길 때에 사랑을 받게 된다. 그냥 사랑을 받는 정도가 아니다. 왕이 그녀의 아름다움을 사모하게 될 것이다. 이런 가르침은 부부 사이에 대한 바울의 교훈에서도 나타난다(참조. 에베소서 5:22-24).

왕을 주인으로 섬기는 왕후가 복을 받는다.

"두로의 딸은 예물을 드리고 백성 중 부한 자도 네 얼굴 보기를 원하리로다 왕의 딸은 궁중에서 모든 영화를 누리니 그의 옷은 금으로 수놓았도다 수놓은 옷을 입은 그는 왕께로 인도함을 받으며 시종하는 친구 처녀들도 왕께로 이끌려 갈 것이라 그들은 기쁨과 즐거움으로 인도함을 받고 왕궁에 들어가리로다"(12-15절).

두로의 딸들이 예물을 가지고 왕후에게 나아올 것이다. 백성 중의 부자들도 예물을 가지고 찾아올 것이다. 그녀는 궁중의 모든 영화를 누리며 금으로 수놓은 옷을 입고 왕에게로 인도함을 받아 나아갈 것이다. 당시에는 왕후가 공개적으로 왕의 앞에 나아가는 것이 큰 영광이었다. 그녀의 뒤에는 친구들과 시녀들이 따랐다. 왕후와 시녀들 모두가 큰 기쁨과 즐거움 가운데 왕의 궁전으로 들어갔다.

시인은 마지막으로 왕의 자녀들을 위한 노래를 불렀다.

"왕의 아들들은 왕의 조상들을 계승할 것이라 왕이 그들로 온 세계의 군왕을 삼으리로다"(16절).

왕위가 대를 이어 계승될 것이라는 말이다. 왕이나 그 자손들에게 이보다 더 큰 복도 없을 것이다. '온 세계의 군왕을 삼을 것이다'는 말은 왕의 후손들이 앞선 왕들보다 더 잘될 것이라는 말이다. 시인은 하나님을 찬양함으로 그의 결혼식 축하 노래를 마무리한다.

"내가 왕의 이름을 만세에 기억하게 하리니 그러므로 만민이 왕을 영원히 찬송하리로다"(17절).

이 구절은 시인이 결혼하는 왕의 이름을 높이며 만민 중에 그를 영원히 찬송하게 하겠다는 말이다. 그러나 진정으로 그 이름이 만세에 기억되며 만민이 영원히 찬송할 만한 왕이 누구겠는가? 그는 바로 사람이 되어 이 세상에 오신 하나님의 아들, 만왕의 왕 예수 그리스도가 아니겠는가? 그러므로 이 시는 영적으로 예수님과 우리들의 관계를 가르치고 있다.

〈시편 46편〉 고라 자손의 시, 인도자를 따라 알라못에 맞춘 노래

겁 없는 믿음

'알라못'은 높은 음을 말한다. 이 시는 '루터의 찬송'으로 알려져 있다. 마르틴 루터가 종교개혁을 일으켰을 때 가톨릭교회는 그를 위협하며 개혁을 포기하라고 압박했다. 그때 루터는 멜란히톤(Melanchthon)에게 '친구여, 시편을 노래하자'면서 1529년에 이 시로 노랫말을 지었다. 우리가 애창하는 '내 주는 강한 성이요'(585장)라는 찬송이다. 루터는 교황청으로부터 그의 모든 저서와 논문을 취소하라는 명령을 받고 이렇게 대답했다. "나는 절대로 취소할 수 없습니다. 내 양심에 거슬리는 일을 한다는 것은 지혜로운 일도 아니며, 바른 일이라 할 수 없습니다. 여기 내가 있습니다. 오, 하나님, 나를 도와주소서."

이 시는 크게 세 부분으로 나누어진다. 1-3절은 극한 환난 가운데서도 하나님만을 의지하는 '겁 없는 신앙'을, 4-7절은 하나님의 은혜로 인한 평화와 안식을, 그리고 마지막 8-11절은 온 세계를 다스리시는 하나님의 절대 주권을 노래하고 있다. 이제 루터가 애송했던 이 시를 묵상해 보자.

"하나님은 우리의 피난처시요 힘이시니 환난 중에 만날 큰 도움이시라"(1절).

시인은 하나님을 피난처와 힘과 도움으로 묘사하고 있다. 이는 고난을 당하는 시인들이 즐겨 사용하는 표현들이다. 원수가 몰려올 때 우리는 견고한 피난처, 곧 강한 성으로 피해야 한다. 그 성 안에는 위대한 능력의 주 하나님이 계신다. 그분이 우리를 도와주실 것이다. 이런 믿음을 가진 사람은 어떤 상황에서도 두려워하지 않는다.

그런데 어떤 학자들은 이 구절에서 '큰'(מְאֹד)이라는 부사가 '도움'이 아닌 '환난'을 수식한다고 주장한다. 적절한 해석이다. 왜냐하면 하나님의 도우심은 이미 그 자체로 크기 때문이다. 그리고 다음에 등장하는 환난이 인간의 상상을 초월할 만큼 매우 크기 때문이다.

"그러므로 땅이 변하든지 산이 흔들려 바다 가운데에 빠지든지 바닷물이

솟아나고 뛰놀든지 그것이 넘침으로 산이 흔들릴지라도 우리는 두려워하지 아니하리로다 (셀라)"(2-3절).

이 구절들은 환난의 크기를 묘사하고 있다. 땅이 변하고 산이 흔들려 바다로 빠져들어 갈 때 누가 그것을 막을 수 있겠는가? 갑자기 바닷물이 솟아나 넘실거림으로 산이 뿌리째 흔들릴 때 누가 그 진동을 멈출 수 있겠는가? 그런 경우에 누가 두려워하지 않겠는가? 그런데 시인은 '우리는 두려워하지 아니하리로다' 하고 단호하게 말한다. 왜냐하면 하나님이 그의 피난처와 힘과 도움이 되시기 때문이다.

어려움을 당하는 본인에게는 산과 바다가 움직이는 것 같아서 감당하기가 어렵다. 그러나 모든 것이 흔들릴 때 믿음이 진가를 발휘한다. 하나님을 피난처와 힘과 도움으로 믿는 사람은 어떤 경우에도 흔들리지 않는다.

"한 시내가 있어 나뉘어 흘러 하나님의 성 곧 지존하신 이의 성소를 기쁘게 하도다"(4절).

격랑의 소용돌이가 가라앉자 잔잔한 시냇물이 하나님의 성을 감싸고 흘렀다. 환난이 지나고 평안이 찾아왔다. 멈추지 않고 흐르는 은혜의 시냇물이 하나님께서 거하시는 성 안에 사는 모든 사람들을 기쁘게 했다.

"하나님이 그 성 중에 계시매 성이 흔들리지 아니할 것이라 새벽에 하나님이 도우시리로다"(5절).

이것은 임마누엘(하나님이 우리와 함께 계신다)의 신앙이다. 어떤 환난이 몰려와도 '하나님께서 나와 함께하신다'는 믿음만 있으면 무너지지 않는다. 새벽은 아무리 어두워도 아침이 다가오는 과정이다. 그 새벽에 하나님께서 우리를 돕기 위해 일어나신다.

"뭇 나라가 떠들며 왕국이 흔들렸더니 그가 소리를 내시매 땅이 녹았도다 만군의 여호와께서 우리와 함께하시니 야곱의 하나님은 우리의 피난처시로다 (셀라)"(6-7절).

시인은 하나님의 '힘'을 소리로 표현했다. 이방 나라의 군대들이 예루살렘을 향해 진을 치고 함성을 지를 때 하나님의 능력의 말씀이 하늘로부터 들려왔다. 그러자 땅이 녹아내리고 침략자들은 털썩 주저앉았다. 사무엘의 어머니 한나가 '만군의 여호와'께 기도드렸다(사무엘상 1:11). '모든 군대의 주'라는 뜻이다. 그는 야곱의 하나님으로서 직접 이스라엘을 위해 싸워 주신다. 이스라엘은 그 전쟁에서 싸울 일이 없다. 다만 하나님의 피난처, 곧 그의 견고한 산성에 평안히 거하기만 하면 된다.

"와서 여호와의 행적을 볼지어다 그가 땅을 황무지로 만드셨도다 그가 땅 끝까지 전쟁을 쉬게 하심이여 활을 꺾고 창을 끊으며 수레를 불사르시는도다"(8-9절).

시인은 여호와께서 어떻게 애굽을 잠잠케 하셨으며 가나안 땅의 전사들을 무력하게 만드셨는지 회상해 보라고 촉구했다. 적군은 여호와의 군대를 절대로 이길 수 없다. 의로운 자의 힘이 월등하면 악한 자는 머리를 숙인다. 마침내 전쟁이 끝나고 평화가 찾아온다. 하나님의 능력이 악한 자들의 무기를 꺾어 버린다. 이사야도 비슷한 내용의 예언을 했다.

"그가 열방 사이에 판단하시며 많은 백성을 판결하시리니 무리가 그들의 칼을 쳐서 보습을 만들고 그들의 창을 쳐서 낫을 만들 것이며 이 나라와 저 나라가 다시는 칼을 들고 서로 치지 아니하며 다시는 전쟁을 연습하지 아니하리라"(이사야 2:4).

똑같은 쇠붙이지만 칼과 창은 사람을 죽인다. 그러나 보습과 낫은 농사짓는 도구가 된다. 큰 전쟁은 언제나 사소한 다툼에서 시작된다. 그러나 공의로우신 하나님께서 재판관이 되셔서 시시비비를 가려 주시면 다툼의 불길이 전쟁으로 옮겨 붙기 전에 꺼져 버린다. 그리고 전쟁은 이 땅에서 완전히 사라진다. 언제 이런 일이 일어날까? 지금은 인류 역사의 어느 때보다도 많은 전쟁이 지구 곳곳에서 일어나고 있다. 언제 전쟁이 그칠까? 평화의 왕 되신 예수님께서 재림하시어 이 세상을 다스리실 때다. 큰 환난 가운데서 전전긍긍하며 하나님의 도우심을 구하던 시인에게 하나님의 음성이 들려왔다. 그것은 하나님의 계시의 말씀이었다.

"이르시기를 너희는 가만히 있어 내가 하나님 됨을 알지어다 내가 뭇 나라 중에서 높임을 받으리라 내가 세계 중에서 높임을 받으리라 하시도다"(10절).

이 구절에서 '너(희)'는 누구를 가리키며, '가만히 있으라'는 무슨 뜻일까? 만일 이스라엘 백성들에게 하신 말씀이라면 '가만히 있으라'는 이스라엘 백성들이 하려던 일을 그만두라는 뜻이 된다. 그러나 이 시에서 이스라엘 백성들이 계획하거나 실행에 옮기려고 하는 일은 아무것도 없다. 그렇다면 여기에서 '너희'는 함성을 지르며 (이스라엘) 왕국을 흔들려고 달려드는 이방 나라들을 가리킨다. 하나님께서 그들을 향해 '너희가 하려던 일들을 그만두고 내가 하나님 됨을 알지어다' 하고 명령하신다. '하나님 됨'은 '나 외에 다른 신이 없음을 알라'는 말씀이다. 하나님은 이스라엘뿐만 아니라 세계 모든 민족들의 하나님도 되신다. 그래서 하나님은 온 세계 중에서 높임 받으시기를 원하신다. 이런 하나님의 메시지를 전하면서 시인은 형용할 수 없는 감격에 사로잡혔다.

"만군의 여호와께서 우리와 함께하시니 야곱의 하나님은 우리의 피난처시로다 (셀라)"(11절).

11절은 7절의 반복이다. 하나님께서 이스라엘을 위하여 싸워 주셨다. 성경에 보면 하나님께서 함께하시는 전쟁에서는 이스라엘이 패배한 적이 한 번도 없었다. 유다 왕 여호사밧이 다스리던 평화의 시절에 갑자기 아람 군대가 떼를 지어 쳐들어왔다. 당황한 여호사밧왕은 성전에 올라가서 간절히 기도했다. 그때 선지자 야하시엘에게 하나님의 말씀이 임했다.

> "야하시엘이 이르되 온 유다와 예루살렘 주민과 여호사밧왕이여 들을지어다 여호와께서 이같이 너희에게 말씀하시기를 너희는 이 큰 무리로 말미암아 두려워하거나 놀라지 말라 이 전쟁은 너희에게 속한 것이 아니요 하나님께 속한 것이니라"(역대하 20:15).

그 말씀대로 그날 유다 왕과 백성들은 가만히 서서 하나님께서 이루시는 큰 승리를 목격했다. 하나님께서는 지금도 우리를 위해 싸워 주신다. 큰 환난과 '겁 없는 믿음'이 충돌하면 어느 편이 이길까? 요한은 '세상을 이기는 승리는 이것이니 우리의 믿음이니라'라고 말했다(요한1서 5:4). 눈앞에 원수가 있는가? 마르틴 루터처럼 큰 소리로 이 노래를 불러보자.

1. 내 주는 강한 성이요 방패와 병기 되시니 큰 환난에서 우리를 구하여 내시리로다 옛 원수 마귀는 이때도 힘을 써 모략과 권세로 무기를 삼으니 천하에 누가 당하랴
2. 내 힘만 의지할 때는 패할 수밖에 없도다 힘 있는 장수 나와서 날 대신 하여 싸우네 이 장수 누군가 주 예수 그리스도 만군의 주로다 당할 자 누구랴 반드시 이기리로다
3. 이 땅에 마귀 들끓어 우리를 삼키려 하나 겁내지 말고 섰거라 진리로 이기리로다 친척과 재물과 명예와 생명을 다 빼앗긴대도 진리는 살아서 그 나라 영원하리라 아멘

〈시편 47편〉 고라 자손의 시, 인도자를 따라 부르는 노래

뜨거운 찬송

이 제목을 보면서 '그럼 차가운 찬송도 있나요?' 하고 묻고 싶을 것이다. 그렇다. 찬송을 부르는 이의 자세에 따라 뜨거운 찬송도 되고, 차가운 찬송도 된다. 뜨거운 찬송을 부르는 사람은 하나님의 임재하심을 느낀다. 그러나 차가운 찬송을 부르는 사람에게는 그런 감동이 없다. 그래서 시인은 이스라엘 백성들에게 뜨거운 찬송을 드리자고 초청했다.

"너희 만민들아 손바닥을 치고 즐거운 소리로 하나님께 외칠지어다"(1절).

'박장대소'(拍掌大笑)라는 말이 있다. 너무 즐거우면 손뼉을 치며 크게 웃는다. 한국 교회나 아프리카 교회는 찬송을 부르며 손뼉을 친다. 그만큼 찬송에 흥이 넘친다. 미국 교회에서는 보기 드문 일이다. 그러나 손뼉을 치는데도 흥이 없어 보일 때가 있다. 억지로 손뼉을 치면 그렇다. 왜 손뼉을 치고 즐거운 소리로 하나님께 외쳐야 할까? 그럴 만한 이유가 있다.

"지존하신 여호와는 두려우시고 온 땅에 큰 왕이 되심이로다"(2절).

'지존'은 가장 위에 거하신다는 말이다. 하나님은 비교할 수 없이 크신 왕이시다. 세상 모든 사람들은 그를 두려워해야 한다. 우리도 이런 경외심을 품고 하나님을 찬양해야 한다.

"여호와께서 만민을 우리에게, 나라들을 우리 발 아래에 복종하게 하시며 우리를 위하여 기업을 택하시나니 곧 사랑하신 야곱의 영화로다 (셀라)"(3-4절).

시인은 하나님께서 이스라엘 백성들을 위해 행하신 일들을 회상했다. 하나님께서 애굽 왕과 가나안 원주민들을 다 그들의 발 앞에 복종케 해 주셨다. 이스라엘 백성들은 자기들의 힘으로 가나안 땅을 얻지 않았다. 하나님께서 야곱에게 약속하신 것처럼 기업으로 그 땅을 주셨다. 이 점에서 이스라엘은 점령자가 아니라 수혜자였다. 하나님께서 약속으로 주신 땅이기 때문에 침략으로 인한 양심의 가책을 느낄 필요도 없었다. 그

것이 이스라엘 백성들이 그 땅에 대하여 가진 생각이었다.

이 시의 후반부는 절대 주권을 가지고 세상을 다스리시는 하나님을 찬양하는 노래다.

"하나님께서 즐거운 함성 중에 올라가심이여 여호와께서 나팔 소리 중에 올라가시도다 찬송하라 하나님을 찬송하라 찬송하라 우리 왕을 찬송하라 하나님은 온 땅의 왕이심이라 지혜의 시로 찬송할지어다"(5-7절).

시인은 그의 백성들을 구원하시기 위해 보좌에서 내려오신 하나님께서 그의 사역을 마치신 후에 다시 올라가시는 그림을 마음에 그리며 이 시를 지었다. 시인은 그렇게 승리하시고 올라가시는 하나님을 찬양하자고 백성들에게 권했다. 6절과 7절에 '찬양하라'는 명령어가 다섯 번이나 나온다. 왜 하나님을 찬송해야 하는가? 그가 온 땅의 왕이시기 때문이다.

"하나님이 뭇 백성을 다스리시며 하나님이 그의 거룩한 보좌에 앉으셨도다"(8절).

하나님께서 거룩한 보좌에 앉으셔서 백성들을 다스리신다. 이스라엘 백성들뿐만 아니라 여러 나라의 백성들을 다스리신다. 하나님께서 다스리시면 어떤 일이 일어날까?

"뭇 나라의 고관들이 모임이여 아브라함의 하나님의 백성이 되도다 세상의 모든 방패는 하나님의 것임이여 그는 높임을 받으시리로다"(9절).

모든 나라의 고관들이 하나님의 백성이 된다. 하나님께서 그들을 백성으로 삼아 주셨다. 고관들만 하나님의 백성일까? 아니다. 바울은 예수님을 믿는 자들은 모두 아브라함의 자녀라고 했다.

> "아브라함이 하나님을 믿으매 그것을 그에게 의로 정하셨다 함과 같으니라 그런즉 믿음으로 말미암은 자들은 아브라함의 자손인 줄 알지어다"(갈라디아서 3:6-7).

하나님은 그를 믿음으로 의롭다 하심을 받은 모든 자들에게 방패가 되어 주신다. 그러므로 믿음의 성도들은 하나님께 온 마음을 다하여 뜨거운 찬송을 드려야 한다. 베풀어 주신 은혜가 감사하기 때문이다.

〈시편 48편〉 고라 자손의 시 곧 노래

아름다운 성 예루살렘

시인이 아름다운 성 예루살렘을 노래하고 있다. 그 성은 하나님께서 그곳에 임재하여 계시기 때문에 아름답다(1-3절). 그 성은 또한 하나님의 보호하심 아래 있기 때문에 아름답다(4-8절). 마지막으로 그 성은 하나님의 인자하심을 노래하는 곳이기 때문에 아름답다(9-14절). 이제 한 단락씩 묵상해 보도록 하자.

"여호와는 위대하시니 우리 하나님의 성, 거룩한 산에서 극진히 찬양받으시리로다"(1절).

예루살렘은 시온산에 둘러싸여 있다. 옛날 아브라함이 그의 아들 이삭을 번제로 드리려고 했던 바로 그 산이다(훗날 예수님은 그 산에서 십자가에 못 박혀 돌아가셨다). 그래서 이스라엘 백성들은 그 산을 거룩한 산이라고 불렀다. 그곳에 임재하신 하나님께서 찬송을 받으셨다.

"터가 높고 아름다워 온 세계가 즐거워함이여 큰 왕의 성 곧 북방에 있는 시온산이 그러하도다"(2절).

지금도 온 세계가 그 거룩한 성의 이름을 부르며 하나님을 찬양한다. 단지 주변보다 더 높은 지대에 있기 때문이 아니다. 세상의 다른 성들보다 더 아름답기 때문도 아니다. 다만 하나님께서 그 성에 임재하셨기 때문이다. 여기에서 '큰 왕'은 이스라엘의 왕 중의 하나가 아니다. 하나님 자신이 바로 크신 왕이시다. '북방에 있는 시온산'은 예루살렘성의 북동쪽에 위치한 성전을 가리키는 듯하다.

"하나님이 그 여러 궁중에서 자기를 요새로 알리셨도다"(3절).

하나님께서 예루살렘성 중에 계신다. 그리고 자신이 성의 요새가 되어 주셨다. 하나님께서 예루살렘성을 자신의 품속에 보호하고 계신다는 말이다. 예루살렘의 아름다움은 그 자체에서 나오는 것이 아니다. 그 성을 가슴에 품고 계시는 하나님께로부터 나온다. 두 번째 단락으로 넘어가 보자.

"왕들이 모여서 함께 지나갔음이여 그들이 보고 놀라고 두려워 빨리 지나갔도다 거기서 떨림이 그들을 사로잡으니 고통이 해산하는 여인의 고통 같도다 주께서 동풍으로 다시스의 배를 깨뜨리시도다 우리가 들은 대로 만군의 여호와의 성, 우리 하나님의 성에서 보았나니 하나님이 이를 영원히 견고하게 하시리로다 (셀라)"(4-8절).

우리는 이 사건이 언제 일어났는지 정확히 모른다. 그러나 이스라엘 역사에서 두 번 그런 일이 있었다. 하나는 유다 왕 여호사밧 때 일어난 일이다. 평화로운 시절에 갑자기 모압과 암몬과 마온 사람들이 연합군을 편성하여 유다를 쳐들어왔다. 전쟁 준비를 하지 않았던 여호사밧왕은 백성들에게 금식을 선포하고 자신은 여호와의 전으로 올라가서 하나님께 기도했다.

"그들[우리의 조상들]이 이 땅에 살면서 주의 이름을 위하여 한 성소를 주를 위해 건축하고 이르기를 만일 재앙이나 난리나 견책이나 전염병이나 기근이 우리에게 임하면 주의 이름이 이 성전에 있으니 우리가 이 성전 앞과 주 앞에 서서 이 환난 가운데에서 주께 부르짖은즉 들으시고 구원하시리라 하였나이다…우리 하나님이여 그들을 징벌하지 아니하시나이까 우리를 치러 오는 이 큰 무리를 우리가 대적할 능력이 없고 어떻게 할 줄도 알지 못하옵고 오직 주만 바라보나이다"(역대하 20:8-9, 12).

여호사밧왕이 기도하는 동안 어른이나 아이 할 것 없이 온 백성들이 여호와 앞에 서 있다. 그때 하나님의 신이 회중 가운에 있는 야하시엘 선지자에게 임하여 '이 전쟁은 하나님께 속한 것'이라고 말씀하셨다. 다음 날 아침, 여호사밧왕은 백성들과 함께 드고아 들판으로 나가면서 '여호와께 감사하세 그의 인자하심이 영원하도다' 하고 하나님을 찬송했다. 그 순간 하나님께서 숨겨두신 복병들(아마도 천사들)이 나가 적군을 치니 그들 중에 살아남은 자가 하나도 없었다.

시인은 또 다른 사건을 기억했을 것이다. 그것은 유다 왕 히스기야 때에 있었던 일이다. 주전 722년에 북왕국 이스라엘을 무너뜨린 앗수르의 산헤립왕이 8년 후에 남왕국 유다를 쳐들어왔다. 산헤립은 유다의 크고 작은 성들을 다 점령한 후에 예루살렘으로 향했다. 그리고 군사령관 랍사게를 히스기야왕에게 보내어 항복하라고 협박했다. 그때 히스기야가 성전에 올라가 하나님 앞에 그 편지를 펼쳐놓고 이렇게 기도했다.

"그룹들 위에 계신 이스라엘의 하나님 여호와여 주는 천하 만국에 홀로 하나님이시라 주께서 천지를 만드셨나이다 여호와여 귀를 기울여 들으소서 여호와여 눈을 떠서 보시옵소서 산헤립이 살아 계신 하나님을 비방하러 보낸 말을 들으시옵소서…우리 하나님 여호와여 원하건대 이제 우리를 그의 손에서 구원하옵소서 그리하시면 천하 만국이 주 여호와가 홀로 하나님이신 줄 알리이다 하니라"(열왕기하 19:15-16, 19).

그날 밤에 여호와의 사자(천사)가 나와서 앗수르 군사 185,000명을 치니 다 송장이 되었다. 그리고 하나님을 경멸하고 히스기야를 위협했던 산헤립왕은 고국으로 돌아가 자기의 아들들에게 암살을 당했다.

이 두 사건은 모든 왕들이 '보고, 놀라고, 두려워, (못 본 척하고) 빨리 지나갈 만한' 사건이었다. 이방의 왕들이 그 사건들을 보고 얼마나 놀랐던지 해산하는 여인처럼 고통을 느꼈다. 시인은 이런 일들에 관해 귀로만 들었는데 이번에는 하나님의 성 예루살렘에서 두 눈으로 직접 보게 되었다고 노래했다. 시인의 노래 중에 "주께서 동풍으로 다시스의 배를 깨뜨리시도다"라는 구절이 어떤 힌트를 주는 것 같지만, 그래도 우리는 시인이 보았던 그 일이 무엇인지 정확히 모른다. 그러나 아무리 작은 사건이라도 시인이 느끼기에는 여호사밧과 히스기야왕 때에 일어난 일들과 비교할 만했을 것이다. 분명한 사실은 하나님께서 그의 거룩한 전이 있는 예루살렘성을 지켜 주셨다는 점이다.

이제 이 시의 세 번째 단락으로 넘어가 보자.

"하나님이여 우리가 주의 전 가운데에서 주의 인자하심을 생각하였나이다 하나님이여 주의 이름과 같이 찬송도 땅끝까지 미쳤으며 주의 오른손에는 정의가 충만하였나이다"(9-10절).

왜 예루살렘이 아름다운 성일까? 하나님께서 그 성에 계시기 때문이다. 그리고 그 성의 백성들이 하나님을 찬양하기 때문이다. 그들은 성전에 올라갈 때마다 하나님의 인자하심을 생각했다.

하나님의 사랑을 묵상하는 사람은 복 있는 자다. 지치고 피곤할 때, 일이 마음대로 되지 않을 때, 인간관계가 얽히고설킬 때, 그리고 삶의 활기가 사라지고 무기력해질 때, '나를 사랑하신 하나님'을 묵상해 보라. 그가 나를 사랑하셔서 하신 일들을 기억해 보라. 왜 그의 아들을 십자가에 못 박히게 하셨는지, 어떻게 내 죄와 허물을 사하여 주셨는지, 부족함 없이 살게 하신 지난날들, 치료해 주신 나의 모든 연약함들, 두려움에서 벗어나게 하시고 그의 품속에 감추어 주신 은혜, 하나씩 기억하고 묵상해 보라. 그러면 그 자리가 바로 하나님의 성전이 될 것이다. 그곳이 바로 하나님께서 정의로 심판하시는 거룩한 전이 될 것이다.

"주의 심판으로 말미암아 시온산은 기뻐하고 유다의 딸들은 즐거워할지어다"(11절).

왜 주의 심판이 유다의 딸들에게 기쁨이 될까? 아버지와 남편과 아들들이 전쟁에서 승리하고 무사히 돌아오게 하셨기 때문이다. 시인은 그때 여인들이 즐거워하는 모습을 그려 보았다. 세상에는 정의가 실현되지 않는 것처럼 보이는 일들이 많다. 죄를 짓는 자들은 뻔뻔하고, 악을 행하는 자들은 더 잘되며, 남을 해치는 자들은 아무런 해도 당하지 않고 편안해 보인다. 이럴 때 주의 백성들은 '주여, 어느 때까지입니까' 하고 눈물로 기도한다. 그렇게 기도하는 일밖에 다른 방법이 없다. 시인은 주께서 반드시 악한 자를 심판하신다고 믿었다. 그래서 시온산에 사는 백성들에게 기뻐하고 즐거워하라고 격려했다.

"너희는 시온을 돌면서 그곳을 둘러보고 그 망대들을 세어 보라 그의 성벽을 자세히 보고 그의 궁전을 살펴서 후대에 전하라"(12-13절).

왜 시인은 예루살렘성을 자세히 살펴보라고 했을까? 성 자체가 견고하거나 아름다워서가 아니다. 오히려 주변 제국들의 성에 비하면 초라했다. 그런데도 성을 둘러보고 망대들을 세어 보며 성벽과 궁전을 자세히 살펴보라고 한다. 그 의도가 무엇일까?

"이 하나님은 영원히 우리 하나님이시니 그가 우리를 죽을 때까지 인도하시리로다"(14절).

이 구절 앞에 '왜냐하면'(키, כִּי)이라는 접속사가 있다. 시인은 예루살렘성과 궁전을 자세히 살펴보아야 할 이유를 말하고 있다. 그 성과 성전 안에 영원히 계시는 하나님, 그들을 죽을 때까지 인도해 주실 하나님이 계시기 때문이다. 그러므로 성을 자세히 둘러보라는 말은 성전 안에 계시는 하나님을 묵상하고 만나 보라는 뜻이다.

인생의 길을 잃었을 때 주께서 행하셨던 일들을 찾아 묵상해 보라. 그러면 기쁨이 회복될 것이다.

〈시편 49편〉 고라 자손의 시, 인도자를 따라 부르는 노래

멸망하는 짐승 같은 사람

이 시의 주제는 '멸망하는 짐승처럼 살지 말라'는 내용이다. 그렇다면 짐승 같은 삶은 무엇이고, 존귀한 삶은 무엇일까? 삶의 지혜를 담고 있는 시인의 말을 들어보자.

"뭇 백성들아 이를 들으라 세상의 거민들아 모두 귀를 기울이라 귀천 빈부를 막론하고 다 들을지어다 내 입은 지혜를 말하겠고 내 마음은 명철을 작은 소리로 읊조리리로다 내가 비유에 내 귀를 기울이고 수금으로 나의 오묘한 말을 풀리로다"(1-4절).

시인은 지금부터 인생에 관한 지혜롭고 명철한 이야기를 하겠으니, 모든 사람들은 귀를 기울이고 그의 마음에서 나오는 오묘한 말을 들으라고 초청한다. 시인은 그의 인생의 후반부에 이 시를 지었을 것이다. 인생의 많은 경험을 한 후에, 대부분의 의문점이 풀린 후에, 그는 자신과 대척점에 서 있던 불의한 사람의 종말을 보면서 인생을 한 편의 시로 요약했다. 그리고 그 시를 수금의 아름다운 곡조에 맞추어서 노래했다.

시인은 먼저 사람들이 무엇을 추구하며 사는가를 살펴보았다.

"죄악이 나를 따라다니며 나를 에워싸는 환난의 날을 내가 어찌 두려워하랴"(5절).

시인은 어두운 시대를 살았다. 죄악이 그림자처럼 그를 따라다녔고 환난도 그치지 않았다. 그런데 역설적으로 그는 '내가 왜 두려워해야 하느냐'고 묻는다. 만일 그가 두려워했다면 지혜를 발견하지 못했을 것이다. 시인이 살던 그 시대는 물질 숭배가 극에 달한 때였다.

"자기의 재물을 의지하고 부유함을 자랑하는 자는 아무도 자기의 형제를 구원하지 못하며 그를 위한 속전을 하나님께 바치지도 못할 것은 그들의 생명을 속량하는 값이 너무 엄청나서 영원히 마련하지 못할 것임이니라"

(6–8절).

이렇게 물질 숭배에 빠진 이들은 누구였을까? 그들은 하나님만 자랑하도록 선택받은 이스라엘이었다. 예레미야 선지자는 하나님께서 이스라엘 백성들이 하나님만을 자랑하기 원하신다는 말씀을 전했다.

"여호와께서 이와 같이 말씀하시되 지혜로운 자는 그의 지혜를 자랑하지 말라 용사는 그의 용맹을 자랑하지 말라 부자는 그의 부함을 자랑하지 말라 자랑하는 자는 이것으로 자랑할지니 곧 명철하여 나를 아는 것과 나 여호와는 사랑과 정의와 공의를 땅에 행하는 자인 줄 깨닫는 것이라 나는 이 일을 기뻐하노라 여호와의 말씀이니라"(예레미야 9:23-24).

그러나 시인 주변의 사람들은 하나님을 자랑하지 않고 부와 재물을 자랑했다. 돈만 있으면 모든 문제가 다 해결될 수 있다고 생각했다. 그래서 시인이 '과연 너희의 부와 재물이 범죄한 형제의 영혼을 하나님의 심판으로부터 구원해 낼 수 있겠는가?' 하고 물었다. 하나님께 얼마나 많은 돈을 드리면 형제의 죄가 사함받을 수 있겠느냐는 질문이다. 죽을 생명을 살리는 값은 너무 크고 엄청나서 아무도, 그리고 영원히 마련할 수가 없다. 오직 하나님의 은혜로만 죄 사함을 받을 수 있다. 시인은 부와 재물을 의지하는 자들의 어리석음을 날카롭게 지적했다.

"그가 영원히 살아서 죽음을 보지 않을 것인가 그러나 그는 지혜 있는 자도 죽고 어리석고 무지한 자도 함께 망하며 그들의 재물은 남에게 남겨 두고 떠나는 것을 보게 되리로다 그러나 그들의 속 생각에 그들의 집은 영원히 있고 그들의 거처는 대대에 이르리라 하여 그들의 토지를 자기 이름으로 부르도다"(9–11절).

사람들은 땅이나 건물이 영원히 그들의 이름으로 남을 것이라고 생각한다. 어린 시절, 시골에서 '저 논은 누구네 것'이라는 말을 자주 들었다. 그래서 그 논과 밭은 영원히 그 사람의 것인 줄 알았다. 그러나 세월이 지나면서 그 땅의 주인들이 여러 번 바뀌는 것을 보았다. 미국에서도 평균 7년이면 집주인이 바뀐다. 그런데도 건물을 구입하는 사람은 마치 그곳에서 영원히 살 것처럼 생각한다. 시인은 물질을 자랑하는 사람들에게 '당신은 죽지 않고 영원히 사는가?' 하고 정곡을 찔렀다. 사람들은 너무나 심오한 이 질문을 귓전으로 흘려보냈다. 그래서 시인은 탄식했다.

"사람은 존귀하나 장구하지 못함이여 멸망하는 짐승 같도다 이것이 바로 어리석은 자들의 길이며 그들의 말을 기뻐하는 자들의 종말이로다 (셀라) 그들은 양같이 스올에 두기로 작정되었으니 사망이 그들의 목자일 것이라 정직한 자들이 아침에 그들을 다스리리니 그들의 아름다움은 소멸하고 스올이 그들의 거처가 되리라"(12-14절).

여기에서 '존귀'는 '존귀(exalted)하신 하나님'이라는 의미의 존귀가 아니다. 많은 부와 영화를 누리며 자신을 존귀하다고 자부하는 사람을 가리킨다. 그런데 아쉽게도 그는 장구할 수 없다. '장구하지 못함'은 여행 중에 여관에서 하룻밤 잠깐 머무는 것 같다는 말이다. 자기의 재물을 의지하는 사람은 영원히 살 것처럼 생각하지만 사실은 하룻밤 나그넷길을 살고 있다. 그들은 마치 배부르게 먹고 도살당하는 짐승과 다를 바가 없다.

그럼에도 악한 자의 생각과 행동은 놀라운 파급력을 지니고 있다. 그래서 세상 사람들은 '멸망하는 짐승과 같은' 그들에게 현혹된다. 사람들은 그의 인생관을 부러워하고, 그의 행동을 모방하며, 그가 불쑥 던진 말들을 마치 '금과옥조'(金科玉條)처럼 간직하다가 자손에게 물려준다.

'그들은 양같이 스올에 두기로 작정되었으니'라는 말은 양처럼 죽임을 당하기로 작정되었다는 말이다. 어느 날 목자가 양 한 마리를 잡기 위해 기둥에 묶어 두었다. 다음 날 아침에 보니 그곳에 있던 양이 없어졌다. 도살당한 것이다. 자기의 물질적인 부를 의지하고 자랑하는 자와 그를 따르는 자들도 기둥에 묶여 있는 양과 같다. 어리석은 자가 죽고 나면 그가 자랑하던 모든 것들은 다른 사람의 이름으로 소유권이 바뀐다. 그들이 자랑하던 영화와 권세는 아침 안개처럼 사라지고 아무도 기억하지 않는 스올(죽음)의 땅으로 사라질 것이다. 그러니 그들이 멸망하는 짐승 같지 않느냐고 시인이 묻고 있다.

그럼 하나님만 자랑하는 사람의 인생은 무엇이 다를까?

"그러나 하나님은 나를 영접하시리니 이러므로 내 영혼을 스올의 권세에서 건져 내시리로다 (셀라)"(15절).

물질을 의지하는 사람은 세상을 떠날 때에 그를 영접할 자가 없다. 물질은 인격을 가지고 있지 않기 때문이다. 그러나 하나님을 자랑하고 섬기는 사람은 하나님께서 그를 영접해 주신다. 예수님께서도 약속하셨다.

"내가 너희를 위하여 거처를 예비하러 가노니 가서 너희를 위하여 거처를 예비하면 내가 다시 와서 너희를 내게로 영접하여 나 있는 곳에 너희도 있게 하리라"(요한복음 14:2-3).

성도들의 영혼은 스올이라는 죽음의 상태에 머물지 않고 하나님의 집으로 바로 들어간다. 그래서 바울은 죽음을 '잠을 잔다'는 말로 설명했다.

"형제들아 자는 자들에 관하여는 너희가 알지 못함을 우리가 원하지 아니하노니 이는 소망 없는 다른 이와 같이 슬퍼하지 않게 하려 함이라 우리가 예수께서 죽으셨다가 다시 살아나심을 믿을진대 이와 같이 예수 안에서 자는 자들도 하나님이 그와 함께 데리고 오시리라"(데살로니가전서 4:13-14).

자신의 물질과 부를 의지하는 사람에게는 미래가 없다. 그러나 하나님을 의지하는 성도들에게는 영원한 미래가 있다. 그래서 시인은 두려워하지 않았다. 그리고 '당신들도 두려워하지 말라'고 권했다.

"사람이 치부하여 그의 집의 영광이 더할 때에 너는 두려워하지 말지어다"(16절).

여기에서 두려워하는 '너'는 누구일까? 왜 악인의 부가 축적되고 그 집의 영광이 더할 때에 그가 두려워할까? 모든 사람이 한쪽을 향해 몰려가면 남은 사람의 마음에 두려움이 몰려온다. 혹시 나 혼자 뒤처지는 것은 아닐까, 혹시 내가 잘못된 방향으로 가고 있는 것은 아닐까 하는 두려움이다. 시인은 그에게 두려워하지 말고 하나님만 의지하라고 권면한다.

"그가 죽으매 가져가는 것이 없고 그의 영광이 그를 따라 내려가지 못함이로다 그가 비록 생시에 자기를 축하하며 스스로 좋게 함으로 사람들에게 칭찬을 받을지라도 그들은 그들의 역대 조상들에게로 돌아가리니 영원히 빛을 보지 못하리로다"(17-19절).

성도는 의로운 길을 외롭게 걸어가면서도 두려워하지 않아야 한다. 하나님의 영원한 영광의 빛이 그와 함께하기 때문이다. 반면에 악인들은 죽을 때 가져가는 것이 없고, 그들이 누렸던 영광도 그를 따라가지 못한다. 그들이 누렸던 영광은 겉치레에 불과했기 때문이다.

"존귀하나 깨닫지 못하는 사람은 멸망하는 짐승 같도다"(20절).

하나님께서 주신 복을 깨닫지 못하고 사는 사람의 종말은 짐승처럼 허망하다. 우리는 하나님의 형상을 따라 태어난 존귀한 자들이다. 뿐만 아니라 예수님의 피로 죄 사함 받고 하나님의 자녀들이 되었다. 그러므로 존귀한 삶을 살아야 한다.

〈시편 50편〉 아삽의 시

제사는 감사로 드리라

제사에서 감사가 빠지면 무엇이 남을까? 바꾸어 말하면, 제사에 감사가 들어가면 어떤 일이 일어날까? 이 시는 그 질문에 대한 대답이다.

이 시는 하나님께서 스스로를 1인칭으로 말씀하시는 '예언자적 시'다. 크게 세 부분으로 나누어지는데, 첫째 단락은 심판하시는 하나님(1-6절), 둘째 단락은 제사드리는 자들의 잘못된 생각을 책망하시는 하나님(7-15절), 셋째 단락은 오만한 자들을 책망하시는 하나님(16-23절)에 대한 내용이다.

먼저 '심판하시는 하나님'에 대하여 살펴보자.

"전능하신 이 여호와 하나님께서 말씀하사 해 돋는 데서부터 지는 데까지 세상을 부르셨도다 온전히 아름다운 시온에서 하나님이 빛을 비추셨도다 우리 하나님이 오사 잠잠하지 아니하시니 그 앞에는 삼키는 불이 있고 그 사방에는 광풍이 불리로다"(1-3절).

전능하신 하나님께서 온 세상을 그 앞으로 불러 모으신다. 그리고 시온에서 모든 사람들에게 그의 빛을 비추신다. 그 빛 아래 그들의 숨은 허물이 드러난다. 그 결과 하나님께서 그들을 불과 광풍으로 심판하신다. 성경에서 불과 광풍은 자주 심판의 도구로 묘사된다. 그러면 하나님께서 심판하시는 대상은 누구인가?

"하나님이 자기의 백성을 판결하시려고 위 하늘과 아래 땅에 선포하여 이르시되 나의 성도들을 내 앞에 모으라 그들은 제사로 나와 언약한 이들이니라 하시도다 하늘이 그의 공의를 선포하리니 하나님 그는 심판장이심이로다(셀라)"(4-6절).

심판의 대상은 뜻밖에도 하나님의 백성들, 곧 성도들이다. 그들은 제사로 하나님과 언약을 맺은 특별한 백성들이다. 이스라엘 백성들이 회개하고 소나 양을 잡아 속죄 제사를 드릴 때 하나님께서 그들의 죄를 용서하시기로 언약하셨다. 그런데 지금은 하나님께서 하늘과 땅을 증인으로 삼고 스스로 심판장이 되셔서 그의 백성들을 심판하신다. 갑자기 재판정이 고요해졌다. 하나님께서 뭐라고 심판하실까?

"내 백성아 들을지어다 내가 말하리라 이스라엘아 내가 네게 증언하리라 나는 하나님 곧 네 하나님이로다"(7절).

하나님께서는 자신과 이스라엘의 관계를 분명히 하셨다. 이스라엘이 하나님을 선택한 것이 아니다. 하나님께서 이스라엘을 그의 백성으로 선택하셨다. 이스라엘은 전적으로 하나님의 소유였다. 그런데 거꾸로 하나님께서 그들의 하나님이 되셨다고 말씀하신다. 스바냐 선지자는 "너의 하나님 여호와가 너의 가운데에 계시니 그는 구원을 베푸실 전능자이시라"라고 했다(스바냐 3:17).

먼저 하나님께서 제사에 관하여 그의 백성들을 책망하셨다.

"나는 네 제물 때문에 너를 책망하지는 아니하리니 네 번제가 항상 내 앞에 있음이로다"(7절).

이스라엘 백성들은 평소에 짐승을 잡아 하나님께 제사로 드린다고 생각했다. 그것은 제사에 대한 큰 오해였다. 하나님께서 명하신 제사는 하나님 자신을 위한 것이 아니라 백성들을 위한 것이었기 때문이다. 우리 속담에 "없는 집 제사 돌아오듯 한다"는 말이 있다. 이스라엘 백성들도 많은 제사들을 드렸다. 기본적으로 짐승을 온전히 태워 드리는 번제, 곱게 빻은 밀이나 보리로 드리는 소제, 하나님과 화평을 누리기 위해 짐승을 잡아 드리는 화목제, 알지 못하고 저지른 죄를 용서받기 위해 드리는 속죄제, 그리고 제사를 드릴 때에 저지른 실수나 이웃에게 끼친 해를 배상하는 뜻에서 드리는 속건제, 이와 같이 다섯 가지 제사들이 있었다. 그중에 어떤 제사는 매월 초하루마다 드리기도 했다. 그러니 제사의 의미를 잘 알지 못하는 사람에게는 그 일이 귀찮고 부담스러웠을 것이다. 그때 마치 검사가 증거를 제시하며 범죄자를 심문하듯이 하나님께서 이스라엘의 잘못을 책망하기 시작하셨다.

"내가 네 집에서 수소나 네 우리에서 숫염소를 가져가지 아니하리니 이는 삼림의 짐승들과 뭇 산의 가축이 다 내 것이며 산의 모든 새들도 내가 아는 것이며 들의 짐승도 내 것임이로다 내가 가령 주려도 네게 이르지 아니할 것은 세계와 거기에 충만한 것이 내 것임이로다 내가 수소의 고기를

먹으며 염소의 피를 마시겠느냐"(8-13절).

하나님께서 배고프시고 목마르시기 때문에 제사를 원하실까? 아니다. 제사의 목적은 이스라엘 백성들로 하여금 자신의 죄를 회개하고 하나님의 용서를 받아들이게 하시는 하나님의 자비하심에 있었다. 그럼 그냥 용서하시면 될 일을 왜 제사까지 지내게 하셨을까? 이스라엘 백성들은 죄 사함을 받고 하나님과의 관계가 회복되는 경험이 필요했다. 오해하지 말자. 제사는 죄 사함 받기 위해 드리는 것이 아니다. 죄 사함은 회개로 충분하다. 하나님은 죄인이 짐승을 죽이는 과정을 통하여 자신의 죄가 얼마나 중하고 무서운가를 깨닫게 하셨다. 그처럼 큰 죄를 용서하시는 하나님의 사랑에 감격하게 하셨다. 그리고 다시는 죄를 범하지 않겠다고 각오하게 하셨다. 이것이 제사의 목적이었다.

그러므로 하나님은 제사를 폐하라고 말씀하지 않았다. 제사에서 빠뜨린 중요한 요소가 무엇인지 생각해 보라고 하셨다.

"감사로 하나님께 제사를 드리며 지존하신 이에게 네 서원을 갚으며 환난 날에 나를 부르라 내가 너를 건지리니 네가 나를 영화롭게 하리로다"(14-15절).

감사로 드리는 제사는 무엇이 다를까? 감사가 없으면 타성에 젖은 제사가 된다. 제사의 의미도 모르고 감격도 없이 형식적으로 드린다. 그래서 제사드리는 일이 번거롭게 된다. 감사가 없는 제사에는 하나님의 임재하심이 없다. 반면에 감사로 드리는 제사에서는 하나님의 임재하심을 경험한다. 하나님께 약속한 서원을 기억하고 갚으며 환난 날에는 그의 도우심을 구하고 의지한다.

둘째로 하나님은 이스라엘 백성들의 악한 행위를 책망하셨다.

"악인에게는 하나님이 이르시되 네가 어찌하여 내 율례를 전하며 내 언약을 네 입에 두느냐 네가 교훈을 미워하고 내 말을 네 뒤로 던지며 도둑을 본즉 그와 연합하고 간음하는 자들과 동료가 되며 네 입을 악에게 내어주고 네 혀로 거짓을 꾸미며 앉아서 네 형제를 공박하며 네 어머니의 아들을 비방하는도다"(16-20절).

온전한 제사에는 일상의 행위도 포함된다. 이웃에 대한 행위가 바르지 않으면 하나님께서 그 제사를 받으실 수 없다. 예수님께서도 같은 말씀을 하셨다.

“그러므로 예물을 제단에 드리려다가 거기서 네 형제에게 원망 들을 만한 일이 있는 것이 생각나거든 예물을 제단 앞에 두고 먼저 가서 형제와 화목하고 그 후에 와서 예물을 드리라”(마태복음 5:23-24).

악을 행하는 사람이 하나님의 말씀과 언약을 언급했다. 하나님 보시기에 가소로운 일이다. 사실 그는 하나님의 말씀과 교훈을 싫어하고 무시하는 사람이었다. 도둑질하는 모습을 보면 마음으로 기뻐하고, 간음하는 자를 만나면 한 패가 되었다. 그는 두 개의 입을 가지고 있었다. 한 입으로는 하나님의 말씀을 이야기하고, 다른 입으로는 남을 해치는 악한 말과 속이는 말을 했다. 그뿐만 아니라 그는 같은 뱃속에서 태어난 형제를 헐뜯고 비방하며 중상모략했다. 그러고도 부끄러운 줄 몰랐다. 그러자 하나님께서 탄식하셨다.

“네가 이 일을 행하여도 내가 잠잠하였더니 네가 나를 너와 같은 줄로 생각하였도다 그러나 내가 너를 책망하여 네 죄를 네 눈앞에 낱낱이 드러내리라 하시는도다”(21절).

죄인은 ‘하나님도 나와 생각이 같다’고 착각한다. 그는 의와 불의를 구별할 능력을 상실했다. 부정하게 재물을 모으고도 하나님께서 복을 주셨다고 자랑한다. 그러므로 하나님께서 그들을 책망하시고 심판하실 것이다. 하나님의 심판은 포괄적이 아니라 구체적이다.

“하나님을 잊어버린 너희여 이제 이를 생각하라 그렇지 아니하면 내가 너희를 찢으리니 건질 자 없으리라”(22절).

하나님께서 심판하시기 전에 그의 백성들에게 회개를 촉구하셨다. 참으로 자비하신 하나님이시다. 하나님은 아직도 회개할 기회가 남아 있다고 말씀하신다. 심판이 이르기 전에 어디에서 무엇이 잘못되었는지 주의 깊게 살펴보라고 타이르신다. 마지막으로 하나님은 그의 백성들이 악한 행위에서 벗어날 수 있는 해독제까지 주셨다.

“감사로 제사를 드리는 자가 나를 영화롭게 하나니 그의 행위를 옳게 하는 자에게 내가 하나님의 구원을 보이리라”(22절).

‘감사로 드리는 제사’와 ‘올바른 행위’는 하나다. 이 둘을 통해 하나님께서 영광을 받으시고 그들에게 하나님의 구원을 보여 주실 것이다. 감사는 탐욕과 교만에서 벗어날 수 있는 해독제다. 감사는 예배자를 겸손하게 만든다. 감사는 예배(제사)에서 빠질 수 없는 가장 중요한 요소다.

〈시편 51편〉 다윗의 시, 인도자를 따라 부르는 노래, 다윗이 밧세바와 동침한 후 선지자 나단이 그에게 왔을 때

주님, 회개합니다

성경에서 하나님과 가장 친밀한 삶을 살았던 사람 중의 하나가 다윗이다. 그러나 그가 밧세바로 인하여 죄를 범했던 기간에는 하나님으로부터 멀리 떨어져 있었다. 너무 멀리 떨어져서 하나님을 볼 수가 없었다. 그러다가 나중에 나단 선지자의 책망을 듣고 하나님께로 돌아왔다. 나단 선지자의 책망에 다윗은 즉시로 '내가 여호와께 죄를 범하였노라' 하고 회개했다. 나단도 '여호와께서도 당신의 죄를 사하셨나이다' 하고 즉시 용서를 선포했다. 회개와 용서가 간단한 두 문장으로 끝났다. 그래서 우리는 너무 쉽게 회개하고 너무 가볍게 용서하신 것 아닌가 하는 의구심을 갖게 된다(사무엘하 11-12장을 읽어 보라).

성경은 더 이상 요약할 수 없을 만큼 함축된 책이다. 나단의 책망과 다윗의 회개 그리고 용서의 선포가 그렇게 순식간에 진행되지는 않았을 것이다. 적어도 다윗의 회개는 나단의 책망보다 더 긴 시간이 필요했을 것이다. 그렇게 회개하는 동안 다윗이 토해 낸 말들이 바로 시편 51편이다. 다윗이 하나님 앞에서 쏟아 내었던 참회의 말들을 궁중의 관리가 기록해 놓았을 것이다. 어느 궁정에나 그런 관리들이 있었다. 이제 나단 선지자의 책망을 듣고 회개하던 다윗의 생생한 육성을 들어보자.

"하나님이여 주의 인자를 따라 내게 은혜를 베푸시며 주의 많은 긍휼을 따라 내 죄악을 지워 주소서 나의 죄악을 말갛게 씻으시며 나의 죄를 깨끗이 제하소서"(1–2절).

다윗의 완악한 마음을 깨뜨려 주신 분은 하나님이셨다. 주의 인자하심과 긍휼히 여기심이 다윗으로 하여금 회개하게 했다. 다윗의 회개는 그를 회개하게 하시고 용서하시는 하나님의 사랑에 대한 반응이었다. 다윗의 회개는 그의 죄를 말갛게 씻어 주시고 죄과를 말소해 주시는 하나님의 긍휼하심에 대한 절대 신뢰였다.

"무릇 나는 내 죄과를 아오니 내 죄가 항상 내 앞에 있나이다"(3절).

'무릇'은 '왜냐하면'이다. 다윗이 그렇게 간절히 죄 사함 받기를 원했던 까닭은 그의 죄가 얼마나 큰지 잘 알고 있기 때문이었다.

"내가 주께만 범죄하여 주의 목전에 악을 행하였사오니 주께서 말씀하실 때에 의로우시다 하고 주께서 심판하실 때에 순전하시다 하리이다"(4절).

이 시에는 죄에 대한 세 가지 다른 단어들이 나온다. 하나님의 뜻을 거스르는 죄(페쉐에, פֶּשַׁע), 과실로서의 죄(아본, עָוֹן), 삶의 목표를 상실한 죄(핫타아, חַטָּאת)가 각각 3회씩 사용되고 있다. 이 모든 죄는 하나님께 대한 것이다. 그러므로 사람에게 범죄한 경우에도 하나님께 회개해야 한다. 회개는 하나님의 심판에 대한 복종이다. 사도 요한은 회개를 '자백'(自白)이라고 표현했다. 헬라어로 '호모로게오'(ὁμολογέω)라고 하는 이 단어는 '누군가의 말과 똑같은 말을 한다'는 의미다. 다윗이 그렇게 자백했다. '주께서 말씀하실 때 의로우시다 하고 주께서 심판하실 때에 순전하시다 하리이다'라는 말은 주의 말씀에 동의한다는 뜻이다. 회개는 하나님의 책망에 대한 동의다. 뉘우치고 자책하는 감정은 그다음에 따라온다.

"내가 죄악 중에서 출생하였음이여 어머니가 죄 중에서 나를 잉태하였나이다"(5절).

이 구절은 현대인의 성경에 "나는 태어날 때부터 죄인이었으며 우리 어머니가 나를 밴 순간부터 죄성을 지니고 있었습니다"로 번역되어 있다. 날 때부터 죄인이었다는 표현은 도덕적 무능을 가리킨다. 이것은 겉치레의 겸손이 아니다. 하나님 앞에서 철저하게 부서지고 상한 마음이다. 혹자는 다윗의 어머니가 부정한 여인이었을 것이라고 상상한다. 그러나 '죄 중에 잉태했다'는 말은 어머니의 죄를 의미하지 않는다. 태어날 때부터 죄짓기를 좋아하는 자신의 본성적 무능함을 탄식하는 말이다.

"보소서 주께서는 중심이 진실함을 원하시오니 내게 지혜를 은밀히 가르치시리이다"(6절).

하나님께서는 중심의 진실함, 곧 거짓이 없는 깨끗한 마음을 원하신다. 다윗은 범사에 충성된 종이었다. 그러나 밧세바를 범하고 그 죄를 은폐함으로 마음의 진실함에 이르지 못했다. 그 역시 마땅히 죽어야 할 죄인이었다. 그래서 두려웠다. 다윗은 죽지 않을 수 있는 지혜를 가르쳐 달라고 부르짖었다. 다윗은 하나님만 바라보며 간절하게 기도했다.

"우슬초로 나를 정결하게 하소서 내가 정하리이다 나의 죄를 씻어 주소서 내가 눈보다 희리이다"(7절).

'정결하게 하소서'와 '씻어 주소서'는 그렇게 함으로써 어떤 결과가 이루어지게 하는 동사다. 즉 하나님께서 그의 죄를 씻어 주셔야 깨끗해질 수 있으며, 그의 죄를 정결케 해주셔야 눈보다 더 희어질 수 있다. 우슬초는 이스라엘 백성이 애굽에서 나오던 날 저녁, 양의 피를 문지방과 좌·우설주에 뿌릴 때 사용했던 식물이다(출애굽기 12:22). 그 결과 이스라엘의 죄가 사함을 받고 심판이 지나갈 수 있었다. 회개만으로는 불충분하다. 죄를 씻어 주시는 하나님의 우슬초, 예수님의 보배로운 피에 적신 우슬초가 필요하다.

"내게 즐겁고 기쁜 소리를 들려주시사 주께서 꺾으신 뼈들도 즐거워하게 하소서 주의 얼굴을 내 죄에서 돌이키시고 내 모든 죄악을 지워 주소서"(8-9절).

지금 다윗에게 즐겁고 기쁜 소식은 무엇일까? 그의 죄가 사함 받았다는 소식 아니겠는가. 나단 선지자를 통한 하나님의 책망이 그의 뼈를 꺾어 버리셨다. 그 뼈가 다시 연결되고 회복되는 길은 죄의 용서에 있었다. 다윗이 그렇게 사랑하고 사모했던 하나님께서 그를 외면하셨다. 그런데 그의 죄를 용서하시고 다시 그에게 얼굴을 돌리신다면 얼마나 기쁘겠는가.

"하나님이여 내 속에 정한 마음을 창조하시고 내 안에 정직한 영을 새롭게 하소서"(10절).

정한 마음은 범죄할 가능성을 철저히 극복하는 마음이다. 죄짓고 회개하는 일이 반복되면 형식적인 것이 되어 버린다. 회개와 용서보다 더 중요한 것은 죄를 멀리하는 일이다. 그러기 위해서 깨끗한 마음과 정직한 영을 지녀야 한다. 여기에서 '정직한'은 '견고한'으로 읽을 수 있다. 다윗은 앞으로 죄를 멀리하는 굳은 마음이 필요했다. 이런 마음은 우리의 노력과 의지만으로는 불가능하다. 인간은 모두 죄를 선호하는 성품을 가지고 태어났기 때문이다. 다윗은 죄의 유혹을 이길 수 있도록 자신의 마음을 깨끗하게 하시고 견고하게 하실 분은 오직 하나님뿐이라는 사실을 잘 알고 있었다. 그것은 재창조에 속한 일이었다. 오직 창조주 하나님만이 그의 마음을 새롭게 하실 수 있었다. '정한 마음'과 '정직한 영'은 그가 노력해서 얻을 수 있는 것들이 아니었다. 하나님의 선물이었다.

"나를 주 앞에서 쫓아내지 마시며 주의 성령을 내게서 거두지 마소서 주의 구원의 즐거움을 내게 회복시켜 주시고 자원하는 심령을 주사 나를 붙드소서 그리하면 내가 범죄자에게 주의 도를 가르치리니 죄인들이 주께 돌아오리이다 하나님이여 나의 구원의 하나님이여 피 흘린 죄에서 나를 건지소서 내 혀가 주의 의를 높이 노래하리이다 주여 내 입술을 열어 주소서 내 입이 주를 찬송하여 전파하리이다"(11–15절).

다윗에게 있어서 가장 큰 형벌은 하나님과 영적으로 단절되는 것이었다. 그는 사울왕을 통해 그것을 직접 목격했다. 하나님의 영이 떠나자 악령이 사울을 고통스럽게 했다(사무엘상 16:14). 다윗은 구원의 기쁨을 회복시켜 달라고 기도했다. 입이 열 개라도 할 말이 없지만 다시 그 입을 열어 하나님께 찬송할 수 있게 해달라고 기도했다. 자원하는 마음을 주셔서 주님께 순종할 수 있게 도와달라고 간구했다. 그러면 범죄자에게 주의 도를 가르치겠다고 서원했다. 가르치기 위해서는 자신의 치부를 드러내야 했다. 그래도 좋았다. 죄인들이 주께로 돌아올 수만 있다면 그보다 더 좋은 일이 없을 것이다.

"주께서는 제사를 기뻐하지 아니하시나니 그렇지 아니하면 내가 드렸을 것이라 주는 번제를 기뻐하지 아니하시나이다 하나님께서 구하시는 제사는 상한 심령이라 하나님이여 상하고 통회하는 마음을 주께서 멸시하지 아니하시리이다"(16–17절)

하나님은 제사보다 상한 심령을 원하신다. 첫 번째 '상하다'(사바르, שָׁבַר)는 수동태로서 부서졌다는 뜻이다. 두 번째 '상하다'(다카, דָּכָה)도 수동태로서 짓이겨진 마음이다. 다윗이 성령 안에서 철저히 부서졌다. 그런데 놀랍게도 하나님께서 다윗의 그런 마음을 귀하게 여겨 주셨다.

"주의 은택으로 시온에 선을 행하시고 예루살렘성을 쌓으소서 그때에 주께서 의로운 제사와 번제와 온전한 번제를 기뻐하시리니 그때에 그들이 수소를 주의 제단에 드리리이다"(18–19절).

다윗은 자신의 죄로 인하여 예루살렘과 백성들에게 화가 임하지 않기를 기도했다. 자신의 죄를 용서하시고 백성들의 마음을 치료하시며 온전한 제사가 회복되기를 간구했다. 이것은 지도자가 드릴 마땅한 기도였다.

〈시편 52편〉 다윗의 마스길, 인도자를 따라 부르는 노래, 에돔인 도엑이 사울에게 이르러 다윗이 아히멜렉의 집에 왔다고 그에게 말하던 때에

간사한 혀

사울왕이 죽이려 하자 다윗은 허겁지겁 도망갔다. 너무 급해서 무기를 챙길 시간도 없었다. 굶주려도 빵 한 조각 얻을 데가 없었다. 다윗은 기브아에서 놉까지 약 5킬로미터의 거리를 단숨에 달려갔다. 예루살렘에서 북쪽으로 2킬로미터 떨어진 곳에 있는 놉은 제사장들의 집단 거주지였다. 실로에 있던 회막도 그곳으로 옮겨져 있었다.

다윗은 제사장 아히멜렉에게서 진설병(회막의 제사상에 올려졌던 떡)과 골리앗이 사용했던 칼을 받아 가지고 길을 떠났다. 아히멜렉은 다윗이 사울왕에게 쫓기고 있다는 사실을 전혀 모르고 있었다. 그런데 이 광경을 몰래 지켜보는 사람이 있었다. 사울왕의 가축을 돌보는 에돔 사람 도엑이었다. 그는 그 일을 사울왕에게 일러바쳤다. 그리하여 아히멜렉은 하루아침에 역적으로 몰렸다. 사울의 분노 앞에 아히멜렉의 변명은 설 자리가 없었다. 사울이 그들을 죽이라고 명령했지만 아무도 제사장들을 죽이려고 나서지 않았다. 그러자 도엑이 직접 그 처참한 살육을 집행했다. 그리하여 놉 땅에 살던 다른 제사장 85명과 그들의 가족 그리고 가축들까지 하루아침에 떼죽음을 당했다. 다행히 아히멜렉 제사장의 아들 아비아달이 구사일생으로 도망쳐서 다윗에게 사건의 전말을 들려주었다. 이 시는 그런 배경을 지니고 있다(사무엘상 21-22장을 참조하라).

"포악한 자여 네가 어찌하여 악한 계획을 스스로 자랑하는가 하나님의 인자하심은 항상 있도다 네 혀가 심한 악을 꾀하여 날카로운 삭도같이 간사를 행하는도다"(1-2절).

일반적으로 성질이 포악하면 거칠고 직설적이다. 포악한 사람은 성격이 급하여 악한 일부터 저지른다. 그러나 간사한 사람은 정면승부를 피하고 은밀히 상대방을 무너뜨리기 위해 꾀를 낸다. 특이하게도 에돔 사람 도엑은 포악하면서도 간사했다. 그의 포악하고 간사한 혀는 마치 집

승의 먹이를 잘게 써는 데 사용하는 날카로운 삭도 같았다. 그런 특별한 재주(?) 때문에 이방인으로서 사울의 신하가 되었을 것이다. 그러나 도엑이 간과한 점이 하나 있었다. 그것은 하나님의 선하심과 인자하심이 그의 포악함과 간사함을 넘어선다는 사실이었다. 그래서 다윗은 그에게 하나님의 심판이 임할 것이라고 확신했다.

"네가 선보다 악을 사랑하며 의를 말함보다 거짓을 사랑하는도다 (셀라) 간사한 혀여 너는 남을 해치는 모든 말을 좋아하는도다 그런즉 하나님이 영원히 너를 멸하심이여 너를 붙잡아 네 장막에서 뽑아 내며 살아 있는 땅에서 네 뿌리를 빼시리로다 (셀라)"(3-5절).

의인은 선을 사랑하고 진실을 말한다. 그러나 도엑은 악을 사랑하며 거짓을 말했다. 의인은 그의 혀로 하나님을 찬양하고 이웃을 격려한다. 그러나 도엑은 마음에 하나님을 두려워하지 않았고 그 간사한 혀로 남을 해쳤다. 악한 자들은 남을 중상하고 험담하기를 즐거워한다. 그들은 무책임하게 혀를 사용하면서도 두려워하거나 부끄러워하지 않는다.

"이와 같이 혀도 작은 지체로되 큰 것을 자랑하도다 보라 얼마나 작은 불이 얼마나 많은 나무를 태우는가 혀는 곧 불이요 불의의 세계라 혀는 우리 지체 중에서 온몸을 더럽히고 삶의 수레바퀴를 불사르나니 그 사르는 것이 지옥 불에서 나느니라"(야고보서 3:5-6).

간사한 혀에는 반드시 하나님의 심판이 따른다. 하나님께서 포악한 자들의 악행과 간사한 자들의 악한 말들을 다 듣고 계신다. 때가 이르면 그들을 멸하실 것이다. 마치 농부가 잡초를 뿌리째 뽑아 내듯이 하나님께서 그들을 장막과 산 자의 땅에서 제거하실 것이다. 이스라엘에 귀화한 에돔 사람 도엑 역시 이스라엘의 장막과 약속의 땅에서 뿌리째 뽑히게 될 것이다. 그의 자손들이 더 이상 이스라엘인으로 인정받지 못할 것이다. 아쉽게도 성경에는 도엑의 종말에 관한 기록이 없다. 그렇게 당연한 일에 성경은 지면을 할애하지 않는다. 그러나 다윗은 그의 종말이 어떻게 되었는지를 이 시에서 암시하고 있다.

"의인이 보고 두려워하며 또 그를 비웃어 말하기를 이 사람은 하나님을 자기 힘으로 삼지 아니하고 오직 자기 재물의 풍부함을 의지하며 자기의 악으로 스스로 든든하게 하던 자라 하리로다"(6-7절).

도엑은 하나님께 속한 사람이 아니다. 그는 재물로 자기 힘을 삼고 자기의 악한 꾀로 출세했던 자였다. 다윗은 이전부터 도엑의 사람 됨을 알고 있었다. 그가 아히멜렉 제사장과 자신의 만남을 반드시 사울왕에게 일러바칠 줄도 알고 있었다. 도엑은 하나님을 섬기지 않는 이방인이었다. 그가 사울왕의 목자장이 되어 가축을 돌보는 신하가 되기까지 많은 뇌물과 험담과 모략이 필요했을 것이다. 그는 '세상에 믿을 사람은 나밖에 없다'는 신념으로 살던 사람이었다. 의인들이 그를 두려워하며 동시에 비웃었다. 비록 그의 폭행과 간사한 혀 때문에 의로운 사람들이 두려움을 느끼지만 마음 속으로는 그에게 임할 하나님의 심판을 생각하며 비웃었다.

"그러나 나는 하나님의 집에 있는 푸른 감람나무 같음이여 하나님의 인자하심을 영원히 의지하리로다"(8절).

다윗은 도엑과 자신의 처지를 비교했다. 도엑은 이스라엘의 장막에서 뿌리째 뽑히겠지만 자신은 하나님의 집에 심긴 푸른 감람나무처럼 될 것이다. 감람나무의 특성 중 하나는 긴 수명과 늘 푸른 잎 그리고 열매에서 나오는 기름이다. 지금도 감람산 자락에 있는 겟세마네 기념교회에는 수령이 천 년이 넘는 감람나무들이 즐비하게 서 있다.

다윗은 자신에게 해를 끼친 사람에게 직접 원수를 갚으려고 한 적이 없다. 그는 원수 갚는 일을 언제나 하나님의 손에 맡겨드렸다. 억울한 일을 당해도 하나님의 인자하심만 의지했다. 하나님의 인자하심(사랑, 헤세드)은 '언약 사랑'이다. 하나님께서 그의 백성들을 사랑하시기로 스스로 약속하신 불변의 사랑이다. 다윗은 그 사랑을 영원히 의지했다. 그 결과 다윗은 푸른 감람나무 같은 삶을 살 수 있었다.

"주께서 이를 행하셨으므로 내가 영원히 주께 감사하고 주의 이름이 선하시므로 주의 성도 앞에서 내가 주의 이름을 사모하리이다"(9절).

보통 사람 같았으면 암살자를 보내어 도엑을 조용히 처리했을 것이다. 그러나 성경에 다윗이 도엑을 죽였다는 기록이 없다. 다윗은 하나님께서 도엑을 심판하실 것을 믿었다. 믿음의 눈으로 볼 때 하나님의 심판은 이미 이루어졌다. 억울하게 죽은 제사장들과 그들의 가족들을 위해 도엑을 심판해 주실 하나님은 의로우시고 선하셨다. 그래서 다윗은 하나님께 감사드렸다. 앞으로도 주의 선하신 이름을 성도들 앞에서 높이고 찬양하겠다고 서원했다. 그러자 마음의 분노가 서서히 가라앉았다.

〈시편 53편〉 다윗의 마스길, 인도자를 따라 마할랏에 맞춘 노래

어리석은 자의 종말

이 시는 5절의 일부를 제외하고는 14편과 내용이 거의 일치한다. 그런데 왜 편집자가 이 시를 52편과 54편 사이에 다시 넣었을까? 이 시의 표제에는 배경이 될 만한 역사적 사건의 기록이 없다. 그러나 52편과 54편의 표제는 역사적 배경을 자세히 기록하고 있다. 52편의 배경은 포악하고 간사한 에돔 사람 도엑에 관한 이야기다. 이 사건은 사무엘상 21장과 22장에 기록되어 있다. 한편 54편의 배경은 십 광야에 사는 사람들의 밀고로 다윗이 사울왕에게 쫓겨 다닐 때의 이야기다. 이 사건은 사무엘상 26장에 기록되어 있다. 그런데 사무엘상 25장에는 그 유명한 나발의 이야기가 기록되어 있다. 그렇다면 시편의 편집자가 나발의 사건을 생각하며 다윗의 시를 이곳에 수록했을 것이라고 추론해 볼 수 있다.

먼저 시의 전반부를 읽은 후에 나발의 이야기를 나누어 보자.

"어리석은 자는 그의 마음에 이르기를 하나님이 없다 하도다 그들은 부패하며 가증한 악을 행함이여 선을 행하는 자가 없도다 하나님이 하늘에서 인생을 굽어살피사 지각이 있는 자와 하나님을 찾는 자가 있는가 보려 하신즉 각기 물러가 함께 더러운 자가 되고 선을 행하는 자 없으니 한 사람도 없도다 죄악을 행하는 자들은 무지하냐 그들이 떡 먹듯이 내 백성을 먹으면서 하나님을 부르지 아니하는도다"(1-4절).

어리석은 자는 하나님이 없다고 말한다. 하나님을 아는 지식이 없기 때문이다. 하나님의 계심을 부인하니 그의 생각은 부패하고 가증한 것들로 채워졌다. 많은 사람들이 그에게 악한 영향을 받아서 하나님을 떠났다. 그는 떡 먹듯이 하나님의 백성들을 박해하고 찬탈했다. 그러나 어리석은 자들이 하나님의 존재를 부인한다고 해서 하나님이 계시지 않을까? 그들이 하나님의 다스림을 피할 수 있을까? 아니다. 하나님께서 하늘로부터 그 어리석은 자들을 지켜보고 계셨다. 심판하시기 위해서다. 이제 나발의 이야기를 나누어 보자.

'나발'이라는 이름은 '바보', '어리석은 자'라는 뜻이다. 나발은 유다 바란 광야 근처의 마온이라는 마을에 사는 부자였다. 당시의 부는 가축의 숫자로 가늠했다. 나발은 양이 3천 마리요, 염소가 천 마리였다. 그 많은 떼를 돌보는 목동들도 적지 않았을 것이다. 그는 부자였을 뿐만 아니라 갈렙의 후손이었다. 조선시대의 표현을 빌리면 양반 가문이었다. 부자에 뼈대 있는 집안이니 콧대가 높았을 것이다.

그때 마침 다윗과 그의 추종자 6백여 명이 바란 광야 언저리에 머물고 있었다. 광야는 사울왕이 쫓아올 때 도망가기에 안성맞춤이었다. 광야에는 도적 떼들이 많았다. 그래서 목축업을 하는 사람들은 늘 도적맞을 위험을 감수해야 했다. 나발의 가축들과 목동들도 예외는 아니었다. 그러나 다행히 그들 주변에 다윗과 그의 수하들이 있어서 도적 떼가 가까이 오지 못했다. 다윗도 자기 사람들에게 나발의 양 떼와 염소 떼를 해치지 말라고 당부했다.

시간이 지나고 양털을 깎는 계절이 돌아왔다. 목축업자들의 양털 깎는 날은 농부들이 추수하는 날과 같았다. 털 깎을 때가 되면 많은 음식을 준비해서 일꾼들을 배부르게 먹이고 주변 사람들에게도 후한 인심을 베풀었다. 광야에서는 늘 일용할 양식이 부족했다. 다윗은 잔치 음식 중에서 조금이라도 얻어 올 요량으로 종자 열 명을 나발에게 보냈다. 나발에게 평안의 인사를 전하고 그동안 나발의 가축 떼를 직간접적으로 보호해 주었다는 말도 넌지시 전하게 했다. 다윗은 나발이 음식과 고기와 포도주를 바리바리 싸서 보내 줄 것이라고 은근히 기대했다. 그동안 눈에 안 보이는 선행을 많이 베풀었기 때문이다. 그러나 나발은 하필 그날 술까지 취해 있었다. 그는 다윗의 소년들을 빈 손으로 돌려보냈을 뿐만 아니라 객기를 부리느라 쓸데없는 말까지 들려서 보냈다.

> "다윗은 누구며 이새의 아들은 누구냐 요즈음에 각기 주인에게서 억지로 떠나는 종이 많도다 내가 어찌 내 떡과 물과 내 양 털 깎는 자를 위하여 잡은 고기를 가져다가 어디서 왔는지도 알지 못하는 자들에게 주겠느냐"(사무엘상 25:10-11).

나발은 다윗을 사울왕으로부터 도망친 종으로, 아무도 개의치 않는 '없는 사람'처럼 취급했다. 다윗을 '이새의 아들'이라고 부른 것을 보면 완전히 정신을 잃은 상태도 아니었다. 언제 잡힐지 모르는 다윗, 언제 죽을지 모르는 다윗에게 왜 선행을 베풀어야 하느냐는 말이었다. 그랬다가 훗날 사울이 알게 되면 괜한 일에 긁어 부스럼이 되지 않겠느냐는 생각이었다. 그 말을 듣고 부아가 머리끝까지 치민 다윗은 나발의 집을 도륙하기 위해 칼을 빼 들고 올라갔다. 그러나 천만다행으로 도중에 만난 나발의 아내 아비가일의 지혜로운 말에 화를 누그러뜨리고 돌아갔다. 아비가일의 지혜로운 말 가운데서도 다음 구절은 백미다.

"여호와께서 반드시 내 주를 위하여 든든한 집을 세우시리니 이는 내 주께서 여호와의 싸움을 싸우심이요 내 주의 일생에 내 주에게서 악한 일을 찾을 수 없음이니이다 사람이 일어나서 내 주를 쫓아 내 주의 생명을 찾을지라도 내 주의 생명은 내 주의 하나님 여호와와 함께 생명 싸개 속에 싸였을 것이요 내 주의 원수들의 생명은 물매로 던지듯 여호와께서 그것을 던지시리이다"(사무엘상 25:28-29).

시편 53편은 이런 역사적 배경 아래 쓰였다. 적어도 그것이 시편을 편집한 이의 생각이었을 것이다. 나발이 만일 하나님의 살아 계심을 알고 믿었다면 다윗을 그런 식으로 대하지 않았을 것이다. 굳이 다윗이 아니더라도 어려운 사람이 찾아왔으니 자비를 베풀었을 것이다. 더구나 음식이 풍성한 잔칫날 아닌가.

"그들이 두려움이 없는 곳에서 크게 두려워하였으니 너를 대항하여 진 친 그들의 뼈를 하나님이 흩으심이라 하나님이 그들을 버리셨으므로 네가 그들에게 수치를 당하게 하였도다"(5절).

다음 날 아침, 술에서 깨어난 나발은 다윗의 사람들이 다녀갔다는 말을 듣고 두려워하기 시작했다. 더구나 그가 술김에 했던 말을 아내에게서 전해 듣고 나니 낙담상혼(落膽喪魂)하여 온몸이 돌같이 굳어졌다. 그리고 열흘 후에 하나님이 그를 치시매 죽고 말았다. 하나님께서 그를 버리시니 생명이 떠나고 수치를 당했다는 말이다.

"시온에서 이스라엘을 구원하여 줄 자 누구인가 하나님이 자기 백성의 포로 된 것을 돌이키실 때에 야곱이 즐거워하며 이스라엘이 기뻐하리로다"(6절).

어리석은 자들의 횡포에서 그의 백성들을 구원해 주실 분은 오직 하나님뿐이시다. 포로 된 자를 돌아오게 하실 분도 하나님 한 분뿐이다.

우리도 살다 보면 억울하고 분한 일을 당할 때가 있다. 그때는 하나님만 바라보자. 그러면 마음의 분노가 사라지고 평안이 임할 것이다. 슬픔이 사라지고 기쁨이 찾아올 것이다. 이것이 다윗이 나누고 싶었던 지혜였다.

〈시편 54편〉 다윗의 마스길, 인도자를 따라 현악에 맞춘 노래, 십 사람이 사울에게 이르러 말하기를 다윗이 우리가 있는 곳에 숨지 아니하였나이까 하던 때에

내 기도를 들으소서

사울에게 쫓기던 다윗이 가족들을 데리고 모압 왕을 찾아가 망명을 요청했다. 다행히 모압 왕은 흔쾌히 받아 주었다. 모처럼 사울의 추격을 피해 한숨 돌리려고 하는데 하나님의 선지자 갓이 찾아왔다. 그리고 즉시 유다로 돌아가라고 재촉했다. 하나님의 명령이니 순종할 수밖에 없었다.

돌아가는 길에 다윗 일행은 그일라성 사람들을 블레셋 사람들의 손에서 구해 냈다. 성 사람들에게 은혜도 베풀었으니 당분간은 그일라에서 숨어 지내리라고 생각했다. 그런데 어떻게 알았는지 사울왕이 쫓아오고 있다는 소식이 들려왔다. 혹시나 하는 걱정에 하나님께 물어보았다. 그랬더니 그일라성 사람들이 은혜를 잊어버리고 다윗을 사울왕의 손에 넘겨줄 것이라고 말씀하셨다. 그래서 허겁지겁 추종자들과 함께 성을 나와 십 광야로 들어갔다. 이번에는 십 광야에 사는 사람들이 사울왕에게 사람을 보내어 다윗의 행적을 밀고했다. 일촉즉발의 위기 상황이 꼬리를 물고 전개되었다. 사울왕이 산 이쪽으로 가면, 다윗과 그의 사람들은 산 저쪽으로 도망갔다. 마치 가위눌린 꿈을 꾸는 것 같았다(사무엘상 23장).

다윗은 하나님의 말씀에 순종하고 유대로 돌아왔다. 그일라성 사람들과 십 광야 사람들은 모두 다윗과 같은 유다 지파다. 말하자면 다윗의 친척과 골육인 셈이다. 그런데 그들이 다윗에게 등을 돌리고 배신했다. 기가 막혔다. 시편 54편은 사울왕이 추격하는 중이거나 추격이 끝난 직후에 다윗이 썼던 시다. 그래서 문장마다 그의 거친 숨소리가 배어 있다.

"하나님이여 주의 이름으로 나를 구원하시고 주의 힘으로 나를 변호하소서"(1절).

다윗은 참 대단한 인물이다. 그 와중에도 하나님의 이름을 의지하고 하나님의 능력에 호소했다. 하나님께 원망하는 말 한마디 없이 주의 이름으로 자기를 구원해 달라고 부르짖었다. 예나 지금이나 이름은 그 사

람의 인격을 대표한다. 하나님의 이름은 여호와다. 구원자라는 뜻이다. 오직 하나님만이 다윗을 구원하실 수 있었다. 누가 그 좁은 이스라엘 땅에서 다윗을 사울로부터 보호해 줄 수 있겠는가. 사울이 누구인가? 생사여탈권을 쥐고 있는 이스라엘 왕이 아닌가. 아무도 다윗을 보호하기 위해 나서지 않았다. 그일라성 사람들이나 십 광야 사람들이나 모두 사울왕을 두려워하고 자기 몸을 사리는 것이 당연했다.

다윗은 하나님께서 사울왕과 그를 모함하는 자들로부터 자신을 변호해 주시기를 원했다. 다윗은 사울왕을 해할 마음이 전혀 없었다. 그가 하나님의 기름 부음 받은 왕이었기 때문이다. 다윗은 재물이나 권력에 대한 욕심도 없었다. 들판의 목동으로 살아왔기 때문이다. 무엇 때문에 사울왕이 자기를 경계하고 멀리하는지 이해할 수가 없었다. 다윗은 하나님께서 그의 마음을 사울왕에게 변호해 달라고 기도했다.

"하나님이여 내 기도를 들으시며 내 입의 말에 귀를 기울이소서"(2절).

사태가 급박하게 돌아가고 숨조차 쉴 수 없을 때도 기도는 할 수 있다. 그래서 바울은 쉬지 말고 기도하라고 했다. 사울왕에게 쫓기는 경황 중에 숨을 곳을 찾으면서도 다윗은 하나님께 기도했다. 그의 말에 귀를 기울여 달라고 간절히 호소했다.

"낯선 자들이 일어나 나를 치고 포악한 자들이 나의 생명을 수색하며 하나님을 자기 앞에 두지 아니하였음이니이다 (셀라)"(4절).

십 광야 사람들은 다윗과 직접적 관계가 없는 낯선 사람들이었다. 그런데 사울왕에게 다윗의 거처를 일러바쳤다. 그들도 사울왕이 아히멜렉의 일로 놉 땅의 제사장 85명과 그들의 가족들을 죽였다는 소문을 들었을 것이다. 왜 다윗이 그 지역에 와서 평지풍파를 일으키는지 원망스러웠다. 그래서 다윗은 자기들과 아무 상관 없는 사람이라는 암시를 사울왕에게 보냈다. 다윗은 십 광야 사람들이 하나님을 자기 앞에 두지 않았기 때문에 그렇게 행동한다고 생각했다.

"하나님은 나를 돕는 이시며 주께서는 내 생명을 붙들어 주시는 이시니이다"(4절).

하나님을 마음에 모시고 사는 사람들은 어떤 두려움도 극복할 수 있다. 하나님께서 그를 도와주시며 그의 생명을 붙들고 계시기 때문이다. 이것이 성도의 믿음이다. 성도는 이런 믿음으로 세상을 넉넉히 이길 수 있다.

"주께서는 내 원수에게 악으로 갚으시리니 주의 성실하심으로 그들을 멸하소서"(5절).

원수들이 다윗에게 행한 악을 하나님께서 되돌려 주실 것이다. 이보다 더 확실하게 원수 갚는 방법도 없다. 다윗은 그들의 악을 되돌려 주시되 주의 성실하심으로 그렇게 해달라고 기도했다. '주의 성실하심'은 주께서 약속하신 말씀을 의미한다. 예를 들면 이런 말씀이다.

"그런즉 그들이 그들의 원수들의 땅에 있을 때에 내가 그들을 내버리지 아니하며 미워하지 아니하며 아주 멸하지 아니하고 그들과 맺은 내 언약을 폐하지 아니하리니 나는 여호와 그들의 하나님이 됨이니라"(레위기 26:44).

다윗은 그 말씀대로 자기를 구원해 달라고 기도했다. 우리의 믿음은 노력이나 의지의 산물이 아니다. 믿음은 언제나 하나님의 약속의 말씀에서 온다. 그러므로 평소에 늘 하나님의 말씀을 묵상해야 한다. 바울은 '믿음은 들음에서 나며 들음은 그리스도의 말씀으로 말미암는다'고 했다(로마서 10:17).

"내가 낙헌제로 주께 제사하리이다 여호와여 주의 이름에 감사하오리니 주의 이름이 선하심이니이다"(6절).

낙헌제는 자발적으로 드리는 감사 예물이다. 믿음과 감사는 탯줄처럼 연결되어 있다. 우리가 하나님의 구원을 진심으로 믿는다면 감사가 넘쳐날 것이다. 마찬가지로 범사에 감사하면 구원에 대한 믿음으로 충만하게 될 것이다. 다윗은 다시 한번 주의 선하신 이름에 감사드렸다. 하나님의 여러 이름 중에 선하지 않은 이름이 없다.

"참으로 주께서는 모든 환난에서 나를 건지시고 내 원수가 보응 받는 것을 내 눈이 똑똑히 보게 하셨나이다"(7절).

이 구절에 나오는 '건지셨다'와 '보게 하셨다'라는 동사는 모두 완료형이다. 아직 이런 일이 일어나지 않았지만 믿음의 눈으로 이미 보았다는 말이다. 그래서 믿음은 바라는 것들의 실상이 되고, 보지 못하는 것들의 증거가 된다. 이런 믿음을 가진 성도들은 '내 기도를 들으소서' 하고 담대하게 기도할 수 있다. 그리고 항상 승리의 개가를 부른다.

〈시편 55편〉 다윗의 마스길, 인도자를 따라 현악에 맞춘 노래

네 짐을 여호와께 맡기라

기가 막힌 일을 당할 때는 어떻게 해야 할까? 도저히 벗어날 길이 보이지 않을 때는 어떻게 해야 할까? 믿었던 사람들이 등을 돌릴 때는 또 어떻게 해야 할까? 이 시는 이런 질문에 대한 대답이다.

"하나님이여 내 기도에 귀를 기울이시고 내가 간구할 때에 숨지 마소서 내게 굽히사 응답하소서 내가 근심으로 편하지 못하여 탄식하오니 이는 원수의 소리와 악인의 압제 때문이라 그들이 죄악을 내게 더하며 노하여 나를 핍박하나이다"(1-3절).

다윗은 하나님께서 그의 기도를 들으시고 응답해 달라고 간청했다. 하필 이렇게 위급할 때에 왜 숨어 계시느냐면서 애타게 부르짖었다. 근심은 마음속에서 일어나는 불편함이다. 탄식은 근심의 표출이다. 원수들의 가시 돋친 말과 은근히 주는 압박, 분노와 미움, 그리고 악한 행동이 다윗의 마음에 근심을 더했다. 그래서 탄식했다.

"내 마음이 내 속에서 심히 아파하며 사망의 위험이 내게 이르렀도다 두려움과 떨림이 내게 이르고 공포가 나를 덮었도다 나는 말하기를 만일 내게 비둘기같이 날개가 있다면 날아가서 편히 쉬리로다 내가 멀리 날아가서 광야에 머무르리로다 (셀라) 내가 나의 피난처로 속히 가서 폭풍과 광풍을 피하리라 하였도다"(4-8절).

두려움과 떨림이 다윗을 짓누르고 죽음의 공포가 그를 지배했다. 그 순간 다윗은 하늘을 날아가는 비둘기를 보았다. 현실을 타개할 힘이 없으면 도피라도 해야 한다. 다윗이 푸념했다. '저 비둘기처럼 광야로 날아갈 수 있다면 얼마나 좋을까. 그곳에는 근심이 없을 것이다. 그곳에는 원수들도 없을 것이다. 그곳에는 폭풍과 광풍도 없을 것이다.' 다윗은 공중에 날아가는 비둘기를 부러운 눈으로 바라보았다. 그러나 그에게는 날개도 없고, 피할 곳도 없었다.

그런데 정말 광야에는 근심이 없을까? 비둘기는 자기보다 더 높은 곳을 선회하는 독수리가 두렵지 않을까? 바위에 앉아 쉬다가 갑자기 튀어나오는 사막여우는 피할 수 있을까? 목마를 때에 물은 쉽게 찾을 수 있을까? 밤의 추위는 견딜 만할까? 과연 광야가 그에게 평안을 줄 수 있을까? 무엇보다 현실적으로 그는 비둘기가 아니었다. 그러자 제정신이 되돌아왔다. 아모스 선지자는 말했다.

"마치 사람이 사자를 피하다가 곰을 만나거나 혹은 집에 들어가서 손을 벽에 대었다가 뱀에게 물림 같도다"(아모스 5:19).

모든 도피처가 다 안전한 곳은 아니라는 말이다.

"내가 성내에서 강포와 분쟁을 보았사오니 주여 그들을 멸하소서 그들의 혀를 잘라 버리소서 그들이 주야로 성벽 위에 두루 다니니 성 중에는 죄악과 재난이 있으며 악독이 그중에 있고 압박과 속임수가 그 거리를 떠나지 아니하도다"(9-11절).

성안에서 다툼이 쉬지 않았다. 피차 악한 말로 서로를 학대했다. 악한 자들이 성벽 위를 뛰어다니며 공포를 조성했다. 죄악과 재난과 악독과 압박과 속임수가 성 중에 난무했다. 갑자기 다윗의 입에서 거친 말이 나왔다. '주여, 그들을 멸하소서. 그들의 혀를 잘라 버리소서.' 다행히 히브리 원문은 좀더 부드러운 표현이다. '오, 주님, 그들을 혼란스럽게 하소서. 그들의 혀를 나누어 주소서.' 그래도 다윗의 마음은 여전히 아팠다.

"나를 책망하는 자는 원수가 아니라. 원수일진대 내가 참았으리라 나를 대하여 자기를 높이는 자는 나를 미워하는 자가 아니라 미워하는 자일진대 내가 그를 피하여 숨었으리라 그는 곧 너로다 나의 동료, 나의 친구요 나의 가까운 친우로다 우리가 같이 재미있게 의논하며 무리와 함께하여 하나님의 집 안에서 다녔도다"(12-14절).

다윗의 동료와 친구들은 이전에 한마음으로 나라의 정사를 논하며 하나님을 섬기던 자들이다. 그들이 모두 다윗의 원수가 되었고 그를 앞장서서 미워했다. 처음부터 원수였다면 그런 줄 알고 참았을 것이다. 처음부터 미워하는 자였다면 보고도 못 본 척했을 것이다. 가까웠던 친구들이 원수로 변하니 대책이 없었다. 다윗의 입에서 저주의 말이 다시 쏟아졌다.

"사망이 갑자기 그들에게 임하여 산 채로 스올에 내려갈지어다 이는 악독이

그들의 거처에 있고 그들 가운데에 있음이로다…하나님이여 주께서 그들로 파멸의 웅덩이에 빠지게 하시리이다 피를 흘리게 하며 속이는 자들은 그들의 날의 반도 살지 못할 것이나 나는 주를 의지하리이다"(15, 23절).

죽어서 스올에 내려가는 것은 사후의 일이다. 그러나 산 채로 스올에 내려가는 것은 이 땅에서 당하는 고통이다. 다윗은 그를 배신한 자들이 파멸의 웅덩이에 빠지고 인생의 절반도 살지 못하게 해달라고 기도했다. 오죽하면 이렇게 저주했을까. 이 저주의 말들은 다윗의 신음 소리였다. 다행히 그는 저주를 멈추고 하나님께 시선을 돌렸다. 저주해 봐야 아무 소용도 없고 괴로움만 더했기 때문이다.

"나는 하나님께 부르짖으리니 여호와께서 나를 구원하시리로다 저녁과 아침과 정오에 내가 근심하여 탄식하리니 여호와께서 내 소리를 들으시리로다 나를 대적하는 자 많더니 나를 치는 전쟁에서 그가 내 생명을 구원하사 평안하게 하셨도다"(16-18절).

기도의 핵심은 '멈추지 않음'이다. 기도를 들으시고 응답하시는 분은 하나님이시다. 기도하면 하나님께서 우리를 구원하셨다는 평안과 확신이 온다. 그때까지 다윗은 기도하기를 멈추지 않았다.

"옛부터 계시는 하나님이 들으시고 그들을 낮추시리이다 (셀라) 그들은 변하지 아니하며 하나님을 경외하지 아니함이니이다 그는 손을 들어 자기와 화목한 자를 치고 그의 언약을 배반하였도다 그의 입은 우유 기름보다 미끄러우나 그의 마음은 전쟁이요 그의 말은 기름보다 유하나 실상은 뽑힌 칼이로다"(19-21절).

기도는 원수를 변화시키는 방법이 아니다. 원수는 절대 변하지 않는다. 기도하면 하나님께서 그들을 낮추실 것이다. 동시에 우리를 수렁에서 들어 올리실 것이다. 이 과정에서 우리가 꼭 해야 할 일이 하나 더 있다. 우리의 짐을 여호와께 맡기는 일이다.

"네 짐을 여호와께 맡기라 그가 너를 붙드시고 의인의 요동함을 영원히 허락하지 아니하시리로다"(22절).

다윗은 이 시의 첫 부분에서 염려와 근심을 토로했다. 비둘기가 되었으면 좋겠다고 했다. 그러다가 마지막에 하나의 비결을 발견했다. 하나님께 이 문제를 맡겨 버리자는 생각이었다. 맞는 말이다.

〈시편 56편〉 다윗의 믹담 시, 인도자를 따라 요낫 엘렘 르호김에 맞춘 노래, 다윗이 가드에서 블레셋인에게 잡힌 때에

내가 두려울 때는

56편은 다윗이 블레셋의 가드 왕 아비멜렉을 찾아갔다가 사로잡혔을 때 지은 시다. 이 시는 34편과 짝을 이룬다. 다른 점이 있다면 34편은 연금 상태에서 풀려난 후에 지은 시이고, 56편은 아직 잡혀 있을 때의 관점에서 지은 시다. 사무엘상 21-22장에 기록된 당시의 상황을 다시 살펴보자.

이 사건은 다윗이 도피 생활을 막 시작할 무렵에 일어난 일이다. 다윗은 제사장 아히멜렉에게서 떡 몇 덩이와 골리앗의 칼을 얻어가지고 가드 왕을 찾아갔다. 아직은 그를 따르는 무리들이 별로 많지 않을 때다. 당시 블레셋 왕과 사울왕 사이에는 전쟁이 그치지 않았다. 그러므로 블레셋 사람들이 다윗의 귀순을 환영할 줄 알았지만 그것은 천진난만한 생각이었다. 블레셋 왕은 다윗을 따뜻하게 맞아들였다. 그러나 신하들은 펄쩍 뛰며 반대했다. 몇 년 전에 골리앗이 다윗의 물맷돌에 쓰러지고 싸움에서 대패했던 날의 악몽이 아직도 생생히 남아 있었다. 그들은 이스라엘에 유행하고 있는 '사울은 천천을 죽이고, 다윗은 만만을 죽였다'는 노래까지 알고 있었다. 신하들의 말을 듣고 블레셋 왕의 눈빛이 달라졌다. 큰일 났다. 피난처라고 생각하고 찾아왔는데 막상 와보니 호랑이의 입 안이었다. 엄청난 두려움이 몰려왔다. 다윗은 왕과 신하들 앞에서 갑자기 미친 척하기 시작했다. 이 시는 그런 정황을 담고 있다.

"하나님이여 내게 은혜를 베푸소서 사람이 나를 삼키려고 종일 치며 압제하나이다 내 원수가 종일 나를 삼키려 하며 나를 교만하게 치는 자들이 많사오니"(1–2절).

하나님의 복 중에 은혜보다 더한 것이 없다. 은혜가 임하면 모든 문제들이 해결된다. 하나님께서 그 상황에 직접 개입하시기 때문이다. 블레셋 왕의 신하들이 종일토록 다윗을 헐뜯었다. 으르렁거리는 이리떼 앞에서 다윗은 한 입 거리 먹이에 불과했다. 다윗은 이 시에서 하나님과 사람

을 대조시키고 있다. 사람(원수)은 해를 끼치지만 하나님은 은혜를 베푸신다. 그리고 언제나 은혜가 이긴다.

"내가 두려워하는 날에는 내가 주를 의지하리이다 내가 하나님을 의지하고 그 말씀을 찬송하올지라 내가 하나님을 의지하였은즉 두려워하지 아니하리니 혈육을 가진 사람이 내게 어찌하리이까"(3-4절).

이 시의 표제에 나오는 '요낫 엘렘 르호김'은 '멀리 상수리나무에 앉은 비둘기 곡조'라는 뜻이다. 집을 떠나 먼 곳에 홀로 앉아 있는 비둘기는 외로움과 두려움을 상징한다. 그런 감정으로 이 시를 노래하라는 말이다.

다윗에게 두려운 날이 다가왔다. 두려움은 본인에게 있어서 실제다. 두려울 때 '나는 두렵지 않다'고 말하는 것은 자기기만이다. 감정의 문제를 해결하려면 먼저 그 감정을 인정해야 한다. 다윗은 블레셋의 방백들이 그를 죽여야 한다고 주장하던 그 두려운 날에 '내가 주를 의지하리이다' 하고 고백했다. 그는 원수들로부터 시선을 돌려 하나님을 바라보았다. 지혜로운 선택이었다. 하나님을 의지하면 두려움이 사라진다. 하나님의 말씀을 묵상하면 입에서 찬송이 흘러나온다. 하나님을 의지하는 사람은 아무도 해칠 수 없다. 그날 다윗은 사무엘이 기름을 부으며 들려주었던 하나님의 말씀을 기억했을 것이다.

"내가 그[이새]의 아들 중에서 한 왕을 보았느니라"(사무엘상 16:1).

"그들이 종일 내 말을 곡해하며 나를 치는 그들의 모든 생각은 사악이라 그들이 내 생명을 엿보았던 것과 같이 또 모여 숨어 내 발자취를 지켜보나이다 그들이 악을 행하고야 안전하오리이까 하나님이여 분노하사 뭇 백성을 낮추소서"(4-7절).

혹시 당신의 말을 곡해하는 사람을 만나 보았는가? '곡해'는 상대방의 말을 자기 입맛에 맞게 해석하는 행위를 말한다. 이런 사람을 만날 때는 입 다물고 자리를 피하는 것이 상책이다. 어떤 말을 해도 제대로 전달되지 않기 때문이다. 블레셋 왕의 신하들이 다윗의 말을 곡해했다. 아무리 그가 선한 의도로 정치적 망명을 요청해도 결과는 '그러므로 다윗은 우리의 적이다'로 끝났다. 그들은 왕에게 다윗을 참소할 약점을 찾기 위해 그의 거동을 엿보았다. 그러나 하나님께서 분노하심으로 그들을 집어던져 버리실 것이다.

"나의 유리함을 주께서 계수하셨사오니 나의 눈물을 주의 병에 담으소서 이것이 주의 책에 기록되지 아니하였나이까 내가 아뢰는 날에 내 원수들이 물러가리니 이것으로 하나님이 내 편이심을 내가 아나이다"(8-9절).

다윗은 이곳저곳으로 유리하던 날들을 하나님께서 기억해 달라고 했다. 그가 흘린 눈물도 가죽 부대에 담아 두시라고 했다. 그가 언제 어디에서 무엇 때문에 그렇게 많은 눈물을 흘렸는지 주의 책에 다 기록해 달라고 호소했다. 이렇게 하나님께 자신의 속내를 털어놓자 원수들이 마음에서 사라졌다. 그런데 도대체 얼마나 많은 눈물을 흘리면 가죽 부대 하나를 채울 수 있을까? 다윗은 눈물만 흘리지 않았다. 노래도 했다.

"내가 하나님을 의지하여 그의 말씀을 찬송하며 여호와를 의지하여 그의 말씀을 찬송하리이다 내가 하나님을 의지하였은즉 두려워하지 아니하리니 사람이 내게 어찌하리이까"(10-11절).

울면서 동시에 웃을 수 있을까? 나는 그런 성도를 보았다. 그녀는 말로 다 표현할 수 없을 만큼 어려운 환경 가운데 있었다. 말을 시작하면 눈에서 눈물부터 철철 흘러내렸다. 그런데 그녀의 얼굴은 늘 맑은 웃음을 짓고 있었다. 하나님의 은혜가 넘쳤기 때문이다. 다윗도 그런 복합 감정에 사로잡혀 있었다. 눈물 가운데서도 하나님을 찬송했다. 그를 보호하시는 하나님을 의지했다. 절대로 두려워하지 않겠다고 결심했다. 두 가지 이유 때문이었다. 하나는 그가 의지하는 분이 천지를 지으신 하나님이시기 때문이요, 다른 하나는 두려움의 대상이 겨우 사람에 불과하기 때문이다. 두려움이 다가올 때 항상 이 두 가지를 생각하면 담대할 수 있다.

"하나님이여 내가 주께 서원함이 있사온즉 내가 감사제를 주께 드리리니 주께서 내 생명을 사망에서 건지셨음이라 주께서 나로 하나님 앞, 생명의 빛에 다니게 하시려고 실족하지 아니하게 하지 아니하셨나이까"(12-13절).

처음에는 슬프고 외롭고 두려웠는데 어느새 감사가 넘치기 시작했다. 그는 하나님께서 그의 생명을 사망에서 건지셨다고 믿음으로 선언했다. 생명의 빛 아래 걸어 다니기 때문에 넘어지지 않을 것이라고 믿었다. 아직 그가 블레셋 왕궁에 연금되어 있을 때에 일어난 일이다. 다윗의 시는 언제나 승리로 막을 내린다. 하나님을 믿었기 때문이다.

〈시편 57편〉 다윗의 믹담 시, 인도자를 따라 알다스헷에 맞춘 노래, 다윗이 사울을 피하여 굴에 있던 때에

내가 새벽을 깨우리로다

이 시는 아둘람 굴(사무엘상 22:1-2)이나 엔게디 사막(사무엘상 24장)과 관계가 있다. '내가 새벽을 깨운다'는 말과 '새벽이 나를 깨운다'는 말은 무엇이 다를까? 누구나 새벽이면 잠이 깨기 시작한다. 그러나 '새벽을 깨운다'는 말은 동트기 훨씬 전에 일어났다는 말이다.

"하나님이여 내게 은혜를 베푸소서 내게 은혜를 베푸소서 내 영혼이 주께로 피하되 주의 날개 그늘 아래에서 이 재앙들이 지나기까지 피하리이다"(1절).

이 시는 56편처럼 '하나님이여 내게 은혜를 베푸소서'(하네니 엘로힘)라는 구절로 시작한다. 그런데 57편은 '하나님이여 내게 은혜를 베푸소서 내게 은혜를 베푸소서'(하네니 엘로힘 하네니) 하며 은혜를 한 번 더 강조했다. 지금은 원수들과 다툴 때가 아니라 피해야 할 시간이었다. 다윗은 사울왕에게 쫓겨 다니면서 그와 다투지 않았다. 그는 날마다 주께로 피했다. 그리고 계속해서 주의 날개 그늘 아래 머물렀다.

"내가 지존하신 하나님께 부르짖음이여 곧 나를 위하여 모든 것을 이루시는 하나님께로다 그가 하늘에서 보내사 나를 삼키려는 자의 비방에서 나를 구원하실지라 (셀라) 하나님이 그의 인자와 진리를 보내시리로다"(2-3절).

'지존하신 하나님'은 지극히 높으신 하나님으로서 천지와 만물을 지으신 창조주시다. 창조주이실 뿐만 아니라 이 세상을 다스리시는 주권자시다. 하나님께서 사울의 손에서 다윗을 구해 주시고 끝없는 사랑과 성실하심으로 그를 보호해 주셨다. 필요하면 그를 돕기 위해 하늘로부터 천사들도 보내 주셨다.

"내 영혼이 사자들 가운데에서 살며 내가 불사르는 자들 중에 누웠으니 곧 사람의 아들들 중에라 그들의 이는 창과 화살이요 그들의 혀는 날카로

운 칼 같도다"(4절).

다윗이 매우 위험한 처지에 놓였다. 그의 영혼은 마치 사자와 같은 맹수들 사이에서 살아가는 것처럼 극도로 긴장했다. 입에서 불을 토하는 사람들 가운데 누워 있는 것처럼 조심스러웠다. 원수들을 건드려 깨어나게 해서는 안 된다. 그들의 이빨은 날카로운 창과 화살 같고, 그들의 혀는 예리한 칼날 같기 때문이다. 이런 경우에는 어떻게 해야 할까?

"하나님이여 주는 하늘 위에 높이 들리시며 주의 영광이 온 세계 위에 높아지기를 원하나이다"(5절).

5절과 11절은 이 시의 후렴이다. 후렴치고는 너무 갑작스럽다. 어떻게 사자 같은 원수들과 불을 토하는 대적자들을 언급하다가 갑자기 '하나님이시여, 하늘 높이 들리시옵소서' 하고 찬양할 수 있을까? 다윗의 시를 읽다 보면 이처럼 갑자기 180도로 방향을 바꾸는 경우를 자주 만나게 된다. 다윗의 신앙은 하나님께로 회귀하는 절대 의지의 신앙이었다. 그의 삶 속에 하나님의 존귀와 영광만큼 중요한 주제는 없었다. 다윗은 하나님만 의지하는 신앙으로 원수들을 이겨 낼 수 있었다.

"그들이 내 걸음을 막으려고 그물을 준비하였으니 내 영혼이 억울하도다 그들이 내 앞에 웅덩이를 팠으나 자기들이 그중에 빠졌도다 (셀라)"(6절).

사울의 군대들이 그를 잡으려고 웅덩이를 파고 그물을 쳤다. '내 영혼이 억울하도다'라는 말은 갑자기 펼쳐진 그물을 보며 놀라는 모습을 연상시킨다. 그런데 대반전이 일어났다. 웅덩이를 판 자들이 그 웅덩이에 빠졌다. 그리고 다윗은 하나님의 도우심으로 위기에서 벗어났다.

"하나님이여 내 마음이 확정되었고 내 마음이 확정되었사오니 내가 노래하고 내가 찬송하리이다"(7절).

'내 마음이 확정되었다'는 말은 굳게 결심했다는 말이다. 그 말을 두 번 반복함으로 그의 마음이 절대 변치 않을 것을 암시하고 있다. 무엇을 하기로 결심했다는 말일까?" 두려운 때에 노래하고 찬송하기로 결심했다는 말이다. 아무리 원수가 우는 사자같이 달려들어도 하나님의 구원을 노래하고 찬송하는 사람은 이길 수가 없다. 승리의 비결은 하나님의 존귀하심과 영광을 노래하는 찬송에 있었다. 이 진리를 깨달은 다윗은 먼동이 트기 전에 자리를 박차고 일어나며 노래하기 시작했다.

"내 영광아 깰지어다 비파야, 수금아, 깰지어다 내가 새벽을 깨우리로다" (8절).

'내 영광'보다는 '내 영혼'이 더 나은 번역으로 보인다. 자신도 일어나고 비파와 수금도 깨어나서 아직 어두운 새벽을 찬양으로 함께 열어 보자는 말이다. 이 시의 전반부에 나오는 '재앙'이나 '나를 삼키려는 비방' 그리고 '사자들 사이'나 '불사르는 자들'이라는 위기의식은 사라지고 '노래'와 '찬송'이 그 자리를 대신했다. 새벽을 깨우는 찬송은 그날 베풀어 주실 은혜에 대한 감사 찬송이다.

엔게디의 굴 이야기를 해보자. 그 굴속에는 다윗과 그를 따르는 자들이 숨어 있었다. 그리고 굴 밖에는 다윗을 잡으려는 사울왕의 3천 정예부대가 분주하게 돌아다니고 있었다. 조만간 다윗 일행이 숨어 있는 굴에도 들이닥칠 것이다. 그런데 군사들보다 먼저 사울왕이 생리를 해결하기 위해 그 굴에 들어왔다. 그때 곁에 있는 사람들의 성화에 못 이겨 다윗이 칼을 빼 들고 왕에게 다가갔지만 양심의 가책을 받고 그의 옷자락 끝만 베었다. 사울왕이 다녀왔기 때문에 그 굴은 군사들이 수색할 필요가 없는 안전한 곳이 되었을 것이다. 나중에 다윗은 굴에서 나와 멀리 있는 사울왕에게 그 옷자락을 흔들어 보이며 '누가 다윗이 사울왕을 해하려 한다고 모함하느냐'고 책망했다. 이에 사울왕은 다윗을 축복하고 돌아갔다. 이런 감격적인 체험이 다윗으로 하여금 하나님을 찬송하게 했다.

"주여 내가 만민 중에서 주께 감사하오며 뭇 나라 중에서 주를 찬송하리이다 무릇 주의 인자는 커서 하늘에 미치고 주의 진리는 궁창에 이르나이다 하나님이여 주는 하늘 위에 높이 들리시며 주의 영광이 온 세계 위에 높아지기를 원하나이다"(9-11절).

다윗이 새벽을 깨우며 부른 찬송은 백성들과 나라들로 퍼져 나갔고 하늘과 궁창까지 올라갔다. 다윗의 소원은 망명 생활을 그치고 정치적으로 회복되는 것이 아니었다. 오직 하나님의 영광이 온 세계 위에 높아지는 것이었다. '세상과 나는 간 곳 없고 구속한 주만 보이도다'라는 찬송가처럼 하나님만 바라보기를 원했다. 하나님과 동행하는 다윗에게 있어서 환난이나 재앙이나 위협은 모두 관심 밖의 일들이었다.

다윗은 어두운 새벽에 일어나 찬송하고 그날 승리했다.

〈시편 58편〉 다윗의 믹담 시, 인도자를 따라 알다스헷에 맞춘 노래

하나님의 심판

이 시는 악한 통치자들에게 하나님의 심판을 선포하는 노래다. 그런데 어딘가 이상하다. 다윗 자신이 이스라엘의 유일한 통치자인데 '통치자들'이라니 누구를 두고 하는 말일까? 부패한 신하들과 재판관들을 두고 하는 말일까? 그렇다 해도 기도의 내용이 너무 섬뜩하다. 만일 그 악한 '통치자들'이 그의 신하들이라면 조용히 불러서 책망하거나 면직시키면 될 일 아닌가?

그러나 다른 해석도 가능하다. 헤브론에서 반란을 일으킨 압살롬이 왕이 되었다는 소문을 듣고 다윗은 황급하게 요단강 쪽으로 피난을 떠났다. 가는 길에 그를 따라나서는 친구 후새를 압살롬에게 보내서 충신인 척하고 사태를 염탐하게 했다. 당시 압살롬은 아히도벨로 자신의 모사를 삼고 책략을 얻었다. 그러나 후새 역시 이름난 모사였다. 아히도벨은 1만 2천 명의 정예부대를 보내서 아직 요단강을 건너지 못한 다윗을 번개처럼 치자는 의견을 내놓았다. 그러나 후새의 의견은 달랐다. 다윗 왕이 병법에 능하므로 가능한 모든 이스라엘 군사들을 보내서 싸우자고 했다. 다행히 압살롬이 후새의 모략을 받아들였다.

다윗으로서는 천만다행이었다. 압살롬이 군대를 모으는 동안 그는 멀리 얍복강 북쪽에 있는 마하나임으로 피난할 수 있었다. 다윗은 그곳에서 암몬 족속의 도움을 받아 전열을 재정비했다. 그리고 에브라임 수풀에서 압살롬의 군대와 일전을 벌였다. 그 전투에서 압살롬이 요압 장군의 손에 죽임을 당했다. 이런 일련의 사건들은 성경의 기록처럼 하루아침에 끝나지 않는다. 적어도 6개월 이상 시간이 경과했을 것이다. 그 동안 압살롬과 그의 신하들이 예루살렘과 이스라엘에서 저지른 범죄 행위들을 다윗이 들었을 것이다. 그렇다면 시편 58편은 압살롬을 비롯한 악한 통치자들의 행위를 심판해 달라는 다윗의 기도다.

"통치자들아 너희가 정의를 말해야 하거늘 어찌 잠잠하냐 인자들아 너희가 올바르게 판결해야 하거늘 어찌 잠잠하냐 아직도 너희가 중심에 악을

행하며 땅에서 너희 손으로 폭력을 달아 주는도다"(1-2절).

다윗은 반란 정부의 통치자들과 재판관들을 향해 '너희가 지금 정의를 구현하며 올바른 재판을 하고 있느냐?' 하고 물었다. 중심이 악한 자들이 어찌 공평한 재판을 할 수 있겠는가? 저울은 공정한 재판을 상징한다. 저울이 바른 것처럼 재판도 공정해야 한다. 그런데 악한 자들은 폭력이라는 잘못된 추를 사용했다. 그들은 편견과 탐심으로 기울어진 재판을 했다.

"악인은 모태에서부터 멀어졌음이여 나면서부터 곁길로 나아가 거짓을 말하는도다 그들의 독은 뱀의 독 같으며 그들은 귀를 막은 귀머거리 독사 같으니 술사의 홀리는 소리도 듣지 않고 능숙한 술객의 요술도 따르지 아니하는 독사로다"(3-5절).

악인이 모태로부터 멀어졌다는 말은 나면서부터 악한 길로 들어섰다는 뜻이다. 그들은 나면서부터 거짓말을 일삼고, 독사처럼 사람 죽이는 악행을 일삼았다. 귀머거리 독사라는 말은 그들이 악에서 돌이킬 가능성이 전혀 없다는 이야기다. 자신의 잘못을 깨닫고 돌이키는 회개가 없다면 남은 것은 하나님의 심판뿐이다.

"하나님이여 그들의 입에서 이를 꺾으소서 여호와여 젊은 사자의 어금니를 꺾어 내시며 그들이 급히 흐르는 물같이 사라지게 하시며 겨누는 화살이 꺾임 같게 하시며 소멸하여 가는 달팽이 같게 하시며 만삭되지 못하여 출생한 아이가 햇빛을 보지 못함 같게 하소서"(6-8절).

이는 하나님의 심판을 묘사하는 다윗의 시적 언어들 중에서 가장 혹독한 표현이다. 악인의 입에서 모든 치아를 꺾어 버린 모습을 상상해 보라. 그들이 더 이상 하나님의 백성들을 괴롭히지 못할 것이다. 갑작스러운 폭우로 소용돌이치던 계곡물이 어느 순간에 바짝 마르는 것처럼 그들의 권력을 거두어 가시라고 기도했다. 화살을 꺾어 버리듯이 그들의 무력(武力)을 잠재워 달라고 기도했다. 그들의 세력이 뜨거운 햇볕 아래 말라 가는 달팽이처럼 되게 해달라고 구했다. 다윗의 기도가 점점 더 강렬해졌다. 교만하고 불의한 반란 세력들이 너무 일찍 태어나 죽어 버린 사산아처럼 되게 해달라고 구했다. 악한 관리들 아래에서 고통을 당하는 백성들을 생각하는 다윗의 말에 좌절과 분노가 스며들어 있다.

"가시나무 불이 가마를 뜨겁게 하기 전에 생나무든지 불 붙는 나무든지

강한 바람으로 휩쓸려가게 하소서"(9절).

다윗은 압살롬과 그의 패거리들을 가시나무로 보았다. 가시나무는 좋은 열매를 맺을 수 없다. 사사기 9장에 보면 요담이 반역을 일으킨 아비멜렉을 가시나무에 비유하며 이렇게 말했다.

"가시나무가 나무들에게 이르되 만일 너희가 참으로 내게 기름을 부어 너희 위에 왕으로 삼겠거든 와서 내 그늘에 피하라 그리하지 아니하면 불이 가시나무에서 나와서 레바논의 백향목을 사를 것이니라 하였느니라"(사사기 9:15).

그때 압살롬은 나름대로 정부 조직을 만들어 가고 있었다. 그러나 엉겁결에 잡은 권력이니 얼마나 남발했겠는가? 다윗은 가시나무 같은 악한 자들이 정착하고 뿌리 내리기 전에 하나님께서 강한 바람이 그들을 휩쓸어 가게 해달라고 기도했다.

다윗은 자기 손으로 아들 압살롬을 치고 싶지 않았다. 더구나 압살롬은 그가 다른 자식들보다 더 사랑하는 아들이었다. 팔은 안으로 굽는다고 했다. 아마도 다윗은 압살롬을 부추겨서 악한 일을 행하게 한 신하들이 더 괘씸하고 미웠을 것이다. 그래서 전장터로 나가는 요압 장군에게 '소년 압살롬을 너그럽게 대하라'고 부탁했다. 그러나 하나님의 강렬한 심판의 회오리바람 앞에는 예외가 없었다. 압살롬도 그날 죽임을 당했다.

"의인이 악인의 보복당함을 보고 기뻐함이여 그의 발을 악인의 피에 씻으리로다"(10절).

하나님의 공의로운 심판이 임할 때 악인들은 수치를 당하며 슬퍼할 것이다. 그러나 의인들은 손뼉을 치며 기뻐할 것이다. '그의 발을 악인의 피에 씻으리로다'는 전쟁에서 의인이 악인을 이기고 승리한다는 말이다. 하나님의 심판이 임하고 의인들이 승리할 때 사람들은 이렇게 말할 것이다.

"그때에 사람의 말이 진실로 의인에게 갚음이 있고 진실로 땅에서 심판하시는 하나님이 계시다 하리로다"(11절).

억울한 일을 당할 때에 우리 손으로 원수를 갚으려고 하지 말자. 그것은 우리가 할 일이 아니다. 그러다가 악인과 함께 함정에 빠질 수 있다. 비록 오랜 시간 동안 고통을 당할지라도 하나님의 손에 맡겨드리자. 하나님께서 반드시 갚아 주실 것이다. 그때 세상 사람들이 '하나님은 살아계신다' 하고 인정할 것이다.

〈시편 59편〉 다윗의 믹담 시, 인도자를 따라 알다스헷에 맞춘 노래, 사울이 사람을 보내어 다윗을 죽이려고 그 집을 지킨 때에

나의 요새가 되신 하나님

이 시는 사울왕의 군사들이 다윗을 죽이기 위해 그의 집을 포위하고 있을 때 지은 시다. 여기에서 중요한 단어는 '때'다. 과연 이 '때'가 의미하는 것은 무엇일까?

전후 사정을 살펴보면 이렇다. 다윗이 골리앗을 죽이고 돌아올 때 여인들이 성에서 나와 '사울이 죽인 자는 천천이요, 다윗은 만만이로다' 하고 노래했다. 순식간에 온 나라에 퍼진 이 노래 때문에 사울왕의 마음에 생채기가 생겼다. 사울은 자기 딸 미갈을 다윗에게 주며 사위로 삼았지만 그는 다윗을 품을 만한 그릇이 아니었다. 다윗은 블레셋과 싸울 때마다 큰 승리를 거두었다. 온 국민의 시선이 다윗에게 쏠리자 사울은 더 이상 견딜 수가 없었다. 설상가상으로 하나님께서 사울을 버리시니 우울증 환자로 전락했다. 어느 날 사울은 그의 우울증을 치료하기 위해 수금을 타고 있던 다윗에게 단창을 던졌다. 다윗이 잽싸게 몸을 피하자 벽에 박힌 단창이 파르르 떨었다. 사울은 병사들을 다윗의 집에 보내며 그를 죽이라고 명령했다. 다윗의 아내이자 사울의 딸이었던 미갈이 재촉하며 말했다.

> "당신이 이 밤에 당신의 생명을 구하지 아니하면 내일에는 죽임을 당하리라"(사무엘상 19:11).

그날 밤 미갈이 다윗을 창에서 달아 내려 도망가게 했다. 그러면 다윗이 이 시를 지은 때는 언제였을까? 다윗은 미갈이 빨리 피하라고 재촉할 때 잠시 무릎을 꿇고 하나님께 기도했을 것이다. 그리고 훗날 그때 했던 기도를 시적인 언어로 바꾸어 정리했을 것이다. 이런 추론이 불가능한 일일까? 촌각을 다투는 시간에 무슨 기도를 할 수 있겠느냐고 생각할지 모른다. 그러나 시편 59편을 조금 빠른 속도로 읽으면 2분 정도 걸린다. 감정을 넣고 중간중간 한숨을 쉬며 기도해도 3분이면 충분하다. 다른 사람은 몰라도 다윗은 이런 절체절명의 위기에 기도부터 했을 것이다. 왜냐하면 그 방법이 가장 안전하니까.

이제 다윗이 그 ‘때’에 드렸던 기도시를 묵상해 보자.

“나의 하나님이여 나의 원수에게서 나를 건지시고 일어나 치려는 자에게서 나를 높이 드소서 악을 행하는 자에게서 나를 건지시고 피 흘리기를 즐기는 자에게서 나를 구원하소서”(1-2절).

기도를 응답받으려면 믿음이 필요하다. 하나님은 ‘믿음으로 드리는 기도’에 응답하신다. 다윗은 하나님께서 그를 원수로부터 건지시고 구원해 주실 것을 믿었다. 그렇게 기도하는 동안 믿음이 더해졌다. 아무리 살펴보아도 그는 이런 고난을 당할 만한 악을 행하지 않았다. 그래서 담대하게 기도했다.

“그들이 나의 생명을 해하려고 엎드려 기다리고 강한 자들이 모여 나를 치려 하오니 여호와여 이는 나의 잘못으로 말미암음이 아니요 나의 죄로 말미암음도 아니로소이다 내가 허물이 없으나 그들이 달려와서 스스로 준비하오니 주여 나를 도우시기 위하여 깨어 살펴 주소서 주님은 만군의 하나님 여호와, 이스라엘의 하나님이시오니 일어나 모든 나라들을 벌하소서 악을 행하는 모든 자들에게 은혜를 베풀지 마소서 (셀라)”(3-5절).

무리의 법칙은 인간 사회에서도 통한다. 악한 자들은 악한 자들끼리 모인다. 그들의 목적은 죄 없는 자를 치는 데 있었다. 생각할수록 억울했다. 다윗이 백성들에게 그런 가사를 지어 주었던가? 그가 골리앗을 죽이고 블레셋을 무찔러서 나라를 구한 일 외에 도대체 무슨 일을 했단 말인가? 악한 사람들은 없는 말을 지어 내는 데 탁월하다. 이런 경우에 하나님 말고 누가 그의 억울함을 풀어 줄 수 있겠는가? 그래서 다윗은 창문을 넘기 전에 기도부터 했다.

“그들이 저물어 돌아와서 개처럼 울며 성으로 두루 다니고 그들의 입으로는 악을 토하며 그들의 입술에는 칼이 있어 이르기를 누가 들으리요 하나이다”(6-7절).

깊은 밤 골목에서 사나운 들개 떼를 만났다고 상상해 보라. 얼마나 두렵겠는가? 악인들이 개처럼 다윗을 물어 찢기 위해 찾아나섰다. 그들의 손에는 칼이 들려 있다. 칼보다 더 무서운 것은 그들의 교만한 입이었다. ‘누가 들으리요’라는 말은 하나님의 계심을 무시하는 말이다. 그들이 지금 다윗의 집을 겹겹이 지키고 있다. 누가 다윗을 저들의 손에서 건져 낼 수 있을까? 그런데 갑자기 다윗의 눈앞에 새로운 장면이 펼쳐졌다.

“여호와여 주께서 그들을 비웃으시며 모든 나라들을 조롱하시리이다 하나님은 나의 요새이시니 그의 힘으로 말미암아 내가 주를 바라리이다 나의 하나님이 그의 인자하심으로 나를 영접하시며 하나님이 나의 원수가 보응받는 것을 내가 보게 하시리이다”(8–10).

신기한 일이 전개되었다. 아무리 두려워도, 아무리 깊은 수렁에 빠져도, 아무리 외진 곳에 혼자 다녀도, 하나님께서 동행하시면 그 모든 환경이 무대 장치처럼 변한다. 하나님께서 다윗의 원수들을 비웃고 조롱하셨다. 왜 비웃으셨을까? 그들의 꾀가 너무 하찮았기 때문이다. 왜 조롱하셨을까? 그들의 힘이 너무 보잘것없었기 때문이다. 하나님께서 두려워 떠는 다윗을 그의 요새 안으로 불러들이셨다. 그러자 오랜 세월 병석에 누웠다가 예수님을 만난 후에 즉시 일어나 걸었던 38년 된 병자처럼 다윗의 온몸에 기운이 충만하게 됐다. 하나님의 사랑(인자하심)이 그를 하나님 보좌 앞으로 인도했다. 다윗은 장차 원수들이 심판받는 장면을 보게 될 것이다. 그런데 그때 다윗이 하나님께 드리는 간청이 특별했다.

“그들을 죽이지 마옵소서 나의 백성이 잊을까 하나이다 우리 방패 되신 주여 주의 능력으로 그들을 흩으시고 낮추소서 그들의 입술의 말은 곧 그들의 입의 죄라 그들이 말하는 저주와 거짓말로 말미암아 그들이 그 교만한 중에서 사로잡히게 하소서 진노하심으로 소멸하시되 없어지기까지 소멸하사 하나님이 야곱 중에서 다스리심을 땅끝까지 알게 하소서 (셀라)”(11–12절).

왜 악인들을 죽이지 말라고 부탁했을까? 한 사람이 죽어 무덤에 묻히면 다른 사람들은 곧 그를 잊어버린다. 그러나 다윗은 악인들이 망해 가는 모습을 사람들이 보고 기억하기를 원했다. 그래서 악인들을 즉시 죽이지 마시고 다만 주의 능력으로 흩으시고 낮추시라고 기도했다. 그들의 교만 때문에 사로잡혀 끌려가게 해달라고, 그래서 백성들로 하여금 악인이 소멸되어 가는 최후를 보고 깨닫게 해달라고 기도했다. 애굽의 바로왕처럼 서서히 소멸되어 가게 해달라고 기도했다. 사람들이 출애굽 사건을 기억하듯이 악한 자들의 종말도 기억하게 해달라고 기도했다.

“그들에게 저물어 돌아와서 개처럼 울며 성으로 두루 다니게 하소서 그들은 먹을 것을 찾아 유리하다가 배부름을 얻지 못하면 밤을 새우려니와”(14–15절).

이 시에 ‘개’라는 말이 두 번 나온다. 처음에는 사납고 무서운 개로 나왔다(6절). 그들의 짖는 소리가 듣는 이의 가슴을 서늘하게 했다. 그들의 흰 이빨은 날카로운 칼처럼 느껴졌다. 그러나 이번에는 처량한 개로 묘사된다. 더 이상 사납게 짖을 힘이 없어졌다. 그것은 지치고 배고픈 개들이 내는 신음 소리였다. 개들은 먹을 것을 찾아 킁킁거리며 거리를 배회했다. 사람이나 짐승이나 먹지 못하고 굶주리면 잠을 잘 수가 없다.

개에 대하여 처음 언급했을 때 다윗의 마음은 두려움으로 가득했다. 그러나 14-15절에서 다시 언급했을 때는 의연했다. 무슨 일이 일어난 것일까? 사울의 군대가 집을 포위했던 그날 밤, 다윗은 당장 창문을 뛰어넘지 않고 잠시 기도했을 것이다. 아내 미갈이 재촉했다. 그러나 무릎을 꿇고 두 손을 든 채 기도하자 다윗의 마음에 평안과 담대함이 가득 채워졌다. 그는 더 이상 원수를 향해 등을 돌리지 않았다. 오히려 원수들의 장래를 담담하게 바라보았다. 그곳에는 먹을 것을 찾아 거리를 헤매는 개들처럼 비굴한 원수들, 탐욕으로 가득 찼지만 아무것도 얻지 못하는 불쌍한 원수들, 슬피 우는 원수들만 남아 있었다. 원수들을 보는 다윗의 관점이 그렇게 변했다.

"나는 주의 힘을 노래하며 아침에 주의 인자하심을 높이 부르오리니 주는 나의 요새이시며 나의 환난 날에 피난처심이니이다 나의 힘이시여 내가 주께 찬송하오리니 하나님은 나의 요새이시며 나를 긍휼히 여기시는 하나님이심이니이다"(16-17절).

다윗은 하나님의 능력과 인자하심을 찬양했다. 누가 하나님의 힘을 이길 수 있을까. 누가 하나님께서 사랑하시는 사람을 대적할 수 있을까. 마침내 다윗은 하나님 안에서 피난처를 찾았다. 하나님이 그의 요새가 되어 주셨다. 다윗은 창문을 넘어 도망하기 전에 이미 마음에 평안을 얻었다. 현실 세계에서는 잠시 몸을 피하겠지만 하나님과 함께 그 길을 걸어갈 것이다. 결코 '광야의 당아새나 황폐한 곳의 부엉이나 지붕 위에서 외롭게 밤을 지새우는 참새처럼' 살지 않을 것이다(시편 102:6-7). 자객들이 주위를 배회할 때 다윗은 하나님께서 주신 힘을 의지하고 창문을 넘었다.

참담한 일을 만날 때 먼저 다윗처럼 기도하자. 기도로 먼저 승리하자. 기도의 문을 열고 하나님의 요새로 들어가자. 도망가는 것보다 먼저 기도하는 것이 더 중요하다. 기도하는 자는 잠시 몸을 피할지언정 결코 도망가지 않는다. 언제 기도할 것인가, 그 '때'가 중요하다.

〈시편 60편〉 다윗이 교훈하기 위하여 지은 믹담, 인도자를 따라 수산에듯에 맞춘 노래, 다윗이 아람 나하라임과 아람 소바와 싸우는 중에 요압이 돌아와 에돔을 소금 골짜기에서 쳐서 만 이천 명을 죽인 때에

절망 중에 부르는 노래

시편 60편은 승전의 노래가 아니다. 다윗이 어떤 전쟁에서 불의의 일격을 받고 적잖은 전사자들을 낸 후에 지은 시다. 이 시를 지을 무렵 다윗은 아람 나하라임과 아람 소바와 더불어 전쟁을 하고 있었다. 아람 사람들은 현재의 시리아 남부와 이스라엘 북부 사이에 거주했다. 아람은 여러 작은 부족들로 구성되어 있었는데 필요할 때마다 서로 연합하여 싸우곤 했다. 이번에도 다윗은 아람 연합군과 싸우고 있었다. 그때 에돔과의 전쟁에서 만 이천 명을 죽이고 승리한 요압이 전장터로 다윗을 찾아왔다. 이스라엘 역사서를 읽어 보면 다윗이 전쟁에서 패하였다는 기록을 찾아볼 수 없다. 그렇다면 시편 60편은 어느 전쟁에서 패한 후에 지었을까? 열왕기상에 조그마한 단서가 나타난다.

> "전에 다윗이 에돔에 있을 때에 군대장관 요압이 가서 죽임을 당한 자들을 장사하고 에돔의 남자를 다 쳐서 죽였는데 요압은 에돔의 남자를 다 없이 하기까지 이스라엘 무리와 함께 여섯 달을 그곳에 유하였었더라"(열왕기상 11:15-16).

이 구절은 솔로몬 시대에 다윗의 때를 회상하며 기록한 내용이다. 그래서 '전에'라는 말로 시작했다. 이 구절이 기록된 시점은 다윗도 죽고 요압도 죽은 후였다. 전에 요압이 에돔에 가서 승전한 후에 이전의 전투에서 죽었던 이스라엘 병사들의 시신을 장사하고 돌아왔다는 내용이다. 퍼즐을 맞추어 보자. 아마도 다윗이 에돔에게 패배하고 돌아와서 아람과 싸우고 있었을 것이다. 그런데 요압이 다시 가서 6개월 동안 싸우면서 에돔의 남자들(전쟁에 나갈 수 있는 남자들)을 다 죽였다. 그리고 지난 전쟁의 전사자들까지 장사 지냈다. 다른 말로 하면 이전에 전사한 이스라엘의 병사들이 그때까지 사막의 독수리 밥이 되고 있었다는 말이다. 전쟁에서 이기면 전사자들의 시체도 수습해서 돌아온다. 그런데 다윗은 그 시체들을 유기한 채 돌아왔다. 요압이 돌아와서 승전 보고를 했지만 다윗의 가슴에는 패배한 상처가 아직도 남아 있었을 것이다. 이런 배경 그림 아래 이 시를 읽어 보자.

"하나님이여 주께서 우리를 버려 흩으셨고 분노하셨사오나 지금은 우리를 회복시키소서 주께서 땅을 진동시키사 갈라지게 하셨사오니 그 틈을 기우소서 땅이 흔들림이니이다 주께서 주의 백성에게 어려움을 보이시고 비틀거리게 하는 포도주를 우리에게 마시게 하셨나이다"(1-3절).

강력한 다윗의 군대가 보잘것없는 에돔 군대에 패하고 뿔뿔이 흩어졌다. 하나님께서 분노하셔서 다윗의 군대를 흩어 버리셨다. 그때 다윗이 받은 충격은 대단했을 것이다. 다윗은 하나님께서 분노하신 그 이유를 알고 있었다. 그것은 우리가 알지 못하는 다윗의 또 다른 죄였을 것이다.

'지금은 우리를 회복시키소서'라는 다윗의 기도 속에 회개가 내포되어 있다. 갈라진 땅의 틈을 메워 주시라는 기도 속에 장수들의 분열된 모습이 엿보인다. 다윗이 에돔 사람 앞에서 경험한 패배는 단순한 아픔이 아니었다. 하나님의 백성들에게 드리워진 수치였다. 이스라엘 군대가 마치 술에 취한 사람처럼 비틀거렸다. 군대의 마음이 흔들렸다는 말이다. 그러니 무슨 전쟁이 되겠는가? 하나님께서 다윗과 그의 군대들을 부끄럽게 만드셨다. 그러자 다윗은 하나님 앞에 회개하기 시작했다. 다윗은 하나님께서 책망하실 때 그와 다투려고 하지 않았다. 바짝 엎드려 죄를 자복했다. 그러자 하나님께서 다윗을 회복시켜 주셨다. 그리하여 아무 일도 없었던 것처럼 그의 리더십을 다시 세워 주셨다. 하나님의 은혜였다.

"주를 경외하는 자에게 깃발을 주시고 진리를 위하여 달게 하셨나이다 (셀라)"(4절).

전장터에서 깃발은 대단히 중요하다. 그런데 에돔과의 전쟁에서 이스라엘의 깃발이 부러지고 짓밟혔다. 전사자들의 시신뿐만 아니라 소중한 깃발마저 버려 두고 왔다. 그런데 회개한 다윗에게 하나님께서 새로운 깃발을 주셨다. 여호와 닛시의 깃발이었을 것이다. 그리고 진리를 위하여 그 깃발을 높이 펄럭이게 해주셨다. 어떤 진리일까?

"주께서 사랑하시는 자를 건지시기 위하여 주의 오른손으로 구원하시고 응답하소서"(5절).

그것은 하나님께서 그가 사랑하시는 백성들을 반드시 구원하신다는 진리였다. 회개의 열매는 사랑의 회복이다. 다윗이 하나님 앞에서 죄를 회개할 때 하나님의 사랑이 회복되었다. 하나님께서는 그를 사랑하는 자를 반드시 역경에서 건지시고 그의 오른손으로 구원하신다. 이제 남은 일은 하나님께서 하실 일을 보는 것뿐이다. 다윗이 그 소망을 가지고 기도하자 마침내 하나님께서 응답하셨다.

"하나님이 그의 거룩하심으로 말씀하시되 내가 뛰놀리라 내가 세겜을 나누며 숙곳 골짜기를 측량하리라 길르앗이 내 것이요 므낫세도 내 것이며 에브라임은 내 머리의 투구요 유다는 나의 규이며, 모압은 나의 목욕통이라 에돔에는 나의 신발을 던지리라 블레셋아 나로 말미암아 외치라 하셨도다"(6-8절).

'그의 거룩하심으로 말씀하시되'를 NIV는 '그의 성소로부터 말씀하시되'로 번역했다. NIV의 번역이 더 적절해 보인다. 다윗에게 하나님의 음성이 들려왔다. 그것은 장차 하나님께서 다윗을 통하여 하실 일들이었다. '뛰놀리라'는 하나님께서 기뻐하는 모습이다. 하나님께서 무엇을 기뻐하실까? 세겜을 나누시고 숙곳 골짜기를 줄로 측량하시며, 므낫세와 에브라임과 유다를 하나님의 것이라고 선포하시고, 모압과 에돔은 종으로 삼겠다고 말씀하시며 기뻐하셨다.

에돔에서 패주하다시피 떠났던 다윗은 지금 북쪽에 있는 아람 연합군과 대치하고 있다. 그런데 요압이 에돔을 치고 굴복시켰다. 전에 두고 왔던 시신들까지 모두 장사 지내고 왔다. 다윗의 마음이 몹시 혼란스러웠다. 그때 하나님의 말씀이 임했다. 장차 다윗이 주변의 땅과 나라들을 모두 점령하게 될 것이라는 말씀이었다. 다윗은 그 말씀에 대한 확신을 얻고 싶었다. 그래서 혼잣말처럼 중얼거렸다.

"누가 나를 이끌어 견고한 성에 들이며 누가 나를 에돔에 인도할까"(9절).

기도는 단순한 탄식으로 끝나지 않아야 한다. 응답을 얻기 위한 간청이어야 한다. 다윗은 요압이 승리하는 것으로 만족할 수 없었다. 그가 친히 나가서 에돔을 치고 완전한 승리를 얻고 싶었다. 그것은 (우리가 알지 못하는) 다윗의 죄를 하나님께서 용서하셨다는 증거가 될 것이다. 그래서 다윗의 기도에 간절함이 깃들어 있었다.

"하나님이여 주께서 우리를 버리지 아니하셨나이까 하나님이여 주께서 우

리 군대와 함께 나아가지 아니하시나이다 우리를 도와 대적을 치게 하소서 사람의 구원은 헛됨이니이다"(10-11절).

이전에는 다윗의 죄 때문에 하나님께서 동행하지 않으셨지만, 이제 용서받았으니 군대와 함께 나가셔서 적을 치게 해달라고 간청했다. '사람의 구원은 헛됨이니이다'는 말은 누구를 두고 한 말이었을까? 요압의 손이 아니라 하나님의 손으로 에돔을 쳐주시라는 기도였을까? 분명한 사실은 하나님께서 하시는 일에 다윗 자신이 다시 쓰임 받기를 간절히 원하고 있었다는 점이다. 그런데 과연 그의 기도가 응답되었을까?

훗날 다윗은 스루야의 아들 아비새(요압의 동생)를 보내어 다시 에돔을 공략하고 1만 8천 명을 죽였다. 사무엘하에 이런 말씀이 기록되어 있다.

"다윗이 에돔에 수비대를 두매 에돔 사람이 다 다윗의 종이 되니라 다윗이 어디로 가든지 여호와께서 이기게 하셨더라"(사무엘하 18:13).

그러나 이 시를 지을 무렵에는 아직 그런 일이 일어나지 않았다. 그래서 다윗은 하나님께서 개입해 주시기를 간청하며 기도했다.

"우리가 하나님을 의지하고 용감하게 행하리니 그는 우리의 대적을 밟으실 이심이로다"(12절).

살다 보면 절망의 늪에 빠질 때가 있다. 수치스러운 일을 당할 때도 있다. 그때 우리들은 어떤 자세를 취해야 할까? 먼저 회개할 일이 있는지 살펴보아야 한다. 하나님과 우리의 관계가 소원(疏遠)하게 되었다면 그 책임은 우리에게 있다. 왜냐하면 하나님은 변치 않으시는 분이시기 때문이다.

"오직 너희 죄악이 너희와 너희 하나님 사이를 갈라 놓았고 너희 죄가 그의 얼굴을 가리어서 너희에게서 듣지 않으시게 함이니라"(이사야 59:2).

나아가서 하나님과의 사랑의 관계를 회복해야 한다. 감사하게도 하나님께서 먼저 우리와 화목하기를 원하신다. 우리는 이 사실을 의심하지 말고 굳게 믿어야 한다.

하나님께서 이전에 행하신 선한 일들을 기억해 보자. 하나님의 은혜를 잊지 말자. 은혜의 기억 속에 감사의 열매가 맺힌다. 그 열매가 하나님을 기쁘시게 한다. 하나님은 지금도 우리 때문에 기뻐하시며 뛰놀기 원하신다. 우리의 생애를 통해 이루시고 싶은 일들이 아직도 많이 남아 있다.

〈시편 61편〉 다윗의 시, 인도자를 따라 현악에 맞춘 노래

나보다 더 높은 바위에 세우소서

어느 날 갑자기 마음이 약해질 때가 있다. 염려와 근심, 불안과 두려움, 그리고 슬픔과 섭섭함이 안개처럼 밀려올 때가 있다. 잠언 기자는 '모든 지킬 만한 것 중에 더욱 네 마음을 지키라'고 했다(잠언 4:23). 어떻게 우리의 마음을 지켜낼 수 있을까? 다윗은 하나님 앞에 부르짖으며 기도했다.

"하나님이여 나의 부르짖음을 들으시며 내 기도에 유의하소서 내 마음이 약해질 때에 땅끝에서부터 주께 부르짖으오리니 나보다 높은 바위에 나를 인도하소서"(1-2절).

'들으시며'와 '유의하소서'는 모두 명령형 동사다. 하나님께 명령어를 거침없이 사용하는 다윗이 신기해 보인다. 그러나 하나님과 긴밀한 관계를 유지하고 있던 다윗은 그런 단어를 사용하는 것이 자연스러웠을 것이다. 하긴 아이들도 부모에게 함부로 명령어를 사용하니까.

'내 마음이 약해질 때'와 '땅끝'은 어떤 관계가 있을까? 다윗이 어떤 곤란한 일을 당하여 성소로부터 멀리 떠나 있었다. '땅끝'은 지리적 거리를 의미하지 않는다. 하나님께로부터 멀리 떨어져 있다는 느낌이다. 원수들에게 쫓겨서 막다른 궁지에 몰린 상황도 '땅끝'이 될 수 있다. 다윗은 이런 느낌을 '약해진 마음'이라고 표현했다. 문자적으로 해석하면 '졸도하기 직전의 상태'를 말한다. 무슨 연유인지 모르지만 다윗은 지금 그가 하나님께로부터 멀리 떨어져 있다고 생각했다. 그 거리감 때문에 하나님께 소리쳐 부르짖으면서 '제발 좀 귀를 기울이시고 내 기도를 들어주세요' 하고 간청했다. '나보다 높은 바위에 나를 인도하소서' 하고 탄원했다.

이 '바위'(צור, 추르)는 바위 절벽을 가리킨다. 아무도 그 수직 절벽을 타고 오를 수가 없다. 그러나 절벽 위는 편편하여 사람이 안전하게 머물 수 있다. 그곳은 안전한 피난처다. 원수를 피할 수 있는 견고한 망대다. 그곳은 자신의 힘으로 이를 수 없는, 오직 하나님의 도우심으로만 올라갈

수 있는 바위다. 세상 어느 누구도 다윗에게 그런 피난처를 제공해 줄 수 없다. 오직 하나님만 가능하시다.

"주는 나의 피난처시요 원수를 피하는 견고한 망대이심이니이다 내가 영원히 주의 장막에 머물며 내가 주의 날개 아래로 피하리이다 (셀라)"(3-4절).

이 구절의 첫 부분에 '왜냐하면'이라는 히브리 단어 '키'(כִּי)가 생략되어 있다. 왜 다윗이 그렇게 부르짖었는지 설명하는 말이다. '주의 장막'은 하나님과 만나는 회막이다. 다윗은 항상 하나님과 교제하는 삶을 살았다. 모든 그리스도인들에게는 하나님을 만나는 회막이 있다. 그 회막은 환난 날에 피할 바위가 되고 주의 날개 그늘이 된다. 우리 영혼 속에 주님과 교제하는 회막이 없다면 어느 곳도 안전하지 않다. 원수 마귀에게 노출될 것이다. 두려움과 불안이 떠나지 않을 것이다. 그러나 영혼의 회막은 우리가 피할 수 있는 견고한 망대가 된다.

"주 하나님이여 주께서 나의 서원을 들으시고 주의 이름을 경외하는 자가 얻을 기업을 내게 주셨나이다"(5절).

5절도 '왜냐하면'으로 시작한다. 왜 다윗이 주의 장막에 머물며 주의 날개 아래로 피하였는지 그 이유를 설명하고 있다. 그것은 하나님께서 다윗의 서원을 들으셨기 때문이다. 서원은 약속이다. 그 서원이 무엇이었는지는 모른다. 그러나 한 가지는 확실하다. 다윗은 하나님께 약속한 일들을 성실하게 수행하였고, 하나님께서 그 상급으로 기업을 주셨다. 다윗은 구원의 망대에 서서 하나님의 복을 믿음의 눈으로 바라보았다.

"주께서 왕에게 장수하게 하사 그의 나이가 여러 대에 미치게 하시리이다 그가 영원히 하나님 앞에서 거주하리니 인자와 진리를 예비하사 그를 보호하소서 그리하시면 내가 주의 이름을 영원히 찬양하며 매일 나의 서원을 이행하리이다"(6-8절).

다윗은 하나님께서 그의 왕권을 견고하게 하시고 그 왕위가 여러 대에 걸쳐 계속되기를 기도했다. 또 그의 후손(왕)들이 모두 하나님을 섬기며 백성을 다스리게 하시고, 하나님의 인자와 진리(성실)로 보호받게 해달라고 기도했다. 그러자 다윗의 마음에 연약함이 사라지고 평안이 임했다.

〈시편 62편〉 다윗의 시, 인도자를 따라 여두둔의 법칙에 따라 부르는 노래

구원은 어디에서 오는가

아담과 하와가 범죄한 이래 세상은 선보다 악이 우위를 점하는 불균형한 모습이 되었다. 그 결과 권력자들의 횡포가 그치지 않고 억울한 일을 당한 사람은 보상받을 길이 없었다. 이런 세상에서 우리를 구원해 주실 분은 과연 누구일까?

"나의 영혼이 잠잠히 하나님만 바람이여 나의 구원이 그에게서 나오는도다 오직 그만이 나의 반석이시요 나의 구원이시요 나의 요새이시니 내가 크게 흔들리지 아니하리로다"(1–2절).

다윗은 하나님만 자기를 구원하실 수 있다고 믿었다. 그래서 잠잠히 하나님을 바라보았다. '잠잠히'는 절대 의지하는 믿음을 의미한다. 물론 하나님을 의지하는 사람도 어려운 일을 만날 때 믿음이 흔들릴 수 있다. 그러나 하나님께서 그의 반석과 구원과 요새가 되기 때문에 그는 즉시로 중심을 회복한다. '반석'은 흔들리지 않기 때문에 '구원의 반석'이다. 다윗은 '내가 크게 흔들리지 아니하리라'고 했다. 자신의 연약함 때문에 조금 흔들리겠지만 위험할 지경은 아니라는 말이다. 반면에 하나님을 믿지 않는 사람들은 더 크게 흔들리다가 매몰되고 말 것이다.

"넘어지는 담과 흔들리는 울타리같이 사람을 죽이려고 너희가 일제히 공격하기를 언제까지 하려느냐 그들이 그를 그의 높은 자리에서 떨어뜨리기만 꾀하고 거짓을 즐겨 하니 입으로는 축복이요 속으로는 저주로다 (셀라)"(3–4절).

세상에는 흔드는 자들이 있다. 그들은 흔들 만한 권력을 가지고 있다. 넘어져 가는 담과 흔들리는 울타리는 조금만 밀어도 제풀에 넘어진다. 세상에는 연약한 사람들이 있다. 그들은 정서적으로 연약하고, 경제적으로 연약하며, 육신적으로도 연약하다. 그들의 기반은 마치 묽은 진흙 땅과 같아서 사소한 충격만 받아도 흔들린다. 이 연약한 사람들을 공격하

는 '너희'는 긍휼히 여기는 마음이 털끝만큼도 없는 무정한 사람들이다. 이들의 마음속에는 악이 가득 차 있다. 누군가 잘되는 모습을 보면 견딜 수가 없다. 없는 말을 지어내어 그를 넘어뜨리려고 한다. 거짓으로 남을 모략하기를 즐긴다. 그들의 말은 듣기에 달콤하지만 속에는 치명적인 저주가 담겨 있다. 이런 사람들이 다윗을 흔들었다.

다윗은 그가 연약한 상태에 있을 때 이 시를 지었다. 사울왕에게 쫓겨 다닐 때였거나, 압살롬에게 쫓겨날 때였을 것이다. 골리앗을 죽이고 왕의 사위가 된 다윗은 전쟁에 나갈 때마다 연전연승했다. 그 무렵 다윗을 시기하는 자들이 있었다. 그들은 '사울이 죽인 자는 천천이요, 다윗이 죽인 자는 만만이라'는 가사 한 줄로 다윗을 음해했다. 그리고 사울의 열등감을 부추겨서 다윗을 죽이려고 했다. 압살롬이 반역할 때에도 다윗을 흔드는 사람들이 있었다. 그들은 평범한 목동이 왕의 자리에 앉아 있는 모습을 보고 마음이 불편했을 것이다. 때마침 밧세바와 간통한 사건 때문에 다윗을 향한 백성들의 마음이 예전 같지 않았다. 무너지는 담 같고 흔들리는 울타리 같았다. 그들은 압살롬의 소외감에 불을 붙이고 비밀리에 2백여 명의 동료들을 긁어모아 부하뇌동했다. 그 배후에 바로 그 '너희'가 있었다. 다윗은 '너희가 일제히 공격하기를 언제까지 하려느냐'고 꾸짖을 때 그들이 누구인지 잘 알고 있었다. 그러나 다윗은 그들을 보지 않고 하나님을 바라보았다.

"나의 영혼아 잠잠히 하나님만 바라라 무릇 나의 소망이 그로부터 나오는도다"(5절).

1절에서는 '나의 구원이 그에게서 나온다'고 했다. 그러나 5절에서는 '나의 소망이 그로부터 나온다'고 했다. 구원이 현재의 일이라면 소망은 장래에 이루어질 일이다. 다윗의 믿음이 점점 더 커지고 있었다.

"오직 그만이 나의 반석이시요 나의 구원이시요 나의 요새이시니 내가 흔들리지 아니하리로다 나의 구원과 영광이 하나님께 있음이여 내 힘의 반석과 피난처도 하나님께 있도다 백성들아 시시로 그를 의지하고 그의 앞에 마음을 토하라 하나님은 우리의 피난처시로다 (셀라)"(6–8절).

지도자는 그를 따르는 사람들에게 영향을 끼친다. 추종자들에게 신뢰감을 주느냐 못 주느냐에 따라 그의 지도력이 달라진다. 세상 지도자들은 겉으로만 큰소리를 치는 '속 빈 강정'인 경우가 허다하다. 그러나 다윗은 백성들에게 자기를 의지하지 말고 하나님을 의지하라고 가르쳤다. 자기에게 하소연하지 말고 하나님께 속마음을 토하라고 권했다. 하나님만이 구원의 반석이요 피난처가 되신다고 설득했다. 하나님을 의지하면 흔들리지 않을 것이라고 다독였다. 들판에서 다윗은 사자와 곰을 쳐 죽였다. 그러나 사자와 곰의 발톱에서 그를 구원해 내신 분은 하나님이셨다고 생각했다. 골리앗을 치러 나갈 때도 그가 의지한 것은 물맷돌이 아니라 하나님의 이름이었다.

지도자는 한편만 보지 않는다. 그를 따르는 자들과 그를 무너뜨리려는 자들이 다 그의 백성들이었다. 다윗은 원수들까지도 긍휼히 여겼다.

"아, 슬프도다 사람은 입김이며 인생도 속임수이니 저울에 달면 그들은 입김보다 가벼우리로다 포악을 의지하지 말며 탈취한 것으로 허망하여지지 말며 재물이 늘어도 거기에 마음을 두지 말지어다"(9-10절).

얄팍한 꾀와 보잘것없는 권력을 의지하며 악을 행하는 자들, 포악함으로 남의 재물을 탈취하고 그것을 자랑하는 자들, 다윗의 눈에는 그들이 추운 날 입에서 나오는 입김보다 더 가벼워 보였다. 그들은 자기의 재주와 재력을 과시하느라 하나님 앞에서 잠잠할 수가 없는 사람들이다. 그들은 하나님을 의식하지 않았다. 교만하고 방자했다. 다윗은 그들의 어리석은 모습이 너무 슬퍼서 '아, 슬프다' 하고 탄식했다. 그런데 혹시 하나님께서 그들에게 하실 말씀이 있을까?

"하나님이 한두 번 하신 말씀을 내가 들었나니 권능은 하나님께 속하였다 하셨도다 주여 인자함은 주께 속하오니 주께서 각 사람이 행한 대로 갚으심이니이다"(11-12절).

'하나님이 한두 번 하신 말씀을 내가 들었나니'라는 말은 '하나님께서 한 가지를 말씀하셨는데 나는 두 가지로 들었다'는 의미다. 하나님께서 '권능은 내게 속하였다'고 말씀하실 때 다윗의 귀에는 '나는 인자하다'는 말씀도 함께 들렸다. 세상 권력자들은 일반적으로 긍휼히 여기는 마음이 부족하다. 만일 그가 사랑을 강조하다 보면 권력이 약해질 것이다. 반대로 권력을 중시하면 무정한 지도자가 될 것이다. 그러나 하나님은 그의 권능으로 죄인들을 심판하시는 동시에 그의 사랑으로 용서하시고 회복시켜 주신다. 그리고 잠잠히 하나님을 바라고 의지하는 자녀들에게 그의 은혜를 베풀어 주신다. 구원은 오직 하나님께로부터 온다.

〈시편 63편〉 다윗의 시, 유다 광야에 있을 때에

주님만 사랑합니다

이 시는 다윗이 유다 광야에 머물면서 지은 시다. 예루살렘 동편과 사해의 서편 사이에 남북으로 길게 뻗어 있는 유다 광야는 여름이면 화씨 111도(섭씨 44도)까지 오른다. 광야에는 물이 없다. 햇볕을 피할 그늘도 없다. 그 혹독한 환경에서 무슨 시를 쓸 수 있었을까?

"하나님이여 주는 나의 하나님이시라 내가 간절히 주를 찾되 물이 없어 마르고 황폐한 땅에서 내 영혼이 주를 갈망하며 내 육체가 주를 앙모하나이다"(1절).

많은 사람들이 광야에 머무는 동안 하나님을 멀리한다. 왜 이런 고통을 주시냐고 원망한다. 그러나 다윗은 고통을 하소연하지 않았다. 하갈에게 주셨던 샘물을 달라고 구하지도 않았다. 마르고 황폐한 광야에서 그의 영혼과 육체는 하나님 뵙기를 갈망했다. 광야에서 '주는 나의 하나님이시다' 하고 외칠 수 있는 믿음은 하나님의 자녀들에게 주어진 특권이다.

"내가 주의 권능과 영광을 보기 위하여 이와 같이 성소에서 주를 바라보았나이다"(2절).

다윗은 광야에서 주의 권능과 영광을 간절히 사모했다. 그러자 메마른 광야가 거룩한 성소로 변했다. 다윗은 사람들을 피해 광야로 나갔을 뿐, 하나님께 쫓겨난 것이 아니었다. 광야라도 하나님께서 함께하시면 '그 어디나 하늘나라'가 된다. 그는 주의 권능의 팔에 안기고 주의 영광으로 옷 입기를 원했다. 광야가 성소가 되자 그는 손을 들고 찬양했다.

"주의 인자하심이 생명보다 나으므로 내 입술이 주를 찬양할 것이라 이러므로 나의 평생에 주를 송축하며 주의 이름으로 말미암아 나의 손을 들리이다"(3-4절).

다윗은 자신의 생명보다 하나님을 더 사랑했다. 다윗은 광야에서 그의 목숨이 살아남기를 구하지 않고 하나님의 인자하심을 구했다. 만일 하나님의 사랑이 없다면 목숨이 살아남은들 무슨 의미가 있겠는가? 다윗은 하나님의 사랑이 자기 생명보다 더 낫기 때문에 아직 살아 있는 동안에 자기 입술로 하나님을 찬양하겠다고 선언했다. 이 말을 할 때 그의 입술은 어떤 상태였을까? 바짝 마르고 쩍쩍 갈라져서 발음도 분명하지 않았을 것이다. 다윗은 그 입술로 평생 주를 찬양하겠다고 맹세했다. 그러자 그의 영혼에 놀라운 변화가 일어났다.

"골수와 기름진 것을 먹음과 같이 나의 영혼이 만족할 것이라 나의 입이 기쁜 입술로 주를 찬송하되 내가 나의 침상에서 주를 기억하며 새벽에 주의 말씀을 작은 소리로 읊조릴 때에 하오리니 주는 나의 도움이 되셨음이라 내가 주의 날개 그늘에서 즐겁게 부르리이다"(5-7절).

하나님의 사랑이 임하자 그의 영혼에 생기가 돌기 시작했다. 기쁨으로 하나님을 찬송했다. 벧엘에서 돌베개를 베고 잠들었던 야곱처럼 잠을 설치면서도 그는 주의 은혜를 기억했다. 새벽녘에는 하나님의 약속의 말씀들을 묵상하며 찬송했다. 광야에 세워진 성소에서 불이 꺼지지 않았다.

"나의 영혼이 주를 가까이 따르니 주의 오른손이 나를 붙드시거니와 나의 영혼을 찾아 멸하려 하는 그들은 땅 깊은 곳에 들어가며 칼의 세력에 넘겨져 승냥이의 먹이가 되리이다"(8-10절).

다윗은 밤새 하나님의 인자하심을 묵상하며 주께 가까이 나아갔다. 하나님의 오른손에 안겨서 숙면을 취했다. 그를 멸하려고 찾아 나선 원수들도 광야에서 추운 밤을 보내고 있을 것이다. 원수들의 종말이 눈에 보이는 듯했다. 그들은 고라와 그의 자손들처럼 땅 깊은 곳에 빠져 들어갈 것이다. 싸우다 죽게 될 것이고, 그들의 시체는 이리 떼의 밥이 될 것이다. 왜냐하면 광야에서 그들을 붙들어 줄 분이 없기 때문이다.

"[그러나] 왕은 하나님을 즐거워하리니 주께 맹세한 자마다 자랑할 것이나 거짓말하는 자의 입은 막히리로다"(11절).

'왕은' 앞에 '그러나'를 붙이면 읽기가 부드러워진다. 모처럼 다윗이 자신을 왕이라고 불렀다. 다윗은 광야에서 하나님에 대한 그의 사랑을 재확인했다. 하나님을 사랑하는 자의 영혼은 광야에서도 소생한다. 하나님을 사랑하는 자는 광야를 성소로 변화시킨다.

〈시편 64편〉 다윗의 시, 인도자를 따라 부르는 노래

의인의 믿음

이 시에서 다윗은 개인적 어려움을 호소하며 그의 믿음을 고백하고 있다. 다윗의 인생에서 이런 시를 쓸 만한 배경으로 압살롬의 반역을 들 수 있다. 과연 그의 믿음이 역경을 이겨 낼 수 있을까?

"하나님이여 내가 근심하는 소리를 들으시고 원수의 두려움에서 나의 생명을 보존하소서 주는 악을 꾀하는 자들의 음모에서 나를 숨겨 주시고 악을 행하는 자들의 소동에서 나를 감추어 주소서"(1-2절).

근심과 두려움은 마음속에서 일어나는 현상이다. 사람은 몰라도 하나님은 우리가 무슨 일로 근심하는지, 또 무엇을 두려워하는지 다 알고 계신다. 다윗의 원수들이 그의 생명을 노리고 있었다. 밥을 먹기가 두렵고 잠자기도 불안했다. 그래서 '나의 생명을 보존해 주소서' 하고 부르짖었다. '숨겨 주시고, 감추어 주소서'는 한 단어다. 다윗은 악한 자들의 음모를 알 수 없었다. 가장 최선의 방법은 하나님께서 그를 원수들로부터 숨겨주시는 것이었다.

"그들이 칼같이 자기 혀를 연마하며 화살같이 독한 말로 겨누고 숨은 곳에서 온전한 자를 쏘며 갑자기 쏘고 두려워하지 아니하는도다"(3-4절).

압살롬의 반역이 은밀하게 진행되었다. 그는 현란한 말로 백성들의 마음을 도적질하고 다윗왕을 향한 백성의 원망이 불타오르게 했다. 마침내 민심이 다윗을 떠나 압살롬에게로 향했다. 다윗이 평소에 신뢰하던 모사 아히도벨도 압살롬 편으로 돌아섰다. 대부분의 지도자들은 영문도 모른 채 반역 행위에 휩쓸렸다. 압살롬의 음모가 다윗의 귀에 들렸을 때는 너무 늦어 수습할 기회가 없었다. 전령이 황급히 달려와서 '이스라엘의 인심이 다 압살롬에게로 돌아갔나이다' 하고 보고하자 당황한 다윗은 신하들에게 이렇게 말했다.

"일어나 도망하자 그렇지 아니하면 우리 중 한 사람도 압살롬에게서

피하지 못하리라 빨리 가자 두렵건대 그가 우리를 급히 따라와 우리를 해하고 칼날로 성읍을 칠까 하노라"(사무엘하 15:14).

"그들은 악한 목적으로 서로 격려하며 남몰래 올무 놓기를 함께 의논하고 하는 말이 누가 우리를 보리요 하며 그들은 죄악을 꾸미며 이르기를 우리가 묘책을 찾았다 하나니 각 사람의 속 뜻과 마음이 깊도다"(5-6절).

한동안 다윗과 압살롬의 관계는 긴장의 연속이었다. 압살롬은 그의 여동생을 욕보인 큰형 암논을 죽인 후 그술에 있는 외갓집으로 도망갔다. 3년 후 요압 장군의 중재로 예루살렘에 돌아왔지만, 2년 동안 왕의 얼굴도 볼 수 없었다. 그때 이미 압살롬의 마음속에 반역의 씨가 싹트고 있었다. 그리고 반역은 은밀히 진행되었다. 완전한 범죄처럼 보였다. 그때까지 다윗은 뒷전에서 무슨 일이 일어나는지 까맣게 모르고 있었다. 뒤에서 반역을 도모하는 사람들이 왕의 앞에서는 충신인 것처럼 행동했을 것이다. 열 길 물속은 알아도 한 길 사람 속은 모른다는 말이 맞았다. 그러나 하나님은 다 알고 계셨다.

"그러나 하나님이 그들을 쏘시리니 그들이 갑자기 화살에 상하리로 이러므로 그들이 엎드러지리니 그들의 혀가 그들을 해함이라 그들을 보는 자가 다 머리를 흔들리로다"(7-8절).

악한 사람들의 화살과 하나님의 화살 중에 어느 것이 더 강할까? 압살롬을 피하여 급히 도망갈 때 지었던 시편 7편에서 다윗은 하나님의 화살에 대하여 이렇게 묘사하고 있다.

"하나님은 의로우신 재판장이심이여 매일 분노하시는 하나님이시로다 사람이 회개하지 아니하면 그가 그의 칼을 가심이여 그의 활을 이미 당기어 예비하셨도다 죽일 도구를 또한 예비하심이여 그가 만든 화살은 불화살들이로다"(시편 7:11-13).

하나님의 불화살 앞에 악한 자들이 모두 쓰러질 것이다. 함부로 내둘렀던 그들의 혀가 날카로운 칼이 되어 자신을 찌를 것이다. 그 모습을 보고 지나가던 사람들이 측은히 여기며 머리를 흔들 것이다.

그런데 7절부터 10절까지의 시제가 완료에서 미래로 바뀐다. 악인을 향한 하나님의 심판은 앞으로 일어날 일이다. 지금은 악인들의 악행으로 인하여 고난을 당하고 두려워하고 있다. 하나님의 불화살은 아직 시위를 떠나지 않았다. 악인들은 의기충천하여 자기들 세상인 것처럼 날뛰고 있었다. 하나님께서 아직 악인들의 혀를 칼날로 사용하시지 않았다. 모든 사람들이 아직 머리를 흔들기 전이었다. 그들은 압살롬과 다윗 사이에서 굿이나 보고 떡이나 먹자며 방관하고 있었다.

그러나 다윗은 믿음의 눈으로 앞날을 보고 있었다. 하나님께서 그의 화살에 불을 붙이시는 장면을 보았다. 이제 곧 불화살이 시위를 떠날 것이다. 그러면 악인들의 악한 계획은 불탄 겨처럼 바람에 날려갈 것이다. 다윗을 향해 악한 말을 하던 반역자들의 혀는 날카로운 비수가 되어 서로를 찌르게 될 것이다. 그들의 진영은 불탄 초막처럼 무너질 것이다. 그때서야 백성들은 누가 악하고 누가 선한지를 깨닫게 될 것이다. 그리고 하나님을 두려워하며 후회하게 될 것이다.

"모든 사람이 두려워하여 하나님의 일을 선포하며 그의 행하심을 깊이 생각하리로다"(9절).

아무도 민심을 움직일 수 없다. 오직 하나님만이 사람들의 마음을 바꾸실 수 있다. 하나님께서 행하신 일을 보면서 그동안 압살롬과 다윗 사이에서 저울질하던 백성들이 다윗에게로 돌아설 것이다. 그들은 하나님을 두려워하며 하나님께서 행하신 일들을 서로 이야기할 것이다. 비 온 뒤에 땅이 굳어지듯이 다윗의 왕권은 더 견고하게 될 것이다. 다윗은 그런 일이 일어나리라고 확신하고 있었다.

"의인은 여호와로 말미암아 즐거워하며 그에게 피하리니 마음이 정직한 자는 다 자랑하리로다"(10절).

'의인'과 '마음이 정직한 자'는 같은 말이다. 의인은 하나님의 선하심과 약속의 말씀을 의심하지 않고 믿는 사람이다. 예를 들면 노아와 아브라함과 요셉과 욥과 다니엘 같은 사람들이다. 신약 시대에 이르면 예수님의 피로 죄 사함 받고 하나님의 양자가 된 성도들이다.

하박국 선지자는 '의인은 그 믿음으로 말미암아 살리라'고 했다. 이것은 하나님의 말씀이다. 반역의 계절이 지나고 미래에 다가올 하나님의 구원을 믿음의 눈으로 보고 있던 다윗은 의인이었다. 그 믿음으로 광야의 모진 더위와 모래 폭풍을 이겨 낼 수 있었다. 그 믿음 때문에 광야를 지나면서도 즐거워할 수 있었다. 그 믿음으로 하나님께 피하였더니 광야에서도 자랑할 일들이 많이 일어났다. 우리도 이런 믿음을 갖자.

〈시편 65편〉 다윗의 시, 인도자를 따라 부르는 노래

추수의 노래

이 시는 크게 세 부분으로 나누어진다. 성전에서 부르는 노래(1-4절), 창조와 구원을 찬송하는 노래(5-8절), 추수하며 부르는 노래(9-13절)다.

"하나님이여 찬송이 시온에서 주를 기다리오며 사람이 서원을 주께 이행하리이다 기도를 들으시는 주여 모든 육체가 주께 나아오리이다 죄악이 나를 이겼사오니 우리의 허물을 주께서 사하시리이다"(1-3절).

'기다리오며'는 침묵을 의미한다. 시온에서 침묵과 찬송이 주 앞에 있다는 말은 무슨 뜻일까? 찬송하다가 가끔 침묵하면 우리가 드리는 찬송의 내용을 더 깊이 음미할 수 있다. 찬양의 깊이가 달라진다. 찬송과 함께 그들이 하나님 앞에 서원했던 일들을 다 행한다면 비단 위에 꽃을 더하는 금상첨화다. '우리의 기도를 들으시는 하나님', 이보다 더 큰 복이 어디 있겠는가. 우리가 회개할 때 하나님께서 우리의 허물을 사하셨다는 확신을 주신다면 이보다 더 큰 은혜가 없을 것이다.

"주께서 택하시고 가까이 오게 하사 주의 뜰에 살게 하신 사람은 복이 있나이다 우리가 주의 집 곧 주의 성전의 아름다움으로 만족하리이다"(4절).

그들을 '택하시고, 오게 하시고, 살게 하신' 세 가지 동사는 모두 현재진행형이다. 이 동사들은 우리에게 베푸신 하나님의 은혜를 점진적으로 묘사하고 있다. 하나님께서 우리를 택하셨고, 그에게 나아가게 하셨고, 주 안에서 살게 하셨다. 이 구절을 '얼마나 복이 있는지, 하나님께서 택하시고 가까이 오게 하셔서 주의 뜰에 살게 하신 사람들은!' 이렇게 읽으면 제맛이 난다. 그들은 성전의 아름다움으로 만족할 것이다. 바울 사도는 이렇게 말했다.

"너희는 너희가 하나님의 성전인 것과 하나님의 성령이 너희 안에 계시는 것을 알지 못하느냐"(고린도전서 3:16).

마음의 성전에서 주님을 만난 사람은 하나님께서 창조하신 아름다운 세계를 볼 수 있는 신령한 눈이 열린다.

"우리 구원의 하나님이시여 땅의 모든 끝과 먼 바다에 있는 자가 의지할 주께서 의를 따라 엄위하신 일로 우리에게 응답하시리이다 주는 주의 힘으로 산을 세우시며 권능으로 띠를 띠시며 바다의 설렘과 물결의 흔들림과 만민의 소요까지 진정하시나이다"(5-7절).

'우리 구원의 하나님', 얼마나 든든한 이름인가. 하나님은 그의 의를 따라 우리의 기도에 응답하신다. 불의한 기도가 아니라면 모두 응답하신다. 그래서 땅의 끝에 거하는 사람들과 바다 건너편에 사는 이방의 사람들까지 하나님을 신뢰하고 의지하게 하신다. 그는 힘으로 산을 세우신 분이시다. 작은 언덕 하나 만드는 데도 수많은 중장비들이 필요하다. 그런데 하나님은 그의 능력의 말씀으로 히말라야와 알프스와 로키산맥을 세우셨다. 또한 그 능력으로 성난 바다의 파도를 잠잠하게 하시며 요란한 세상을 고요하게 하셨다. 하나님은 자연 세계와 인간세계에서 절대 권위를 가지신 창조주시다.

"땅끝에 사는 자가 주의 징조를 두려워하나이다 주께서 아침 되는 것과 저녁 되는 것을 즐거워하게 하시며"(8절).

'경외감'은 두려움이다. 하나님을 경외하는 사람은 그가 자연 세계에서 행하신 일들을 보면서 두려워한다. 동시에 그 세계를 주신 하나님께 감사하며 하루를 즐겁게 살아간다. 새 힘을 주시는 아침과 하루의 일과를 마무리하는 저녁은 하나님께서 그를 경외하는 자들에게 주시는 복이다. 다윗은 오곡이 무르익어 가는 들판을 보며 하나님을 찬양했다.

"땅을 돌보사 물을 대어 심히 윤택하게 하시며 하나님의 강에 물이 가득하게 하시고 이같이 땅을 예비하신 후에 그들에게 곡식을 주시나이다 주께서 밭고랑에 물을 넉넉히 대사 그 이랑을 평평하게 하시며 또 단비로 부드럽게 하시고 그 싹에 복을 주시나이다"(9-10절).

유목민이었던 이스라엘 백성들은 가나안 땅에 정착하면서 가나안 사람들로부터 농사짓는 법을 배웠다. 불행하게도 가나안 사람들은 바알 우상을 섬기고 있었다. 그들은 바알 신이 '그 땅을 소유한 주인'으로서 그들의 농사에 풍년이 들게 한다고 믿었다. 그리고 이스라엘 백성들에게 바알을 섬기라고 유혹했다. 바알 숭배는 성적으로 문란한 생활을 부추겼다(훗날 이스라엘의 바알 숭배는 아합왕 때 극치에 이르렀다).

그런데 다윗은 바알이 아닌 하나님께서 땅을 돌보신다고 선포했다. 땅을 지으신 하나님께서 물을 대어 윤택하게 하신다. 물이 흐르면 광야도 옥토가 된다. 이스라엘 남부의 사막에 물을 끌어들였더니 옥토로 변했다. 그 땅에서 나오는 맛있는 과일들은 전량 유럽으로 수출되고 있다.

땅속에 수분이 있으면 미생물들이 자라기 시작한다. 미생물들은 식물에 영양소를 공급하고, 병균을 막아주며, 성장을 촉진하는 유익한 물질들을 만든다. 한편 식물의 뿌리는 미생물들에게 광합성의 산물인 에너지원을 공급하여 서로가 상부상조한다. 하나님께서 그 모든 일이 일어나도록 설계해 두셨다. 그러므로 바알은 존재하지도 않거니와 존재할 필요도 없었다. 하나님 한 분으로 충분했다.

하나님께서 비를 내리시니 밭의 이랑이 평평하게 되었다. 고랑은 낮은 곳이고, 이랑은 높은 곳이다. 농부가 이랑을 만들어 흙덩이를 잘게 부수고 그 위에 씨를 뿌린다. 씨 뿌리기를 마친 농부는 하늘을 쳐다보며 비를 기다린다. 이윽고 비가 내리면 거칠게 서 있던 흙덩이들이 부드럽게 내려앉고, 그 속에서 씨가 싹트기 시작한다. 이렇게 한 해 농사가 시작되었다.

"주의 은택으로 한 해를 관 씌우시니 주의 길에는 기름 방울이 떨어지며 들의 초장에도 떨어지니 작은 산들이 기쁨으로 띠를 띠었나이다 초장은 양 떼로 옷 입었고 골짜기는 곡식으로 덮였으매 그들이 다 즐거이 외치고 또 노래하나이다"(10-13절).

'한 해를 관 씌우셨다'는 말은 그해의 농사가 잘되게 해주셨다는 말이다. '주의 길'은 주께서 지나가신 길을 의미한다. 농부가 고랑을 따라 걸어가며 이랑 위의 곡식들을 돌보듯이, 하나님께서 지나가시면서 축복의 기름 방울을 떨어뜨리시니 풍년이 들게 되었다는 시적 표현이다. 하나님은 논밭의 소산물들뿐만 아니라 들의 풀들도 자라게 하신다. 그래서 골짜기는 곡식으로 덮어 주시고, 들은 양 떼들로 옷 입혀 주신다.

한 해를 마감하면서 우리는 추수 감사 주일을 기념한다. 그날 하나님께서 한 해 동안 베풀어 주신 은혜를 기억하고 감사드린다. 우리를 구원하신 은혜에 감사드리고, 우리를 성전 삼으시고 동행해 주신 은혜에 감사드리며, 우리의 생업에 복을 주신 은혜에 감사드린다. 하나님께 감사드리면 복이 갑절로 임하게 된다.

〈시편 66편〉 시, 인도자를 따라 부르는 노래

이것이 나의 간증이요

이 시는 크게 두 부분으로 나누어진다. 전반부는 2인칭 복수를 사용하여 공동체에게 하나님을 찬양하라고 권고하는 내용이다(1-12절). 후반부는 1인칭 단수를 사용하여 개인적으로 하나님을 찬양하는 내용이다(13-20절). 그러나 이 두 부분은 나누어질 수 없다. 공동체는 개인들의 합이기 때문이다. 이 시는 하나님의 구원의 능력과 인자하심을 간증하는 찬양이다. 공동체 안에서 각자는 하나님께서 행하신 위대한 일들에 대한 증인들이 된다.

"온 땅이여 하나님께 즐거운 소리를 낼지어다"(1절).

여기에서 '온 땅이여'는 '온 땅에 사는 사람들이여'라는 뜻이다. '즐거운 소리를 내라'는 큰 기쁨으로 외치라는 말이다. 그 외침은 전쟁을 앞둔 함성이 아니다. 오히려 전쟁에서 승리한 직후에 들리는 천지가 진동하는 소리다. 승리의 함성이 가라앉자 찬양대가 하나님을 찬양하기 시작했다.

"그의 이름의 영광을 찬양하고 영화롭게 찬송할지어다"(2절).

찬양과 세상 노래의 다른 점은 무엇일까? 세상 노래는 인간의 희로애락이 중심을 이룬다. 찬양은 하나님의 이름과 그의 영광에 중심을 둔다. 시인은 하나님의 이름을 찬양하되 영화롭게 찬양하라고 격려한다. 예를 들면 이런 찬양을 말한다.

"하나님께 아뢰기를 주의 일이 어찌 그리 엄위하신지요 주의 큰 권능으로 말미암아 주의 원수가 주께 복종할 것이며 온 땅이 주께 경배하고 주를 노래하며 주의 이름을 노래하리이다 할지어다 (셀라)"(3-4절).

시인은 주께서 행하신 놀라운 일들을 찬양한다. 주의 큰 권능 때문에 원수들이 복종할 것이다. 그리고 온 땅의 백성들이 주의 이름을 노래할 것이다. 여기에 나오는 네 동사는 모두 미래를 가리킨다. 이전에 하나님께서 행하신 일들은 언제나 승리였다. 그러므로 찬양은 미래의 승리에 대한 믿음의 선포다. 시인은 하나님께서 행하신 놀라운 일들 중에 몇 가지를 예로 들었다.

"와서 하나님께서 행하신 것을 보라 사람의 아들들에게 행하심이 엄위하시도다 하나님이 바다를 변하여 육지가 되게 하셨으므로 무리가 걸어서 강을 건너고 우리가 거기서 주로 말미암아 기뻐하였도다"(5–6절).

'와서 하나님께서 행하신 것을 보라'는 '내 말을 믿지 못하겠거든 하나님께서 그의 백성들을 어떻게 애굽에서 구출해 내셨는지 와서 보라'는 말이다. 하나님께서 바로와 그의 백성들에게 행하신 일들은 지금까지도 이스라엘인들에게 공동체의 경험으로 남아 있다. '무리가 걸어서 건넌 강'은 여호수아와 백성들이 건넜던 요단강을 말한다. 그것도 한 해 가운데 강물이 가장 범람했을 때에 있었던 일이다. 이 세상에 바다와 강을 가르고 그의 백성들을 건너가게 하는 신이 하나님 외에 또 누가 있었던가. 바다를 건넌 후에 모세의 누이 미리암은 북을 치면서 이렇게 노래했다.

"너희는 여호와를 찬송하라 그는 높고 영화로우심이요 말과 그 탄 자를 바다에 던지셨음이로다"(출애굽기 15:21).

"그가 그의 능력으로 영원히 다스리시며 그의 눈으로 나라들을 살피시나니 거역하는 자들은 교만하지 말지어다 (셀라)"(7절).

하나님의 능력은 전쟁에서 모든 원수들을 이기시고 그들의 나라들을 감독하시며 살피시는 능력이다. 만일 그 나라가 하나님을 대적하려고 한다면 남는 것은 파멸뿐이다. 그러니 고집을 버리고 겸손하라고 외쳤다.

"만민들아 우리 하나님을 송축하며 그의 찬양 소리를 들리게 할지어다 그는 우리 영혼을 살려 두시고 우리의 실족함을 허락하지 아니하시는 주시로다"(8–9절).

시인은 이스라엘 백성들을 향해 '우리도 하나님 앞에 무릎을 꿇고 큰 소리로 찬양하자'고 권했다. 왜냐하면 하나님께서 그들로 실족하지 않게 하셨기 때문이다. 하나님은 그들이 넘어질 때 붙들어 주셨고 다시 넘어지지 않도록 훈련시켜 주셨다.

"하나님이여 주께서 우리를 시험하시되 우리를 단련하시기를 은을 단련함

같이 하셨으며 우리를 끌어 그물에 걸리게 하시며 어려운 짐을 우리 허리에 매어 두셨으며 사람들이 우리 머리를 타고 가게 하셨나이다 우리가 불과 물을 통과하였더니 주께서 우리를 끌어내사 풍부한 곳에 들이셨나이다"(10-12절).

비탈길에서 미끄러지지 않으려면 평소에 다리의 근육을 튼튼히 해야 한다. 이 구절에는 하나님께서 은을 단련하듯이 그의 백성들을 강하게 훈련시키시는 3단계 과정이 기록되어 있다.

첫째 단계는 그물에 걸리게 하시는 훈련이다. 물론 하나님께서 일부러 그물에 걸리게 하시지는 않는다. 우리가 스스로 탐욕에 눈이 멀어 잘못된 길에 들어섰다가 숨겨진 그물에 걸린다. 그때 하나님께서 우리를 그물에서 끌어내 주신다. 그리고 우리가 당한 이 곤란한 경험을 선용하신다. 그래서 앞으로는 경각심을 가지고 숨은 그물을 피할 수 있도록 훈련시키신다. 다른 말로 하면 항상 깨어 근신하는 훈련이다.

둘째 단계는 어려운(무거운) 짐을 허리에 묶어 매는 훈련이다. 살다 보면 말이나 나귀처럼 무거운 짐을 짊어지고 비탈길을 오를 때가 있다. 이스라엘 백성들은 하나님을 섬기는 일을 무거운 짐으로 여겼다. 하나님을 섬기는 사명과 책임을 소홀히 했을 때 그들의 허리에 매어 있는 짐이 더 고통스럽게 느껴졌다. 그러다가 주께로 가까이 다가가면 짐의 무게가 가벼워졌다. 하나님의 선택받은 백성으로서 책임을 외면하지 않고 짊어지는 훈련이 그들에게 필요했다.

셋째 단계는 사람들이 그들의 머리를 타고 지나가게 하는 훈련이다. 죄를 범한 대가로 하나님께서 이스라엘을 원수들의 손에 맡기실 때가 있었다. 그때 이스라엘은 이방의 백성들이 그들의 머리를 밟고 지나가는 '수치의 계절'을 맞이하게 된다. 이 계절에 이스라엘 백성들은 하나님 앞에 회개하며 자신을 낮추고 겸손하게 된다. 왜냐하면 그들을 다시 영화롭게 하실 분은 오직 하나님이시기 때문이다.

이 세 단계들은 가상의 훈련이 아니다. 생활 속에서 실제로 경험하는 영적인 훈련이다. 그 훈련이 얼마나 힘들었던지 시인은 그들이 마치 불과 물을 통과하는 것 같았다고 했다. 그런데 끝맺는 말이 특별하다. 그 혹독한 훈련을 통과하였더니 주께서 그들을 풍부한 곳으로 들어가게 하셨다고 했다. 은을 단련하는 것 같은 훈련이었지만 결과가 아름다웠다.

이제 시인은 1인칭 단수를 사용하여 자신의 간증을 들려주고 있다.

"내가 번제물을 가지고 주의 집에 들어가서 나의 서원을 주께 갚으리니 이는 내 입술이 낸 것이요 내 환난 때에 내 입이 말한 것이니이다 내가 숫양의 향기와 함께 살진 것으로 주께 번제를 드리며 수소와 염소를 드리리이다 (셀라)"(13–15절).

왜 시인은 번제물을 가지고 성전에 들어갔을까? 번제는 회개를 의미한다. 하나님의 집에 들어가는 자는 먼저 회개와 용서를 통해 정결하게 되어야 한다. 그리고 입술로 서원한 일들을 기억하고 하나님 앞에서 그대로 행하여야 한다. 환난이 지난 후에 우리들은 자주 입술로 했던 서원을 잊어버린다. 함부로 서원하지 않아야 하지만 서원한 것은 꼭 지켜야 한다. 하나님께서 우리의 서원을 기억하고 계시기 때문이다.

"하나님을 두려워하는 너희들아 다 와서 들으라 하나님이 나의 영혼을 위하여 행하신 일을 내가 선포하리로다 내가 나의 입으로 그에게 부르짖으며 나의 혀로 높이 찬송하였도다 내가 나의 마음에 죄악을 품었더라면 주께서 듣지 아니하시리라 그러나 하나님이 실로 들으셨음이여 내 기도 소리에 귀를 기울이셨도다 하나님을 찬송하리로다 그가 내 기도를 물리치지 아니하시고 그의 인자하심을 내게서 거두지도 아니하셨도다"(16–20절).

성도들의 귀에는 모든 간증이 은혜롭게 들린다. 그러나 하나님을 믿지 않고 그의 사랑을 경험해 보지 못한 사람은 간증을 듣고도 감동하지 않는다. 그들의 귀에는 믿을 수 없는 이야기로 들리기 때문이다. 시인은 하나님께서 그를 위해 행하신 놀라운 일들을 간증했다. 그것은 그의 기도를 들으시고 응답하신 하나님의 은혜에 대한 간증이었다.

하나님께서 어떤 사람의 찬양을 기쁨으로 받으실까? 첫째로, 하나님을 두려워하는 사람이다. 이 두려움은 무서움이 아니다. 하나님을 믿고 신뢰하는 마음이다. 둘째로, 마음에 죄악을 품지 않는 사람이다. 마음에 품은 죄는 하나님 앞에 숨길 수가 없다. 그래서 시인은 회개하는 번제부터 드렸다. 셋째로, 하나님께서 행하신 일들을 감사함으로 증거하는 사람이다. 감사는 우리를 늘 겸손하게 한다.

우리는 시간이 지나면서 하나님의 은혜를 잊어버린다. 은혜를 받았던 그때의 감격과 기쁨이 점점 사라진다. 시인은 하나님의 은혜를 잊지 않기로 작정했다. 그래서 그의 기도를 들으시고 그에게 인자하심을 더하신 하나님을 찬양했다. 하나님의 은혜를 기억하고 감사드리면 점점 더 활기찬 신앙생활을 할 수 있다.

〈시편 67편〉 시 곧 노래, 인도자를 따라 현악에 맞춘 것

세계를 위한 축복기도

기도에는 국경이 없다. 비자 없이도 어느 나라든지 방문할 수 있다. 왕과 대통령의 집무실도 방문할 수 있다. 회사의 대표가 아니더라도 중요한 회합에 참석할 수 있다. 기도는 시간과 공간을 초월한다. 67편을 지은 시인은 그렇게 세계를 위해 기도하는 사람이었다.

"하나님은 우리에게 은혜를 베푸사 복을 주시고 그의 얼굴 빛을 우리에게 비추사 (셀라) 주의 도를 땅 위에, 주의 구원을 모든 나라에게 알리소서"(1–2절).

시인은 먼저 하나님의 은혜를 구했다. 모든 기도는 하나님의 은혜로 시작한다. 그러므로 기도를 시작하기 전에 먼저 하나님의 은혜를 묵상하고 사모해야 한다. '복을 주시고', 이 말이 우리의 기도를 하나님의 은혜에 연결시켜 준다. 하나님의 은혜가 곧 복이기 때문이다. 시인은 나아가서 '주의 얼굴 빛을 우리에게 비추어 주시라'고 기도했다. 얼굴의 빛은 기쁨과 즐거움을 말한다. 가장 큰 기쁨은 구원받은 기쁨이다.

하나님의 은혜 안에서 시인은 세계를 위한 축복기도를 시작했다. 무엇보다 먼저 주의 말씀이 온 땅 위에 널리 퍼지기를 간구했다. 주의 구원을 모든 나라에 알려 달라고 기도했다. 시인은 모든 나라와 백성들이 하나님의 복음을 듣고 구원받기를 기도했다. 얼마나 광대하고 아름다운 기도인가. 이런 기도를 드리는 성도들이 하나님을 기쁘시게 한다.

"하나님이여 민족들이 주를 찬송하게 하시며 모든 민족들이 주를 찬송하게 하소서"(3절).

고대에는 민족들마다 자기들의 수호신이 있었다. 그러나 시인은 모든 민족들이 오직 하나님만 찬송하며 섬기기를 원했다. 그들 모두가 하나님의 말씀을 듣고 구원받기를 간절히 원했다. 왜냐하면 하나님 외에 다른 신이 없기 때문이었다.

그런데 이방 나라와 민족들이 하나님께로 돌아오려면 하나님께서 그들을 만나 주셔야 한다. 그들에게 먼저 하나님의 은혜와 복이 임해야 한다. 그들의 영혼에 하나님께서 그의 얼굴 빛을 비추어 주셔야 한다. 그렇지 않으면 하나님을 알 수 있는 길이 없다. 시인은 그들이 하나님을 찬송하게 해달라고 기도했다. 능동태가 아니고 수동태다. 찬송은 온 세상 만민들에게 주시는 하나님의 가장 큰 선물이다.

"온 백성은 기쁘고 즐겁게 노래할지니 주는 민족들을 공평히 심판하시며 땅 위의 나라들을 다스리실 것임이니이다 (셀라)"(4절).

이 구절을 풀어 쓰면 이런 말이다. '이제부터 모든 나라들로 하여금 기쁘고 즐거운 노래를 부르게 하소서. 왜냐하면 주께서 그들을 바르게 심판하시며 공의롭게 다스리시기 때문입니다.'

언제 나라들이 기쁘고 즐겁게 노래할 수 있을까? 전쟁이 그치고 평화가 임할 때다. 왜 나라들은 전쟁을 할까? 자기들이 억울하다고 생각하기 때문이다. 그러나 하나님께서 공정하고 바르게 다스리시면 나라들은 그의 통치 아래 순복하게 되고 다툼이 사라질 것이다. 시인은 지금 예수님의 재림 후에나 가능할 만한 종말론적 기도를 드리고 있다. 오늘날 성도들이 이런 자세를 견지한다면 교회에서 크고 작은 다툼이 사라지고 화목하게 될 것이다. 우리 모두가 하나님의 다스림 아래 있기 때문이다.

"하나님이여 민족들이 주를 찬송하게 하시며 모든 민족으로 주를 찬송하게 하소서"(5절).

시인은 3절과 5절을 후렴처럼 반복했다. 그만큼 세계의 모든 나라와 백성들을 위한 그의 기도가 간절했다. 찬송할 이유가 4절에서는 하나님의 공평하신 다스리심에 있었다면, 6절에서는 땅의 복에 있다.

"땅이 그의 소산을 내어 주었으니 하나님 곧 우리 하나님이 우리에게 복을 주시리로다"(6절).

전쟁이 그치면 들판에 복이 임한다. 농부들은 무기 대신 농기구를 손에 들고 들판으로 향한다. 온 들판에 추수할 곡식들이 널려 있다. 예나 지금이나 편안한 마음으로 먹고 사는 일이 인간의 소원이었다. 시인은 '하나님 곧 우리 하나님께서 이런 복을 계속 주실 것입니다' 하고 믿음으로 기도했다. 그때 온 땅의 백성들이 하나님을 찬양할 것이다.

"하나님이 우리에게 복을 주시리니 땅의 모든 끝이 하나님을 경외하리로다"(7절).

경외하는 마음은 하나님의 복에 대한 반응이다. 시인은 하나님께서 온 땅에 사는 사람들에게 그런 복을 주셔서 그들로 하여금 주를 경외하게 해달라고 기도했다. 참 아름다운 기도다.

이스라엘 어느 마을에 이름 모를 경건한 성도 한 사람이 살고 있었다고 가정해 보자. 그는 기도의 사람이었다. 특이하게도 그는 자신의 안위를 위해 기도하지 않고 열방을 위해 기도했다. 전쟁이 그치고 평화가 오기를, 가난이 물러가고 풍요가 오기를, 슬프고 가슴 아픈 이야기가 그치고 기쁘고 즐거운 노래만 부르기를, 그리고 무엇보다 모든 민족들이 하나님의 공의로우신 다스림 아래 행복하게 살아가기를 기도했다. 그는 온 세계가 복 받기를 기도했다. 사람들은 그의 기도를 의식하지 않았다. 그러나 하나님은 그의 기도에 귀를 기울이고 계셨다. 왜냐하면 그가 하나님께서 원하시는 바로 그 기도를 드리고 있었기 때문이다.

하나님은 온 세계에 복의 근원이 되게 하시기 위해 아브라함과 그의 자손들을 택하셨다. 그런데 이스라엘은 어느 순간부터 '주의 도를 땅 위에, 주의 구원을 모든 나라에게 알리소서' 하고 기도하는 축복의 특권을 잃어버렸다. '하나님이여 민족들이 주를 찬송하게 하시며 모든 민족들이 주를 찬송하게 하소서'와 같은 제사장의 기도를 잊어버렸다. 이런 이스라엘을 보시면서 하나님께서 얼마나 답답하셨을까.

그래서 하나님은 그의 아들 예수 그리스도를 보내셨다. 그의 오심이 온 땅에 복음이 되고 구원이 되었다. 제자들에게 남기신 예수님의 유언은 하나님의 진심을 담고 있다.

> "하늘과 땅의 모든 권세를 내게 주셨으니 그러므로 너희는 가서 모든 민족을 제자로 삼아 아버지와 아들과 성령의 이름으로 세례를 베풀고 내가 너희에게 분부한 모든 것을 가르쳐 지키게 하라 볼지어다 내가 세상 끝날까지 너희와 항상 함께 있으리라"(마태복음 28:18-20).

우리들의 기도를 온 세계로 확장시켜 보자. 분쟁 지역의 지도를 펼쳐놓고 그곳에 하나님의 평화가 임하기를 기도하자. 가난한 지역을 손가락으로 가리키며 소산의 복이 임하기를 기도하자. 기도로 세계를 품어 보자. 기도로 열방을 향해 달려가자. 그곳에 하나님의 다스리심이 임할 수 있도록, 세상 모든 거민들이 하나님을 경외할 수 있도록, 우리 함께 기도하자.

〈시편 68편〉 다윗의 시, 인도자를 따라 부르는 노래

우리 짐을 짊어지시는 하나님

이 시는 크게 네 부분으로 나누어진다. 하나님의 승리를 찬양하고(1-6절), 하나님께서 거두신 역사적 승리를 기억하며(7-18절), 하나님의 승리로 백성들이 받은 복을 나열하고(19-31절), 마지막으로 하나님을 찬양하라고 격려한다(32-35절). 첫째 단락부터 살펴보자.

"하나님이 일어나시니 원수들은 흩어지며 주를 미워하는 자들은 주 앞에서 도망하리이다 연기가 불려 가듯이 그들을 몰아내소서 불 앞에서 밀이 녹음같이 악인이 하나님 앞에서 망하게 하소서. 의인은 기뻐하여 하나님 앞에서 뛰놀며 기뻐하고 즐거워할지어다"(1-3절).

이 세 구절에 모두 8개의 현재진행형 동사들이 나온다. '일어나소서, 흩으소서, 도망하게 하소서, 몰아내소서, 망하게 하소서, 즐거워하게 하소서, 뛰놀게 하소서, 기뻐하게 하소서.' 하나님의 구원은 진행형이다. 하나님께서 원수들을 연기처럼 흩어지게 하시고, 겁에 질린 자들처럼 도망가게 하시며, 촛농처럼 녹아내리게 하신다. 반면에 하나님을 의지하는 의인들은 기뻐 뛰놀며 즐거워하게 하신다.

"하나님께 노래하며 그의 이름을 찬양하라 하늘을 타고 광야에 행하시던 이를 위하여 대로를 수축하라 그의 이름은 여호와이시니 그의 앞에서 뛰놀지어다 그의 거룩한 처소에 계신 하나님은 고아의 아버지시며 과부의 재판장이시라 하나님이 고독한 자들은 가족과 함께 살게 하시며 갇힌 자들은 이끌어 내사 형통하게 하시느니라 오직 거역하는 자들의 거처는 메마른 땅이로다"(4-6절).

아버지는 자녀들을 보호하고 의식주를 책임진다. 재판장은 힘없는 과부의 정당한 권리를 보장해 준다. 하나님께서 홀로 처한 자를 가족의 품으로 돌아가게 하시고, 억울하게 갇힌 자들을 석방시켜 형통하게 하셨다. 그가 광야에서 하늘 병거를 타고 그의 백성들 앞에 달려가셨다. 누가 그의 길을 가로막을 것인가. 그를 거역하는 자들은 메마른 땅으로 쫓겨날 것이다.

다윗은 둘째 단락에서 하나님이 거두신 역사적인 승리를 찬양했다.

"하나님이여 주의 백성 앞에서 앞서 나가사 광야에서 행진하셨을 때에 (셀라) 땅이 진동하며 하늘이 하나님 앞에서 떨어지며 저 시내산도 하나님 곧 이스라엘의 하나님 앞에서 진동하였나이다 하나님이여 주께서 흡족한 비를 보내사 주의 기업이 곤핍할 때에 주께서 그것을 견고하게 하셨고 주의 회중을 그 가운데에 살게 하셨나이다 하나님이여 주께서 가난한 자를 위하여 주의 은택을 준비하셨나이다"(7-10절).

다윗은 이스라엘이 광야를 지나던 시절을 회상했다. 광야에서 하나님은 항상 이스라엘보다 앞서 가시며 그들이 머물 곳을 찾으셨다.

"그들이 여호와의 산에서 떠나 삼 일 길을 갈 때에 여호와의 언약궤가 그 삼 일 길에 앞서 가며 그들의 쉴 곳을 찾았고"(민수기 10:33).

행진할 때마다 불기둥과 구름기둥 가운데 거하시며 밤낮없이 그들을 인도하셨다(느헤미야 9:12). 하나님께서 나가시면 주변에 큰 떨림이 있었다. 이스라엘을 넘보던 자들에게 두려움이 임했다. 광야에 내리는 흡족한 비로 불볕더위를 식혀 주시고 곤비한 영혼들에게 새 힘을 주셨다.

"주께서 말씀을 주시니 소식을 공포하는 여자들은 큰 무리라 여러 군대의 왕들이 도망하고 도망하니 집에 있던 여자들도 탈취물을 나누도다 너희가 양 우리에 누울 때에는 그 날개를 은으로 입히고 그 깃을 황금으로 입힌 비둘기 같도다 전능하신 이가 왕들을 그중에서 흩으실 때에는 살몬에 눈이 날림 같도다"(11-14절).

하나님께서 이스라엘 백성들에게 승리를 주시니 여인들이 무리 지어 다니며 큰 소리로 주의 말씀을 선포했다. 적군이 패하고 도망간 후에는 아낙네들이 성 밖으로 나가서 탈취물을 나누었다. 성 안에 있는 백성들은 마치 우리에 누운 양들처럼 평안한 밤을 보냈다. 하나님께서 그들을 황금 깃털을 가진 비둘기처럼 영화롭게 해주셨다. 그러나 쫓겨가는 왕들과 군대들은 바람결에 흩날리는 눈처럼 사라졌다.

"바산의 산은 하나님의 산임이여 바산의 산은 높은 산이로다 너희 높은 산들아 어찌하여 하나님이 계시려 하는 산을 시기하여 보느냐 진실로 여호와께서 이 산에 영원히 계시리로다 하나님의 병거는 천천이요 만만이라 주께서 그 중

에 계심이 시내산 성소에 계심 같도다 주께서 높은 곳으로 오르시며 사로잡은 자들을 취하시고 선물들을 사람들에게서 받으시며 반역자들로부터도 받으시니 여호와 하나님이 그들과 함께 계시기 때문이로다"(15–18절).

예루살렘은 하나님께서 거하시는 거룩한 성이다. 하나님께서 예루살렘에 천천만만 천군천사들과 함께 들어가셨다. 다윗은 이방 나라들에게 예루살렘에 임재하여 계시는 하나님 앞에서 겸손하라고 경고했다. 바울은 이 구절을 인용하여 예수님이 사탄의 세력을 정복하고 성도들을 구원하실 것을 가르쳤다(에베소서 4:8).

셋째 단락에서 다윗은 하나님의 승리를 통하여 백성들이 받는 복을 열거하고 있다.

"날마다 우리 짐을 지시는 주 곧 우리의 구원이신 하나님을 찬송할지로다 (셀라)"(19절).

하나님께서 우리의 짐을 짊어지신다. 매일매일 짊어지신다. 하나님은 우리가 어려움을 당할 때에 능히 이겨 낼 수 있도록 구원의 능력을 주신다. 그래서 우리는 '내게 능력 주시는 자 안에서 내가 모든 것을 할 수 있느니라'고 선언한다(빌립보서 4:13). 다윗에게 있어서 무거운 짐은 무엇이었을까? 아마도 크고 작은 전쟁들이었을 것이다.

"하나님은 우리에게 구원의 하나님이시라 사망에서 벗어남은 주 여호와로 말미암거니와 그의 원수들의 머리 곧 죄를 짓고 다니는 자의 정수리는 하나님이 쳐서 깨뜨리시리로다 주께서 말씀하시기를 내가 그들을 바산에서 돌아오게 하며 바다 깊은 곳에서 도로 나오게 하고 네가 그들을 심히 치고 그들의 피에 네 발을 잠그게 하며 네 집의 개의 혀로 네 원수들에게서 제 분깃을 얻게 하리라 하시도다"(20–23절).

하나님께서 그의 백성들을 사망에서 벗어나게 하셨다. 원수의 머리를 깨뜨리셨다. 그들이 바산의 수풀 속에 숨거나 깊은 바다 속에 숨을지라도 끝까지 찾아내셨다. 그때 원수들이 흘린 피가 이스라엘 백성들의 발목까지 이르렀다. 모두 하나님의 구원에 대한 시적인 표현들이다.

"하나님이여 그들이 주께서 행차하심을 보았으니 곧 나의 하나님, 나의 왕이 성소로 행차하시는 것이라 소고 치는 처녀들 중에서 노래 부르는 자들은 앞서고 악기를 연주하는 자들은 뒤따르나이다 이스라엘의 근원에서

나온 너희여 대회 중에 하나님 곧 주를 송축할지어다 거기에는 그들을 주관하는 작은 베냐민과 유다의 고관과 그들의 무리와 스불론의 고관과 납달리의 고관이 있도다"(24-27절).

다윗은 승전하신 후에 성소로 돌아오시는 하나님을 개선행진하는 왕으로 묘사했다. 소고 치는 처녀들과 노래하는 자들과 악기를 연주하는 자들이 앞장서고 백성들은 뒤따라가며 하나님을 찬양했다. 이스라엘의 지도자들도 따라가면서 하나님을 찬양했다.

"네 하나님이 너의 힘을 명령하셨도다 하나님이여 우리를 위하여 행하신 것을 견고하게 하소서 예루살렘에 있는 주의 전을 위하여 왕들이 주께 예물을 드리리이다 갈밭의 들짐승과 수소의 무리와 만민의 송아지를 꾸짖으시고 은 조각을 발 아래에 밟으소서 그가 전쟁을 즐기는 백성을 흩으셨도다 고관들은 애굽에서 나오고 구스인은 하나님을 향하여 그 손을 신속히 들리로다"(28-31).

다윗은 하나님께 그의 구원의 능력을 계속 보여 달라고 기도했다. 그러면 많은 왕들이 와서 하나님께 예물을 드릴 것이다. 하나님께서 갈밭의 들짐승(애굽 왕), 수소의 무리와 만민의 송아지(크고 작은 나라와 부족들)를 꾸짖으시고 다시는 전쟁을 일으키지 못하도록 흩어 버리셨다. 그들이 가져온 조공(은 조각)들을 발로 밟아버리셨다. 결국 애굽과 구스 같은 강대국들의 지도자들이 하나님 앞에 두 손 들고 항복할 것이다.

다윗은 넷째 단락에서 만민들에게 하나님을 찬양하라고 외쳤다.

"땅의 왕국들아 하나님께 노래하고 주께 찬송할지어다 (셀라) 옛적 하늘들의 하늘을 타신 자에게 찬송하라 주께서 그 소리를 내시니 웅장한 소리로다 너희는 하나님께 능력을 돌릴지어다 그의 위엄이 이스라엘 위에 있고 그의 능력이 구름 속에 있도다 하나님이여 위엄을 성소에서 나타내시나이다 이스라엘의 하나님은 그의 백성에게 힘과 능력을 주시나니 하나님을 찬송할지어다"(32-35절).

다윗은 항복한 모든 왕들에게 하나님을 찬양하라고 소리쳤다. 하나님의 능력을 인정하며 무릎 꿇으라고 꾸짖었다. 성소에 계셔서 이스라엘 백성들에게 능력을 주시는 하나님을 두려워하고 찬송하라고 일갈했다. 그 소리는 하나님께 무거운 짐을 넘겨드린 지도자의 불같은 호령이었다.

〈시편 69편〉 다윗의 시, 인도자를 따라 소산님에 맞춘 노래

하나님이여, 나를 구원하소서

이 시에는 다윗의 탄식이 서려 있다. 전체 36절 가운데 28절이 탄식하는 소리다. 그러나 다윗은 탄식 중에도 하나님을 찬양했다.

"하나님이여 나를 구원하소서 물들이 내 영혼에까지 흘러 들어왔나이다 나는 설 곳이 없는 깊은 수렁에 빠지며 깊은 물에 들어가니 큰 물이 내게 넘치나이다 내가 부르짖음으로 피곤하여 나의 목이 마르며 나의 하나님을 바라서 나의 눈이 쇠하였나이다 까닭 없이 나를 미워하는 자가 나의 머리털보다 많고 부당하게 나의 원수가 되어 나를 끊으려 하는 자가 강하였으니 내가 빼앗지 아니한 것도 물어 주게 되었나이다"(1-4절).

수영을 못 하는 사람이 깊은 물에 빠졌다. 허우적거리다가 죽음을 눈앞에 둔 그의 절망감을 느껴 보라. 깊은 물속에서 무엇인가 자기 몸을 끌어내리는 것 같은 공포감에 잠겨 보라. 다윗이 깊은 물을 만났다. 하나님께 부르짖다가 목이 잠기고 하나님을 바라보던 눈은 눈물로 짓물렀다. 다윗에게 있어서 그 깊은 물은 아무 까닭 없이 그를 미워하고 그의 소유물을 빼앗아가려고 혈안이 된, 머리털보다 더 많은 원수들이었다.

"하나님이여 주는 나의 우매함을 아시오니 나의 죄가 주 앞에서 숨김이 없나이다 주 만군의 여호와여 주를 바라는 자들이 나를 인하여 수치를 당하게 하지 마옵소서 이스라엘의 하나님이여 주를 찾는 자가 나로 말미암아 욕을 당하게 하지 마옵소서 내가 주를 위하여 비방을 받았사오니 수치가 나의 얼굴에 덮였나이다 내가 나의 형제에게는 객이 되고 나의 어머니의 자녀에게는 낯선 사람이 되었나이다"(5-8절).

원수들의 악행을 고소하던 다윗이 갑자기 자신의 어리석음과 죄를 하나님 앞에 자백했다. 이 말은 '지금 내가 악인들을 고소하고 있지만, 그렇다고 내가 무죄하다는 말이 아닙니다'라는 뜻이다. 다윗은 다른 시에서 "무릇 나는 내 죄과를 아오니 내 죄가 항상 내 앞에 있나이다" 하고 고백

했다(시편 51:3).

다윗은 원수들이 두렵지 않았다. 형제들이 고개를 돌리고, 가족들은 그를 없는 사람 취급했다. 특히 그의 큰형 엘리압이 그런 모습을 보였다. 그러나 다윗의 관심사는 자기가 받고 있는 비방이나 수치가 아니었다. 주를 바라는 자들이 다윗 때문에 겪을 상실감을 걱정했다. 다윗을 따르는 사람들은 하나님께서 반드시 그를 원수의 손에서 구원해 주실 줄 믿고 있었다. 그런데 만일 죽음이 물처럼 그를 삼켜 버린다면 그의 추종자들이 얼마나 큰 좌절을 겪게 될까. 다윗은 그 점을 염려하고 있었다.

"주의 집을 위하는 열성이 나를 삼키고 주를 비방하는 비방이 내게 미쳤나이다 내가 곡하고 금식하였더니 그것이 도리어 나의 욕이 되었으며 내가 굵은 베로 내 옷을 삼았더니 내가 그들의 말거리가 되었나이다 성문에 앉은 자가 나를 비난하며 독주에 취한 무리가 나를 두고 노래하나이다"(9-12절).

다윗이 아무리 생각해 보아도 '주의 집을 위하는 열성' 외에는 비방받을 이유가 없었다. 그가 하나님 앞에 회개하며 눈물로 금식하고 굵은 베옷을 입었던 일이 오히려 그들의 말거리가 되었다. 성문에 앉은 재판관들이 다윗을 비난하고, 술 취한 자들도 그를 조롱했다. 이럴 때는 하나님 앞에 하소연하는 수밖에 다른 길이 없다.

"여호와여 나를 반기시는 때에 내가 주께 기도하오니 하나님이여 많은 인자와 구원의 진리로 내게 응답하소서 나를 수렁에서 건지사 빠지지 말게 하시고 나를 미워하는 자에게서와 깊은 물에서 건지소서 큰 물이 나를 휩쓸거나 깊음이 나를 삼키지 못하게 하시며 웅덩이가 내 위에 덮쳐 그것의 입을 닫지 못하게 하소서"(13-15절).

사면초가의 상황에 두려움까지 밀려왔다. 다윗은 다시 수렁과 깊은 물과 큰 물, 그리고 웅덩이 같은 단어로 그의 절망감을 토로했다. 마치 끝없는 진흙탕 속으로 미끄러져 들어가는 것 같았다. 그가 가라앉은 위로 흙탕물이 덮이면 누가 그를 기억이나 하겠는가. 그러나 다윗은 그의 기도를 들으시는 여호와(구원자)께서 그를 기억하실 줄 믿었다. 그래서 '주여, 지금이 주의 큰 사랑과 구원의 진리로 응답하실 때입니다' 하고 부르짖었다.

"여호와여 주의 인자하심이 선하시오니 내게 응답하시며 주의 많은 긍휼에 따라 내게로 돌이키소서 주의 얼굴을 주의 종에게서 숨기지 마소서 내

가 환난 중에 있사오니 속히 내게 응답하소서 내 영혼에게 가까이하사 구원하시며 내 원수로 말미암아 나를 속량하소서 주께서 나의 비방과 수치와 능욕을 아시나이다 나의 대적자들이 다 주님 앞에 있나이다 비방이 나의 마음을 상하게 하여 근심이 충만하니 불쌍히 여길 자를 바라나 없고 긍휼히 여길 자를 바라나 찾지 못하였나이다"(16-20절).

다윗은 하나님께서 자기를 구원하실 이유로 자신의 쓸모와 가치를 들지 않았다. 그 대신 하나님의 사랑과 긍휼을 들었다. 하나님께서 그의 처지를 아시고 원수들의 악함도 아셨다. 그래서 숨넘어가는 소리로 하나님을 향해 일곱 번이나 계속 간청했다. 여기에 사용되는 동사들, 곧 '응답하소서, 돌이키소서, 숨기지 마소서, 속히 응답하소서, 가까이하소서, 구원하소서, 속량하소서'는 모두 명령형이다. 그만큼 상황이 다급했다.

"그들이 쓸개를 나의 음식물로 주며 목마를 때에는 초를 마시게 하였사오니 그들의 밥상이 올무가 되게 하시며 그들의 평안이 덫이 되게 하소서 그들의 눈이 어두워 보지 못하게 하시며 그들의 허리가 항상 떨리게 하소서 주의 분노를 그들의 위에 부으시며 주의 맹렬하신 노가 그들에게 미치게 하소서 그들의 거처가 황폐하게 하시며 그들의 장막에 사는 자가 없게 하소서 무릇 그들이 주께서 치신 자를 핍박하며 주께서 상하게 하신 자의 슬픔을 말하였사오니 그들의 죄악에 죄악을 더하사 주의 공의에 들어오지 못하게 하소서 그들을 생명책에서 지우사 의인들과 함께 기록되지 말게 하소서"(21-28절).

예수님께서 십자가에 달리실 때 로마 군병들은 그의 고통을 경감시키기 위해 '쓴 쓸개'와 '신 초'를 주었다(마태복음 27:34; 누가복음 23:36). 다윗도 그런 고통 가운데 있었다. 그는 하나님께서 그를 원수들의 손으로부터 구원해 주시기를 간구했다. 그리고 원수들을 철저히 멸망시켜 달라고 간청했다. 우리는 다윗의 시적 표현을 통하여 원수들의 이면을 볼 수 있다. 그들은 자기들의 부를 의지하고, 평안을 자랑하며, 하나님을 멸시하는 자들이었다. 그들의 눈은 악한 일을 찾아내고 공격할 대상을 골라냈다. 그들은 자기 허리의 힘을 자랑하며 교만했다. 그들은 부와 호화로운 거처와 장막을 자랑했다. 그들은 고난당하는 자들을 핍박하며 저주했다. 어떻게 이런 사람들이 하나님의 생명책에 기록될 수 있으며 의인의 반열에 들 수 있겠는가. 그런 사람은 죄에 죄를 더하다가 하나님의 공의로운 심판을 받아야 마땅하다. 그래서 다윗은 그들의 거처가 황폐하게 되고,

장막에 남은 가족이 하나도 없게 해달라고 기도했다.

"오직 나는 가난하고 슬프오니 하나님이여 주의 구원으로 나를 높이소서 내가 노래로 하나님의 이름을 찬송하며 감사함으로 하나님을 위대하시다 하리니 이것이 소 곧 뿔과 굽이 있는 황소를 드림보다 여호와를 더욱 기쁘시게 함이 될 것이라 곤고한 자가 이를 보고 기뻐하나니 하나님을 찾는 너희들아 너희 마음을 소생하게 할지어다"(29-32절).

다윗의 모습은 악인과 대조적이었다. 그는 가난과 슬픔의 낮은 자리에 있었다. 그래서 주의 구원하심으로 자기를 높여 달라고 기도했다. 하나님은 황소로 제사를 드리는 것을 원하지 않으셨다. 감사함으로 하나님의 이름을 찬송하고 그의 위대하심을 인정해 드리기를 원하셨다. 다윗이 구원받으면 같은 처지에 있던 모든 사람들이 용기를 얻고 하나님을 찾을 것이다. 다윗은 고난 중에도 그런 믿음의 유산을 남기고 싶었다.

"여호와는 궁핍한 자의 소리를 들으시며 자기로 말미암아 갇힌 자를 멸시하지 아니하시나니 천지가 그를 찬송할 것이요 바다와 그중의 모든 생물도 그리할지로다 하나님이 시온을 구원하시고 유다 성읍들을 건설하시리니 무리가 거기에 살며 소유를 삼으리로다 그의 종들의 후손이 또한 이를 상속하고 그의 이름을 사랑하는 자가 그중에 살리로다"(33-36절).

마침내 다윗의 탄식이 찬송으로 바뀌었다. 궁핍한 자의 기도를 들으시고 갇힌 자를 멸시하지 않으시는 하나님의 인자하심 때문이었다. 다윗은 천지와 그 가운데 있는 모든 피조물들에게 하나님을 찬양하라고 권했다. 왜냐하면 하나님께서 시온을 보전하시고 유다의 성읍들을 재건하셔서 사람들이 살 만한 곳이 되게 하셨기 때문이다. 지금부터 자손대대로 주의 이름을 사랑하는 자들이 그곳에 살게 될 것이기 때문이다.

다윗이 고난 중에서도 믿음의 유산을 자손들에게 물려줄 수 있었던 비결은 무엇일까? 구원하시는 하나님의 능력에 대한 절대 신뢰였다. 사도 요한은 이런 자세를 '이기는 믿음'이라고 불렀다.

"무릇 하나님께로부터 난 자마다 세상을 이기느니라 세상을 이기는 승리는 이것이니 우리의 믿음이니라 예수께서 하나님의 아들이심을 믿는 자가 아니면 세상을 이기는 자가 누구냐"(요한1서 5:4-5).

우리도 탄식이 변하여 기쁨의 노래가 되기를 소원하자.

〈시편 70편〉 다윗의 시로 기념식에서 인도자를 따라 부르는 노래

신선한 기도

하나님께 신선한(fresh) 기도를 드리자. 신선한 기도는 정직하고 진실한 기도다. 매끈하게 잘 다듬어진 기도보다 있는 그대로의 기도, 느낀 그대로의 기도, 정직하게 부르짖는 기도를 하나님께서 더 기뻐하신다. 하나님은 이미 우리의 형편과 감정과 생각을 다 알고 계신다. 그러므로 우리의 기도를 미사여구로 꾸밀 필요가 없다. 진실한 마음으로 기도하면 하나님과 우리들의 관계를 더 가깝게 해주는 대화의 창이 열리게 될 것이다. 다윗의 신선한 기도를 들어보자.

"하나님이여 나를 건지소서 여호와여 속히 나를 도우소서"(1절).

이 구절 속에서 다윗의 믿음을 볼 수 있다. 다윗은 능히 그를 건지시고 도우실 수 있는 하나님께 그의 믿음을 고백했다. 믿음이 없이는 하나님을 기쁘시게 하는 기도를 드릴 수 없다. 만일 우리가 살아 계신 하나님, 나를 사랑하신 하나님, 나의 형편과 처지를 다 알고 계신 하나님을 믿는다면, 그리고 우리가 그 하나님을 찾을 때 반드시 응답하신다는 믿음을 가지고 있다면, 고통과 고난 가운데 있을 때 다른 누구보다 먼저 하나님을 찾는 것이 지극히 당연하다.

"나의 영혼을 찾는 자들이 수치와 무안을 당하게 하시며 나의 상함을 기뻐하는 자들이 뒤로 물러가 수모를 당하게 하소서 아하, 아하 하는 자들이 자기 수치로 말미암아 뒤로 물러가게 하소서"(2-3절).

다윗의 원수들이 호시탐탐 그의 목숨을 노렸다. 그들은 다윗에게 재앙이 임하기를 바랐다. 다윗을 공개적으로 조롱하고 비난했다. 다윗은 그 원수들이 망신과 수치를 당해서 도망가게 해달라고 기도했다. 반면에 자기는 기뻐하고 즐거워하게 해달라고 기도했다. 이런 기도는 세련되고 다듬어진 기도가 아니다. 자연 상태 그대로의 신선한 기도다.

다윗뿐만이 아니다. 성경에서 하나님과 긴밀한 관계를 가졌던 인물들의 기도는 모두 정직하고 진실했다. 모세의 경우를 보자. 백성들이 하늘에서 내려오는 만나를 먹으면서도 애굽에서처럼 고기와 채소를 먹지 못한다고 울며 원망할 때 그는 이렇게 기도했다.

"모세가 여호와께 여짜오되 어찌하여 주께서 종을 괴롭게 하시나이까 어찌하여 내게 주의 목전에서 은혜를 입게 아니하시고 이 모든 백성을 내게 맡기사 내가 그 짐을 지게 하시나이까 이 모든 백성을 내가 배었나이까 내가 그들을 낳았나이까 어찌 주께서 내게 양육하는 아버지가 젖 먹는 아이를 품듯 그들을 품에 품고 주께서 그들의 열조에게 맹세하신 땅으로 가라 하시나이까 이 모든 백성에게 줄 고기를 내가 어디서 얻으리이까 그들이 나를 향하여 울며 이르되 우리에게 고기를 주어 먹게 하라 하온즉 책임이 심히 중하여 나 혼자는 이 모든 백성을 감당할 수 없나이다 주께서 내게 이같이 행하실진대 구하옵나니 내게 은혜를 베푸사 즉시 나를 죽여 내가 고난 당함을 내가 보지 않게 하옵소서"(민수기 11:11-15).

모세는 이 다섯 구절에서 1인칭 주어를 열다섯 번이나 사용했다. 원망으로 가득 찬 기도다. 엘리야도 이세벨을 피하여 광야로 도망갈 때 모세와 비슷한 기도를 드렸다.

"여호와여 넉넉하오니 지금 내 생명을 거두시옵소서 나는 내 조상들보다 낫지 못하니이다"(열왕기상 19:4).

예레미야도 그런 기도를 드렸다.

"여호와여 주께서 나를 권유하시므로 내가 그 권유를 받았사오며 주께서 나보다 강하사 이기셨으므로 내가 조롱거리가 되니 사람마다 종일토록 나를 조롱하나이다 내가 말할 때마다 외치며 파멸과 멸망을 선포하므로 여호와의 말씀으로 말미암아 내가 종일토록 치욕과 모욕거리가 됨이니이다 내가 다시는 여호와를 선포하지 아니하며 그의 이름으로 말하지 아니하리라 하면 나의 마음이 불붙는 것 같아서 골수에 사무치니 답답하여 견딜 수 없나이다"(예레미야 20:7-9).

역시 원망이 섞인 기도다. 기도는 하나님께 있는 그대로 말씀드리는 것이다. 아픈 사람은 아프다고 신음해야 하고, 배고픈 사람은 배고프다고 보채야 하며, 답답한 사람은 답답함을 토로해야 한다. 억울한 사람은 억울하다고 호소해야 하고, 원통하고 분한 사람은 속이 썩어 간다고 말해야 한다. 어떤 때는 말로 다 표현할 수 없어서 하나님 앞에 가만히 앉아 있어야 할 때도 있다. 하나님께서는 우리들의 솔직한 말을 듣기 원하신다. 답답하면 탄식하는 기도를 드리고, 기쁘고 감사하면 찬송하자. 다윗은 지금 그렇게 기도하고 있다.

"주를 찾는 모든 자들이 주로 말미암아 기뻐하고 즐거워하게 하시며 주의 구원을 사랑하는 자들이 항상 말하기를 하나님은 위대하시다 하게 하소서"(4절).

다윗은 독특한 사람이다. 그는 자기 짐도 한 짐인데 기도할 때마다 다른 사람들을 기억했다. 주를 찾는 자들로 주님을 만나 기뻐하게 하시며 주의 구원을 갈망하는 자들이 '하나님은 위대하시다'고 간증하게 해달라고 기도했다. 그래서 다윗은 위대한 지도자가 될 수 있었다. 지도자는 자신의 문제와 백성의 문제를 들고 성소에 들어가야 한다. 모두 고통 가운데 신음하는데 자기 혼자 기뻐하면 무슨 소용이 있겠는가.

"나는 가난하고 궁핍하오니 하나님이여 속히 내게 임하소서 주는 나의 도움이시요 나를 건지시는 이시오니 여호와여 지체하지 마소서"(5절).

왜 다윗은 자신이 구원받기를 원했을까? 지도자가 먼저 일어서야 따르는 사람들을 세워 줄 수 있기 때문이다. 지도자가 낙심하면 아무도 세워 줄 수 없다. 다윗은 그 점을 잘 알고 있었다. 이 마지막 구절에 하나님께서 그의 기도에 응답해 주실 것이라는 믿음이 있다. 모든 기도에는 하나님의 응답에 대한 믿음이 담겨 있어야 한다. 원망으로 가득 찬 모세의 기도에도, 자포자기하는 심정으로 드린 엘리야의 기도에도, 자기가 조롱거리가 되었다고 푸념하는 예레미야의 기도에도 그런 믿음과 기대가 담겨 있었다.

마침내 하나님께서 그들의 기도를 들으시고 응답해 주셨다. 모세에게는 한 달 동안 백성들로 하여금 고기를 먹게 하시겠다고 약속하셨다. 엘리야에게는 아람에 하사엘이라는 새 왕을 세우고, 이스라엘에 예후라는 새 왕을 세우며, 그의 뒤를 이을 후계자로 엘리사를 세우라고 명령하셨다. 불평하는 예레미야에게는 하나님의 말씀을 전하지 않고는 견딜 수 없는 불타는 열정을 주셨다.

하나님께서 다윗의 기도에도 응답하셨다. 아무도 그의 생명을 건드리지 못하였고, 지중해 동편에 대제국을 세우게 하셨으며, 그의 평생에 동행하셨다. 기도는 반드시 응답된다. 우리도 믿음을 가지고 하나님 앞에 속마음을 쏟아놓는 신선한 기도를 드려보자.

〈시편 71편〉

위대한 결심

이 시인은 분명히 나이가 지긋한 노인일 것이다. 그는 노년에도 변치 않고 신앙생활하기를 열망했다. 그리고 그런 열망이 끝까지 유지될 수 있도록 하나님의 도우심을 구했다.

"여호와여 내가 주께 피하오니 내가 영원히 수치를 당하게 하지 마소서 주의 의로 나를 건지시며 나를 풀어 주시며 주의 귀를 내게 기울이사 나를 구원하소서 주는 내가 항상 피하여 숨을 바위가 되소서 주께서 나를 구원하라 명령하셨으니 이는 주께서 나의 반석이시요 나의 요새이심이니이다 나의 하나님이여 나를 악인의 손 곧 불의한 자와 흉악한 자의 장중에서 피하게 하소서"(1-4절).

천국에서는 '구원'이라는 말을 사용하지 않을 것이다. 그곳은 이미 구원받은 사람들이 사는 곳이니까. 그러나 이 세상에 사는 동안에는 늘 하나님의 구원하시는 능력을 구하며 살아가야 한다. 우리 주변에는 우리를 부끄럽게 하려는 사람들이 있다. 우리를 몰락시켜야 속이 시원한 사람들이 있다. 없는 말을 지어서 옭아매려는 사람들도 있다. 젊었을 때는 그런 원수들을 자기 힘으로 대항할 수 있었다. 그러나 노년에는 그럴 만한 힘이 없다. 그래서 시인은 원수들을 피하여 숨을 반석과 요새가 되어 주시는 하나님을 찾았다.

"주 여호와여 주는 나의 소망이시요 내가 어릴 때부터 신뢰한 이시라 내가 모태에서부터 주를 의지하였으며 나의 어머니의 배에서부터 주께서 나를 택하셨사오니 나는 항상 주를 찬송하리이다 나는 무리에게 이상한 징조같이 되었사오나 주는 나의 견고한 피난처시오니 주를 찬송함과 주께 영광 돌림이 종일토록 내 입에 가득하리이다"(5-8절).

시인은 지난날들을 회상해 보았다. 그는 믿음의 가정에서 태어났고 부모로부터 신앙의 유산을 물려받았다. 그는 어렸을 때부터 하나님을 신뢰하고 의지했다. 지금까지 무탈하게 살아온 것은 전적으로 하나님의 은혜였다. 그동안 하나님께서 그에게 보여 주신 선하심과 인자하심은 많은 사람들에게 경이로운 표적이 되었다. 그는 장래에도 그의 견고한 피난처가 되시는 하나님을 찬송하고 영광을 돌리겠다고 결심했다.

"늙을 때에 나를 버리지 마시며 내 힘이 쇠약할 때에 나를 떠나지 마소서 내 원수들이 내게 대하여 말하며 내 영혼을 엿보는 자들이 서로 꾀하여 이르기를 하나님이 그를 버리셨은즉 따라 잡으라 건질 자가 없다 하오니 하나님이여 나를 멀리하지 마소서 나의 하나님이여 속히 나를 도우소서 내 영혼을 대적하는 자들이 수치와 멸망을 당하게 하시며 나를 모해하려 하는 자들에게는 욕과 수욕이 덮이게 하소서"(9-13절).

나이가 들면서 사고(思考)하고 인지(認知)하는 능력이나 자극에 반응하는 육체적 기능들이 예전 같지 않았다. 언제까지 지금처럼 맑은 정신으로 하나님을 찬송하며 주의 말씀을 묵상할 수 있을지 두려웠다. 원수들이 그를 향해 말하기를 '하나님이 그를 버리셨다. 따라가서 잡으라. 그를 건질 자가 없다'고 소리 치는 것 같았다. 이 원수들은 자기 속에 자리 잡고 있는 미래에 대한 의심과 두려움이었다. '만일 내가 정신이 혼미하여 하나님을 잊어버린다면 하나님도 나를 잊어버리실까?' 하는 끔찍한 생각이 들었다. 그래서 머리를 흔들며 소리쳤다. '하나님이여, 나를 멀리하지 마옵소서. 속히 나를 도우소서.' 사탄이 시인의 노약함을 틈타 그의 영혼을 공격하고 있었다. 그의 신앙을 무너뜨리려고 음모를 꾸미고 있었다. 시인은 정신을 차리고 기도했다. '하나님, 저 원수들에게 수치와 부끄러움이 임하게 하옵소서.' 그것은 두려움을 극복하려고 몸부림치는 노년의 기도였다.

"나는 항상 소망을 품고 주를 더욱더욱 찬송하리이다 내가 측량할 수 없는 주의 공의와 구원을 내 입으로 종일 전하리이다 내가 주 여호와의 능하신 행적을 가지고 오겠사오며 주의 공의만 전하겠나이다 하나님이여 나를 어려서부터 교훈하셨으므로 내가 지금까지 주의 기이한 일들을 전하였나이다 하나님이여 내가 늙어 백발이 될 때에도 나를 버리지 마시며 내가 주의 힘을 후대에 전하고 주의 능력을 장래의 모든 사람에게 전하기까지 나를 버리지 마소서"(14-18절).

구절마다 시인의 굳은 의지와 결심이 스며 있다. 늙어도 소망을 붙들고 있다면 그는 영적으로 젊은 사람이다. 그래서 시인은 소망을 품고 주를 더욱 찬송하겠다고 다짐했다. 어린 시절부터 지금까지 경험해 온 측량할 수 없는 주의 의로우심과 구원의 능력을 앞으로도 쉬지 않고 간증하겠다고 결심했다. 그러나 혼자의 힘으로는 부족했다. 하나님의 도우심이 필요했다. 그래서 시인은 진액이 다하여 백발이 될 때까지 주의 능력을 후대에 전할 수 있도록 자기를 버리지 말고 동행하여 달라고 하나님께 간청했다.

"하나님이여 주의 의가 또한 지극히 높으시니이다 하나님이여 주께서 큰 일을 행하셨사오니 누가 주와 같으리이까 우리에게 여러 가지 심한 고난을 보이신 주께서 우리를 다시 살리시며 땅 깊은 곳에서 다시 이끌어 올리시리이다 나를 더욱 창대하게 하시고 돌이키사 나를 위로하소서"(19-21절).

찬양의 정점에 이르면 '오, 주여, 누가 주와 같으리요!'와 같은 수사적 표현을 하게 된다. 하나님보다 더 의로운 이가 없고, 하나님보다 더 큰 일을 행하는 이가 없기 때문이다. 그러나 나이가 들수록 시인은 심한 고난을 경험했다. 그것은 아마도 육체적 연약함에서 오는 고난이었을 것이다. 어떤 때는 죽음이 문을 두드리는 소리에 놀라기도 했다. 그러나 주께서 그를 다시 살리시고 반석 위에 세워 주셨다. 이전보다 더 건강하게 하시고 '내가 너를 떠나지 않으리라'고 위로해 주셨다. 노년에는 건강 상태가 자주 출렁거린다. 그러다가 회복되면 '하나님께서 나를 더욱 건강(창대)하게 해주셨다'고 감사드린다.

"나의 하나님이여 내가 또 비파로 주를 찬양하며 주의 성실을 찬양하리이다 이스라엘의 거룩하신 주여 내가 수금으로 주를 찬양하리이다 내가 주를 찬양할 때에 나의 입술이 기뻐 외치며 주께서 속량하신 내 영혼이 즐거워하리이다 나의 혀도 종일토록 주의 의를 작은 소리로 읊조리오리니 나를 모해하려 하던 자들이 수치와 무안을 당함이니이다"(21-24절).

악기가 없어도 괜찮다. 찬송가를 펼치고 소리 내어 불러보자. 곡조가 틀려도 괜찮다. 어차피 나이가 들면 음정 잡기도 쉽지 않다. 그냥 담대하게 찬송해 보자. 지난 세월 동안 우리와 동행하시며 우리를 구원하시고, 죄를 속량하시며, 실수를 덮어 주셨던 하나님의 은혜에 감사드리자. 두려움을 심어 주려는 원수 사탄을 말씀과 믿음으로 대적하자. 하나님께서 베풀어 주신 은혜를 기억하며 찬송하자. 이것은 노년에 이른 성도들이 할 수 있는 가장 위대한 결심이다.

〈시편 72편〉 솔로몬의 시

메시아의 통치

이 시의 표제는 '솔로몬의 시'다. 그러나 마지막에는 '이새의 아들 다윗의 기도가 끝나니라'로 끝난다. 그럼 이것은 누구의 시였을까? 주전 2세기경부터 존재해 온 탈굼역(당시 유대인들이 이해할 수 있는 아람어로 번역된 해설성경)에는 '메시아의 시'라는 표제가 붙어 있다. 이 시는 장래에 오실 메시아에 대한 소망을 다루고 있다.

"하나님이여 주의 판단력을 왕에게 주시고 주의 공의를 왕의 아들에게 주소서 그가 주의 백성을 공의로 재판하며 주의 가난한 자를 정의로 재판하리니 의로 말미암아 산들이 백성에게 평강을 주며 작은 산들도 그리하리로다 그가 가난한 백성의 억울함을 풀어 주며 궁핍한 자의 자손을 구원하며 압박하는 자를 꺾으리로다"(1-4절).

시 전체에 '그'라는 3인칭 단수가 18회나 나온다. 이는 1절에 나오는 왕 곧 메시아를 가리킨다. 메시아는 기름 부음을 받은 자다. 우리는 이 시에서 메시아로 오신 예수님을 만나볼 것이다. 시인은 메시아가 오셔서 하실 일을 세 가지로 요약하고 있다. 첫째로, 공의로 재판하실 것이다. 공의로운 판단은 하나님의 뜻대로 하는 판단이다. 한번은 형에게 유산의 자기 몫을 빼앗긴 아우가 예수님을 찾아와서 그 유산을 공평하게 나누게 해달라고 부탁했다(누가복음 12:13-21). 그러자 예수님은 '이 사람아 누가 나를 너희의 재판장이나 물건 나누는 자로 세웠느냐' 하시면서 탐심이 가져다주는 폐해를 가르치셨다. 둘째로, 가난한 자를 정의로 재판하실 것이다. 가난한 자의 억울함을 풀어 주시고 궁핍한 자의 자녀들을 구원하실 것이다. 예수님의 오심이 가난한 자들에게 복음이 되었다(누가복음 4:18). 셋째로, 압박하는 자들을 심판하실 것이다.

"아버지께서 아무도 심판하지 아니하시고 심판을 다 아들에게 맡기셨으니 이는 모든 사람으로 아버지를 공경하는 것같이 아들을 공경하게 하려 하심이라"(요한복음 5:22-23).

메시아가 세상에 오실 때에 주의 백성들에게 평강이 임하고, 산과 들도 주의 백성들에게 번영을 가져다줄 것이다.

"그들이 해가 있을 동안에도 주를 두려워하며 달이 있을 동안에도 대대로 그리하리로다 그는 벤 풀 위에 내리는 비같이, 땅을 적시는 소낙비같이 내리리니 그의 날에 의인이 흥왕하여 평강의 풍성함이 달이 다할 때까지 이르리로다"(5-7절).

해와 달이 그 수명을 다하는 날까지 메시아가 세상을 다스릴 것이며, 하나님을 경외하는 자들에게 비와 소낙비같이 그의 은혜가 임할 것이다. '벤 풀 위에 내리는 비'는 상처를 치료하시는 은혜요, '땅을 적시는 소낙비'는 굳은 마음을 부드럽게 해주시는 사랑이다. 그는 하나님을 사랑하는 자들로 끝까지 흥왕하게 하시며 평강이 넘쳐나게 해주실 것이다.

"그가 바다에서부터 바다까지와 강에서부터 땅끝까지 다스리리니 광야에 사는 자는 그 앞에 굽히며 그의 원수들은 티끌을 핥을 것이며 다시스와 섬의 왕들이 조공을 바치며 스바와 시바 왕들이 예물을 드리리로다 모든 왕이 그의 앞에 부복하며 모든 민족이 다 그를 섬기리로다"(8-11절).

비록 시바 여왕이 예물을 가지고 솔로몬왕을 찾아왔지만 그의 통치는 한 세대로 끝나고 말았다. 그러나 메시아의 통치는 영원하게 될 것이다.

"그는 궁핍한 자가 부르짖을 때에 건지며 도움이 없는 가난한 자도 건지며 그는 가난한 자와 궁핍한 자를 불쌍히 여기며 궁핍한 자의 생명을 구원하며 그들의 생명을 압박과 강포에서 구원하리니 그들의 피가 그의 눈앞에서 존귀히 여김을 받으리로다"(12-14절).

메시아는 죄인들을 구원하신다. 밀러(Miller) 선교사가 작사하고 언더우드(Underwood) 선교사가 번역한 찬송가 96장의 가사는 메시아가 어떤 분이신가를 잘 설명하고 있다.

1. 예수님은 누구신가 우는 자의 위로와 없는 자의 풍성이며 천한 자의
   높음과 잡힌 자의 놓임 되고 우리 기쁨 되시네
2. 예수님은 누구신가 약한 자의 강함과 눈먼 자의 빛이시며 병든 자의
   고침과 죽은 자의 부활 되고 우리 생명 되시네
3. 예수님은 누구신가 추한 자의 정함과 죽을 자의 생명이며 죄인들의

중보와 멸망자의 구원 되고 우리 평화 되시네

4. 예수님은 누구신가 온 교회의 머리와 온 세상의 구주시며 모든 왕의 왕이요 심판하실 주님 되고 우리 영광 되시네

우리의 구원자 되시는 메시아 예수 그리스도는 우리의 생명을 존귀하게 여기신다. 그래서 그의 피로 값 주고 우리를 사셨다.

"그들이 생존하여 스바의 금을 그에게 드리며 사람들이 그를 위하여 항상 기도하고 종일 찬송하리로다 산 꼭대기의 땅에도 곡식이 풍성하고 그것의 열매가 레바논같이 흔들리며 성에 있는 자가 땅의 풀같이 왕성하리로다 그의 이름이 영구함이여 그의 이름이 해와 같이 장구하리로다 사람들이 그로 말미암아 복을 받으리니 모든 민족이 다 그를 복되다 하리로다"(15-17절).

메시아는 기도의 대상이시며 찬송받으실 주님이시다. 그가 통치하시는 곳에는 번영이 있고, 그의 다스림을 받는 자들의 자손은 들의 풀처럼 왕성하게 일어날 것이다. 그리하여 메시아의 이름 '예수'가 영원히 영광을 받게 될 것이다.

"이러므로 하나님이 그를 지극히 높여 모든 이름 위에 뛰어난 이름을 주사 하늘에 있는 자들과 땅에 있는 자들과 땅 아래에 있는 자들로 모든 무릎을 예수의 이름에 꿇게 하시고 모든 입으로 예수 그리스도를 주라 시인하여 하나님 아버지께 영광을 돌리게 하셨느니라"(빌립보서 2:9-11).

그뿐만 아니라 예수 그리스도의 이름으로 모든 민족이 복을 받게 될 것이다. 그것이 예수님의 약속이다.

"내 이름으로 무엇이든지 내게 구하면 내가 행하리라"(요한복음 14:14).

"홀로 기이한 일들을 행하시는 여호와 하나님 곧 이스라엘의 하나님을 찬송하며 그 영화로운 이름을 영원히 찬송할지어다 온 땅에 그의 영광이 충만할지어다 아멘 아멘 이새의 아들 다윗의 기도가 끝나니라"(18-20절).

메시아를 세상에 보내 주신 하나님을 찬양하자. 우리를 구원하시기 위해 이 세상에 오신 예수 그리스도의 이름을 영원히 찬송하자. 그리고 온 땅 위에 메시아의 영광이 충만하기를 기도하자. 다윗도 성령의 감동하심을 받고 그렇게 기도했다.

〈시편 73편〉 아삽의 시

주님만 사모합니다

마음이 아프면 믿음이 약해지고 기쁨도 사라진다. 그때 우리는 영적으로, 정서적으로 큰 위기를 만나게 된다. 그래서 솔로몬은 "모든 지킬 만한 것 중에 더욱 네 마음을 지키라 생명의 근원이 이에서 남이니라"고 했다(잠언 4:23).

아삽이라는 시인이 있었다. 그는 하나님 앞에서 항상 경건하고 겸손하게 살았다. 그래서 교만하고 악을 행하는 사람을 볼 때마다 마음이 아프고 괴로웠다.

"하나님이 참으로 이스라엘 중 마음이 정결한 자에게 선을 행하시나 나는 거의 넘어질 뻔하였고 나의 걸음이 미끄러질 뻔하였으니 이는 내가 악인의 형통함을 보고 오만한 자를 질투하였음이로다"(1-3절).

물론 아삽과 그 악한 사람 사이에 개인적인 원한 관계는 없었다. 그러나 교만하고 악한 사람이 잘되는 모습을 보면 마음이 불편했다. 슬며시 질투가 일어나기도 했다. 그는 평소에 악인은 망하고 선한 사람은 흥해야 한다고 생각하며 살아왔다. 공의로우신 하나님께서 악인의 잘못에 합당한 심판을 내리셔야 한다고 생각했다. 그런데 날이 갈수록 악인은 점점 더 잘되어 갔다. 언제부터인가 아삽의 마음에 원망이 들어오기 시작했다.

"그들은 죽을 때에도 고통이 없고 그 힘이 강건하며 사람들이 당하는 고난이 그들에게는 없고 사람들이 당하는 재앙도 그들에게는 없나니 그러므로 교만이 그들의 목걸이요 강포가 그들의 옷이며 살찜으로 그들의 눈이 솟아나며 그들의 소득은 마음의 소원보다 많으며 그들은 능욕하며 악하게 말하며 높은 데서 거만하게 말하며 그들의 입은 하늘에 두고 그들의 혀는 땅에 두루 다니도다"(4-9절).

악인은 평생 아무런 고통 없이 잘 살았다. 다른 사람들처럼 어려움도 당하지 않고, 병에 걸려 고생하지도 않았다. 그들은 교만하여 목을 꼿꼿

이 세우고 다녔다. 행하는 일마다 악한 일들이었다. 재물이 쌓여도 만족할 줄 몰랐다. 그들의 욕심이 하늘을 찔렀다. 그들이 악한 꾀를 내어 재물을 모을 때마다 가난한 사람은 있던 것마저 잃어버렸다. 그들은 가난한 사람들을 조롱하고 저주했다. 그들은 주먹을 불끈 쥐고 하나님을 멸시하며 선하게 살려고 하는 사람들에게 악담을 퍼부었다. 마침내 그의 교만과 악행이 주변 사람들에게 영향을 끼치기 시작했다.

"그러므로 그의 백성이 이리로 돌아와서 잔에 가득한 물을 다 마시며 말하기를 하나님이 어찌 알랴 지존자에게 지식이 있으랴 하는도다 볼지어다 이들은 악인들이라도 항상 평안하고 재물은 더욱 불어나도다"(10-12절).

그에게 악한 영향을 받은 사람들이 덩달아 하나님을 멸시하는 말을 했다. '하나님이 어떻게 이 세상에서 일어난 일들을 다 아시겠는가, 악을 행하더라도 나만 잘살면 됐지' 하고 뻔뻔스럽게 말했다. 뿐만 아니라 악한 영향을 받은 많은 사람들이 떼를 지어 악한 길로 몰려다녔다. 이런 모습을 보는 시인의 마음이 찢어질 듯이 괴롭고 아팠다.

"내가 내 마음을 깨끗하게 하며 내 손을 씻어 무죄하다 한 것이 실로 헛되도다 나는 종일 재난을 당하며 아침마다 징벌을 받았도다 내가 만일 스스로 이르기를 내가 그들처럼 말하리라 하였더라면 나는 주의 아들들의 세대에 대하여 악행을 행하였으리이다"(13-15절).

지금까지 시인은 하나님 앞에서 거룩한 삶을 살아왔다. 그런데 돌이켜보니 자기만 혼자 힘들게 살고 있었다. 마음에 별별 생각이 다 들었다. '저렇게 악한 자들은 교만하여 하나님을 멸시하고 무시하는데도 하는 일마다 잘되고 건강하고 걱정거리도 없다. 내가 마음을 깨끗하게 하고 죄를 짓지 않으려고 애쓴 보람이 무엇인가?' 이런 원망이 목구멍까지 치밀어 올라왔다. 그러나 감사하게도 그 생각을 입으로 토해 내지 않았다. 돌이켜 생각해 보니 하나님의 은혜였다. 만일 시인이 그의 생각을 말로 표현했더라면 주님을 섬기는 다른 백성들에게 큰 해를 끼쳤을 것이다. 왜냐하면 주의 백성들도 모두 악인들 때문에 괴로워하고 있었기 때문이다.

시인은 원망을 꿀꺽 삼킨 채 하나님의 성소로 들어갔다. 하나님께서 어떻게 말씀하시는지 들어보고 싶었다. 그리고 그날 밤 시인은 놀라운 진리를 깨달았다.

"내가 어쩌면 이를 알까 하여 생각한즉 그것이 내게 심한 고통이 되었더니 하나님의 성소에 들어갈 때에야 그들의 종말을 내가 깨달았나이다 주께서 참으로 그들을 미끄러운 곳에 두시며 파멸에 던지시니 그들이 어찌하여 그리 갑자기 황폐되었는가 놀랄 정도로 그들은 전멸하였나이다 주여 사람이 깬 후에는 꿈을 무시함같이 주께서 깨신 후에는 그들의 형상을 멸시하시리이다"(16-20절).

마음을 아프게 하는 일은 주로 인간관계에서 일어난다. 나와 직접적인 관계는 없지만 시인처럼 악인이 형통하게 되는 것을 보고 마음이 아플 수도 있다. 시인은 왜 악을 행하는 자들이 더 잘되고 번성하는지 이해할 수가 없었다. 입맛을 잃어버리고 불면증에 걸렸을 것이다. 그러나 감사하게도 시인은 그 마음을 사람에게 내보이지 않고 하나님께만 보여드렸다. 그리고 기도하는 중에 하나님의 뜻을 깨달았다.

지금은 저들이 잘되는 것 같지만 사실은 굉장히 미끄러운 언덕 위에 위태롭게 서 있는 모습을 보았다. 한 걸음만 삐끗하면 끝없는 파멸의 구덩이로 미끄러져 들어갈 찰나였다. 시인은 그 상황을 볼 수 있는 신령한 눈이 열렸다. 그들은 머지않아 아침 안개처럼 사라질 것이다. 잠에서 깬 후의 꿈처럼 잊힐 것이다. 시인은 제정신이 들었다. 만일 그가 하나님의 성전을 찾아오지 않았더라면 어떻게 되었을까, 생각만 해도 끔찍했다. 그는 놀란 가슴을 쓸어내리며 이렇게 말했다.

"내 마음이 산란하며 내 양심이 찔렸나이다 내가 이같이 우매 무지함으로 주 앞에 짐승이오나 내가 항상 주와 함께하니 주께서 내 오른손을 붙드셨나이다"(21-23절).

시인은 악하고 교만한 자들 때문에 하마터면 짐승이 될 뻔했던 어리석음을 회개했다. 짐승같이 된다는 말은 신앙은 물론이고 이성까지 상실할 뻔했다는 말이다. 이성을 상실하면 남는 것은 짐승 같은 본능뿐이다.

감사하게도 시인에게는 하나님을 가까이하는 좋은 습관이 있었다. 그래서 성전에 올라가서 무릎을 꿇었다. 그랬더니 하나님께서 그의 오른손을 붙들어 주셨다. 그날 저녁 하나님께서 시인에게 무슨 말씀을 하셨을까? 그날 밤 하나님과 깊은 대화를 나누었던 시인은 이렇게 고백했다.

"주의 교훈으로 나를 인도하시고 후에는 영광으로 나를 영접하시리니 하늘에서는 주 외에 누가 내게 있으리요 땅에서는 주밖에 내가 사모할 이

없나이다 내 육체와 마음은 쇠약하나 하나님은 내 마음의 반석이시요 영원한 분깃이시라"(24-26절).

자기 혼자 아픈 가슴을 부여잡고 정처 없이 방황하고 있다고 생각했는데, 사실은 주께서 그를 인도하고 계셨다. 그날 밤 성전으로 올라갔던 일도 하나님의 인도하심이었다. 그래서 시인은 큰 소리로 외쳤다. '하늘에서는 나에게 주밖에 없습니다. 내가 주와 함께 있는데 이 세상에서 무엇을 더 바라겠습니까?'

조금 전까지만 해도 교만하고 악한 자만 눈에 띄었다. 악한 자를 향해 분노가 치밀어 오르는데 가위눌린 것처럼 손끝 하나 까딱 할 수가 없었다. 그러나 지금은 성전에서 두 손을 들고 하나님께 기도하고 있다. 하나님께서 그와 동행하시며 영광 가운데로 인도하고 계신다는 진리도 깨달았다. 그러면 됐다. 하나님 한 분이면 족했다. 하나님 외에 무엇을 더 바라겠는가. 마음에 평안이 밀려왔다. 하나님이 그의 반석이 되시니 부족함이 없었다.

"무릇 주를 멀리하는 자는 망하리니 음녀같이 주를 떠난 자를 주께서 다 멸하셨나이다 하나님께 가까이함이 내게 복이라 내가 주 여호와를 나의 피난처로 삼아 주의 모든 행적을 전파하리이다"(27-28절).

주를 멀리하는 자는 망할 것이다. 그래서 시인은 주께 더 가까이 가기로 작정했다. 그것이 그가 받을 가장 큰 복이었다. 주님을 피난처로 삼아 위기에서 벗어나자 자세가 변화되었다. 이제부터는 주님께서 행하신 일을 모든 사람들에게 전하기로 결심했다.

시편 73편은 아삽이 가슴 아픈 문제를 하나님 앞에서 해결한 후에 지은 시다. 그가 얻은 결론은 하나님은 그의 백성들에게 선을 베푸시고, 그 중에서도 마음이 깨끗한 자에게 더 큰 은혜를 베푸신다는 진리였다.

우리도 이 세상을 살면서 아삽과 같은 경험을 한다. 나와 관계없는 사람 때문에 마음이 아플 때가 있다. 관계있는 사람이라면 그 아픔이 더했을 것이다. 내가 억울한 일을 당할 때, 누군가 나의 험담을 퍼뜨릴 때, 나를 무시하는 말과 행동을 하는 사람을 볼 때, 은혜를 원수로 갚는 사람을 만날 때, 정직하게 수고한 나보다 부정직한 사람이 더 잘사는 모습을 볼 때, 우리의 마음은 아삽처럼 아프기 시작한다. 그때, 바로 그때, 우리는 성전에 계신 하나님을 찾아가야 한다.

〈시편 74편〉 아삽의 마스길

주여, 기억하소서

이 시는 바벨론 군대들에 의해 예루살렘성이 함락되고 성전이 불탔던 주전 586년 이후에 지어진 시다. 시인은 이스라엘 민족이 당한 고난을 회상하며 '주여, 어느 때까지니이까. 주의 언약을 기억하고 우리에게 돌아오소서' 하고 부르짖었다.

"하나님이여 주께서 어찌하여 우리를 영원히 버리시나이까 어찌하여 주께서 기르시는 양을 향하여 진노의 연기를 뿜으시나이까 옛적부터 얻으시고 속량하사 주의 기업의 지파로 삼으신 주의 회중을 기억하시며 주께서 계시던 시온산도 생각하소서 영구히 파멸된 곳을 향하여 주의 발을 옮겨 놓으소서 원수가 성소에서 모든 악을 행하였나이다"(1-3절).

시인은 예루살렘과 성전이 이방인에 의해 파괴되고 불타는 모습을 직접 목격한 사람이었다. 그래서 하나님 앞에 그의 좌절과 탄식을 토해 냈다. 때로는 마음의 고통을 토해 내는 작업이 치료와 회복을 위해 필요하다. 다윗도 그런 말을 했다.

"백성들아 시시로 그를 의지하고 그의 앞에 마음을 토하라 하나님은 우리의 피난처시로다 (셀라)"(시편 62:8).

예루살렘이 함락된 후 오랜 시간이 흘렀다. 하나님께서 영원히 그들을 버리시는 것 같았다. 그런데 그들이 누구인가? 하나님께서 애굽에서 불러내어 그의 기업으로 삼으신 민족 아닌가? 시인의 눈에는 이방인들이 예루살렘을 파괴하는 모습이 마치 하나님께서 그의 진노를 쏟아 부으시는 것처럼 보였다. 그래서 시인의 말 속에 '우리가 마땅한 잘못을 저질렀습니다' 하는 자백이 담겨 있었다. 시인은 그의 백성들을 기억해 달라고 하나님께 간청했다. 파멸된 곳으로 돌아오시라고 탄원했다. 주의 거룩한 성소를 잊지 마시라고 애원했다.

"주의 대적이 주의 회중 가운데에서 떠들며 자기들의 깃발을 세워 표적으

로 삼았으니 그들은 마치 도끼를 들어 삼림을 베는 사람 같으니이다 이제 그들이 도끼와 철퇴로 성소의 모든 조각품을 쳐서 부수고 주의 성소를 불사르며 주의 이름이 계신 곳을 더럽혀 땅에 엎었나이다 그들이 마음속으로 이르기를 우리가 그들을 진멸하자 하고 이 땅에 있는 하나님의 모든 회당을 불살랐나이다"(4-8절).

삼림이 울창하면 능선도 아름답다. 그러나 벌목꾼들이 지나간 자리는 흉측하고 처참하다. 바벨론의 군사들이 그런 식으로 예루살렘과 성전을 파괴했다. 아름다웠던 성전의 흔적이 모두 사라졌다. 그들은 이스라엘의 신앙을 진멸시킬 목적으로 각 지역에 있는 회당들까지 불살랐다. 시인은 하나님께 그들의 만행을 잊지 마시라고 부르짖고 있다.

"우리의 표적은 보이지 아니하며 선지자도 더 이상 없으며 이런 일이 얼마나 오랠는지 우리 중에 아는 자도 없나이다"(9절).

예루살렘 성전은 모든 이스라엘 사람들에게 '하나님께서 우리와 함께 하신다'(임마누엘)는 표적이요 깃발이었다. 그런데 그 자리에 바벨론 군대의 깃발이 펄럭이고 있었다. 더 이상 선지자도 없었다. 다니엘은 바벨론에 잡혀갔고, 에스겔도 바벨론의 그발 강가에서 포로 생활을 했으며, 예레미야는 멀리 애굽에 끌려갔다(예레미야 43:1-7). 유다의 패망과 더불어 시작된 대혼란이 얼마나 지속될지 아무도 예측할 수 없었다.

"하나님이여 대적이 언제까지 비방하겠으며 원수가 주의 이름을 영원히 능욕하리이까 주께서 어찌하여 주의 손 곧 주의 오른손을 거두시나이까 주의 품에서 손을 빼내시어 그들을 멸하소서"(10-11절).

끝이 보이지 않을 때 터널은 더 어둡게 느껴진다. 원수들이 하나님을 대적하고 그의 이름을 비방했다. 이스라엘을 애굽에서 인도하여 내셨던 그의 오른손은 어디에 있을까? 왜 그 손을 숨기시고 원수들의 방종을 모른 체하실까? 시인은 속히 주의 오른손을 빼내시어 원수들을 멸하시라고 재촉했다. 그리고 이전에 하나님께서 행하셨던 일들을 회상했다.

"하나님은 예로부터 나의 왕이시라. 사람에게 구원을 베푸셨나이다 주께서 주의 능력으로 바다를 나누시고 물 가운데 용들의 머리를 깨뜨리셨으며 리워야단의 머리를 부수시고 그것을 사막에 사는 자에게 음식물로 주셨으며 주께서 바위를 쪼개어 큰 물을 내시며 주께서 늘 흐르는 강들을 마르게 하셨나이다

낮도 주의 것이요 밤도 주의 것이라 주께서 빛과 해를 마련하셨으며 주께서 땅의 경계를 정하시며 주께서 여름과 겨울을 만드셨나이다"(12-17절).

일견 하나님께서 떨치고 일어나셔서 이스라엘을 구원해 달라고 재촉하는 것처럼 보인다. 그러나 사실은 그들이 잊고 있던 하나님의 능력을 기억해 내려는 몸부림이었다. 구원의 주 하나님을 다시 그들의 왕으로 모시려는 다짐이었다. 하나님께서 홍해를 가르시고, 일곱 머리를 가졌다는 전설적 괴물 리워야단의 머리를 깨뜨리시고 그것들을 사막의 짐승들에게 먹이로 주셨다(이 괴물은 애굽의 세력을 가리킨다). 하나님은 이스라엘이 광야를 지날 때 만나와 생수를 공급하셨고, 요단강을 마르게 하셨다. 해와 달을 지으셨고, 바다와 땅의 경계를 그으셨으며, 여름과 겨울을 나누셨다. 이런 능력을 다시 한번 체험해 보기를 소원했다.

"여호와여 이것을 기억하소서 원수가 주를 비방하며 우매한 백성이 주의 이름을 능욕하였나이다 주의 멧비둘기의 생명을 들짐승에게 주지 마시며 주의 가난한 자의 목숨을 영원히 잊지 마소서 그 언약을 눈여겨 보소서 무릇 땅의 어두운 곳에 포악한 자의 처소가 가득하나이다"(18-20절).

시인은 침략자들의 교만함과 방자함을 고소했다. 그들 앞에서 이스라엘 백성들은 마치 사나운 들짐승에게 쫓기는 산비둘기 같았다. 시인은 하나님께 가난하고 힘없는 그들을 보호해 달라고 기도했다. 그가 세우신 언약, 곧 "나는 너희 중에 행하여 너희의 하나님이 되고 너희는 내 백성이 될 것이니라"는 언약을 기억해 달라고 간청했다(레위기 26:12).

"학대받은 자가 부끄러이 돌아가게 하지 마시고 가난한 자와 궁핍한 자가 주의 이름을 찬송하게 하소서 하나님이여 일어나 주의 원통함을 푸시고 우매한 자가 종일 주를 비방하는 것을 기억하소서 주의 대적들의 소리를 잊지 마소서 일어나 주께 항거하는 자의 떠드는 소리가 항상 주께 상달되나이다"(21-23절).

시인은 그의 기도가 허공으로 사라질까 두려웠다. 기도의 응답을 받고 하나님을 찬양하고 싶었다. 속히 하나님께서 그의 백성들에게 돌아오셔서 저 어리석은 자들로 더 이상 하나님의 이름을 멸시하지 못하게 해 달라고 간절히 기도했다. 주께서 돌아오시기를 바라는 간절함은 곧 그들 자신이 주께로 돌아가기를 원하는 간절한 마음이었다.

〈시편 75편〉 아삽의 시, 인도자를 따라 알다스헷에 맞춘 노래

악인에게 임박한 심판

악인은 부와 권력을 악용하여 가난한 사람들에게 고통을 준다. 그들은 악을 행하면서도 절대로 자신의 죄를 인정하지 않는다. 그들은 교만하여 '하나님은 없다. 그러므로 심판도 없다'고 주장한다. 악인이 끼치는 피해는 다른 사람들까지 고난을 당하게 한다.

의인은 가난하고 연약한 사람들이다. 의인은 하나님을 사랑하고 이웃을 사랑한다. 의인은 받으려는 사람이 아니라 주려는 사람이다. 그는 사소한 잘못도 회개하며 늘 거룩함을 유지하려고 애쓴다. 이해할 수 없는 고난을 당할 때도 자신의 허물을 먼저 찾으려고 한다. 억울한 일을 당할 때마다 하나님께 호소하고 그의 도우심을 구하며 기다린다. 그래서 의인들이 사는 사회는 항상 평안하다. 이런 신앙적 배경에서 시인은 악인의 문제를 하나님 앞에 호소하며 심판을 선포한다.

"하나님이여 우리가 주께 감사하고 감사함은 주의 이름이 가까움이라 사람들이 주의 기이한 일들을 전파하나이다"(1절).

'주의 이름이 가까움이라'는 말은 무슨 뜻일까? '주의 이름'은 주의 인격과 존재를 의미한다. 쉽게 표현하면 주께서 하실 일이 가까이 다가왔다는 말이다. 그래서 시인은 감사하고 감사했다. 이제 주께서 하실 일을 목격한 사람들이 그 기이한 일들을 전파할 것이다. 그 일들은 무엇일까?

"주의 말씀이 내가 정한 기약이 이르면 내가 바르게 심판하리니 땅의 기둥은 내가 세웠거니와 땅과 그 모든 주민이 소멸되리라 하시도다 (셀라)"(2-3절).

그 일은 바로 심판이었다. 하나님의 음성이 들려왔다. '정한 때가 되면 내가 심판하리라. 그리고 그 심판은 공평할 것이다.' 3절은 현대인의 성경 번역이 더 쉽고 정확하다. "땅과 세상 모든 민족이 흔들릴지라도 땅의 기둥은 확고할 것이니 내가 그 기둥을 세웠음이라." 하나님의 심판은 우주를 뒤집는 심판이 아니다. 악인들에 대한 심판이다. 하나님의 심판은 새롭게 하고 회복시키는 역할을 한다. 이런 면에서 시인은 염세주의자가 아니었다. 그 심판이 악인에게는 파멸이요, 의인에게는 재건이 될 것이다.

"내가 오만한 자들에게 오만하게 행하지 말라 하며 악인들에게 뿔을 들지 말라 하였노니 너희 뿔을 높이 들지 말며 교만한 목으로 말하지 말지어다"(4-5절).

이 구절도 시인이 들었던 하나님의 음성이다. 언제나 경고가 심판을 앞선다. 하나님께서 오만한 자들에게 충분한 경고를 주셨다. 오만은 자기의 능력을 의지하는 행위, 곧 뿔을 높이 드는 태도다. 오만한 사람은 자신의 업적을 자랑한다. 언제 하나님께서 그들에게 경고를 주셨을까? 본인만 아는 어떤 순간이 있었을 것이다. '내가 이렇게 잘나가다가 한 번쯤 넘어질 때가 오지' 하는 위기의식이 바로 하나님께서 주시는 경고다.

"무릇 높이는 일이 동쪽에서나 서쪽에서 말미암지 아니하며 남쪽에서도 말미암지 아니하고 오직 재판장이신 하나님이 이를 낮추시고 저를 높이시느니라"(7절).

삶에는 기복이 있다. 산이 높으면 골짜기도 깊다. 악인들은 교만하여 자기 힘으로 정상에 이르렀다고 생각한다. 그러나 그를 높여주신 분은 하나님이시다. 하나님은 높이시기도 하고 낮추시기도 하신다. 이것을 모르는 악인들의 교만에 반드시 무서운 심판이 따를 것이다.

"여호와의 손에 잔이 있어 술 거품이 일어나는도다 속에 섞은 것이 가득한 그 잔을 하나님이 쏟아 내시나니 실로 그 찌꺼기까지도 땅의 모든 악인이 기울여 마시리로다"(8절).

하나님의 손에 심판의 잔이 들려 있다. 거품이 일어날 정도로 독한 죽음의 잔이다. 악인들은 어리석어서 그 잔을 끝까지 기울여 찌꺼기까지 마신다. 중간에 회개하고 돌이키는 법이 없다. 그래서 다윗은 '악이 악인을 죽일 것'이라고 했다(시편 34:21).

"나는 야곱의 하나님을 영원히 선포하며 찬양하며 또 악인들의 뿔을 다 베고 의인의 뿔은 높이 들리로다"(9-10절).

시인은 악인의 뿔을 베고 의인의 뿔을 높여주실 하나님의 공의로운 심판을 믿음으로 기다리며 찬양했다.

〈시편 76편〉 아삽의 시, 인도자를 따라 현악에 맞춘 노래

전쟁을 쉬게 하시는 하나님

성경에는 전쟁 이야기가 많이 나온다. 애굽에서 가나안으로 이동하는 과정에서, 또 가나안 땅에 정착하는 과정에서, 그리고 이웃 나라들과의 긴장을 해소하는 과정에서 크고 작은 전쟁들이 꼬리를 물었다. 그중에 가장 슬픈 전쟁은 남왕국 유다와 북왕국 이스라엘 사이의 동족상잔이었다. 원래 이스라엘은 다른 나라들처럼 영토를 확장하려는 야욕이 없었다. 가능하면 인접 국가들과의 평화를 추구했다. 그런 정신은 지금도 유지되고 있다. 그러나 이웃들이 이스라엘을 가만히 두지 않았다. 그래서 이스라엘의 전쟁은 공격보다는 방어나 수비가 주를 이루었다. 그럼에도 전쟁은 늘 상처와 아픔을 가져다주었다. 그런데 하나님께서 전쟁을 그치게 하신다니 얼마나 기쁜 일인가.

"하나님은 유다에 알려지셨으며 그의 이름이 이스라엘에 크시도다 그의 장막은 살렘에 있음이여 그의 처소는 시온에 있도다 거기에서 그가 화살과 방패와 칼과 전쟁을 없이하셨도다 (셀라)"(1–3절).

유다와 이스라엘을 나누는 것을 보면 이 시는 솔로몬 이후에 지어진 것이 분명하다. 그렇다면 이 시를 지은 아삽도 사실은 아삽(다윗왕 때 성가대 대장)의 후손이었을 것이다.

비록 성소가 예루살렘에 있었지만 하나님은 북왕국에도 위대하신 분으로 알려졌다. 살렘은 예루살렘(평화의 마을)의 옛 명칭으로서 멜기세덱이 다스리던 성읍이었다. 그곳에서 하나님의 평화가 시작되었다. 하나님께서 불화살과 방패와 칼과 전쟁을 없게 하실 것이다. 하나님께서는 전쟁 자체가 시작되지 않게 하실 수 있다. 진정한 평화는 하나님께로부터 온다.

"주는 약탈한 산에서 영화로우시며 존귀하시도다 마음이 강한 자도 가진 것을 빼앗기고 잠에 빠질 것이며 장사들도 모두 그들에게 도움을 줄 손을 만날 수 없도다 야곱의 하나님이여 주께서 꾸짖으시매 병거와 말이 다 깊

이 잠들었나이다"(4-6절).

'약탈한 산'은 전쟁에서 이기고 전리품을 얻은 곳을 말한다. 비록 승전하고 전리품을 약탈해도 전쟁은 상처뿐인 영광이다. 그러나 하나님의 승리는 그보다 훨씬 영광스럽고 존귀해서 경배를 받으시기에 마땅하다. 왜냐하면 하나님이 임재하실 때 피 흘림도 없이 강한 용사들을 영원히 잠들게 하셨기 때문이다. 장사들도 돕는 손길이 없어 전전긍긍했다. 하나님이 꾸짖으시자 병거가 멈춰 서고 말들이 깊은 잠에 빠져들었다. 잠들었다는 말은 병거 탄 자들과 말 탄 자들이 다 죽었다는 말이다. 히스기야왕 때 앗수르의 18만 5천 명을 하나님께서 잠들게 하시니 다시 일어나지 못했다(이사야 37:36). 가장 큰 승리는 싸우지 않고 이기는 전쟁이다. 하나님께서 일어서시면 대항할 자가 없다.

"주께서는 경외 받을 이시니 주께서 한 번 노하실 때에 누가 주의 목전에 서리이까 주께서 하늘에서 판결을 선포하시매 땅이 두려워 잠잠하였나니 곧 하나님이 땅의 모든 온유한 자를 구원하시려고 심판하러 일어나신 때에로다 (셀라) 진실로 사람의 노여움은 주를 찬송하게 될 것이요 그 남은 노여움은 주께서 금하시리이다"(7-10절).

온유한 자들이 악한 자들에게 억울하게 탄압을 받을 때 하나님께서 자리를 떨치고 일어나신다. 그리고 하나님께서 그 둘 사이에 재판장이 되신다. 악인에 대한 판결문을 읽으시는 하나님의 음성에 분노가 배어 있다. 하나님의 노하심 앞에서 악한 자들은 두려워하며 입을 다물었다. 10절은 현대인의 성경이 적절하게 번역한 것 같다. "사람의 분노는 결국 주께 영광을 가져다주며 주(主)는 그것을 하나의 도구로 사용하십니다." 하나님께서 악인의 분노를 역이용하셔서 영광을 받으셨다는 의미다.

"너희는 여호와 너희 하나님께 서원하고 갚으라 사방에 있는 모든 사람도 마땅히 경외할 이에게 예물을 드릴지로다 그가 고관들의 기를 꺾으시리니 그는 세상의 왕들에게 두려움이시로다"(11-12절).

이스라엘 백성들은 위기에 처할 때마다 하나님께 서원했다. 그러나 지나고 나면 잊어버렸다. 시인은 백성들에게 서원을 잊지 말고 지키라고 권면했다. 전쟁이 그치고 평화가 임했으니 세상 사람들도 함께 모여 하나님께 예물을 드리라고 권면했다. 하나님께서 통치자들의 기를 꺾으시고 세상의 왕들을 두렵게 하셨으니 다시는 전쟁이 없을 것이다.

〈시편 77편〉 아삽의 시, 인도자를 따라 여두둔의 법칙에 따라 부르는 노래

절망에서 희망으로

기도는 발상의 전환이 일어나는 영적 공간이다. 시편 73편에서 아삽(혹은 그의 후손)은 시의 전반부에서 고민하던 문제를 성소에 들어가서 기도하다가 해결했다.

"내가 어찌면 이를 알까 하여 생각한즉 그것이 내게 심한 고통이 되었더니 하나님의 성소에 들어갈 때에야 그들의 종말을 내가 깨달았나이다"(시편 73:16-17).

아삽(그의 후손)은 이 시에서도 하나님께 고통을 호소하다가 절망으로부터 희망으로 넘어가는 발상의 전환을 경험한다. 생각이 막히거든 먼저 기도해 보라. 설사 그 기도가 탄식과 원망으로 시작된다 해도 기도하다 보면 하나님께서 우리를 도와주실 것이다.

"내가 내 음성으로 하나님께 부르짖으리니 내 음성으로 하나님께 부르짖으면 내게 귀를 기울이시리로다 나의 환난 날에 내가 주를 찾았으며 밤에는 내 손을 들고 거두지 아니하였나니 내 영혼이 위로받기를 거절하였도다"(1-2절).

처음에 시인은 하나님께서 그의 기도에 반응을 보이지 않으신 것처럼 느꼈다. 그래서 소리라도 지르면 귀를 기울이실지 모른다고 생각했다. 그는 지금 감당할 수 없는 역경에 빠졌지만 포기하지 않았다. 모두 당하는 환난이라고 생각하며 적당히 위로받기를 거절했다. 그는 잠을 이룰 수가 없었다. 그래서 밤중에 침상에서 일어나 두 손을 들고 하나님께 부르짖었다. 그의 기도에 간절함이 배어 있다.

"내가 하나님을 기억하고 불안하여 근심하니 내 심령이 상하도다 (셀라) 주께서 내가 눈을 붙이지 못하게 하시니 내가 괴로워 말할 수 없나이다"(3-4절).

시인은 환난 중에 하나님을 기억했다. 하나님께서 과거에 행하셨던 일들을 기억했다는 말이다. 그런데 시인은 왜 그렇게 불안하고 근심하며

마음이 상했을까? 하나님을 뵐 수 없었기 때문이다. 그는 갑자기 숨어 버리신 하나님을 찾다가 뜬 눈으로 밤을 지새웠다. 욥도 그렇게 괴로워했던 적이 있었다.

"그런데 내가 앞으로 가도 그가 아니 계시고 뒤로 가도 보이지 아니하며 그가 왼쪽에서 일하시나 내가 만날 수 없고 그가 오른쪽으로 돌이키시나 뵈올 수 없구나"(욥기 23:8-9).

그러나 시인은 멈추지 않고 앞으로 나아갔다.

"내가 옛날 곧 지나간 세월을 생각하였사오며 밤에 부른 노래를 내가 기억하여 내 심령으로, 내가 내 마음으로 간구하기를 주께서 영원히 버리실까, 다시는 은혜를 베풀지 아니하실까, 그의 인자하심은 영원히 끝났는가, 그의 약속하심도 영구히 폐하였는가, 하나님이 그가 베푸실 은혜를 잊으셨는가, 노하심으로 그가 베푸실 긍휼을 그치셨는가 하였나이다 (셀라)"(5-9절).

'지나간 세월'은 오래, 아주 오래전에 있었던 이스라엘 민족의 과거 역사를 가리킨다. 왜 시인이 지나간 세월을 회상했을까? 그것은 역사 속에 기록된 하나님의 선하심과 인자하심을 믿음으로 붙들어 보려는 눈물겨운 몸부림이었다. 그때 역사하신 하나님을 지금 그의 삶 속에서 다시 만나보고 싶은 간절함이었다. 그는 잠 못 이루는 밤에 그의 조상들이 불렀던 노래를 기억했다. 그리고 그 노래를 심령으로 묵상하며 깊은 생각에 잠겼다. 그러자 그의 마음에 여섯 가지 질문이 떠올랐다. '주께서 영원히 버리실까? 다시는 은혜를 베풀지 않으실까? 그의 인자하심이 끝났는가? 약속도 영원히 사라졌는가? 베푸실 은혜를 잊으셨을까? 너무 화가 나셔서 긍휼히 여기시기를 그만두셨을까?' 이런 질문들을 묵상하면서 시인은 하나님의 말씀들을 기억했다.

"그런즉 그들이 그들의 원수들의 땅에 있을 때에 내가 그들을 내버리지 아니하며 미워하지 아니하며 아주 멸하지 아니하고 그들과 맺은 내 언약을 폐하지 아니하리니 나는 여호와 그들의 하나님이 됨이니라"(레위기 26:44).

"네 하나님 여호와는 자비하신 하나님이심이라 그가 너를 버리지 아니하시며 너를 멸하지 아니하시며 네 조상들에게 맹세하신 언약을 잊지 아니하시리라"(신명기 4:31).

하나님의 약속은 폐기된 적이 없었다. 그렇다면 무엇이 잘못되었을까?

"또 내가 말하기를 이는 나의 잘못이라 지존자의 오른손의 해 곧 여호와의 일들을 기억하며 주께서 옛적에 행하신 기이한 일을 기억하리이다 또 주의 모든 일을 작은 소리로 읊조리며 주의 행사를 낮은 소리로 되뇌이리이다"(10-12절).

갑자기 시인의 마음에 발상의 전환이 일어났다. 그는 모든 잘못(혹은 연약함)이 자신에게 있음을 깨달았다. 그리고 그동안 잊고 있었던 일들을 기억하기 시작했다. 그것은 지극히 높으신 하나님께서 그의 오른손으로 역사하시던 때(해)의 일들이었다. 그때 하나님께서 얼마나 놀라운 일들을 많이 행하셨던가. 갑자기 시인의 음성이 높아졌다.

"하나님이여 주의 도는 극히 거룩하시오니 하나님과 같이 위대하신 신이 누구오니이까 주는 기이한 일을 행하신 하나님이시라 민족들 중에 주의 능력을 알리시고 주의 팔로 주의 백성 곧 야곱과 요셉의 자손을 속량하셨나이다 (셀라)"(13-15절).

'주의 도'는 '주의 인도하심'을 말한다. 돌이켜보니 하나님처럼 위대한 다른 신이 없었다. 그는 자기 백성들을 애굽에서 능력의 팔로 구원하셨고, 광야에서 보호하셨으며, 약속하신 젖과 꿀이 흐르는 땅으로 인도해 주셨다. '야곱과 요셉'은 요셉의 두 아들을 포함한 열두 지파를 의미한다. 열두 지파들을 온전히 구원하시고 가나안 땅에 심으셔서 이스라엘이라는 국가를 세워 주셨다. 그때 행하신 기이한 일들이 얼마나 많았던가. 주변의 나라들이 마침내 이스라엘을 나라로 받아들이고 하나님을 두려워하게 되지 않았던가.

"하나님이여 물들이 주를 보았나이다 물들이 주를 보고 두려워하며 깊음도 진동하였고 구름이 물을 쏟고 궁창이 소리를 내며 주의 화살도 날아갔나이다 회오리바람 중에 주의 우렛소리가 있으며 번개가 세계를 비추며 땅이 흔들리고 움직였나이다 주의 길이 바다에 있었고 주의 곧은 길이 큰 물에 있었으나 주의 발자취를 알 수 없었나이다"(16-19절).

주변의 민족들이 여호와 하나님을 보았다. 그의 행하신 일들을 듣고 두려워했다. 깊은 곳에 있는 물이 지진으로 흔들리고, 놀란 구름은 폭우를 쏟아내며, 천둥소리가 하늘을 진동하고, 번개는 불화살처럼 날아가 온 땅을 밝혔다. 주께서 홍해에 곧고 큰 길을 내시고 지나가셨지만 사람들은 그의 발자취를 볼 수 없었다.

시인의 머릿속에 하나님께서 행하셨던 일들이 주마등처럼 지나갔다. 인간세계와 자연 세계 속에서 초자연적으로 역사하시던 하나님의 행적들이 생생하게 기억났다. 돌이켜보니 자신이 당하고 있는 환난은 비교할 수 없을 만큼 왜소했다.

모든 믿음은 기억에서 나온다. 나쁜 기억에서는 두려움이라는 부정적인 믿음이 나온다. 선하고 좋은 기억, 특히 하나님께서 행하신 일들에 대한 기억에서는 산을 바다에 빠뜨릴 만한 큰 믿음이 나온다. 우리는 하나님께서 하신 일을 기억하기 위해 성경을 읽어야 한다. 시인의 마음에 하나님에 대한 믿음이 충만하게 되자 원망 섞인 울부짖음은 사라지고 감사와 찬송이 터져 나왔다.

"주의 백성을 양 떼같이 모세와 아론의 손으로 인도하셨나이다"(20절).

시인은 탄식으로 그의 기도를 시작했다. 그러나 하나님이 하신 일들을 묵상하는 동안 생각이 바뀌었다. 하나님을 무정하신 분이라고 여겼던 자신의 생각이 잘못되었음을 깨달았다. 그는 하나님께서 행하신 일들을 곰곰이 회상해 보았다. 갑자기 하나님의 임재하심이 가슴속에 천둥번개처럼 느껴졌다. 욥이 했던 마지막 말들이 기억났다.

> "욥이 여호와께 대답하여 이르되 주께서는 못 하실 일이 없사오며 무슨 계획이든지 못 이루실 것이 없는 줄 아오니 무지한 말로 이치를 가리는 자가 누구니이까 나는 깨닫지도 못한 일을 말하였고 스스로 알 수도 없고 헤아리기도 어려운 일을 말하였나이다 내가 말하겠사오니 주는 들으시고 내가 주께 묻겠사오니 주여 내게 알게 하옵소서 내가 주께 대하여 귀로 듣기만 하였사오나 이제는 눈으로 주를 뵈옵나이다 그러므로 내가 스스로 거두어들이고 티끌과 재 가운데에서 회개하나이다"(욥기 42:1-6).

시인도 기도하다가 하나님과의 신비한 만남을 경험했다. 그 순간 마음에 믿음이 솟구쳐 올랐다. 주의 백성을 양 떼같이 인도하셨던 것처럼 하나님께서 그와 그의 민족을 환난에서 벗어나게 해주실 것이라고 믿어 의심치 않았다. 우리도 기도하자. 사면이 막혀 있을 때 기도하면 문이 열린다. 기도는 하나님의 영광을 볼 수 있는 유일한 창문이다.

〈시편 78편〉 아삽의 마스길

후대에 남기는 교훈

이 시는 119편에 이어 두 번째로 긴 시로 야곱 때부터 바벨론 포로 시대까지를 간추린 역사시다. 그러나 이 시는 단순한 역사적 사건들에 대한 이야기가 아니다. 이스라엘의 역사를 통하여 후대에게 교훈을 주는 시다. 먼저 시인이 말하는 이 시의 목적을 읽어 보자.

"내 백성이여, 내 율법을 들으며 내 입의 말에 귀를 기울일지어다 내가 입을 열어 비유로 말하며 예로부터 감추어졌던 것을 드러내려 하니 이는 우리가 들어서 아는 바요 우리의 조상들이 우리에게 전한 바라 우리가 이를 그들의 자손에게 숨기지 아니하고 여호와의 영예와 그의 능력과 그가 행하신 기이한 사적을 후대에 전하리로다 여호와께서 증거를 야곱에게 세우시며 법도를 이스라엘에게 정하시고 우리 조상들에게 명령하사 그들의 자손에게 알리라 하셨으니 이는 그들로 후대 곧 태어날 자손에게 이를 알게 하고 그들은 일어나 그들의 자손에게 일러서 그들로 그들의 소망을 하나님께 두며 하나님께서 행하신 일을 잊지 아니하고 오직 그의 계명을 지켜서 그들의 조상들 곧 완고하고 패역하여 그들의 마음이 정직하지 못하며 그 심령이 하나님께 충성하지 아니하는 세대와 같이 되지 아니하게 하려 하심이로다"(1-8절).

조상들에게서 들은 증거(증언)와 물려받은 법도(율법)를 후손에게 전하려는 것이 시인의 의도였다. '조상에게서 들은 바를 자손들에게 전한다'는 자세는 지금도 유대인들의 전통으로 남아 있다. 신앙 전승의 목적은 후손들로 하여금 소망을 하나님께 두며 그들이 살고 있는 완악하고 패역한 세대에 물들지 않게 하기 위함이다. 그렇게 하기 위해 시인은 조상들의 실수와 잘못도 함께 들려주었다.

"에브라임 자손은 무기를 갖추며 활을 가졌으나 전쟁의 날에 물러갔도다 그들이 하나님의 언약을 지키지 아니하고 그의 율법 준행을 거절하며 여호

와께서 행하신 것과 그들에게 보이신 그의 기이한 일을 잊었도다"(9-11절).

에브라임은 요셉의 둘째 아들에게서 난 지파로 북왕국 이스라엘을 대표했다. 그들이 언제 전쟁에서 물러갔는지는 분명하지 않다. 혹 사사 입다가 암몬 자손과 싸울 때의 일이었을지도 모른다. 입다가 승전하고 돌아오자 에브라임 사람들은 입다에게 '왜 우리를 전쟁에 부르지 않았느냐'고 거세게 항의했다. 그러자 입다가 대답했다.

"나와 내 백성이 암몬 자손과 크게 싸울 때에 내가 너희를 부르되 너희가 나를 그들의 손에서 구원하지 아니하였다"(사사기 12:2).

에브라임 지파는 동족을 구원할 능력을 지녔지만 얄팍하게 처세했다. 그들은 하나님과의 언약을 저버리고, 율법 지키기를 거절하며, 여호와께서 행하신 일들을 잊어버렸다. 에브라임의 허물은 곧 이스라엘의 허물이었다. 시인은 이스라엘 백성들이 기억해야 할 역사적 사건들을 열거했다.

"옛적에 하나님이 애굽 땅 소안 들에서 기이한 일을 그들의 조상들의 목전에서 행하셨으되 그가 바다를 갈라 물을 무더기같이 서게 하시고 그들을 지나가게 하셨으며 낮에는 구름으로, 밤에는 불빛으로 인도하셨으며 광야에서 반석을 쪼개시고 매우 깊은 곳에서 나오는 물처럼 흡족하게 마시게 하셨으며 또 바위에서 시내를 내사 물이 강같이 흐르게 하셨으나 그들은 계속해서 하나님께 범죄하여 메마른 땅에서 지존자를 배반하였도다"(12-17절).

이는 애굽에 열 가지 재앙을 내리신 일과 홍해를 가르신 일을 말한다. '소안 들'은 나일강 삼각주 북동부 지역에 있는 낮은 지대로서 애굽의 힉소스 왕조 때 수도였을 것으로 추측된다. 하나님께서 이스라엘 백성들을 구름기둥과 불기둥으로 인도하시며 메마른 광야에서 바위를 터트려 물이 강같이 흐르게 해주셨다. 그러나 이스라엘은 하나님을 배반하고 반역하기를 쉬지 않았다.

"그들이 그들의 탐욕대로 음식을 구하여 그들의 심중에 하나님을 시험하였으며 그뿐 아니라 하나님을 대적하여 말하기를 하나님이 광야에서 식탁을 베푸실 수 있으랴 보라 그가 반석을 쳐서 물을 내시니 시내가 넘쳤으나 그가 능히 떡도 주시며 자기 백성을 위하여 고기도 예비하시랴 하였도다 그러므로 여호와께서 듣고 노하셨으며 야곱에게 불같이 노하셨고 또한 이스라엘에게 진노가 불타 올랐으니 이는 하나님을 믿지 아니하며 그

의 구원을 의지하지 아니한 때문이로다"(18-22절).

사탄이 유혹할 때 예수님은 '또 기록되었으되 주 너의 하나님을 시험하지 말라 하였느니라'고 책망하셨다(마태복음 4:7). 하나님의 선하신 의도를 의심하고 시험하는 것은 큰 죄다. 그런데 이스라엘 백성들은 끊임없이 하나님을 시험했다. 그들은 '반석을 쳐서 물은 차고 넘쳤지만 이 많은 사람들이 먹을 떡과 고기까지 주실 수 있겠느냐'고 의심했다. 그들의 끝없는 탐욕이 하나님을 계속해서 시험했다. 마침내 하나님의 진노가 불같이 타올랐다. 이제 큰일 났다. 하나님께서 무슨 형벌을 내리실까?

"그러나 그가 위의 궁창을 명령하시며 하늘 문을 여시고 그들에게 만나를 비같이 내려 먹이시며 하늘 양식을 그들에게 주셨나니 사람이 힘센 자의 떡을 먹었으며 그가 음식을 그들에게 충족히 주셨도다 그가 동풍을 하늘에서 일게 하시며 그의 권능으로 남풍을 인도하시고 먼지처럼 많은 고기를 비같이 내리시고 나는 새를 바다의 모래같이 내리셨도다 그가 그것들을 그들의 진중에 떨어지게 하사 그들의 거처에 두르셨으므로 그들이 먹고 심히 배불렀나니 하나님이 그들의 원대로 그들에게 주셨도다"(23-29절).

매일 아침마다 하늘에서 만나가 내리고 동남풍이 메추라기를 몰아와서 한 달 동안 맛있는 고기로 배부르게 하셨다. 이것은 진노가 아니라 복이었다. 우리 하나님은 참 오래 참으시는 분이시다. 악을 선으로 갚으시는 인자하신 하나님이시다. 그런데 결국 진노가 임했다. 혹시 그 사이에 이스라엘 백성들이 감사하지 않고 또 다른 원망을 했을까?

"그러나 그들이 그들의 욕심을 버리지 아니하여 그들의 먹을 것이 아직 그들의 입에 있을 때에 하나님이 그들에게 노염을 나타내사 그들 중 강한 자를 죽이시며 이스라엘의 청년을 쳐 엎드러뜨리셨도다 이러함에도 그들은 여전히 범죄하여 그의 기이한 일들을 믿지 아니하였으므로 하나님이 그들의 날들을 헛되이 보내게 하시며 그들의 햇수를 두려움으로 보내게 하셨도다"(30-33절).

언뜻 보면 하나님께서 고기를 주셔서 먹게 하신 후에 진노하신 것처럼 보인다. 그런데 시인은 예리한 눈으로 사태를 분석했다. 백성들은 고기를 먹으면서도 그들의 탐욕을 버리지 않았다. 그래서 또 다른 욕심을 내다가 하나님을 격노케 했다. 무슨 욕심이었을까? 이번에는 강한 자들과 청년들까지 죽임을 당했다. 그럼에도 그들은 하나님을 믿지 않았다. 그 결과 광야에서 '쓸모없는 40년'을 두려움 가운데 보내야 했다. 그런데 이번에는 진심 어린 회개를 했을까?

"하나님이 그들을 죽이실 때에 그들이 그에게 구하며 돌이켜 하나님을 간절히 찾았고 하나님이 그들의 반석이시며 지존하신 하나님이 그들의 구속자이심을 기억하였도다 그러나 그들이 입으로 그에게 아첨하며 자기 혀로 그에게 거짓을 말하였으니 이는 하나님께 향하는 그들의 마음이 정함이 없으며 그의 언약에 성실하지 아니하였음이로다 오직 하나님은 긍휼하시므로 죄악을 덮어 주시어 멸망시키지 아니하시고 그의 진노를 여러 번 돌이키시며 그의 모든 분을 다 쏟아 내지 아니하셨으니 그들은 육체이며 가고 다시 돌아오지 못하는 바람임을 기억하셨음이라"(34-39절).

죽음이 다가오자 이스라엘은 회개했다. 그러나 그 회개는 오래 가지 못했다. 진실하지도 않았다. 아첨과 거짓으로 대충 넘어가려고 했다. 하나님은 신실하셨지만 그들은 불성실했고, 하나님은 시종여일하셨지만 그들은 조석변개했다. 과연 하나님의 인자하심이 이번에도 그들의 불의함을 넘어갈 수 있을까? 다행히 하나님께서 그들을 멸망시키지는 않으셨다. 하나님의 긍휼이 그들의 죄악을 덮어 주셨다. 하나님께서 자신의 분노를 그의 사랑으로 극복하셨다. 왜 그러셨을까? 그들은 육체일 뿐이고 바람같이 덧없는 존재들이기 때문이다. 하나님께서 진노를 그치지 않으셨다면 지금의 이스라엘도 존재하지 않았을 것이다. 그럼에도 이스라엘의 반역은 멈추지 않았다. 반역의 농도가 더 깊어 갔다.

"그들이 광야에서 그에게 반항하며 사막에서 그를 슬프시게 함이 몇 번인가 그들이 돌이켜 하나님을 거듭거듭 시험하며 이스라엘의 거룩하신 이를 노엽게 하였도다 그들이 그의 권능의 손을 기억하지 아니하며 대적에게서 그들을 구원하신 날도 기억하지 아니하였도다 그때에 하나님이 애굽에서 그의 표적들을, 소안 들에서 그의 징조들을 나타내사 그들의 강과 시내를 피로 변하여 그들로 마실 수 없게 하시며 쇠파리 떼를 그들에게 보내어 그들을 물게 하시고 개구리를 보내어 해하게 하셨으며 그들의 토산물을 황충에게 주셨고 그들이 수고한 것을 메뚜기에게 주셨으며 그들의 포도나무를 우박으로 그들의 뽕나무를 서리로 죽이셨으며 그들의 가축을 우박에 그들의 양 떼를 번갯불에 넘기셨으며 그의 맹렬한 노여움과 진노와 분노와 고난 곧 재앙의 천사들을 그들에게 내려보내셨으며 그는 진노로 길

을 닦으사 그들의 목숨이 죽음을 면하지 못하게 하시고 그들의 생명을 전염병에 붙이셨으며 애굽에서 모든 장자 곧 함의 장막에 있는 그들의 기력의 처음 것을 치셨으나 그가 자기 백성은 양같이 인도하여 내시고 광야에서 양 떼같이 지도하셨도다 그들을 안전히 인도하시니 그들은 두려움이 없었으나 그들의 원수는 바다에 빠졌도다 그들을 그의 성소의 영역 곧 그의 오른손으로 만드신 산으로 인도하시고 또 나라를 그들의 앞에서 쫓아내시며 줄을 쳐서 그들의 소유를 분배하시고 이스라엘의 지파들이 그들의 장막에 살게 하셨도다"(40-55절).

이스라엘은 하나님께 반항하고, 하나님을 슬프시게 하고, 거듭해서 시험하고, 노엽게 하며, 그들을 구원해 주신 날(유월절)도 기억하지 않았다. 그럼에도 하나님은 자기 백성들을 광야에서 양 떼처럼 돌보셨다. 그리고 때가 이르자 젖과 꿀이 흐르는 가나안으로 인도하셔서 각 지파에게 그 땅을 기업으로 나누어 주셨다. 하나님의 신실하심이 죽어야 할 이스라엘을 살려내셨다. 그럼 그때와 지금은 다를까?

"그러나 그들은 지존하신 하나님을 시험하고 반항하여 그의 명령을 지키지 아니하며 그들의 조상들같이 배반하고 거짓을 행하여 속이는 활같이 빗나가서 자기 산당들로 그의 노여움을 일으키며 그들의 조각한 우상들로 그를 진노하게 하였으매 하나님이 들으시고 분내어 이스라엘을 크게 미워하사 사람 가운데 세우신 장막 곧 실로의 성막을 떠나시고 그가 그의 능력을 포로에게 넘겨주시며 그의 영광을 대적의 손에 붙이시고, 그가 그의 소유 때문에 분내사 그의 백성을 칼에 넘기셨으니 그들의 청년은 불에 살라지고 그들의 처녀들은 혼인 노래를 들을 수 없었으며 그들의 제사장들은 칼에 엎드러지고 그들의 과부들은 애곡도 하지 못하였도다"(56-64절).

그때나 지금이나 이스라엘의 불성실함은 똑같다는 말이다. 한 가지 더 첨가한다면 속이는 활처럼 입으로는 성전에 올라간다고 말하면서 발로는 우상의 전각을 찾아갔다. 그러자 마침내 하나님께서 그들을 떠나셨다. 그들을 멸망시키시지 않고 그냥 떠나심이 다행이었을까? 아니다. 하나님께서 이스라엘을 떠나시면 멸망이 찾아온다. 즉시로 적군의 칼날이 이스라엘을 쳤고, 지도자들은 포로로 잡혀갔으며, 전장에 나간 청년들은 불에 타 시체도 찾을 길이 없었다. 청년들이 없으니 처녀들은 혼인 노래를 부를 수 없었고, 과부들은 탈진하여 울 기운도 없었다.

"그때에 주께서 잠에서 깨어난 것처럼, 포도주를 마시고 고함치는 용사처럼 일어나사 그의 대적들을 쳐 물리쳐서 영원히 그들에게 욕되게 하셨도다 또 요셉의 장막을 버리시며 에브라임 지파를 택하지 아니하시고 오직 유다 지파와 그가 사랑하시는 시온산을 택하시며 그의 성소를 산의 높음 같이, 영원히 두신 땅같이 지으셨도다 또 그의 종 다윗을 택하시되 양의 우리에서 취하시며 젖 양을 지키는 중에서 그를 이끌어 내사 그의 백성인 야곱, 그의 소유인 이스라엘을 기르게 하셨더니 이에 그가 그들을 자기 마음의 완전함으로 기르고 그의 손의 능숙함으로 그들을 지도하였도다" (66-72절).

그럼 하나님께서 영원히 그의 백성들을 떠나셨을까? 아니다. 약속하신 때가 이르자 용사처럼 일어나셔서 그의 대적들을 물리치시고 다시 이스라엘을 구원하셨다. 그러나 이번에는 에브라임이 속한 북왕국 이스라엘을 버리시고 다윗의 자손들이 왕위에 앉아 있는 유다를 택하셨다. 이로 보건대 이 시는 적어도 북왕국 이스라엘이 망한 주전 722년 이후에 기록되었을 것이다.

이스라엘의 역사는 선택의 역사다. 하나님께서 그의 구원의 역사를 이루시기 위해 끊임없이 선택하셨다. 가인이 아닌 셋을 선택하시고, 셋의 후손에서 노아를 선택하시고, 노아의 후손에서 아브라함을 선택하시며, 이삭과 야곱을 거쳐 북왕국 이스라엘이 아닌 남왕국 유다를 선택하셨다. 그리고 유다의 후손으로 예수 그리스도가 세상에 오셔서 구원의 주가 되게 하셨다. 사랑의 하나님께서는 지금도 그의 자녀들을 택하고 계신다.

이 시에서 시인은 단순히 역사적 이야기를 후손에게 전하는 데 그치지 않았다. 그들에게 '앞으로 너희들은 어떻게 살 것이냐'고 묻고 있다. 그 질문이 오늘 우리에게도 주어졌다.

〈시편 79편〉 아삽의 시

주의 이름을 위하여

이 시도 74편과 같은 무렵에 지어진 민족의 탄식시다. 다른 점이 있다면 74편은 하나님께 구원을 간청하고, 79편은 조상들의 죄를 회개하며 하나님의 이름과 영광이 회복되기를 간구하고 있다.

"하나님이여 이방 나라들이 주의 기업의 땅에 들어와서 주의 성전을 더럽히고 예루살렘이 돌무더기가 되게 하였나이다"(1절).

주전 586년 시드기야왕 때, 예루살렘성과 성전이 불타고 백성들이 바벨론으로 잡혀갔던 이야기가 열왕기하 24-25장에 상세하게 기록되어 있다. 시인은 그때의 참혹한 상황을 이렇게 묘사하고 있다.

"그들이 주의 종들의 시체를 공중의 새에게 밥으로, 주의 성도들의 육체를 땅의 짐승에게 주며 그들의 피를 예루살렘 사방에 물같이 흘렸으나 그들을 매장하는 자가 없었나이다 우리는 우리 이웃에게 비방거리가 되며 우리를 에워싼 자에게 조소와 조롱거리가 되었나이다"(2-4절).

제사장들과 선지자들의 시체는 공중의 새들이 쪼아 먹고, 경건한 자들의 시체는 들짐승이 뜯어먹었다. 나머지 백성들의 시체는 묻어줄 사람이 없어 부패한 채 길바닥에 널려 있었다. 이로 인하여 유다는 이방인들에게 경멸과 조롱의 대상이 되었다.

"여호와여 어느 때까지니이까 영원히 노하시리이까 주의 질투가 불붙듯 하시리이까 주를 알지 아니하는 민족들과 주의 이름을 부르지 아니하는 나라들에게 주의 노를 쏟으소서 그들이 야곱을 삼키고 그의 거처를 황폐하게 함이니이다"(5-7절).

예루살렘의 회복은 기약이 없는 것처럼 보였다. 아직도 하나님의 진노의 불이 꺼지지 않은 것처럼 보였다. 하나님께서 언제까지 노하실까? 영원히 노하실까? 시인은 하나님께 그 진노를 주의 이름을 모르는 이방 나라들에게 대신 쏟아 달라고 간청했다. 왜냐하면 그들이 야곱의 후손들과 그들의 생활 터전을 폐허로 만들었기 때문이다. 물론 시인은 이 모든 재앙이 자기 조상들의 잘못 때문임도 잘 알고 있었다.

"우리 조상들의 죄악을 기억하지 마시고 주의 긍휼로 우리를 속히 영접하소서 우리가 매우 가련하게 되었나이다 우리 구원의 하나님이여 주의 이름의 영광스러운 행사를 위하여 우리를 도우시며 주의 이름을 증거하기 위하여 우리를 건지시며 우리 죄를 사하소서"(8-9절).

'우리 조상들의 죄악을 기억하지 마시고.' 시인의 말이 좀 뻔뻔스럽게 들린다. 자기들은 의롭지만 조상들이 잘못해서 이런 화를 당한다는 말일까? 그렇지 않을 것이다. 조상들 속에는 자기들도 포함되어 있으니까. 이 말은 민족적인 회개를 전제하고 있다. 회개하는 자는 스스로를 가련하게 여긴다. 하나님께서 불쌍히 여기지 않으시면 살아남을 수 없기 때문이다. 회개하는 자들의 죄를 하나님께서는 기억하지 않으신다.

"나 곧 나는 나를 위하여 네 허물을 도말하는 자니 네 죄를 기억하지 아니하리라"(이사야 43:25).

그러나 시인이 구하는 바는 단순히 죄의 용서가 아니었다. 그는 세 번이나 주의 이름을 위해 기도했다. 하나님의 이름은 곧 하나님의 존재를 의미했다. 하나님의 이름을 아는 사람은 곧 하나님을 아는 사람이었다. 하나님을 경외하는 사람은 하나님의 이름을 존귀하게 여겼다. 솔로몬왕은 성전을 지을 때 하나님의 이름을 위하여 짓는다고 했다(열왕기상 5:3). 그리고 성전을 건축한 후에 이렇게 기도했다.

"주는 계신 곳 하늘에서 들으시고 이방인이 주께 부르짖는 대로 이루사 땅의 만민이 주의 이름을 알고 주의 백성 이스라엘처럼 경외하게 하시오며 또 내가 건축한 이 성전을 주의 이름으로 일컫는 줄을 알게 하옵소서"(열왕기상 8:43).

하나님께서 솔로몬의 기도를 들으시고 이렇게 약속하셨다.

"여호와께서 그에게 이르시되 네 기도와 네가 내 앞에서 간구한 바를 내가 들었은즉 나는 네가 건축한 이 성전을 거룩하게 구별하여 내 이름을 영원히 그곳에 두며 내 눈길과 내 마음이 항상 거기에 있으리니"(열왕기상 9:3).

그런데 그 성전이 불타고 무너졌다. 바벨론의 군사들은 하나님의 영광스러운 이름을 욕되게 했다. 바벨론 군사들은 하나님이 무력하여 그들의 손에서 자기 백성을 구할 수 없다고 주장하며 성전을 무너뜨렸다. 이 점이 시인의 가슴을 더 아프게 했다.

"이방 나라들이 어찌하여 그들의 하나님이 어디 있느냐 말하나이까 주의 종들이 피 흘림에 대한 복수를 우리의 목전에서 이방 나라에게 보여 주소서"(10절).

민족적 재난의 때에 많은 사람들이 '우리가 섬기던 하나님은 어디 계시는가?' 하고 탄식했다. 이방인들은 '너희 하나님이 어디 있느냐' 하고 조롱했다. 둘 모두 하나님의 계심을 믿지 않는 사람들이다. 그러나 시인은 하나님의 살아 계심을 확실히 믿었다. 하나님께서 잠시 외면하신 까닭은 민족의 죄악 때문이라는 사실도 잘 알고 있었다. 그렇다면 이제 살아 계신 하나님의 절대 주권과 능력을 보여 주셔야 할 때가 되었다. 그래서 하나님의 이름을 다시 영화롭게 해달라고 탄원했다.

"갇힌 자의 탄식을 주의 앞에 이르게 하시며 죽이기로 정해진 자도 주의 크신 능력을 따라 보존하소서"(11절).

시인은 바벨론에 갇힌 자들과 죽음을 앞두고 있는 포로들의 생명을 위해 기도했다. 시인뿐만 아니라 남아 있는 많은 주의 종들이 기도했다. 그리고 이런 기도들이 모여서 기적으로 나타났다. 우선 다니엘이 바벨론의 총리가 되었다. 고레스 원년인 주전 538년에는 스룹바벨이 49,897명의 포로들을 데리고 예루살렘으로 귀환했다. 주전 515년에 성전이 재건되었고, 주전 479년에 에스더가 아하수에로 왕의 왕후가 되었다. 주전 458년에는 에스라가 5천여 명과 수억 불에 해당하는 금은보화를 가지고 2차 귀환을 했다. 주전 444년에는 느헤미야가 유다의 총독으로 부임하여 무너졌던 예루살렘 성벽을 재건했다. 하나님의 이름과 그의 영광을 위하여 기도할 때 이런 놀라운 사건들이 꼬리를 물고 일어났다.

"주여 우리 이웃이 주를 비방한 그 비방을 그들의 품에 칠 배나 갚으소서 우리는 주의 백성이요 주의 목장의 양이니 우리는 영원히 주께 감사하며 주의 영예를 대대에 전하리이다"(12–13절).

시인은 하나님을 비방하는 이방인들에게 일곱 갑절이나 더 큰 수치와 부끄러움이 돌아가게 해달라고 기도했다. 시인의 1차적인 관심사는 자신이 아니라 하나님의 이름이었다. 주의 이름과 영광이 영화롭게 회복될 때, 주의 백성과 주의 목장의 양들도 함께 회복될 것이다.

〈시편 80편〉 아삽의 시, 인도자를 따라 소산님에듯에 맞춘 노래

우리를 소생하게 하소서

시인은 무너진 포도원처럼 버림받은 이스라엘을 하나님께서 다시 회복시켜 달라고 기도한다. 전체적인 맥락에서 보면 북왕국이 앗수르의 침략을 받고 있을 무렵에 지어진 시로 보인다.

"요셉을 양 떼같이 인도하시는 이스라엘의 목자여 귀를 기울이소서 그룹 사이에 좌정하신 이여 빛을 비추소서 에브라임과 베냐민과 므낫세 앞에서 주의 능력을 나타내사 우리를 구원하러 오소서 하나님이여 우리를 돌이키시고 주의 얼굴 빛을 비추사 우리가 구원을 얻게 하소서"(1-3절).

시인은 하나님께 빛을 비춰 달라고 기도했다. 목자를 잃어버린 양 떼들이 산골짜기를 헤매고, 빛을 잃어버린 백성들이 흑암에 머물러 있기 때문이다. 에브라임과 베냐민과 므낫세는 모두 북왕국 이스라엘에 속한 지파들이다. 그들은 앗수르의 침략 앞에 무너졌다. 이제 그들에게 주의 얼굴빛을 비추시며 구원해 달라고 간청했다. 3절은 7, 14, 19절에서도 반복된다.

"만군의 하나님 여호와여 주의 백성의 기도에 대하여 어느 때까지 노하시리이까 주께서 그들에게 눈물의 양식을 먹이시며 많은 눈물을 마시게 하셨나이다 우리를 우리 이웃에게 다툼거리가 되게 하시니 우리 원수들이 서로 비웃나이다 만군의 하나님이여 우리를 회복하여 주시고 주의 얼굴의 광채를 비추사 우리가 구원을 얻게 하소서"(4-7절).

그런데 하나님께서 그의 백성 이스라엘의 기도에 분노로 반응하셨다. 언제까지 그러실까? 아직 구원의 때가 이르지 않았기 때문이다. 오랫동안 하나님을 떠났던 이스라엘이 한두 번 회개한다고 하여 모든 문제가 해결되는 것은 아니다. 아직도 이방 나라들은 이스라엘을 비웃고 하나님을 멸시하고 있다. 하나님께서도 이스라엘을 속히 구원하시고 싶으셨을 것이다. 그러나 하나님은 그들이 온전히 돌아설 때까지 기다리셨다. 그동안에 그들은 눈물로 양식을 삼았다.

"주께서 한 포도나무를 애굽에서 가져다가 민족들을 쫓아내시고 그것을 심으셨나이다 주께서 그 앞서 가꾸셨으므로 그 뿌리가 깊이 박혀서 땅에 가득하며 그 그늘이 산들을 가리고 그 가지는 하나님의 백향목 같으며 그 가지가 바다까지 뻗고 넝쿨이 강까지 미쳤거늘"(8-11절).

여기에서 포도나무는 이스라엘을 가리킨다. 이사야 5장에 이스라엘을 가리키는 포도원 노래가 있다.

"나는 내가 사랑하는 자를 위하여 노래하되 내가 사랑하는 자의 포도원을 노래하리라 내가 사랑하는 자에게 포도원이 있음이여 심히 기름진 산에로다 땅을 파서 돌을 제하고 극상품 포도나무를 심었도다 그 중에 망대를 세웠고 또 그 안에 술틀을 팠도다 좋은 포도 맺기를 바랐더니 들포도를 맺었도다"(이사야 5:1-2).

이사야는 범죄한 이스라엘을 책망했지만, 시인은 이스라엘이 흥왕했던 시절을 기억했다. 하나님께서 애굽에서 종살이하던 이스라엘을 구출해 내시고 가나안 땅에 정착하게 하셨다. 다윗과 솔로몬의 시대에 이르자 이스라엘은 번창하여 레바논과 지중해와 유브라데강까지 그 영토가 확장되었다. 그런데 그 아름답던 포도원에 재앙이 임했다.

"주께서 어찌하여 그 담을 허시사 길을 지나가는 모든 이들이 그것을 따게 하셨나이까 숲속의 멧돼지들이 상해하며 들짐승들이 먹나이다 만군의 하나님이여 구하옵나니 돌아오소서 하늘에서 굽어보시고 이 포도나무를 돌보소서 주의 오른손으로 심으신 줄기요 주를 위하여 힘있게 하신 가지니이다"(12-15절).

하나님께서 포도원의 담을 헐어 버리셨다. 이스라엘의 보호자 역할을 포기하셨다. 그러자 아무나 포도원에 들어왔다. 숲속의 멧돼지들이 포도나무 뿌리를 갉아먹고 들짐승들은 포도 열매를 따먹었다. 아름답던 포도밭이 엉망진창이 되었다. 그제야 이스라엘은 그동안 하나님께서 그들을 보호하고 계셨다는 사실을 깨달았다. 그래서 시인은 하나님께 제발 돌아오시라고 기도했다. 망가진 포도밭을 긍휼히 여기시고 다시 보호자가 되어 달라고 간청했다. 왜냐하면 이 포도원을 회복시키실 분은 오직 만군의 주 여호와 하나님 한 분뿐이셨기 때문이다. 시인의 가슴 에이는 기도가 계속되었다.

"그것이 불타고 베임을 당하며 주의 면책으로 말미암아 멸망하오니 주의

오른쪽에 있는 자 곧 주를 위하여 힘있게 하신 인자에게 주의 손을 얹으소서"(16-17절).

원수들이 쳐들어와서 포도밭을 짓밟고 불 지르고 도끼로 찍어 버렸다. 포도밭의 모든 희망이 사라졌다. '면책'은 얼굴을 마주 대하고 책망한다는 뜻으로 구원을 암시하는 '주의 얼굴 빛'과 대조를 이루고 있다. 시인은 '우리를 너무 심하게 책망하지 마옵소서' 하고 기도하지 않았다. 왜 포도원을 불타게 내버려두셨느냐고 원망하지도 않았다. 그들과 조상들의 죄에 대한 하나님의 심판이 당연했기 때문이다. 시인은 그 대신 구원자를 보내 달라고 기도했다. 구원자는 바로 '주의 오른쪽에 있는 자', 곧 '인자'(사람의 아들, 벤 아담, בֶּן־אָדָם)였다. 예수님은 자신을 '인자'로 소개하셨다. 우리들은 신앙고백에서 예수님을 '하나님 우편에 앉아 계신 이'로 고백한다. 시인이 말하는 구원자는 훗날에 오실 메시아(기름 부음 받으신) 예수 그리스도시다. 하나님의 심판(면책)에서 우리를 구원하실 분은 오직 예수님뿐이시다. 그 인자에게 '주의 손을 얹으소서'라는 말은 '주의 능력을 그에게 더하소서'라는 말이다.

"그리하시면 우리가 주에게서 물러가지 아니하오리니 우리를 소생하게 하소서 우리가 주의 이름을 부르리이다 만군의 하나님 여호와여 우리를 돌이켜 주시고 주의 얼굴의 광채를 우리에게 비추소서 우리가 구원을 얻으리이다"(18-19절).

시인은 구원자를 보내 주시면 '우리가 주에게서 물러가지 않겠다'고 서원했다. '물러감'은 하나님을 떠나 악을 행함을 의미한다. 구원은 과거의 죄 사함뿐만 아니라 미래의 거룩한 삶도 포함한다. 구원받은 사람은 영이 살아나서 주의 이름을 부르게 된다. 구원은 하나님의 자녀로 새로운 삶을 살게 하는 원동력이다. 구원은 죽었던 고목을 살려서 새싹이 돋게 하고, 탈색된 흰 뼈들을 모아 큰 군대가 되게 한다. 구원받은 성도들은 하나님의 이름과 그의 영광을 위해 살아간다.

구원은 어디에서 올까? 하나님께서 돌이키시고 얼굴의 광채를 비춰 주실 때에 구원을 얻게 된다. 구원은 하나님의 선물이다. 구원이 임하면 포도원이 다시 안전하게 되고, 불탔던 포도나무 가지에 새순이 나며 예전처럼 풍성한 열매를 맺게 될 것이다. 시인은 지금 구원의 새날을 마음에 그려보고 있다.

〈시편 81편〉 아삽의 시, 인도자를 따라 깃딧에 맞춘 노래

내가 너를 건졌다

이 시를 읽다 보면 두 편의 연작시를 읽는 느낌이 든다. 80편에서 폐허가 된 포도밭을 구원해 달라고 부르짖었던 시인이 81편에서는 구원받은 기쁨을 노래하고 있다. 이 시에도 야곱과 요셉의 이름이 나온다. 그래서 학자들은 북왕국 이스라엘의 초막절과 연관시킨다.

"우리의 능력이 되시는 하나님을 향하여 기쁘게 노래하며 야곱의 하나님을 향하여 즐거이 소리칠지어다 시를 읊으며 소고를 치고 아름다운 수금에 비파를 아우를지어다 초하루와 보름과 우리의 명절에 나팔을 불지어다 이는 이스라엘의 율례요 야곱의 하나님의 규례로다"(1-4절).

이 시는 기쁜 노래와 즐거운 소리 그리고 여러 악기의 흥겹고 아름다운 연주로 시작된다. 이스라엘은 '초하루와 보름과 우리의 명절'을 유대인 종교력으로 매년 7월(양력으로 9-10월)에 기념했다. 1일에는 성회로 모이고 모든 일을 멈추며 나팔을 불었다(민수기 29:1). 10일은 속죄일로서 속죄 제사를 드렸다. 그리고 그달 15일에 다시 성회로 모이고 1주일을 초막절(혹은 장막절)로 지켰다. 초막절은 애굽에서 나와 가나안에 이르는 동안 하나님께서 동행하셨던 광야 생활을 기억하는 절기다. 이 절기 동안 이스라엘 백성들은 여호와 앞에서 크게 즐거워했다(레위기 23:40).

"하나님이 애굽 땅을 치러 나아가시던 때에 요셉의 족속 중에 이를 증거로 세우셨도다 거기서 내가 알지 못하던 말씀을 들었나니 이르시되 내가 그의 어깨에서 짐을 벗기고 그의 손에서 광주리를 놓게 하였도다"(5-6절).

'요셉 족속'은 당시 애굽에 살던 이스라엘 백성들을 가리킨다. 그들은 어느 날 믿을 수 없는 하나님의 말씀을 들었다. 그것은 하나님께서 친히 애굽 땅을 치시고 그의 백성들을 구원하시며, 그들의 어깨에 부과된 무거운 짐을 벗겨 주시고 그 손에서 진흙을 나르던 광주리를 놓게 해주시겠다는 말씀이었다.

"네가 고난 중에 부르짖으매 내가 너를 건졌고 우렛소리의 은밀한 곳에서 네게 응답하며 므리바 물가에서 너를 시험하였도다 (셀라) 내 백성이여 들으라 내가 네게 증언하리라 이스라엘이여 내게 듣기를 원하노라 너희 중에 다른 신을 두지 말며 이방 신에게 절하지 말지어다"(7-9절).

애굽 왕 바로가 무거운 짐을 이스라엘 백성들에게 부과하고 탄압했다. 그러자 백성들의 부르짖음이 하늘에 닿았다. 그때 하나님께서 그들의 신음 소리를 들으시고 건져 내셨다. 이런 구원의 역사는 어느 나라에서도 찾아볼 수 없었다. 홍해를 건너고 쓴물을 달게 하신 후에 하나님께서 이스라엘을 시험하셨다. 과연 그들이 하나님을 신뢰하는지 알고 싶으셨다. 마침 르비딤 골짜기에 이르렀을 때에 식수가 떨어졌다. 그들은 하나님과 모세를 원망했고 결국 그 시험을 통과하지 못했다. 그럼에도 하나님은 그들에게 물을 주셨다. 그곳 이름이 '다투었다'는 뜻을 가진 므리바다. 하나님께서 여전히 이스라엘을 '내 백성'이라고 부르시며 '너희 중에 다른 신을 두지 말며 이방 신에게 절하지 말라'고 엄히 명하셨다. 물론 이스라엘 백성들은 이 명령을 지키지 않았다. 그래도 하나님은 그의 백성을 끝까지 버리지 않으셨다. 하나님의 오래 참으심과 자비하심이 이스라엘의 불순종보다 훨씬 더 컸다.

"나는 너를 애굽 땅에서 인도하여 낸 여호와 네 하나님이니 네 입을 크게 열라 내가 채우리라 하였으나 내 백성이 내 소리를 듣지 아니하며 이스라엘이 나를 원하지 아니하였도다 그러므로 내가 그의 마음을 완악한 대로 버려 두어 그의 임의대로 행하게 하였도다"(10-12절).

하나님께서 '나는 너를 애굽 땅에서 인도하여 낸 여호와 네 하나님이다' 하고 자신을 소개하셨다. '입을 크게 열라 내가 채우리라'는 말씀은 하나님의 절대 사랑과 은혜를 가리킨다. 그러나 이스라엘은 입을 굳게 다물고 고개를 돌렸다. 그들은 하나님을 원하지 않았다. 왜 그랬을까? 그들 마음에 하나님이 아닌 우상이 자리 잡고 있었기 때문이다. 하나님께서 얼마나 섭섭하셨을까. 그래서 그들의 완악한 마음대로 내버려두시고 하고 싶은 대로 살게 해주셨다. 시인은 이 문장과 다음 문장 사이에 그동안 임의대로 살았던 이스라엘의 말로 다 표현할 수 없는 고통을 묵음(默音)으로 처리하고 있다.

"내 백성아 내 말을 들으라 이스라엘아 내 도를 따르라 그리하면 내가 속

히 그들의 원수를 누르고 내 손을 돌려 그들의 대적들을 치리니 여호와를 미워하는 자는 그에게 복종하는 체할지라도 그들의 시대는 영원히 계속되리라"(13-15).

이스라엘은 필요할 때만 하나님을 찾았다. 그러나 하나님은 항상 그들을 찾으셨다. 왜 찾으셨을까? 그들의 필요를 채워 주시기 위해서였다. 입을 열기만 하면 되는데 배고파 기진맥진할 때까지 이스라엘은 입을 다물고 노새처럼 고집을 부렸다. 정작 답답하신 분은 하나님이셨다. 이스라엘을 사랑하셨기 때문이다. 그래서 매일 매 순간 '내 백성아 내 말을 들으라 이스라엘아 내 도를 따르라' 하고 부르셨다.

하나님께서 예비하신 평탄한 길이 있다. 하나님의 말씀에 순종하고 하나님을 사랑하면 누구나 그 길로 갈 수 있다. 내 힘으로 원수와 싸우느라 수고할 필요가 없다. 하나님께서 싸워 주신다. 하나님의 능력의 손으로 원수들을 누르시고 우리의 대적을 후려갈기신다. 속과 겉이 다른 원수들이 하나님께 복종하는 체해도 하나님은 그들의 속임수에 넘어가시지 않고 끝까지 엄벌하실 것이다. 그러니 하나님께로 돌아가자고 시인이 외치고 있다. 애굽에서 건져 내셨던 것처럼 우리를 환난에서 건져 내 주실 것이라고 설득하고 있다.

"또 내가 기름진 밀을 그들에게 먹이며 반석에서 나오는 꿀로 너를 만족하게 하리라 하셨도다"(13-16절).

시인이 하나님의 말씀을 선포했다. 하나님께 돌아오는 자들을 기름진 밀로 먹이시고 반석에서 나오는 꿀로 만족하게 하시겠다는 약속의 말씀을 전했다. 기름진 밀은 풍년을 가리킨다. 반석에서 나오는 꿀은 오늘날로 치면 최상품에 해당하는 석청(石淸)이다. 하나님께서 이렇게 좋은 것으로 채워 주실 것이니 믿음으로 입을 크게 열라고 시인은 외쳤다. 호세아 선지자는 "그러므로 우리가 여호와를 알자 힘써 여호와를 알자" 하며 하나님께 돌아가자고 재촉했다. 시인도 백성들에게 간절히 권면했다. 그들이 하나님께 돌아가면 즐겁게 노래하는 날이 이를 것이라고, 입을 크게 열면 그들을 위해 예비하신 하나님의 복을 받게 될 것이라고 외쳤다.

과연 그들이 시인의 말을 듣고 돌이켰을까?

〈시편 82편〉 아삽의 시

재판관을 향한 고소장

시편 82편을 잘못 해석하면 혼란에 빠질 수 있다. 얼핏 보면 하나님께서 다른 신들을 불러놓고 책망하는 말씀처럼 들린다. 그래서 혹자는 이 시인이 중근동 지역의 신화를 그의 시에 이용했다고 생각한다. 그러나 성경의 가장 핵심적인 진리는 '하나님 외에 다른 신이 없다'는 말씀이다.

"이스라엘의 왕인 여호와, 이스라엘의 구원자인 만군의 여호와가 이같이 말하노라 나는 처음이요 나는 마지막이라 나 외에 다른 신이 없느니라"(이사야 44:6).

그럼 1절은 어떻게 이해해야 할까?

"하나님은 신들의 모임 가운데에 서시며 하나님은 그들 가운데에서 재판하시느니라"(1절).

여기에서 '신들'은 '하나님'과 같은 단어 '엘로힘'(하나님)이지만 출애굽기에서는 '재판관'으로 번역되었다.

"만일 종이 분명히 말하기를 내가 상전과 내 처자를 사랑하니 나가서 자유인이 되지 않겠노라 하면 상전이 그를 데리고 재판장[엘로힘]에게로 갈 것이요 또 그를 문이나 문설주 앞으로 데리고 가서 그것에다가 송곳으로 그의 귀를 뚫을 것이라 그는 종신토록 그 상전을 섬기리라"(출애굽기 21:5-6).

"사람이 돈이나 물품을 이웃에게 맡겨 지키게 하였다가 그 이웃 집에서 도둑을 맞았는데 그 도둑이 잡히면 갑절을 배상할 것이요 도둑이 잡히지 아니하면 그 집 주인이 재판장[엘로힘] 앞에 가서 자기가 그 이웃의 물품에 손댄 여부의 조사를 받을 것이며 어떤 잃은 물건 즉 소나 나귀나 양이나 의복이나 또는 다른 잃은 물건에 대하여 어떤 사람이 이르기를 이것이 그것이라 하면 양편이 재판장[엘로힘] 앞에 나아갈 것이요 재판장[엘로힘]이 죄 있다고 하는 자가 그 상대편에게 갑절을 배상할지니라"(출애굽기 22:7-9).

왜 재판관을 '엘로힘'(하나님)으로 호칭했을까? 재판관은 선과 악을 구별하도록 하기 위해 하나님께서 세우신 최후의 보루, 곧 하나님을 대신

하여 일하는 자이기 때문이다. 세상의 모든 사람은 믿지 못해도 재판관은 신뢰할 수 있어야 한다. 그 사회의 건강 상태는 재판관의 판결을 보면 알 수 있다. 그래서 재판관 앞에는 항상 '의로운' 혹은 '불의한'이라는 수식어가 따라다닌다. 시편 82편에서 하나님은 그가 세우신 재판관들의 불의함을 책망하신다. 오직 하나님만이 불의한 재판관들을 고소하실 수 있다.

"너희가 불공평한 판단을 하며 악인의 낯 보기를 언제까지 하려느냐 (셀라)"(2절).

이 대목에서 하나님의 음성이 높아졌다. 재판관이 사람을 의식하다 보면 바른 재판을 할 수가 없다. 특히 악인은 뇌물과 권력을 사용하여 재판관에게 영향을 미친다. 악한 자들은 은밀하게 재판관을 만나 '내 얼굴(체면) 좀 봐달라'고 회유하고 협박한다. 그래서 불공평한 재판을 한다. 그렇게 하기가 한두 번이 아니다. 그러나 재판관을 세우신 하나님께서 다 보고 계셨다. 하나님은 재판관들을 앞에 불러 세우시고 '그런 식으로 왜곡된 재판 하기를 언제까지 하려느냐'고 호통을 치셨다. 하나님께서는 재판관들을 세우실 때부터 공평함을 강조하셨다. 그러므로 그들은 공평하신 하나님의 대행자들(agents)이 되어야 했다.

"가난한 자와 고아를 위하여 판단하며 곤란한 자와 빈궁한 자에게 공의를 베풀지며 가난한 자와 궁핍한 자를 구원하여 악인들의 손에서 건질지니라 하시는도다"(3-4절).

가난한 자와 고아와 곤란한 자와 빈궁한 자는 무조건 더 많은 지지(favoritism)를 받아야 하는가? 그런 말씀이 아니다. 그들이 약자라고 해서 불공평한 대접을 받게 해서는 안 된다는 말씀이다. 악한 자의 얼굴을 보는 재판관은 약자들을 무시하고 모른 척한다. 그래서 약자들에게 억울한 판결을 내린다. 그러나 약한 자들이라도 악한 일을 했다면 거기에 합당한 벌을 받아야 할 것이다.

> "너희는 재판할 때에 불의를 행하지 말며 가난한 자의 편을 들지 말며 세력 있는 자라고 두둔하지 말고 공의로 사람을 재판할지며"(레위기 19:15).

이 말씀은 레위기 19장 2절의 "너희는 거룩하라 이는 나 여호와 너희 하나님이 거룩함이니라"는 명제에 포함된 말씀이다. 공평한 재판은 하나님의 거룩함에 속한다. 불의한 재판관은 하나님의 공의를 외면한 사람이요, 그래서 거룩하지 못한 사람이다. 그는 하나님께서 맡겨주신 사회와 국가를 불공평하게 만드는 사람이요, 부패시키는 장본인이다.

"그들은 알지도 못하고 깨닫지도 못하여 흑암 중에 왕래하니 땅의 모든 터가 흔들리도다"(5절).

재판관들은 하나님을 대표하기 때문에 일반인들과 구별되어야 한다. 더 정직해야 하고, 더 성실해야 하며, 더 흠잡을 데가 없어야 한다. 재판관들이 공정함을 잃어버렸다고 가정해 보자. 그들은 탐욕에 사로잡혀서 부끄러운 일을 서슴지 않을 것이다. 부정한 돈을 받거나 권력의 회유와 압력을 받는다면 어떻게 정직한 재판을 할 수 있겠는가. 사람들 사이에서 '재판관에게 가서 물어보자. 그는 믿을 만하다'는 말이 사라질 것이다.

재판정은 인간 세상의 시시비비를 최종적으로 가려주는 곳이다. 그런데 재판관들이 신뢰를 잃었다. 그들의 거룩한 권위가 사라졌다. 그런 일이 일어나면 땅의 터가 흔들리게 된다. 땅이 흔들리면 그 위에 세운 건물들이 무너진다. 재판관에 대한 믿음이 사라지면 그 사회가 무너지고 깊은 혼돈 가운데 빠지게 된다. 아무리 무서운 강진(強震)이라도 1-2분을 넘지 않는다. 그런데 재판관이 신뢰를 잃어버린 사회는 계속해서 흔들린다. 무서운 일이다. 하나님의 깊은 탄식 소리가 들려왔다.

"내가 말하기를 너희는 신들이며 다 지존자의 아들들이라 하였으나 그러나 너희는 사람처럼 죽으며 고관의 하나같이 넘어지리로다"(6-7절).

여기에서도 '신들'은 재판관들을 가리킨다. 하나님께서 그의 공의를 세우도록 선택하신 사람들이다. 하나님의 아들들 같은 사람들이다. 그들은 하나님께로부터 특별한 사명을 받은 사람들이다. 하나님의 말씀으로 잘 훈련된 사람들이다. 예수님께서도 이 구절을 인용하여 "하나님의 말씀을 받은 사람들을 신이라 하셨거든"이라고 말씀하셨다(요한복음 10:34-35). 하나님께서 특별하게 세우신 재판관들은 신 같은 존재들이요, 하나님의 아들들이다. 그런데 그들이 고귀한 신분을 헌신짝처럼 내버리고 보통 사람들처럼 죽어갔다. 이 말을 풀어 쓰면 '불의한 사람들처럼 어둠 가운데 살다가 죽어간다'는 뜻이다. '그러나'는 그들이 하나님의 뜻과 어긋난 삶을 살다 죽었다는 말을 강조하고 있다.

그들은 한결같이 '고관의 하나처럼' 넘어졌다. 고관의 하나 같다니, 좋은 뜻 아닌가? 세상 모든 사람들이 출세하고 고관이 되기를 원하지 않는가? 그러나 여기서의 고관은 부패한 권력자를 의미한다. 하나님의 일을 대행하기 위해 특별히 선택된 재판관들이 세속에 물들면 부패하게 된다. 그러면 아무도 그를 신뢰하지 않는다. 그의 판결에 순복하지도 않는다. 재판관의 권위는 그가 얼마나 큰 권력을 가졌는가에 달려 있지 않다. 그가 얼마나 많은 재물을 소유했느냐에 달려 있지 않다. 그의 권위는 그가 얼마나 정직하며 순전한가에 달려 있다. 사람들은 이런 권위 앞에 순복하게 된다.

그래서 시인은 하나님의 개입을 간청하고 있다.

"하나님이여 일어나사 세상을 심판하소서 모든 나라가 주의 소유이기 때문이니이다"(8절).

신앙과 불신앙의 차이점은 무엇일? 둘 다 믿음을 가지고 있다. 그러나 전자는 '하나님이 계신다'고 믿고, 후자는 '하나님은 안 계신다'고 믿는다. 1절을 다시 읽어 보자. "하나님은 신들의 모임 가운데에 서시며 하나님은 그들 가운데에서 재판하시느니라."

불의한 재판관들은 자신들이 옳고 그름의 최고 결정권자라고 착각한다. 엄숙한 목소리로 선고를 내리고, 법복(法服)을 벗은 후에는 어둠의 세계를 헤매고 다닌다. 억울한 자의 억울함이나, 가난한 자의 궁핍함이나, 고아의 서러움은 잊어버린다. 세상의 부패한 고관들처럼 쾌락을 찾아 나선다. 오해하지 말자. 모든 재판관들이 다 그렇게 부패했다는 말은 아니다. 훌륭한 재판관들도 적지 않다. 그러나 이 시는 그중에서도 부패한 재판관들에게 하나님께서 책망하시는 말씀이다.

하나님께서 그 불의한 재판관들을 모으시고 그중에 높이 들려 오르신다. 하나님은 재판관들의 재판장이시다. 이제는 세상 재판관들이 하나님 앞에서 재판을 받을 차례다. 하나님의 심판은 항상 공정하고 의롭다. 하나님의 법전에 자주 나오는 단어가 있다. 바로 '인자하심'과 '긍휼하심'이다. 하나님의 공의는 그의 인자하심에 기초를 두고 있다. 하나님께서 불의한 재판관들에게 '너희는 과연 인자함과 긍휼함으로 재판하였느냐?'고 엄히 물으실 것이다.

시인은 모든 재판관들에게 겸손을 요구한다. 자신이 최종적인 재판관이 아니라는 점을 기억하라고 경고한다. 하나님 앞에서 두렵고 떨림으로 재판하라고 권고한다. 그래야 사회가 견고하게 설 수 있기 때문이다.

〈시편 83편〉 아삽의 시 곧 노래

주의 원수를 가만두지 마소서

예수님은 '네 원수를 사랑하라'고 말씀하셨다. 그래서 우리는 원수에 대한 감정을 표현할 때마다 적지 않은 불편을 느낀다. 그것은 일종의 애증 감정이다. 원수를 사랑해야 하는데 막상 미움을 떨쳐버릴 수 없는 감정의 충돌이다. 그런데 구약성경을 읽다 보면 거침없이 원수를 심판해 달라고 하나님께 탄원한다. 구약과 신약은 서로 다른 책일까? 소위 구약이 진화하고 발전하여 신약이 되었을까? 그렇지 않다. 구약의 하나님이 신약의 하나님이시다. 하나님의 말씀은 변치 않는다. 그럼 '원수 사랑'에 대한 구약과 신약의 다름은 어떻게 조정할 수 있을까?

"하나님이여 침묵하지 마소서 하나님이여 잠잠하지 마시고 조용하지 마소서"(1절).

원수에 대하여 모른 척하시지 말라는 청원이다. 여기에서 먼저 풀어야 할 오해가 하나 있다. 구약에서는 원수 갚는 일이 아주 흔하며, 또 어느 정도 권장되기도 했다는 오해다. 과연 그럴까? 두 가지 대답이 가능하다. 하나는 구약에서도 원수를 사랑으로 대했던 기록이 자주 나온다. 하나님은 아우를 죽인 가인에게 표를 주셔서 아무도 그를 죽이지 못하게 하셨다. 요셉도 형제들에게 원수를 갚지 않았다. 구약에서도 '원수 갚음'은 하나님의 뜻이 아니었다. 구약성경에 기록된 말씀이다.

> "네가 만일 네 원수의 길 잃은 소나 나귀를 보거든 반드시 그 사람에게로 돌릴지며 네가 만일 너를 미워하는 자의 나귀가 짐을 싣고 엎드러짐을 보거든 그것을 버려두지 말고 그것을 도와 그 짐을 부릴지니라"(출애굽기 23:4-5).
>
> "원수를 갚지 말며 동포를 원망하지 말며 네 이웃 사랑하기를 네 자신과 같이 사랑하라 나는 여호와이니라"(레위기 19:18).

또 하나의 대답이 있다. 구약에 기록된 원수는 대부분 하나님을 향한 원수들이다. 비록 개인적인 원수처럼 보이지만 그 저변에는 하나님을 대적하는 원수들로 묘사된다. 그런 원수에게는 사랑을 베풀 수가 없다. 예를 들면 다윗의 시에서 원수라는 단어가 자주 등장한다. 그 원수는 다윗 개인을 죽이려는 사람이 아니다. 하나님께서 기름 부어 세우신 하나님의 종을 죽이려는 원수다.

베드로와 요한이 성전 미문가에서 구걸하던 나면서부터 일어나 본 적이 없던 걸인을 예수님의 이름으로 일어나 걷게 했다. 그 일로 두 사람은 유대교 지도자들로부터 다시는 예수의 이름으로 말하지도 말고 가르치지도 말라고 위협을 받았다. 그 후에 옥에서 풀려난 두 제자를 반갑게 맞이한 초대교회 성도들은 이렇게 기도했다.

> "주여 이제도 그들의 위협함을 굽어보시옵고 또 종들로 하여금 담대히 하나님의 말씀을 전하게 하여 주시오며 손을 내밀어 병을 낫게 하시옵고 표적과 기사가 거룩한 종 예수의 이름으로 이루어지게 하옵소서 하더라"(사도행전 4:29-30).

그 당시 교회를 위협하는 자들이 곧 하나님의 원수였다. 주의 복음과 하나님 나라를 대적했기 때문이다. 성도들은 이런 원수들을 하나님께서 물리쳐 달라고 한마음으로 기도했다. 시편 83편도 '하나님의 원수' 문제를 다루고 있다. 이 원수들은 '한마음으로 의논하고 주를 대적하여 서로 동맹하는 나라들'이었다(5절).

> **"무릇 주의 원수들이 떠들며 주를 미워하는 자들이 머리를 들었나이다 그들이 주의 백성을 치려 하여 간계를 꾀하며 주께서 숨기신 자를 치려고 서로 의논하여 말하기를 가서 그들을 멸하여 다시 나라가 되지 못하게 하여 이스라엘의 이름으로 다시는 기억되지 못하게 하자 하나이다"(2-4절).**

이것은 여러 나라들이 이스라엘의 하나님을 대적하기 위해 맺은 조약이다. 그들은 하나님께서 세우신 이스라엘을 역사에서 아예 없애 버리자고 맹세했다. 얼마나 끔찍한 발상인가. 모세는 신명기에서 하나님이 어떻게 이스라엘을 택하시고 지키셨는지를 이렇게 묘사했다.

> "여호와의 분깃은 자기 백성이라 야곱은 그가 택하신 기업이로다 여호와께서 그를 황무지에서, 짐승이 부르짖는 광야에서 만나시고 호위하시며 보호하시며 자기의 눈동자같이 지키셨도다"(신명기 32:9-10).

하나님께서 아브라함을 택하시고 그의 자손들을 이스라엘이라고 부르셨다. 애굽에서 4백여 년 동안 그들을 기르시고 마침내 가나안으로 인도하셔서 나라로 세우셨다. 이스라엘이 황무지와 광야를 지날 때에 친히 호위하시고 보호하시며 눈동자같이 지켜주셨다. 하나님께서 이스라엘 백성들에게 자신을 구원자로 나타내셨다. 그리고 진리의 말씀을 맡겨주셨다. 또한 그 민족에게서 메시아, 곧 예수 그리스도가 나게 하셨다. 이스라엘은 이 지구상에 있는 여러 나라 가운데서 유일한 하나님의 기업이었다. 그런데 주위에 있는 몇몇 나라들이 동맹을 맺고 이스라엘을 괴멸시키려고 한다. 그렇기 때문에 그들은 모두 하나님의 원수다. 시인은 그 나라들의 이름을 자세히 기록하고 있다.

"그들이 한마음으로 의논하고 주를 대적하여 서로 동맹하니 곧 에돔의 장막과 이스마엘인과 모압과 하갈인이며 그발과 암몬과 아말렉이며 블레셋과 두로 사람이요 앗수르도 그들과 연합하여 롯 자손의 도움이 되었나이다 (셀라)"(5-8절).

이 중에 두세 나라를 빼고는 모두 이스라엘과 연결되어 있다. 에돔은 야곱의 형 에서의 자손이고, 이스마엘인은 이삭의 이복형 이스마엘의 후손이다. 모압 족속과 암몬 족속은 아브라함의 조카인 롯의 자손들로서 요단강 서쪽의 남북에 자리 잡고 있었다. 그들 뒤에는 거대한 세력 앗수르가 있었다. 아말렉은 에서의 손자로부터 시작된 나라로 유다의 남부 지역에서 유목 생활을 하고 있었다. 블레셋은 노아의 둘째 아들 함의 후손들로서 지중해 연안에 거주하고 있었고, 두로는 가나안 땅 북쪽 해안에 있는 항구도시였으며, 그발은 두로보다 더 위쪽 해안에 있는 도시국가였다. 이 모든 나라들은 지리적으로 이스라엘을 둘러싸고 있었다. 그런 나라들이 이스라엘을 지구상에서 없애 버리겠다고 동맹을 맺었다. 때문에 시인은 하나님의 적극적인 개입을 호소했다. 하나님께서 직접 일어나셔서 원수들을 제압해 달라고 탄원했다.

"주는 미디안인에게 행하신 것같이, 기손 시내에서 시스라와 야빈에게 행하신 것같이 그들에게도 행하소서 그들은 엔돌에서 패망하여 땅에 거름이 되었나이다 그들의 귀인들이 오렙과 스엡 같게 하시며 그들의 모든 고관들은 세바와 살문나와 같게 하소서 그들이 말하기를 우리가 하나님의 목장을 우리의 소유로 취하자 하였나이다"(9-12절).

야빈과 시스라는 가나안 북쪽 지역의 왕과 군대장관으로서 이스라엘의 사사 바락과 드보라에게 대패했다(사사기 4장). 미디안은 아브라함의 첩 그두라에게서 난 자의 후손들로서 아라비아 북서쪽에 사는 유목민들이었다. 그들은 하나님의 목장인 이스라엘을 그들의 소유로 삼기 위해 남쪽에서 침략해 왔다. 그러나 하나님은 기드온의 3백 용사로 미디안 군사 135,000명을 이기게 하셨다(사사기 8장). 세바와 살문나는 죽임을 당한 미디안의 왕들이었고 오렙과 스엡은 그들의 방백들이었다. 시인은 미디안과의 전쟁 때처럼 이번에도 하나님께서 도와 달라고 간구했다.

"나의 하나님이여 그들이 굴러가는 검불 같게 하시며 바람에 날리는 지푸라기 같게 하소서 삼림을 사르는 불과 산에 붙는 불길같이 주의 광풍으로 그들을 쫓으시며 주의 폭풍으로 그들을 두렵게 하소서"(13-15절).

시는 글을 사용하여 그리는 한 폭의 그림이다. 보통 그림이 아니라 생생하게 움직이는 컬러 동영상이다. 한여름 왕성하게 자라던 풀들이 가을이 오면 바짝 말라서 바람에 불려 간다. 시인은 함성을 지르며 달려드는 원수들이 하나님의 바람에 불려 가기를 원했다. 몇 년 전에 로스앤젤레스 북쪽에 있는 에로우헤드(Arrowhead)산에 불이 났다. 산 아래에서 불어오는 뜨거운 불길이 울창한 삼림을 순식간에 태우고 지나갔다. 사람들은 그것을 '크라운 파이어'(Crown Fire)라고 불렀다. 불길이 나무의 꼭대기들부터 먼저 태우고 지나갔기 때문이다. 마침 그때 우리 교회는 그 산 속에 있는 수양관에서 '뜨레스 디아스'라는 영성 프로그램을 진행하고 있었다. 우리는 소방관의 지시를 받고 신속하게 그 산에서 내려왔다. 시인의 기도를 읽다 보면 그때의 두려움이 되살아난다.

왜 시인은 이처럼 강렬한 언어를 사용하며 원수를 막아달라고 기도했을까? 여호와 하나님의 거룩한 이름 때문이었다.

"여호와여 그들의 얼굴에 수치가 가득하게 하사 그들이 주의 이름을 찾게 하소서 그들로 수치를 당하여 영원히 놀라게 하시며 낭패와 멸망을 당하게 하사 여호와라 이름하신 주만 온 세계의 지존자로 알게 하소서"(16-18절).

마침내 하나님의 원수들이 패하고 물러갔다. 전쟁의 패배자에게 찾아오는 감정은 수치감이다. 원수들이 회개하고 하나님께 돌아오면 얼마나 좋겠는가. 그렇지 않을지라도 하나님의 이름을 두려워하는 것만으로도 시인은 만족했다. 그들이 하나님의 살아 계심을 경험했으면 그것으로 충분했다. 하나님께서 온 세계를 다스리신다는 진리를 깨달았으니 더할 나위 없었다. 그것이 시인의 소원이며 기도였다.

〈시편 84편〉 고라 자손의 시, 인도자를 따라 깃딧에 맞춘 노래

순례자의 노래

이 시는 제사장이나 레위인들이 부르는 노래가 아니다. 성전 밖에 살면서 성전 안에 거하시는 하나님을 사모하는 사람들이 부르는 노래다. 하나님께서 임재해 계시는 곳을 그리워하는 노래다. 노래의 곡조 '깃딧'은 포도송이들을 술틀에 넣고 밟을 때에 부르는 기쁨과 감사의 음률이다.

"만군의 여호와여 주의 장막이 어찌 그리 사랑스러운지요 내 영혼이 여호와의 궁정을 사모하여 쇠약함이여 내 마음과 육체가 살아 계시는 하나님께 부르짖나이다"(1–2절).

이 구절의 핵심은 '살아 계신 하나님'이다. 순례자는 살아 계신 하나님을 사모하고 동경하며 그리워했다. 하나님이 계신 곳이 바로 여호와의 궁정이다. 주의 장막은 주께서 머무시는 자리다. 순례자는 하나님의 숨소리를 듣고, 그의 말씀을 묵상하며, 그의 영광을 온몸으로 느낄 수 있는 그런 곳을 사모했다. 사모한 나머지 몸과 마음까지 쇠약해졌다.

"나의 왕, 나의 하나님, 만군의 여호와여 주의 제단에서 참새도 제 집을 얻고 제비도 새끼 둘 보금자리를 얻었나이다 주의 집에 사는 자들은 복이 있나니 그들이 항상 주를 찬송하리이다 (셀라)"(3–4절).

순례자는 지금 성전 밖에 있다. 물리적 거리가 아니라 마음으로 멀리 떨어져 있는 상태다. 그는 하나님의 강력한 임재하심 아래 머물렀던 과거를 그리워했다. 그래서 주의 제단에서 집을 짓고 사는 참새와 제비들이 부러웠다. 주의 집에 사는 사람들은 항상 주를 찬송할 수 있기에 복받은 사람들이다. 순례자는 하나님을 '나의 왕, 나의 하나님, 만군의 여호와'라고 불렀다. 그는 하나님과 좀더 개인적인 친밀감을 나누고 싶었다. 제단의 참새와 제비처럼 주님께 가까이 다가가고 싶었다.

"주께 힘을 얻고 그 마음에 시온의 대로가 있는 자는 복이 있나이다"(5절).

이는 순례자가 받고 싶었던 복이다. 그는 일상생활에서 오는 중압감으로 지치고 피곤했다. 오래전 한창 경제가 어려웠던 시절에 사업을 하는 성도님을 심방하고 '일은 잘되느냐'고 조심스럽게 물었다. 그러자 그는 머뭇거리더니 "목사님, 요즘에는 사업이 잘되느냐고 묻는 말이 더 스트레스를 줘요" 하면서 어색하게 웃었다. 갑자기 그분의 어깨에 얹힌 삶의 육중한 무게가 느껴졌다. 이 시를 노래하는 순례자는 성전 밖에서 하루하루를 힘들게 살아가는 이름 없는 소시민이다. 그는 하나님께 일상의 무거운 짐을 넘겨드리고 싶었다. 길을 가로막고 있는 가시넝쿨들을 치우고 선걸음에 주님 계신 곳으로 달려가고 싶었다.

"그들이 눈물 골짜기로 지나갈 때에 그곳에 많은 샘이 있을 것이며 이른 비가 복을 채워 주나이다 그들은 힘을 얻고 더 얻어 나아가 시온에서 하나님 앞에 각기 나타나리이다"(6–7절).

왜 순례자들이 눈물 골짜기를 지나갈까? 눈물 골짜기는 '한탄의 골짜기'다. 원문대로 번역하면 '그들은 눈물 골짜기를 지나면서 그곳에 한 샘물을 팠다'라는 말이다. 이 구절을 읽으면서 우리는 다음과 같은 그림을 그려볼 수 있다. 어떤 순례자가 삭막한 광야의 골짜기를 지나고 있었다. 삶은 궁핍한데 눈 씻고 둘러보아도 도와줄 사람 하나 없다. 그는 너무 힘들고 고통스러워 하나님께 눈물로 호소했다. 그러자 하나님께서 그의 눈물과 탄식의 기도를 들으셨다. 물론 환경에서 바뀐 것은 전혀 없었다. 그런데 마음에 하나님의 은혜가 임했다. 그것은 마치 오아시스 같았다. 때마침 하늘에서 이른 비가 내리기 시작했다. 이른 비는 팔레스타인 지역에서 10월과 11월 사이에 내리는 비로, 씨앗을 심는 데 큰 도움이 되었다. 그 비는 영적으로 보면 은혜 위의 은혜였다. 순례자는 이제 새 힘을 얻었다. 그래서 눈물의 골짜기를 찬송하며 지나갔다. 이제 머지않아 하나님의 산 시온에서 하나님을 뵙게 될 것이라는 소망이 그의 가슴을 가득 채웠다.

"만군의 하나님 여호와여 내 기도를 들으소서 야곱의 하나님이여 귀를 기울이소서 (셀라)"(8절).

순례자는 엄마를 애타게 찾는 아이처럼 하나님을 찾았다. 자기의 말에 귀를 기울여 달라고 간청했다. 하나님께서 그를 멀리하셨기 때문이 아니다. 그가 하나님께 더 가까이 나아가기 위해서다.

"우리 방패이신 하나님이여 주께서 기름 부으신 자의 얼굴을 살펴 보옵소서"(9절).

이 구절을 원문대로 번역하면 '보소서, 우리 방패 되신 하나님이여, 주께서 기름 부으신 자의 얼굴을 자세히 살펴보소서' 이런 말이다. 하나님께서 순례자의 방패가 되셔서 모든 원수들의 불화살을 막아 주실 것이다. '주께서 기름 부으신 자'는 문자적으로 왕을 가리키지만 여기에서는 순례자 자신을 의미한다. 하나님의 얼굴 광채가 자신의 영혼에 비쳐올 때 순례자는 모든 수고로움에서 자유하며 기뻐하게 될 것이다.

"주의 궁정에서의 한 날이 다른 곳에서의 천 날보다 나은즉 악인의 장막에 사는 것보다 내 하나님의 성전 문지기로 있는 것이 좋사오니 여호와 하나님은 해요 방패이시라 여호와께서 은혜와 영화를 주시며 정직하게 행하는 자에게 좋은 것을 아끼지 아니하실 것임이니이다"(10-11절).

주님 계신 곳에서 하루를 사는 것이 악인들과 천(千) 일을 사는 것보다 훨씬 더 낫다는 말이다. 순례자는 악한 자들의 악행을 견딜 수 없었다. 그래서 악인의 호화로운 집에서 사는 것보다 하나님의 성전 문지기로 사는 것이 더 낫다고 생각했다. 정직하여 주를 찾는 자들이 여호와의 집에서 은혜와 영광의 면류관을 받게 될 것이다.

"만군의 여호와여 주께 의지하는 자는 복이 있나이다"(12절).

사람들은 순례를 개인의 종교적 행위로 이해한다. 그러나 기독교인의 순례는 혼자 가는 길이 아니다. 성령님께서 함께 걸어가시는 길이다. 비록 그 길이 좁고 험할지라도 주의 영과 함께 가기 때문에 찬송하며 걸어갈 수 있다. 그리스도인의 순례의 길은 십자가의 공로로 죄 사함 받는 길이요, 십자가의 능력으로 죄의 세력을 극복하는 길이다. 염려와 근심이 몰려와도 그 무거운 짐을 주님께 맡기고 걸어가는 길이다. 순례의 길은 주의 뜻을 따라 살아가는 길이다. 그래서 순례자는 자신의 모든 욕심과 정욕을 날마다 십자가에 못 박으며 살아간다. 그리고 하나님의 선하심과 인자하심을 사모하며 하루하루 살아간다. 순례자는 하나님을 절대 의지하는 믿음으로 걸어간다. 기독교인의 거룩한 삶이 곧 순례다.

〈시편 85편〉 고라 자손의 시, 인도자를 따라 부르는 노래

주께서 주시는 화평

이 시인은 포로 시대(과거)를 회상하고, 귀환 이후의 어려운 시대(현재)를 호소하며, 앞으로 다가올 구원의 시대(미래)를 기대하고 있다. 그의 간절한 소원은 주께서 주실 화평을 누리는 것이었다.

"여호와여 주께서 주의 땅에 은혜를 베푸사 야곱의 포로 된 자들이 돌아오게 하셨으며 주의 백성의 죄악을 사하시고 그들의 모든 죄를 덮으셨나이다 (셀라) 주의 모든 분노를 거두시며 주의 진노를 돌이키셨나이다"(1–3절).

사람들은 부동산을 자기 땅이라고 생각한다. 그런데 시인은 '주의 땅'이라고 불렀다. 자기들이 살고 있는 땅이지만 하나님께서 은혜로 주신 땅이기 때문이다. 어떤 은혜일까? 이스라엘의 죄악을 용서하시고 덮어 주신 은혜였다. 혹독한 포로 생활에서 돌아온 후에 그들의 생각이 바뀌었다. 더 이상 '우리 땅'이 아니라 '주의 땅'이 되었다. 그러나 현실은 여전히 어려웠다.

"우리 구원의 하나님이여 우리를 돌이키시고 우리에게 향하신 주의 분노를 거두소서 주께서 우리에게 영원히 노하시며 대대에 진노하시겠나이까 주께서 우리를 다시 살리사 주의 백성이 주를 기뻐하도록 하지 아니하시겠나이까 여호와여 주의 인자하심을 우리에게 보이시며 주의 구원을 우리에게 주소서"(4–7절).

하나님의 은혜는 변함이 없다. 다만 사람들이 변했을 뿐이다. 포로 생활에서 돌아왔지만 현재는 아직도 하나님의 진노하심 아래 놓여 있다. 이스라엘의 역사는 끊임없이 하나님을 격노케 하는 역사였다. 아마도 포로에서 돌아오자마자 또다시 우상숭배를 했을 것이다. 시인은 다시 한번 하나님의 은혜를 간구하고 있다. 주의 구원과 용서를 간청하고 있다. 주의 노를 그치시고 이스라엘을 회복시켜 달라고 애원하고 있다. 하나님을 기쁘시게 해드릴 기회를 달라고 간청하고 있다. 그렇게 하시는 것이 하나님의 본심 아니냐고 확인시켜 드렸다. 왜 그렇게 생각하느냐고 누가 묻는다면 시인은 '주의 인자하심 때문'이라고 대답할 것이다. 주의 인자하심이 영원하기 때문에 그의 구원도 영원할 것이라고 설명할 것이다. 이제 시인은 미래를 바라보기 시작했다. 구원의 소망은 오직 하나님께만 있었다.

"내가 하나님 여호와께서 하실 말씀을 들으리니 무릇 그의 백성, 그의 성도들에게 화평을 말씀하실 것이라 그들은 다시 어리석은 데로 돌아가지 말지로다 진실로 그의 구원이 그를 경외하는 자에게 가까우니 영광이 우리 땅에 머무르리이다"(8-9절).

시인은 암울한 현실 속에서 하나님의 음성에 귀를 기울였다. 그는 하나님께서 반드시 그의 백성들에게 화평의 말씀을 주시리라고 믿었다. 그래서 이스라엘 백성들에게 '다시는 어리석은 데로 돌아가지 말라'고 권면했다. 하나님의 구원이 가까우니 여호와만 경외하라고 설득했다. 그러면 이 땅에 하나님의 영광이 머물 것이라고 가르쳤다. '영광이 우리 땅에 머문다'는 말은 무슨 뜻일까? 언제 그런 일이 일어날까? 사도 요한은 그 영광이 예수님을 통하여 나타났다고 말했다.

"말씀이 육신이 되어 우리 가운데 거하시매 우리가 그의 영광을 보니 아버지의 독생자의 영광이요 은혜와 진리가 충만하더라"(요한복음 1:14).

시인은 예수님이 오시면 일어날 일들을 예언적으로 말했다.

"인애와 진리가 같이 만나고 의와 화평이 서로 입맞추었으며 진리는 땅에서 솟아나고 의는 하늘에서 굽어보도다 여호와께서 좋은 것을 주시리니 우리 땅이 그 산물을 내리로다 의가 주의 앞에 앞서가며 주의 길을 닦으리로다"(10-13절).

이 구절에 나오는 '인애, 진리, 의, 화평'과 같은 중요한 예언들이 모두 예수 그리스도 안에서 성취되었다. 예수님의 십자가에 하나님의 끝없는 사랑(인애)이 나타났다. 진리로 이 세상에 오신 예수님께서 우리에게 하나님의 뜻을 깨닫게 해주셨다. 예수님께서 우리의 죄를 대신하여 죽으심으로 그를 믿는 자들이 하나님 앞에서 의롭다 하심을 얻게 되었다. 예수님은 이 세상이 줄 수 없는 평안을 우리에게 주셨다(요한복음 14:29). 그러므로 성도들은 하나님의 영광 가운데 살게 될 것이다.

〈시편 86편〉 다윗의 기도

낮은 자리에서

다윗은 겸손했다. 그는 언제나 자신을 낮은 자리에 두었다. 특별히 하나님 앞에서 철저하게 자신을 낮추었다.

"여호와여 나는 가난하고 궁핍하오니 주의 귀를 기울여 내게 응답하소서"(1절).

가난과 궁핍은 물질적인 부족을 의미한다. 그런데 이 시의 어디에도 그에게 물질이 부족했다는 말이 없다. 설사 물질이 부족하더라도 다윗은 그것 때문에 기도하지 않았을 것이다. 왜냐하면 하나님께서 그의 필요를 채워 주시는 목자이시기 때문이다. 이 시에서 가난과 궁핍은 예수님께서 말씀하신 '심령의 가난함'이다. 하나님의 도우심이 없으면 곧 파산선고해야 할 정도의 가난함이다. 그런 마음으로 나머지 시를 읽어 보자.

"나는 경건하오니 내 영혼을 보존하소서 내 주 하나님이여 주를 의지하는 종을 구원하소서 주여 내게 은혜를 베푸소서 내가 종일 주께 부르짖나이다 주여 내 영혼이 주를 우러러보오니 주여 내 영혼을 기쁘게 하소서 주는 선하사 사죄하기를 즐거워하시며 주께 부르짖는 자에게 인자함이 후하심이니이다"(2-5절).

'나는 경건하오니'라는 말은 '나는 주께서 은혜를 주신 자니'라고 번역할 수 있다. 다윗은 '나는 주께 은혜 받은 자니 주께서 내 영혼을 보호해 주세요' 하고 기도했다. '나는 주를 의지하오니 나를 구원하소서' 하고 간청했다. 다윗은 종일토록 주의 은혜를 구했다. 주를 우러러보며 '내 영혼을 기쁘게 해주세요' 하고 기도했다. 다윗은 언제나 하나님에 대하여 '주는 선하신 분, 좋은 분'이라고 생각했다. 왜 하나님은 좋으신 분일까? 회개하는 죄인을 기꺼이 용서하시고, 부르짖는 자에게 풍성한 사랑을 부어 주시기 때문이다. 하나님에 대한 이런 이해를 바탕으로 다윗은 좀더 구체적인 기도를 드리기 시작했다.

"여호와여 나의 기도에 귀를 기울이시고 내가 간구하는 소리를 들으소서 나의 환난 날에 내가 주께 부르짖으리니 주께서 내게 응답하시리이다" (6–7절).

기도와 믿음은 나눌 수 없다. 하나님의 살아 계심과 그의 선하심에 대한 믿음이 없다면 우리의 기도는 허공을 맴돌다 사라질 것이다. 히브리서 기자의 말은 진리다.

"믿음이 없이는 하나님을 기쁘시게 하지 못하나니 하나님께 나아가는 자는 반드시 그가 계신 것과 또한 그가 자기를 찾는 자들에게 상 주시는 이심을 믿어야 할지니라"(히브리서 11:6).

다윗은 그의 기도에 귀를 기울이시는 하나님, 그가 간구하는 소리를 들으시는 하나님을 믿음의 눈으로 바라보았다. 그가 어려움을 당할 때에 하나님께서 그의 기도를 들으시고 구원해 주실 것을 믿었다.

"주여 신들 중에 주와 같은 자 없사오며 주의 행하심과 같은 일도 없나이다 주여 주께서 지으신 모든 민족이 와서 주의 앞에 경배하며 주의 이름에 영광을 돌리리이다 무릇 주는 위대하사 기이한 일들을 행하시오니 주만이 하나님이시니이다"(8–10절).

다윗은 빛나고 높은 보좌에 앉아 계시는 하나님을 우러러보았다. 주와 비교할 수 있는 신은 아무도 없었다. 누구도 주께서 행하신 놀라운 일들을 흉내 낼 수 없었다. 모든 민족으로부터 영광을 받으실 분은 오직 하나님 한 분뿐이셨다. 하나님 외에 다른 신을 찾는 자들은 모두 어리석은 사람들이다. 오직 하나님만이 구원하실 수 있기 때문이다.

"여호와여 주의 도를 내게 가르치소서 내가 주의 진리에 행하오리니 일심으로 주의 이름을 경외하게 하소서 주 나의 하나님이여 내가 전심으로 주를 찬송하고 영원토록 주의 이름에 영광을 돌리오리니 이는 내게 향하신 주의 인자하심이 크사 내 영혼을 깊은 스올에서 건지셨음이니이다"(11–13절).

아무나 하나님의 도를 배울 수 없다. 하나님을 경외하고 진리를 따라 살기로 결심한 사람만이 그 도를 배울 수 있다. 도는 마땅히 가야 할 길이요 온 마음으로 지켜야 할 진리다. 다윗은 '주님, 제가 온 마음으로 주의 이름을 경외하게 해주세요' 하고 기도했다. 자기 스스로 주를 경외하겠다고 맹세하지 않았다. 그에게는 그럴 능력이 없었다. 하나님을 사랑하고 섬기며 두려워하는 마음은 하나님께서 은혜로 주신 마음이다. 그가 마음을 다해 하나님을 찬송하고 그의 이름에 영광을 돌리는 신앙의 행위도 자신에게서 나온 것이 아니다. 하나님께서 크신 사랑으로 그를 죽은 자들의 땅에서 건져 주셨기 때문에 찬송할 수 있었다. 그러므로 모든 예배의 시작은 하나님의 구원으로부터 시작된다. 배움과 순종과 경외하는 마음도 하나님의 은혜로 시작된다. 그것이 세상 종교와 기독교의 다른 점이다.

"하나님이여 교만한 자들이 일어나 나를 치고 포악한 자의 무리가 내 영혼을 찾았사오며 자기 앞에 주를 두지 아니하였나이다"(14절).

교만하고 포악한 자들은 자기 앞에 하나님을 모시려고 하지 않는다. 만일 그들이 주를 섬겼다면 교만하지도 포악하지도 않았을 것이다. 다윗은 하나님을 대적하고 멸시하는 그들의 포악함 때문에 마음이 더 아팠다. 어떻게 하면 저들을 부끄럽게 할 수 있을까 기도하다가 정답을 발견했다.

"그러나 주여 주는 긍휼히 여기시며 은혜를 베푸시며 노하기를 더디 하시며 인자와 진실이 풍성하신 하나님이시오니 내게로 돌이키사 내게 은혜를 베푸소서 주의 종에게 힘을 주시고 주의 여종의 아들을 구원하소서 은총의 표적을 내게 보이소서 그러면 나를 미워하는 그들이 보고 부끄러워하오리니 여호와여 주는 나를 돕고 위로하시는 이시니이다"(15-17절).

교만한 자들을 겸손하게 만들고, 포악한 자들을 유순하게 만드는 길은 하나님의 은혜와 구원과 은총에 있었다. 다윗은 하나님의 성품을 그리워했다. 성경이 보여 주는 하나님의 성품은 풍성한 '긍휼하심, 은혜 베푸심, 노하기를 더디 하심, 인자(사랑)와 진실(성실)하심'이었다. 이와 같은 하나님의 성품이 다윗의 삶 속에 나타나게 해달라고 기도했다. 그러면 교만한 자들이 겸손하게 되며, 포악한 자들이 유순하게 될 것이다.

하나님께서 다윗을 돌아보시며 은혜를 베푸실 때, 다윗에게 힘을 주시고 환난에서 건져 주실 때, 하나님의 선하심을 표적으로 보여 주실 때, 두 가지 현상이 나타날 것이다. 하나는 다윗을 미워하는 교만하고 포악한 무리들이 부끄러워 고개를 들지 못할 것이다. 왜냐하면 그들이 부인하고 무시했던 하나님의 선하심과 인자하심이 다윗의 삶 속에 분명하게 나타났기 때문이다. 다른 하나는 다윗이 더욱 겸손하게 될 것이다. 다윗은 하나님의 은혜를 사모하며 더 낮은 자리로 내려갔다.

〈시편 87편〉 고라 자손의 시 곧 노래

시온의 영광

시온은 이스라엘의 민족적, 종교적, 정치적, 그리고 역사적 중심이다. 그곳에 예루살렘 성전이 있었기 때문이다. 모든 남자들은 유월절, 칠칠절, 그리고 초막절에 예루살렘에 모여 제사를 드렸다.

하나님께서 열방에 복을 주시기 위해 아브라함과 그의 후손들을 택하셨다. 그러나 세월이 지나면서 그들은 천하 모든 민족들을 복 받게 하시려는 하나님의 뜻을 저버렸다. 이런 잘못된 선민사상은 바벨론 포로 생활을 거치면서 더욱 굳어졌다. 그러나 구약성경은 온 세계 만민을 향한 하나님의 광대하신 계획을 언급하고 있다. 시편 87편도 그중의 하나다. 시인은 먼저 시온의 중요성을 노래했다.

"그의 터전이 성산에 있음이여 여호와께서 야곱의 모든 거처보다 시온의 문들을 사랑하시는도다"(1-2절).

이스라엘인들에게 시온산은 거룩한 산이었다. 하나님께서 예루살렘을 가리켜 '내가 거기에 내 이름을 두고자 하여 택한 성읍'이라고 말씀하셨다(열왕기상 11:36). 그리고 그 성에 성전을 건축하게 하셨다. 다른 성들이 적군에게 함락을 당할 때에도 예루살렘은 4백여 년 동안 난공불락의 성이 되도록 지켜주셨다. 그래서 시인은 '여호와께서 야곱의 모든 거처보다 시온의 문들을 사랑하셨다'고 노래했다. 모든 이스라엘 백성들도 예루살렘성을 사랑하고 사모했다.

"하나님의 성이여 너를 가리켜 영광스럽다 말하는도다 (셀라)"(3절).

여기까지는 즐겁게 부를 수 있는 노랫말이다. 그런데 다음부터가 좀 불편하다. 과연 이스라엘 백성들이 기쁨으로 나머지 부분도 노래할 수 있었을까? 쉽지 않았을 것이다.

"나는 라합과 바벨론이 나를 아는 자 중에 있다 말하리라 보라 블레셋과

두로와 구스여 이것들도 거기서 났다 하리로다"(4절).

여기에서 '나'는 시인이 아니라 하나님이시다. 시인이 갑자기 하나님의 말씀을 대언하기 시작했다. '라합'은 애굽이다. 그리고 '거기'는 시온을 가리킨다. 애굽과 바벨론은 아무리 좋게 이야기해도 여전히 이스라엘의 원수들이다. 그런데 '라합과 바벨론이 나를 아는 자 중에 있다고 말하리라'고 하나님께서 말씀하셨다. 히브리어의 '안다'(야다)는 단순히 얼굴이나 이름 정도를 아는 것이 아니다. 부부가 서로를 알 듯이 깊이 안다는 뜻이다. 그들이 하나님을 알게 될 것이라는 말은 '그들이 구원받을 것'이라는 표현이다. 어떻게 애굽과 바벨론 사람들이 하나님을 알고 구원을 받을 수 있다는 말인가.

그뿐만 아니다. '블레셋과 두로와 구스도 거기서 났다 할 것'이라고 말씀하셨다. 이 구절의 앞부분에서 '나를 아는 자 중에 있다 말하리라'는 미래형이다. 뒷부분의 '거기서 났다 할 것이라'는 완료형이다. 다시 말하면 앞으로 그들(애굽과 바벨론과 블레셋과 두로와 구스)이 구원을 받게 될 텐데, 그 일은 이미 하나님의 뜻 안에서 작정되었다는 말이다. 이스라엘이 듣기에 너무 놀라운 말이라서 시인은 '보라!' 하고 주의를 환기시켰다. 블레셋은 이스라엘과 오랜 원수지간이다. 두로는 이스라엘이 궁지에 몰릴 때마다 원수의 편에 섰던 자들이다. 구스는 멀리 애굽 남쪽, 지금의 에티오피아 지역이다. 이들도 '거기서 났다'고 하셨다. 예루살렘의 시온성에서 났다는 말씀이다. 어떻게 이런 일이 가능할까? 우리는 다음 구절에서 그 단서를 발견할 수 있다.

"시온에 대하여 말하기를 이 사람, 저 사람이 거기서 났다고 말하리니 지존자가 친히 시온을 세우리라 하는도다"(5절).

이 구절은 신약 시대에 일어날 일에 대한 예언의 말씀이다. 시온은 더 이상 이스라엘만의 성지(聖地)가 아니다. 지존자 하나님께서 그 시온을 다시 세우실 것이다. 신약 시대에 이르러 시온은 십자가와 연결된다. 예수님께서 시온산 예루살렘에서 십자가에 못 박혀 죽으시고 부활하셨기 때문이다. '이 사람, 저 사람이 거기서 났다'는 말씀은 이 사람, 저 사람, 곧 수많은 사람들이 예수님을 믿고 구원받아 하나님의 자녀가 될 것이라는 의미다. 애굽, 바벨론, 블레셋, 두로와 구스는 단순히 나라를 의미하지 않는다. 훗날 믿음으로 구원받을 그 나라의 개인들을 의미한다. 하나님께서 시인에게 한 번 더 그의 계획을 설명해 주셨다.

“여호와께서 민족들을 등록하실 때에는 그 수를 세시며 이 사람이 거기서 났다 하시리로다 (셀라)”(6절).

얼마나 놀라운 말씀인가. 하나님께서 민족들을 불러 세우시고 그 수를 세시며 ‘이 사람이 거기서 났다’고, 즉 ‘이 사람은 내 아들 예수를 구주로 믿고 구원받은 사람이다’ 하고 인쳐 주신다는 말씀이다. 모든 그리스도인들의 영적 출생지는 시온에 세워진 예수 그리스도의 십자가다. 그런데 이 시로 노래를 부르던 당시의 이스라엘 백성들은 이 시에 담겨 있는 하나님의 깊은 뜻을 깨달았을까? 지금은 깨닫고 있을까? 그랬을 것 같지 않다.

이사야서 55장에 메시아에 관한 말씀들이 기록되어 있다.

“오호라 너희 모든 목마른 자들아 물로 나아오라 돈 없는 자도 오라 너희는 와서 사 먹되 돈 없이, 값 없이 와서 포도주와 젖을 사라”(이사야 55:1).

이 말씀은 세상의 모든 목마른 자들을 초청하시는 말씀이다. 우상을 숭배하는 사람들, 헛것을 추구하다가 지친 사람들, 은혜 없는 메마른 삶을 살고 있는 모든 사람들을 구원으로 초청하시는 말씀이다. 하나님께서 이 일을 위해 한 사람을 세우셨다.

“너희는 귀를 기울이고 내게로 나아와 들으라 그리하면 너희의 영혼이 살리라 내가 너희를 위하여 영원한 언약을 맺으리니 곧 다윗에게 허락한 확실한 은혜이니라 보라 내가 그를 만민에게 증인으로 세웠고 만민의 인도자와 명령자로 삼았나니”(이사야 55:3-4).

다윗은 이스라엘의 가장 위대한 왕이었다. 그러나 하나님께서 다윗을 만민을 위한 증인이나 인도자나 명령자로 삼지 않으셨다. 그 역시 다른 사람들처럼 죽고 땅에 묻혔다. 그러면 하나님께서 ‘만민의 증인’으로 세우신 ‘그’는 누구인가? 그는 바로 다윗의 후손으로 오신 예수 그리스도시다. 그가 하나님께서 다윗에게 허락하신 확실한 은혜, 곧 선물이 되셨다. 하나님은 장차 예수님께서 하실 일을 좀더 구체적으로 말씀하셨다.

“보라 네가 알지 못하는 나라를 네가 부를 것이며 너를 알지 못하는 나라가 네게로 달려올 것은 여호와 네 하나님 곧 이스라엘의 거룩하신 이로 말미암음이니라 이는 그가 너를 영화롭게 하였느니라”(이사야 55:5).

여기에서 ‘너’는 메시아로 오신 예수님이다. 오늘날 온 세계에 복음이 전파되고 있다. 예수님을 알지 못하던 수많은 사람들이 매일 주께로 돌아오고 있다. 하나님께서 그들을 예수님께로 보내 주셨다. 이스라엘의 하나님이 그 일을 행하셨다. 그리고 이 일로 인하여 예수님께서 영화롭게 되셨다. 예수님은 훗날 제자들에게 이렇게 말씀하셨다.

"또 이르시되 그러므로 전에 너희에게 말하기를 내 아버지께서 오게 하여 주지 아니하시면 누구든지 내게 올 수 없다 하였노라 하시니라"(요한복음 6:65).

하나님께서는 지금도 온 세계 모든 민족들을 향해 말씀하신다.

"너희는 여호와를 만날 만한 때에 찾으라 가까이 계실 때에 그를 부르라 악인은 그의 길을, 불의한 자는 그의 생각을 버리고 여호와께로 돌아오라 그리하면 그가 긍휼히 여기시리라 우리 하나님께로 돌아오라 그가 너그럽게 용서하시리라"(이사야 55:6-7).

하나님께서는 이스라엘 백성들이 그의 원대하신 구원 계획을 쉽게 받아들이지 못할 줄 알고 계셨다. 그래서 이렇게까지 말씀하셨다.

"이는 내 생각이 너희의 생각과 다르며 내 길은 너희의 길과 다름이니라 여호와의 말씀이니라 이는 하늘이 땅보다 높음같이 내 길은 너희의 길보다 높으며 내 생각은 너희의 생각보다 높음이니라"(이사야 55:8-9).

저 이스라엘 백성들이 회개하고 나사렛 예수를 하나님께서 보내신 메시아로 인정하고 영접할 때에 예수님께서 이 땅에 재림하실 것이다. 시편 87편을 기록한 시인은 마지막으로 이렇게 노래했다.

"노래하는 자와 뛰어 노는 자들이 말하기를 나의 모든 근원이 네게 있다 하리로다"(7절).

이 구절을 풀어 읽으면 '나의 모든 근원이 당신에게 있습니다'라는 말이다. 여기에서 '당신'은 십자가에 못 박히신 예수 그리스도시다. 예수님이 우리 구원의 근원이 되셨다. 세상 모든 사람들이 '나를 위하여 십자가에서 못 박혀 죽으신 예수님을 나의 구주로 영접합니다' 하고 고백할 때 시온의 영광이 빛나게 될 것이다. 시온은 단순히 성전이 있었기 때문에 영광스러운 곳이 아니다. 하나님의 아들 예수 그리스도가 우리를 위하여 그곳에서 죽으시고 부활하셨기 때문에 영광스럽게 되었다. 그 영광스러운 시온이 지금은 모든 믿는 자들의 영혼 속에 자리 잡고 있다. 이런 의미에서 시편 87편은 온 세계를 구원하시는 '하나님의 선교 노래'라고 할 수 있다.

〈시편 88편〉 고라 자손의 찬송시 곧 에스라인 헤만의 마스길, 인도자를 따라 마할랏르안놋에 맞춘 노래

하나님, 어디 계세요?

이 시는 시편 중에서 가장 슬픈 시다. 거의 매 구절 탄식과 고난과 위기와 죽음의 그림자로 점철되어 있다. 그런데 왜 시편의 편집자는 이런 고난의 시를 '찬송시'라고 불렀을까? 가장 놀라운 사실은 시인이 포기하지 않고 계속해서 주의 이름을 불렀다는 점이다. 개역개정 성경에 '주'라는 호칭이 24회 나오고, '여호와'가 3회, 그리고 '하나님'이 1회 나온다. 이 시는 끝없는 고난과 끈질긴 기도가 씨줄과 날줄처럼 엮여 있다.

"여호와 내 구원의 하나님이여 내가 주야로 주 앞에서 부르짖었사오니 나의 기도가 주 앞에 이르게 하시며 나의 부르짖음에 주의 귀를 기울여 주소서"(1–2절).

고난의 무기는 절망이다. 고난이 극심하면 기도하기를 그친다. 그러나 시인은 밤낮없이 주 앞에서 부르짖어 기도했다. 그의 기도가 주 앞에 이르게 하시고 귀를 기울여 들어 달라고 탄원했다. 이는 고난이 그를 이기지 못했다는 증거다. 시인은 왜 그런 고난을 당하게 되었는가에 대해서 함구한다. 다만 그 고난이 얼마나 큰지에 대해서만 말하고 있다.

"무릇 나의 영혼에는 재난이 가득하며 나의 생명은 스올에 가까웠사오니 나는 무덤에 내려가는 자같이 인정되고 힘없는 용사와 같으며 죽은 자 중에 던져진 바 되었으며 죽임을 당하여 무덤에 누운 자 같으니이다 주께서 그들을 다시 기억하지 아니하시니 그들은 주의 손에서 끊어진 자니이다"(3–5절).

흔히들 '죽을 고생 했다'고 말한다. 시인도 죽음의 문턱에 이르렀다. 스올은 죽은 자들이 들어가는 곳이다. 사람들은 그를 이미 죽었다고 생각하고 마음속에 비석을 세웠다. 시인 자신이 보기에도 싸울 힘이 고갈된 패잔병처럼 보였다. 하나님께서도 자기를 잊으시고 개의치 않으시는 것

처럼 느껴졌다. 그래서 슬펐다.

"주께서 나를 깊은 웅덩이와 어둡고 음침한 곳에 두셨사오며 주의 노가 나를 심히 누르시고 주의 모든 파도가 나를 괴롭게 하셨나이다 (셀라) 주께서 내가 아는 자를 내게서 멀리 떠나게 하시고 나를 그들에게 가증한 것이 되게 하셨사오니 나는 갇혀서 나갈 수 없게 되었나이다 곤란으로 말미암아 내 눈이 쇠하였나이다 여호와여 내가 매일 주를 부르며 주를 향하여 나의 두 손을 들었나이다"(6-9절).

시인은 그가 당하는 모든 고난이 하나님께로부터 왔다고 생각했다. 그런데도 주님을 원망하지 않았다. 오히려 주를 향해 두 손을 들고 기도했다. 그렇다면 대답은 두 가지 가정(假定) 중의 하나일 것이다. 하나는 고난이 그의 죄 때문이었을 것이라는 가정이다. 그러나 하나님은 까닭 없이 그의 자녀에게 고난을 허락하지 않으신다. 아무 설명도 없이 깊은 웅덩이와 어둡고 음침한 곳으로 몰아넣으시지 않으신다. 진노하심으로 압박하거나 끝없이 밀려오는 파도처럼 괴롭히지도 않으신다. 그런데 이 시의 어디를 읽어 보아도 시인이 그의 죄를 회개하는 모습을 찾아볼 수 없다. 다른 하나는 시인이 욥과 같은 고난을 당하고 있었을 것이라는 가정이다. 욥이 까닭 없이 고난을 당할 때 주변 사람들이 다 그를 떠났다. 가족들도 떠나고 친구들도 떠났다. 욥의 탄식을 들어보자.

"내 친척은 나를 버렸으며 가까운 친지들은 나를 잊었구나…내 집에 머물러 사는 자와 내 여종들은 나를 낯선 사람으로 여기니 내가 그들 앞에서 타국 사람이 되었구나…내 아내도 내 숨결을 싫어하며 내 허리의 자식들도 나를 가련하게 여기는구나…나의 가까운 친구들이 나를 미워하며 내가 사랑하는 사람들이 돌이켜 나의 원수가 되었구나"(욥기 19:14, 15, 17, 19).

욥은 가까운 사람들에게 그의 저주를 전염시킬 수 있는 가증한 존재가 되었다. 이스라엘 백성들이 가장 싫어하는 가증한 존재는 나병환자들이었다. 그들은 죄수들처럼 격리되었다. 시인도 그렇게 격리된 느낌이었다. 그는 너무 서러워서 울다가 시력까지 쇠약해졌다.

그런데 더 놀라운 사실이 우리를 충격으로 몰아넣는다. 시인은 그런 처절한 상황에서도 '여호와여 내가 매일 주를 부르며 주를 향하여 나의 두 손을 들었나이다' 하고 고백하고 있다. 어떻게 그런 기도를 드릴 수 있을까? 마치 '내가 모든 것을 다 잃어버릴지라도 하나님의 손은 절대로 놓지 않겠습니다' 하고 부르짖는 것 같다.

"주께서 죽은 자에게 기이한 일을 보이시겠나이까 유령들이 일어나 주를 찬송하리이까 (셀라) 주의 인자하심을 무덤에서, 주의 성실하심을 멸망 중에서 선포할 수 있으리이까 흑암 중에서 주의 기적과 잊음의 땅에서 주의 공의를 알 수 있으리이까"(10–12절).

시인은 하나님께 네 가지 질문을 했다. 이것은 단순한 질문이 아니라 하나님께로부터 긍정적인 대답을 듣기 위한 역설적인 질문이다. 질문하는 동사가 모두 현재(진행)형이다. 풀어 쓰면 이런 내용이다. '주님, 죽은 자는 주께서 행하신 기이한 일을 볼 수 없잖아요. 주님, 유령들이 일어나 주를 찬양할 수도 없잖아요. 주님, 무덤에 묻힌 자가 어찌 주의 사랑을 알 수 있으며, 멸망에 처한 자가 어찌 주의 성실하심을 선포할 수 있겠습니까? 주님, 흑암에 처한 자는 주의 기적을 볼 수 없으며, 주의 회중에서 쫓겨나 잊힌 자도 주의 공의로우심을 볼 수 없잖아요. 그러니 주여, 제발 저를 이 사망의 음침한 골짜기에서 지금 구해 주세요.' 그의 기도는 부정이 아니라 긍정이었다.

"여호와여 오직 내가 주께 부르짖었사오니 아침에 나의 기도가 주의 앞에 이르리이다"(13절).

시인은 절대 긍정으로 그의 기도에 마침표를 찍었다. 그리고 마음으로 확신했다. 밤새워 드린 기도를 여호와께서 들으시고 새 날이 밝아오는 아침에 반드시 응답해 주실 것이라는 확신이었다.

"여호와여 어찌하여 나의 영혼을 버리시며 어찌하여 주의 얼굴을 내게서 숨기시나이까 내가 어릴 적부터 고난을 당하여 죽게 되었사오며 주께서 두렵게 하실 때에 당황하였나이다 주의 진노가 내게 넘치고 주의 두려움이 나를 끊었나이다 이런 일이 물 같이 종일 나를 에우며 함께 나를 둘러쌌나이다 주는 내게서 사랑하는 자와 친구를 멀리 떠나게 하시며 내가 아는 자를 흑암에 두셨나이다"(14–18절).

이것은 새로운 기도가 아니다. 밤새 울부짖던 끝에 남아 있는 기도의 여운이었다. 울음을 그친 후에 몇 번 더 훌쩍이는 아이처럼 시인도 같은 말을 반복했다. 그러나 그는 이미 슬픔에서 벗어나 있었다. 하나님을 찾는 자에게 기쁨이 회복된다.

〈시편 89편〉 에스라인 에단의 마스길

인자하시고 성실하신 하나님

이 시를 지은 에단은 국가적 재난 상황에 처했을 때 하나님께서 다윗과 세우신 언약을 기억해 주시기를 간청하고 있다. 학자들은 이 재난을 르호보암 때에 있었던 애굽 왕 시삭의 침략이었을 것이라고 추측한다(역대하 12:1-12). 이 시에는 '인자하심, 성실하심, (다윗의) 왕위, 내 종 다윗, 기름 부음, 언약'이라는 단어들이 자주 등장하고 있다. 특히 이 시는 크게 두 단락으로 나누어지는데, 전반부(1-37절)는 순종하는 이스라엘에게 약속하신 하나님의 인자하심과 성실하심에 대한 내용이고, 후반부(38-51절)는 불순종하는 이스라엘에게 임한 재앙이다. 그러나 시의 핵심은 하나님께서 이스라엘을 용서해 주시기를 구하는 시인의 애간장이 녹아내리는 간절한 기도다. 먼저 시의 전반부를 읽어 보자.

"내가 여호와의 인자하심을 영원히 노래하며 주의 성실하심을 내 입으로 대대에 알게 하리이다 내가 말하기를 인자하심을 영원히 세우시며 주의 성실하심을 하늘에서 견고히 하시리라 하였나이다 주께서 이르시되 나는 내가 택한 자와 언약을 맺으며 내 종 다윗에게 맹세하기를 내가 네 자손을 영원히 견고히 하며 네 왕위를 대대에 세우리라 하셨나이다 (셀라)" (1-4절).

시인은 백성들과 후손들에게 하나님의 인자하심과 성실(진실)하심에 대하여 가르쳤다. 하나님의 인자하심은 영원하고 그의 성실하심은 견고하여 변치 않는다. 인자하심과 성실하심은 하나님께서 다윗과 맺으신 언약의 기초를 이룬다. 이 언약은 자손의 자손에 이르도록 효력을 나타낼 것이다. 하나님의 인자하심과 성실하심은 오늘날에도 우리 믿음의 기초가 된다. 하나님께서 먼저 우리를 사랑하셨고 그 사랑을 포기하지 않으시기 때문이다.

"여호와여 주의 기이한 일을 하늘이 찬양할 것이요 주의 성실도 거룩한 자

들의 모임 가운데에서 찬양하리이다 무릇 구름 위에서 능히 여호와와 비교할 자 누구며 신들 중에서 여호와와 같은 자 누구리이까 하나님은 거룩한 자의 모임 가운데에서 매우 무서워할 이시오며 둘러 있는 모든 자 위에 더욱 두려워할 이시니이다 여호와 만군의 하나님이여 주와 같이 능력 있는 이가 누구리이까 여호와여 주의 성실하심이 주를 둘렀나이다"(5-8절).

시인은 하나님의 권세와 위엄을 세 가지 수사학적 표현을 통해 강조했다. '무릇 구름 위에서 주와 비교할 자 누구인가?' '신들 중에 여호와와 같은 자 누구인가?' '주와 같이 능력 있는 이가 누구리이까?' 하나님은 모든 사람들이 무서워하고 두려워해야 할 분이시다. 왜 그럴까? 시인은 그 이유로 하나님의 능력과 성실하심을 들었다. 하나님의 가장 큰 능력은 바로 그의 사랑(인자하심)이다. 하나님의 성실하심도 그의 사랑을 통해 나타난다. 죄인들을 끝까지 사랑하시고 돌아오게 하시는 하나님의 능력보다 더 큰 능력이 세상에 어디 있겠는가. 오래전에 하나님께서 이스라엘 백성들에게 약속하셨다.

"너희를 내 백성으로 삼고 나는 너희의 하나님이 되리니 나는 애굽 사람의 무거운 짐 밑에서 너희를 빼낸 너희의 하나님 여호와인 줄 너희가 알지라"(출애굽기 6:7).

약속하신 말씀처럼 하나님께서 끝까지 이스라엘을 사랑하셨다. 이스라엘이 하나님을 거역할 때에도 그의 성실하심을 지키셨다. 시인의 눈에는 그 인자하심과 성실하심이 너무 커서 역설적으로 무섭고 두려웠다.

"주께서 바다의 파도를 다스리시며 그 파도가 일어날 때에 잔잔하게 하시나이다 주께서 라합을 죽임당한 자같이 깨뜨리시고 주의 원수를 주의 능력의 팔로 흩으셨나이다 하늘이 주의 것이요 땅도 주의 것이라 세계와 그 중에 충만한 것을 주께서 건설하셨나이다 남북을 주께서 창조하셨으니 다볼과 헤르몬이 주의 이름으로 말미암아 즐거워하나이다 주의 팔에 능력이 있사오며 주의 손은 강하고 주의 오른손은 높이 들리우셨나이다 의와 공의가 주의 보좌의 기초라 인자함과 진실함이 주 앞에 있나이다"(8-14절).

시인은 역사 속에 나타난 하나님의 인자하심과 성실하심을 찬양했다. 주께서 홍해를 가르셨다. 전무후무한 일이었다. 홍해에서 애굽(라합)을 깨뜨리시고 바로의 군대들을 바닷물 속에 흩어 버리셨다. 시인은 하늘을 우러러보고 땅을 내려다보았다. 만물이 하나님의 것이었다. 남쪽에서 북쪽에 이르는 온 땅도 그가 지으셨다. 다볼산과 헤르몬산이 하나님께서 하신 일을 찬양했다. 온 세상이 주께서 높이 드신 능력의 오른팔을 보며 찬양했다. 그들은 하나님의 의와 공의 앞에 복종했다. 하나님께서 그의 인자와 성실하심으로 세상을 다스리고 계셨다. 시인은 백성들에게 그런 하나님을 찬양하라고 가르쳤다.

"즐겁게 소리칠 줄 아는 백성은 복이 있나니 여호와여 그들이 주의 얼굴 빛 안에서 다니리로다 그들은 종일 주의 이름 때문에 기뻐하며 주의 공의로 말미암아 높아지오니 주는 그들의 힘의 영광이심이라 우리의 뿔이 주의 은총으로 높아지오리니 우리의 방패는 여호와께 속하였고 우리의 왕은 이스라엘의 거룩한 이에게 속하였기 때문이니이다"(15-18절).

복 있는 사람은 누구인가? 시인은 하나님의 사랑과 진실을 경험한 사람들이 복 받은 자들이라고 가르쳤다. 가장 큰 복은 하나님을 기뻐하며 찬송하는 복이다. 그때 주의 얼굴 빛이 그들을 선한 길로 인도하신다. 그들은 주의 이름과 공의로우심 때문에 마음에 기쁨이 충만하게 된다. 주의 영광의 빛 아래서 어깨춤을 춘다. 수치감과 열등의식은 사라지고 자존감이 높아진다. 주께서 그들의 방패가 되시니 두려울 것이 없다. 주께서 그들의 왕이 되시니 삶이 안전했다.

19절부터 31절까지에서 시인은 다윗과 맺으신 하나님의 언약을 설명하고 있다. 여기에서 '나'는 곧 하나님을 가리킨다. 이 언약은 이스라엘 백성들에게도 미칠 복의 언약이었다.

"그때에 주께서 환상 중에 주의 성도들에게 말씀하여 이르시기를 내가 능력 있는 용사에게는 돕는 힘을 더하며 백성 중에서 택함 받은 자를 높였으되 내가 내 종 다윗을 찾아내어 나의 거룩한 기름을 그에게 부었도다"(19-20절).

시인은 하나님의 말씀을 대언했다. 하나님께서 다윗을 들판에서 부르시고 거룩한 기름을 부어 주셨다. 그것은 장차 그를 왕으로 세우시겠다는 약속의 기름이었다. 다윗은 평소에도 사자와 곰을 맨손으로 잡을 만큼 용기가 있었다. 하나님께서 그에게 골리앗을 넘어뜨릴 수 있는 힘을 더해 주셨다. 시인은 하나님께서 다윗에게 하신 말씀을 전했다.

"내 손이 그와 함께하여 견고하게 하고 내 팔이 그를 힘이 있게 하리로다 원수가 그에게서 강탈하지 못하며 악한 자가 그를 곤고하게 못 하리로다

내가 그의 앞에서 그 대적들을 박멸하며 그를 미워하는 자들을 치려니와 나의 성실함과 인자함이 그와 함께하리니 내 이름으로 말미암아 그의 뿔이 높아지리로다 내가 또 그의 손을 바다 위에 놓으며 오른손을 강들 위에 놓으리니 그가 내게 부르기를 주는 나의 아버지시요 나의 하나님이시요 나의 구원의 바위시라 하리로다"(21-26절).

하나님의 인자함과 성실함이 함께할 때 다윗은 특별한 존재가 되었다. 그를 이길 원수가 없었고, 그를 괴롭힐 악한 자도 없었다. 하나님의 능력의 손이 그와 함께하시자 다윗은 대적들을 박멸하고 그의 이름을 세상에 떨쳤다. 하나님께서 다윗의 손을 이끌어 지중해로부터 유프라테스강까지 다스리게 하셨다. 하나님께서는 다윗에게 통치 능력도 주셨다. 지도자에게 통치 능력이 부족하면 나라는 혼란 가운데 빠진다. 다윗이 소리 높여 하나님을 찬양했다. "주는 나의 아버지시요, 나의 하나님이시요, 나의 구원의 바위십니다!" 하나님께서 다윗이 고백하는 말을 듣고 크게 기뻐하시며 그에게 특별한 복을 더하셨다.

"내가 또 그를 장자로 삼고 세상 왕들에게 지존자가 되게 하며 그를 위하여 나의 인자함을 영원히 지키고 그와 맺은 나의 언약을 굳게 세우며 또 그의 후손을 영구하게 하여 그의 왕위를 하늘의 날과 같게 하리로다"(27-29절).

하나님께서 다윗을 이스라엘의 장자로 삼으셨다. 엄밀한 의미에서 이스라엘의 첫 번째 왕은 사울이 아니라 다윗이었다. 하나님께서 다윗을 세상 왕들의 머리로 삼으셨다. 또 다윗의 후손들도 영구하게 하시겠다고 약속하셨다. 여기에서 '영구하게'는 다윗의 후손으로 세상에 오신 예수 그리스도의 날들을 말한다. 예수 그리스도의 시대가 영구하게 될 것이다. 그러나 하나님께서 다윗을 통하여 이스라엘과 맺은 언약에는 조심해야 할 부대 조항이 따랐다.

"만일 그의 자손이 내 법을 버리며 내 규례대로 행하지 아니하며 내 율례를 깨뜨리며 내 계명을 지키지 아니하면 내가 회초리로 그들의 죄를 다스리며 채찍으로 그들의 죄악을 벌하리로다 그러나 나의 인자함을 그에게서 다 거두지는 아니하며 나의 성실함도 폐하지 아니하며 내 언약을 깨뜨리지 아니하고 내 입술에서 낸 것은 변하지 아니하리로다 내가 나의 거룩함으로 한 번 맹세하였은즉 다윗에게 거짓말을 하지 아니할 것이라 그의 후

손이 장구하고 그의 왕위는 해같이 내 앞에 항상 있으며 또 궁창의 확실 한 증인인 달같이 영원히 견고하게 되리라 하셨도다 (셀라)"(30-37절).

시인은 변치 않는 하나님의 법과 규례를 먼저 상기시켰다. 법은 율법 전체를 말하고, 규례는 그중에서도 더 구속력을 가진 부분을 가리킨다. 다윗의 후손들이 법과 규례를 어기면 하나님께서 그들을 재난이나 이방의 침략 같은 채찍으로 다스리고 벌하실 것이다. 그러나 하나님의 인자함과 성실함으로 맺으신 언약은 절대로 폐기 처분되지 않을 것이다. 하나님께서 스스로 맹세하신 언약이기 때문이다. 다윗에게 주신 하나님의 약속이 예수님의 어머니 마리아에게 다시 주어졌다.

"보라 네가 잉태하여 아들을 낳으리니 그 이름을 예수라 하라 그가 큰 자가 되고 지극히 높으신 이의 아들이라 일컬어질 것이요 주 하나님께서 그 조상 다윗의 왕위를 그에게 주시리니 영원히 야곱의 집을 왕으로 다스리실 것이며 그 나라가 무궁하리라"(누가복음 1:31-33).

이제 이 시의 후반부를 읽어 보자. 이 부분에는 하나님의 인자하심과 성실하심을 믿지 않고 불순종한 이스라엘 백성들에게 임한 재난과 수치들이 기록되어 있다. 마지막에는 하나님의 인자하심과 성실하심을 구하는 시인의 기도로 시가 끝난다.

"그러나 주께서 주의 기름 부음 받은 자에게 노하사 물리치셔서 버리셨으며 주의 종의 언약을 미워하사 그의 관을 땅에 던져 욕되게 하셨으며 그의 모든 울타리를 파괴하시며 그 요새를 무너뜨리셨으므로 길로 지나가는 자들에게 다 탈취를 당하며 그의 이웃에게 욕을 당하나이다 주께서 그의 대적들의 오른손을 높이시고 그들의 모든 원수들은 기쁘게 하셨으나 그의 칼날은 둔하게 하사 그가 전장에서 더 이상 버티지 못하게 하셨으며 그의 영광을 그치게 하시고 그의 왕위를 땅에 엎으셨으며 그의 젊은 날들을 짧게 하시고 그를 수치로 덮으셨나이다 (셀라)"(38-45절).

주전 1010년경에 시작된 다윗의 왕조는 주전 586년 시드기야왕을 마지막으로 막을 내렸다. 특히 요시야왕 이후에 네 왕들이 다스렸던 20여 년은 세 차례에 걸친 바벨론의 침략으로 수치와 고난의 세월이었다. 기름 부음 받은 젊은 왕들이 줄을 지어 바벨론으로 사로잡혀 가고 그들의 왕관은 먼지 가운데 뒹굴었다. 견고했던 예루살렘 성벽과 요새들이 무너지니 아무나 드나들며 탈취하고 저주했다. 다윗과 맺으신 하나님의 언약이 영원히 잊힌 것처럼 보였다.

"여호와여 언제까지니이까 스스로 영원히 숨기시리이까 주의 노가 언제까지 불붙듯 하시겠나이까 나의 때가 얼마나 짧은지 기억하소서 주께서 모든 사람을 어찌 그리 허무하게 창조하셨는지요 누가 살아서 죽음을 보지 아니하고 자기의 영혼을 스올의 권세에서 건지리이까 (셀라) 주여 주의 성실하심으로 다윗에게 맹세하신 그 전의 인자하심이 어디 있나이까 주는 주의 종들이 받은 비방을 기억하소서 많은 민족의 비방이 내 품에 있사오니 여호와여 이 비방은 주의 원수들이 주의 기름 부음 받은 자의 행동을 비방한 것이로소이다 여호와를 영원히 찬송할지어다 아멘 아멘"(46-52절).

시인은 하나님께 그의 인자하심과 성실하심을 기억해 달라고 탄원했다. 재난과 수치는 끝이 없어 보이고 인생은 짧아 보였다. 시인이 자기 살아생전에 예루살렘의 회복을 볼 수 있을까 싶었다. 그때까지도 하나님의 노여움의 불길이 계속 타오를 것 같아서 두려웠다. 그래서 시인은 애간장이 녹아내리는 기도를 드렸다. '주님, 제 인생이 얼마나 짧은지 아시지요? 제가 눈 감기 전에 주의 인자하신 얼굴을 다시 보게 해주세요. 주께서 아시잖아요. 저는 평생토록 주의 인자하심과 성실하심 보기를 소원했습니다. 저 원수들이 하나님의 백성들을 비방하는 소리를 그치게 해주세요. 주의 기름 부음 받은 왕을 멸시하지 못하게 해주세요. 주여, 우리에게 주의 인자하심을 보여 주세요. 제발 저의 남은 날들이 연기처럼 허무하게 사라지지 않게 해주세요. 그러나 저는 믿습니다. 주께서 제 기도를 들어주실 것을 믿습니다. 주께서 이 백성을 다시 회복시켜 주실 줄 믿습니다. 그래서 이렇게 미리 주를 찬송합니다. 아멘. 아멘.'

이 시에는 놀랍게도 원망의 말이 없다. 시인도 끝까지 하나님을 원망하지 않았다. 오히려 믿음으로 하나님의 인자하심과 성실하심을 기억하며 그를 영원히 찬양하기로 결심했다.

〈시편 90편〉 하나님의 사람 모세의 기도

날을 계수하는 지혜

이 시는 시편에 기록된 모세의 유일한 시다. 그는 '인생이란 무엇인가'라는 질문을 두 가지 관점에서 묻고 있다. 하나는 일반적인 인생이고(1-12절), 다른 하나는 하나님의 은혜 아래 사는 인생이다(13-17절). 전반부에서는 인생의 유약함과 일시성과 허무함이 주를 이룬다. 후반부에서는 기쁨과 영광과 은총이 주를 이룬다. 아마 모세가 느보산 위에서 이 기도를 드렸을 것이다. 먼저 전반부를 읽어 보자.

"주여 주는 대대에 우리의 거처가 되셨나이다 산이 생기기 전, 땅과 세계도 주께서 조성하시기 전 곧 영원부터 영원까지 주는 하나님이시니이다" (1-2절).

모세는 그의 '인생 질문'을 '하나님은 누구신가'로부터 시작했다. 하나님은 광야에서 이스라엘이 안식을 누릴 수 있는 처소가 되어 주셨다. 모세의 말을 들어보자.

"영원하신 하나님이 네 처소가 되시니 그의 영원하신 팔이 네 아래에 있도다 그가 네 앞에서 대적을 쫓으시며 멸하라 하시도다 이스라엘이 안전히 거하며 야곱의 샘은 곡식과 새 포도주의 땅에 홀로 있나니 곧 그의 하늘이 이슬을 내리는 곳에로다"(신명기 33:27-28).

하나님은 땅이 생기기 전, 영원부터 영원까지 주가 되셨다. 하나님의 영원하신 팔이 이스라엘을 품에 안고 계셨다. 여름밤에 아기에게 덤벼드는 모기를 팔로 쫓아내듯이 이스라엘의 대적들을 쫓아내시고 멸하셨다. 하나님께서 이스라엘을 기르셔서 안전한 땅, 새 곡식과 새 포도주가 있는 야곱의 땅에 심어 주셨다. 그곳에는 하나님의 복이 이슬처럼 내리고 있었다. 이는 모세가 느보산 위에서 멀리 펼쳐진 젖과 꿀이 흐르는 땅을 내려다보며 했던 축복의 말이다. 모세는 하나님 앞에서 자신을 바라보았다.

"주께서 사람을 티끌로 돌아가게 하시고 말씀하시기를 너희 인생들은 돌

아가라 하셨사오니 주의 목전에는 천 년이 지나간 어제 같으며 밤의 한 순간 같을 뿐임이니이다 주께서 그들을 홍수처럼 쓸어가시나이다 그들은 잠깐 자는 것 같으며 아침에 돋는 풀 같으니이다 풀은 아침에 꽃이 피어 자라다가 저녁에는 시들어 마르나이다"(3-7절).

하나님께서 흙으로 사람을 지으시고 생애를 마친 후에는 다시 흙으로 돌아가게 하셨다. 광야를 지나온 사람들 중에 가장 연로한 나이였지만 모세도 이제 세상을 떠날 때가 되었다. 언젠가 하관예배에 참석한 적이 있었다. 집례하시는 목사님이 관 위에 흙을 뿌리며 '흙에서 왔으니 흙으로 돌아갈지어다' 하고 말씀하셨다. 섬뜩한 느낌이 들어 주변을 둘러보니 아무도 그 말에 놀라는 기색이 없었다. 모세는 주의 목전에서는 천 년이 어제 하루 같다고 말했다. 그것도 모자라 잠깐 자다가 깨는 것 같다고 말했다. 시인은 인생을 폭우가 내려 골짜기를 휩쓸고 내려가는 물에 비유했다. 또 아침에 자라다가 저녁 때 베어놓으면 바짝 말라 버리는 풀에 비유했다. 다른 시인은 "인생은 그 날이 풀과 같으며 그 영화가 들의 꽃과 같도다. 그것은 바람이 지나가면 없어지나니 그 있던 자리도 다시 알지 못한다"고 말했다(시편 103:15-16). 모두 인간의 일시성을 표현하는 말들이다. 인생이 얼마나 짧은지 깨달은 사람은 오히려 길고 값진 인생을 살게 될 것이다.

"우리는 주의 노에 소멸되며 주의 분내심에 놀라나이다 주께서 우리의 죄악을 주의 앞에 놓으시며 우리의 은밀한 죄를 주의 얼굴 빛 가운데에 두셨사오니 우리의 모든 날이 주의 분노 중에 지나가며 우리의 평생이 순식간에 다하였나이다"(8-9절).

그 짧은 인생마저도 주의 분노하심 아래 살아간다. 주께서 우리들의 은밀한 죄를 그의 얼굴 빛 앞에 낱낱이 펼쳐 놓으셨기 때문이다. '순식간에 다하였나이다'라는 구절을 NIV 성경은 '외마디 신음으로 끝냅니다'로, 현대인의 성경은 '한숨으로 보냅니다'로 번역하고 있다. 모세가 이스라엘을 인도했던 광야의 40년은 편할 날이 없었다. 백성들의 불신앙과 불순종 때문이었다.

"우리의 연수가 칠십이요 강건하면 팔십이라도 그 연수의 자랑은 수고와 슬픔뿐이요 신속히 가니 우리가 날아가나이다 누가 주의 노여움의 능력을 알며 누가 주의 진노의 두려움을 알리이까"(10-11절).

1950년경 한국인의 평균 수명은 52세였다. 2024년에는 84.53세였다. 놀라운 증가율이다. 요즘은 120세를 갈망하며 살아간다. 모세도 120세까지 살았다. 그런데 그는 몇 살까지 살았는지 자랑하지 말라고 했다. 돌이켜보면 수고와 후회와 슬픔뿐이었기 때문이다. 그나마도 바람처럼 날아갔다. 노년의 삶은 대부분 연약하고 무기력하고 즐거움이 없으며 외롭다. 한마디로 할 일이 없다. 그냥 날만 지나간다. 그러므로 얼마나 오래 살았느냐는 중요하지 않다. 어떻게 살았느냐가 중요하다.

"우리에게 우리 날 계수함을 가르치사 지혜로운 마음을 얻게 하소서"(12절).

여기에서부터 일대 반전이 일어난다. 모세는 허무주의에서 벗어나 하나님을 바라보았다. 그의 날을 계수할 수 있는 지혜로운 마음을 달라고 간구했다. '날의 계수'는 두 가지로 이해할 수 있다. 하나는 자기 인생의 남은 날들을 계수하고 가치 있게 사는 삶이다. 다른 하나는 천국에서 주님 만날 날을 기다리며 즐겁게 사는 삶이다. 둘 다 지혜가 필요하다. 남은 날을 잘 계수하는 사람은 어떻게 살아갈까? 하루, 한 주간, 한 달, 한 해에 해야 할 일들의 목록을 적어놓고 살아보자. 물론 다 이루지 못하고 천국에 갈 수도 있다. 그러나 할 일을 계획하고 성취하는 사람은 늙어도 아직 젊은 사람이다. 할 일이 있기 때문이다. 그런 사람만이 천국에 대한 소망으로 기뻐할 수 있다.

"여호와여 돌아오소서 언제까지니이까 주의 종들을 불쌍히 여기소서 아침에 주의 인자하심이 우리를 만족하게 하사 우리를 일생 동안 즐겁고 기쁘게 하소서 우리를 괴롭게 하신 날수대로와 우리가 화를 당한 연수대로 우리를 기쁘게 하소서"(13-15절).

인생의 허무에서 천국의 소망으로 돌아선 모세는 하나님을 찾았다. 자신만을 위해 드리는 기도가 아니다. 나이 들어 연약해진 주의 종들에게 돌아오시라고 간청했다. 이것은 노인들을 위한 기도다. '돌아오소서'는 노하심을 그치고 인자하심을 베풀어 달라는 간청이다. 하나님께서 세우신 언약을 기억해 달라는 애원이다. 지금까지는 바람과 같고 풀과 같으며 밤의 한순간 같은 인생을 살았지만, 남은 세월은 즐거움과 기쁨으로 살게 해달라고 간구했다. 하나님께 '돌아오소서' 하고 부르짖었지만 사실은 이스라엘 백성들이 하나님께로 돌아가야 했다. 왜냐하면 떠난 이는 하나님이 아니라 이스라엘 백성들이었기 때문이다.

"주께서 행하신 일을 주의 종들에게 나타내시며 주의 영광을 그들의 자손에게 나타내소서 주 우리 하나님의 은총을 우리에게 내리게 하사 우리의 손이 행한 일을 우리에게 견고하게 하소서 우리의 손이 행한 일을 견고하게 하소서"(16-17절).

모세는 마지막 두 구절로 그의 기도를 장엄하게 마무리 지었다. 그는 하나님께서 출애굽에서 광야를 지나 가나안의 접경지역에 이르기까지 행하신 구원의 사역들을 앞으로도 계속해 달라고 기도했다. 그리고 구름 기둥과 불기둥으로 보여 주셨던 하나님의 영광을 장차 태어날 자손들에게도 계속해서 보여 달라고 기도했다.

은총은 은혜가 구체적으로 나타난 현상이다. 모세는 주의 은총을 더하사 젖과 꿀이 흐르는 땅으로 들어가게 해달라고 기도했다. 비록 자신은 느보산 정상에서 그 땅을 바라보고 만족했지만, 여호수아와 갈렙은 끝까지 전진하여 그 땅을 얻게 해달라고 간절히 기도했다. 그 땅으로 이스라엘의 거처를 삼아 주시고 하나님의 영적인 거처가 되게 해달라고 기도했다. 훗날 이 기도를 낭송할 때 이스라엘 백성들은 감격에 겨웠을 것이다.

우리도 노년에 모세처럼 기도하자. 하나님께서 우리의 삶 속에서 행하신 일들을 하나하나 기억하며 진심으로 감사드리자. 그런 복들이 우리 자녀들에게 일어나도록 축복하며 기도하자. 설사 자녀들이 지금은 하나님을 등지고 있을지라도 하나님께서 그들 앞으로 찾아가셔서 영광의 얼굴빛을 비춰 달라고 기도하자. 그들의 마음에 진리의 빛 되신 예수님이 찾아오시도록 기도하자. 지금 신앙생활 잘하고 있는 자녀들이 끝까지 순례의 길을 잘 마치게 해달라고 기도하자. 아직 태어나지 않은 자손들을 위해서도 축복하며 기도하자.

노년에 접어든 주의 거룩한 성도들이여, 우리 모두 느보산에 올라가자. 소망의 땅을 바라보며 모세처럼 기도하자. 그리고 훗날 그 기도가 응답되는 장면을 천국에서 함께 내려다보자.

〈시편 91편〉

하나님은 나의 은신처

시편 91편은 고난의 세월을 살고 있는 성도들이 애송하는 시다. 특히 이 시는 네덜란드에서 유대인들을 숨겨 주다 발각되어 가족 대부분이 처형당했던 코리 텐 붐(Corrie ten Boom, 1892-1983) 여사가 쓴 책 《주는 나의 피난처》(*The Hiding Place*)로 더 유명하게 되었다(코리 텐 붐 여사의 감동적인 이야기를 영화로 보고 싶으면 다음을 찾아보라. 〈The Hiding Place〉, A Billy Graham Film).

어려운 일을 당할 때 우리는 피난처를 찾는다. 어떤 곳은 안전하고, 어떤 곳은 위험하다. 한때 핵전쟁이 일어나면 미국의 어느 곳이 가장 안전할지 찾아보던 시절이 있었다. 결론은 '어디에도 안전한 곳은 없다'였다. 핵전쟁이 아니라도 인생을 살다 보면 악몽을 꾸듯 쫓기는 경험을 할 때가 있다. 우리를 쫓아오는 원수는 사람만이 아니다. 경제적 궁핍이나 심각한 질병, 억울한 비난과 모함, 또는 사회적인 소외감 때문에 쫓길 수도 있다. 그때 우리가 피할 안전한 곳은 어디일까?

"지존자의 은밀한 곳에 거주하며 전능자의 그늘 아래에 사는 자여, 나는 여호와를 향하여 말하기를 그는 나의 피난처요 나의 요새요 내가 의뢰하는 하나님이라 하리니 이는 그가 너를 새 사냥꾼의 올무에서와 심한 전염병에서 건지실 것임이로다"(1-3절).

시인은 믿음의 언어를 사용했다. 그는 자신이 지존자의 은밀한 곳에 거주하며 전능자의 그늘 아래 살고 있다고 고백했다. 우리의 말은 감정과 행동의 방향을 결정한다. 시인이 '아, 나는 이제 끝이다. 아무도 나를 도와줄 사람이 없다. 하나님도 나를 도와주실 수 없다. 더 이상 피할 곳이 없다. 이제 너무 늦었다' 하고 말했다면 그다음에 일어날 일은 불을 보듯이 뻔하다. 그는 극심한 불안감과 대인기피증(sociophobia)에 시달리게 될 것이다. 식욕이 떨어지고 불면증에 시달릴 것이다. 신경은 쇠약해지고 몸도 여기저기 병들 것이다. 성격이 소심하거나 난폭해지는 조울증에 사로잡힐 것이다. 그러나 감사하게도 시인은 믿음의 언어를 사용했다.

1절의 '지존자'는 가장 높은 곳에 계시는 초월자, 곧 하나님을 뜻한다. '은밀한 곳'은 아무도 찾을 수 없는 안전한 은신처다. 그곳은 전능하신 하나님의 그늘, 곧 하나님의 보호구역이다. 그곳에 거하면 이 세상 악한 자들의 공격으로부터 보호받는다. '지존자의 은밀한 곳'은 지리적인 공간이 아니다. 하나님 자신이다. 하나님이 그의 피난처와 요새가 되신다. 요새는 높은 곳에서 적군을 공략할 수 있는 유리한 지점이다. 그리하여 하나님을 믿고 의지하는 자는 구원받고 승리한다. 하나님께서 그를 새 사냥꾼의 올무와 심한 전염병 같은 재난에서 구원해 주신다. 새 사냥꾼의 올무는 밝은 눈을 가진 새조차도 구분할 수 없을 만큼 가늘고 질기다. 일단 올무에 날개가 걸리면 꼼짝할 수가 없다. 전염병은 그 전염성이 굉장히 빠르고 치명적이다. 올무나 전염병에 걸리면 벗어날 길이 없다. 오직 하나님만이 그런 위험으로부터 시인을 구원하실 수 있었다.

"그가 너를 그의 깃으로 덮으시리니 네가 그의 날개 아래에 피하리로다 그의 진실함은 방패와 손 방패가 되시나니 너는 밤에 찾아오는 공포와 낮에 날아드는 화살과 어두울 때 퍼지는 전염병과 밝을 때 닥쳐오는 재앙을 두려워하지 아니하리로다"(4-6절).

어미 닭의 날개는 병아리들의 은신처다. 어미 닭은 어떤 위험이 와도 도망가지 않고 병아리들을 보호한다. 그런 결사적 단호함 때문에 맹금류도 감히 접근하지 못한다. 이사야가 전한 하나님의 말씀이다.

"새가 날개 치며 그 새끼를 보호함같이 나 만군의 여호와가 예루살렘을 보호할 것이라 그것을 호위하며 건지며 뛰어넘어 구원하리라"(이사야 31:5).

4절의 '그의 진실함'은 '성실함', '신뢰성'으로 고쳐 읽을 수 있다. 하나님께서 큰 방패와 작은 방패가 되셔서 '밤에 찾아오는 두려움과 낮에 날아드는 화살, 어두울 때 퍼지는 전염병과 대낮에 닥쳐오는 재앙'으로부터 '너'를 보호해 주신다. 여기에서의 '너'는 갑작스러운 재난을 만나 두려워 떠는 시인 자신이다. 그러나 성실하신 하나님, 믿을 만한 하나님이 그를 보호해 주시기 때문에 더 이상 두렵지 않았다. 시인은 담대하게 두 눈을 부릅뜨고 하나님께서 하시는 일들을 보기 시작했다.

"천 명이 네 왼쪽에서, 만 명이 네 오른쪽에서 엎드러지나 이 재앙이 네게

가까이하지 못하리로다 오직 너는 똑똑히 보리니 악인들의 보응을 네가 보리로다"(7-8절).

두려워하는 사람은 소문만 들어도 넘어진다. 그러나 하나님을 의지하는 사람은 악인을 보고도 넘어지지 않는다. 오히려 악인들이 망하는 모습을 똑똑히 보게 된다. 그는 지금 하나님의 높은 반석과 요새 위에 있다.

"네가 말하기를 여호와는 나의 피난처시라 하고 지존자를 너의 거처로 삼았으므로 화가 네게 미치지 못하며 재앙이 네 장막에 가까이 오지 못하리니 그가 너를 위하여 그의 천사들을 명령하사 네 모든 길에서 너를 지키게 하심이라 그들이 그들의 손으로 너를 붙들어 발이 돌에 부딪히지 아니하게 하리로다"(9-12절).

이 시는 주어가 자주 바뀐다. 2절은 '나'로 시작하고, 3절은 '그'로 시작하다가, 4절부터 13절까지는 다시 '너'로 바뀐다. 이 시의 '너'는 시인 자신이다. 이 구절에 나오는 모든 '너'를 '나'로 바꾸어 읽으면 우리는 더 큰 확신과 담대함을 경험하게 될 것이다. 길게 호흡한 후에 위의 9절부터 12절을 그런 식으로 소리 내어 읽어 보자. '내가 말하기를 여호와는 나의 피난처시라 하고 지존자를 나의 거처로 삼았으므로 화가 나에게 미치지 못하며 재앙이 나의 장막에 가까이 오지 못하리니 그가 나를 위하여 그의 천사들을 명령하사 나의 모든 길에서 나를 지키게 하심이라 그 천사들이 그들의 손으로 나를 붙들어 발이 돌에 부딪히지 아니하게 하리로다.'

가슴속에 놀라운 기운이 솟구치지 않는가? '내가 말하기를', 그렇게 긍정적인 믿음의 고백을 했더니 화가 '나에게' 미치지 못했다는 간증이다. 그뿐만 아니라 하나님께서 그를 위하여 천사들을 예비하셨다는 사실도 알게 되었다. 예수님께서 하신 말씀이다.

"삼가 이 작은 자 중의 하나도 업신여기지 말라 너희에게 말하노니 그들의 천사들이 하늘에서 하늘에 계신 내 아버지의 얼굴을 항상 뵈옵느니라"(마태복음 18:10).

하나님으로 은신처를 삼은 사람은 단순히 숨어 지내지 않는다. 하나님께로부터 능력을 받고 나가서 원수들을 무너뜨린다. 시인은 그의 가슴속에서 불타오르는 영적 전쟁의 열망을 이렇게 표현했다.

"네[내]가 사자와 독사를 밟으며 젊은 사자와 뱀을 발로 누르리로다"(13절).

하나님 앞에서 믿음의 고백을 하니 모든 두려움이 사라지고 담대해졌다. 시인은 젊은 사자의 목덜미를 발로 밟고 서 있다. 평소 같으면 무서워서 피했을 독사의 머리도 발로 밟고 서 있었다. 이렇게 영적인 승리를 묵상하는 시인에게 하나님의 음성이 들려왔다.

> **"하나님이 이르시되 그가 나를 사랑한즉 내가 그를 건지리라 그가 내 이름을 안즉 내가 그를 높이리라 그가 내게 간구하리니 내가 그에게 응답하리라 그들이 환난 당할 때에 내가 그와 함께하여 그를 건지고 영화롭게 하리라 내가 그를 장수하게 함으로 그를 만족하게 하며 나의 구원을 그에게 보이리라 하시도다"(14-16절).**

이 말씀도 3인칭 '그'를 1인칭 '나'와 2인칭 '너'로 바꾸어 읽어 보자. '하나님이 이르시되 네가 나를 사랑한즉 내가 너를 건지리라 네가 이름을 안즉 내가 너를 높이리라 네가 내게 간구하리니 내가 너에게 응답하리라 네가 환난 당할 때에 내가 너와 함께하여 너를 건지고 영화롭게 하리라 내가 너를 장수하게 함으로 너를 만족하게 하며 나의 구원을 너에게 보이리라 하시도다.'

하나님께서 성령으로 우리를 재창조하셨다. 우리의 마음에 하나님을 향한 사랑으로 충만하게 하셨다. 골리앗 같은 대적을 향해 담대하게 달려가게 하셨다. 그래서 우리는 앞이 캄캄할 때도 두려워하지 않는다. '아버지 하나님' 하고 부르짖으면 하나님께서 곧 응답하실 것을 확신하기 때문이다. 우리는 지존자의 은밀한 곳과 전능자의 그늘 아래서 숨어 지내지만은 않는다. 하나님의 영광을 위하여 싸우는 용맹한 전사(戰士)가 될 것이다.

인생을 살다가 올무에 걸렸을 때는 하나님에 대한 사랑부터 회복하자. 하나님은 우리를 결코 버리지 않으신다. 가슴을 열고 믿음으로 하나님의 사랑을 받아들이자. 그리고 우리의 마음과 뜻과 성품과 목숨을 다하여 하나님을 사랑하자.

올무에 걸렸을 때에는 사람들 앞에서 하나님의 이름을 높여드리자. 사탄을 향하여 우리가 하나님께 속하였음을 선포하자. 하나님의 이름을 존귀하게 여기는 삶을 살아가자. 사람들 앞에 우리가 예수님을 믿는다는 사실을 자랑하자.

올무에 걸렸을 때에는 하나님께 기도하자. 분노가 일어날 때, 유혹을 받을 때, 혼란스러울 때 하나님께 먼저 부르짖자. 그러면 반드시, 그리고 즉시로, 하나님의 도우시는 손길을 체험하게 될 것이다. 그뿐만 아니라 우리를 영화롭게 하시고 장수하게 해주실 것이다.

〈시편 92편〉 안식일의 찬송시

더 좋은 일

청소년 시절 주일 대예배에서 자주 불렀던 찬송이 생각난다.

1. 즐겁게 안식할 날 반갑고 좋은 날 내 맘을 편케 하니 즐겁고 기쁜 날
   이날에 천하만민 다 보좌 앞에서 참되신 삼위일체 다 찬송 부르네
2. 이날에 하늘에서 새 양식 내리네 성회로 모이라고 종소리 울리네
   복음의 밝은 빛은 온 세상 비치며 또 영생 물이 흘러 시원케 하시네
3. 이 주일 지킴으로 새 은혜 입어서 영원히 쉬는 곳에 다 올라갑시다
   성부께 찬미하고 성자와 또 성령 참되신 삼위일체 다 찬송 부르세

이 찬송을 부를 때마다 나는 하늘이 열리는 느낌을 갖곤 했다. 시편 92편을 지은 시인도 안식일에 그런 마음으로 이 노래를 불렀을 것이다.

"지존자여 십현금과 비파와 수금으로 여호와께 감사하며 주의 이름을 찬양하고 아침마다 주의 인자하심을 알리며 밤마다 주의 성실하심을 베풂이 좋으니이다"(1–3절).

십현금과 비파와 수금은 모두 현악기들이다. 시인은 깨끗하고 상쾌한 배경 음악 아래 하나님의 선하심과 인자하심과 성실하심을 찬양했다. '여호와께 감사하며 주의 이름을 찬양하고'에서 '감사'는 시편 23편 6절의 '선하심'과 같은 단어(토브)다. 그러므로 시인은 주의 이름을 찬양할 때 그동안 베푸신 하나님의 선하심을 기억했다.

시인은 아침 기도를 드렸다. 기도 가운데 그날 하나님께서 베풀어 주실 하나님의 인자하심을 바라보았다. 그리고 그 인자하심을 이웃과 자신에게 믿음으로 미리 선포했다. 시인은 그렇게 하루를 믿음과 감사로 시작했다. 그는 밤에도 그와 함께하셨던 하나님의 성실하심을 기억하며 찬양했다. 성실하신 하나님, 생각만 해도 입가에 행복한 미소가 번진다.

"여호와여 주께서 행하신 일로 나를 기쁘게 하셨으니 주의 손이 행하신 일로 말미암아 내가 높이 외치리이다 여호와여 주께서 행하신 일이 어찌 그리 크신지요 주의 생각이 매우 깊으시니이다 어리석은 자도 알지 못하며 무지한 자도 이를 깨닫지 못하나이다"(4–6절).

시인은 찬양하면서 하나님의 성품을 묵상했다. 먼저 주께서 과거에 행하신 일들을 생각했다. 성경 속에 기록된 일들과 시인의 주변에서 일어나는 일들을 생각하다 보니 너무 감격스러워 음성이 높아졌다. 단순히 하나님께서 하신 일들뿐만이 아니었다. 그 속에 담겨 있는 하나님의 깊으신 뜻을 깨닫고 나니 너무 감격스러웠다. 어리석은 자들은 하나님의 깊으신 뜻을 깨닫지 못한다. 그러나 하나님은 시인에게 깨닫는 마음을 주셨다. 그래서 시인은 '오 주여, 주께서 하신 일들로 인하여 내가 너무 기쁩니다. 어찌 그리 생각이 오묘하고 깊으신지요' 하고 찬양했다.

"악인들은 풀같이 자라고 악을 행하는 자들은 다 흥왕할지라도 영원히 멸망하리이다 여호와여 주는 영원토록 지존하시니이다 여호와여 주의 원수들은 패망하리이다 정녕 주의 원수들은 패망하리니 죄악을 행하는 자들은 다 흩어지리이다"(7–9절).

캘리포니아는 겨울마다 비가 온다. 비가 오면 산과 언덕이 초록색으로 뒤덮인다. 그러나 여름이 시작되고 날이 뜨거워지면 모든 풀들이 며칠 사이에 말라 죽는다. 악인들도 처음에는 장마철의 풀처럼 잘되고 흥왕했다. 그러나 그들은 오래 가지 못하고 멸망한다. 반면에 하나님은 영원토록 높임을 받으신다. 그 앞에서 주의 원수들이 패망하고 죄악을 즐겨 행하던 자들은 흩어진다. 흩어져서 흔적도 찾을 수 없다.

이 시에는 특이한 점이 있다. 시인은 한 번도 '나로 하여금 원수들을 쳐서 망하게 하소서' 하고 탄원하지 않았다. 다만 하나님께서 원수들을 보시라고 간구했다. 9절에서 우리 성경에 번역되지 않은 '보소서'(behold, 히네이)라는 단어가 두 번 나온다. 이는 강렬한 감정으로 호소하는 단어다. 이 단어를 넣어 읽어 보면 이런 뜻이 된다. '여호와여, 당신의 원수들을 보세요. 저 원수들 좀 보세요. 저들은 반드시 망할 것이고, 악을 행하는 자는 다 흩어질 것입니다.'

시인은 원수들이 자기 눈앞에서 망하는 것을 보게 되리라고 확신했다. 그는 9절과 11절에서만 악인을 언급하고 나머지 부분에서는 하나님께서 베푸신 은혜에 대한 감사 찬송을 드리고 있다. 악인 때문에 번민하는 것보다 하나님께 받은 복에 감사하는 편이 훨씬 더 지혜롭다. 그러면 노래의 내용이 달라진다.

"그러나 주께서 내 뿔을 들소의 뿔같이 높이셨으며 내게 신선한 기름을 부으셨나이다 내 원수들이 보응 받는 것을 내 눈으로 보며 일어나 나를 치는 행악자들이 보응 받는 것을 내 귀로 들었도다"(10-11절).

성경에서 '들소의 뿔'은 엄청난 힘을 상징한다. '신선한 기름'은 '초록색 기름'으로 감람나무 열매에서 뽑아내는 첫 번째 기름이다. 요즘 말로 하면 '엑스트라 버진 올리브 오일'(Extra Virgin Olive Oil)이다. 하나님께서 시인에게 최상급 기름을 부어 영화롭게 하시고 그에게 용기와 힘과 활력을 넘치게 하셨다. 그 앞에 더 이상 원수들이 서성거리지 못할 것이다. 모두 하나님의 심판을 받아 흩어졌기 때문이다. 시인은 원수들이 보응 받는 것을 눈으로 보고 귀로 들었다. 하나님만 바라보며 감사로 제사드리던 시인은 마침내 의롭다고 인정받았다.

"의인은 종려나무같이 번성하며 레바논의 백향목같이 성장하리로다 이는 여호와의 집에 심겼음이여 우리 하나님의 뜰 안에서 번성하리로다"(12-13절).

종려나무는 당분이 풍부한 대추야자 열매를 맺는다. 레바논의 백향목은 최상품의 목재를 생산한다. 시인은 하나님 앞에서 종려나무와 백향목 같은 존재가 되었다. 하나님께서 그를 자기의 정원에 심으시고 기르셨다. 이런 생각을 하는 시인의 마음은 '번성과 성장'의 기쁨으로 충만했다.

"그는 늙어도 여전히 결실하며 진액이 풍족하고 빛이 청청하니 여호와의 정직하심과 나의 바위 되심과 그에게는 불의가 없음이 선포되리로다"(14-15절).

사람이 늙으면 마음도 몸도 허약해진다. 진액이 마르고 시야가 흐려진다. 그러나 하나님께 감사하고 그의 자비하심을 찬양하는 성도들은 여전히 맑은 정신을 소유하고 건강하며 총명한 눈을 가지고 살아간다. 실수로라도 불의한 일을 저지르지 않았다. 의로우신 하나님이 그의 의지할 바위가 되어 주셨기 때문이다. 시인은 거룩한 안식일 아침에 지난 한 주간을 돌아보며 하나님을 찬양했다. 찬양하면 할수록 마음에 기쁨이 넘쳐나고 생각지도 않았던 좋은 일들이 생겨났다.

〈시편 93편〉

우리 하나님, 만세!

이 시는 지극히 높으신 하나님을 찬양하고 있다. 그래서 동심으로 돌아가서 '우리 하나님, 만세'라는 제목을 붙여 보았다. 하나님은 영원하시며 그의 다스리심이 무궁하기 때문이다.

"여호와께서 다스리시니 스스로 권위를 입으셨도다 여호와께서 능력의 옷을 입으시며 띠를 띠셨으므로 세계도 견고히 서서 흔들리지 아니하는도다 주의 보좌는 예로부터 견고히 섰으며 주는 영원부터 계셨나이다"(1-2절).

여호와께서 위엄으로 온 세계를 다스리신다. 그가 스스로 권위를 입으셨다. 다른 누군가가 하나님께 왕관을 씌워 드리지 않았다는 말이다. 능력으로 옷을 입으시고 허리띠를 단단히 묶으셨다. 전쟁에 나가는 장수의 모습이다. 여호와께서 다스리시기 때문에 세계가 요동치 않는다. 그는 영원 전부터 계셨고 그의 보좌도 견고했다. 보좌에 앉으신 여호와로부터 권위와 능력이 흘러나왔다.

시인은 그가 믿는 여호와 하나님이 어떤 분이신지 정확하게 알고 있었다. 바른 신앙은 하나님에 관한 올바른 지식으로부터 나온다. 가장 높은 곳에 영원 전부터 계신 창조주 하나님, 권위와 능력으로 옷 입고 이 세상을 다스리시는 하나님을 믿을 때, 우리의 믿음이 역사하기 시작한다. 모순과 부조리로 가득 찬 세상에서도 낙심하지 않고 주님과 함께 승리의 행진을 하게 된다.

"여호와여 큰 물이 소리를 높였고 큰 물이 그 소리를 높였으니 큰 물이 그 물결을 높이나이다 높이 계신 여호와의 능력은 많은 물 소리와 바다의 큰 파도보다 크니이다"(3-4절).

'큰 물'은 애굽이나 앗수르나 바벨론 같은 대제국을 의미한다. 작은 나라들은 모두 이 '큰 물'에 잠기고 만다. 그 물들이 교만하게 큰 소리를 내며 하나님의 다스림에 저항하고 또 저항했다. 예를 들면 애굽의 바로는 모세와 아론의 말을 듣고 교만한 얼굴로 이렇게 말했다.

"바로가 이르되 여호와가 누구이기에 내가 그의 목소리를 듣고 이스라엘을 보내겠느냐 나는 여호와를 알지 못하니 이스라엘을 보내지 아니하리라"(출애굽기 5:2).

그러나 하나님은 바로와 그의 군대를 홍해에 수장(水葬)시키셨다. 또 앗수르의 산헤립은 히스기야에게 사자를 보내 이렇게 말했다.

"너희는 유다의 히스기야왕에게 이같이 말하여 이르기를 너는 네가 신뢰하는 하나님이 예루살렘이 앗수르 왕의 손에 넘어가지 아니하리라 하는 말에 속지 말라 앗수르 왕들이 모든 나라에 어떤 일을 행하였으며 그것을 어떻게 멸절시켰는지 네가 들었으리니 네가 구원을 받겠느냐"(이사야 37:10-11).

그날 밤 여호와의 사자가 앗수르 진중에서 185,000명을 치니 모두 시체가 되었다. 다음 날 아침 놀란 산헤립은 니느웨로 돌아갔다가 자기가 섬기는 신전에서 두 아들들의 손에 암살당했다. 그래서 시인은 가장 높은 곳에 좌정하신 여호와 하나님의 위대하심을 찬양했다. 여호와의 능력이 세상 어떤 나라보다 더 크고, 자연 세계의 힘보다 더 컸기 때문이다.

"여호와여 주의 증거들이 매우 확실하고 거룩함이 주의 집에 합당하니 여호와는 영원무궁하시리이다"(5절).

이스라엘의 역사가 하나님의 신실하심을 증거하고 있다. 성전이 그의 거룩하심을 영원토록 나타내고 있다. 홍해를 건넌 후에 모세는 이렇게 노래했다.

"여호와여 신 중에 주와 같은 자가 누구니이까 주와 같이 거룩함으로 영광스러우며 찬송할 만한 위엄이 있으며 기이한 일을 행하는 자가 누구니이까"(출애굽기 15:11).

그러니 어찌 '우리 하나님, 만세!'를 부르지 않겠는가. 우리는 전능하신 하나님의 자녀들이다. 그의 자녀답게 강하고 담대한 믿음을 가지고 살아가자. 우리의 힘은 하나님께로부터 나온다는 사실을 잊지 말자. 우리 하나님, 만세! 우리 하나님, 만만세!

〈시편 94편〉

복수하시는 하나님

일견(一見) 복수하시는 하나님과 사랑하시는 하나님은 서로 모순된 것처럼 보인다. 그러나 하나님은 사랑하시기 때문에 심판도 하신다. 시인이 말하는 하나님의 복수는 악한 자들의 행위를 멈추게 하시는 절대 주권에 속한다. 하나님의 사랑은 개인이나 공동체가 당하고 있는 고통을 해결해 주시는 그의 공의로우심이다. 시인은 자신이 직접 원수를 갚으려고 생각하지 않았다. 그것은 하나님께 속한 일이기 때문이다. 바울 사도는 말했다.

> "내 사랑하는 자들아 너희가 친히 원수를 갚지 말고 하나님의 진노하심에 맡기라 기록되었으되 원수 갚는 것이 내게 있으니 내가 갚으리라고 주께서 말씀하시니라"(로마서 12:19).

그럼 하나님께서 심판하실 원수는 누구일까?

"여호와여 복수하시는 하나님이여 복수하시는 하나님이여 빛을 비추어 주소서 세계를 심판하시는 주여 일어나사 교만한 자들에게 마땅한 벌을 주소서 여호와여 악인이 언제까지, 악인이 언제까지 개가를 부르리이까"(1–3절).

시인은 이 원수가 반드시 심판을 받아야 한다고 생각했다. 그래서 '복수하시는 하나님이여' 하고 두 번이나 하소연했다. 여기에서 원수는 하나님을 대적하는 교만한 자들이다. 그들은 악을 행하며 으스대고 기뻐했다. 그들은 하나님이 자기들의 악행을 보지 못한다고 생각했다. 그러나 하나님의 공의로운 빛이 비칠 때에 그들의 교만과 악행이 모두 드러날 것이다. 하나님의 복수는 곧 하나님의 심판이다. 하나님은 공의로 세계를 심판하시는 재판장이시다.

"그들이 마구 지껄이며 오만하게 떠들며 죄악을 행하는 자들이 다 자만하나이다 여호와여 그들이 주의 백성을 짓밟으며 주의 소유를 곤고하게 하며 과부와 나그네를 죽이며 고아들을 살해하며 말하기를 여호와가 보지

못하며 야곱의 하나님이 알아차리지 못하리라 하나이다"(4-7절).

원수들의 모습이 눈에 선하다. 그들은 입술을 절제하지 못하고 마구 지껄였다. 상대방의 마음을 배려하지 않고 하고 싶은 말을 다 했다. 사람에게뿐만 아니라 하늘에 계신 하나님을 향해서도 오만한 말을 서슴지 않았다. 이런 악인의 모습을 보며 시인은 가슴에 맺힌 한을 하나님 앞에 쏟아 냈다. 그들의 자만함을 그냥 두지 마시라고 호소했다. 그의 원수들이 곧 하나님의 원수들이라고 고소했다. 왜냐하면 그들이 주의 백성을 짓밟고 주의 소유를 고달프게 만들었기 때문이다. '주의 백성'과 '주의 소유'는 같은 의미다. 그들이 주어진 권력을 악용하며 주의 백성들에게 악을 행했다. 하나님께서 예레미야 선지자를 통하여 하신 말씀이다.

"내가 내 백성 이스라엘에게 기업으로 준 소유에 손을 대는 나의 모든 악한 이웃에 대하여 여호와께서 이와 같이 말씀하시니라 보라 내가 그들을 그 땅에서 뽑아 버리겠고 유다 집을 그들 가운데서 뽑아 내리라"(예레미야 12:14).

원수들이 과부와 고아와 나그네를 죽였다. '죽인다'는 말은 '짓밟는다'는 말과 함께 사용된 시적 표현이다. 악한 관리들이 백성들의 재산을 늑탈하며, 고아와 과부와 나그네를 억울하게 짓밟았다. 그러고도 거만한 말투로 '여호와가 보지 못하며 야곱의 하나님이 알아차리지 못하리라'고 큰소리를 쳤다. 다윗은 그런 자들을 가리켜 어리석은 자들이라고 했다.

"어리석은 자는 그의 마음에 이르기를 하나님이 없다 하는도다 그들은 부패하고 그 행실이 가증하니 선을 행하는 자가 없도다"(시편 14:1).

시인은 그렇게 하나님의 백성들과 소유를 죽이고 짓밟는 자들에게 '너희는 하나님을 생각하라'고 일갈했다.

"백성 중의 어리석은 자들아 너희는 생각하라 무지한 자들아 너희가 언제나 지혜로울까 귀를 지으신 이가 듣지 아니하시랴 눈을 만드신 이가 보지 아니하시랴 뭇 백성을 징벌하시는 이 곧 지식으로 사람을 교훈하시는 이가 징벌하지 아니하시랴 여호와께서는 사람의 생각이 허무함을 아시느니라"(8-11절).

악한 자에게 가장 효과적으로 원수를 갚는 길은 무엇일까? 그로 하여금 더 이상 악을 행하지 못하게 하는 것이다. 그래서 시인은 악한 자들을 책망하며 하나님을 두려워하라고 외쳤다. '백성 중에 있는 어리석은 자들'은 백성들에게 짐승만도 못한 짓을 하는 사람들이다. 그들이 무지한 까닭은 '하나님이 그들의 악행을 알아차리지 못한다'고 생각하기 때문이다. 그들이 '언제나 지혜로울까' 하는 말은 그들이 오랫동안 어리석고 무지한 생활을 해왔음을 암시한다.

삼척동자도 알 만한 일을 그들만 모르고 있었다. 시인은 귀를 지으신 하나님, 눈을 지으신 하나님, 그가 '너희들의 악한 행위를 모르시겠느냐'고 물었다. 말씀으로 그의 백성들을 가르치신 하나님이 그들의 불순종을 가만히 두고 보시겠느냐고 물었다. 왜 시인은 악인들에게 '하나님께서 과연 너희의 악한 행위를 모르고 계시겠느냐'고 물었을까? 가만 놓아두면 저절로 심판받을 텐데 왜 구태여 그런 말을 했을까? 시인의 본심이 악인에 대한 복수나 심판보다 오히려 그들의 회개와 돌이킴에 있는 것처럼 보인다.

"여호와여 주로부터 징벌을 받으며 주의 법으로 교훈하심을 받는 자가 복이 있나니 이런 사람에게는 환난의 날을 피하게 하사 악인을 위하여 구덩이를 팔 때까지 평안을 주시리이다 여호와께서는 자기 백성을 버리지 아니하시며 자기의 소유를 외면하지 아니하시리로다 심판이 의로 돌아가리니 마음이 정직한 자가 다 따르리로다"(12–15절).

심판과 징벌의 궁극적 목적은 잘못된 것을 바로잡는 교정이다. 그러므로 주께 징벌을 받고 주의 말씀으로 교훈을 받는 사람은 복 있는 자다. 교훈의 유익은 환난을 면하고 평안을 누리는 것이다. 하나님께서 악인들에게 회개할 기회를 주신다. 그러나 회개하지 않는 악인들을 위해서는 묻을 구덩이를 준비하신다. 하나님께서는 절대로 그의 백성을 버리거나 외면하지 않으실 것이다. 왜냐하면 그들이 하나님의 소유이기 때문이다. 사무엘 선지자는 말했다.

"여호와께서는 너희를 자기 백성으로 삼으신 것을 기뻐하셨으므로 여호와께서는 그의 크신 이름을 위해서라도 자기 백성을 버리지 아니하실 것이요"(사무엘상 12:22).

하나님께서 결국 의로운 판단을 내리실 것이라는 믿음이 시인에게 있었다. 그래서 마음이 정직한 자는 끝까지 하나님을 따를 것이라고 확신했다.

"누가 나를 위하여 일어나서 행악자들을 치며 누가 나를 위하여 일어나서 악행하는 자들을 칠까 여호와께서 내게 도움이 되지 아니하셨더면 내 영혼이 벌써 침묵 속에 잠겼으리로다 여호와여 나의 발이 미끄러진다고 말

할 때에 주의 인자하심이 나를 붙드셨사오며 내 속에 근심이 많을 때에 주의 위안이 내 영혼을 즐겁게 하시나이다"(16-19절).

시인은 자신의 경험을 이야기하고 있다. 악을 행하는 자들이 그를 짓밟으려고 할 때 아무도 그를 도와줄 사람이 없었다. 그는 악인의 폭행을 차마 볼 수 없어 눈을 지그시 감고 마음으로 소리쳤다. '악한 자들 앞에서 내 편이 되어 줄 자가 누구일까? 악을 행하는 자들을 대적하며 나를 변호해 줄 사람은 누구일까?' 아무도 일어서는 사람이 없었다. 그때 여호와께서 그를 돕기 위해 일어나셨다. '아이고, 내 인생 여기서 끝장났구나' 하고 말할 때 주의 인자하신 손이 그를 붙드셨다. 여호와께서 원수를 가로막지 않으셨다면 시인은 벌써 죽은 목숨이 되었을 것이다. 마음이 근심으로 눌릴 때에 주의 위로가 그의 영혼을 즐겁게 해주셨다. 원수를 두려워하던 그가 하나님을 바라보니 불행은 끝나고 행복이 시작되었다.

"율례를 빙자하고 재난을 꾸미는 악한 재판장이 어찌 주와 어울리리이까 그들이 모여 의인의 영혼을 치려 하며 무죄한 자를 정죄하여 피를 흘리려 하나 여호와는 나의 요새이시요 나의 하나님은 내가 피할 반석이시라 그들의 죄악을 그들에게로 되돌리시며 그들의 악으로 말미암아 그들을 끊으시리니 여호와 우리 하나님이 그들을 끊으시리로다"(20-23절).

율법을 교묘하게 이용하여 악을 행하는 부패한 재판관이 어찌 하나님의 사람이라 할 수 있겠는가. 그들은 모두 한통속이 되어 의인을 치고 그의 생명을 취하려고 했다. 이런 일은 재판장이 해서는 안 될 끔찍한 일이었다. 의인이나 무죄한 자는 무방비한 상태에 있는 사람들이다. 그들에게는 악을 악으로 갚을 능력도 없다. 악과 타협할 수도 없고, 악을 피할 재주도 없었다. 재판관들이 그를 짓밟고 그의 소유를 탐할 때 꼼짝없이 당할 수밖에 없는 사람들이었다.

그때 하나님께서 개입하셨다. 의인들과 무죄한 자들을 그의 요새로 인도하시고 반석 위에 피하게 해주셨다. 하늘에 최고의 재판정을 개설하시고 악한 재판관들을 재판하셨다. 그들의 악행을 되갚아 주셨다. 복수하시는 하나님께서 그들의 악행을 끊어 버리셨다. 시인은 지금 그 광경을 믿음의 눈으로 보고 있었다. 통쾌하기 그지없었다.

〈시편 95편〉

여호와 앞에 무릎을 꿇자

히브리어 성경을 헬라어로 번역한 '70인역'은 이 시를 다윗의 시라고 분류했다. 그러나 다윗의 시보다는 모세의 교훈에 더 가까운 것 같다.

"오라 우리가 여호와께 노래하며 우리의 구원의 반석을 향하여 즐거이 외치자 우리가 감사함으로 그 앞에 나아가며 시를 지어 즐거이 그를 노래하자"(1-2절).

시인은 구원의 반석이신 여호와께 즐겁게 외치며 노래하자고 초청한다. 아마도 시인과 회중이 최근에 같은 역경에서 구원받는 경험을 했을 것이다. 구원받은 자가 부르는 노래는 즐거워야 한다. 찬송의 핵심은 감사다. 하나님께 감사하는 자만이 그의 임재하심 아래 나아갈 수 있다. 예배에는 반드시 감사가 넘치는 즐거운 노래가 있어야 한다.

"여호와는 크신 하나님이시요 모든 신들보다 크신 왕이시기 때문이로다 땅의 깊은 곳이 그의 손안에 있으며 산들의 높은 곳도 그의 것이로다 바다도 그의 것이라 그가 만드셨고 육지도 그의 손이 지으셨도다"(3-5절).

이방 종교는 피조물들을 신으로 섬겼다. 그러나 그것들은 하나님께서 지으신 피조물에 불과했다. 깊은 땅 속과 높은 산 위, 넓은 바다와 육지 그리고 그 안에 존재하는 모든 것들을 하나님께서 만드셨다. 그러므로 예배를 받으실 분은 오직 창조주 하나님 한 분뿐이시다.

"오라 우리가 굽혀 경배하며 우리를 지으신 여호와 앞에 무릎을 꿇자 그는 우리의 하나님이시요 우리는 그가 기르시는 백성이며 그의 손이 돌보시는 양이기 때문이라 너희가 오늘 그의 음성을 듣거든"(6-7절).

1절의 '오라'(르쿠, לְכוּ)와 6절의 '오라'(보우, בֹּאוּ)는 서로 다른 단어다. 1절의 '오라'는 멀리 있는 예배자를 초청하는 말이고, 6절의 '오라'는 모여든 사람들에게 '더 가까이 오라'고 채근하는 말이다. 1절 이하는 감사함으로 여호와께 나아가 즐겁게 노래하자는 초청이고, 6절부터는 여호와께 허리를 굽혀 경배하고 무릎을 꿇자는 '예배로의 부름'이다. 예배드리다가 마음이 감동하면 의자에서 바닥으로 내려앉아 무릎을 꿇어도 된다. 시인은 진실한 마음으로 하나님 앞에 나아가 감사로 예배드리자고 권했다. 왜냐하면 우리는 하나님께서 돌보시는 백성이요 기르시는 양들이며, 하나님은 우리의 크신 왕이시고 선하신 목자이시기 때문이다.

7절 하반절에 나오는 '너희가 오늘 그의 음성을 듣거든'은 '만일 오늘 너희가 그의 음성을 들을 수 있다면'이라는 뜻이다. 그리고 하나님께서 직접 하시는 말씀으로 시의 나머지 부분을 채우고 있다. 그 말씀들은 단지 광야에서 하신 말씀이 아니다. 여전히 경청해야 할 말씀이다. 왜냐하면 지금도 이스라엘이 하나님의 뜻에 어긋난 생활을 하고 있기 때문이다.

"너희는 므리바에서와 같이 또 광야의 맛사에서 지냈던 날과 같이 너희 마음을 완악하게 하지 말지어다 그때에 너희 조상들이 내가 행한 일을 보고서도 나를 시험하고 조사하였도다 내가 사십 년 동안 그 세대로 말미암아 근심하여 이르기를 그들은 마음이 미혹된 백성이라 내 길을 알지 못한다 하였도다 그러므로 내가 노하여 맹세하기를 그들은 내 안식에 들어오지 못하리라 하였도다"(8-11절).

시인은 출애굽기 17장 1-7절에 기록된 사건으로 교훈을 삼았다. 그때 이스라엘 백성들은 마실 물 때문에 모세와 다투었고(므리바), 하나님이 계신가 안 계신가를 시험했다(맛사). 그들은 하나님께서 행하신 일들을 보고서도 그들을 돌보시는 하나님을 의심했다. 그들의 고집스러운 마음 때문에 하나님의 뜻을 깨닫지 못하고 그의 마음을 근심되게 했다. 여기에서 '근심'은 '혐오하다, 싫어하다'라는 강한 의미다. 결과적으로 그 세대는 가나안 땅에 들어가지 못했다. 히브리서 기자는 이 구절을 인용하여 믿는 자라도 끝까지 그 믿음을 지키지 않으면 영원한 안식에 들어갈 수 없다고 경고했다(히브리서 3:7-11).

시인이 주려고 하는 교훈은 무엇일까? 예배드릴 때에 감사함으로, 전심을 다해 그리고 하나님의 인자하심에 대한 절대적인 믿음을 가지고 하나님께 나아가라는 것이다. 8절 이하의 말씀은 '그렇지 아니하면 너희도 하나님께로부터 내침을 당하게 될 것'이라는 엄중한 경고다. 그러므로 예배자는 하나님에 대한 경외감을 잃지 말아야 한다.

〈시편 96편〉

만민들아, 여호와를 찬양하라

시인은 하나님을 찬양해야 할 대상으로 '온 땅'(all the earth), '만민'(all peoples), '만국'(all nations) 그리고 '만물'(all creation)을 들고 있다. 넓게 보면 이 시는 메시아로 오신 예수님께서 온 세계를 다스리시는 모습을 보여 주고 있다.

"새 노래로 여호와께 노래하라 온 땅이여 여호와께 노래할지어다 여호와께 노래하여 그의 이름을 송축하며 그의 구원을 날마다 전파할지어다 그의 영광을 백성들 가운데에, 그의 기이한 행적을 만민 가운데에 선포할지어다"(1–3절).

'새 노래'는 새 마음으로 부르는 노래다. 아침마다 떠오르는 해가 새롭듯이 찬송도 부를 때마다 마음이 새로워야 한다. 시인은 온 땅에 거하는 모든 사람들에게 하나님의 이름을 찬양하라고 권한다. 왜냐하면 하나님께서 우리를 구원하셨기 때문이다. 온 인류의 호흡, 음식, 건강, 안전, 평안, 행복, 모두 다 하나님의 돌보심 아래 있다. 하나님께서 지으신 인간들의 사명은 창조주에게 영광을 돌리고 그의 은혜를 선포하는 것이다.

"여호와는 위대하시니 지극히 찬양할 것이요 모든 신들보다 경외할 것임이여 만국의 모든 신들은 우상들이지만 여호와께서는 하늘을 지으셨음이로다 존귀와 위엄이 그의 앞에 있으며 능력과 아름다움이 그의 성소에 있도다"(4–6절).

우상은 사람들의 손으로 깎아 만들고 채색한 것들이다. 그래서 스스로 움직일 수가 없다. 그러나 하나님은 하늘과 땅과 그 가운데 만물을 지으셨다. 하나님은 우상들과 비교할 수 없는 위대하신(가돌, גָּדוֹל, 더 크신) 분으로 지극한 찬양을 받으셔야 한다.

아마도 이 시는 바벨론 포로 귀환 이후에 지어졌을 것이다. 시인은 예루살렘으로 돌아온 후에 비록 규모는 작지만 재건축된 성소를 바라보며 하나님의 존귀와 위엄, 능력과 아름다움을 찬양했다.

"만국의 족속들아 영광과 권능을 여호와께 돌릴지어다 여호와께 돌릴지어다 여호와의 이름에 합당한 영광을 그에게 돌릴지어다 예물을 들고 그의 궁정에 들어갈지어다 아름답고 거룩한 것으로 여호와께 예배할지어다 온 땅이여 그 앞에서 떨지어다"(7-9절).

'족속들'은 혈연관계를 의미한다. '만국의 족속들'은 두 가지로 생각할 수 있다. 넓은 의미로 아담과 하와의 후손들로 태어난 모든 인류는 혈연관계다. 조금 축소해서 보면 '만국의 족속들'은 하나님을 예배하는 모든 성도들을 의미한다. 시인은 그들이 하나님께 영광과 권능을 돌려드릴 수 있는 세 가지 길을 가르쳤다. 첫째로 예물을 들고 궁정에 들어가야 한다. 이 궁정이 하나님의 성전을 의미한다면 그곳은 더 이상 이방인의 뜰과 여인들의 뜰, 이스라엘의 뜰과 제사장들의 뜰로 구별되지 않는, 만민을 위한 하나님의 집이 될 것이다. 둘째로 아름답고 거룩한 예배를 드려야 한다. 셋째로 하나님을 경외하는 마음으로 드려야 한다.

"모든 나라 가운데서 이르기를 여호와께서 다스리시니 세계가 굳게 서고 흔들리지 않으리라 그가 만민을 공평하게 심판하시리라 할지로다"(10절).

시인은 '이방'이라는 울타리를 마음에서 걷어냈다. 하나님께서 모든 나라를 다스리신다. 세계를 굳게 하시고 흔들리지 않게 하신다. 가끔 나라 사이에 분쟁이 일어나지만 그래도 안정적인 관계를 유지하고 있는 까닭은 하나님께서 만민을 공평하게 심판하시고 통치하시기 때문이라고 시인은 생각했다.

"하늘은 기뻐하고 땅은 즐거워하며 바다와 거기에 충만한 것이 외치고 밭과 그 가운데에 있는 모든 것은 즐거워할지로다 그때 숲의 모든 나무들이 여호와 앞에서 즐거이 노래하리니 그가 임하시되 땅을 심판하러 임하실 것임이라 그가 의로 세계를 심판하시며 그의 진실하심으로 백성을 심판하시리로다"(11-13절).

하나님의 통치가 하늘과 땅에 있는 모든 것들에 미친다. 심판하시는 하나님께서 모든 불의와 악행을 제거하실 때에 인간과 만물이 즐거워하며 기뻐할 것이다. 마음이 상하고 눌릴 때는 하나님을 찬양하자. 찬양이 우리를 자유하게 한다.

〈시편 97편〉

하나님을 사랑하라

한 나라의 흥망성쇠는 지도자에게 달려 있다. 그러나 아무리 훌륭한 지도자라도 완전할 수는 없다. 공(功)이 있으면 과(過)도 있게 마련이다. 탁월한 지도자가 다스려도 억울한 사람들이 있다. 당시에는 최선의 결정이었음에도 시간이 지난 후에 보면 결점들이 남는다. 선한 지도자가 그럴진대 악한 지도자는 얼마나 많은 잘못을 저지르겠는가. 이 세상 어떤 지도자도 모든 사람을 다 기쁘게 할 수는 없다. 그런데 시인은 하나님께서 다스리시니 '온 땅이여, 기뻐하라'고 노래했다.

"여호와께서 다스리시나니 땅은 즐거워하며 허다한 섬은 기뻐할지어다"(1절).

땅과 섬은 온 세계를 가리킨다. 하나님께서 이 세상을 다스리신다. 왜냐하면 그가 지으셨기 때문이다. 세상의 왕들도, 하늘의 천사들도 모두 하나님의 다스림 아래 있다. 그러면 온 땅이 즐겁고 기쁘게 된다. 왜 그럴까? 하나님은 의롭고 공평하게 다스리시기 때문이다.

"구름과 흑암이 그를 둘렀고 의와 공평이 그의 보좌의 기초로다"(2절).

구름과 흑암은 하나님의 나타나심을 가리킨다. 하나님은 구름이 빽빽한 시내산에서 이스라엘 백성들에게 자신을 나타내셨다. 모세의 증언이다.

> "너희가 가까이 나아와서 산 아래에 서니 그 산에 불이 붙어 불길이 충천하고 어둠과 구름과 흑암이 덮였는데 여호와께서 불길 중에서 너희에게 말씀하시되 음성뿐이므로 너희가 그 말소리만 듣고 형상은 보지 못하였느니라"(신명기 4:11-12).

하나님께서 앉아 계신 보좌의 기초는 의와 공평이다. 세상의 악한 지도자들은 자기의 이익에만 관심이 있다. 그래서 사람들을 이용하고 착취한다. 그러나 하나님은 부족함도 없으시고 불의함도 없으시다. 오히려 우리를 구원하시기 위해 자기 아들을 십자가에 내어놓으실 만큼 인자하신 분이시다. 또 하나님은 공평하시기 때문에 한편으로 치우치지 않으신다.

그래서 하나님의 다스림 아래서는 억울한 사람이 없다. 모든 사람이 다 기뻐하고 만족한다. 물론 아직은 그런 세상이 완전히 이루어지지 않았다. 그러나 시인은 하나님께서 다스리실 세상을 믿음으로 사모하며 기다린다. 그때가 되면 의로우시고 공평하신 하나님께서 불의하고 공평하지 못한 사람들을 심판하실 것이다. 그런 세상은 예수님께서 재림하실 때에 완성될 것이다.

"불이 그의 앞에서 나와 사방의 대적들을 불사르시는도다 그의 번개가 세계를 비추니 땅이 보고 떨었도다 산들이 여호와의 앞 곧 온 땅의 주 앞에서 밀랍같이 녹았도다"(3-5절).

'사방의 대적들'은 하나님의 다스림을 거역하는 불의한 자들이다. 성경에서 하나님의 심판은 자주 불로 표현되었다. 세례 요한도 예수님께서 불로 심판하실 것이라고 증거했다.

"…그는 성령과 불로 너희에게 세례를 베푸실 것이요 손에 키를 들고 자기의 타작마당을 정하게 하사 알곡은 모아 곳간에 들이고 쭉정이는 꺼지지 않는 불에 태우시리라"(마태복음 3:11-12).

'번개'는 거짓과 악을 들추어내는 하나님의 빛이다. 지구상에 번개보다 더 밝은 빛은 없다. 공의로운 하나님의 빛 앞에서 모든 죄와 악이 다 드러날 것이다. '산들'은 이 세상 권세 잡은 불의한 지도자들을 가리킨다. 그들이 심판의 불 앞에서 밀랍(wax)처럼 녹아내릴 것이다. 그러나 하나님의 백성들은 그의 영광을 보게 될 것이다.

"하늘이 그의 의를 선포하니 모든 백성이 그의 영광을 보았도다"(6절).

하나님의 의와 공평으로부터 영광의 빛이 흘러나온다. 이사야 선지자는 훗날 이스라엘 백성들이 바벨론에서 돌아오는 날, 곧 하나님의 의와 공평이 드러나는 날에 사람들이 그의 영광을 보게 될 것이라고 예언했다.

"외치는 자의 소리여 이르되 너희는 광야에서 여호와의 길을 예비하라 사막에서 우리 하나님의 대로를 평탄하게 하라 골짜기마다 돋우어지며 산마다, 언덕마다 낮아지며 고르지 아니한 곳이 평탄하게 되며 험한 곳이 평지가 될 것이요 여호와의 영광이 나타나고 모든 육체가 그것을 함께 보리라 이는 여호와의 입이 말씀하셨느니라"(이사야 40:3-5).

하나님을 영광을 보게 될 '모든 백성'은 이스라엘 백성들뿐만 아니라 온 세계 모든 사람들이다. 언제 그리고 어떻게 그들이 하나님의 영광을 볼 수 있을까? 예수님께서 행하신 일들 가운데서 그들은 하나님의 영광을 보게 될 것이다.

> "큰 무리가 다리 저는 사람과 장애인과 맹인과 말 못 하는 사람과 기타 여럿을 데리고 와서 예수의 발 앞에 앉히매 고쳐 주시니 말 못 하는 사람이 말하고 장애인이 온전하게 되고 다리 저는 사람이 걸으며 맹인이 보는 것을 무리가 보고 놀랍게 여겨 이스라엘의 하나님께 영광을 돌리니라"(마태복음 15:30-31).

예수님은 그가 재림하실 때 온 세계 만민이 하나님의 영광을 보게 될 것이라고 말씀하셨다.

> "그때에 그 환난 후 해가 어두워지며 달이 빛을 내지 아니하며 별들이 하늘에서 떨어지며 하늘에 있는 권능들이 흔들리리 그때에 인자가 구름을 타고 큰 권능과 영광으로 오는 것을 사람들이 보리라"(마가복음 13:24-26).

그러므로 시인이 말하는 '하나님의 영광'은 창조의 시작부터 예수님의 재림 때까지 역사적으로 나타났고, 또 나타날 것이다. 하나님을 섬기는 백성들은 그의 영광을 보게 될 것이요, 우상을 섬기는 사람들은 수치를 당하게 될 것이다.

"조각한 신상을 섬기며 허무한 것으로 자랑하는 자는 다 수치를 당할 것이라 너희 신들아 여호와께 경배할지어다"(7절).

왜 수치를 당할까? 그들이 섬겼던 신상들이 허무하고 무력한 것으로 판명되었기 때문이다. 그것들은 마치 하나님의 언약궤 앞에서 쓰러지고 다시 일어나지 못했던 다곤 신전의 신상들 같았다. 사람들이 섬기는 '헛된 것'은 단순히 우상뿐만이 아니다. 재물과 권력일 수도 있다.

그런데 '너희 신들아 여호와께 경배할지어다'에서 이 신들은 누구를 가리킬까? 성경은 하나님 외에 다른 신은 없다고 분명히 선포했다. 모세는 하나님께서 출애굽 때에 행하신 일들을 나열한 후에 이렇게 말했다.

> "이것을 네게 나타내심은 여호와는 하나님이시요 그 외에는 다른 신이 없음을 네게 알게 하려 하심이니라"(신명기 4:35).

그래서 히브리서 기자는 '너희 신들아 여호와께 경배할지어다'라는 구절을 인용할 때에 '신들'을 '천사들'로 번역했다.

> "또 그가 맏아들을 이끌어 세상에 다시 들어오게 하실 때에 하나님의 모든 천사들은 그에게 경배할지어다 말씀하시며"(히브리서 1:6).

시인이 주장하는 핵심은 이 세상에 신은 오직 한 분, 곧 여호와 하나님뿐이라는 사실이다. 그러므로 하나님의 백성들은 의롭고 공평하신 하나님의 재판을 보고 즐거워해야 한다.

"여호와여 시온이 주의 심판을 듣고 기뻐하며 유다의 딸들이 즐거워하였나이다 여호와여 주는 온 땅 위에 지존하시고 모든 신들보다 위에 계시니이다"(8-9절).

구원받은 백성들은 즐거워하며 하나님의 이름을 높여 드렸다. 이제 시인은 그의 노래를 듣는 사람들에게 중요한 결단을 하라고 촉구한다.

"여호와를 사랑하는 너희여 악을 미워하라 그가 그의 성도의 영혼을 보전하사 악인의 손에서 건지시느니라"(10절).

시인은 하나님을 사랑하는 자를 '성도'라고 불렀다. '성도'(하시드)와 하나님의 '인자하심'(헤세드)의 어근(語根)은 '하사드'(חָסַד)에서 나왔다. 성도는 하나님의 사랑을 받고 그 반응으로 하나님을 사랑하는 자들이다.

하나님을 사랑하는 자는 당연히 악을 미워하게 된다. 하나님도 사랑하고 악도 사랑할 수는 없다. 온 마음을 다하여 하나님을 사랑해 보라. 그러면 온 마음을 다하여 악을 미워하게 될 것이다. 하나님을 사랑해 보라. 그러면 죄의 유혹에서 자유하게 될 것이다. 하나님을 사랑하고 악을 미워하는 사람은 누구인가? 그가 바로 시인이 말하는 의인이다.

"의인을 위하여 빛을 뿌리고 마음이 정직한 자를 위하여 기쁨을 뿌리시는도다 의인이여 너희는 여호와로 말미암아 기뻐하며 그의 거룩한 이름에 감사할지어다"(11-12절).

하나님을 사랑하는 의인은 하나님께서 그의 영광으로 덮으시고 영광의 빛을 뿌려 주신다. 그것은 기쁨의 빛이다. 그러므로 우리의 할 일은 하나님을 사랑하고 기뻐하며 그 이름에 감사하는 것이다.

〈시편 98편〉

새 노래로 찬송하라

'새 노래'는 새로운 영감이 떠올라서 지은 노래다. 시인이 깨달은 새로운 진리는 무엇이었을까? 결론부터 이야기하자면 그것은 하나님의 구원의 손길이 이스라엘에서 멈추지 않고 온 세계에 이른다는 진리였다.

"새 노래로 여호와께 찬송하라 그는 기이한 일을 행하사 그의 오른손과 거룩한 팔로 자기를 위하여 구원을 베푸셨음이로다"(1절).

여호와는 자기를 위하여 우리에게 구원을 베푸신다. 구원받을 자의 가치 때문이 아니라 구원하시는 하나님의 인자하심 때문이다. 하나님께서 구원을 베푸실 때마다 기이한 일이 일어났다. 이는 그의 오른손과 거룩한 팔로 하나님 자신을 위하여 행하신 일들이었다. 애굽에서 행하신 열 가지의 재앙이 그랬고, 유월절에 죽음의 사자가 이스라엘 백성들을 넘어간 일이 그랬다. 홍해가 갈라졌던 일이 그랬고, 반석에서 생수가 터진 일이 그랬다. 광야에서 메추라기를 먹게 하신 일이 그랬고, 아침마다 만나를 내려 주신 일이 그랬다. 구원은 말이나 개념이 아니다. 구원은 행위이며 동시에 사건이다.

그럼 이 구원이 이스라엘 백성들에게만 국한된 일이었을까? 아니다. 구원은 멸망의 길을 걷고 있는 모든 죄인들에 대한 하나님의 '사랑 행위'다. 다시 말하면 죄인을 용서하기 원하시는 그의 사랑이 바로 구원의 동기다.

"여호와께서 그의 구원을 알게 하시며 그의 공의를 뭇 나라의 목전에서 명백히 나타내셨도다"(2절).

하나님은 온 세계가 그의 구원에 관하여 알기를 원하셨다. 왜 인간을 구원하시는지, 어떻게 구원하시는지, 그리고 구원의 결과가 무엇인지 알리시기를 원하셨다. 하나님은 그의 공의로운 심판도 온 인류에게 알리시기를 원하셨다. 구원과 심판은 언제나 함께 간다. 하나님께서 구원을 베푸시는 자리는 곧 그가 심판하시는 자리다. 예를 들어보자. 하나님께서 이스라엘을 애굽에서 구원하실 때에 애굽 왕과 그의 백성들은 심판을 받았다. 유월절에 이스라엘 백성들의 집 문틀에 바른 어린양의 피가 심판을 의미했다. 하나님의 사자가 애굽의 장자들을 죽이실 때 그 피를 보고 '이 집은 이미 심판받았다'고 여기며 넘어갔다. 그것이 유월절, 곧 '넘어가는 절기'다. 하나님께서 예수님의 십자가에서 우리를 구원하실 때 우리는 그의 피로 죄 사함을 받았다. 다른 말로 하면 우리의 죄가 예수님에게 전가(轉嫁)되고 십자가에서 심판을 받았다. 하나님의 구원은 언제나 죄에 대한 심판을 전제한다. 하나님의 심판은 그의 공의에 기초를 두고 있고, 하나님의 구원은 그의 인자하심에 기초를 두고 있다.

"그가 이스라엘의 집에 베푸신 인자와 성실을 기억하셨으므로 땅끝까지 이르는 모든 것이 우리 하나님의 구원을 보았도다"(3절).

인자와 성실은 하나님의 성품이다. 하나님께서 이스라엘 백성과 맺으신 언약도 그의 인자하심과 성실하심에 근거를 두고 있다. 이스라엘의 반응과 상관없이 하나님께서는 끝까지 인자하시고 마지막까지 성실하셨다. 하나님의 성실하심과 인자하심은 결코 변질되지 않는다. 그러나 이스라엘 백성들은 지속적으로 하나님 앞에 불성실했다. 그들은 걸핏하면 하나님의 인자하심을 의심하고 시험했다. 이스라엘의 민족성을 너무나 잘 알고 있던 모세는 마지막 설교에서 이렇게 신신당부했다.

"너는 광야에서 네 하나님 여호와를 격노하게 하던 일을 잊지 말고 기억하라 네가 애굽 땅에서 나오던 날부터 이곳에 이르기까지 늘 여호와를 거역하였으되 호렙산에서 너희가 여호와를 격노하게 하였으므로 여호와께서 진노하사 너희를 멸하려 하셨느니라"(신명기 9:7-8).

이스라엘 백성들에게 그토록 인자하시고 성실하셨던 하나님께서 이제 온 세상을 구원하시기 위해 일어나셨다. 어찌 새 노래로 노래하지 않을 수 있겠는가? 시인도 이 계시의 말씀에 처음에는 충격을 받았을 것이다.

"온 땅이여 여호와께 즐거이 소리칠지어다 소리 내어 즐겁게 노래하며 찬송할지어다 수금으로 여호와를 노래하라 수금과 음성으로 노래할지어다 나팔과 호각 소리로 왕이신 여호와 앞에 즐겁게 소리칠지어다"(4-6절).

요즘 젊은이들은 깡충깡충 뛰면서 하나님을 찬양한다. 함께 따라 할 수는 없지만 보기만 해도 즐겁다. 이스라엘 백성들은 하나님을 찬양할 때 언제나 춤을 곁들였다. 복잡한 춤이 아니다. 서로 손을 잡고 원을 그리면서 추는 춤이다. 무엇 때문에 이 시인은 즐겁게 노래하자고 초청했을까? 이스라엘을 구원하신 하나님께서 만백성도 구원하실 것이기 때문이다.

이스라엘 백성들은 이 진리를 이해하지 못했다. 그들은 자신들만이 하나님께 선택받은 민족이라고 생각했다. 그래서 다른 민족 사람들이 성전 마당을 지나가면 불같이 화를 냈다. 그들은 하나님의 뜻을 크게 오해했다. 그러나 시인은 모든 사람을 구원하시려는 하나님의 뜻을 깨달았다. 그래서 즐겁게 노래했다.

"바다와 거기 충만한 것과 세계와 그중에 거주하는 자는 다 외칠지어다 여호와 앞에서 큰 물은 박수할지어다 산악이 함께 즐겁게 노래할지어다"(7–8절).

시인이 깨달은 이 우주적인 구원은 그의 시대에 이루어질 일이 아니었다. 시인은 성령님의 도우심으로 장래 일어날 일을 멀리서 바라보면서 기뻐하고 즐거워했다. 그리고 온 세계와 그 가운데 거주하는 모든 사람들을 그의 즐거움에 초대했다. 산과 바다도 초대했다. 그런데 하나님께서 그의 구원을 완성하실 때 만물도 새롭게 하실 것이라는 진리까지 시인이 이해하고 있었을까?

예수님은 죄인을 구원하시기 위해 십자가에 달려 돌아가셨다. 누구든지 예수님이 나를 위하여 죽으시고 부활하셨다는 사실을 믿으면 구원을 얻는다. 그러나 우리는 아직도 이 세계의 완전한 구원을 기다리고 있다. 이 구원은 예수님께서 장차 재림하실 때에 완성될 것이다.

"그가 땅을 심판하러 임하실 것임이로다 그가 의로 세계를 판단하시며 공평으로 그의 백성을 심판하시리로다"(9절).

예수님께서 이 세상에 재림하실 때에 양과 염소를 구별하듯이 의인과 악인을 나누실 것이다. 그가 세상을 판단하실 기준은 그의 의로우심이며, 그가 사람들을 심판하실 기준은 그의 공평하심이다. 하나님을 믿는 자는 누구나 의롭다 하심을 얻는다. 하나님을 믿지 않는 자는 변명할 수 없을 것이다. 그들에게 이미 십자가의 복음이 전파되었기 때문이다. 하나님께서 그의 의로 세상을 심판하시는 그날 비로소 만물이 새롭게 될 것이다. 그날 구원받은 모든 성도들은 춤을 추며 즐겁게 새 노래로 하나님을 찬양할 것이다. 시인도 성령님의 도우심으로 그 진리를 깨닫고 즐거워했다.

〈시편 99편〉

그는 거룩하시도다

이 시도 95편과 97편처럼 여호와 하나님을 찬양하는 시다. 95편이 여호와를 경배하고 97편이 여호와를 사랑하는 시라면, 99편은 여호와의 거룩하신 통치를 강조하는 시다. 그리고 이 시 역시 98편처럼 여호와 하나님이 온 인류의 하나님이심을 주장하고 있다.

"여호와께서 다스리시니 만민이 떨 것이요 여호와께서 그룹 사이에 좌정하시니 땅이 흔들릴 것이로다 시온에 계시는 여호와는 위대하시고 모든 민족보다 높으시도다 주의 크고 두려운 이름을 찬송할지니 그는 거룩하심이로다"(1–3절).

왜 여호와의 이름을 찬송해야 할까? 거룩하시기 때문이다. 그의 거룩하심은 통치를 통하여 나타난다. 여호와께서 온 우주와 만물을 거룩함으로 다스리시니 모든 민족들이 떨고 있다. 여호와께서 거룩한 그룹 천사들 사이에 좌정하시니 온 땅이 진동하고 있다. 그 거룩하신 여호와가 시온에 계신다. 그는 위대하시며 모든 민족들 위에 높임을 받으실 분이시다. 그러므로 그의 이름을 찬양해야 한다. 왜 여호와의 거룩하심 앞에서 만민이 떨까? 그들이 거룩하지 못하기 때문이다. 참고로, '그룹' 천사는 히브리어 '케룹'(복수는 케루빔, כְּרוּבִים)으로 하나님을 영화롭게 하는 천사를 말한다.

"능력 있는 왕은 정의를 사랑하느니라 주께서 공의를 견고하게 세우시고 주께서 야곱에게 정의와 공의를 행하시나이다 너희는 여호와 우리 하나님을 높여 그의 발등상 앞에서 경배할지어다 그는 거룩하시도다 그의 제사장들 중에는 모세와 아론이 있고 그의 이름을 부르는 자들 중에는 사무엘이 있도다 그들이 여호와께 간구하매 응답하셨도다"(4–6절).

능력의 왕 여호와께서 정의를 사랑하신다. 그가 공평(공의)을 굳게 세우셨다. 시인은 거룩하신 하나님을 찬양하면서 몇 사람의 이름을 언급하고 있다.

먼저 하나님께서 야곱에게 정의와 공의를 행하셨다. 무슨 뜻일까? 야곱은 타의에 의해 아버지 집을 떠났다. 20년 후에는 억울하게 외삼촌에게 추격을 당했다. 그의 인생은 의도치 않은 일들로 얽혀 갔다. 그러나 하나님의 정의와 공의가 그의 얽힘을 풀어 주었다. 그러니 너희는, 즉 야곱의 후손으로 태어난 이스라엘은, 하나님을 높이고 그 발 앞에 경배하라는 말이다. 그러고 나서 시인은 '그는 거룩하시도다' 하고 외쳤다. 왜 그랬을까? 야곱은 하나님의 거룩하심을 체험한 사람이다. 얍복 강가에서 야곱과 씨름하던 천사가 그에게 이스라엘이라는 이름을 더해 준 후에 "이는 네가 하나님과 및 사람들과 겨루어 이겼음이니라"고 했다(창세기 32:28). 천사가 떠난 후에 야곱은 '내가 하나님과 대면하여 보았으나 내 생명이 보전되었다'고 말하면서 그 지역 이름을 '브니엘'(하나님의 얼굴)이라고 불렀다(창세기 32:30). 야곱은 거룩하신 하나님을 대면하여 보았던 사람이다. 그러므로 야곱의 후손인 이스라엘도 하나님의 거룩하심으로 옷 입고 찬양해야 한다.

그다음으로 시인은 모세와 아론을 예로 들었다. 모세는 시내산에서 거룩하신 하나님을 만났다. 그때 "하나님이 이르시되 이리로 가까이 오지 말라 네가 선 곳은 거룩한 땅이니 네 발에서 신을 벗으라"(출애굽기 3:5)고 하셨다. 하나님께서 또 아론을 거룩하게 하셔서 하나님 앞에 제사장 직분을 수행하게 하셨다(출애굽기 29:44). 하나님께서 모세와 아론에게 그의 거룩하심을 나타내시고 그들을 거룩하게 하셨다.

세 번째 인물은 사무엘이다. 그의 어머니 한나는 사무엘을 하나님께 드릴 때에 '여호와와 같이 거룩하신 이가 없으시니 이는 주밖에 다른 이가 없고 우리 하나님 같은 반석도 없으심이니이다' 하고 기도했다(사무엘상 2:2). 사무엘은 다윗을 성결(거룩)하게 한 다음 기름을 부어 미래의 왕으로 세웠다(사무엘상 16:5 이하). 사무엘은 하나님의 거룩하신 이름을 부르며 기도하던 선지자였다.

시인이 네 사람의 이름들을 언급한 까닭은 하나님께서 이스라엘을 거룩한 민족으로 삼으셨기 때문이다. 하나님께서 이스라엘 백성들에게 말씀하셨다.

> "나는 너희의 하나님이 되려고 너희를 애굽 땅에서 인도하여 낸 여호와라 내가 거룩하니 너희도 거룩할지어다"(레위기 11:45).

또 에스겔 선지자를 통해서도 이렇게 말씀하셨다.

"내가 내 거룩한 이름을 내 백성 이스라엘 가운데에 알게 하여 다시는 내 거룩한 이름을 더럽히지 아니하게 하리니 내가 여호와 곧 이스라엘의 거룩한 자인 줄을 민족들이 알리라"(에스겔 39:7).

거룩하신 하나님께서 이스라엘을 거룩하게 구별하셨다. 그래서 달라진 것이 무엇인가? 먼저는 기도의 응답이었다. "그들이 여호와께 간구하매 응답하셨도다." 하나님의 말씀을 들을 수 있는 특권이 주어졌다.

"여호와께서 구름 기둥 가운데서 그들에게 말씀하시니 그들은 그가 그들에게 주신 증거와 율례를 지켰도다 여호와 우리 하나님이여 주께서는 그들에게 응답하셨고 그들의 행한 대로 갚기는 하셨으나 그들을 용서하신 하나님이시니이다 너희는 여호와 우리 하나님을 높이고 그 성산에서 예배할지어다 여호와 우리 하나님은 거룩하심이로다"(7-9절).

거룩은 '구별됨'이다. 하나님께서 야곱의 자손들을 구별하셔서 그의 나라와 백성으로 삼으셨다. 그들이 구별된 삶을 살 수 있도록 말씀(율법과 규례)을 주셨다. 그들이 광야에서 부르짖을 때에 만나와 메추라기와 생수를 주셨다. 그들이 하나님의 말씀을 거역하고 재난을 당할 때 회개하면 용서해 주셨다. 거룩하신 하나님께서 그의 거룩한 백성들을 끊을 수 없는 사랑의 줄로 자신에게 묶어두고 계셨다. 이제 거룩한 백성들이 할 일은 무엇인가? 거룩한 산에서 하나님께 예배드려야 한다. 하나님의 거룩하심 앞에서 거룩한 삶을 살아야 한다.

우리도 하나님께서 구별해 주셨다. 예수님을 따르는 그리스도인 되게 하셨다. 성도 곧 거룩한 무리들이 되게 하셨다. 우리의 몸을 거룩한 성전으로 삼아 주셨다. 예수님께서 우리에게 가르쳐 주신 기도는 '하늘에 계신 우리 아버지여 이름이 거룩히 여김을 받으시오며'로 시작된다. 예수님은 그의 제자들을 위해 '그들을 진리로 거룩하게 하옵소서 아버지의 말씀은 진리니이다' 하고 기도하셨다(요한복음 17:17). 바울 사도 역시 성도들에게 거룩하라고 가르쳤다.

"전에 너희가 너희 지체를 부정과 불법에 내주어 불법에 이른 것같이 이제는 너희 지체를 의에게 종으로 내주어 거룩함에 이르라"(로마서 6:19).

"오직 너희의 심령이 새롭게 되어 하나님을 따라 의와 진리의 거룩함으로 지으심을 받은 새사람을 입으라"(에베소서 4:23-24).

신앙생활의 핵심은 거룩함이다. 아침마다 '주여, 오늘도 나를 거룩하게 하소서' 하고 기도드리자. 저녁에는 '주는 거룩하시도다!' 하고 찬송하자.

〈시편 100편〉 감사의 시

참된 예배

대부분의 사람들은 주일 예배를 드리러 성전에 들어갈 때 아무 생각 없이 들어간다. 몇 사람은 아직도 정리하지 못한 복잡한 생각들을 가지고 들어간다. 어떤 이들은 상한 마음으로 들어간다. 어떤 이들은 지난 주간에 베풀어 주신 하나님의 은혜에 감사하며 들어간다. 당신은 어떤가?

시인은 예배를 드리는 자가 취해야 할 중요한 네 가지 자세를 우리에게 들려주고 있다.

"온 땅이여 여호와께 즐거운 찬송을 부를지어다 기쁨으로 여호와를 섬기며 노래하면서 그의 앞에 나아갈지어다"(1–2절).

첫째로, 기쁨으로 예배드려야 한다. 그러나 지난 주간이 항상 기뻤던 것만은 아니다. 대부분의 사람들에게는 슬픔과 염려와 불안과 걱정거리가 더 많다. 전도서 기자는 인생의 어두운 면을 이렇게 묘사했다.

> "사람이 해 아래에서 행하는 모든 수고와 마음에 애쓰는 것이 무슨 소득이 있으랴 일평생에 근심하며 수고하는 것이 슬픔뿐이라 그의 마음이 밤에도 쉬지 못하나니 이것도 헛되도다"(전도서 2:22-23).

우리는 지치고 무거운 마음으로 예배에 참석했다가 위로와 평안을 얻는다. 그러나 그 위로와 평안도 월요일이 되면 탈색되기 시작한다. 마치 빚을 다 갚고 난 후에 또다시 빚을 내서 생활하는 방식이다. 그래서 기쁨을 신속히 잃어버리고 다시 슬픔과 낙심에 잠겨 한 주간을 산다.

이제부터 우리가 드리는 예배의 양식(pattern)을 바꾸어 보자. 예배드리러 가기 전에 감사한 마음으로 즐거운 찬송을 소리 내어 불러보자. 예배는 기쁨으로 여호와를 섬기는 영적인 제사다. 세상의 부모도 자녀들이 기뻐하는 모습을 보기 좋아한다. 우울하고 낙심한 마음으로는 하나님을 기쁘시게 할 수 없다. 예배는 기쁨으로 들어가서 더 큰 기쁨을 채워가지고 나오는 복된 시간이 되어야 한다.

기뻐하며 예배를 드려 보라. 마음의 무거운 짐이 사라질 것이다. 뿐만 아니라 또 다른 짐도 가볍게 질 수 있는 에너지가 솟아오를 것이다. 그것이 바로 프로액티브한(proactive, 상황을 앞서서 주도하는) 신앙생활이다.

"여호와가 우리 하나님이신 줄 너희는 알지어다 그는 우리를 지으신 이요 우리는 그의 것이니 그의 백성이요 그의 기르시는 양이로다"(3절).

둘째로, 하나님을 만나는 예배를 드려야 한다. 아무리 잘 준비된 예배를 드려도 하나님과의 인격적인 만남이 없으면 그것은 멋있는 공연(performance)에 그칠 수 있다. 예배 시간에는 오직 하나님께만 관심을 집중해야 한다. 그분만이 유일한 하나님이시기 때문이다. 다윗은 이렇게 기도했다.

"주를 찾는 모든 자들이 주로 말미암아 기뻐하고 즐거워하게 하시며 주의 구원을 사랑하는 자들이 항상 말하기를 하나님은 위대하시다 하게 하소서"(시편 70:4).

예배 시간에 우리는 하나님과의 관계를 재정비해야 한다. 예배는 하나님께서 우리를 지으셨음을 고백하는 행위다. 예배는 우리가 하나님의 소유 됨을 인정하는 행위다. 예배는 우리가 하나님의 백성이며 그가 기르시는 양 떼임을 확인받는 행위다. 세상 사는 동안 느슨해진 하나님과 우리 사이의 관계를 나사 조이듯 확실하고 분명하게 해야 한다. 하나님과의 관계가 회복되면 기쁨도 회복될 것이다.

"감사함으로 그의 문에 들어가며 찬송함으로 그의 궁정에 들어가서 그에게 감사하며 그의 이름을 송축할지어다"(4절).

셋째로, 감사함으로 예배드려야 한다. 아무리 삶이 모질고 고생스러워도 감사할 일은 남아 있다. 사진작가 에릭 엔스트롬(Eric Enstrom)은 1918년에 '은혜'(Grace)라고 하는 흑백 사진 한 장을 찍었다. 1차 세계대전으로 많은 것을 잃었지만 그래도 감사할 일들이 있다는 것을 보여 주고 싶었다. 사진 속의 인물 찰스 윌든(Charles Wilden)은 세일즈맨이었다. 에릭은 훗날 이렇게 이야기했다. "노인의 얼굴에서 뭔가 깊은 인상을 받았습니다. 친절한 얼굴이었고…거친 선이 없었습니다." 에릭은 낡은 책 한 권(실제는 사전이었지만 윌든은 훗날 성경이라고 썼다)과 안경, 죽 한 그릇, 빵 한 조각 그리고 빵을 자르는 작은 칼 하나를 식탁 위에 놓은 뒤, 기도하는 자세를 취해 보라고 부탁했다. 윌든은 늘 했던 방식으로 손을 모으고 머리를 숙였다. 에릭은 이 사진에 '은혜'라는 제목을 붙였다. 이 사진은 전 세계에 퍼졌다. 미네소타주 의회는 훗날 이 사진을 미네소타주 공식 사진으로 지정했다. 오늘날 많은 그리스도인의 식탁 위에도 이 사진(혹은 에릭의 딸이 유화로 그린 그림)이 걸려 있을 것이다.

감사는 숨은 보배와 같다. 그러므로 애쓰고 힘써서 찾아내야 한다. 주일예배에 참석할 때마다 그 주간에 감사했던 일들을 찾아내서 하나님 앞에 예물로 가져가 보라. 예배에 은혜가 넘칠 것이다. 예배 중에 하나님의 궁정으로 초대받아 들어가는 느낌이 들 것이다. 그날 부르는 찬송의 느낌이 색다를 것이다. 감사는 신앙생활의 활력소다.

"여호와는 선하시니 그의 인자하심이 영원하고 그의 성실하심이 대대에 이르리로다"(5절).

넷째로, 큰 기대를 가지고 예배드려야 한다. 하나님은 절대 예배자를 빈 손으로 돌려보내지 않으신다. 좋으신 하나님이시기 때문이다. 예배만 잘 드려도 우리와 우리 자손이 복을 받는다. 그것이 성경의 약속이다. 예수님은 하나님을 찾는 자에게 주시는 복을 이렇게 들려주셨다.

"너희가 악할지라도 좋은 것을 자식에게 줄 줄 알거든 하물며 너희 하늘 아버지께서 구하는 자에게 성령을 주시지 않겠느냐 하시니라"(누가복음 11:13).

바른 예배를 드리는 자에게 주시는 가장 큰 선물은 성령님이시다. 성령님께서 우리와 동행하시면 그 주간에 놀라운 일들이 일어날 것이다. 다윗은 스스로를 가난하고 슬픈 존재라고 느낄 때 감사함으로 하나님께 나아갔다. 그랬더니 그의 마음이 회복되는 복을 받았다.

"오직 나는 가난하고 슬프오니 하나님이여 주의 구원으로 나를 높이소서 내가 노래로 하나님의 이름을 찬송하며 감사함으로 하나님을 위대하시다 하리니 이것이 소 곧 뿔과 굽이 있는 황소를 드림보다 여호와를 더욱 기쁘시게 함이 될 것이라 곤고한 자가 이를 보고 기뻐하나니 하나님을 찾는 너희들아 너희 마음을 소생하게 할지어다"(시편 69:29-32).

하나님께서는 우리의 필요를 아신다. 그리고 우리의 필요를 채워 주시기 원하신다. 하나님께서는 우리의 필요를 채워주실 만한 능력을 가지고 계신다. 할렐루야! 영과 진리로 하나님께 예배드리자.

〈시편 101편〉 다윗의 시

다윗왕의 결심

경주자는 목표 지점을 향해 달려간다. 인생도 마찬가지다. 목표가 분명하지 않은 사람은 속도감과 열정이 현저히 떨어진다. 머뭇거리다가 기회를 잃어버리고 남은 시간은 대충 살아간다.

다윗이 기름 부음을 받고 이스라엘 왕이 되었다. 어떤 왕이 되어야 할까? 다윗은 두 가지 결심을 했다. 1절에 나오는 '내가 노래하겠나이다. 내가 찬양하리이다'와 2절에 나오는 '주목하오리이다'는 그의 강렬한 열망과 결의(決意)를 나타내는 동사다. 그다음 구절들에 나오는 동사들은 모두 현재와 미래를 가리키는 미완료 동사들로서 그가 결심한 대로 살아가겠다는 강한 의지를 담고 있다.

"내가 인자와 정의를 노래하겠나이다 여호와여 내가 주께 찬양하리이다 내가 완전한 길을 주목하오리니 주께서 어느 때나 내게 임하시겠나이까 내가 완전한 마음으로 내 집 안에서 행하리이다"(1-2절).

다윗이 노래하는 인자와 정의는 하나님의 성품이다. 그래서 하나님처럼 사랑을 베풀며 정의롭게 판결하는 왕이 되겠다고 결심했다. 보통 사람은 정의와 사랑 사이에서 균형을 잡기가 어렵다. 어쩔 수 없이 둘 중 하나에 치우치게 된다. 그러나 하나님의 사랑과 정의는 서로 충돌하지 않고 온전하다. 다윗도 정의를 추구하다가 인정을 잃어버리거나, 사랑을 강조하다가 공의를 저버리지 않겠다고 작정했다. 그리고 최종 결정권을 여호와께 드리며 그의 인도하심을 따라 섬기겠다고 결심했다. 그러기 위해서 그는 늘 하나님의 임재하심 아래 있기를 원했다.

다윗의 찬양은 아무렇게나 부르는 노래가 아니다. 오직 하나님만 바라보며 주께서 인도하시는 대로 순종하겠다는 결의에 찬 노래다. 경주하는 사람은 한눈을 팔 수가 없다. 운전할 때도 어느 한쪽을 쳐다보면 차가 그 쪽으로 기울어진다. 물론 다윗이 하나님의 사랑과 정의를 노래한다고 해서 좋은 왕이 되는 것은 아니다. 그 자신이 먼저 하나님의 사랑과 정의 아래 지배를 받아야 한다. 그것이 '주목한다'는 말의 의미다.

다윗은 무슨 일이든지 자신이 앞서지 않고 하나님이 임재하심을 기다렸다. '내가 완전한 마음으로 집 안에서 행하리이다'는 가정사에서부터 모든 주도권을 하나님께 넘겨드리고 잠잠히 인도하심을 기다리겠다는 말이다. 다윗의 마음은 그처럼 순전하고 완전했다(integrity). 그런 마음으로 다윗이 하려는 일들은 무엇일까?

"나는 비천한 것을 내 눈앞에 두지 아니할 것이요 배교자들의 행위를 내가 미워하오리니 나는 그 어느 것도 붙들지 아니하리이다 사악한 마음이 내게서 떠날 것이니 악한 일을 내가 알지 아니하리로다"(3-4절).

다윗은 무익(비천)한 것을 좇지 않기로 작정했다. 하나님을 떠난 자들의 행위를 미워했다. 그런 자들과는 상종도 하지 않겠다고 다짐했다. 하나님 앞에서 자신을 거룩하게 지키겠다는 강한 의지다. 지도자는 주변 사람들로부터 영향을 받지 않아야 한다. 오히려 그들에게 선한 영향을 끼쳐야 한다. 언제나 곁에 가까이 있는 자들이 지도자를 넘어뜨린다. 그들은 아첨으로 왕의 눈과 귀를 막고 바른길에서 벗어나게 한다. 사악한 자는 구부러진 마음을 가지고 악을 행하는 자다. 악한 일을 알지 않겠다는 말은 악한 자들과 그들의 악행을 용납하지 않겠다는 말이다.

"자기의 이웃을 은근히 헐뜯는 자를 내가 멸할 것이요 눈이 높고 마음이 교만한 자를 내가 용납하지 아니하리로다 내 눈이 이 땅의 충성된 자를 살펴 나와 함께 살게 하리니 완전한 길에 행하는 자가 나를 따르리로다"(5-6절).

다윗은 은근히 이웃을 헐뜯는 자들도 멀리했다. 그들은 조만간 평지풍파를 일으킬 사람들이다. 눈이 높고 교만한 자도 멀리했다. 그는 왕의 자리를 탐낼 사람이다. 다윗은 이웃의 허물을 덮어 주고 겸손하며 맡은 일에 충성을 다하는 사람을 찾았다. 그런 사람만이 다윗과 동행할 것이다.

"거짓을 행하는 자는 내 집 안에 거주하지 못하며 거짓말하는 자는 내 목전에 서지 못하리로다 아침마다 내가 이 땅의 모든 악인을 멸하리니 악을 행하는 자는 여호와의 성에서 다 끊어지리로다"(7-8절).

다윗은 눈속임하는 자, 거짓 변명하는 자도 배척했다. 악을 행하는 자가 발견되면 가차 없이 끊어 버렸다. 이것이 다윗의 왕도(王道)였다.

〈시편 102편〉 고난 당한 자가 마음이 상하여 그의 근심을 여호와 앞에 토로하는 기도

괴로운 날에는

가장 힘든 일 중의 하나가 다른 사람의 어려운 사정을 들어주는 것이다. 가능하면 우리는 그런 자리를 피하려고 한다. 감정적으로 큰 부담이 되기 때문이다. 그런데 하나님은 우리들의 괴로운 이야기를 끝까지 들어주신다. 시인도 이 시에서 원수 때문에 겪는 괴로움과 상한 마음을 하나님께 쏟아놓고 있다.

"여호와여 내 기도를 들으시고 나의 부르짖음을 주께 상달하게 하소서 나의 괴로운 날에 주의 얼굴을 내게서 숨기지 마소서 주의 귀를 내게 기울이사 내가 부르짖는 날에 속히 내게 응답하소서"(1-2절).

친밀한 관계가 아니라면 이렇게 생생한 기도를 드릴 수가 없다. 자기의 괴로운 날에 못 본 체하지 마시고 그의 기도에 속히 응답해 달라고 하나님을 다그치고 있다. 보좌에 앉아 계신 하나님의 위엄, 내 기도가 그 보좌로 올라간다는 믿음, 그의 얼굴이 항상 나를 보고 계신다는 따뜻한 확신, 내 말을 들으시기 위해 윗몸을 구부리시고 귀를 기울이시는 그의 특별한 관심 그리고 나의 괴로움을 해결하실 수 있는 그의 능력, 이런 여러 가지 요소들이 시인으로 하여금 이렇게 간절한 기도를 드리게 했다.

기도의 유익은 무엇일까? 기도를 통하여 우리는 괴로움을 극복하고 문제를 해결할 수 있다. 기도하면 어려운 시절을 능히 견디어 낼 수 있다. 기도하는 사람은 무너지지 않는다. 절망 속에서도 소망의 나무를 키워 나간다. 그중에서도 가장 큰 유익은 하나님께로 더 가까이 다가가는 영적인 성숙이다. 어떤 사람들은 기도하기가 어렵다고 말한다. 기도는 형식이 아니라 관계다. 하나님과 우리 사이에 사랑의 관계가 형성되면 기도가 쉽고 즐겁다. 이제 시인이 당하고 있는 괴로움을 살펴보자.

"내 날이 연기같이 소멸하며 내 뼈가 숯같이 탔음이니이다 내가 음식 먹

기도 잊었으므로 내 마음이 풀같이 시들고 말라 버렸사오며 나의 탄식 소리로 말미암아 나의 살이 뼈에 붙었나이다 나는 광야의 올빼미 같고 황폐한 곳의 부엉이같이 되었사오며 내가 밤을 새우니 지붕 위의 외로운 참새 같으니이다"(3-7절).

하루가 연기처럼 덧없이 지나갔다. 근심이 뼛속까지 스며들더니 숯덩이로 만들었다. 가슴이 마른 풀처럼 오그라드니 숨 쉬기가 힘들고 입맛은 천 리 밖으로 달아났다. 음식을 먹지 못하니 살이 뼈에 달라붙어 피골이 상접(相接)했다. 욥도 그런 표현을 했다.

"내 피부와 살이 뼈에 붙었고 남은 것은 겨우 잇몸뿐이로구나"(욥기 19:20).

시인은 자신의 모습을 올빼미와 부엉이와 참새에 비유했다. 강조점은 그 새들이 처한 환경에 있다. 올빼미는 광야에서, 부엉이는 황폐한 땅에서, 그리고 참새는 지붕 위에서 밤을 지새운다. 이 새들의 외로움이 하나님께로부터 잊힌 시인의 처지를 잘 묘사하고 있다.

"내 원수들이 종일 나를 비방하며 내게 대항하여 미칠 듯이 날뛰는 자들이 나를 가리켜 맹세하나이다 나는 재를 양식같이 먹으며 나는 눈물 섞인 물을 마셨나이다"(8-9절).

하루 종일 무슨 말로 원수들이 시인을 조롱했을까? '저는 하나님께 버림받은 자'라고 비방했을까? 무엇 때문에 그들이 미친 듯이 날뛰었을까? 아직도 시인이 살아 있는 것이 못마땅하기 때문일까? 원수들은 시인이 망하기를 바랐다. 시인에게서 나쁜 소식이 들려오면 손뼉 칠 준비부터 하고 있었다. 그들은 시인을 가리켜 맹세했다. 이런 경우의 맹세는 저주를 의미한다. '하나님께 버림받은 자는 저 사람(시인)처럼 될 것이다' 하고 저주했을까? 시인은 불타고 남은 재를 먹었다. 재는 양식이 아니다. 재를 먹고 눈물 섞인 물을 마셨다는 말은 탄식과 슬픔을 먹고 마셨다는 말이다. 원수들은 시인의 망가져 가는 모습을 보면서 쾌재를 불렀다. 그러나 정작 시인이 당한 고통은 원수의 저주 때문이 아니었다.

"주의 분노와 진노로 말미암음이라 주께서 나를 들어서 던지셨나이다 내 날이 기울어지는 그림자 같고 내가 풀의 시들어짐 같으니이다"(10-11절).

주께서 분노와 진노로 시인을 멀리 던져 버리셨다. 그의 생명은 죽음에 이르고 기력은 들풀처럼 시들어갔다. 그의 남은 세월은 늦은 오후의 그림자처럼 신속히 날아갔다. 시인은 그가 당하는 괴로움의 근원을 원수들에게 두지 않았다. 하나님의 분노와 진노에서 찾았다. 그는 하나님 앞에서 자신의 불성실함을 인정했다. 하나님은 까닭 없이 분을 내는 분이 아니시기 때문이다.

이사야 22장에 보면 하나님께서 부패한 관리 셉나를 심판하시는 장면이 나온다. 셉나는 히스기야왕 때에 국고를 맡은 궁내 대신이었다. 그는 교만하여 언덕의 높은 곳 열왕들의 묘실이 있는 곳에 자기 무덤을 준비했다. 어느 날 하나님께서 이사야를 통해 호령하셨다.

> "주 만군의 여호와께서 이르시되 너는 가서 그 국고를 맡고 왕궁 맡은 자 셉나를 보고 이르기를 네가 여기와 무슨 관계가 있느냐 여기에 누가 있기에 여기서 너를 위하여 묘실을 팠느냐 높은 곳에 자기를 위하여 묘실을 팠고 반석에 자기를 위하여 처소를 쪼아 내었도다 나 여호와가 너를 단단히 결박하고 장사같이 세게 던지되 반드시 너를 모질게 감싸서 공같이 광막한 곳에 던질 것이라"(이사야 22:15-18a).

궁내 대신 셉나는 왕궁에서 그가 맡은 사명을 소홀히 했다. 이사야 39장에 보면 바벨론의 왕이 예물을 들고 히스기야왕의 병문안을 왔다. 그때 히스기야가 국고의 모든 보물들을 보여 주었다. 이 일이 빌미가 되어 훗날 바벨론이 유다를 침략했다. 누구의 잘못인가? 국고의 열쇠를 가지고 있는 셉나의 잘못이었다. 하나님께서 그의 잘못을 질책하시면서 그를 공처럼 광야에 던져 버리시겠다고 했다.

그런데 혹시 이 시인도 셉나처럼 불충성했기 때문에 하나님께서 그를 집어 던지셨을까? 물론 조금 다른 점이 있다. 이 시에 나오는 고통은 시인의 것일 뿐만 아니라 시온(이스라엘 민족)의 것이기 때문이다. 아무튼 그때 시인이 원수에게 시선을 고정시켰다면 그는 고통의 늪에서 헤어 나오지 못했을 것이다. 다행히 시인은 눈을 돌려 하나님을 바라보며 버림받은 감정을 추스르고 다시 주의 은혜를 사모했다.

"여호와여 주는 영원히 계시고 주에 대한 기억은 대대에 이르리이다 주께서 일어나사 시온을 긍휼히 여기시리니 지금은 그에게 은혜를 베푸실 때라 정한 기한이 다가옴이니이다"(12-13절).

12절과 13절은 이 시의 경첩(hinge) 역할을 한다. 지금까지는 말로 다 할 수 없는 괴로움을 토로했다. 그러나 이제부터는 탄식이 사라지고 시온에 계신 하나님을 찬양한다. 무엇이 시인을 이렇게 '탄식'에서 '찬양'으로 바꾸어 놓았을까? 그의 기도 때문이었다. 기도는 고난의 창문을 열고 찬송의 바람이 들어오게 한다. 시인은 기도 중에 영원하신 하나님을 찬양하며 그가 이전에 행하신 일들을 기억했다. 그때처럼 지금도 자리를 떨치고 일어나셔서 시온을 긍휼히 여기시고 은혜 베푸시기를 애원했다. 이스라엘 백성들에게 '정한 기한'은 특별한 의미를 지니고 있었다. 정한 기한이 되매 애굽에서 그들을 인도해 내셨고, 정한 기한이 되매 바벨론에서 귀환하게 해주셨다. 시인도 그 '때'를 기다렸다. 하나님께서 지금 그(들)를 잊으신 것처럼 보여도 영원히 잊으신 것은 아니다. 하나님의 때는 그의 긍휼하심에 달려 있다. 모래시계처럼 그의 긍휼과 인자가 쌓이면 마침내 구원의 때가 오리라고 시인은 확신했다. 지금 그 '때'가 눈앞에 임박해 있었다. 이제 시인의 즐거운 노래를 들어보자.

"주의 종들이 시온의 돌들을 즐거워하며 그의 티끌도 은혜를 받나이다 이에 뭇 나라가 여호와의 이름을 경외하며 이 땅의 모든 왕들이 주의 영광을 경외하리니 여호와께서 시온을 건설하시고 그의 영광 중에 나타나셨음이라 여호와께서 빈궁한 자의 기도를 돌아보시며 그들의 기도를 멸시하지 아니하셨도다"(14-17절).

시인의 시야가 내면에서 외면으로, 개인에서 '우리'로, 그리고 민족에서 '뭇 나라'로 확장되어 갔다. 비록 성전이 무너지고 돌들이 티끌처럼 부서졌지만 그곳에 계시던 하나님마저 떠나신 것은 아니다. 기도를 통하여 하나님과의 관계가 회복되자 시인의 눈에는 무너진 돌들도 아름답게 보이고 흩날리는 티끌도 은혜롭게 느껴졌다.

이제 하나님께서 무너진 시온성을 다시 세우시고 그의 능력을 나타내실 때가 되었다. '건설하고'와 '나타나셨다'는 동사는 완료형이다. 미래에 일어날 일들을 이미 일어나 버린 것처럼 표현하고 있다. 그때 뭇 나라들이 여호와를 경외하며 모든 왕들이 주의 이름을 높일 것이다. 그날을 기다리며 울부짖던 가난한 자들, 아무것도 남은 것이 없는 궁핍한 자들의 기도를 하나님께서 들으셨기 때문이다. 이 시인은 본인의 고통과 민족의 괴로움을 동일하게 여기고 있었다.

"이 일이 장래 세대를 위하여 기록되리니 창조함을 받을 백성이 여호와를 찬양하리로다 여호와께서 그의 높은 성소에서 굽어보시며 하늘에서 땅을 살펴보셨으니 이는 갇힌 자의 탄식을 들으시며 죽이기로 정한 자를 해

방하사 여호와의 이름을 시온에서, 그 영예를 예루살렘에서 선포하게 하려 하심이라 그때에 민족들과 나라들이 함께 모여 여호와를 섬기리로다" (18-22절).

하나님께서 지극히 높은 성소에서 몸을 굽혀 두루 살펴보셨다. 감옥에는 조만간 죽임을 당할 자들이 갇혀 있었다. 그들의 울부짖는 소리를 하나님께서 들으시고 그들을 감옥에서 풀려나 살게 해주실 것이다. 이 일로 인해 주의 이름이 시온에서 선포되고 예루살렘에서 찬양을 받으실 것이다. 그때에 모든 민족들과 나라들이 함께 모여서 여호와께 경배를 드릴 것이다. 이런 일들을 빠짐없이 기록하여 장래 세대들이 기억하고 하나님을 찬양하도록 해야 한다. 그것이 시인의 소원이었다.

"그가 내 힘을 중도에 쇠약하게 하시며 내 날을 짧게 하셨도다 나의 말이 나의 하나님이여 나의 중년에 나를 데려가지 마옵소서 주의 연대는 대대에 무궁하니이다"(23-24).

민족의 구원을 노래하던 시인은 불현듯 자신을 돌아보았다. 중년의 나이에 세상을 떠날지도 모른다는 두려움이 엄습해 왔다(이상하게도 중년을 지나면서 사람들은 한 번쯤 죽음을 생각한다). 그래서 시인은 '나의 하나님이여, 나를 중년에 데려가지 마옵소서' 하고 간청했다. 중년에 병들어 누워 있는 사람을 상상해 보라. 끝내야 할 일들이 한두 가지가 아니다. 자식들이 결혼하는 것을 보아야 하고, 시작한 사업도 궤도에 올려놓아야 한다. 그가 떠나면 누가 가족을 돌볼 것인가? 생각만 해도 기가 막혔다. 시인은 기도로 중년의 위기를 하나님의 영원하심에 붙들어 매었다. 그것은 일종의 영적인 접붙임이었다.

"주께서 옛적에 땅의 기초를 놓으셨사오며 하늘도 주의 손으로 지으신 바니이다 천지는 없어지려니와 주는 영존하시겠고 그것들은 다 옷같이 낡으리니 의복같이 바꾸시면 바뀌려니와 주는 한결같으시고 주의 연대는 무궁하리이다 주의 종들의 자손은 항상 안전히 거주하고 그의 후손은 주 앞에 굳게 서리이다 하였도다"(25-28절).

'창조주 하나님은 영원하시다!' 이것이 시인의 고백이었다. 인생과 만물이 낡아질지라도 하나님은 한결같으시며 영원무궁하시다고 믿었다. 그 믿음으로 시인은 중년의 위기에서 벗어나 주님 앞에 섰다. 그러자 괴로움과 질병과 죽음까지도 넘어설 수 있는 초월적 신앙의 문이 열렸다. 그 문을 들어서자 시간이 유한에서 무한으로 바뀌었다. 그곳은 바로 믿음의 세계였다.

〈시편 103편〉 다윗의 시

여호와를 찬양하는 이유

다윗은 '내 영혼아 여호와를 송축하라'는 말로 이 시의 처음과 마지막을 장식했다. 그는 여호와를 찬양하는 이유를 개인에서 민족으로, 민족에서 천군천사들에게로 확대해 갔다. 이 시에는 풍성한 찬양의 내용이 담겨 있다.

"내 영혼아 여호와를 송축하라 내 속에 있는 것들아 다 그의 거룩한 이름을 송축하라"(1절).

'송축'(바라크)은 '축복한다'와 '무릎을 꿇는다'는 의미가 있다. 그러므로 송축은 무릎을 꿇고 하나님을 축복한다는 의미다. 우리는 이 단어를 '찬양'으로 이해한다. 영혼이 깃들지 않은 입술의 찬양에는 감동이 없다. '내 속에 있는 것들'은 이성과 감성과 의지 곧 우리의 인격을 의미한다. 다윗은 이 모든 것들을 다하여 하나님의 거룩한 이름을 찬양하라고 권면한다. 왜냐하면 하나님께서 풍성한 은택을 베풀어 주셨기 때문이다. 다윗은 먼저 그가 개인적으로 받은 하나님의 은택을 기억했다.

"내 영혼아 여호와를 송축하며 그의 모든 은택을 잊지 말지어다 그가 네 모든 죄악을 사하시며 네 모든 병을 고치시며 네 생명을 파멸에서 속량하시고 인자와 긍휼로 관을 씌우시며 좋은 것으로 네 소원을 만족하게 하사 네 청춘을 독수리같이 새롭게 하시는도다"(2-5절).

하나님께서 다윗의 모든 죄를 용서해 주셨다. 그래서 마음속에 정죄의식이 사라졌다. 또 하나님은 다윗의 모든 병을 고쳐 주셨다. 지금은 건강하다는 이야기다. 은택 앞에 '모든'이라는 수식어를 붙여 하나님의 한량없는 은혜를 돋보이게 했다. 하나님은 다윗이 사지(死地)로 내몰릴 때 그의 생명을 보호하시고 지켜주셨다. 인자와 긍휼로 관을 씌워서 그의 명예도 회복시켜 주셨다. 뿐만 아니라 그의 소원을 만족케 해주셨다. 구하는 것보다 더 좋은 것들을 주셨다. 이 모든 은택을 받은 다윗의 모습은 마치 힘차게 창공을 날아오르는 독수리 같았다. 다윗은 사울왕 때문에 그의 초년을 힘겹게 보냈다. 그러나 하나님의 은택으로 그의 청춘이 독수리처럼 새롭게 되었다. 어찌 하나님을 찬양하지 않을 수 있겠는가.

기억이 중요하다. 다윗은 '내 영혼아 여호와를 송축하며 그의 모든 은택을 잊지 말지어다' 하고 스스로 다짐했다. 하나님께서 베푸신 은택을 기억하는 사람은 많은 재물을 모은 부자와 같다. 그러나 그 은택을 잊어버린 사람은 축복의 기회를 상실한 채 살아가는 가난한 사람과 같다. 나에게 악을 행한 사람들이나, 내가 실수하고 실패했던 일들은 가능하면 빨리 잊어야 한다. 그러나 하나님의 은택은 평생토록 기억하며 하나님을 찬양해야 한다. 그러면 받은 은택이 더욱 풍성하게 된다. 다윗은 6절부터 18절까지 하나님께서 이스라엘에게 베푸신 은택을 하나씩 기억했다.

"여호와께서 공의로운 일을 행하시며 억압당하는 모든 자를 위하여 심판하시는도다 그의 행위를 모세에게, 그의 행사를 이스라엘 자손에게 알리셨도다"(6–7절).

다윗은 애굽에서 이스라엘 백성들에게 베푸신 하나님의 은혜를 노래했다. 출애굽 사건은 모세오경의 핵심으로서 이스라엘 백성들이 두고두고 경험하는 하나님의 은택이다. 우리도 성경에 기록된 사건들을 읽으면서 하나님의 선하심과 인자하심을 맛볼 수 있다. 성경을 읽는 유익이 여기에 있다. 하나님께서 이스라엘에게 베푸신 은택들은 무엇인가? 다윗은 먼저 하나님의 성품을 들었다.

"여호와는 긍휼이 많으시고 은혜로우시며 노하기를 더디 하시고 인자하심이 풍부하시도다 자주 경책하지 아니하시며 노를 영원히 품지 아니하시리로다"(8–9절).

8절은 하나님께서 모세에게 자신을 소개하신 말씀이다(출애굽기 34:6). 만일 하나님께서 날마다 우리의 죄를 추궁하시면 누가 그 앞에 설 수 있겠는가? 하나님께서 그의 노를 영원히 품으시면 누가 견딜 수 있겠는가? 자주 경책하지 않으시고 노를 영원히 품지 않으신다는 말은 하나님께서 우리를 불쌍히 여기신다는 뜻이다. 다윗은 백성들의 죄를 용서하시는 하나님의 인자하신 성품을 찬양했다.

"우리의 죄를 따라 우리를 처벌하지는 아니하시며 우리의 죄악을 따라 우

리에게 그대로 갚지는 아니하셨으니 이는 하늘이 땅에서 높음같이 그를 경외하는 자에게 그의 인자하심이 크심이로다"(10-11절).

만일 어떤 사람이 백만 달러의 빚을 졌는데 채권자가 그 절반을 탕감해 주었다고 가정해 보자. 얼마나 고맙겠는가. 하나님께서는 우리 죄의 절반이 아닌 전부를 탕감해 주셨다. 이 말씀은 신약에 이르러 온전히 성취되었다. 십자가에 달려 돌아가신 그의 아들의 보배로운 피로 우리 죗값을 완전히 갚아 주셨기 때문이다. 뿐만 아니라 하나님을 경외하는 자에게 그의 양자가 되는 사랑도 베풀어 주셨다. 그 사랑은 하늘이 땅에서 높음같이 무엇과도 비교할 수 없는 완전한 사랑이었다. 다윗은 하나님의 사랑을 이렇게 묘사했다.

"동이 서에서 먼 것같이 우리의 죄과를 우리에게서 멀리 옮기셨으며 아버지가 자식을 긍휼히 여김같이 여호와께서는 자기를 경외하는 자를 긍휼히 여기시나니 이는 그가 우리의 체질을 아시며 우리가 단지 먼지뿐임을 기억하심이로다"(12-14절).

하나님께서 그를 경외하는 자들의 죄를 용서하셨다. 용서는 말이 아니다. 동(東)이 서(西)에서 먼 것처럼 우리의 죄와 그 결과들을 멀리 옮겨 주시는 하나님의 인자하신 행위다. 동은 서에서 얼마나 멀리 떨어져 있을까? 무한해서 아무도 측량할 수가 없다. 하나님의 사랑도 마찬가지다. 미가 선지자는 하나님의 용서하시는 사랑을 깊은 바다에 비유했다.

> "주와 같은 신이 어디 있으리이까 주께서는 죄악과 그 기업에 남은 자의 허물을 사유하시며 인애를 기뻐하시므로 진노를 오래 품지 아니하시나이다 다시 우리를 불쌍히 여기셔서 우리의 죄악을 발로 밟으시고 우리의 모든 죄를 깊은 바다에 던지시리이다"(미가 7:18-19).

다윗은 하나님의 사랑을 '아버지의 사랑'으로 예를 들었다. 그러나 우리는 이런 예가 얼마나 제한적인지 잘 안다. 우리의 자식 사랑이 너무 유한하기 때문이다. 그런데 왜 하나님께서 우리를 이렇게 사랑하실까? 하나님 자신이 우리의 체질을 아시며 우리가 먼지일 뿐임을 알고 계시기 때문이다. 우리는 쉽게 유혹에 넘어가 죄를 짓는 체질을 가지고 있다. 우리는 스스로 회복될 수 없는 먼지 같은 존재다. 하나님께서 우리를 너무나 잘 알고 계신다. 그가 우리를 지으셨기 때문이다. 그래서 사랑하신다.

"인생은 그 날이 풀과 같으며 그 영화가 들의 꽃과 같도다 그것은 바람이

지나가면 없어지나니 그 있던 자리도 다시 알지 못하거니와 여호와의 인자하심은 자기를 경외하는 자에게 영원부터 영원까지 이르며 그의 의는 자손의 자손에게 이르리니 곧 그의 언약을 지키고 그의 법도를 기억하여 행하는 자에게로다"(15-18절).

캘리포니아의 사막에 겨울비가 내리면 온 땅이 초록색으로 뒤덮힌다. 그러나 두세 달이 지나 여름이 오면 들풀들이 말라간다. 그러다가 가을 바람이 불면 앙상한 풀줄기들이 바람에 뽑혀 날아간다. 그것이 인생이다. 그래서 사람들은 인생에 큰 의미를 부여하지 않는다. 특히 장례식이 있는 날, 묘지를 걸으며 묘비들을 읽다 보면 그런 무상함이 더 느껴진다. 그런데 하나님은 자기를 경외하는 자를 그의 영원하심에 연결시켜 주신다. 그리하여 우리는 아버지의 집에서 영원히 살게 된다. 우리는 스스로를 무가치하게 생각하지만 하나님께서는 우리를 존귀하게 여겨 주신다. 그 아들의 핏값으로 사셨기 때문이다. 하나님께서는 성도들의 자손까지 돌보아 주신다. 그의 언약을 지키고 그의 말씀을 기억하며 순종하는 모든 자들에게 동일한 은혜를 베푸신다.

"여호와께서 그의 보좌를 하늘에 세우시고 그의 왕권으로 만유를 다스리시도다 능력이 있어 여호와의 말씀을 행하며 그의 말씀의 소리를 듣는 여호와의 천사들이여 여호와를 송축하라 그에게 수종들며 그의 뜻을 행하는 모든 천군이여 여호와를 송축하라"(19-21절).

하나님께서 그의 왕권으로 온 세상을 다스리신다. 천사들도 그의 다스림을 받는다. 천군과 천사들이 하는 일은 동일하다. 그들은 하나님께서 말씀하신 일들이 이루어지도록 순종하며 섬긴다. 다윗은 그의 찬양에 천군과 천사들을 초청했다. 하나님의 다스리심을 아래 있는 모든 사람들도 초청했다. 다윗의 찬송이 우주에 울려 퍼졌다.

"여호와의 지으심을 받고 그가 다스리시는 모든 곳에 있는 너희여 여호와를 송축하라 내 영혼아 여호와를 송축하라"(22절).

하나님의 선하심과 인자하심을 우리 이웃들에게 증거하자. 그들을 우리의 찬양에 초청해 보자. 하나님을 찬양하는 긍정적인 파장이 온 세계에 퍼져 나가게 하자. 그때 우리는 복의 근원이 될 것이다.

〈시편 104편〉

평생에 하고 싶은 일

성경학자들은 이 시와 다윗이 지은 103편을 하나로 보고 있다. 두 시 모두 '내 영혼아 여호와를 송축하라'로 시작하고 끝을 맺기 때문이다. 누군가 다윗에게 '당신의 남은 평생에 꼭 하고 싶은 일이 있다면 무엇인가?' 하고 묻는다면 그는 어떻게 대답할까? 예상되는 다윗의 대답이 이 시의 33절에 있다. "내가 평생토록 여호와께 노래하며 내가 살아 있는 동안 내 하나님을 찬양하리로다."

다윗의 평생 소원은 여호와께 노래하고 하나님을 찬양하는 것뿐이었다. 우리가 자주 부르는 찬송가 450장에 '내 평생 소원 이것뿐 주의 일하다가 이 세상 이별하는 날 주 앞에 가리라'는 가사가 있다. 평생 주의 일을 하는 것도 복이다. 그러나 하나님께서 일보다 찬양을 더 좋아하신다. 찬양이 없으면 일하는 즐거움도 없다. 살다 보면 한숨과 탄식이 나오고 기가 막힐 때가 있다. 그러나 다윗은 날마다 노래하기로 작정했다.

"내 영혼아 여호와를 송축하라 여호와 나의 하나님이여 주는 심히 위대하시며 존귀와 권위로 옷 입으셨나이다"(1절).

다윗은 마음으로 하나님을 그려보았다. 하나님은 심히 위대하시며 존귀와 권위로 옷을 입고 계셨다. 곤룡포(袞龍袍)를 입고 보좌에 앉아 있는 왕의 모습이 연상된다. 다윗은 상상의 나래를 펴고 묵상의 세계로 들어갔다.

"주께서 옷을 입음같이 빛을 입으시며 하늘을 휘장같이 치시며 물에 자기 누각의 들보를 얹으시며 구름으로 자기 수레를 삼으시고 바람 날개로 다니시며 바람을 자기 사신으로 삼으시고 불꽃으로 자기 사역자를 삼으시며 땅에 기초를 놓으사 영원히 흔들리지 아니하게 하셨나이다"(2-5절).

눈을 감고 들어보면 마치 창세기 1장을 읽는 것 같다. 주께서 빛을 지으시고, 하늘을 펼치시며, 누각의 들보처럼 땅을 물에서 드러나게 하셨다. 하늘 아래를 구름으로 채우시고, 그 사이로 바람이 달려 다니게 하시는데 온 우주는 흔들림 없이 서 있다. 하나님께서 이 모든 것들을 통제하고 계시기 때문이다. 다윗의 묵상이 계속되었다.

"옷으로 덮음같이 주께서 땅을 깊은 바다로 덮으시매 물이 산들 위로 솟아올랐으나 주께서 꾸짖으시니 물은 도망하며 주의 우렛소리로 말미암아 빨리 가며 주께서 그들을 위하여 정하여 주신 곳으로 흘러갔고 산은 오르고 골짜기는 내려갔나이다 주께서 물의 경계를 정하여 넘치지 못하게 하시며 다시 돌아와 땅을 덮지 못하게 하셨나이다"(6-9절).

사람들은 바닷가에 서서 무슨 생각을 할까? 시인은 '옷으로 덮음같이 주께서 땅을 깊은 바다로 덮으셨다'고 생각했다. 이것은 창조의 서사시다. '물이 산들 위로 솟아올랐다'는 말은 노아의 홍수 이야기다. 150여 일 동안 높은 산을 덮고 있던 물들이 바다로 흘러 들어가자 산은 올라가고 골짜기는 내려갔다. 근래에 창조과학자들이 주장하는 내용과 유사하다. 그 이후에 바닷물이 다시 산 위로 올라간 적이 없었다. 나는 바닷가에 설 때마다 하나님의 능력에 경이로움을 느끼곤 한다. 하나님께서 물의 경계를 정하시고 다시는 돌아와 땅을 덮지 못하게 하셨기 때문이다. 겨우 2미터도 되지 않는 해변의 모래언덕 앞에 바닷물이 겸손하게 멈추어 선다. 하나님의 명령 때문이다(물론 해일이 일어나는 경우는 예외지만). 다윗은 산과 바다로부터 골짜기와 샘들 위로 묵상의 날개를 펴고 날아다녔다.

"여호와께서 샘을 골짜기에서 솟아나게 하시고 산 사이에 흐르게 하사 각종 들짐승에게 마시게 하시니 들나귀들도 해갈하며 공중의 새들도 그 [샘물들] 가에서 깃들이며 나뭇가지 사이에서 지저귀는도다 그가 그의 누각에서부터 산에 물을 부어 주시니 주께서 하시는 일의 결실이 땅을 만족시켜 주는도다"(10-13절).

하나님께서 들나귀나 공중의 새들에게 물을 주시고 돌보신다. 수분을 섭취한 나무들이 열매를 맺고 밭의 곡식들은 살쪄 간다. 시인은 골짜기에 흐르는 생수도 하나님께서 높은 집에서 흘려보내셨다고 노래한다.

우리는 돈을 주고 물을 사 먹는 시대에 살고 있다. 그러나 가장 좋은 물은 골짜기에 흐르는 물이다. 한번은 요세미티 공원 입구에 차를 세우고 그 물로 앞 유리를 닦은 적이 있다. 수많은 곤충 사체(死體)들이 앞 유리창에 겹겹이 덮여 있었다. 나는 수건에 골짜기의 물을 묻혀서 유리를 닦기 시작했다. 비누가 없으니 여러 번 닦는 수고를 해야겠다고 미리 각오하면서. 그런데 놀랍게도 수건이 한 번 스쳤을 뿐인데 유리가 깨끗해졌다. 두 번 닦을 필요도 없었다. 하나님께서 지으신 계곡물보다 더 좋은 물이 없다. 그런 물이 온 계곡에 지천으로 흘러가고 있었다.

"그가 가축을 위한 풀과 사람을 위한 채소를 자라게 하시며 땅에서 먹을 것이 나게 하셔서 사람의 마음을 기쁘게 하는 포도주와 사람의 얼굴을 윤택하게 하는 기름과 사람의 마음을 힘있게 하는 양식을 주셨도다"(14-15절).

다윗은 골짜기와 샘물을 지나 평지로 나갔다. 그곳에는 가축들을 위한 초장과 농부들을 위한 기름진 농경지가 끝없이 펼쳐져 있었다. 땅 1세제곱센티미터 속에는 수억 마리의 미생물들이 살고 있다. 그것들이 곡식과 풀과 나무에게 영양분을 공급한다. 미생물이 사는 흙의 깊이는 겨우 2피트(약 60센티미터)에 불과하다. 다윗은 풀과 채소들이 자라는 모습을 보면서 하나님의 놀라우신 능력을 찬양했다. 그러자 감사가 넘쳐났다.

"여호와의 나무에는 물이 흡족함이여 곧 그가 심으신 레바논 백향목들이로다 새들이 그 속에 깃들임이여 학은 잣나무로 집을 삼는도다 높은 산들은 산양을 위함이여 바위는 너구리의 피난처로다"(16-18절).

창조주 하나님께서 만물을 돌보신다. 나무들에게 수분과 햇볕을 공급하시고 날짐승과 들짐승들에게 있을 처소를 마련해 주신다. 하나님이 지으신 세계에는 국경이 없다. 이스라엘의 새들은 레바논의 백향목에 가서 쉬고, 레바논의 학들은 갈릴리의 늪지대에 와서 물고기를 잡아먹는다. 하나님께서 산의 나무들로 새들의 거처가 되게 하시고, 높은 바위들로 짐승들의 피난처가 되게 하신다.

"여호와께서 달로 절기를 정하심이여 해는 그 지는 때를 알도다 주께서 흑암을 지어 밤이 되게 하시니 삼림의 모든 짐승이 기어나오나이다 젊은 사자들은 그들의 먹이를 쫓아 부르짖으며 그들의 먹이를 하나님께 구하다가 해가 돋으면 물러가서 그들의 굴 속에 눕고 사람은 나와서 일하며 저녁까지 수고하는도다"(19-23절).

다윗은 자연 세계를 관찰하다가 놀라운 사실을 깨달았다. 그것은 마치 저녁에 달이 뜨고 아침에 해가 뜨는 것처럼 모든 생물들에게 활동 시간이 정해져 있다는 사실이었다. 밤이 되면 짐승들이 활동을 시작한다.

그러나 해가 뜨면 먹이를 쫓던 사자들도 굴 속에 들어가서 휴식을 취한다. 그런가 하면 사람은 동트는 시간부터 땅거미가 내려앉는 시간까지 일하다가 저녁이면 수면을 취한다. 모두 하나님께서 정해 놓으신 질서다.

"여호와여 주께서 하신 일이 어찌 그리 많은지요 주께서 지혜로 그들을 다 지으셨으니 주께서 지으신 것들이 땅에 가득하니이다 거기에는 크고 넓은 바다가 있고 그 속에는 생물 곧 크고 작은 동물들이 무수하니이다 그곳에는 배들이 다니며 주께서 지으신 리워야단이 그 속에서 노나이다 이것들은 다 주께서 때를 따라 먹을 것을 주시기를 바라나이다 주께서 주신즉 그들이 받으며 주께서 손을 펴신즉 그들이 좋은 것으로 만족하다가 주께서 낯을 숨기신즉 그들이 떨고 주께서 그들의 호흡을 거두신즉 그들은 죽어 먼지로 돌아가나이다"(24-29절).

이번에는 바다로 눈을 돌렸다. 리워야단은 전설적인 바닷속 생물이다. 하나님께서는 크고 작은 물고기들을 먹여 살리시다가 때가 되면 바닷속 먼지가 되게 하신다. 만일 바다에 살던 생물들의 사체가 모두 해변에 떠올라 악취를 풍긴다면 어떻게 되겠는가? 하나님은 천지를 창조하셨을 뿐만 아니라 관리도 철저하게 해주신다.

"주의 영을 보내어 그들을 창조하사 지면을 새롭게 하시나이다 여호와의 영광이 영원히 계속할지며 여호와는 자신께서 행하시는 일들로 말미암아 즐거워하시리로다 그가 땅을 보신즉 땅이 진동하며 산들을 만지신즉 연기가 나는도다"(30-32절).

하나님께서 쳐다보시니 지진이 일어나고, 만지시니 화산이 터졌다. 다윗이 하나님의 권세와 능력을 시적으로 표현하는 방식이다.

"내가 평생토록 여호와께 노래하며 내가 살아 있는 동안 내 하나님을 찬양하리로다 나의 기도를 기쁘게 여기시기를 바라나니 나는 여호와로 말미암아 즐거워하리로다 죄인들을 땅에서 소멸하시며 악인들을 다시 있지 못하게 하시리로다 내 영혼아 여호와를 송축하라 할렐루야"(33-35절).

다윗의 평생 소원은 하나님을 찬양하는 것이었다. 왕의 평생 소원이 하나님을 찬송하는 것이라면 우리도 한번 진지하게 생각해 볼 필요가 있지 않을까? 평생토록 하나님을 찬송하는 사람은 복 있는 사람이다.

〈시편 105편〉

여호와를 자랑하라

성도들에게는 세상에 없는 자랑거리가 하나 있다. 그것은 하나님을 아는 지식이다. 시인은 역사적 사건들을 통하여 그 지식을 자랑하고 있다.

"여호와께 감사하고 그의 이름을 불러 아뢰며 그가 하는 일을 만민 중에 알게 할지어다 그에게 노래하며 그를 찬양하며 그의 모든 기이한 일들을 말할지어다 그의 거룩한 이름을 자랑하라 여호와를 구하는 자들은 마음이 즐거울지로다 여호와와 그의 능력을 구할지어다 그의 얼굴을 항상 구할지어다 그의 종 아브라함의 후손 곧 택하신 야곱의 자손 너희는 그가 행하신 기적과 그의 이적과 그의 입의 판단을 기억할지어다"(1-6절).

시인은 세상을 향한 이스라엘의 사명을 강조했다. 하나님께 감사하며 그의 이름을 세상에 알리고, 그가 행하신 기이한 일들을 만민 중에 알게 하며 그를 찬양하라고 했다. 무엇보다도 세상에 한 분뿐이신 하나님, 그의 거룩한 이름을 자랑하라고 했다. 그의 능력과 얼굴을 구하며 그가 행하셨던 놀라운 일들을 기억하라고 당부했다. 이것은 하나님께서 아브라함과 야곱의 자손들에게 주신 명령이다.

"그는 여호와 우리 하나님이시라 그의 판단이 온 땅에 있도다 그는 그의 언약 곧 천 대에 걸쳐 명령하신 말씀을 영원히 기억하셨으니 이것은 아브라함과 맺은 언약이고 이삭에게 하신 맹세이며 야곱에게 세우신 율례 곧 이스라엘에게 하신 영원한 언약이라 이르시기를 내가 가나안 땅을 네게 주어 너희에게 할당된 소유가 되게 하리라 하셨도다"(7-11절).

하나님께서 아브라함과 이삭과 야곱과 맺으신 언약은 곧 이스라엘 백성들과 맺은 언약이다. 하나님께서 그 언약을 잊지 않으신 것처럼 이스라엘 백성들도 잊지 않아야 한다. 그것은 천 대에 걸친 언약, 곧 영원한 언약이기 때문이다. 언약의 핵심은 가나안 땅을 그들의 소유로 주시겠다는 약속이었다. 하나님은 그 언약을 이루실 때까지 이스라엘을 기르시고 보호하셨다.

"그때에 그들의 사람 수가 적어 그 땅의 나그네가 되었고 이 족속에게서 저 족속에게로, 이 나라에서 다른 민족에게로 떠돌아다녔도다 그러나 그는 사람이 그들을 억압하는 것을 용납하지 아니하시고 그들로 말미암아 왕들을 꾸짖어 이르시기를 나의 기름 부은 자를 손대지 말며 나의 선지자들을 해하지 말라 하셨도다"(12–15절).

이스라엘이 아직 씨족 사회에 머물러 있던 시절을 묘사하고 있다. 새가 길 바닥에 떨어진 씨를 주워 먹듯이, 주변의 부족들이 아브라함과 이삭과 야곱의 가족들을 얼마든지 삼켜 버릴 수 있었다. 그러나 하나님께서 연약한 순과 같은 이스라엘을 그의 손으로 보호해 주셨다. 아브라함을 애굽 왕과 아비멜렉 왕으로부터, 이삭을 또 다른 아비멜렉 왕으로부터, 그리고 야곱을 외삼촌 라반과 세겜 사람들로부터, 이스라엘을 애굽의 바로 왕으로부터 보호해 주셨다. 하나님께서 선지자들을 보호하시고 '나의 기름 부은 자들을 만지지도 말라' 하고 엄히 명하셨다.

"그가 또 그 땅에 기근이 들게 하사 그들이 의지하고 있는 양식을 다 끊으셨도다 그가 한 사람을 앞서 보내셨음이여 요셉이 종으로 팔렸도다 그의 발은 차꼬를 차고 그의 몸은 쇠사슬에 매였으니 곧 여호와의 말씀이 응할 때까지라 그의 말씀이 그를 단련하였도다 왕이 사람을 보내어 그를 석방함이여 뭇 백성의 통치자가 그를 자유롭게 하였도다 그를 그의 집의 주관자로 삼아 그의 모든 소유를 관리하게 하고 그의 뜻대로 모든 신하를 다스리며 그의 지혜로 장로들을 교훈하게 하였도다 이에 이스라엘이 애굽에 들어감이여 야곱이 함의 땅에 나그네가 되었도다"(16–23절).

이스라엘이 경험한 모든 사건의 배후에는 하나님의 섭리가 있었다. 요셉이 애굽에 팔려간 것도, 그가 억울하게 갇힌 것도, 그를 애굽의 총리로 세우신 것도, 그리고 하필 그때 애굽과 가나안 땅에 기근이 든 것도, 야곱의 집에 양식이 다 떨어진 것도, 모두 다 여호와의 언약이 이루어지는 과정들이었다. 때가 되자 하나님께서 이스라엘을 양육하시기 위해 야곱의 가족들을 애굽으로 불러들이셨다. 모든 일들이 하나님의 주권 아래 착착 진행되었다.

"여호와께서 자기의 백성을 크게 번성하게 하사 그의 대적들보다 강하게

하셨으며 또 그 대적들의 마음이 변하게 하여 그의 백성을 미워하게 하시며 그의 종들에게 교활하게 행하게 하셨도다 그리하여 그는 그의 종 모세와 그의 택하신 아론을 보내시니 그들이 그들의 백성 중에서 여호와의 표적을 보이고 함의 땅에서 징조들을 행하였도다"(24-27절).

이 짧은 네 구절에 이스라엘의 4백 년 역사가 요약되어 있다. 요셉이 총리로 섬겼던 왕조시대에는 이스라엘이 번성했다. 그러나 새로운 왕조가 들어서면서 핍박이 시작되었다. 그 무렵 이스라엘의 숫자가 2백여만 명에 이르렀다. 이스라엘의 세력이 두려웠던 바로는 이스라엘을 말살시키려는 계획을 세웠다. 이제 약속의 땅 가나안으로 돌아갈 때가 되었다.

"여호와께서 흑암을 보내사 그곳을 어둡게 하셨으나 그들은 그의 말씀을 지키지 아니하였도다 그들의 물도 변하여 피가 되게 하사 그들의 물고기를 죽이셨도다 그 땅에 개구리가 많아져서 왕의 궁실에도 있었도다 여호와께서 말씀하신즉 파리 떼가 오며 그들의 온 영토에 이가 생겼도다 비 대신 우박을 내리시며 그들의 땅에 화염을 내리셨도다. 그들의 포도나무와 무화과나무를 치시며 그들의 지경에 있는 나무를 찍으셨도다 여호와께서 말씀하신즉 황충과 수많은 메뚜기가 몰려와 그들의 땅에 있는 모든 채소를 먹으며 그들의 밭에 있는 열매를 먹었도다 또 여호와께서 그들의 기력의 시작인 그 땅의 모든 장자를 치셨도다"(28-36절).

시인은 출애굽 과정에서 베푸신 열 가지 재앙들을 자세히 기록하고 있다. 재앙을 내린 이유는 단 하나, 애굽 왕 바로가 하나님의 말씀을 무시하고 지키지 않았기 때문이다. 그는 하나님께서 말씀하시면 반드시 성취된다는 진리를 모르고 있었다.

"마침내 그들을 인도하여 은 금을 가지고 나오게 하시니 그의 지파 중에 비틀거리는 자가 하나도 없었도다 그들이 떠날 때에 애굽이 기뻐하였으니 그들이 그들을 두려워함이로다 여호와께서 낮에는 구름을 펴사 덮개를 삼으시고 밤에는 불로 밝히셨으며 그들이 구한즉 메추라기를 가져오시고 또 하늘의 양식으로 그들을 만족하게 하셨도다 반석을 여신즉 물이 흘러나와 마른 땅에 강같이 흘렀으니 이는 그의 거룩한 말씀과 그의 종 아브라함을 기억하셨음이로다 그의 백성이 즐겁게 나오게 하시며 그의 택한 자는 노래하며 나오게 하시고 여러 나라의 땅을 그들에게 주시며 민족들이 수고한 것을 소유로 가지게 하셨으니 이는 그들이 그의 율례를 지키고 그

의 율법을 따르게 하려 하심이로다 할렐루야"(37-45절).

하나님께서 이스라엘을 빈손으로 나오게 하지 않으셨다. 애굽 사람들에게 은 금을 구하게 하시니 그들이 순순히 내주었다. 그러면 이스라엘 사람들이 애굽 사람들의 재물을 탈취했다는 말인가? 아니다. 이스라엘 백성들은 당연히 받을 것을 받았다. 그들이 받은 물품들은 종살이한 대가였다. 그런데 좀 특이한 표현이 있다. 이스라엘이 애굽을 떠날 때에 애굽인들이 모두 기뻐했다는 표현이다. 그들은 열 가지 재앙을 통해 큰 고통을 경험했다. 그런데 이스라엘 백성들을 다시 보지 않을 것이라고 생각하니 기뻤을 것이다. 하나님께서 한 번 하시는 일에 여러 가지 효과가 나타났다.

시인은 이어서 광야 40년 생활을 요약했다. 특이한 점은 이스라엘 백성들이 광야에서 당했던 고통, 하나님을 거역했다가 받은 형벌, 그들의 끊임없는 불평 등은 하나도 기록하지 않았다는 점이다. 기억은 그렇게 해야 한다. 좋았던 점들, 은혜로웠던 일들, 즐거웠던 일들만 기억해야 한다. 왜냐하면 하나님께서도 그들의 불평과 범죄를 다 잊어버리셨기 때문이다.

광야에서 하나님이 행하셨던 놀라운 일들을 살펴보자. 낮에는 구름을 펴서 덮개처럼 덮어 주셨다. 매일 그렇게 하셨을까? 그랬을 것이다. 밤에는 불기둥을 세우셔서 광야를 밝혀 주셨다. 아무리 많은 가로등을 세운들 불기둥 하나만 하겠는가. 백성들이 고기를 구하니 하나님께서 메추라기를 가져다주셨다. 그렇게 만나도 주시고 물도 주셨다. 2백만 명에게 필요한 것들을 공급하느라 천사들이 분주했을 것이다. 하나님께서 어느 민족에게 이런 일을 행하신 적이 있었던가? 없었다. 그런데 왜 이스라엘 백성들에게만 그렇게 특별한 대접을 하셨을까? 시인은 하나님께서 아브라함과 맺은 언약 때문이라고 했다. 인류 역사에서 조상 덕을 가장 많이 입은 민족이 이스라엘이다. 그러므로 마땅히 하나님께 감사해야 한다. 하나님께서 언약을 지키시니 그들은 즐겁게 춤을 추며 광야를 지나서 가나안 땅을 기업으로 얻었다.

긴 이야기를 마친 시인은 이스라엘 백성들을 둘러보며 '이런 일을 행하신 하나님을 온 세상에 자랑해야 마땅하지 않겠느냐'고 물었다. 우리는 오늘 하나님의 어떤 점을 자랑할 수 있을까? 기억해 보자.

〈시편 106편〉

우리가 범죄하였나이다

78편, 105편, 106편은 모두 이스라엘의 역사를 기억하는 시들이다. 다른 점이 있다면 78편은 교훈을 목적으로, 105편은 감사를 목적으로, 106편은 이스라엘의 죄를 회개할 목적으로 지어졌다.

"할렐루야 여호와께 감사하라 그는 선하시며 그 인자하심이 영원함이로다 누가 능히 여호와의 권능을 다 말하며 주께서 받으실 찬양을 다 선포하랴 정의를 지키는 자들과 항상 공의를 행하는 자는 복이 있도다 여호와여 주의 백성에게 베푸시는 은혜로 나를 기억하시며 주의 구원으로 나를 돌보사 내가 주의 택하신 자가 형통함을 보고 주의 나라의 기쁨을 나누어 가지게 하사 주의 유산을 자랑하게 하소서"(1-5절).

시인은 이스라엘의 죄를 회개하기 전에 하나님의 선하심과 인자하심을 먼저 찬양했다. 이것은 하나님의 용서와 회복을 기대하는 찬양이다. '항상 공의를 행하는 자는 복이 있도다.' 이 말의 숨은 뜻은 '그런데 우리가 그렇게 살지 못했다'는 자책이다. 이제 남은 희망은 하나님의 은혜와 구원에 달려 있다. 그래서 시인은 '주께서 그의 백성을 형통하게 하심을 보고 기뻐하며, 나도 주의 백성 중에 하나임을 자랑하게 해달라'고 기도했다.

"우리가 우리의 조상들처럼 범죄하여 사악을 행하며 악을 지었나이다 우리의 조상들이 애굽에 있을 때 주의 기이한 일들을 깨닫지 못하며 주의 크신 인자를 기억하지 아니하고 바다 곧 홍해에서 거역하였나이다 그러나 여호와께서는 자기의 이름을 위하여 그들을 구원하셨으니 그의 큰 권능을 만인이 알게 하려 하심이로다 이에 홍해를 꾸짖으시니 곧 마르니 그들을 인도하여 바다 건너가기를 마치 광야를 지나감 같게 하사 그들을 그 미워하는 자의 손에서 구원하시며 그 원수의 손에서 구원하셨고 그들의 대적들은 물로 덮으시매 그들 중에서 하나도 살아 남지 못하였도다 이에 그들이 그의 말씀을 믿고 그를 찬양하는 노래를 불렀도다"(6-12절).

시인은 그가 고백하는 죄의 범위를 '우리와 조상들'로 확대시켰다. 조상들처럼 그들도 똑같은 죄를 범하고 있다는 말이다. 조상들은 애굽에서 보여 주신 하나님의 권능을 잊어버리고 홍해 앞에서 하나님을 거역했다. 그럼에도 하나님은 홍해를 가르시고 그들을 구원하셨다. 그제야 조상들은 하나님의 말씀을 신뢰하고 그를 찬양했다.

"그러나 그들은 그가 행하신 일을 곧 잊어버리며 그의 가르침을 기다리지 아니하고 광야에서 욕심을 크게 내며 사막에서 하나님을 시험하였도다 그러므로 여호와께서는 그들이 요구한 것을 그들에게 주셨을지라도 그들의 영혼은 쇠약하게 하셨도다"(13-15절).

시인의 조상들은 집단적인 건망증이 있어서 하나님의 베푸신 은혜를 몇 날이 못 되어 잊어버렸다. 어찌 그들뿐이겠는가? 은혜를 잊어버리면 불평이 나온다. 불평은 욕심의 산물이다. 욕심은 하나님의 선한 약속을 의심하게 한다. 의심하면 유대감이 사라지고 관계가 소원해진다. 이스라엘의 영혼이 점차 쇠약해진 까닭은 광야의 환경 때문이 아니었다. 하나님을 향한 그들의 불신앙 때문이었다. 그럼에도 하나님은 그들의 요구를 다 들어주셨다. 하나님은 사람 같지 않으셨다. 이번에도 은혜로 죄를 덮어 주셨다. 그러나 이스라엘의 범죄는 그치지 않았다.

"그들이 진영에서 모세와 여호와의 거룩한 자 아론을 질투하매 땅이 갈라져 다단을 삼키며 아비람의 당을 덮었고 불이 그들의 당에 붙음이여 화염이 악인들을 살랐도다 그들이 호렙에서 송아지를 만들고 부어 만든 우상을 경배하여 자기 영광을 풀 먹는 소의 형상으로 바꾸었도다 애굽에서 큰 일을 행하신 그의 구원자 하나님을 그들이 잊었나니 그는 함의 땅에서 기사와 홍해에서 놀랄 만한 일을 행하신 이시로다 그러므로 여호와께서 그들을 멸하리라 하셨으나 그가 택하신 모세가 그 어려움 가운데에서 그의 앞에 서서 그의 노를 돌이켜 멸하시지 아니하게 하였도다"(16-23절).

잠시 시간을 내어 출애굽기 14-17장, 32장 그리고 민수기 16장을 읽어보자. 그러면 이 시를 이해하는 데 도움이 될 것이다. 시인의 조상들은 모세와 아론을 질투했고 하나님을 송아지 우상으로 대체했다. 그들의 가장 큰 죄는 하나님께서 베푸신 구원을 당연한 것처럼 받아들이는 뻔뻔함이었다. 그러나 하나님은 모세의 기도를 들으시고 진노를 돌이키셨다.

“그들이 그 기쁨의 땅을 멸시하며 그 말씀을 믿지 아니하고 그들의 장막에서 원망하며 여호와의 음성을 듣지 아니하였도다 이러므로 그가 그의 손을 들어 그들에게 맹세하기를 그들이 광야에 엎드러지게 하고 또 그들의 후손을 뭇 백성 중에 엎드러뜨리며 여러 나라로 흩어지게 하리라 하셨도다”(24-27절).

가나안 땅을 정탐하고 돌아온 후에 여호수아와 갈렙을 제외한 열 명이 그 땅을 혹평했다. 그 결과 그 세대는 39년 동안 광야를 헤매었다. 그들은 기쁨의 땅을 앞에 두고 슬픔 속에 살다가 모래밭에 묻혔다.

“그들이 또 브올의 바알과 연합하여 죽은 자에게 제사한 음식을 먹어서 그 행위로 주를 격노하게 함으로써 재앙이 그들 중에 크게 유행하였도다 그때에 비느하스가 일어서서 중재하니 이에 재앙이 그쳤도다 이 일이 그의 의로 인정되었으니 대대로 영원까지로다 그들이 또 므리바 물에서 여호와를 노하시게 하였으므로 그들 때문에 재난이 모세에게 이르렀나니 이는 그들이 그의 뜻을 거역함으로 말미암아 모세가 그의 입술로 망령되이 말하였음이로다”(27-33절).

므리바 물 사건은 민수기 20장에 기록되어 있다. 브올의 아들 발람 이야기는 민수기 22-24장, 31장에 기록되어 있다. 이 두 이야기는 시인의 조상들이 광야에서 저지른 범죄들 중에 대표격이다. 므리바에서는 모세까지도 분을 내다가 하나님의 책망을 들었다.

“그들은 여호와께서 멸하라고 말씀하신 그 이방 민족들을 멸하지 아니하고 그 이방 나라들과 섞여서 그들의 행위를 배우며 그들의 우상들을 섬기므로 그것들이 그들에게 올무가 되었도다 그들이 그들의 자녀를 악귀들에게 희생제물로 바쳤도다 무죄한 피 곧 그들의 자녀의 피를 흘려 가나안의 우상들에게 제사하므로 그 땅이 피로 더러워졌도다 그들은 그들의 행위로 더러워지니 그들의 행동이 음탕하도다”(34-39절).

시간이 흘러 여호수아가 백성들을 데리고 가나안 땅으로 들어왔다. 이스라엘 백성들은 그 땅에서 우상을 숭배하는 이방 족속들을 쫓아내지 못했다. 오히려 그들에게 동화되어 우상들을 섬기고 자녀들을 불에 태워 제사드리는 망령된 일을 자행했다. 그들의 죄가 젖과 꿀이 흐르는 땅을 피가 흐르는 땅으로 만들었다. 우상을 숭배하는 그들의 행동은 영적으로, 육적으로 음탕한 삶으로 이어졌다.

"그러므로 여호와께서 자기 백성에게 맹렬히 노하시며 자기의 유업을 미워하사 그들을 이방 나라의 손에 넘기시매 그들을 미워하는 자들이 그들을 다스렸도다 그들이 원수들의 압박을 받고 그들의 수하에 복종하게 되었도다 여호와께서 여러 번 그들을 건지시나 그들은 교묘하게 거역하며 자기 죄악으로 말미암아 낮아짐을 당하였도다"(40-43절).

그 후로 오랜 시간이 지났다. 북왕국 이스라엘은 주전 722년에 앗수르에 망하고, 남왕국 유다는 주전 586년에 바벨론에 망했다. 시인은 이 민족적 비극을 이스라엘의 죄에 대한 하나님의 심판으로 해석했다. 하나님께서 그들을 용서하시고 구원하신 적이 몇 번이었던가. 그때마다 이스라엘은 하나님을 거역했다. 그리하여 마침내 멸망하고 말았다. 그러나 그것이 끝은 아니었다. 예전처럼 이번에도 은혜가 반역을 이겨 냈다.

"그러나 여호와께서 그들의 부르짖음을 들으실 때에 그들의 고통을 돌보시며 그들을 위하여 그의 언약을 기억하시고 그 크신 인자하심을 따라 뜻을 돌이키사 그들을 사로잡은 모든 자에게서 긍휼히 여김을 받게 하셨도다"(44-46절).

이 대목은 유다 백성들이 주전 538년에 예루살렘으로 귀환했을 때의 이야기다. 절망적인 시절에도 다니엘 같은 하나님의 사람들이 있었다. 그들은 하나님의 선하심과 인자하심을 간절히 구했다. 그러자 하나님께서 그의 뜻을 돌이키시고, 그들을 사로잡은 자들의 마음도 돌이켜 주셨다. 그리하여 사로잡힌 자들을 고국으로 돌려보내게 하셨다.

"여호와 우리 하나님이여 우리를 구원하사 여러 나라로부터 모으시고 우리가 주의 거룩하신 이름을 감사하며 주의 영예를 찬양하게 하소서 여호와 이스라엘의 하나님을 영원부터 영원까지 찬양할지어다 모든 백성들아 아멘 할지어다 할렐루야"(47-48절).

반복되는 이스라엘의 반역과 그때마다 구원하여 주신 하나님의 인자하심을 길게 열거한 후에 시인은 이번에도 그들을 구원해 달라고 기도했다. 그리하여 하나님께 감사하며 찬양하게 해달라고 간청했다. 이번에는 또 어떤 민족적인 죄를 범했을까? 하나님께서 이번에도 시인의 기도를 들어주셨을까? 틀림없이 그러셨을 것이다.

〈시편 107편〉

구속받은 자들의 감사 찬송

성경에서 '속량'(혹은 구속)은 '물림', '다시 사기'를 의미한다. 레위기에 이런 말씀이 있다.

"만일 네 형제가 가난하여 그의 기업 중에서 얼마를 팔았으면 그에게 가까운 기업 무를 자가 와서 그의 형제가 판 것을 무를(속량할) 것이요" (레위기 25:25).

하나님은 백성들 사이에서 토지를 영구히 사고 팔지 못하게 하셨다. 희년(50년째)이 되면 팔렸던 토지가 원래 주인에게로 돌아갔다. 그 이전이라도 친척 중의 한 사람이 그 토지를 사서 본래 주인에게 돌려줄 수 있었다. 물론 토지 주인의 재력이 회복되면 스스로 그 토지를 다시 살 수도 있었다. 그러므로 구속의 본래 의미는 '회복'이다. 이 시인은 하나님께서 구속하신 이야기를 당사자들의 입을 통해 들려주고 있다.

"여호와께 감사하라 그는 선하시며 그 인자하심이 영원함이로다 여호와의 속량을 받은 자들은 이같이 말할지어다 여호와께서 대적의 손에서 그들을 속량하사 동서남북 각 지방에서부터 모으셨도다"(1-3절).

이 말씀 중의 2절과 3절을 풀어 쓰면 이런 뜻이 된다. '여호와께 속량을 받은 자들, 곧 여호와께서 대적의 손에서 속량하신 자들, 그리고 각 지방으로부터 속량(회복)되어 돌아온 자들로 그들의 이야기를 하게 하라.' 회중이 운을 떼자 광야에서 구사일생으로 살아 돌아온 자들이 먼저 노래했다. 그들은 마치 남의 이야기 하듯이 자신들의 경험을 들려주었다.

"그들이 광야 사막 길에서 방황하며 거주할 성읍을 찾지 못하고 주리고 목이 말라 그들의 영혼이 그들 안에서 피곤하였도다 이에 그들이 근심 중에 여호와께 부르짖으매 그들의 고통에서 건지시고 또 바른길로 인도하사 거주할 성읍에 이르게 하셨도다"(4-7절).

광야와 사막에서 길을 잃고 헤매는 무리들을 상상해 보라. 그들은 거주할 만한 안전한 곳이 없었다. 음식은 떨어지고 물그릇도 말랐다. 정신이 혼미해졌다. 그들은 있는 힘을 다하여 여호와께 구원해 달라고 부르짖었다. 그러자 하나님께서 그들을 고통에서 건지시고 먹을 양식과 마실 물을 주셨다. 그리고 그들을 인도하셔서 안전한 성읍에 이르게 하셨다. 첫 번째 간증이 끝나자 회중이 한목소리로 하나님을 찬양했다.

"여호와의 인자하심과 인생에게 행하신 기적으로 말미암아 그를 찬송할지로다 그가 사모하는 영혼에게 만족을 주시며 주린 영혼에게 좋은 것으로 채워 주심이로다"(8-9절).

이번에는 두 번째 무리들이 나서서 간증했다.

"사람이 흑암과 사망의 그늘에 앉으며 곤고와 쇠사슬에 매임은 하나님의 말씀을 거역하며 지존자의 뜻을 멸시함이라 그러므로 그가 고통을 주어 그들의 마음을 겸손하게 하셨으니 그들이 엎드러져도 돕는 자가 없었도다 이에 그들이 그 환난 중에 여호와께 부르짖으매 그들의 고통에서 구원하시되 흑암과 사망의 그늘에서 인도하여 내시고 그들의 얽어 맨 줄을 끊으셨도다"(10-14절).

이 사람들은 하나님께 불순종하다가 쇠사슬에 얽매인 채 감옥에 갇혔다. 시인은 감옥에 갇힌 자들의 절망감을 '흑암과 사망'이라는 두 단어로 표현했다. 아무도 어두운 감옥에 갇힌 그들을 도와줄 수가 없었다. 세월이 지나면서 이웃들도 그들을 잊어버렸다. 그러나 하나님은 그들을 지켜보고 계셨다. 마침내 그들이 겸손하게 고통의 자리에서 부르짖을 때 하나님께서 그들의 묶인 줄을 끊고 구원해 주셨다. 두 번째 무리들의 간증이 끝나자 이번에도 회중들이 한목소리로 화답했다.

"여호와의 인자하심과 인생에게 행하신 기적으로 말미암아 그를 찬송할지로다 그가 놋문을 깨뜨리시며 쇠빗장을 꺾으셨음이로다"(15-16절).

이번에는 세 번째 무리들이 앞으로 나서며 간증했다.

"미련한 자들은 그들의 죄악의 길을 따르고 그들의 악을 범하기 때문에 고난을 받아 그들은 그들의 모든 음식물을 싫어하게 되어 사망의 문에 이르렀도다 이에 그들이 그들의 고통 때문에 여호와께 부르짖으매 그가 그들의 고통에서 그들을 구원하시되 그가 그의 말씀을 보내어 그들을 고치

시고 위험한 지경에서 건지시는도다"(17-20절).

이들은 자신을 '미련한 자'라고 자책했다. 하나님을 떠나 죄악의 길을 걷다가 고난을 자초했기 때문이다. 그것은 질병에서 오는 고통이었다. 몸이 아프고 입맛이 떨어지니 어느새 죽음이 문 앞에 와있었다. 그러나 죄를 깨닫고 회개하며 부르짖었더니 하나님께서 그들도 죽을병에서 치료해 주셨다. 그들의 간증이 끝나자 회중이 하나님께 감사하며 찬양했다.

"여호와의 인자하심과 인생에게 행하신 기적으로 말미암아 그를 찬송할지로다 감사제를 드리며 노래하여 그가 행하신 일을 선포할지로다"(21-23절).

마지막으로 해운업(海運業)을 하던 사람들이 앞으로 나섰다.

"배들을 바다에 띄우며 큰 물에서 일을 하는 자는 여호와께서 행하신 일들과 그의 기이한 일들을 깊은 바다에서 보나니 여호와께서 명령하신즉 광풍이 일어나 바다 물결을 일으키는도다 그들이 하늘로 솟구쳤다가 깊은 곳으로 내려가나니 그 위험 때문에 그들의 영혼이 녹는도다 그들이 이리저리 구르며 취한 자같이 비틀거리니 그들의 모든 지각이 혼돈 속에 빠지는도다 이에 그들이 그들의 고통 때문에 여호와께 부르짖으매 그가 그들의 고통에서 그들을 인도하여 내시고 광풍을 고요하게 하사 물결도 잔잔하게 하시는도다"(24-29절).

모든 운송 사업이 다 위험하지만 그중에서도 선박 사업은 항구를 떠나는 순간부터 입항할 때까지 하루도 마음을 놓을 수 없다. 그래서 뱃사람들은 우상을 의지했다. 항해 중에 광풍이 불어오면 영혼이 녹아내린다. 전후좌우로 출렁이는 배 위에서는 걷는 것도 쉬운 일이 아니다. 격랑이 이는 바다에서는 지위와 능력과 지식이 아무 쓸모 없다. 하나님께 부르짖는 길 외에는 다른 길이 없다. 이번에도 풍랑을 만난 사람들이 하나님께 부르짖었더니 즉시로 광풍이 사라지고 물결이 잔잔하게 되었다. 뱃사람들의 간증이 끝나자 온 회중이 한목소리로 하나님을 찬양했다.

"그들이 평온함으로 말미암아 기뻐하는 중에 여호와께서 그들이 바라는 항구로 인도하시는도다 여호와의 인자하심과 인생에게 행하신 기적으로 말미암아 그를 찬송할지로다 백성의 모임에서 그를 높이며 장로들의 자리에서 그를 찬송할지로다"(30-32절).

네 그룹의 사람들이 당한 고통은 각각 달랐다. 그러나 그들을 고통으로부터 구원해 주신 하나님의 선하심과 인자하심은 동일했다. 하나님의 도우심이 없었다면 아무도 그 고통으로부터 구원받지 못했을 것이다. 그들의 생생한 간증을 듣던 모든 사람들의 가슴에 뜨거운 감격이 밀려왔다. 온 회중은 인도자를 따라 전능하신 하나님께 다시 감사하며 찬양했다.

"여호와께서는 강이 변하여 광야가 되게 하시며 샘이 변하여 마른 땅이 되게 하시며 그 주민의 악으로 말미암아 옥토가 변하여 염전이 되게 하시며 또 광야가 변하여 못이 되게 하시며 마른 땅이 변하여 샘물이 되게 하시고 주린 자들로 거기에 살게 하사 그들이 거주할 성읍을 준비하게 하시고 밭에 파종하며 포도원을 재배하여 풍성한 소출을 거두게 하시며 또 복을 주사 그들이 크게 번성하게 하시고 그의 가축이 감소하지 아니하게 하실지라도 다시 압박과 재난과 우환을 통하여 그들의 수를 줄이시며 낮추시는도다"(33-39절).

자연 세계도 하나님의 다스림 아래 있다. 그는 사람들이 범죄할 때 강이 변하여 광야가 되게 하시고, 샘이 변하여 마른 땅이 되게 하시며, 옥토가 변하여 염전(쓸모없는 소금 땅)이 되게 하신다. 그러나 회개하고 돌아오면 광야가 변하여 연못이 되게 하신다. 하나님의 본심은 주민들에게 성읍을 주시고, 밭과 포도원에서 풍성한 소출을 거두게 하시며, 자손들과 가축들로 번성하게 하시는 것이다. 그러나 그들이 악을 행하면 외우내환(外憂內患)을 보내시고 성읍에 사는 사람들의 숫자도 줄어들게 하신다. 시인은 이런 일들을 당할 때에 하나님의 인자하심을 기억하라고 권면했다.

"여호와께서 고관들에게는 능욕을 쏟아 부으시고 길 없는 황야에서 유리하게 하시나 궁핍한 자는 그의 고통으로부터 건져 주시고 그의 가족을 양 떼같이 지켜 주시나니 정직한 자는 보고 기뻐하며 모든 사악한 자는 자기 입을 봉하리로다 지혜 있는 자들은 이러한 일들을 지켜보고 여호와의 인자하심을 깨달으리로다"(40-43절).

하나님께서 그의 백성들을 긍휼히 여기시고 사망으로부터 구속해 내셨다. 시인은 이스라엘 백성들에게 그런 역사적 교훈을 기억하고 하나님을 잘 섬기라고 교훈했다. 이 시는 하나님의 구원을 노래하고 있다. 구원은 값을 대신 지불해 주신 속량이다. 우리를 죄로부터 속량하신 그 값이 바로 예수님의 생명이다.

〈시편 108편〉 다윗의 찬송시

새벽부터 감사하라

당시 다윗은 에돔과 전쟁 중에 있었다. 옛날 같으면 질풍노도처럼 원수를 쓸어버렸을 것이다. 그러나 이번 전쟁은 웬일인지 일진일퇴를 거듭했다. 마치 하나님께서 다윗의 곁을 떠나신 것처럼 느껴졌다. 에돔 성은 견고했고 에돔 왕은 항복할 생각이 없었다. 다윗과 그의 군대들은 당황하기 시작했다. 날이 갈수록 군사들의 사기가 떨어져 갔다.

이 시는 57편과 60편, 두 시와 밀접한 관계가 있다. 전체 13절 중에 전반부(1-5절)는 57편의 후반부(7-11절)와 거의 동일하다. 그리고 후반부(6-13절)는 60편의 후반부(5-12절)와 거의 동일하다. 그런데 이 시의 전반부는 앞선 두 시의 전반부와 현저하게 다르다. 두 시의 전반부가 낙심과 좌절로 점철되어 있다면, 이 시는 찬양과 감사로 충만하다.

"하나님이여 내 마음을 정하였사오니 내가 노래하며 나의 마음을 다하여 찬양하리로다"(1절).

다윗은 현재의 상황과 상관없이 하나님만 찬양하기로 결심했다. 아무리 어렵고 힘든 때라도 입술로 하나님의 선하심과 인자하심을 찬양하면 마음은 하나님의 사랑으로 충만하게 된다. 그래서 다윗은 어려운 환경 가운데서도 하나님만 찬양하기로 결심했다.

"비파야, 수금아, 깰지어다 내가 새벽을 깨우리로다"(2절).

다윗은 새벽에 눈을 뜨면서 감사할 일부터 묵상했다. 생각해 보니 한두 가지가 아니었다. 자기도 모르는 사이에 입술이 하나님을 찬양하기 시작했다. 그것은 오직 하나님만 높여드리는 순수한 찬양이었다.

"여호와여 내가 만민 중에서 주께 감사하고 뭇 나라 중에서 주를 찬양하오리니 주의 인자하심이 하늘보다 높으시며 주의 진실은 궁창에까지 이르나이다"(3-4절).

감사는 인간관계를 돈독하게 한다. 감사는 마음의 벽을 허물고 무장을 해제시킨다. 감사는 승패를 떠나서 서로를 행복하게 만들어 준다. 그런데 우리가 하나님께 감사드리면 그 차원이 달라진다. 하나님의 사랑이 우리에게 흘러 들어온다. 그 사랑이 우리를 하늘로 인도하고 궁창을 지나게 한다. 감사는 하나님의 세계로 들어가는 출입문이다. 이 세상에 감사보다 더 큰 복은 없다.

"하나님이여 주는 하늘 위에 높이 들리시며 주의 영광이 온 땅에서 높임 받으시기를 원하나이다 주께서 사랑하시는 자들을 건지시기 위하여 우리에게 응답하사 오른손으로 구원하소서"(5-6절).

찬송은 하나님을 높이 올려드리는 예배 행위다. 그의 영광이 온 땅에 충만하기를 바라는 간절한 기도다. 찬송할 때 우리는 하나님을 만나게 된다. 찬송하는 사람의 손을 하나님께서 붙잡아 주신다. 찬송에는 놀라운 능력이 있다. 찬송하면 우리의 영혼이 새 힘을 얻고 소생한다. 찬송하면 하나님께서 하신 일들을 보게 된다. 찬송하면 하나님의 말씀이 들려온다.

"하나님이 그의 성소에서 말씀하시되 내가 기뻐하리라 내가 세겜을 나누며 숙곳 골짜기를 측량하리라 길르앗이 내 것이요 므낫세도 내 것이며 에브라임은 내 머리의 투구요 유다는 나의 규이며 모압은 내 목욕통이라 에돔에는 내 신발을 벗어 던질지며 블레셋 위에서 내가 외치리라 하셨도다"(7-9절).

새벽에 하나님을 찬양하다가 다윗이 들었던 말씀은 '내가 기뻐하리라'였다. 그리고 다윗의 찬양을 들으시고 기뻐하신 하나님께서 행하신 일들을 들려주셨다. 야곱이 가족들을 데리고 하란에서 가나안 땅으로 내려올 때 잠시 머물렀던 세겜은 그 지역의 강력한 부족 국가였다. 그러나 세겜은 야곱으로 인하여 낮아졌다. 세겜에서 36킬로미터 정도 동쪽에 있는 숙곳은 훗날 갓 지파의 성이 되었다. 길르앗과 므낫세 지파는 요단강 동편에 터를 잡았고, 이스라엘의 중부 지역에 자리 잡은 에브라임은 용사처럼 북쪽에서 밀려오는 이방 세력으로부터 민족의 안위를 책임졌다. 그런가하면 유다 지파에서는 다윗으로부터 시작하여 나라를 다스릴 왕들이 나왔다. '규'는 보석들로 장식된 막대기로서 왕들의 손에 들린 권세와 능력의 상징이다. 그 외에 모압과 에돔과 블레셋은 하나님께서 종으로 부리시는 국가들이 되었다.

그러나 현실은 달랐다. 다윗의 군대는 여전히 에돔과 대치하고 있었다. 전선에서 들려오는 소식은 답답하기만 했다. 에돔의 성들은 난공불락의 요새처럼 보였다. 탄식하는 소리가 다윗의 입가에서 흘러나왔다.

"누가 나를 이끌어 견고한 성읍으로 인도해 들이며 누가 나를 에돔으로 인도할꼬"(10절).

좌우로 도열한 장수들을 둘러보았지만 누구 하나 앞으로 나서는 사람이 없었다. 어느 누구도 에돔 성을 무너뜨릴 전략을 내놓지 못했다. 다윗은 다시 하나님을 바라보았다.

"하나님이여 주께서 우리를 버리지 아니하셨나이까 하나님이여 주께서 우리의 군대들과 함께 나아가지 아니하시나이다"(11절).

이 구절을 풀어 읽으면 이런 뜻이다. '하나님이시여, 하나님 스스로 우리를 버리시겠습니까? 하나님이시여, 우리의 군대와 함께 앞으로 나아가지 않으시렵니까?' 하나님께서 택하신 이스라엘을 버리시겠느냐는 질문이다. 이 기도는 원망이 아니라 탄원이다. '제발 당신의 백성을 버리지 마시고 함께 전장터로 나가 달라'는 간청이다. 마침내 다윗의 간청이 그의 믿음과 연결되었다.

"우리를 도와 대적을 치게 하소서 사람의 구원은 헛됨이니이다"(12절).

이스라엘의 구원은 사람으로부터 나오지 않았다. 열 가지 재앙을 내리시고 홍해를 가르신 분은 하나님이셨다. 광야에서 생수를 공급하시고 만나와 메추라기를 먹이신 분도 하나님이셨다. 하나님은 그렇게 이스라엘을 모든 억압과 위험으로부터 구원하시고 보호하시며 인도하셨다. 그래서 다윗은 이번에도 일어나셔서 대적을 쳐달라고 간청했다. 다윗은 기도하는 중에 힘의 원천이 어디에서 나오는지 깨닫게 되었다.

"우리가 하나님을 의지하고 용감히 행하리니 그는 우리의 대적들을 밟으실 자이심이로다"(13절).

이 말은 하나님을 통하여, 혹은 하나님으로 말미암아 그가 용감하게 행한다는 말이다. 왜냐하면 하나님께서 그의 원수들을 부숴 버리실 것이기 때문이다. 원수를 밟을 자는 다윗 자신이 아니라 하나님이시다. 그날 새벽에 하나님께 감사기도를 드리다가 다윗은 이 진리를 깨달았다.

〈시편 109편〉 다윗의 시, 인도자를 따라 부르는 노래

사랑이 배신당할 때

이 시는 고난 당하는 다윗이 탄식하며 하나님의 도우심을 구하는 시다. 그의 원수들은 하나님을 대적하는 자들이었다. 이 시는 원수를 향한 격렬한 저주의 말들로 채워져 있다. 이는 '원수를 사랑하라'는 성경의 가르침에 어긋나는 것처럼 보인다. 그러나 악을 행하고 하나님을 대적하는 자에게 반드시 심판이 임한다는 말씀도 성경적이다.

"내가 찬양하는 하나님이여 잠잠하지 마옵소서 그들이 악한 입과 거짓된 입을 열어 나를 치며 속이는 혀로 내게 말하며 또 미워하는 말로 나를 두르고 까닭 없이 나를 공격하였음이니이다 나는 사랑하나 그들은 도리어 나를 대적하니 나는 기도할 뿐이라 그들이 악으로 나의 선을 갚으며 미워함으로 나의 사랑을 갚았사오니"(1-4절).

다윗은 기쁠 때나 슬플 때나 항상 하나님을 찬양했다. 그리고 하나님께서 그의 기도에 응답해 주실 줄 믿고 기다렸다. 원수들은 악한 말과 거짓말, 속이는 말과 미워하는 말로 다윗을 공격했다. 다윗은 평소에 그들을 사랑으로 대했다. 그런데 그들이 갑자기 원수로 변했다. 그들은 악으로 다윗의 선을 갚으며, 미움으로 다윗의 사랑을 갚았다. 다윗의 사랑이 친구들에게 배신을 당했다. 기가 막혔지만 하나님께 기도하는 수밖에 없었다.

"악인이 그를 다스리게 하시며 사탄이 그의 오른쪽에 서게 하소서 그가 심판을 받을 때에 죄인이 되어 나오게 하시며 그의 기도가 죄로 변하게 하시며 그의 연수를 짧게 하시며 그의 직분을 타인이 빼앗게 하시며 그의 자녀는 고아가 되고 그의 아내는 과부가 되며 그의 자녀들은 유리하며 구걸하고 그들의 황폐한 집을 떠나 빌어먹게 하소서"(6-10절).

그렇다면 악인은 누구일까? 이사야 선지자는 악인을 가리켜 '악인은 은총을 입을지라도 의를 배우지 아니하며 정직한 자의 땅에서 불의를 행

하고 여호와의 위엄을 돌아보지 아니하는도다' 하고 말했다(이사야 26:10). 악인은 하나님께로부터 많은 은혜를 입어도 항상 악한 길을 선택하고, 부정직한 일을 하며, 하나님께서 그를 지켜보고 계신다는 사실을 애써 외면한다. 다윗은 그들이 악한 재판관들로부터 억울한 일을 당하게 해 달라고 기도했다. 그제야 원수들은 거짓말로 모함당하는 아픔을 느껴 보겠지만 때는 이미 늦을 것이다. 그들에게 유죄 판결이 내려지고, 젊은 날에 요절하며, 직위는 다른 사람에게 넘어가고, 가족은 흩어져 빌어먹게 될 것이다. 너무 심하게 들리는가? 하나님의 심판에는 자비하심이 없다.

"고리대금하는 자가 그의 소유를 다 빼앗게 하시며 그가 수고한 것을 낯선 사람이 탈취하게 하시며 그에게 인애를 베풀 자가 없게 하시며 그의 고아에게 은혜를 베풀 자도 없게 하시며 그의 자손이 끊어지게 하시며 후대에 그들의 이름이 지워지게 하소서 여호와는 그의 조상들의 죄악을 기억하시며 그의 어머니의 죄를 지워 버리지 마시고 그 죄악을 항상 여호와 앞에 있게 하사 그들의 기억을 땅에서 끊으소서"(11-15절).

이쯤 읽다 보면 '어떻게 다윗의 입에서 이런 저주의 말들이 쏟아질 수 있을까' 하는 생각이 들 것이다. 그러나 다윗은 자신이 원수들을 직접 공격하지 않았다. 다만 하나님을 대적하는 자들에게 임할 형벌을 경고했다. 고리대금하는 채권자들이 그들의 소유를 압류하고, 외인(外人)들이 그들의 곡식을 거두어 갈 것이다. 갑자기 가난하게 되어도 그들을 불쌍히 여기는 사람이 없고 그의 이름은 잊힐 것이다. 반면에 하나님은 그들의 죄를 기억하신다. 왜 이렇게 무서운 심판이 원수들에게 임할까?

"그가 인자를 베풀 일을 생각하지 아니하고 가난하고 궁핍한 자와 마음이 상한 자를 핍박하여 죽이려 하였기 때문이니이다 그가 저주하기를 좋아하더니 그것이 자기에게 임하고 축복하기를 기뻐하지 아니하더니 복이 그를 멀리 떠났으며 또 저주하기를 옷 입듯 하더니 저주가 물같이 그의 몸속으로 들어가며 기름같이 그의 뼈 속으로 들어갔나이다 저주가 그에게는 입는 옷 같고 항상 띠는 띠와 같게 하소서 이는 나의 대적들이 곧 내 영혼을 대적하여 악담하는 자들이 여호와께 받는 보응이니이다"(16-20절).

원수들에게는 인자함이 없었다. 그러므로 하나님의 인자하심도 그들에게 임할 수 없었다. 그들은 가난한 자들을 불쌍히 여기지 않았다. 마음이 상한 자를 위로하기는커녕 오히려 핍박하고 죽이려 들었다. 그들은 입만 열면 저주를 퍼부었다. 그러므로 복이 그들을 멀리 떠나고 저주가 홍수처럼 다가왔다. 심는 대로 거둔다는 말은 불변의 진리다.

"그러나 주 여호와여 주의 이름으로 말미암아 나를 선대하소서 주의 인자하심이 선하시오니 나를 건지소서 나는 가난하고 궁핍하여 나의 중심이 상함이니이다 나는 석양 그림자같이 지나가고 또 메뚜기같이 불려 가오며 금식하므로 내 무릎이 흔들리고 내 육체는 수척하오며 나는 또 그들의 비방거리라 그들이 나를 보면 머리를 흔드나이다"(21-25절).

다윗은 가난하고 궁핍하며 상한 마음을 가지고 있었다. 석양의 산 그림자는 순식간에 수십 리를 지나간다. 다윗의 남은 날들도 그처럼 빨리 지나갈 것이다. 바람에 불려 가는 메뚜기처럼 날아갈 것이다. 다윗은 환난에서 벗어나기 위해 금식하며 기도했다. 원수들이 그의 수척한 모습을 보고 비아냥거렸다. '저런다고 하나님께서 그를 도와주시겠느냐'면서 머리를 흔들었다. 그래도 다윗은 쉬지 않고 기도했다.

"여호와 나의 하나님이여 나를 도우시며 주의 인자하심을 따라 나를 구원하소서 이것이 주의 손이 하신 일인 줄을 그들이 알게 하소 주 여호와께서 이를 행하셨나이다 그들은 내게 저주하여도 주는 내게 복을 주소서 그들은 일어날 때에 수치를 당할지라도 주의 종은 즐거워하리이다 나의 대적들이 욕을 옷 입듯 하게 하시며 자기 수치를 겉옷같이 입게 하소서 내가 입으로 여호와께 크게 감사하며 많은 사람 중에서 찬송하리니 그가 궁핍한 자의 오른쪽에 서사 그의 영혼을 심판하려 하는 자들에게서 구원하실 것임이로다"(26-31절).

다윗은 하나님께서 주의 손으로 그를 구원하셨다는 사실을 원수들로 똑똑히 보게 해달라고 기도했다. 하나님께서 그를 축복하시면 원수들의 저주는 무용지물이 될 것이다. 다윗은 구원받은 기쁨으로 감사하며 찬송하기를 원했다. 그때까지 하나님께서 그의 오른편에 서셔서 그를 변호하시고 보호해 주실 것이다.

이 시에는 하나님만 의지하는 다윗의 절대 믿음이 담겨 있다. 원수들은 다윗의 사랑을 배신했지만, 하나님은 그의 신뢰를 저버리지 않으실 것이다. 원수들은 다윗을 저주했지만, 하나님께서는 그를 축복해 주실 것이다. 하나님을 의지하는 사람은 원수를 두려워하지 않는다.

〈시편 110편〉 다윗의 시

영원한 제사장, 예수 그리스도

이 시는 다윗의 예언적 시로서 이 땅에 오실 예수 그리스도를 메시아로 잘 묘사하고 있다. 예수님은 사마리의 수가성 우물에서 만난 여인에게 자신이 메시아(기름 부음 받은 자)라고 말씀하셨다. 초대교회도 예수님이 메시아이심을 믿었다. 그리고 그 사실을 부인하는 유대인들에게 시편 110편을 증거로 제시했다. 신약성경에도 이 시가 자주 인용되었다.

"여호와께서 내 주에게 말씀하시기를 내가 네 원수들로 네 발판이 되게 하기까지 너는 내 오른쪽에 앉아 있으라 하셨도다"(1절).

다윗이 그분을 '내 주'라고 불렀다. 다윗의 평생에 '내 주'라고 부를 만한 사람은 아무도 없었다. 그러므로 다윗이 말하는 '내 주'는 곧 메시아를 가리킨다. 그리고 '말씀하시기를'이라는 동사는 하나님의 계시를 의미한다. 예수님께서도 이 구절을 인용하여 자신이 메시아이심을 증거하셨다(마태복음 22:41-45). 베드로도 오순절에 설교하면서 이 구절을 인용했다.

> "다윗은 하늘에 올라가지 못하였으나 친히 말하여 이르되 주께서 내 주에게 말씀하시기를 내가 네 원수로 네 발등상이 되게 하기까지 너는 내 우편에 앉아 있으라 하셨도다 하였으니 그런즉 이스라엘 온 집은 확실히 알지니 너희가 십자가에 못 박은 이 예수를 하나님이 주와 그리스도[메시아]가 되게 하셨느니라 하니라"(사도행전 2:34-36).

바울은 예수님의 부활을 증거하면서 "그가 모든 원수를 그 발 아래에 둘 때까지 반드시 왕 노릇 하시리니"라고 했다(고린도전서 15:25). 히브리서 기자는 "어느 때에 천사 중 누구에게 내가 네 원수로 네 발등상이 되게 하기까지 너는 내 우편에 앉아 있으라 하셨느냐"고 물었다(히브리서 1:13). 발등상을 삼는다는 말은 철저한 정복을 의미한다. 그리고 '내 오른쪽'은 여호와 하나님 다음으로 높은 분이 앉는 좌석이다.

"여호와께서 시온에서부터 주의 권능의 규를 내보내시리니 주는 원수들

중에서 다스리소서"(2절).

여기에서 '규'는 왕들의 손에 들린 장식된 막대기로서 메시아의 권위를 상징한다. 메시아가 시온에서부터 원수들을 다스린다는 말은 시온산에서 죽으시고 부활하신 예수님께서 원수 마귀들을 다스릴 것을 의미한다.

"주의 권능의 날에 주의 백성이 거룩한 옷을 입고 즐거이 헌신하니 새벽 이슬 같은 주의 청년들이 주께 나오는도다"(3절).

'주의 권능의 날'은 전쟁하는 날을 말한다. 그런데 전쟁에 참여하는 백성들이 입은 옷은 갑옷이 아니라 거룩한 옷이었다. 그들이 새벽이슬처럼 주께로 나아올 것이다. 눈을 감고 상상해 보자. 새벽이슬이 온 지면을 덮고 있다. 복음이 땅끝까지 전파될 때에 거룩한 세마포 옷을 입은 성도들이 온 세상을 뒤덮게 될 것이다.

"여호와는 맹세하고 변하지 아니하시리라 이르시기를 너는 멜기세덱의 서열을 따라 영원한 제사장이라 하셨도다"(4절).

여호와께서 메시아를 멜기세덱의 서열을 따라 제사장으로 세우셨다.

"이 멜기세덱은 살렘 왕이요 지극히 높으신 하나님의 제사장이라 여러 왕을 쳐서 죽이고 돌아오는 아브라함을 만나 복을 빈 자라 아브라함이 모든 것의 십 분의 일을 그에게 나누어 주니라 그 이름을 해석하면 먼저는 의의 왕이요 그다음은 살렘 왕이니 곧 평강의 왕이요 아버지도 없고 어머니도 없고 족보도 없고 시작한 날도 없고 생명의 끝도 없어 하나님의 아들과 닮아서 항상 제사장으로 있느니라"(히브리서 7:1-3).

멜기세덱은 아브라함이나 아론보다 더 높은 분이다. 예수님은 멜기세덱의 서열을 따라 우리의 영원한 제사장이 되셨다. 이스라엘의 제사장 서열을 따라 나신 분이 아니다.

"주의 오른쪽에 계신 주께서 그의 노하시는 날에 왕들을 쳐서 깨뜨리실 것이라 뭇 나라를 심판하여 시체로 가득하게 하시고 여러 나라의 머리를 쳐서 깨뜨리시며 길가의 시냇물을 마시므로 그의 머리를 드시리로다"(5-7절).

메시아로 오셨던 예수님께서 훗날 세상의 심판자로 다시 오실 것이다. 목이 마를 때 시냇물을 마시고 새 힘을 얻은 장수처럼 메시아가 끝까지 원수 사탄을 쳐서 깨뜨리시고 마침내 승리하실 것이다.

〈시편 111편〉

첫 번째 할렐루야 시

시편 111편, 112편, 그리고 113편은 모두 '할렐루야'로 시작된다. '할렐루야'는 '너희는 찬양하라(할렐루, הַלְלוּ). 주를(야, יָהּ).'이라는 합성어로 오직 성경에만 나오는 단어다. 111편은 하나님께서 하신 일들을 기억하며 감사드리는 시다.

"할렐루야, 내가 정직한 자들의 모임과 회중 가운데에서 전심으로 여호와께 감사하리로다"(1절).

감사라고 해서 다 하나님께서 기뻐 받으시는 감사는 아니다. 겸손한 감사와 교만한 감사는 본질적으로 다르다. 예수님은 바리새인의 기도를 비유로 들어 '교만한 감사'에 대해 이렇게 말씀하셨다.

> "바리새인은 서서 따로 기도하여 이르되 하나님이여 나는 다른 사람들 곧 토색, 불의, 간음을 하는 자들과 같지 아니하고 이 세리와도 같지 아니함을 감사하나이다 나는 이레에 두 번씩 금식하고 또 소득의 십일조를 드리나이다"(누가복음 18:11-12).

바리새인들은 일주일마다 두 번, 월요일과 목요일에 금식했다. 칭찬받을 만한 종교적 열심이다. 그러나 '나는 이 세리와도 같지 않습니다' 하는 순간 그의 감사는 자기를 높이는 교만한 자랑이 되고 말았다. 그의 감사에는 자기만 있고 하나님은 계시지 않았다.

이 시인도 '내가 감사하리로다'라는 말로 시작했다. 그러나 시의 핵심은 감사하는 자신이 아니라 감사를 받으시는 하나님이셨다. 그래서 '나'라는 말은 처음 한 번만 나오고 그다음에는 여호와의 이름만 나온다. 그는 '정직한 자들의 모임'과 '회중들' 가운데서 하나님께 감사 찬송을 드렸다. 전자는 작은 모임이고 후자는 큰 모임이다. 그는 사람들 앞에서 자기를 자랑하지 않고 하나님만 높여드렸다. 그의 감사는 겸손한 감사다.

"여호와께서 행하시는 일들이 크시오니 이를 즐거워하는 자들이 다 기리

는도다"(2절).

우리는 미래지향적인 삶을 산다. 그래서 기도의 내용도 감사보다는 구하는 쪽에 더 비중을 둔다. 그러나 감사하는 사람은 과거에 베풀어 주신 하나님의 은혜를 잊지 않고 기억해야 한다. 이전에 베푸셨던 하나님의 은혜를 잊어버리고 내일을 위해서만 기도하면 감사가 사라진다.

"그의 행하시는 일이 존귀하고 엄위하며 그의 의가 영원히 서 있도다"(3절).

하나님께서 존귀하시고 엄위하시며 그의 의가 영원하기 때문에 그가 하신 일들도 높임을 받아야 한다. 그러나 하나님께서 하신 일들만 기억하면 안 된다. 그 일들보다 그 일을 행하신 하나님을 더 사모해야 한다.

"그의 기적을 사람이 기억하게 하셨으니 여호와는 은혜로우시고 자비로우시도다"(4절).

하나님께서 우리에게 기억할 수 있는 능력을 주셨다. 어떤 사람은 이 능력을 잘못 사용하여 다른 사람이 자신에게 저지른 잘못만 기억하고 미움의 감옥 안에 갇혀 산다. 우리는 하나님께서 행하신 은혜로우시고 자비로우신 기적들을 기억해야 한다. 은혜와 자비의 관점에서 보면 우리의 삶 속에서 일어나는 사소한 일들이 모두 기적적인 일들이다. '여호와는 은혜로우시고 자비로우시도다.' 이 구절은 구약성경 전체를 관통하고 있는 이스라엘 백성들의 신앙고백이다. 시인은 하나님께서 이스라엘 민족들에게 행하신 은혜롭고 자비로운 일들, 그 기적적인 일들을 기억해 냈다.

"여호와께서 자기를 경외하는 자들에게 양식을 주시며 그의 언약을 영원히 기억하시리로다"(5절).

'그의 언약'이란 하나님께서 아브라함과 이삭과 야곱에게 주신 약속들을 말한다. 그들이 어디로 가든지 함께하시겠다는 '동행 약속'이다. 실제로 하나님은 이스라엘 백성들이 광야를 지나는 40년 동안 함께하시면서 매일 만나와 생수를 공급해 주셨다. 한 달 동안 메추라기 떼를 흡족하게 보내시기도 했다. 하나님의 '동행 약속'은 그를 경외하는 자들에게만 효력을 발휘했다. 훗날 모세는 하나님께서 그들에게 베푸신 은혜를 기억하며 이렇게 말했다.

"이 사십 년 동안에 네 의복이 해어지지 아니하였고 네 발이 부르트지 아니하였느니라"(신명기 8:4).

그것은 일상생활의 기적이었다. 옷이 떨어지지 않고 발이 부르트지 않는 소소한 기적들을 기억하다 보면 범사가 감사로 풍성하게 될 것이다.

"그가 그들에게 뭇 나라의 기업을 주사 그가 행하시는 일의 능력을 그들에게 알리셨도다"(6절).

이스라엘이 가나안 땅에 살면서 항상 기억해야 할 것은 그 땅을 그들에게 주신 하나님의 능력이었다. 그의 백성들에게 땅을 주신 하나님의 능력이 주변 나라들을 놀라게 했다. 하나님의 능력을 의지하는 사람은 항상 감사하며 살아갈 수 있다.

"그의 손이 하는 일은 진실과 정의이며 그의 법도는 다 확실하니 영원무궁토록 정하신 바요 진실과 정의로 행하신 바로다"(7-8절).

시인의 감사는 의식주(衣食住)에 머물지 않았다. 만일 그랬더라면 차원 낮은 감사가 되었을 것이다. 그는 하나님께서 손으로 하신 일들과 들려주신 교훈의 말씀들을 진실과 정의의 관점에서 이해하고 감사드렸다. 하나님께서 하시는 일은 절대 선하시고, 그가 하시는 말씀은 항상 진실하기 때문이다.

"여호와께서 그의 백성을 속량하시며 그의 언약을 영원히 세우셨으니 그의 이름이 거룩하고 지존하시도다"(9절).

'속량'은 '값을 주고 샀다'는 말이다. 속량의 가장 중요한 의미는 하나님께서 많은 민족들 중에 이스라엘을 그의 거룩한 소유로 삼아 주셨다는 것이다. 이스라엘을 향한 하나님의 약속은 언제나 신실하며 영원했다. 왜냐하면 그의 거룩하고 존귀하신 이름을 걸고 하신 약속이었기 때문이다. 시인은 '경외와 찬양'을 하나로 묶으면서 그의 시를 마무리했다.

"여호와를 경외함이 지혜의 근본이라 그의 계명을 지키는 자는 다 훌륭한 지각을 가진 자이니 여호와를 찬양함이 영원히 계속되리로다"(10절).

'경외'는 하나님을 향한 사랑과 두려움의 혼합 감정이다. 경외하는 마음으로 하나님의 말씀에 순종하면 하나님을 점점 더 깊이 알아가게 된다. 그것이 바로 '훌륭한 지각'(good understanding)이요 영적인 깨달음이다. 그리고 이런 지각을 지닌 사람은 어떤 경우에도 하나님을 찬양할 수 있다. 하나님의 신실한 약속을 믿고 있기 때문이다.

〈시편 112편〉

두 번째 할렐루야 시

첫 번째 할렐루야 시는 하나님의 선하심과 인자하심에 중점을 두었다. 두 번째 할렐루야 시는 하나님의 선하심과 인자하심을 받은 인간이 어떤 삶을 살아야 할 것인가에 초점을 맞추고 있다.

"할렐루야, 여호와를 경외하며 그의 계명을 크게 즐거워하는 자는 복이 있도다"(1절).

'경외'는 하나님과의 따뜻하고 정의로운 관계를 의미한다. 그래서 여호와를 경외하는 사람은 자연스럽게 그의 말씀을 즐거워하며 순종한다. 만일 경외하는 마음이 없다면 계명은 무거운 짐이 될 것이다. 이 구절을 히브리어 원문의 순서대로 읽어 보자. '너희는 하나님을 찬양하라. 하나님을 경외하고 하나님의 계명을 크게 기뻐하는 사람에게는 얼마나 많은 복들이 있는지.'

그리고 시인은 그 사람이 받을 복들을 열거하기 시작한다. 먼저 자손들이 복을 받게 될 것이다.

"그의 후손이 땅에서 강성함이여 정직한 자들의 후손에게 복이 있으리로다"(2절).

'강성'은 '강력하다'는 말로 전쟁 용어다. 당시에는 자식들이 많고 강성하면 부모의 마음이 든든했다. 솔로몬도 그런 말을 했다.

"보라 자식들은 여호와의 기업이요 태의 열매는 그의 상급이로다 젊은 자의 자식은 장사의 수중의 화살 같으니 이것이 그의 화살통에 가득한 자는 복되도다 그들이 성문에서 그들의 원수와 담판할 때에 수치를 당하지 아니하리로다"(시편 127:3-5).

물론 자식이 많다고 해서 다 복이 있는 것은 아니다. 아버지의 정직함(의로움)을 물려받은 후손들이어야 복이 있다. 다윗은 이렇게 증언했다.

"내가 어려서부터 늙기까지 의인이 버림을 당하거나 그의 자손이 걸식함을 보지 못하였도다 그는 종일토록 은혜를 베풀고 꾸어 주니 그의 자손이 복을 받는도다"(시편 37:25-26).

하나님을 경외하고 말씀을 즐거워하는 자는 물질적인 복도 받는다.

"부와 재물이 그의 집에 있음이여 그의 공의가 영구히 서 있으리로다"(3절).

'부'와 '공의'라는 말의 조합이 어딘가 부자연스러운 것 같다. 부를 축적하는 이면에는 어느 정도 불의가 따라온다는 통념 때문일 것이다. 미국에서 큰 부를 이룬 사람들이 노년에 그 부를 사회에 환원한다. 그랬다고 해서 그들이 부를 모으는 동안 누군가 억울하게 흘렸던 눈물이 잊힐 수는 없다. 그래서 '부'라는 개념에는 항상 어두운 면이 공존한다. 그런데 시인은 부와 재물이 가득한 그 집에 공의(공정함, 의로움, 올바름)가 함께 있다고 했다. 아무도 그 집이 부하게 된 과정을 두고 험담할 수 없다는 말이다. 시인은 하나님을 경외하고 그의 계명을 즐거운 마음으로 따르는 사람에게는 그런 일이 가능하다고 말했다.

"정직한 자들에게는 흑암 중에 빛이 일어나나니 그는 자비롭고 긍휼이 많으며 의로운 이로다"(4절).

정직한 자라고 해서 모든 일이 다 잘되는 것은 아니다. 본인의 실수로 잘못될 수도 있고, 악한 자를 만나 함정에 빠질 수도 있다. 의로운 인생을 살던 사람도 잠시 어려움을 당할 수 있다. 그러나 그들의 어려움은 부정직한 사람들의 어려움과 다르다. 정직한 자들에게는 반드시 하나님께서 빛을 비춰 주시고 어려움에서 벗어나게 해주신다. 그들은 자비롭고 긍휼이 많으며 의롭기 때문이다. 이사야 선지자의 말이다.

"주린 자에게 네 심정이 동하며 괴로워하는 자의 심정을 만족하게 하면 네 빛이 흑암 중에서 떠올라 네 어둠이 낮과 같이 될 것이며"(이사야 58:10).

은혜는 흐르는 물과 같다. 하나님의 은혜로 옷 입은 사람은 헐벗은 사람을 만날 때 그냥 지나치지 않는다. 은혜가 강물처럼 흘러간다.

"은혜를 베풀며 꾸어 주는 자는 잘되나니 그 일을 정의로 행하리로다"(5절).

마태복음 18장에 보면 왕에게 만 달란트 빚진 자와 그 사람에게 백 데나리온 빚진 자의 이야기가 나온다. 전자는 왕의 은혜로 전액을 탕감 받았다. 그러나 그는 자기가 왕에게 졌던 빚의 1억 분의 1에 해당하는 작은 빚을 진 사람을 용서하지 못했다. 그 결과 탕감받은 은혜가 취소되고 감옥에 갇혔다. 은혜를 받은 사람은 반드시 그 은혜를 나누어야 한다. 가난한 사람을 못 본 체하지 않아야 한다. 그것이 정의로운 행동이다.

"그는 영원히 흔들리지 아니함이여 의인은 영원히 기억되리로다 그는 흉한 소문을 두려워하지 아니함이여 여호와를 의뢰하고 그의 마음을 굳게 정하였도다 그의 마음이 견고하여 두려워하지 아니할 것이라 그의 대적들이 받는 보응을 마침내 보리로다"(6–8절).

하나님께서 의인들을 지켜주신다. 다른 사람들도 그를 가리켜 '저 사람은 인생에 어떤 어려움이 몰려와도 흔들리지 않는다'고 인정한다. 흉흉한 소문이 회오리바람처럼 휩쓸고 지나갈 때에도 그는 강하고 담대하다. 여호와 하나님만 의지하고 있기 때문이다. 그러나 대적들은 강풍에 꺾인 나뭇가지처럼 굴러갈 것이다.

"그가 재물을 흩어 빈궁한 자들에게 주었으니 그의 의가 영구히 있고 그의 뿔이 영광 중에 들리리로다"(9절).

시인은 시의 첫머리에서 '할렐루야' 하고 외쳤다. 이제 우리들은 왜 시인이 할렐루야를 외쳤는지 이해할 수 있다. 하나님께서 그의 백성들로 하여금 선한 삶을 살도록 도와주셨기 때문이다. 누군가 자기의 재물을 흩어 가난한 사람들과 나누었다는 소식은 쉽게 들을 수 있는 말이 아니다. 마음에 자비와 긍휼히 넘치는 사람만이 할 수 있는 특별한 선행이다. 인간의 속성은 더 가지려는 욕심이다. 자기의 소유를 나누려는 인자한 마음은 하나님의 속성이다. 이 사람은 예수님의 비유 가운데 나오는 사마리아 사람과 같다. 그는 강도 만나 벌거벗은 사람에게 자기의 옷을 입히고, 자기의 지갑을 열어 쉼과 안식을 주었다. 하나님께서 이런 사람의 뿔(명예)을 영광 중에 높이 들리게 해주실 것이다.

"악인은 이를 보고 한탄하여 이를 갈면서 소멸되리니 악인들의 욕망은 사라지리로다"(10절).

시인은 복 받는 사람에 관해서 이야기하다가 마지막 절에서 악인을 언급한다. 악인은 의인이 복 받는 모습을 보면서 이를 갈다가 사라질 것이다. 악인은 욕심을 부리고 악한 꾀를 내어도 결코 의인을 앞서지 못한다. 악인은 자기 힘으로 살지만, 의인은 하나님의 능력으로 살기 때문이다.

〈시편 113편〉

세 번째 할렐루야 시

첫 번째 할렐루야 시(111편)는 하나님의 선하심과 인자하심에 중점을 두었다. 두 번째 할렐루야 시(112편)는 하나님의 선하심과 인자하심을 경험한 인간이 어떤 삶을 살아야 할 것인가에 초점을 맞추었다. 세 번째 할렐루야 시는 뜻밖에도 하나님의 낮아지심을 찬양하고 있다.

"할렐루야, 여호와의 종들아 찬양하라 여호와의 이름을 찬양하라 이제부터 영원까지 여호와의 이름을 찬송할지로다 해 돋는 데에서부터 해 지는 데에까지 여호와의 이름이 찬양을 받으시리로다"(1-3절).

이 시는 처음부터 '여호와'의 이름을 찬양한다. 이 구절들 가운데 '여호와의 이름'이 세 번, 그리고 '찬양'이 네 번 나온다. 시인은 여호와 하나님의 이름이 해 돋는 데서부터 해 지는 데까지 온 세상 사람들의 찬양을 받으셔야 한다고 주장한다. 이렇게 찬양하는 사람들은 여호와의 종들이다. 그런데 왜 온 세상이 하나님을 찬양해야 할까?

"여호와는 모든 나라보다 높으시며 그의 영광은 하늘보다 높으시도다"(4절).

여호와는 모든 나라들 위에 계시며 그의 영광이 하늘 위에 있다. 여호와는 이 세상 누구와도, 무엇과도 비교할 수 없는 분이시다. 예수님 오시기 전 수세기 동안 히브리인들은 율법(출애굽기 20:7; 레위기 24:11)을 잘못 해석한 나머지 '여호와'라는 이름을 직접 부르지 못하고 '아도나이'(나의 주)로 바꾸어 불렀다. 그러나 하나님은 모세와 이스라엘 백성들에게 자신을 소개하실 때 분명히 '나는 여호와이니라'고 하셨고(출애굽기 6:2), '누구든지 여호와의 이름을 부르는 자는 구원을 얻으리니' 하고 약속하셨다(요엘 2:32). 더구나 우리는 예수님을 믿음으로 하나님의 양자들이 되었다. 그러므로 담대하게 우리의 아버지 되시는 여호와의 이름을 부르고 그 이름을 찬양하며 높여드려야 한다.

그런데 시인의 다음 구절이 우리를 놀라게 한다.

"여호와 우리 하나님과 같은 이가 누구리요 높은 곳에 앉으셨으나 스스로 낮추사 천지를 살피시고"(5-6절).

이 두 구절은 모두 의문문으로 시작한다. 풀어 쓰면 이런 말이 된다. '누가 우리 여호와 하나님 같은 분인가? 그는 가장 높은 곳에 좌정하고 계신다. 하늘들과 땅을 살펴보시기 위해 스스로 몸을 낮추시고 굽히신(stoops down) 분이 누구신가?' 이 구절을 읽다 보면 바울이 빌립보교회에 보낸 편지가 생각난다.

> "너희 안에 이 마음을 품으라 곧 그리스도 예수의 마음이니 그는 근본 하나님의 본체시나 하나님과 동등 됨을 취할 것으로 여기지 아니하시고 오히려 자기를 비워 종의 형체를 가지사 사람들과 같이 되셨고 사람의 모양으로 나타나사 자기를 낮추시고 죽기까지 복종하셨으니 곧 십자가에 죽으심이라"(빌립보서 2:5-8).

만일 시인이 훗날 바울의 이 글을 읽는다면 어떤 반응을 보일까? 아이들 말을 빌리면 '까무러칠' 것이다. 도저히 상상할 수 없는 일이니까. 그러나 성자 하나님 예수 그리스도께서 우리를 돌아보시기 위해 낮고 천한 이 세상에 사람이 되어 오셨다. 그가 오셔서 하실 일들은 무엇일까?

"가난한 자를 먼지 더미에서 일으키시며 궁핍한 자를 거름 더미에서 들어 세워 지도자들 곧 그의 백성의 지도자들과 함께 세우시며 또 임신하지 못하던 여자를 집에 살게 하사 자녀들을 즐겁게 하는 어머니가 되게 하시는도다 할렐루야"(7-9절).

여호와 하나님께서 하실 두 가지 일들은 인간의 상식을 초월한 일들이었다. 가난한 자를 먼지 더미에서, 그리고 궁핍한 자를 거름 더미에서 일으켜서 민족의 지도자가 되게 하시는 일이 어디 상상이나 할 수 있는 일인가? 그러나 예수님은 그 일을 하시기 위해 이 세상에 오셨다.

> "주의 성령이 내게 임하셨으니 이는 가난한 자에게 복음을 전하게 하시려고 내게 기름을 부으시고"(누가복음 4:18).

성경은 하나님께서 행하실 전무후무한 일을 묘사할 때마다 '임신하지 못하는 여자로 많은 이들의 어머니가 되게 하신다'는 표현을 사용하고 있다(예, 이사야 54:1). 유대인들은 지금도 유월절이 되면 '할렐'이라고 부르는 시편 113편부터 118편을 읽는다. 이 시들은 모두 하나님의 구원을 노래하고 있다.

〈시편 114편〉

이스라엘이 애굽에서 나올 때

이 짧은 시는 출애굽 사건을 주제로 한 시들 중에서 가장 간결하고 아름다운 시다. 이 시의 배경이 되는 시대를 남북 왕국 시대부터 포로 시대, 혹은 포로에서 귀환할 때까지라고 학자들 간에 의견이 분분하다. 그러나 시인의 의도는 출애굽 사건을 생생하게 묘사함으로써 '지금도 계속되는 하나님의 구원의 역사'를 강조하는 것이었다.

"이스라엘이 애굽에서 나오며 야곱의 집안이 언어가 다른 민족에게서 나올 때에 유다는 여호와의 성소가 되고 이스라엘은 그의 영토가 되었도다"(1-2절).

출애굽은 독립운동이 아니다. 하나님께서 부르실 때 모세는 머뭇거렸고, 4백여 년 동안 애굽의 생활에 익숙해진 이스라엘은 살던 곳을 떠날 마음이 전혀 없었다. 모세의 말을 듣고 바로가 이스라엘을 더 괴롭히자 민족의 지도자들은 모세와 아론을 원망했다.

"그들에게 이르되 너희가 우리를 바로의 눈과 그의 신하의 눈에 미운 것이 되게 하고 그들의 손에 칼을 주어 우리를 죽이게 하는도다 여호와는 너희를 살피시고 판단하시기를 원하노라"(출애굽기 5:21).

출애굽 사건은 철저히 하나님의 사건이었다. 하나님께서 내리신 열 가지 재앙들이 바로에게는 이스라엘을 내보낼 생각을, 이스라엘 민족들에게는 떠나갈 생각을 하게 했다. 마침내 유월절 양 잡는 날 저녁에 하나님께서 이스라엘을 재촉하여 떠나게 하셨다. 애굽은 언어와 문화가 다른 민족이었다. 이스라엘은 하나님의 말씀을 듣기 위해 그곳을 떠나야 했다.

왜 이스라엘을 애굽에서 나오게 하셨을까? 유다를 성소로 삼으시고 이스라엘을 영토로 삼으시기 위해서다. 성소는 하나님께서 임재하시는 곳이고, 영토는 그의 통치권이 행사되는 영역이다. 한마디로 요약하면 이스라엘은 하나님의 소유라는 말이다. 그럼 하나님께서 그의 소유로 삼으시기 위해서 이스라엘을 출애굽 시키셨을까? 아니다. 그들의 조상 아브라함을 부르실 때부터 이스라엘은 이미 하나님의 소유였다. 출애굽 사건은 하나님께서 그의 소유를 되찾으신 구원 사건이다. 그 후 이스라엘 민족이 어려운 일을 당할 때마다 선지자들은 하나님께서 다시 한번 그의 소유 이스라엘을 구원해 달라고 부르짖곤 했다.

"바다가 보고 도망하며 요단은 물러갔으니 산들은 숫양들같이 뛰놀며 작은 산들은 어린 양들같이 뛰었도다 바다야 네가 도망함은 어찌함이며 요단아 네가 물러감은 어찌함인가 너희 산들아 숫양들같이 뛰놀며 작은 산들아 어린 양들같이 뛰놂은 어찌함인가"(3-6절).

시인은 홍해와 요단강이 갈라지고 이스라엘이 마른 땅 위로 건넜던 사건을 시적으로 표현하고 있다. 하나님의 명령 때문에 바다와 강이 물러갔다. 출애굽 사건에서 인간이 한 일은 아무것도 없었다. 모두 하나님께서 이루셨다. 바다와 강이 두려워하며 물러감을 보고 큰 산과 작은 산들이 숫양과 어린양처럼 뛰어놀았다. 기뻐서 춤을 추었다는 말이다. 왜 기뻤을까? 하나님의 구원하시는 능력을 보았기 때문이다. 홍해를 건넌 후에 모세의 누이 미리암은 소고를 잡고 춤을 추며 '너희는 여호와를 찬송하라 그는 높고 영화로우심이요 말과 그 탄 자를 바다에 던지셨음이로다' 하고 노래했다(출애굽기 15:21). 하나님의 구원의 역사가 애굽인에게는 두려움이 되었고, 이스라엘인에게는 기쁨이 되었다.

"땅이여 너는 주 앞 곧 야곱의 하나님 앞에서 떨지어다 그가 반석을 쳐서 못물이 되게 하시며 차돌로 샘물이 되게 하셨도다"(7-8절).

'떨지어다'라는 명령형 동사는 '춤을 추라'는 뜻도 가지고 있다. 큰 산과 작은 산이 기쁘게 뛰노는 것처럼 땅도 춤을 추라는 말이다. 구원의 기쁨 때문이다. 이스라엘 백성들이 광야에서 경험했던 가장 큰 사건은 무엇이었을까? 아마도 르비딤에서 바위가 터지고 생수가 솟아오를 때였을 것이다. 목말라 죽어가던 사람들이 암반에서 솟아나는 최고의 약수를 마셨으니 얼마나 기뻤겠는가. 시인은 하나님의 능력을 강조하기 위해 '차돌'이라는 단어를 사용했다. 차돌은 강도가 높아 쉽게 깰 수 없는 야무지고 단단한 돌이다. 그 암석에서 나온 물이 연못을 이루었다.

시인이 이 시를 지었을 무렵은 민족이 수난을 당하고 백성의 마음에 소망이 사라진 암흑기였을 것이다. 그때 시인은 출애굽 사건을 생생하게 묘사하면서 변치 않는 하나님의 구원의 능력을 노래하자고 초청했다.

〈시편 115편〉

복 받는 길

누구나 복 받기를 원한다. 그러나 모든 사람이 다 복 받는 것은 아니다. 어떤 사람은 '지지리 복도 없다'는 말을 듣는다. 시인도 그런 경험을 했다. 그것은 개인적이고, 또 민족적인 고통스러운 경험이었다.

"여호와여 영광을 우리에게 돌리지 마옵소서 우리에게 돌리지 마옵소서 오직 주는 인자하시고 진실하시므로 주의 이름에만 영광을 돌리소서 어찌하여 뭇 나라가 그들의 하나님이 이제 어디 있느냐 말하게 하리이까 오직 우리 하나님은 하늘에 계셔서 원하시는 모든 것을 행하셨나이다"(1-3절).

'그들의 하나님이 어디 있느냐?' 이 말은 고난 당하는 이스라엘을 보면서 이웃 나라 사람들이 비웃던 말이다. '하나님을 믿어도 그 모양이라면 우리의 신을 섬겨 보는 것이 어떻겠느냐'고 비아냥거리는 말이다. "말리는 시누이가 더 밉다"는 옛말처럼 그들의 말이 시인의 가슴을 아프게 했다. 그래서 시인은 하나님께 기도했다. 1절을 원문대로 해석하면 그 간절함이 뼈에 더 사무친다. '우리에게 말고요, 하나님, 우리에게 말고요, 오직 영광을 주의 이름에 돌리게 해주세요. 주님은 인자하시고 진실하니까요.'

아무리 이방인들이 빈정거려도 시인은 하나님께만 영광을 돌려드리기로 작정했다. 비록 자신과 민족이 당하고 있는 고난의 이유를 다 알 수 없을지라도 그는 하나님의 선하심을 신뢰하기로 했다. 하나님은 실수가 없으시니까, 하나님은 하늘에 계셔서 모든 일을 원하시는 대로 행하시니까, 그리고 그가 하시는 일은 언제나 옳으시니까. 그것이 시인의 믿음이었다.

"그들의 우상들은 은과 금이요 사람이 손으로 만든 것이라 입이 있어도 말하지 못하며 눈이 있어도 보지 못하며 귀가 있어도 듣지 못하며 코가 있어도 냄새 맡지 못하며 손이 있어도 만지지 못하며 발이 있어도 걷지 못하며 목구멍이 있어도 작은 소리조차 내지 못하느니라 우상들을 만드는 자들과 그것을 의지하는 자들이 다 그와 같으리로다"(4-8절).

이방인들은 그들이 섬기는 신이 복을 준다고 자랑했다. 정말 그런가? 사람이 은과 금으로 빚어놓은 신이 그들을 축복할 수 있는가? 시인은 좀 상식적으로 생각해 보라며 그들을 책망했다. 말도 못 하고, 보지도 못하고 듣지도 못하며, 만지지도 못하고, 걷지도 못하고, 소리도 못 내는 우상이 무슨 복을 줄 수 있느냐고 공박했다. 하박국 선지자도 같은 말씀을 대언했다.

> "새긴 우상은 그 새겨 만든 자에게 무엇이 유익하겠느냐 부어 만든 우상은 거짓 스승이라 만든 자가 이 말하지 못하는 우상을 의지하니 무엇이 유익하겠느냐"(하박국 2:18).

시인은 눈을 돌려 이스라엘을 바라보며 외쳤다.

"이스라엘아 여호와를 의지하라 그는 너희의 도움이시요 너희의 방패시로다 아론의 집이여 여호와를 의지하라 그는 너희의 도움이시요 너희의 방패시로다 여호와를 경외하는 자들아 너희는 여호와를 의지하여라 그는 너희의 도움이시요 너희의 방패시로다 여호와께서 우리를 생각하사 복을 주시되 이스라엘 집에도 복을 주시고 아론의 집에도 복을 주시며 높은 사람이나 낮은 사람을 막론하고 여호와를 경외하는 자들에게 복을 주시리로다"(9-13절).

시인은 복 받는 길을 세 번이나 강조했다. 그것은 바로 여호와를 경외하고 의지하는 삶이다. 그러면 살아 계신 여호와가 그들의 도움과 방패가 되실 것이다. 하나님께서는 복을 주실 뿐만 아니라 그 복을 잃어버리지 않도록 보호해 주신다. 시인은 백성들을 둘러보며 축복했다.

"여호와께서 너희를 곧 너희와 너희의 자손을 더욱 번창하게 하시기를 원하노라 너희는 천지를 지으신 여호와께 복을 받는 자로다 하늘은 여호와의 하늘이라도 땅은 사람에게 주셨도다 죽은 자들은 여호와를 찬양하지 못하나니 적막한 데로 내려가는 자들은 아무도 찬양하지 못하리로다 우리는 이제부터 영원까지 여호와를 송축하리로다 할렐루야"(14-18절).

천지를 지으신 하나님께서 우리에게 복 주시기를 원하신다. 하나님께서는 우리 자손을 축복하실 수 있다. 그러므로 하나님만 영원히 찬송을 받으셔야 한다. 하나님을 찬송하는 자는 복을 받는다.

〈시편 116편〉

갚을 길 없는 은혜

갚아야 할 부채보다 보유하고 있는 자산이 훨씬 더 많으면 걱정할 필요가 없다. 이 논리를 우리의 신앙생활에 대입해 보자. 걱정거리들이 우리에게 밀려와도 하나님의 은혜가 그보다 훨씬 더 크면 걱정할 필요가 없다. 그래서 바울은 "내게 능력 주시는 자 안에서 내가 모든 것을 할 수 있느니라"고 선언했다(빌립보서 4:13).

116편을 지은 시인도 많은 어려움을 겪었다. 그러나 하나님께서 베풀어 주신 은혜가 그의 어려움을 상쇄하고도 남았다. 그래서 갚을 길 없는 하나님의 은혜를 찬양했다.

"여호와께서 내 음성과 내 간구를 들으시므로 내가 그를 사랑하는도다 그의 귀를 내게 기울이셨으므로 내가 평생에 기도하리로다"(1-2).

신앙생활의 가장 든든한 담보는 하나님께서 들어주시는 '나의 기도'다. 하나님께서 내가 구하는 것을 들으시고 응답해 주시는데 무엇이 두렵겠는가. 하나님께서 주신 '기도 카드'는 한계(limit)도 없고 유효기한(valid thru)도 없다. 평생 무제한으로 사용할 수 있는 최고의 카드다. 그래서 시인은 하나님을 사랑했다.

"사망의 줄이 나를 두르고 스올의 고통이 내게 이르므로 내가 환난과 슬픔을 만났을 때에 내가 여호와의 이름으로 기도하기를 여호와여 주께 구하오니 내 영혼을 건지소서 하였도다"(3-4절).

갑자기 죽음과 같은 고통이 시인을 덮쳤다. 감당할 수 없는 어려운 일을 만났는데 도와줄 사람도 없다. 가슴 깊이 슬픔이 밀려왔다. 어떻게 하면 좋을까? 그때 기도 카드가 생각났다. 그래서 '여호와여 주께 구하오니 내 영혼을 건지소서' 하고 기도했다. 왜 여호와의 이름으로 기도했을까? 그 기도 카드가 여호와의 이름으로 발행되었기 때문이다. 그러므로 여호와께서 그의 기도에 응답하실 것이다. 그것은 내가 사용한 후에 여호와께서 갚아 주시는 후불 신용카드다. 훗날 예수님도 '내 이름으로 무엇이든지 내게 구하면 내가 행하리라'고 약속하셨다(요한복음 14:14). 예수님께서 주신 기도 카드 역시 무제한으로 사용 가능하다.

"여호와는 은혜로우시며 의로우시며 우리 하나님은 긍휼이 많으시도다 여호와께서는 순진한 자를 지키시나니 내가 어려울 때에 나를 구원하셨도다"(5-6절).

시인은 '은혜로우신 하나님, 의로우신 하나님, 긍휼이 많으신 하나님'을 소리 높여 찬양했다. 환난이 덮칠 무렵 시인은 순진(페티, פְּתִי, unwary)했다. 좋은 의미의 순진이 아니다. 쉽게 설득되고 유혹되는 어리석은 사람을 말한다. 시인은 너무 순진해서 경계를 게을리하고 부주의했다. 그러다가 어려운 일을 당하고 영적으로 아주 낮은 상태에 떨어졌다. 태평성세에 국방을 소홀히 하다가 갑자기 침략을 당했던 여호사밧왕이 생각난다(역대하 20장). 자신이 처한 상황을 파악한 시인은 즉시 기도 카드를 사용했다. 그러자 하나님의 은혜와 의로우심과 긍휼하심이 그를 넘어진 자리에서 일으켜 세우시고 구원해 주셨다. 고통과 환난과 슬픔도 즉시 사라졌다. 시인은 두 손을 높이 들고 여호와를 찬양했다.

"내 영혼아 네 평안함으로 돌아갈지어다 여호와께서 너를 후대하심이로다 주께서 내 영혼을 사망에서, 내 눈을 눈물에서, 내 발을 넘어짐에서 건지셨나이다"(7-8절).

시인은 자신에게 말했다. '여호와께서 너에게 풍성한 은혜를 베푸셨으니 평안할지어다.' 어떤 은혜인가? 주께서 그의 영혼을 사망에서, 그의 눈을 눈물에서, 그의 발을 넘어짐에서 건져 주신 은혜였다. 이 구절에서 우리는 시인이 당한 환난이 얼마나 크고 고통스러웠는지 느낄 수 있다. 그는 죽을 뻔하다가 다시 살아났다. 하나님께서 그의 눈물을 씻어 주셨다. 하나님께서 그를 붙들어 주셨다. 이제부터는 다시 넘어지지 않을 것이다. 남은 생애는 평안한 날들이 될 것이다.

"내가 생명이 있는 땅에서 여호와 앞에 행하리로다 내가 크게 고통을 당하였다고 말할 때에도 나는 믿었도다 내가 놀라서 이르기를 모든 사람이 거짓말쟁이라 하였도다"(10-11절).

시인은 이제 믿음의 사람이 되었다. 그래서 큰 고통을 당하고 있음에도 믿음으로 말했다. 무슨 말을 했을까? '하나님께서 나를 구원하시니 이 고통도 금방 지나갈 것이다' 하고 말했을 것이다. 믿음으로 하는 말은 언제나 긍정적이다. 그가 한마디 덧붙였다. '나를 향해 이제 끝났다고 말하던 너희들은 다 거짓말쟁이다. 보라. 하나님의 은혜로 나는 환난을 이기고 승리하였다.'

"내게 주신 모든 은혜를 내가 여호와께 무엇으로 보답할까 내가 구원의 잔을 들고 여호와의 이름을 부르며 여호와의 모든 백성 앞에서 나는 나의 서원을 여호와께 갚으리로다"(12-14절).

하나님의 은혜가 너무 커서 갚을 길이 없었다. 당연하다. 만일 갚을 수 있다면 그것은 은혜가 아니다. 은혜는 값없이 거저 주시는 하나님의 선물이기 때문이다. 세상 사람들이 주고받는 모든 선물에는 이유가 있다. 고마워서 주는 선물도 있고, 고마움을 입기 위해 주는 선물도 있다. 그러나 하나님께서 주시는 은혜(선물)에는 '사랑' 외에 다른 이유가 없다. '나는 하나님의 은혜를 받을 만한 가치가 있다'고 생각하는 순간 은혜는 사라진다. 그러므로 은혜는 감사함으로 받아야 한다. 시인은 감사 제사를 드리며 구원의 잔을 들고 여호와께 영광을 돌려드리기로 작정했다. 그리고 하나님께 서원한 것들을 다 이행하기로 굳게 다짐했다.

"그의 경건한 자들의 죽음은 여호와께서 보시기에 귀중한 것이로다 여호와여 나는 진실로 주의 종이요 주의 여종의 아들 곧 주의 종이라 주께서 나의 결박을 푸셨나이다"(15-16절).

하나님께서 시인으로 하여금 경건한 삶을 살게 하셨다. 그러므로 하나님께서 그의 죽음을 귀중하게 여길 것이다. 그는 믿음의 어머니를 통하여 세상에 태어났다. 하나님께서 그를 종으로 삼아 주셨다. 종이 결박당한 모습을 두고 모른 척할 주인이 어디 있겠는가? 그는 종이었지만 하나님께서 자유를 주셨다.

"내가 주께 감사제를 드리고 여호와의 이름을 부르리이다 내가 여호와께 서원한 것을 그의 모든 백성이 보는 앞에서 내가 지키리로다 예루살렘아, 네 한가운데에서 곧 여호와의 성전 뜰에서 지키리로다 할렐루야"(17-19절).

시인은 감사 제사를 드리고 여호와의 이름을 부르겠다고 다짐했다. 예루살렘 성전의 뜰 한가운데서 감사 제사를 드리고 서원을 지키겠다고 선포했다. 이 시인은 하나님의 기도 카드를 끝까지 잘 사용하고 승리했다.

〈시편 117편〉

가장 짧고도 긴 시

이 시는 성경 중에서 가장 짧은 시다. 그러나 그 여운이 가장 길게 남는 시다. 아모스 선지자가 모든 나라들에 대한 하나님의 심판을 선포했다면, 이 시인은 모든 나라와 민족들에 대한 하나님의 구원을 선포하고 있다.

"너희 모든 나라들아 여호와를 찬양하며 너희 모든 백성들아 그를 찬송할지어다"(1절).

이 시에는 이스라엘을 포함한 만민들이 초청된다. 모든 나라들과 백성들이 다 하나님께 속하였기 때문이다. 그들이 부르는 찬양은 예루살렘이나 시온에 국한된 찬양이 아니고 동서남북을 아우르는 우주적 찬양이다. 온 생애를 바쳐 이방인들에게 복음을 전한 바울은 이 구절을 포함한 시편 18편 19절과 이사야 11장 10절을 인용하면서 이런 구원의 찬양이 예수님 때문에 가능하게 되었다고 증거했다.

"내가 말하노니 그리스도께서 하나님의 진실하심을 위하여 할례의 추종자가 되셨으니 이는 조상들에게 주신 약속들을 견고하게 하시고 이방인들도 그 긍휼하심으로 말미암아 하나님께 영광을 돌리게 하려 하심이라 기록된바 그러므로 내가 열방 중에서 주께 감사하고 주의 이름을 찬송하리로다 함과 같으니라 또 이르되 열방들아 주의 백성과 함께 즐거워하라 하였으며 또 모든 열방들아 주를 찬양하며 모든 백성들아 그를 찬송하라 하였으며 또 이사야가 이르되 이새의 뿌리 곧 열방을 다스리기 위하여 일어나시는 이가 있으리니 열방이 그에게 소망을 두리라 하였느니라"(로마서 11:8-12).

왜 만민들이 하나님을 찬양해야 할까?

"우리에게 향하신 여호와의 인자하심이 크시고 여호와의 진실하심이 영원함이로다 할렐루야"(2절).

여호와의 인자하심(헤세드)과 진실하심(에메트)은 성경의 핵심이다. 하나님의 인자하심은 이스라엘에 국한되지 않는다. 모든 나라들과 백성들에게 미칠 만큼 큰 사랑이다. 그 사랑은 또한 영원한 사랑이다. 시인은 하나님의 영원한 사랑을 '진실'이라는 말로 강조하고 있다. 하나님의 사랑은 변하지도 않고 끝나지도 않는다. 시종여일(始終如一)하여 언제나 믿을 수 있는 진실(성실)한 사랑이다. 그 사랑이 예수님의 십자가 위에서 나타났다. 그래서 이 시는 예수님께서 제자들에게 주신 지상 대명령과 연결된다.

> "예수께서 나아와 말씀하여 이르시되 하늘과 땅의 모든 권세를 내게 주셨으니 그러므로 너희는 가서 모든 민족을 제자로 삼아 아버지와 아들과 성령의 이름으로 세례를 베풀고 내가 너희에게 분부한 모든 것을 가르쳐 지키게 하라 볼지어다 내가 세상 끝 날까지 너희와 항상 함께 있으리라 하시니라"(마태복음 28:18-20).

예수님께서 제자들에게 '가르쳐 지키게 하라'는 내용은 무엇일까? 하나님의 사랑이다. 진실한 사랑을 찾아 헤매는 자들에게 '여기 하나님의 사랑이 있다. 당신을 위해 그의 아들을 죽음에 내놓으신 사랑이 있다. 그 사랑을 당신이 받아들이면 살게 될 것이다'라고 전하라는 말씀이다. 그리하여 온 세상 사람들로 하여금 하나님의 구속의 사랑을 배우고, 깨닫고, 경험하며 살게 해야 한다.

이 짧은 시가 우리의 마음에 긴 감동을 남긴다. 그것은 하나님의 사랑의 여운이다. 오늘 아침에는 노예선의 선장이었던 존 뉴턴(J. Newton)이 그의 죄를 회개하면서 지었던 찬송을 불러보자.

1. 나 같은 죄인 살리신 주 은혜 놀라워 잃었던 생명 찾았고 광명을 얻었네
2. 큰 죄악에서 건지신 주 은혜 고마워 나 처음 믿은 그 시간 귀하고 귀하다
3. 이제껏 내가 산 것도 주님의 은혜라 또 나를 장차 본향에 인도해 주시리
4. 거기서 우리 영원히 주님의 은혜로 해처럼 밝게 살면서 주 찬양하리라

〈시편 118편〉

여호와는 내 편이시다

이 시는 성도가 살아갈 목적을 분명하게 밝혀준다. 그것은 하나님께서 하신 일들을 세상에 알리고 간증하는 삶이다.

"여호와께 감사하라 그는 선하시며 그의 인자하심이 영원함이로다 이제 이스라엘은 말하기를 그의 인자하심이 영원하다 할지로다 이제 아론의 집은 말하기를 그의 인자하심이 영원하다 할지로다 이제 여호와를 경외하는 자는 말하기를 그의 인자하심이 영원하다 할지로다"(1-4절).

시인은 하나님께 먼저 감사드렸다. 그런 후에 찬양 인도자와 회중 사이에 돌림 노래가 세 번 반복된다. 인도자가 '이제 이스라엘은 말하기를' 하고 선창하면 회중은 '그의 인자하심이 영원하다 할지로다' 하고 화답했다. 그 후에 시인은 그가 경험했던 하나님의 인자하심을 간증했다.

"내가 고통 중에 여호와께 부르짖었더니 여호와께서 응답하시고 나를 넓은 곳에 세우셨도다 여호와는 내 편이시라 내가 두려워하지 아니하리니 사람이 내게 어찌할까 여호와께서 내 편이 되사 나를 돕는 자들 중에 계시니 그러므로 나를 미워하는 자들에게 보응하시는 것을 내가 보리로다 여호와께 피하는 것이 사람을 신뢰하는 것보다 나으며 여호와께 피하는 것이 고관들을 신뢰하는 것보다 낫도다"(5-9절).

'고통'과 '넓은 곳'을 대칭으로 사용하고 있다. 고통(distress)은 비좁은 감옥에 갇혀 있는 상태다. 시인이 하나님께 부르짖었더니 감옥 문을 여시고 자유로운 곳으로 인도해 주셨다. 그 경험을 통하여 시인은 하나님이 자기편이라는 확신을 얻었다. '내 편'이라는 말은 '나와 함께하신다'는 의미다. 그래서 더 이상 사람을 두려워하지 않기로 작정했다. 다윗도 사울에게 쫓겨 다닐 때에 '여호와는 나의 빛이요 나의 구원이시니 내가 누구를 두려워하리요 여호와는 내 생명의 능력이시니 내가 누구를 무서워하리요' 하고 외쳤다(시편 27:1). 히브리서 기자는 이 구절을 인용하여 성도들에게 담대함을 심어 주었다(히브리서 13:6).

만일 사람들이 계속해서 시인을 미워한다면 하나님께서 그들에게 엄중하게 되갚아 주실 것이다. 그래서 시인은 사람이나 권력자를 의지하지 않고 하나님께 피하기로 결심했다.

"뭇 나라가 나를 에워쌌으니 내가 여호와의 이름으로 그들을 끊으리로다 그들이 나를 에워싸고 에워쌌으니 내가 여호와의 이름으로 그들을 끊으리로다 그들이 벌들처럼 나를 에워쌌으나 가시덤불의 불같이 타 없어졌나니 내가 여호와의 이름으로 그들을 끊으리로다 너는 나를 밀쳐 넘어뜨리려 하였으나 여호와께서는 나를 도우셨도다"(10-13절).

'에워쌌다'는 말과 '끊어 버린다'는 말, 그리고 '여호와의 이름'이 각각 세 번씩 반복되고 있다. 원수들이 시인을 무너뜨리기 위해 겹겹이 에워쌌다. 그러나 시인에게는 여호와의 이름이 있었다. 그는 이미 여호와께 피하였다. 그는 여호와의 이름으로 그들의 결박을 끊어 버렸다. 그러자 벌떼처럼 시인을 에워쌌던 원수들이 마치 맹렬한 불꽃 속의 가시덤불처럼 순식간에 사라졌다. 그 후에 시인이 담대하게 선포했다. '너희들이 나를 밀쳐서 절벽에서 떨어뜨리려 했지만 하나님께서 나를 도와주셨다. 너희가 또다시 덤벼든다면 내가 여호와의 이름으로 너희를 또 끊어 버릴 것이다.' 시인은 하나님과 동행하고 있었기 때문에 담대했다.

"여호와는 나의 능력과 찬송이시요 또 나의 구원이 되셨도다 의인들의 장막에는 기쁜 소리, 구원의 소리가 있음이여 여호와의 오른손이 권능을 베푸시며 여호와의 오른손이 높이 들렸으며 여호와의 오른손이 권능을 베푸시는도다"(14-16절).

원수들의 손에서 벗어난 시인은 하나님의 구원의 능력을 소리 높여 찬양했다. 그것은 의인의 장막에서 들려오는 기쁜 노랫소리였다. 시인은 특별히 하나님의 오른손을 세 번이나 언급했다. 하나님께서 시인을 구원하시기 위해 그의 오른손을 높이 드셨다는 말이다.

"내가 죽지 않고 살아서 여호와께서 하시는 일을 선포하리로다 여호와께서 나를 심히 경책하셨어도 죽음에는 넘기지 아니하셨도다 내게 의의 문들을 열지어다 내가 그리로 들어가서 여호와께 감사하리로다 이는 여호와의 문이라 의인들이 그리로 들어가리로다 주께서 내게 응답하시고 나의

구원이 되셨으니 내가 주께 감사하리이다"(17-21절).

'내가 죽지 않고 살아서'라는 말이 고통의 크기를 잘 나타내고 있다. 하마터면 죽을 뻔했다는 말이다. 그런데 그다음 구절이 우리를 숙연하게 한다. 죽을 뻔했다가 살아났으면 하고 싶은 일이 얼마나 많겠는가. 그런데 시인은 '여호와께서 지금도 계속하고 계시는 일'을 간증하겠다고 했다. 그러면서 왜 그토록 심한 고통을 당했는지 속내를 털어 놓았다. 그것은 자신이 저지른 죄 때문에 시작된 고통이었다. 그런데 감사하게도 하나님께 그를 꾸짖으시되 죽기까지 하지 않으셨다. 그가 회개할 때 용서하시고 구원하시며 의롭게(죄 없다고) 해주셨다. 그럼 구원받은 의인은 어떤 삶을 살아야 할까?

"건축자가 버린 돌이 집 모퉁이의 머릿돌이 되었나니 이는 여호와께서 행하신 것이요 우리 눈에 기이한 바로다 이날은 여호와께서 정하신 것이라 이날에 우리가 즐거워하고 기뻐하리로다"(22-24절).

시인은 건축자가 쓸모없다고 버린 돌 같은 신세였다. 그러나 하나님께서 그를 구원하셔서 건물의 머릿돌이 되게 하셨다. 중요한 존재로 세워 주셨다는 말이다. 그것은 사람들 보기에 기이한 일이었다. 시인은 그 구원의 날을 즐겁고 기쁘게 기념했다. 베드로는 이 구절을 인용하여 유대교의 지도자들 앞에서 '이 예수는 너희 건축자들의 버린 돌로서 집 모퉁이의 머릿돌이 되었느니라'고 증언했다(사도행전 4:11). 구원받은 성도들은 죄를 멀리하고 존귀한 삶을 살아야 한다.

"여호와여 구하옵나니 이제 구원하소서 여호와여 우리가 구하옵나니 이제 형통하게 하소서 여호와의 이름으로 오는 자가 복이 있음이여 우리가 여호와의 집에서 너희를 축복하였도다 여호와는 하나님이시라 그가 우리에게 빛을 비추셨으니 밧줄로 절기 제물을 제단 뿔에 맬지어다 주는 나의 하나님이시라 내가 주께 감사하리이다 주는 나의 하나님이시라 내가 주를 높이리이다. 여호와께 감사하라 그는 선하시며 그의 인자하심이 영원함이로다"(25-29절).

시인이 하나님께 구원을 호소하는 이 단락에도 예수님에 대한 예언이 들어 있다(26절). 예수님이 예루살렘에 입성하실 때 무리들은 '주의 이름으로 오시는 이여 가장 높은 곳에서 호산나' 하며 환영했다(마태복음 21:9). 시인은 처음 절과 같은 말로 다시 한번 하나님께 감사했다.

〈시편 119편〉

여호와의 말씀은 나의 등불 (1)

이 시는 성경 전체에서 가장 긴 장이다. 시의 형태는 히브리어 자음 22자로 시작하여 각각 8절씩 22단락으로 구성되어 있다. 그래서 긴 내용이지만 쉽게 기억할 수 있게 했다.

이 무명의 시인은 교만한 고관들의 핍박과 악인들의 괴롭힘을 당한 사람이었다. 특히 '악인'을 9회에 걸쳐 강한 어조로 배척하고 있다. 시인은 이런 삭막한 사회 환경 가운데서도 하나님의 말씀만 의지하며 묵상했다. 그 말씀이 그의 삶을 지탱하는 원칙과 힘이 되었다.

시인은 열 가지의 단어를 사용하여 하나님의 말씀을 묘사하고 있다(이 분류는 우리말 성경이 아니라 히브리어에 의한 것이다).

첫째는 '율법'(토라, 25회)이다. 방향을 지시하거나 설명할 때 이 단어를 사용했다.

"행위가 온전하여 여호와의 율법을 따라 행하는 자들은 복이 있음이여"(1절).

둘째는 '말씀'(다바르, 20회)이다. 일반적으로 계시의 말씀을 가리킨다.

"청년이 무엇으로 그의 행실을 깨끗하게 하리이까 주의 말씀만 지킬 따름이니이다"(9절).

셋째는 '약속의 말씀'(임라, 19회)이다. 우리 성경에는 모두 '말씀'으로 번역되었지만, 이 단어는 일반적인 말씀(다바르)과 구별된다(11, 38, 41, 50, 58, 67, 76, 82, 103, 116, 123, 133, 140, 148, 154, 158, 162, 170, 172절).

"내가 주께 범죄하지 아니하려 하여 주의 [약속의] 말씀을 내 마음에 두었나이다"(11절).

넷째는 '계명'(미스바, 21회)이다. 한 번을 제외하고 모두 복수로 사용된 이 단어는 분명한 명령들을 의미한다.

"내가 주의 모든 계명에 주의할 때에는 부끄럽지 아니하리이다"(6절).

다섯째는 '율례'(호킴, 21회)다. 문자적으로 '새겨진 것들'이라는 이 단어는 언제나 복수로 사용된다.

"내 길을 굳게 정하사 주의 율례를 지키게 하소서"(5절).

여섯째는 '규례', '심판' 그리고 '판단'(미쉬팥, 19회)이다. 십계명 다음에 기록된 율법들로서 어떤 일을 판결할 수 있는 사법적인 효력을 지닌다.

"내가 주의 의로운 판단을 배울 때에는 정직한 마음으로 주께 감사하리이다"(7절).

일곱째는 '법도'(피쿠딤, 21회)다. 이 단어는 항상 복수로 쓰이며 시편에서만 사용되는 시적인 용어다. 법도는 반드시 지켜야 할 원칙들이다.

"주께서 명령하사 주의 법도를 잘 지키게 하셨나이다"(4절).

여덟째는 '교훈' 또는 '증거'(에이다, 22회)다. 한 번을 제외하고 모두 복수로 사용된 이 단어는 하나님의 준엄한 뜻에 대한 선언이다.

"내가 주의 교훈들을 지켰사오니 비방과 멸시를 내게서 떠나게 하소서"(22절).

아홉째는 '길'(데렉, 11회)로서 말씀이 보여 주는 삶의 방식을 의미한다.

"나에게 주의 법도들의 길을 깨닫게 하여 주소서 그리하시면 내가 주의 기이한 일들을 작은 소리로 읊조리리이다"(27절).

열째는 (어떤 목표에 이르는) '길'(오라, 5회)이다.

"내가 주의 말씀을 지키려고 발을 금하여 모든 악한 길로 가지 아니하였사오며"(101절).

이제 핵심 구절(들)을 중심으로 스물두 단락을 묵상해 보기로 하자.

» 순종의 복

"행위가 온전하여 여호와의 율법을 따라 행하는 자들은 복이 있음이여 여호와의 증거들을 지키고 전심으로 여호와를 구하는 자는 복이 있도다 참으

로 그들은 불의를 행하지 아니하고 주의 도를 행하는도다 주께서 명령하사 주의 법도를 잘 지키게 하셨나이다 내 길을 굳게 정하사 주의 율례를 지키게 하소서 내가 주의 모든 계명에 주의할 때에는 부끄럽지 아니하리이다 내가 주의 의로운 판단을 배울 때에는 정직한 마음으로 주께 감사하리이다 내가 주의 율례들을 지키오리니 나를 아주 버리지 마옵소서"(1-8절).

왜 여호와의 율법을 따라 행하며 그의 교훈을 지키는 자들에게 복이 있을까? 불의를 행하지 않고 주의 가르침에 순종하며 살기 때문이다. 그런데 우리 힘만으로는 순종할 수 없다. 그래서 시인은 '내 길을 굳게 정하사 주의 율례를 지키게 하소서' 하고 기도했다. 순종은 막연한 감정이 아니다. 순종할 수 있는 율례(새겨진 말씀)가 있어야 한다. 율례를 순종하는 사람은 부끄럽지 않은 삶을 살게 될 것이다.

» 말씀으로 행실을 깨끗이 하기

"청년이 무엇으로 그의 행실을 깨끗하게 하리이까 주의 말씀만 지킬 따름이니이다 내가 전심으로 주를 찾았사오니 주의 계명에서 떠나지 말게 하소서 내가 주께 범죄하지 아니하려 하여 주의 말씀을 내 마음에 두었나이다 찬송을 받으실 주 여호와여 주의 율례들을 내게 가르치소서 주의 입의 모든 규례들을 나의 입술로 선포하였으며 내가 모든 재물을 즐거워함같이 주의 증거들의 도를 즐거워하였나이다 내가 주의 법도들을 작은 소리로 읊조리며 주의 길들에 주의하며 주의 율례들을 즐거워하며 주의 말씀을 잊지 아니하리이다"(9-16절).

청년들은 부모의 돌봄에서 벗어나 자유로운 세상으로 떠난다. 그래서 자칫하면 오염되기 쉽다. 고등학교 때까지 신앙생활 잘하던 자녀들이 대학에 들어가면 나태해지는 이유가 여기에 있다. 어떻게 하면 청년 시절을 영적으로 깨끗하게 살 수 있을까? 주의 말씀을 지키는 길 외에 다른 길이 없다고 시인은 고백한다. 어떻게 주의 말씀을 지킬 수 있을까? 전심으로 주를 찾으며 주의 계명에서 떠나지 않아야 한다.

» 주의 증거는 나의 즐거움

"주의 종을 후대하여 살게 하소서 그리하시면 주의 말씀을 지키리이다 내 눈을 열어서 주의 율법에서 놀라운 것을 보게 하소서 나는 땅에서 나그네가 되었사오니 주의 계명들을 내게 숨기지 마소서 주의 규례들을 항상 사모함으로 내 마음이 상하나이다 교만하여 저주를 받으며 주의 계명들에서 떠나는 자들을 주께서 꾸짖으셨나이다 내가 주의 교훈들을 지켰사오니 비방과 멸시를 내게서 떠나게 하소서 고관들도 앉아서 나를 비방하였사오나 주의 종은 주의 율례들을 작은 소리로 읊조렸나이다 주의 증거들은 나의 즐거움이요 나의 충고자니이다"(17-24절).

산해진미가 있어도 입맛이 없으면 무용지물이다. 마찬가지로 아무리 하나님의 말씀이 우리에게 유익이 되어도 그 말씀을 즐거워하지 않으면 우리와 아무 상관이 없다. 그래서 시인은 '내 눈을 열어서 주의 율법에서 놀라운 것을 보게 하소서' 하고 기도했다(18절). 하나님께서 그의 말씀을 영의 눈으로 읽을 수 있도록 도와주셔야 한다. 그러면 말씀을 읽고 묵상하는 일이 우리의 즐거움이 되고, 그 교훈이 우리에게 유익이 될 것이다.

» 주의 말씀대로 나를 살려주소서

"내 영혼이 진토에 붙었사오니 주의 말씀대로 나를 살아나게 하소서 내가 나의 행위를 아뢰매 주께서 내게 응답하셨사오니 주의 율례들을 내게 가르치소서 나에게 주의 법도들의 길을 깨닫게 하여 주소서 그리하시면 내가 주의 기이한 일들을 작은 소리로 읊조리리이다 나의 영혼이 눌림으로 말미암아 녹사오니 주의 말씀대로 나를 세우소서 거짓 행위를 내게서 떠나게 하시고 주의 법을 내게 은혜로이 베푸소서 내가 성실한 길을 택하고 주의 규례들을 내 앞에 두었나이다 내가 주의 증거들에 매달렸사오니 여호와여 내가 수치를 당하지 말게 하소서 주께서 내 마음을 넓히시면 내가 주의 계명들의 길로 달려가리이다"(25-32절).

시인은 그의 죄를 회개하며 용서와 회복을 간구했다. 이 단락에는 시인이 회복되기를 원하는 구절들이 있다. '주의 율례를 내게 가르치소서', '주의 법도들의 길을 깨닫게 하소서', '주의 말씀대로 나를 세우소서', '거짓 행위를 내게서 떠나게 하소서', '주의 법을 내게 은혜로이 베푸소서', '내가 수치를 당하지 말게 하소서'. 시인의 소원은 주의 계명들이 보여 주는 길로 달려가는 것이었다.

» 거룩한 결심

"여호와여 주의 율례들의 도를 내게 가르치소서 내가 끝까지 지키리이다 나로 하여금 깨닫게 하여 주소서 내가 주의 법을 준행하며 전심으로 지키리이다 나로 하여금 주의 계명들의 길로 행하게 하소서 내가 이를 즐거워함이니이다 내 마음을 주의 증거들에게 향하게 하시고 탐욕으로 향하지 말게 하소서 내 눈을 돌이켜 허탄한 것을 보지 말게 하시고 주의 길에서 나를 살아나게 하소서 주를 경외하게 하는 주의 말씀을 주의 종에게 세우소서 내가 두려워하는 비방을 내게서 떠나게 하소서 주의 규례들은 선하심이니이다 내가 주의 법도들을 사모하였사오니 주의 의로 나를 살아나게 하소서"(33-40절).

신앙생활에서는 목표를 설정하고 실천하는 결심이 중요하다. 아무리 율법을 많이 알아도 순종하지 않으면 무슨 소용이 있겠는가? 믿음과 순종은 하나님의 선물이다. 우리 힘으로는 불가능하다. 그래서 시인은 하나님께서 주의 율례와 법과 계명과 증거와 법도(모두 '말씀'의 다른 표현들)를 잘 가르쳐 주시고 이해시켜 주실 뿐만 아니라 그렇게 살게 해달라고 간청했다. 그는 하나님의 말씀을 사모하는 마음으로 가득했다. 그 말씀만이 그를 살릴 수 있기 때문이다.

» 구원의 말씀

"여호와여 주의 말씀대로 주의 인자하심과 주의 구원을 내게 임하게 하소서 그리하시면 내가 나를 비방하는 자들에게 대답할 말이 있사오리니 내가 주의 말씀을 의지함이니이다 진리의 말씀이 내 입에서 조금도 떠나지 말게 하소서 내가 주의 규례를 바랐음이니이다 내가 주의 율법을 항상 지키리이다 영원히 지키리이다 내가 주의 법도들을 구하였사오니 자유롭게 걸어갈 것이오며 또 왕들 앞에서 주의 교훈들을 말할 때에 수치를 당하지 아니하겠사오며 내가 사랑하는 주의 계명들을 스스로 즐거워하며 또 내가 사랑하는 주의 계명들을 향하여 내 손을 들고 주의 율례들을 작은 소리로 읊조리리이다"(41-48절).

주의 말씀에 구원의 능력이 있다. 시인은 말씀 속에 있는 하나님의 능력을 보았다. 예수님도 말씀으로 치료하시고 귀신을 내어쫓으셨다. 가버나움에 살던 왕의 신하에게 죽어가는 아들이 있었다. 신하는 예수님께서 '가라 네 아들이 살아 있다'고 말씀하신 바로 그 시간에 자기 아들이 살아났음을 깨달았다(요한복음 4:53). 말씀이 곧 하나님의 능력이다. 그래서 시인은 그 말씀이 자기 입에서 떠나지 않게 해달라고 기도했다.

〈시편 119편〉

여호와의 말씀은 나의 등불 (2)

» 소망의 말씀

"주의 종에게 하신 말씀을 기억하소서 주께서 내게 소망을 가지게 하셨나이다 이 말씀은 나의 고난 중의 위로라 주의 말씀이 나를 살리셨기 때문이니이다 교만한 자들이 나를 심히 조롱하였어도 나는 주의 법을 떠나지 아니하였나이다 여호와여 주의 옛 규례들을 내가 기억하고 스스로 위로하였나이다 주의 율법을 버린 악인들로 말미암아 내가 맹렬한 분노에 사로잡혔나이다 내가 나그네 된 집에서 주의 율례들이 나의 노래가 되었나이다 여호와여 내가 밤에 주의 이름을 기억하고 주의 법을 지켰나이다 내 소유는 이것이니 곧 주의 법도들을 지킨 것이니이다"(49-56절).

시인은 주의 말씀에서 소망을 발견했다. 그 말씀이 '고난 중의 위로'가 되고, 교만한 자들의 조롱을 이겨 낼 강력한 무기가 되며, 또한 그의 노래가 되었다. 그는 인생의 밤중에도 하나님의 말씀을 기억하며 그 말씀대로 살기로 결심했다. 그만큼 시인은 하나님의 율법을 사랑했다. 그리고 그 사랑은 율법을 버린 자들을 향한 맹렬한 분노로 표출되었다. 시인이 나그네 생활을 할 때에 주의 말씀이 그의 노래가 되었다. 칠흑 같은 밤에도 주의 말씀을 의지하고 용기를 얻었다. 주의 말씀이 없었다면 그는 어려운 시절을 견뎌 낼 수 없었을 것이다. 그의 삶에 있어서 가장 귀한 보배는 주의 이름과 주의 말씀뿐이었다.

» 나는 주의 말씀을 지키리라

"여호와는 나의 분깃이시니 나는 주의 말씀을 지키리라 하였나이다 내가 전심으로 주께 간구하였사오니 주의 말씀대로 내게 은혜를 베푸소서 내가 내 행위를 생각하고 주의 증거들을 향하여 내 발길을 돌이켰사오며 주의 계명들을 지키기에 신속히 하고 지체하지 아니하였나이다 악인들의 줄이 내게

두루 얽혔을지라도 나는 주의 법을 잊지 아니하였나이다 내가 주의 의로운 규례들로 말미암아 밤중에 일어나 주께 감사하리이다 나는 주를 경외하는 모든 자들과 주의 법도들을 지키는 자들의 친구라. 여호와여 주의 인자하심이 땅에 충만하였사오니 주의 율례들로 나를 가르치소서"(57-64절).

하나님의 말씀은 시인에게 가장 중요한 자산이 되었다. 그 약속의 말씀을 붙들고 간구할 때마다 하나님의 은혜가 임했다. 때때로 그는 자신의 행위들을 말씀에 비추어보며 교정했다. 그러면 그 말씀이 그를 바른 길로 인도했다. 그의 가장 큰 관심사는 '내가 어떻게 하면 하나님의 말씀대로 살 수 있을까'였다. 악인들이 그를 공격할 때에도 그는 하나님의 말씀을 기억하고 담대했다. 밤중 같은 시간에도 그는 일어나서 주께 감사드렸다. 말씀을 사랑하는 사람은 누구든지 그의 친구가 되었다. 그에게는 소원이 하나 있었다. 그것은 하나님의 집에서 날마다 그의 말씀을 배우는 것이었다.

» 천천 금은보다 더 좋은 말씀

"여호와여 주의 말씀대로 주의 종을 선대하셨나이다 내가 주의 계명들을 믿었사오니 좋은 명철과 지식을 내게 가르치소서 고난 당하기 전에는 내가 그릇 행하였더니 이제는 주의 말씀을 지키나이다 주는 선하사 선을 행하시오니 주의 율례들로 나를 가르치소서 교만한 자들이 거짓을 지어 나를 치려 하였사오나 나는 전심으로 주의 법도들을 지키리이다 그들의 마음은 살져서 기름덩이 같으나 나는 주의 법을 즐거워하나이다 고난 당한 것이 내게 유익이라 이로 말미암아 내가 주의 율례들을 배우게 되었나이다 주의 입의 법이 내게는 천천 금은보다 좋으니이다"(65-72절).

시인은 하나님께서 그의 말씀대로 자기를 선대해 주셨다고 고백했다. 그는 하나님의 말씀을 신뢰하고 믿었다. 사람도 누군가를 신뢰하면 그의 말을 믿게 된다. 시인은 하나님의 말씀으로 그에게 명철(선과 악을 구별하는 지혜)와 지식(하나님을 더 잘 알게 되는)을 가르쳐 달라고 간청했다. 그는 하나님의 말씀을 더 배우고 싶었다. 그래서 고난을 통해서도 하나님의 말씀을 깨닫고 지키게 되었다고 감사드렸다. 고난 당하는 것도 그에게 유익이 되었다니, 도대체 하나님의 말씀을 얼마나 사랑했으면 그런 생각을 할 수 있을까? 시인은 '주의 입술에서 나오는 말씀이 나에게는 천천 금은 조각들보다 더 좋다'고 선포했다.

» 왜 하나님의 말씀을 배워야 하는가?

"주의 손이 나를 만들고 세우셨사오니 내가 깨달아 주의 계명들을 배우게 하소서 주를 경외하는 자들이 나를 보고 기뻐하는 것은 내가 주의 말씀을 바라는 까닭이니이다 여호와여 내가 알거니와 주의 심판은 의로우시고 주께서 나를 괴롭게 하심은 성실하심 때문이니이다 구하오니 주의 종에게 하신 말씀대로 주의 인자하심이 나의 위안이 되게 하시며 주의 긍휼히 여기심이 내게 임하사 내가 살게 하소서 주의 법은 나의 즐거움이니이다 교만한 자들이 거짓으로 나를 엎드러뜨렸으니 그들이 수치를 당하게 하소서 나는 주의 법도들을 작은 소리로 읊조리리이다 주를 경외하는 자들이 내게 돌아오게 하소서 그리하시면 그들이 주의 증거들을 알리이다 내 마음으로 주의 율례들에 완전하게 하사 내가 수치를 당하지 아니하게 하소서"(73-80절).

'만들다'는 일반적인 창조이고, '세우셨다'는 특별한 지으심이다. 하나님은 모든 피조물들을 말씀으로 창조하셨다. 그러나 오직 인간만 그의 손으로 만드시고 세우셨다. 하나님의 형상과 모양대로 지으셨기 때문에 인간은 하나님과 교제와 소통이 가능한 특별한 피조물이 되었다. 그러므로 인간은 하나님의 계명을 깨닫고 배우며 그 말씀대로 살아가야 한다. 그것은 인간의 특권이자 사명이다. 시인은 주의 말씀을 사모하며 그 말씀에서 위안을 얻었다. 주의 생명의 말씀이 그를 살게 했다. 때로는 괴로움을 통하여 하나님의 말씀을 깨닫기도 했다. 고난까지도 그에게는 하나님의 성실하심을 보여 주는 도구가 되었다.

» 내가 주의 말씀을 바라는 까닭

"나의 영혼이 주의 구원을 사모하기에 피곤하오나 나는 주의 말씀을 바라나이다 나의 말이 주께서 언제나 나를 안위하실까 하면서 내 눈이 주의 말씀을 바라기에 피곤하니이다 내가 연기 속의 가죽 부대같이 되었으나 주의 율례들을 잊지 아니하나이다 주의 종의 날이 얼마나 되나이까 나를 핍박하는 자들을 주께서 언제나 심판하시리이까 주의 법을 따르지 아니하는 교만한 자들이 나를 해하려고 웅덩이를 팠나이다 주의 모든 계명들은 신실하니이다 그들이 이유 없이 나를 핍박하오니 나를 도우소서 그들이 나를 세상에서 거의 멸하였으나 나는 주의 법도들을 버리지 아니하였

사오니 주의 인자하심을 따라 나를 살아나게 하소서 그리하시면 주의 입의 교훈들을 내가 지키리이다"(81-88절).

하나님의 말씀에 구원의 능력이 있었다. 시인은 주의 말씀을 기다리느라 피곤했다. 천막 기둥에 걸려 있는 가죽 부대가 연기에 그을려 까맣게 되듯이 그의 마음도 새까맣게 타들어 갔다. 원수들 때문에 남은 날들을 눈물 속에 보내고 있는데 하나님의 심판과 구원의 손길은 요원해 보였다. 그럼에도 그는 하나님의 신실한 말씀을 의심치 않았다. 그 약속의 말씀을 의지하고 포기하지 않았다. 하나님께서 그의 말씀으로 원수들을 심판하실 것을 믿고 의심하지 않았다. 까닭 없이 그를 핍박하는 교만한 자들의 손에서 구원해 주실 것을 믿었다. 시인은 주의 인자하심으로 그를 살려주실 것을 믿고 간구하며 기다렸다.

» 주의 말씀은 영원합니다

"여호와여 주의 말씀은 영원히 하늘에 굳게 섰사오며 주의 성실하심은 대대에 이르나이다 주께서 땅을 세우셨으므로 땅이 항상 있사오니 천지가 주의 규례들대로 오늘까지 있음은 만물이 주의 종이 된 까닭이니이다 주의 법이 나의 즐거움이 되지 아니하였더면 내가 내 고난 중에 멸망하였으리이다 내가 주의 법도들을 영원히 잊지 아니하오니 주께서 이것들 때문에 나를 살게 하심이니이다 나는 주의 것이오니 나를 구원하소서 내가 주의 법도들만을 찾았나이다 악인들이 나를 멸하려고 엿보오나 나는 주의 증거들만을 생각하겠나이다 내가 보니 모든 완전한 것이 다 끝이 있어도 주의 계명들은 심히 넓으니이다"(89-96절).

하나님을 믿는 사람과 믿지 않는 사람은 무엇이 다를까? 믿지 않는 사람의 눈에는 물질만 보인다. 그러나 믿는 사람의 눈에는 하나님의 말씀이 보인다. 그 말씀이 영원히 하늘에 서 있다. 달리 표현하면 주의 계명이 하늘로부터 주어졌다는 말이다. 성경 말씀은 세상의 지혜를 모아놓은 말이 아니다. 그 말씀에 하나님의 능력이 있다. 그 말씀이 세상을 창조했고 유지하고 있다. 시인은 그 말씀을 사랑하고 즐거워했다. 그래서 고난 중에서도 견딜 수 있었다. 악인들이 그를 공격할 때에도 주의 말씀만 붙들었다. 그가 깨달은 진리가 하나 있었다. 그것은 세상의 모든 것들에 끝이 있어도 주의 계명은 너무 광대해서 그 끝을 헤아릴 수 없다는 사실이었다. 그 말씀이 지금도 시인을 포함한 만물을 붙들고 계신다. 그래서 시인은 하나님의 말씀만 찾기로 했다.

» 내가 하나님의 법을 사랑합니다

"내가 주의 법을 어찌 그리 사랑하는지요 내가 그것을 종일 작은 소리로 읊조리나이다 주의 계명들이 항상 나와 함께하므로 그것들이 나를 원수보다 지혜롭게 하나이다 내가 주의 증거들을 늘 읊조리므로 나의 명철함이 나의 모든 스승보다 나으며 주의 법도들을 지키므로 나의 명철함이 노인보다 나으니이다 내가 주의 말씀을 지키려고 발을 금하여 모든 악한 길로 가지 아니하였사오며 주께서 나를 가르치셨으므로 내가 주의 규례들에서 떠나지 아니하였나이다 주의 말씀의 맛이 내게 어찌 그리 단지요. 내 입에 꿀보다 더 다니이다 주의 법도들로 말미암아 내가 명철하게 되었으므로 모든 거짓 행위를 미워하나이다"(97-104절).

시인이 하나님의 말씀을 사랑하는 이유들이 있었다. 계명들과 늘 함께했더니 그 말씀들이 그를 원수들보다 더 지혜롭게 해주었다. 원수가 그를 이기지 못하게 되었다는 말이다. 주의 증거들을 늘 묵상했더니 그의 명철함이 스승을 능가하게 되었다. 스승에게서 배웠던 것보다 더 많은 지식을 얻게 해주었다는 말이다. 주의 법도들을 지켰더니 그의 명철함이 노인들보다 더 나아졌다. 노인은 지나온 세월을 돌아보며 후회한다. 그러나 시인은 후회 없는 삶을 살게 되었다. 그래서 시인은 오직 주의 말씀을 굳게 지키기로 맹세하였다. 그랬더니 자연스럽게 악한 자들이 다니는 길을 피할 수 있었다. 주의 말씀을 지킴으로 그는 모든 거짓 행위들을 미워하게 되었다. 흠잡을 데 없는 거룩하고 의로운 삶을 살게 되었다. 말씀을 묵상하면 할수록 주께서 말씀의 더 깊은 뜻을 가르쳐 주셨다. 그 결과 주의 말씀이 꿀보다 더 달게 되었다. 이런 유익들이 넘치는데 어찌 말씀을 사랑하지 않을 수 있겠는가.

〈시편 119편〉

여호와의 말씀은 나의 등불 (3)

» 주의 말씀은 나의 등불입니다

"주의 말씀은 내 발에 등이요 내 길에 빛이니이다 주의 의로운 규례들을 지키기로 맹세하고 굳게 정하였나이다 나의 고난이 매우 심하오니 여호와여 주의 말씀대로 나를 살아나게 하소서 여호와여 구하오니 내 입이 드리는 자원제물을 받으시고 주의 공의를 내게 가르치소서 나의 생명이 항상 위기에 있사오나 나는 주의 법을 잊지 아니하나이다 악인들이 나를 해하려고 올무를 놓았사오나 나는 주의 법도들에서 떠나지 아니하였나이다 주의 증거들로 내가 영원히 나의 기업을 삼았사오니 이는 내 마음의 즐거움이 됨이니이다 내가 주의 율례들을 영원히 행하려고 내 마음을 기울였나이다"(105–112절).

핵심은 등불이나 빛이 아니라 말씀이다. 빛은 말씀에서 나온다. 그래서 시인은 그 말씀 곧 의로운 규례들을 지키기로 굳게 맹세했다. 왜냐하면 그가 처한 상황이 칠흑처럼 어두웠기 때문이다. 지금 그가 당하고 있는 고난이 너무 심해서 죽을 것만 같았다. 그래서 주의 말씀대로 자신을 살려달라고 애원했다. 성경은 빛과 생명을 자주 연관시킨다. 예수님도 '나는 세상의 빛이니 나를 따르는 자는 어둠에 다니지 아니하고 생명의 빛을 얻으리라'고 말씀하셨다(요한복음 8:12). 시인도 빛으로 임하는 하나님의 말씀이 그를 반드시 살려낼 줄 믿고 있었다.

» 부끄럽지 않은 소망

"내가 두 마음 품는 자들을 미워하고 주의 법을 사랑하나이다 주는 나의 은신처요 방패시라 내가 주의 말씀을 바라나이다 너희 행악자들이여 나를 떠날지어다 나는 내 하나님의 계명들을 지키리로다 주의 말씀대로 나를 붙들어 살게 하시고 내 소망이 부끄럽지 않게 하소서 나를 붙드소서

그리하시면 내가 구원을 얻고 주의 율례들에 항상 주의하리이다 주의 율례들에서 떠나는 자는 주께서 다 멸시하셨으니 그들의 속임수는 허무함이니이다 주께서 세상의 모든 악인들을 찌꺼기같이 버리시니 그러므로 내가 주의 증거들을 사랑하나이다 내 육체가 주를 두려워함으로 떨며 내가 또 주의 심판을 두려워하나이다"(113-120절).

시인은 그의 모든 소망을 하나님의 말씀에 두었다. 그는 두 마음을 품은 믿을 수 없는 사람들보다 하나님의 말씀을 더 신뢰했다. 주 안에서 은신처를 발견하고 구원의 말씀을 사모했다. 악을 행하는 자들이 와서 하나님 믿기를 포기하고 자기들과 어울리자고 유혹할 때 그는 '나는 내 하나님의 계명을 지키겠다'고 일거에 거절했다. 시인은 하나님의 약속의 말씀이 그를 살려주셨으니 앞으로도 자신의 소망이 부끄럽지 않게 해달라고 탄원했다. 가끔 우리는 우리가 하나님의 말씀을 붙들었다고 생각한다. 그러나 사실은 하나님의 말씀이 우리를 붙들고 계신다. 그래서 시인은 '나를 붙드소서' 하고 기도했다. 우리도 어려운 일을 당할 때 '주여, 주의 말씀으로 나를 붙들어 주세요' 하고 기도해야 한다.

» 내가 순금보다 더 사랑하는 주의 계명

"내가 정의와 공의를 행하였사오니 나를 박해하는 자들에게 나를 넘기지 마옵소서 주의 종을 보증하사 복을 얻게 하시고 교만한 자들이 나를 박해하지 못하게 하소서 내 눈이 주의 구원과 주의 의로운 말씀을 사모하기에 피곤하니이다 주의 인자하심대로 주의 종에게 행하사 내게 주의 율례들을 가르치소서 나는 주의 종이오니 나를 깨닫게 하사 주의 증거들을 알게 하소서 그들이 주의 법을 폐하였사오니 지금은 여호와께서 일하실 때니이다 그러므로 내가 주의 계명들을 금 곧 순금보다 더 사랑하나이다 그러므로 내가 범사에 모든 주의 법도들을 바르게 여기고 모든 거짓 행위를 미워하나이다"(121-128절).

아무 까닭 없이 시인을 박해하는 교만한 자들이 있었다. 대놓고 싸울 수도 없지만 참자니 억울하고 분했다. 시인은 하나님께 자신의 처지를 호소했다. 그는 지금까지 정직하고 공의로운 삶을 살아왔다. 하나님께서 그의 삶을 인정하시고 증명해 주시기를 바랐다. 그래서 시인은 하나님의 구원하심을 기다렸다. 하나님께서 인자하심으로 그를 다루시고 교훈으로 가르쳐 주시기를 간청했다. 말씀을 잘 이해할 수 있는 지혜도 주시라고 구했다. 이제는 하나님께서 일어나셔서 행동하실 때가 되었다고 생각했다. 시인은 악한 자들이 주의 말씀을 멸시하는 태도를 못 본 척할 수 없었다. 그 말씀을 순금보다 더 사랑했기 때문이다.

» 주의 말씀을 열어 주소서

"주의 증거들은 놀라우므로 내 영혼이 이를 지키나이다 주의 말씀을 열면 빛이 비치어 우둔한 사람들을 깨닫게 하나이다 내가 주의 계명들을 사모하므로 내가 입을 열고 헐떡였나이다 주의 이름을 사랑하는 자들에게 베푸시던 대로 내게 돌이키사 내게 은혜를 베푸소서 나의 발걸음을 주의 말씀에 굳게 세우시고 어떤 죄악도 나를 주관하지 못하게 하소서 사람의 박해에서 나를 구원하소서 그리하시면 내가 주의 법도들을 지키리이다 주의 얼굴을 주의 종에게 비추시고 주의 율례로 나를 가르치소서 그들이 주의 법을 지키지 아니하므로 내 눈물이 시냇물같이 흐르나이다"(129-136절).

문이 열리면 빛이 들어오고 새로운 세상이 보인다. 마찬가지로 하나님께서 말씀으로 영의 눈을 열어 주시면 그 심오한 뜻을 깨닫게 된다. 시인은 하나님의 말씀을 더 깊이 깨닫기 위해 온 힘을 다했다. 시인은 그런 자세를 '입을 열고 헐떡였다'고 표현했다. 마치 타는 듯한 태양 아래에서 냉수를 찾는 모습이다. 시인은 하나님의 은혜를 사모했다. 어떤 은혜일까? 그의 발걸음을 말씀에 굳게 세워 주시고 어떤 죄악도 그를 주관하지 못하게 하시는 은혜다. 그를 원수들의 박해에서 구원하시고 주의 법을 지키게 하시는 은혜다. 주의 얼굴을 그에게 비추시고 주의 말씀을 가르쳐 주시는 은혜다.

» 하나님의 의로운 말씀

"여호와여 주는 의로우시고 주의 판단은 옳으니이다 주께서 명령하신 증거들은 의롭고 지극히 성실하니이다 내 대적들이 주의 말씀을 잊어버렸으므로 내 열정이 나를 삼켰나이다 주의 말씀이 심히 순수하므로 주의 종이 이를 사랑하나이다 내가 미천하여 멸시를 당하나 주의 법도를 잊지 아니하였나이다 주의 의는 영원한 의요 주의 율법은 진리로소이다 환난과 우환이 내게 미쳤으나 주의 계명은 나의 즐거움이니이다 주의 증거들은 영원히 의로우시니 나로 하여금 깨닫게 하사 살게 하소서"(137-144절).

하나님의 말씀은 언제나 옳고 성실(말씀하신 바를 성취)하며 거짓이 없고 순전하다. 그래서 하나님의 말씀은 의롭다. 하나님의 말씀은 하나님의 의로우신 성품을 나타낸다. 시인은 그의 대적들이 하나님의 말씀을 멸시하고 지키지 않을 때에 눈물을 흘렸다. 말씀에 대한 그의 열심과 열정이 그를 기진맥진하게 만들었다. 세상 사람들은 그를 멸시했지만, 그는 하나님의 말씀을 사랑하며 그 교훈을 따라 살아가기로 작정했다. 환난 중에도 그는 하나님의 말씀 때문에 기뻐했다. 의로우신 하나님의 말씀이 그를 생명의 길로 인도해 주실 것을 믿었기 때문이다.

» 하나님의 진실한 말씀

"여호와여 내가 전심으로 부르짖었사오니 내게 응답하소서 내가 주의 교훈들을 지키리이다 내가 주께 부르짖었사오니 나를 구원하소서 내가 주의 증거들을 지키리이다 내가 날이 밝기 전에 부르짖으며 주의 말씀을 바랐사오며 주의 말씀을 조용히 읊조리려고 내가 새벽녘에 눈을 떴나이다 주의 인자하심을 따라 내 소리를 들으소서 여호와여 주의 규례들을 따라 나를 살리소서 악을 따르는 자들이 가까이 왔사오니 그들은 주의 법에서 머니이다 여호와여 주께서 가까이 계시오니 주의 모든 계명들은 진리니이다 내가 전부터 주의 증거들을 알고 있었으므로 주께서 영원히 세우신 것인 줄을 알았나이다"(145-152절).

하나님께서 나와 동행하고 계심을 어떻게 알 수 있을까? 주의 모든 말씀이 진리라는 사실을 깨달을 때에 그런 확신을 가질 수 있다. 그래서 시인은 하나님께 더욱 가까이 다가가기 위해 주의 말씀을 헐떡이듯이 사모했다. '부르짖다'라는 동사는 '부른다'는 의미다. 그는 주의 교훈을 지키기 위해서, 구원받기 위해서, 그리고 말씀대로 살기 위해서 여호와의 이름을 불렀다. 주의 말씀이 진리였기 때문이다. 시인은 주의 말씀에 점점 더 가까이 다가갔다. 그러나 원수들은 그 말씀으로부터 점점 더 멀리 떨어져 갔다. 그 결과 원수들이 시인에게 가까이 다가올 수 없었다.

〈시편 119편〉

여호와의 말씀은 나의 등불 (4)

» 내가 주의 말씀을 사랑합니다

"나의 고난을 보시고 나를 건지소서 내가 주의 율법을 잊지 아니함이니이다 주께서 나를 변호하시고 나를 구하사 주의 말씀대로 나를 살리소서 구원이 악인들에게서 멀어짐은 그들이 주의 율례들을 구하지 아니함이니이다 여호와여 주의 긍휼이 많으오니 주의 규례들에 따라 나를 살리소서 나를 핍박하는 자들과 나의 대적들이 많으나 나는 주의 증거들에서 떠나지 아니하였나이다 주의 말씀을 지키지 아니하는 거짓된 자들을 내가 보고 슬퍼하였나이다 내가 주의 법도들을 사랑함을 보옵소서 여호와여 주의 인자하심을 따라 나를 살리소서 주의 말씀의 강령은 진리이오니 주의 의로운 모든 규례들은 영원하리이다"(153-160절).

이 단락에서 시인은 '나를 건지소서', '나를 변호하소서', '나를 살리소서' 하고 간구한다. 많은 원수들이 그를 괴롭히기 때문이다. 원수들로부터 그를 변호하고 구원해 줄 힘은 어디에서 올까? 오직 하나님의 말씀에서 온다고 시인은 믿었다. 그래서 하나님의 율법을 항상 기억하며 살기로 결심했다. 그랬더니 그는 점점 구원에 가까워지고, 반면에 원수들은 구원으로부터 멀어져갔다. 시인은 율법을 잘 지키는 데 만족하지 않았다. 하나님의 긍휼하심을 의지했다. 그의 마음에 하나님의 긍휼하심이 자리 잡자 원수들의 삶이 측은하게 여겨졌다. 그래서 슬펐다. 시인은 다시 한번 '주의 인자하심을 따라 나를 살리소서' 하고 탄원했다. 하나님의 말씀에 인자하심이 더해지면 두려울 것이 없다.

» 나는 주의 말씀을 즐거워합니다

"고관들이 거짓으로 나를 핍박하오나 나의 마음은 주의 말씀만 경외하나이다 사람이 많은 탈취물을 얻은 것처럼 나는 주의 말씀을 즐거워하나이

다 나는 거짓을 미워하며 싫어하고 주의 율법을 사랑하나이다 주의 의로운 규례들로 말미암아 내가 하루 일곱 번씩 주를 찬양하나이다 주의 법을 사랑하는 자에게는 큰 평안이 있으니 그들에게 장애물이 없으리이다 여호와여 내가 주의 구원을 바라며 주의 계명들을 행하였나이다 내 영혼이 주의 증거들을 지켰사오며 내가 이를 지극히 사랑하나이다 내가 주의 법도들과 증거들을 지켰사오니 나의 모든 행위가 주 앞에 있음이니이다" (161–168절).

이 단락은 하나님의 말씀에 대한 시인의 태도를 묘사하고 있다. 먼저 그는 하나님의 말씀을 경외했다. 두려워하며 동시에 사랑했다는 말이다. 그 말씀은 거룩하여 죄인을 심판할 뿐만 아니라 죄인에게 죄악에서 돌이킬 수 있는 지혜와 능력도 공급하신다. 시인은 사람이 많은 탈취물을 얻은 것처럼 주의 말씀을 즐거워했다. 거짓을 미워하고 말씀을 사랑했다. 사랑하다 보니 입술에 찬양이 그치지 않았다. 하나님의 말씀을 이렇게 경외하고 즐거워하며 사랑하고 찬양하면 어떤 복이 임할까? 시인의 마음에 큰 평안이 임했다. 삶의 장애물들이 사라졌다. 그리고 하나님 앞에서 그의 행위가 온전하게 되었다.

» 가장 위대한 선택

"여호와여 나의 부르짖음이 주의 앞에 이르게 하시고 주의 말씀대로 나를 깨닫게 하소서 나의 간구가 주의 앞에 이르게 하시고 주의 말씀대로 나를 건지소서 주께서 율례를 내게 가르치시므로 내 입술이 주를 찬양하리이다 주의 모든 계명들이 의로우므로 내 혀가 주의 말씀을 노래하리이다 내가 주의 법도들을 택하였사오니 주의 손이 항상 나의 도움이 되게 하소서 여호와여 내가 주의 구원을 사모하였사오며 주의 율법을 즐거워하나이다 내 영혼을 살게 하소서 그리하시면 주를 찬송하리이다 주의 규례들이 나를 돕게 하소서 잃은 양같이 내가 방황하오니 주의 종을 찾으소서 내가 주의 계명들을 잊지 아니함이니이다"(169–176절).

어느새 긴 시편의 마지막 단락에 이르렀다. 시인은 마지막으로 두 가지 기도를 드렸다. 하나는 '주의 말씀대로 나를 깨닫게 하소서'였고, 다른 하나는 '주의 말씀대로 나를 건지소서'였다. 그의 시가 말씀으로 시작해서 말씀으로 끝났다. 시인은 주께서 그 말씀을 가르쳐 주시면 기쁨으로 하나님을 찬양하겠다고 소원했다. 시인에게 있어서 '주의 구원'과 '주의 말씀'은 절대 나누어질 수 없었다. 다른 말로 하면 '생명'과 '말씀'은 하나였다. 시인은 자기가 살아온 길을 되돌아보았다. 잃은 양처럼 갈 바를 알지 못하고 헤맸던 적이 수도 없이 많았다. 감사하게도 그때마다 시인은 올바른 선택을 했다. 그것은 바로 주의 계명에 순종하고 그 말씀을 평생토록 잊지 않았기 때문이다.

그런데 궁금한 점이 있다. 시인이 왜 이렇게 긴 시를 썼을까? 이스라엘 백성들은 하나님의 입에서 나오는 말씀으로 살아야 한다는 진리를 기억하게 하기 위해서였다. 119편 전체 내용 중에서 한 구절을 요절로 택해야 한다면 105절 말씀이 될 것이다. "주의 말씀은 내 발에 등이요 내 길에 빛이니이다."

이스라엘 역사에는 수많은 어둠의 세월들이 있었다. 다시 그런 세월을 살지 않으려면 하나님의 말씀을 붙들어야 했다. 그 말씀이 빛이 되어 그들을 안전한 길로 인도해 줄 것이다. 그뿐만 아니라 이스라엘은 하나님의 말씀을 온 세상에 전할 사명을 받은 민족이다. 단순히 말씀을 전해주는 것이 아니다. 그 말씀대로 살았더니 개인과 민족이 이렇게 큰 복을 받았다는 증거를 보여 주어야 했다. 시인은 이스라엘이 그런 사명을 다하기를 원하며 이 시를 썼다.

〈시편 120편〉 성전에 올라가는 노래

화평을 구하라

시편 120편부터 134편까지는 '성전에 올라가는 노래'라는 제목이 붙어 있다. 문자적으로 해석하면 '올라가는 자들의 노래'로서 3대 절기(유월절, 칠칠절, 초막절)에 제사를 드리기 위해 예루살렘으로 올라가는 자들이 부르는 노래다. 본토를 떠나 먼 곳에 사는 디아스포라들도 예루살렘으로 순례의 길을 떠나며 이 노래들을 불렀을 것이다. 그중의 네 편은 다윗이, 그리고 한 편은 솔로몬이 저자로 기록되어 있다. 그럼 120편을 노래한 순례자는 어떤 사람이었을까?

"내가 환난 중에 여호와께 부르짖었더니 내게 응답하셨도다"(1절).

그는 먼저 자신을 환난에서 구원해 주신 하나님을 찬양했다. 그는 어떤 환난을 경험했을까?

"여호와여 거짓된 입술과 속이는 혀에서 내 생명을 건져 주소서"(2절).

순례자는 속이는 혀 때문에 고통을 당하고 있었다. '거짓된 입술'과 '속이는 혀'는 같은 의미로서 반복을 통한 강조다. 속이는 혀를 가진 사람은 거짓말을 쉽게 한다. 그 혀로 사기 치고 중상하며 모략한다. 때로는 아첨으로 지도자를 무너뜨리기도 한다. 야고보 선생은 혀의 부정적인 힘을 이렇게 기록하고 있다.

> "혀는 곧 불이요 불의의 세계라 혀는 우리 지체 중에서 온몸을 더럽히고 삶의 수레바퀴를 불사르나니 그 사르는 것이 지옥 불에서 나느니라"(야고보서 3:6).

그럼 악한 혀를 가진 사람들을 만날 때 어떻게 대응해야 할까?

"너 속이는 혀여 무엇을 네게 주며 무엇을 네게 더할꼬 장사의 날카로운 화살과 로뎀나무 숯불이리로다"(3-4절).

순례자는 속이는 혀를 사용하는 사람에게 임할 형벌을 날카로운 화살과 로뎀나무 숯불로 비유했다. 로뎀나무는 목재로 쓸 수 없지만 뿌리는 화력이 좋아서 사막에 사는 베두인들이 숯을 만들어 사용했다. 속이는 혀를 로뎀나무 숯불로 태울 것이다. 한편, 악한 말을 쏟아내는 혀를 향해 화살이 겨누어졌다. 화살과 숯불은 하나님의 심판을 의미한다.

> "나를 에워싸는 자들이 그들의 머리를 들 때에 그들의 입술의 재난이 그들을 덮게 하소서 뜨거운 숯불이 그들 위에 떨어지게 하시며 불 가운데와 깊은 웅덩이에 그들로 하여금 빠져 다시 일어나지 못하게 하소서"(시편 140:9-10).

순례자는 악한 혀를 사용하는 사람들이 많이 살고 있는 지명들까지 기록하고 있다.

"메섹에 머물며 게달의 장막 중에 머무는 것이 내게 화로다"(5절).

메섹과 게달은 모두 이스라엘에서 북쪽으로 멀리 떨어진 곳에 있었다. 다른 말로 하면 이 시인은 멀리 이방의 나라에서 디아스포라로 살고 있었다는 말이다. 이방인들 가운데서 억울한 모함과 비난을 받으며 살고 있던 순례자가 여호와의 전으로 올라가면서 그의 아픔을 호소하고 있다. 그러나 그의 노래는 호소에서 그치지 않고 의연한 결심으로 끝을 맺는다.

"내가 화평을 미워하는 자들과 함께 오래 거주하였도다 나는 화평을 원할지라도 내가 말할 때에 그들은 싸우려 하는도다"(6-7절).

그동안 순례자는 이방 나라에서 살면서 이웃들과 화평을 이루기 위해 애써 왔다. '오래 거주하였다'는 말이 그의 고난과 수고를 대신하고 있다. 그는 이웃을 향해 선한 마음을 품고 덕을 세우는 축복의 말을 했다. 다툼을 잠재우고 화해시키기 위해 모든 노력을 다했다. 그러나 악한 자들은 그가 아무리 좋은 말을 해도 싸우려 들었다. 그렇다고 오랫동안 살던 곳을 버리고 쉽게 떠날 수도 없었다. 이럴 때에는 어떻게 해야 할까? 순례자는 그런 질문을 가지고 하나님의 도우심을 구하기 위해 지금 예루살렘으로 올라가고 있다. 궁금하다. 그는 과연 어떤 응답을 받아 가지고 집으로 돌아갔을까? 예수님의 말씀이 그에게 주신 대답일 수도 있다.

> "화평하게 하는 자는 복이 있나니 그들이 하나님의 아들이라 일컬음을 받을 것임이요"(마태복음 5:9).

〈시편 121편〉 성전에 올라가는 노래

나의 도움이 어디서 올까

순례자는 보편적인 질문으로 그의 노래를 시작한다.

"내가 산을 향하여 눈을 들리라 나의 도움이 어디서 올까"(1절).

그는 지금 시온의 산들로 둘러싸인 예루살렘을 향해 올라가고 있다. 순례자는 그 산들을 지으신 창조주를 마음으로 바라보면서 '나의 도움이 어디서 올까?' 하고 스스로에게 물었다.

모든 인간은 도움이 필요하다. 신생아는 부모의 도움이 필요하고, 학생은 선생의 도움이 필요하며, 사업가는 은행의 도움이 필요하고, 새 일을 시작하는 사람은 전문가의 도움이 필요하다. 이 세상에서 '나는 도움이 필요 없다'고 말할 수 있는 사람은 아무도 없다. 순례자도 하나님의 도우심을 얻기 위해 성전으로 올라가는 길이다.

"나의 도움은 천지를 지으신 여호와에게서로다"(2절).

기독교는 '창조주 하나님'에 대한 믿음에 기초를 둔다. 이방의 신들과 하나님은 그가 하늘과 땅을 지었느냐 아니냐로 구별된다. 예레미야 선지자의 말을 들어보자.

> "오직 여호와는 참 하나님이시요 살아 계신 하나님이시요 영원한 왕이시라 그 진노하심에 땅이 진동하며 그 분노하심을 이방이 능히 당하지 못하느니라 너희는 이같이 그들에게 이르기를 천지를 짓지 아니한 신들을 섬기는 자들은 땅 위에서, 이 하늘 아래에서 망하리라 하라"(예레미야 10:10-11).

천지를 지으신 하나님이 지금 이 땅에 발을 딛고 사는 우리와 무슨 상관이 있을까? 예루살렘 성전으로 올라가던 순례자는 하나님께서 지금까지 그의 도움이 되셨다는 사실을 기억하며 소리 높여 노래했다. 기억은 신앙생활에서 중요한 역할을 한다.

"여호와께서 너를 실족하지 아니하게 하시며 너를 지키시는 이가 졸지 아니하시리로다 이스라엘을 지키시는 이는 졸지도 아니하시고 주무시지도 아니하시리로다"(3-4절).

천지를 지으신 하나님께서 이스라엘 백성들을 애굽과 광야에서 도와주셨다. 졸지도 않고 지키시며 필요를 채워 주셨다. 그 하나님께서 순례자 자신도 지켜주셨다. 천지를 지으신 하나님께서 주야로 지켜주시면 누가 해칠 수 있겠는가? 이보다 더 큰 도움이 어디에서 오겠는가? 감격에 겨운 순례자의 노랫소리가 계곡에 울려 퍼졌다. 그와 함께 명절을 지키기 위해 예루살렘으로 올라가는 일행들이 그의 노래에 다음과 같이 '아멘'과 '할렐루야'로 추임새를 넣었을 것이다.

"여호와는 너를 지키시는 이시라[아멘]. 여호와께서 네 오른쪽에서 네 그늘이 되시나니[할렐루야], 낮의 해가 너를 상하게 하지 아니하며[아멘], 밤의 달도 너를 해치지 아니하리로다[할렐루야]"(5-6절).

광야의 낮은 불같이 덥지만, 밤의 추위는 살을 엔다. 그래서 하나님께서 낮에는 그늘이 되어 주시고, 밤에는 한기(寒氣)를 막아 주셨다. 단순히 자연의 재해뿐만이 아니라 열악한 사회적 환경에서도 그의 백성들을 보호해 주셨다.

"여호와께서 너를 지켜 모든 환난을 면하게 하시며 또 네 영혼을 지키시리로다"(7절).

환난을 잘 통과하게 해주시면 감사한 일이다. 그러나 아예 환난을 당하지 않게 해주시면 얼마나 더 좋을까. '또 네 영혼을 지키시리로다'라는 말은 단순히 영혼뿐만 아니라 생명, 식욕, 정신, 의지, 욕망, 감정, 열정 등 인간 존재의 모든 면을 다 포함한다. 순례자는 하나님께서 앞으로도 그를 비롯한 모든 성도들을 지켜주시기를 소원했다.

"여호와께서 너의 출입을 지금부터 영원까지 지키시리로다"(8절).

이 말은 믿음의 고백이다. 아직도 그의 현실은 어려움 가운데 있다. 이번에도 고통스러운 문제들을 해결하기 위해 성전에 올라가는 길이다. 순례자는 처음에 '나의 도움이 어디서 올까' 하고 탄식했다. 그러나 마지막에는 하나님께서 그를 영원히 지켜주실 것이라고 고백했다. 순례자는 현실과 믿음 사이에서 믿음을 붙들기로 작정했다. 그것은 매우 지혜로운 결정이었다.

〈시편 122편〉 다윗의 시 곧 성전에 올라가는 노래

평안을 구하라

예루살렘은 평범한 왕의 도성(都城)이 아니다. 하나님의 성전과 약속의 언약궤와 매일 드리는 제사들이 있는 거룩한 성이다. 이 시는 다윗이 순례자들을 위해 지은 시다.

"사람이 내게 말하기를 여호와의 집에 올라가자 할 때에 내가 기뻐하였도다"(1절).

여호와의 집에 올라가는 일이 왜 기쁠까? 하나님을 만나고, 말씀을 들으며, 죄를 용서받기 위한 번제와 속죄제를 드리고, 제사장을 통해 축복을 받기 때문이다. 순례자는 다른 사람(들)이 자기에게 여호와의 집에 함께 올라가자고 할 때 기뻤다. 함께 떠나는 순례의 길은 기쁨이 배가(倍加)된다. 그것이 함께 드리는 예배의 복이다.

> "온 땅이여 여호와께 즐거운 찬송을 부를지어다 기쁨으로 여호와를 섬기며 노래하면서 그의 앞에 나아갈지어다"(시편 100:1-2).

먼 길을 걸어온 순례자가 예루살렘성 안으로 들어서며 노래했다.

"예루살렘아 우리 발이 네 성문 안에 섰도다 예루살렘아 너는 잘 짜여진 성읍과 같이 건설되었도다"(2–3절).

예루살렘성 안으로 첫발을 내딛는 순간, 그 기쁨은 말로 표현할 수가 없었다. 그것은 예루살렘성에 살고 있는 사람들이 느낄 수 없는 신선한 기쁨이었다. 순례자는 눈을 들어 성안의 건물들을 우러러보았다. 그의 동네에서는 볼 수 없던 장관이었다.

타성에 젖은 예배에는 기쁨과 감격이 없다. 순례자가 느꼈던 그 감격을 우리는 예배에서 회복해야 한다. 교회는 여호와의 집이다. 하나님을 만나는 곳이다. 그러므로 교회에 들어서면서 느끼는 하나님의 임재하심, 찬송을 통하여 맛보는 하나님의 은혜, 설교를 통하여 들려주시는 하나님의 말씀, 하나님의 도우심을 구하는 겸손한 기도, 그리고 그 기도가 이루어질 것을 믿는 확신, 이 모든 요소들이 우리 예배 가운데 충만해야 한다. 그래야 예배가 감격스럽다. 순례자는 절기 때마다 그 길을 올라갔던 조상들을 회상했다.

"지파들 곧 여호와의 지파들이 여호와의 이름에 감사하려고 이스라엘의 전례대로 그리로 올라가는도다 거기에 심판의 보좌를 두셨으니 곧 다윗의 집의 보좌로다"(4-5절).

예루살렘에 모여서 지키는 이스라엘의 3대 명절들이 민족을 하나로 묶어 주었다. 또 예루살렘에는 다스리는 왕이 있어서 백성들의 시시비비를 가려 주었다. 그래서 예루살렘은 사랑받는 성이 되었다.

"예루살렘을 위하여 평안을 구하라 예루살렘을 사랑하는 자는 형통하리로다 네 성안에는 평안이 있고 네 궁중에는 형통함이 있을지어다 내가 내 형제와 친구를 위하여 이제 말하리니 네 가운데에 평안이 있을지어다"(6-8절).

'평안'(샬롬)이라는 말이 세 번이나 나온다. 순례자는 먼저 예루살렘의 평안을 위해서 기도했다. 그곳에 여호와 하나님의 성전이 있었기 때문이다. 왕의 궁전이 있는 예루살렘이 평안해야 이스라엘 온 땅이 평안할 수 있었다. 비록 자신은 변방에서 올라온 순례자였지만 예루살렘에 살고 있는 형제와 친구들을 위해서도 평안을 기원했다.

"여호와 우리 하나님의 집을 위하여 내가 너를 위하여 복을 구하리로다"(9절).

순례자는 단순히 명절을 지키기 위해 예루살렘에 올라가지 않았다. 그곳에 여호와의 집이 있기 때문에 올라갔다. 예루살렘성을 지키고 있는 형제들에게 고마움을 표하고 그들을 축복하기 위해 올라갔다. 예루살렘의 평안을 기도하기 위해 올라갔다. 바울은 이렇게 권면했다.

> "그러므로 내가 첫째로 권하노니 모든 사람을 위하여 간구와 기도와 도고와 감사를 하되 임금들과 높은 지위에 있는 모든 사람을 위하여 하라 이는 우리가 모든 경건과 단정함으로 고요하고 평안한 생활을 하려 함이라"(디모데전서 2:1-2).

다윗은 순례자들이 예루살렘을 위해 기도해 주기를 원했다. 우리도 나라와 지도자들을 위해 기도해야 한다. 그래야 평안한 삶을 살 수 있다.

〈시편 123편〉 성전에 올라가는 노래

여호와여, 은혜를 베푸소서

이 시는 평소에 멸시와 조롱을 당하던 순례자가 절기를 맞아 예루살렘으로 올라가면서 부르는 노래다. 순례자는 억울하고 답답한 상황에서 하나님만 바라보기로 작정했다. 그것은 참으로 지혜로운 결정이었다.

"하늘에 계시는 주여 내가 눈을 들어 주께 향하나이다"(1절).

어려움에서 벗어나는 길은 하나님의 도우심밖에 없다. 그래서 순례자는 은혜 베풀어 주시기를 간절히 원하며 하나님을 바라보았다.

"상전의 손을 바라보는 종들의 눈같이, 여주인의 손을 바라보는 여종의 눈같이 우리의 눈이 여호와 우리 하나님을 바라보며 우리에게 은혜 베풀어 주시기를 기다리나이다"(2절).

남종과 여종이 주인의 손을 바라보고 있다. 그들은 주인의 뜻에 어긋난 실수를 했다. 그래서 지금 준엄한 주인 앞에 머리를 조아리고 있다. 주인의 손이 채찍을 들 것인지, 아니면 용서의 시그널을 보낼 것인지 떨리는 마음으로 그의 손을 바라보았다. 물론 종들은 주인의 은혜를 기대했다. 순례자도 그런 심정으로 하나님을 바라보았다.

순례자는 그가 까닭 없이 멸시와 조롱을 당하고 있다고 하소연하기 시작했다. 그러면서 하나님께 은혜를 베풀어 달라고 탄원했다.

"여호와여 우리에게 은혜를 베푸시고 또 은혜를 베푸소서 심한 멸시가 우리에게 넘치나이다 안일한 자의 조소와 교만한 자의 멸시가 우리 영혼에 넘치나이다"(3-4절).

순례자를 조롱하고 경멸하는 두 종류의 사람들이 있었다. 하나는 안일한 자들, 곧 매사에 어려움 없이 편안하게 사는 사람들이었다. 어려움을 당해 본 적이 없는 사람은 어려운 지경에 처한 사람을 이해하지 못한다. 그들을 긍휼히 여기는 마음도 없다. 친척 중에 어려운 일을 당한 사람이 찾아오면 미리 연막을 친다. 왜 그렇게 엽렵(獵獵)하지 못한 인생을 사느냐며 빈정거린다. 부끄러워 얼굴을 들지 못하도록 가슴 아픈 말을 한다. 그런 식으로 당한 멸시가 순례자의 정수리까지 차고 넘쳤다.

순례자를 조롱하는 또 다른 사람들이 있었다. 교만한 사람들이었다. 그들은 자기 능력으로 성공했다고 자랑했다. 자기보다 못한 사람들을 보면 멸시했다. 그들의 얼굴에 순례자를 조롱하는 빛이 역력했다.

이렇게 멸시와 조롱을 당하며 살던 순례자가 절기를 맞아 예루살렘 성전으로 올라가고 있다. 그의 입에서 같은 기도가 반복되었다. "여호와여 우리에게 은혜를 베푸시고 또 은혜를 베푸소서."

'은혜를 베푸소서'라는 말은 '우리에게 은혜로우소서'(be gracious to us)라는 명령어로서 간절한 청원을 나타내고 있다. 순례자는 안일한 자들의 조소와 교만한 자들의 멸시에서 벗어날 수 있는 유일한 길이 하나님의 은혜에 있다고 믿었다. 하나님의 은혜가 그를 덮어 주시면 아무도 그를 비웃거나 무시하지 못할 것이다. 하나님의 은혜가 그를 존귀하게 높여 주시기 때문이다. 이것이 순례자의 소원이었다.

인간을 가장 멸시하고 조롱하는 존재는 사탄이다. 사탄은 아담을 비롯한 모든 인간들이 자기 정욕대로 살며 하나님께 불순종하도록 유혹했다. 그 유혹이 성공하는 순간부터 사탄은 인간을 참소하고 멸시하기 시작했다. 사람들이 주고받는 모든 멸시와 조롱은 사탄이 뿌려놓은 씨앗들이다. 인간이, 특히 가까운 사람들이, 서로 상처를 주고받으며 살아가는 모습을 보고 좋아할 존재는 오직 사탄뿐이다. 하나님은 우리가 서로 사랑하고 존귀하게 여기며 살기를 원하신다.

하나님의 은혜가 임하면 어떤 일이 일어날까? 우리를 보배로운 존재로 변화시켜 준다. 그러면 우리를 향한 멸시와 조롱은 사라지고 자존감이 살아난다. 바울이 전한 주옥같은 말씀이다.

> "우리가 이 보배를 질그릇에 가졌으니 이는 심히 큰 능력은 하나님께 있고 우리에게 있지 아니함을 알게 하려 함이라 우리가 사방으로 욱여쌈을 당하여도 싸이지 아니하며 답답한 일을 당하여도 낙심하지 아니하며 박해를 받아도 버린 바 되지 아니하며 거꾸러뜨림을 당하여도 망하지 아니하고 우리가 항상 예수의 죽음을 몸에 짊어짐은 예수의 생명이 또한 우리 몸에 나타나게 하려 함이라"(고린도후서 4:7-10).

순례자는 하나님의 은혜가 그를 멸시와 조롱으로부터 벗어나게 해주실 것을 바라고 믿으며 성전으로 올라갔다.

〈시편 124편〉 다윗의 시 곧 성전에 올라가는 노래

여호와가 우리 편이시다

세상에서 편을 가르면 분리주의자라고 비난을 받는다. 그러나 영적인 세계에서는 하나님 편과 사탄 편 사이를 분명하게 구별해야 한다. 그것은 생과 사가 걸린 문제다. 하나님 편에 서면 생명이요, 사탄 편에 서면 사망이다. 다윗의 시는 언제나 선(線)이 분명하다. 모호한 점이 없다.

"이스라엘은 이제 말하기를 여호와께서 우리 편에 계시지 아니하셨더라면 우리가 어떻게 하였으랴"(1절).

히브리 원문대로 읽으면 의미가 좀더 선명해진다. '우리 편이 되신 하나님이 아니셨다면…이제 이스라엘은 말하라.' 만일 하나님이 우리 편이 되지 않으셨다면 어떤 일이 일어났을지 생각하고 말해보라는 뜻이다. 우리가 하나님 편이 되면 하나님께 더 좋은 일이 일어날까? 아니다. 그러나 하나님이 우리 편이 되시면 우리의 삶에 놀라운 복이 임한다. 다윗은 예루살렘 성전을 향해 올라가는 순례자들에게 하나님께서 그들의 편이 되어 주셨기 때문에 일어났던 일들을 회상해 보라고 권하고 있다.

같은 질문도 긍정으로 시작하느냐 부정으로 시작하느냐에 따라 느낌이 달라진다. 다윗은 '하나님이 우리 편이 되셨다면', 이렇게 묻지 않고 '하나님이 우리 편이 되지 않으셨다면' 하고 묻는다. 그렇게 함으로써 '하나님 없는 삶'이 얼마나 끔찍한가를 연상하게 한다. 그것은 민족의 운명을 갈리게 하는 중요한 질문이었다.

"사람들이 우리를 치러 일어날 때에 여호와께서 우리 편에 계시지 아니하셨더라면 그때에 그들의 노여움이 우리에게 맹렬하여 우리를 산 채로 삼켰을 것이며 그때에 물이 우리를 휩쓸며 시내가 우리 영혼을 삼켰을 것이며 그때에 넘치는 물이 우리 영혼을 삼켰을 것이라 할 것이로다"(2-5절).

이 시는 과거를 노래하고 있다. 과거는 미래를 결정짓는 출발점이 된다. 다윗은 만일 그때 하나님께서 조상들의 편이 되지 않으셨다면 역사가 어떻게 바뀌었을지 생각해 보라고 질문한다. 원문에서는 '여호와께서 우리 편에 계시지 아니하셨더라면…사람(원수)들이 우리를 치러 일어날 때에', 이렇게 순서가 바뀐다. 그리고 그 가정(假定)에 대한 네 가지 대답들을 상상해 본다.

첫째로, 원수들의 분노가 우리(조상)들을 산 채로 삼켜서 이스라엘이라는 나라 자체가 사라졌을 것이다. 둘째로, (그랬더라면) 깊은 물들이 우리를 삼켜서 회복 불가능한 일이 벌어졌을 것이다. 셋째로, (그랬더라면) 계곡의 급류가 우리 영혼을 휩쓸고 지나가서 흔적도 찾아볼 수 없었을 것이다. 넷째로, (그랬더라면) 거센 물결이 우리 영혼을 쓸어가서 역사의 기억에도 남지 않았을 것이다. 그런데 하나님께서 그동안 항상 이스라엘의 편이 되셨기 때문에 안전할 수 있었다는 말이다. 이런 가상의 질문과 대답을 상상하다 보면 하나님께서 이스라엘 백성들에게 하신 이사야서의 말씀이 생각난다.

"네가 물 가운데로 지날 때에 내가 너와 함께할 것이라 강을 건널 때에 물이 너를 침몰하지 못할 것이며 네가 불 가운데로 지날 때에 타지도 아니할 것이요 불꽃이 너를 사르지도 못하리니 대저 나는 여호와 네 하나님이요 이스라엘의 거룩한 이요 네 구원자임이라"(이사야 43:2-3).

이보다 더 큰 은혜와 복이 어디 있겠는가.

"우리를 내주어 그들의 이에 씹히지 아니하게 하신 여호와를 찬송할지로다 우리의 영혼이 사냥꾼의 올무에서 벗어난 새같이 되었나니 올무가 끊어지므로 우리가 벗어났도다 우리의 도움은 천지를 지으신 여호와의 이름에 있도다"(6-8절).

하나님은 까닭 없이 그의 백성들을 원수에게 내어주시지 않는다. 오히려 원수의 이빨을 부수어 가루가 되게 하신다. 이스라엘이 실족하여 새가 올무에 걸린 것처럼 진퇴양난이 될 때는 올무를 찢고 건져 내신다. 창조주 하나님께서 이스라엘을 지으셨기 때문이다.

답답한 일을 당할 때, 우리도 '만일 하나님이 내 편이 되지 않으셨다면' 하고 자신에게 질문해 보자. 그리고 가능한 모든 대답들을 찾아보자. 그러면 우리에게 베풀어 주신 하나님의 은혜를 깨닫고 감사하게 될 것이다.

〈시편 125편〉 성전에 올라가는 노래

여호와를 의지하라

세상에는 두 종류의 사람들이 있다. 하나는 의인들, 선한 자들, 마음이 정직한 자들이고, 다른 하나는 악인들, 굽은 길로 치우치는 자들, 죄를 범하는 자들이다. 그럼 역사는 어떤 종류의 사람에 의해 진행될까? 언뜻 보기에 악인들에 의해 진행되는 것처럼 보인다. 그러나 시인의 생각은 달랐다. 적어도 이스라엘의 역사는 의로운 자들에 의해 진행된다고 믿었다. 왜냐하면 그들이 여호와를 의지하기 때문이다.

"여호와를 의지하는 자는 시온산이 흔들리지 아니하고 영원히 있음 같도다 산들이 예루살렘을 두름과 같이 여호와께서 그의 백성을 지금부터 영원까지 두르시리로다"(1-2절).

의지하는 대상이 흔들리지 않아야 한다. 자주 흔들리고 홀연히 사라지는 사람은 의지할 수 없다. 만물 중에 오직 산만이 흔들리지 않는다. 산은 항상 그 자리에 서 있다. 순례자는 멀리서 시온산을 보면서 '변치 않으시는 하나님, 영원하신 하나님'을 생각했다. 뿐만 아니라 시온산이 예루살렘을 두르고 있는 것처럼 하나님께서 그의 백성을 영원토록 두르시고 보호하심에 감사했다. 스가랴 선지자는 이렇게 예언했다.

"…예루살렘은 그 가운데 사람과 가축이 많으므로 성곽 없는 성읍이 될 것이라 하라 여호와의 말씀에 내가 불로 둘러싼 성곽이 되며 그 가운데에서 영광이 되리라"(스가랴 2:4-5).

의인의 삶이 역경에 처할 때, 악한 자가 그를 멸시할 때, 사탄이 그를 넘어뜨리려고 유혹할 때, 하나님 외에 누구를 의지할 수 있겠는가. 부모와 친척은 물론이고 자신마저 의지할 수 없을 때가 있다. 순례자는 겸손하게 하나님만 의지했다. 순례자는 울타리 없이 사는 사람처럼 외로웠지만 하나님께서 그를 성처럼 둘러주셨기 때문이다.

우리는 모두 순례자다. 하나님이 우리 편이심을 잊지 말자. 그러면 어떤 경우에도 두려움을 극복하고 담대하게 살아갈 수 있을 것이다.

"여호와는 내 편이시라 내가 두려워하지 아니하리니 사람이 내게 어찌할까"(시편 118:6).

비록 악인이 권세를 가져도 의인을 자기 마음대로 할 수는 없다.

"악인의 규가 의인들의 땅에서는 그 권세를 누리지 못하리니 이는 의인들로 하여금 죄악에 손을 대지 아니하게 함이로다"(3절).

'규'는 왕의 손에 들린 짧은 막대기로 그의 권력을 상징한다. 권세를 잡은 악인들이 의인들을 핍박할 때 하나님께서 곁에서 의인의 손을 붙들어 주신다. 이스라엘은 자주 열강들로부터 하나님을 의지하는 신앙을 포기하라는 유혹과 겁박을 당했다. 그러나 하나님께서 그들을 지켜주셨기 때문에 넉넉히 이길 수 있었다. 악인들의 권세는 의인들 앞에서 부러지는 막대기에 불과했다. 바울은 이렇게 말했다.

"사람이 감당할 시험밖에는 너희가 당한 것이 없나니 오직 하나님은 미쁘사 너희가 감당하지 못할 시험 당함을 허락하지 아니하시고 시험 당할 즈음에 또한 피할 길을 내사 너희로 능히 감당하게 하시느니라"(고린도전서 10:13).

그래서 순례자는 하나님의 선하심을 의지했다.

"여호와여 선한 자들과 마음이 정직한 자들에게 선대하소서"(4절).

선한 자에게 하나님의 선을 보여 달라는 기원이다. 이 세상은 마음이 선하고 정직한 자들이 살기에 불편한 곳이다. 언제나 악이 선을 대적한다. 거짓이 정직을 부끄럽게 한다. 그래서 사람들은 '선하고 정직한 마음'으로 살면 이용당하기 십상이라고 말한다. 그러나 순례자는 하나님의 절대 선하심과 능력을 의지했다. 마음이 선하고 정직한 자를 하나님께서 선대해 주시리라고 확신했다. 그래서 악한 자들의 죄와 악을 멀리했다. 반면에 악한 자들에게 영향을 받은 사람들의 최후는 비참했다.

"자기의 굽은 길로 치우치는 자들은 여호와께서 죄를 범하는 자들과 함께 다니게 하시리로다 이스라엘에게는 평강이 있을지어다"(5절).

'자기의 굽은 길로 치우치는 자들'은 악의 유혹에 넘어가 범죄한 자들이다. 그리고 '죄를 범하는 자들과 함께 다니게 하신다'는 말은 그들로 죄인들과 함께 멸망하게 하신다는 뜻이다. 그러나 하나님을 의지하며 악을 멀리하는 성도들에게는 평강이 있을 것이다.

〈시편 126편〉 성전에 올라가는 노래

울면서 씨를 뿌리라

하나님께서 선지자들을 통하여 누차 경고하셨건만 남왕국 유다는 우상을 숭배하다가 바벨론에 의해 멸망했다. 주전 606년부터 583년에 걸쳐 세 차례의 침공을 받으면서 왕족들과 지도자들과 예루살렘 시민들이 바벨론에 포로로 잡혀갔다. 그러나 어느 제국도 영원할 수는 없었다. 마침내 메대와 페르시아가 바벨론을 무너뜨렸다. 그리고 페르시아의 고레스 왕이 주전 538년에 5만여 명의 유다 포로들을 예루살렘으로 돌려보냈다. 당시의 지도자는 스룹바벨이었다. 그렇다면 이 시는 주전 538년 이후에 지어진 것이 분명하다.

"여호와께서 시온의 포로를 돌려보내실 때에 우리는 꿈꾸는 것 같았도다"(1절).

포로들을 고국으로 돌려보내주다니, 그것은 믿을 수 없는 기적이었다. 얼마나 행복했으면 '꿈꾸는 것 같았다'고 했을까.

"그때에 우리 입에는 웃음이 가득하고 우리 혀에는 찬양이 찼었도다 그때에 뭇 나라 가운데에서 말하기를 여호와께서 그들을 위하여 큰 일을 행하셨다 하였도다"(2절).

하나님께서 그의 백성들을 버리지 않으셨다. 비록 범죄하고 끌려갔지만 하나님은 바벨론에서도 그들과 함께하셨다. 이 사실을 의심하지 않았던 예레미야는 포로로 잡혀간 사람들에게 이렇게 편지했다.

"너희는 집을 짓고 거기에 살며 텃밭을 만들고 그 열매를 먹으라 아내를 맞이하여 자녀를 낳으며 너희 아들이 아내를 맞이하며 너희 딸이 남편을 맞아 그들로 자녀를 낳게 하여 너희가 거기에서 번성하고 줄어들지 아니하게 하라…여호와께서 이와 같이 말씀하시니라 바벨론에서 칠십 년이 차면 내가 너희를 돌보고 나의 선한 말을 너희에게 성취하여 너희를 이곳으로 돌아오게 하리라"(예레미야 29:5-6, 10).

하나님께서 예레미야를 통해 약속하신 것처럼 70년 만에 바벨론으로부터 1차 귀환이 있었다. 그것은 하나님께서 행하신 놀라운 일이었다.

"여호와께서 우리를 위하여 큰일을 행하셨으니 우리는 기쁘도다"(3절).

시인은 2절에서 '여호와께서 그들을 위하여 큰일을 행하셨다'고 했다. 이것은 시인의 말이 아니라 뭇 나라들이 하는 말이다. 그런데 3절에서는 '여호와께서 우리를 위하여 큰일을 행하셨다'고 한다. '그들'과 '우리'는 무엇이 다를까? 만일 시인이 주전 458년에 에스라가 인도해 온 2차 귀환에 포함된 사람이었다면 '그들'은 주전 538년에 스룹바벨과 함께 돌아온 1차 귀환자들이었을 것이다. 실제로 80년 후에 있었던 에스라 때의 2차 귀환이 영적으로 더 큰 족적을 남겼다. 첫 번째 귀환과 달리 이번에는 군대의 호위도 없었다. 귀환 숫자는 10분의 1에 불과한데 가져온 귀금속이 무려 수억 달러에 이르렀기 때문이다.

"여호와여 우리의 포로를 남방 시내들같이 돌려보내소서"(4절).

남방 시내는 '와디'(Wadi)로서 겨울철에는 흙탕물이 흐르지만 여름에는 바짝 마른 시내를 말한다. 시인은 겨울철에 그 와디에 물이 흘러가듯이 다시 한번 남아 있는 포로들을 돌려보내 달라고 탄원했다.

"눈물을 흘리며 씨를 뿌리는 자는 기쁨으로 거두리로다 울며 씨를 뿌리러 나가는 자는 반드시 기쁨으로 그 곡식 단을 가지고 돌아오리로다"(5절).

씨 뿌리는 자는 소망을 잃지 않는다. 씨가 싹트지 않을 것 같은 척박한 땅에도 포기하지 않고 씨를 뿌린다. 그리하여 추수할 때 농부들은 기쁨으로 곡식 단을 가져온다. 지금 시인은 그런 기쁨으로 충만했다. 예루살렘을 다시 볼 수 있다는 기대가 벅차오르고 눈물이 흘러내렸다. 우리가 자주 부르는 한 찬송가는 그 장면을 이렇게 해석하고 있다.

씨를 뿌릴 때에 나지 아니할까 슬퍼하며 심히 애탈지라도
나중 예수께서 칭찬하시리니 기쁨으로 단을 거두리로다
거두리로다 거두리로다 기쁨으로 단을 거두리로다
거두리로다 거두리로다 기쁨으로 단을 거두리로다(496장)

지금 울면서 씨를 뿌리는가? 반드시 거둘 날이 올 것이다.

〈시편 127편〉 솔로몬의 시 곧 성전에 올라가는 노래

집은 누가 세우는가

솔로몬이 남긴 시에는 깊은 지혜가 담겨 있다. 이 시의 핵심은 누가 인생의 주체인가에 대한 질문과 대답이다.

"여호와께서 집을 세우지 아니하시면 세우는 자의 수고가 헛되며 여호와께서 성을 지키지 아니하시면 파수꾼의 깨어 있음이 헛되도다"(1절).

'집'이라는 말 속에는 전답, 가옥, 가족이 다 포함된다. 대부분의 사람들은 청년기에 집을 짓기 시작한다. 첫 번째 단계는 배우자를 만나 부모를 떠남으로 시작된다. 두 번째는 자식을 낳고 기르는 단계다. 이 단계에서 그들은 거주할 처소를 마련한다. 세 번째 단계에서는 사업을 시작하거나 직장에서 더 높은 지위로 진급한다. 네 번째 단계에서는 자식들을 결혼시킨다. 이 단계에서 삶은 더 성숙하게 되고 경제적으로 여유를 누린다. 그러다가 잠시 후에 은퇴하고 모든 수고로부터 벗어난다. 여섯 번째 단계에서는 부부가 서로의 건강을 보살피며 천국에 들어갈 준비를 한다. 사람들은 이런 여섯 단계를 거쳐 인생을 살아간다.

시인은 이 모든 단계들을 한마디로 '집을 세운다'고 표현했다. 하나님께서 집을 세워 주신다. 만일 하나님께서 우리의 집을 세워 주시지 않는다면 집은 중간에 무너질 것이고 그동안의 수고도 헛될 것이다.

성(城)도 마찬가지다. 성은 사회적인 집단이다. 크게 보면 한 나라도 성에 포함된다. 나라는 나라대로, 고을[州]은 고을대로 건강한 사회를 구성하기 위해 법과 제도를 만든다. 그렇게 함으로 성을 견고하게 세운다. 성은 물리적인 성벽으로 보호할 수 없다. 파수꾼들이 눈을 부릅떠도 쓸데없다. 성안에 사는 사람들의 도덕성이 해이해지고 이기주의에 빠지면 적군이 침공하지 않아도 성은 제풀에 무너진다. 그러므로 하나님께서 그 성을 거룩하게 지켜 주셔야 한다. 하나님을 섬기는 사람들이 그 성에 살면 원수들이 먼저 알고 도망간다.

“너희가 일찍이 일어나고 늦게 누우며 수고의 떡을 먹음이 헛되도다 그러므로 여호와께서 그의 사랑하시는 자에게는 잠을 주시는도다”(2절).

이 구절이 1절의 ‘헛되고 헛되도다’라는 말을 좀더 구체적으로 설명하고 있다. 일찍 일어나는 것은 좋은 일이다. 옛 어른들은 땅에 떨어진 곡식 낟알이 보이기 전에 일어나야 부자가 된다고 했다. 그러나 걱정과 염려와 근심 때문에 잠을 못 이루고 어제의 근심을 아침에도 계속한다면 삶에 무슨 유익이 있겠는가. 왜 사람들은 이렇게 수고의 떡을 먹으며 살까? 하나님을 믿지 않고 자신이 주체가 되어 살아가기 때문이다. 하나님께서 자녀들의 짐을 대신 짊어져 주신다. 그들이 편히 잠들고 건강하게 일어나기를 원하신다. 그래서 다윗은 말했다.

“네 짐을 여호와께 맡기라 그가 너를 붙드시고 의인의 요동함을 영원히 허락하지 아니하시리로다”(시편 55:22).

바울 사도도 같은 말을 했다.

“아무것도 염려하지 말고 다만 모든 일에 기도와 간구로, 너희 구할 것을 감사함으로 하나님께 아뢰라”(빌립보서 4:6).

나아가서 집이 완성되려면 자식들이 있어야 한다.

“보라 자식들은 여호와의 기업이요 태의 열매는 그의 상급이로다”(3절).

옛날에는 자식을 많이 둔 부모들이 든든해 보였다.

“젊은 자의 자식은 장사의 수중의 화살 같으니 이것이 그의 화살통에 가득한 자는 복되도다 그들이 성문에서 그들의 원수와 담판할 때에 수치를 당하지 아니하리로다”(4-5절).

자, 이제 마음을 정하자. 내가 주체가 되어 살 것인가, 아니면 하나님을 내 주로 모시고 그를 의지하며 살 것인가, 둘 중 하나를 결정하자. 내가 주인이 되는 삶은 헛되고 헛되다. 그러나 하나님의 은혜로 집을 짓는 사람은 부족함이 없는 삶을 살게 된다.

하나님께서 그들의 집을 세우시고 성을 지켜 주시기를 노래하며 예루살렘으로 올라가는 순례자들처럼 우리도 하나님의 손에 우리의 집을 맡기자. 기억하자. 우리가 주인이 아니라 하나님이 주인이시다.

〈시편 128편〉 성전에 올라가는 노래

축복의 노래

이번 시에서는 순례자들이 가정을 주신 하나님을 찬양한다. 성경에서 가정은 중요한 역할을 한다. 하나님께서 인간에게 주신 복들, 곧 '생육하고 번성하여 땅에 충만하라, 땅을 정복하라, 바다의 물고기와 하늘의 새와 땅에 움직이는 모든 생물을 다스리라'고 하신 세 가지 복들은 모두 가정을 통해서만 이루어질 수 있다. 이스라엘의 역사에서도 가정은 중요한 역할을 했다. 아브라함과 사라 사이에서 태어난 이삭, 이삭과 리브가 사이에서 태어난 야곱, 그리고 야곱과 그의 열두 아들들이 이룬 지파들을 중심으로 구원의 역사가 진행되었다. 그런 의미에서 가정 이야기는 곧 민족과 국가의 이야기다.

"여호와를 경외하며 그의 길을 걷는 자마다 복이 있도다"(1절).

'경외'라는 단어가 특별히 시편에 많이 나온다. 모세오경 전체보다 더 많고, 역사서들 전체보다 더 많으며, 다른 시가서들보다 더 많고, 예언서 전체보다 더 많다.

'경외'는 문자적으로 '두려워함'이다. 단순한 두려움이 아니라 깊은 사랑에서 우러나오는 두려움이다. 성경에서 경외는 언제나 하나님과 연결되어 있다. 성도들이 두려워해야 할 대상은 하나님 외에 아무것도 없기 때문이다. 시인은 '여호와를 경외하는 자'를 '(곧) 그(여호와)의 길을 걷는 자'라고 재해석한다. 여기에서 길은 하나님의 말씀과 교훈을 가리킨다. 하나님의 말씀에 순종하지 않으면 하나님을 경외할 수가 없다.

1절을 원문 순서대로 다시 읽어 보면 '얼마나 행복한지, 하나님을 경외하는 자, 곧 그의 말씀대로 살아가는 자는…', 이런 뜻이다. 왜 하나님을 경외하는 자가 행복할까? 시인은 세 가지의 복을 들었다.

"네가 네 손이 수고한 대로 먹을 것이라 네가 복되고 형통하리로다"(2절).

첫 번째 복은 형통함이다. 형통은 불로소득이 아니다. 손으로 수고한 만큼 열매를 얻는 삶이다. 농부가 굳은 땅을 부드럽게 하고 씨를 뿌리지만 하늘에서 비가 내리지 않으면 그의 수고가 헛될 것이다. 비록 때 맞춰 내린 비로 풍년이 들어도 적이 와서 탈취해 가면 그 역시 헛수고다. 그러므로 '네 손이 수고한 대로 먹을 것'이라는 말씀은 전체적으로 형통하게 되는 복을 의미한다.

"네 집 안방에 있는 네 아내는 결실한 포도나무 같으며 네 식탁에 둘러앉은 자식들은 어린 감람나무 같으리로다"(3절).

두 번째 복은 가정이다. 가정은 기본적으로 부부와 자녀로 구성된다. '네 집 안방에 있는 네 아내'는 가정의 안전을 의미한다. 중동 지역에서 아내들은 집 안 은밀한 곳에 머물며 결실한 포도나무처럼 건강한 자녀들을 낳아 기른다. 그런데 식탁에 둘러앉은 자식들을 왜 어린 감람나무에 비유했을까? 감람나무는 원둥치를 잘라도 새로운 순이 나와서 새 나무로 자란다. 이는 그 가정의 자녀들이 아버지의 대를 잇는 복의 시적 표현이다.

"여호와를 경외하는 자는 이같이 복을 얻으리로다"(4절).

시인은 이 두 가지의 복이 얼마나 큰지 음미해 보라고 권한다. 그러면서 마지막 세 번째 복을 기원했다. 그것은 시온의 복이다.

"여호와께서 시온에서 네게 복을 주실지어다 너는 평생에 예루살렘의 번영을 보며 네 자식의 자식을 볼지어다 이스라엘에게 평강이 있을지로다"(5-6절).

'시온의 복'은 신앙생활의 복을 말한다. 이스라엘을 침공했던 강대국들은 항상 여호와를 섬기는 일을 방해했다. 앗수르의 산헤립왕은 편지를 보내어 '여호와가 너희를 내 손에서 구원할 수 있다는 선지자들의 말을 믿지 말라'고 이간질했다. 그러므로 '평생에 예루살렘의 번영을 보는 복'은 편안히 하나님을 섬기는 복이다. 그러면 전장터에서 젊은이들이 살아돌아올 것이며 이스라엘 온 땅에 평강이 깃들 것이다.

이처럼 형통한 소산, 건강한 가정, 그리고 편안한 신앙생활은 여호와를 경외하는 자들이 받는 복이었다. 우리도 이런 복을 받아보자.

〈시편 129편〉 성전에 올라가는 노래

원수들의 운명

시인은 이스라엘이 당한 수난의 역사를 요약하고 있다.

"이스라엘은 이제 말하기를 그들이 내가 어릴 때부터 여러 번 나를 괴롭혔도다"(1절).

'괴롭힘'은 밧줄로 결박했다는 말이다. 민족이 태동할 때부터 원수들은 이스라엘을 괴롭혔다. 가장 큰 원수는 애굽이었다. 그들은 이스라엘을 밧줄로 묶어 바다에 던져 버릴 기세로 박해했다. 하나님의 은혜로 애굽에서 탈출하여 가나안 땅으로 올라가는 길에서는 미디안과 모압과 아람 사람들이 이스라엘을 괴롭혔다. 가나안 땅에 터를 잡은 후에도 그 땅에 남아 있던 아말렉과 블레셋, 그리고 북방의 앗수르 사람들이 수시로 이스라엘을 침략하고 괴롭혔다. 결국 북왕국 이스라엘은 주전 722년에 앗수르에게, 그리고 남왕국 유다는 주전 586년에 바벨론에게 함락당했다. 그 결과 많은 백성들이 포로로 잡혀갔다. 훗날 하나님의 은혜로 귀환한 자들이 예루살렘 성전을 재건하려고 하자 이번에는 사마리아 사람들이 괴롭혔다. 그로부터 지금까지 이스라엘 백성들은 크고 작은 괴롭힘을 당해 왔다. 시인은 이스라엘 백성들에게 그 괴롭힘을 잊지 말고 기억하라고 말했다.

시인이 기억하라는 것은 괴롭힘당한 이야기가 아니다. 그들이 괴롭힘당할 때에 하나님께서 구원해 주신 하나님 이야기다.

"그들이 내가 어릴 때부터 여러 번 나를 괴롭혔으나 나를 이기지 못하였도다"(2절).

이스라엘을 향한 애굽 사람들의 괴롭힘이 극에 달했을 때 하나님은 모세를 부르시고 이렇게 말씀하셨다.

"이제 가라 이스라엘 자손의 부르짖음이 내게 달하고 애굽 사람이 그들을 괴롭히는 학대도 내가 보았으니 이제 내가 너를 바로에게 보내어 너에게 내 백성 이스라엘 자손을 애굽에서 인도하여 내게 하리라"(출애굽기

3:9-10).

그때 이후로 이스라엘이 열강들로부터 괴롭힘을 당할 때마다 하나님께서 저들을 구원하셨다. 우상숭배 하다가 포로로 잡혀갔을 때에도 하나님께서 그들을 돌아오게 하셨다. 그래서 시인은 '그들이 우리를 이기지 못했다'고 당당하게 말한다. 바꾸어 말하면 '우리는 한 번도 패배한 적이 없다'는 말이다. 그렇지만 괴롭힘당하던 아픔까지 잊을 수는 없었다. 상처는 쉽게 아물지 않는다.

"밭 가는 자들이 내 등을 갈아 그 고랑을 길게 지었도다"(3절).

밭에 난 긴 고랑처럼 그들의 등에 채찍 자국들이 선명했다. 마치 홀로코스트(Holocaust) 박물관의 유물들마냥 원수들의 괴롭힘이 이스라엘의 역사 속에 상흔(傷痕)으로 남아 있었다. 그러나 상흔이 그들을 함몰시킬 수는 없었다. 하나님께서 결박의 밧줄을 끊어 버리셨기 때문이다.

"여호와께서는 의로우사 악인들의 줄을 끊으셨도다"(4절).

공의로우신 여호와께서 이스라엘을 결박하고 있는 밧줄을 불탄 삼 줄처럼 끊어 버리셨다. 그리고 이스라엘의 원수들에게 심판이 임했다.

"무릇 시온을 미워하는 자들은 수치를 당하여 물러갈지어다"(5절).

시온의 원수들이 당할 수치는 더 끔찍했다.

"그들은 지붕의 풀과 같을지어다 그것은 자라기 전에 마르는 것이라 이런 것은 베는 자의 손과 묶는 자의 품에 차지 아니하나니 지나가는 자들도 여호와의 복이 너희에게 있을지어다 하거나 우리가 여호와의 이름으로 너희에게 축복한다 하지 아니하느니라"(6-8절).

당시 가옥은 지붕을 나뭇가지들로 엮고 그 위에 진흙을 발라서 만들었다. 그래서 매년 우기가 지나면 씻겨간 진흙을 다시 바르곤 했다. 이듬해 봄이 오면 그 진흙 지붕에 풀이 자란다. 그러다가 여름이 오면 말라 버린다. 집 주인은 지붕으로 올라가서 마른 풀을 베어 단으로 묶어 던져 버린다. 그것은 곡식이나 땔감이 아니다. 그 마른 풀을 보면서 '하나님께서 당신에게 복 주시기를' 하고 축복할 사람이 누가 있겠는가. 원수들이 잠시 득세하는 것처럼 보이지만 결국에는 마른 풀처럼 사라질 것이다. 그것이 원수들의 운명이었다.

〈시편 130편〉 성전에 올라가는 노래

깊은 곳에서

우리는 종종 '죽겠다'는 푸념을 한다. 그러나 이 시인은 실제로 눈앞에 다가온 죽음을 보고 있었다.

"여호와여 내가 깊은 곳에서 주께 부르짖었나이다"(1절).

여기에서 '깊은 곳(들)'은 깊은 바닷속을 의미한다.

"나는 설 곳이 없는 깊은 수렁에 빠지며 깊은 물에 들어가니 큰 물이 내게 넘치나이다"(시편 69:1).

실제로 이런 경험을 한 사람이 요나 선지자였다.

"주께서 나를 깊음 속 바다 가운데에 던지셨으므로 큰 물이 나를 둘렀고 주의 파도와 큰 물결이 다 내 위에 넘쳤나이다"(요나 2:3).

요나는 '깊음'을 '스올'이라는 단어와 동의어로 사용했다. 스올은 죽은 사람이 가는 곳, 하나님께로부터 버림받은 자들이 가는 곳이다. 그곳은 고통의 심연(深淵)이다. 시인은 요나처럼 깊음 가운데서 여호와의 이름을 불렀다.

"주여 내 소리를 들으시며 나의 부르짖는 소리에 귀를 기울이소서"(2절).

그래도 시인은 행복한 사람이다. 그의 소리를 들어주시고 그의 부르짖음에 귀를 기울이시는 하나님이 계시니까. 그런데 궁금한 점이 있다. 도대체 무슨 연고로 시인이 그처럼 깊은 곳에 빠져들어 갔을까? 그는 자신의 죄악 때문이라고 고백한다.

"여호와여 주께서 죄악을 지켜보실진대 주여 누가 서리이까"(3절).

사람들은 어려운 일을 당하면 입버릇처럼 '다 내 죄 때문'이라며 탄식한다. 그것은 보편적인 죄책감을 의미한다. 그러나 시인의 죄는 좀더 구체적이었다. 시인은 하나님께서 그의 죄를 계속해서 기억하시며 지켜보고 계신다고 생각했다. 왜 지켜보실까? 죄와 악을 심판하시기 위해서다. 누가 하나님의 심판을 견딜 수 있겠는가. 시편 1편은 '악인은 심판을 견디지 못한다'고 했다(5절). 시인도 하나님의 불꽃같은 눈앞에서 견딜 수가 없었다. 그래서 간절한 심정으로 죄의 용서를 구했다.

"그러나 사유하심이 주께 있음은 주를 경외하게 하심이니이다"(4절).

용서하시는 하나님에 대한 믿음을 지닌 사람만이 회개한다. 회개해도 용서받지 못한다면 누가 회개하겠는가. 하나님께서 우리의 죄를 용서하심은 주를 경외하게 하기 위해서라고 했다. 용서의 이유가 우리에게 있지 않고 하나님께 있다는 말이다. 이사야는 용서하시는 하나님에 대해 이렇게 선포했다.

"악인은 그의 길을, 불의한 자는 그의 생각을 버리고 여호와께로 돌아오라 그리하면 그가 긍휼히 여기시리라 우리 하나님께로 돌아오라 그가 너그럽게 용서하시리라"(이사야 55:7).

시인은 자신의 죄를 회개하며 하나님의 자비하심과 인자하심을 기다렸다.

"나 곧 내 영혼은 여호와를 기다리며 나는 주의 말씀을 바라는도다 파수꾼이 아침을 기다림보다 내 영혼이 주를 더 기다리나니 참으로 파수꾼이 아침을 기다림보다 더하도다"(5-6절).

희망이 있기 때문에 기다린다. 절망하는 사람은 기다리거나 바라지 않는다. 파수꾼은 어두운 밤에 눈을 부릅뜨고 적의 동향을 살핀다. 바람결에 나는 나뭇잎 소리에도 긴장한다. 시인은 파수꾼이 아침을 기다리는 것보다 더 간절하게 '용서하시는 하나님'을 기다렸다.

"이스라엘아 여호와를 바랄지어다 여호와께서는 인자하심과 풍성한 속량이 있음이라 그가 이스라엘을 그의 모든 죄악에서 속량하시리로다"(7-8절).

시인은 이스라엘 민족의 죄를 하나님 앞에서 회개했다. 그리고 하나님께서 그의 인자하심을 따라 용서해 주시기를 간구했다. 풍성한 속량(죗값 지불)으로 그들에게 임할 심판을 거두어 달라고 간구했다.

그렇다면 시인이 회개한 죄는 자기 개인의 죄였을까, 민족의 죄였을까? 아마도 두 가지 다 포함되었을 것이다. 그 자신 또한 민족의 일원이니까.

〈시편 131편〉 다윗의 시 곧 성전에 올라가는 노래

침묵

다윗은 이 시에서 행복을 노래한다. 그것은 물질의 소유나 사회적 관계에서 오는 것이 아닌, 오직 하나님께로부터 오는 행복이다. 하나님의 임재하심과 동행하심이 참된 행복의 근원이었다. 다윗이 말하는 '내가 가장 행복한 때'가 언제였는지 들어보자.

"여호와여 내 마음이 교만하지 아니하고 내 눈이 오만하지 아니하오며 내가 큰 일과 감당하지 못할 놀라운 일을 하려고 힘쓰지 아니하나이다"(1절).

행복은 우리가 어떤 자세(attitude 혹은 pose)를 취하느냐에 달려 있다. 다윗왕은 항상 낮은 자세를 취했다. 마음에 교만함이 없었다. 교만은 자신을 다른 사람보다 더 높은 자리에 두려는 자세다. 자기가 남보다 못하다는 생각이 들면 분노와 열등감에 사로잡힌다. 불편한 경쟁의식이 시도 때도 없이 자신을 긴장시킨다. 그래서 교만한 사람은 불행하다.

다윗왕은 그의 눈이 오만하지 않기로 작정했다. 오만한 눈을 가진 사람은 다른 사람을 내려다본다. 내려다봄을 당한 사람은 당연히 불쾌하다. 그렇게 불쾌한 사람들 사이에 살면서 어떻게 행복할 수 있겠는가. 교만한 마음과 오만한 눈은 불행의 근원이 된다.

"자기의 이웃을 은근히 헐뜯는 자를 내가 멸할 것이요 눈이 높고 마음이 교만한 자를 내가 용납하지 아니하리로다"(시편 101:5).

다윗은 교만한 마음과 오만한 눈에서 벗어나기 위해 두 가지 바른 자세를 취했다. 먼저 큰일을 행하려고 하지 않았다. 많은 군왕들과 지도자들이 능력이 미치지 않는 큰일을 시도하다가 자신과 나라를 망하게 했다. 왜 그들은 별로 유용하지도 않는 큰일을 도모했을까? 자기 이름을 남기고 싶었기 때문이다. 다윗은 감당할 수 없는 어려운 일도 하지 않았다. 그런 일을 하려는 동기 역시 자기 이름을 남기고 싶은 탐욕이다. 다윗은 하나님께서 기뻐하시는 일만 했다. 그래서 성전 건축도 많은 건축 재료들을 모아서 솔로몬에게 넘겼다. 지혜로운 지도자는 하나님과 백성을 섬기는 일만 하면 된다.

그러나 교만하지 않고 오만하지 않는 것만으로는 충분하지 않다. 위선적인 겸손은 인정받고 싶어 하는 또 다른 교만의 발상이다. 그러므로 하나님 앞에서의 진실한 겸손이 중요하다. 다윗은 교만과 오만을 멀리하기 위해 전심으로 하나님만 의지했다.

"실로 내가 내 영혼으로 고요하고 평온하게 하기를 젖 뗀 아이가 그의 어머니 품에 있음 같게 하였나니 내 영혼이 젖 뗀 아이와 같도다"(2절).

배부르게 젖을 먹고 난 아이가 엄마의 품에서 잠든 모습을 그려보라. 얼마나 평온한가. 보채고 칭얼대던 소리는 간 곳 없고 지금은 숨소리도 들리지 않을 만큼 고요하다. 다윗은 하나님 앞에서 그의 영혼이 어린아이같이 되기를 원했다. 이 구절에서 사용된 두 동사 '고요하고 평온하게'는 '일부러 온 마음을 집중하여 그렇게 되게 했다'는 의미다. 무슨 뜻일까? '침묵'의 사전적 의미는 '잠잠하여 아무 말도 하지 않음'이다. 다른 종교에서도 '묵언수행'이라는 말을 사용한다. 그러나 단순한 묵언(默言)은 자기를 성찰하는 방편에 불과하다. 다윗은 젖 먹고 잠든 아이처럼 하나님 앞에서 고요하고 평온하기를 소원했다. 성경은 침묵을 '잠잠하라'는 말로 대체하고 있다.

"사람이 여호와의 구원을 바라고 잠잠히 기다림이 좋도다"(예레미야애가 3:26).

하나님 앞에서의 침묵은 아름다운 기도다. 모든 교만과 오만에서 벗어날 수 있는 비결이다. 염려와 근심의 치료제다. 보통 사람은 소란한 군중 속에서 존재감을 느낀다. 군중들이 흩어지고 적막이 찾아오면 공허감이 몰려온다. 그러나 그리스도인들은 다르다. 군중에서 벗어나 하나님 앞에 무릎을 꿇고 침묵할 때 오히려 더 행복하다. 침묵 가운데 무거운 짐들을 내려놓는다. 감나무에 연줄 걸리듯 얽힌 구설로부터 자유롭게 된다. 교만함과 오만함이 사라진다. 그리하여 낮고 낮은 자리로 내려간다. 내려갈수록 더 고요하고 더 평온하다. 다윗은 그의 백성들에게 침묵 가운데서 하나님만 앙망하라고 권했다.

"이스라엘아 지금부터 영원까지 여호와를 바랄지어다"(3절).

당신은 최근에 이런 침묵의 시간을 가져본 적이 있는가?

〈시편 132편〉 성전에 올라가는 노래

주여, 다윗을 기억하소서

이 시는 솔로몬이 썼을 것이다. 아버지 다윗이 행한 일들, 특히 예루살렘 성전 건축을 위해 애쓴 일들을 기억하며 그의 후손들이 잘되기를 기원하고 있기 때문이다.

"여호와여 다윗을 위하여 그의 모든 겸손을 기억하소서"(1절).

왕국을 통일하고 주변을 평정한 다윗은 하나님의 성막을 온전하게 회복하고 싶었다. 왜냐하면 그곳에 있어야 할 언약궤가 사라졌기 때문이다.

"그가 여호와께 맹세하며 야곱의 전능자에게 서원하기를 내가 내 장막 집에 들어가지 아니하며 내 침상에 오르지 아니하고 내 눈으로 잠들게 하지 아니하며 내 눈꺼풀로 졸게 하지 아니하기를 여호와의 처소 곧 야곱의 전능자의 성막을 발견하기까지 하리라 하였나이다"(2–5절).

이스라엘 백성들에게 성소(회막)는 하나님의 임재하심을 의미했다. 광야에서도 성소가 열두 지파의 중심에 있었고, 가나안 땅에 들어온 뒤에도 지리적 중심에 위치한 실로에 회막이 세워졌다. 그러나 엘리 대제사장 때에 블레셋 사람들과의 전투에서 언약궤를 탈취당했다. 그 뒤 회막은 이리저리 옮겨다니다가 아비나답의 집에 맡겨졌다. 그 후 사무엘과 사울왕이 다스리는 수십 년 동안 언약궤는 철저히 잊혔다.

다윗은 왕이 된 후에 언약궤를 찾아다가 성소에 안치하기를 원했다. 그 전에는 집에도 들어가지 않고, 침대에서 잠도 자지 않으며, 졸지도 않겠다고 맹세하고 서원까지 했다. 시적인 표현이지만 그만큼 다윗이 주의 성소를 사모했다는 말이다.

"우리가 그것이 에브라다에 있다 함을 들었더니 나무 밭에서 찾았도다"(6절).

이 구절을 현대인의 성경으로 읽으면 좀더 잘 이해할 수 있다. "우리가 베들레헴에서 법궤에 대한 말을 들었고 그것을 기랏여아림의 밭에서 찾았다." 에브라다는 다윗의 고향인 베들레헴의 다른 이름이다. 다윗은 베들레헴에서 언약궤에 대한 이야기를 들었다. 그리고 기럇여아림의 나무 밭에서 그것을 찾았다. '나무 밭'은 기럇여아림에 수풀이 많아서 붙여진 별명이다. 다윗은 기럇여아림에 있는 아비나답의 집에서 언약궤를 수레에 싣고 예루살렘을 향해 길을 떠났다. 수레를 중심으로 각종 악기를 연주하는 음악인들이 앞장서고, 아비나답의 두 아들 웃사와 아효가 소 고삐를 잡았으며, 그 뒤로 다윗왕과 3만여 군사들이 긴 행렬을 이루었다. 다윗왕의 위용을 뽐내는 장관이었다. 그러나 나곤의 타작마당에 이르자 소들이 뛰어오르기 시작했다. 웃사는 재빨리 넘어질 뻔한 언약궤를 붙잡았다. 그 순간 웃사가 즉사했다. 왕의 자존심이 상해서였을까, 다윗은 분을 내며 그 자리를 떠났고, 언약궤는 가까운 오벧에돔의 집으로 옮겨졌다. 그러다 3개월 후에 다윗은 자기의 실수를 깨달았다. 여호와의 언약궤는 다른 나라의 신들처럼 수레에 싣지 않고 레위인들이 직접 채로 꿰어 어깨에 메고 옮겨야 했다. 뒤늦게 자신의 교만을 깨달은 다윗은 레위인들과 함께 내려가서 겸손하게 베옷을 입고 언약궤 앞에서 춤을 추며 다윗성으로 옮겨 왔다.

"우리가 그의 계신 곳으로 들어가서 그의 발등상 앞에서 엎드려 예배하리로다 여호와여 일어나사 주의 권능의 궤와 함께 평안한 곳으로 들어가소서 주의 제사장들은 의를 옷 입고 주의 성도들은 즐거이 외칠지어다"(7-9절).

이 시는 솔로몬이 성전 건축을 끝낸 후에 지었을 것이다. 성소에 대한 아버지 다윗왕의 열망을 노래한 후에 이제는 자신이 건축한 성전에 여호와께서 임재하시기를 기도했다. 이제까지 성막에 안치되었던 언약궤가 마침내 지성소로 옮겨졌다. 솔로몬은 그 지성소를 '평안한 곳'이라고 불렀다. 지성소로부터 이스라엘의 평안이 임할 것이라는 말이다. 그곳에서 거룩한 의의 옷을 입은 제사장들이 여호와를 섬기고 온 백성들은 즐겁게 찬송할 것이다.

"주의 종 다윗을 위하여 주의 기름 부음 받은 자의 얼굴을 외면하지 마옵소서 여호와께서 다윗에게 성실히 맹세하셨으니 변하지 아니하실지라 이르시기를 네 몸의 소생을 네 왕위에 둘지라 네 자손이 내 언약과 그들에게 교훈하는 내 증거를 지킬진대 그들의 후손도 영원히 네 왕위에 앉으리라 하셨도다"(10-12절).

솔로몬은 하나님께서 다윗에게 주신 약속을 상기시켜 드렸다. 그것은 다윗의 후손들이 왕위에 앉을 것이라는 약속이었다(사무엘하 7:11-16). 하나님의 약속은 신실했다. 북왕국 이스라엘은 210년 동안(주전 931-722) 아홉 번 왕조가 바뀌었고 20명의 왕들이 다스렸다. 그러나 남왕국 유다는 346년 동안(주전 931-586) 19명의 왕들이 다스렸고 모두 다윗의 직계 후손들이었다(주전 861년부터 6년 동안 여호람에게 시집온 아합왕의 딸 아달리야가 잠시 다스렸지만 그녀는 왕이 아니었다).

"여호와께서 시온을 택하시고 자기 거처를 삼고자 하여 이르시기를 이는 내가 영원히 쉴 곳이라 내가 여기 거주할 것은 이를 원하였음이로다 내가 이 성의 식료품에 풍족히 복을 주고 떡으로 그 빈민을 만족하게 하리로다 내가 그 제사장들에게 구원을 옷 입히리니 그 성도들은 즐거이 외치리로다"(13-16절).

13절부터 16절은 하나님께서 직접 하신 말씀이다. 하나님께서 시온을 택하시고 그곳을 자기의 거처로 삼으시겠다고 하셨다. 시온은 아브라함이 이삭을 잡아 제사를 지내려고 했던 산이다. 하나님께서 그곳에서 영원히 쉬시겠다고 하셨다. 하나님께서 모든 일을 다 마치시고 안식하시겠다는 말이다. 예수님이 훗날 그곳에서 십자가에 달려 돌아가신 후에 죄인들을 향한 하나님의 마음이 안식을 얻으셨다. 하나님은 제사장들에게 구원의 옷(9절, 의의 옷)을 입히시고 성전에서 섬기게 하셨다. 그때 온 백성들은 즐겁게 노래할 것이다.

"내가 거기서 다윗에게 뿔이 나게 할 것이라 내가 내 기름 부음 받은 자를 위하여 등을 준비하였도다 내가 그의 원수에게는 수치를 옷 입히고 그에게는 왕관이 빛나게 하리라 하셨도다"(17-18절).

다윗의 자손들에게서 태어날 뿔은 여럿이 아니라 하나다. 그 뿔은 이 세상에 오신 하나님의 아들 예수 그리스도를 가리킨다. 예수님의 원수는 사탄이다. 예수님 때문에 원수 사탄은 수치를 당하고, 예수님과 그를 믿는 성도들은 영광의 면류관을 쓰게 될 것이다. 이런 관점에서 볼 때 이 시는 확실히 메시아에 관한 시다.

〈시편 133편〉 다윗의 시 곧 성전에 올라가는 노래

형제 사랑

이 시는 몇 가지 다른 관점에서 음미해 볼 수 있다. 첫째로 다윗왕이 통일 왕국의 왕이 되었을 때의 관점이다. 다윗은 그의 생애에 세 차례 기름 부음을 받았다. 처음에는 목동 시절에 사무엘이 그에게 기름을 부었다(사무엘상 16:13). 그것은 장차 왕이 될 것을 예시하는 기름 부음이었다. 또 한 번은 사울왕이 전사한 후에 유다 족속들이 와서 기름을 붓고 그를 왕으로 삼았다(사무엘하 2:4). 그의 나이 30세 무렵이다. 마지막으로 다윗이 헤브론에서 7년 반 동안 유다 지파를 다스리고 있을 때 이스라엘의 장로들이 찾아와 기름을 붓고 이스라엘 열두 지파의 왕으로 삼았다(사무엘하 5:1-5). 그때 그의 나이가 37세였다. 그 후 33년 동안 통일왕국을 다스리다가 70세에 죽었다.

"보라 형제가 연합하여 동거함이 어찌 그리 선하고 아름다운고"(1절).

다윗이 헤브론에서 유다 족속의 왕으로 있는 동안 사마리아에서는 사울의 아들 이스보셋이 아버지를 이어 왕으로 즉위했다. 이스보셋의 배후에는 군대 장관 아브넬이 있어서 다윗의 군대와 자주 싸웠다. 그러다가 아브넬이 죽고 이스보셋도 암살을 당했다. 그러자 지도자를 잃은 열한 지파들이 혼란에 빠져들어 갔다. 다행히 열한 지파의 장로들이 다윗을 찾아와서 자기들의 왕도 되어 달라고 간청했다. 다윗 역시 이스라엘 전체를 다스리는 왕이 되고 싶었다. 이런 민족의 격동기에, 서로 마음을 열지 못하고 불신 상태에 있을 때, 다윗은 온 민족이 형제의 사랑으로 하나 되기를 원했다. 이 시의 첫 절에는 다윗의 그런 심정이 담겨 있다.

둘째로, 성전에 예배드리기 위해 올라가는 순례자들의 관점에서 이 시를 읽어 볼 수 있다. 매년 유월절과 칠칠절과 초막절이면 이스라엘의 남자들이 동서남북에서 예루살렘으로 올라오고 해외에 거주하는 디아스포라들도 찾아왔다. 그 작은 성에 사람들로 북적이는 모습을 그려보라. 장관이었을 것이다. 훗날 요시야왕은 유월절에 어린 양과 어린 염소 3만

마리, 그리고 수소 3천 마리를 잡아 제사를 지내고 백성들로 그 고기를 함께 먹게 했다. 이제 그들의 관점에서 1절을 다시 읽어 보자.

"보라 형제가 연합하여 동거함이 어찌 그리 선하고 아름다운고"(1절).

셋째로, 가족의 관점에서 이 시를 읽어 볼 수 있다. 이스라엘이나 한국이나 옛날에는 모두 대가족 제도였다. 한 마당에 4촌이 함께 사는 일은 흔했고, 8촌까지 살기도 했다. 그들은 모두 형제자매들이었다. 그러나 지금은 8촌을 기억하는 사람들이 드물다. 그만큼 핵가족 시대가 되었다. 이 시는 우리 그리스도인들이 꼭 읽어야 할 시다. 우리는 육신의 형제들뿐만 아니라 영적인 형제들과도 친밀하게 지내야 하기 때문이다. 이렇게 가족 관계를 회상하면서 1절을 다시 읽어 보자.

"보라 형제가 연합하여 동거함이 어찌 그리 선하고 아름다운고"(1절).

2절과 3절은 1절을 한층 더 시적으로 묘사하고 있다.

"머리에 있는 보배로운 기름이 수염 곧 아론의 수염에 흘러서 그의 옷깃까지 내림 같고"(2절).

아론은 기름 부음을 받고 하나님 앞에 세워진 첫 번째 제사장이었다. 그 이후로 모든 제사장들이 기름 부음을 받고 세워졌다. 다윗은 '형제가 연합하여 동거함'을 '보배로운 기름 부음'으로 묘사했다. 다른 말로 하면 형제가 서로 함께 사는 일이 보배롭고 아름답다는 말이다. 이로써 다윗은 형제 사랑을 제사의 중요한 요소 가운데 하나로 여겼다.

"헐몬의 이슬이 시온의 산들에 내림 같도다 거기서 여호와께서 복을 명령하셨나니 곧 영생이로다"(3절).

마지막으로 다윗은 '형제의 아름다운 동거'를 산과 들에 내리는 헐몬산의 이슬로 비유했다. 헐몬산의 찬 공기 때문에 내리는 이슬은 산천초목에 생기를 불어넣었다. 다윗은 이를 보고 형제들이 서로 사랑하며 동거할 때 하늘로부터 하나님의 복이 이슬처럼 내릴 것이라고 생각했다. 그리고 그 복은 '영원히 계속될'(영생) 것이라고 확신했다.

우리는 이 시를 성도들의 공동체 예배로 이해할 수 있다. 우리들이 드리는 예배에 형제의 연합과 성령님의 기름 부으심과 이슬 같은 하나님의 은혜가 함께하기 때문이다.

〈시편 134편〉 성전에 올라가는 노래

여호와를 송축하라

이 시는 '성전에 올라가는 노래' 시리즈의 마지막 열다섯 번째 시다. '송축'으로 번역된 '바라크'(בָּרַךְ)는 '축복'이라는 뜻이다. NIV 성경과 현대인의 성경은 이를 '찬양'이라고 번역했다. 우리 성경은 찬양과 축복을 합하여 '송축'이라고 번역했다. 왜 그랬을까? 이유는 분명하고도 간단하다. 하나님의 복을 받은 자만이 그를 찬송할 수 있기 때문이다. 축복과 찬송은 분리될 수 없다. 그래서 송축이 더 합당한 번역이다.

"보라 밤에 여호와의 성전에 서 있는 여호와의 모든 종들아 여호와를 송축하라"(1절).

이 시를 지은 사람이 누구인지는 모른다. 그러나 성전에 있는 여호와의 모든 종들에게 여호와를 송축하라고 명령하는 사람들이 누구인지는 안다. 그들은 바로 성전을 향해 올라가는 순례자들이다. 그들은 성전에서 섬기는 레위인들의 임무를 각성시켰다. 레위인들은 밤에 성전에서 거룩한 불이 꺼지지 않도록 늘 보살피며 하나님을 찬양하는 일을 했다.

> "또 찬송하는 자가 있으니 곧 레위 우두머리라 그들은 골방에 거주하면서 주야로 자기 직분에 전념하므로 다른 일은 하지 아니하였더라"(역대상 9:33).

레위인들은 밤을 새워가며 하나님을 찬양했다. 한 사람이 아니라 여럿이, 그것도 선 채로 찬양했다. 함께 찬양하면 혼자 찬양하는 것보다 훨씬 더 은혜스럽다. 찬양은 하면 할수록 은혜가 새롭다. 찬양하다 보면 우리가 하나님께 더 가까이 다가감을 느끼게 된다. 하나님의 임재하심 아래 우리 가슴은 더욱 뜨거워진다. 같은 찬송이라도 반복하여 부르면 은혜가 더해진다. 한 장의 찬송을 골라서 일곱 번만 계속해서 불러보라. 눈물 없이 끝낼 수 없을 것이다. 그때 비로소 우리의 찬양이 기도로 연결된다. 순례자들은 다시 한번 성전에서 섬기는 주의 종들에게 하나님을 찬양하라고 촉구했다.

“성소를 향하여 너희 손을 들고 여호와를 송축하라”(2절).

먼저는 서서 찬송하라고 했고, 지금은 손을 들고 찬송하라고 한다. 두 발로 견고하게 서서 찬송하면 힘이 난다. 물론 연로하신 분들은 앉아서 찬송해도 무방하다. 중요한 것은 마음이니까. 그런데 왜 손을 들고 찬송하라고 했을까? 성경에는 하나님을 향해 손을 들고 기도한 기록들이 있다.

> “모세가 그에게 이르되 내가 성에서 나가서 곧 내 손을 여호와를 향하여 펴리니 그리하면 우렛소리가 그치고 우박이 다시 있지 아니할지라 세상이 여호와께 속한 줄을 왕이 알리이다”(출애굽기 9:29).

에스라 선지자도 손을 들고 기도했다.

> “저녁 제사를 드릴 때에 내가 근심 중에 일어나서 속옷과 겉옷을 찢은 채 무릎을 꿇고 나의 하나님 여호와를 향하여 손을 들고”(에스라 9:5).

좀더 구체적으로 묘사하면 그들은 찬양을 들으시고 기도에 응답하실 하나님을 향하여 손을 높이 들고 손바닥을 폈다는 말이다. 그것이 꼭 정해진 법칙은 아니지만 찬양하고 기도하는 사람의 진심이 그 행위에 담겨 있다. 세상 사람들은 자연과 인간의 아름다움을 노래한다. 그러나 기독교인들은 반드시 하나님만 찬양해야 한다. 마지막으로 순례자들은 하나님의 복을 기원했다.

“천지를 지으신 여호와께서 시온에서 네게 복을 주실지어다”(3절).

왜 하나님을 찬양할까? 하나님께서 복을 주셨기 때문이다. 왜 하나님을 찬양해야 할까? 하나님께서 앞으로 주실 복을 믿기 때문이다. ‘천지를 지으신 여호와’는 단순히 그가 창조주이심을 강조하는 것이 아니다. 하늘과 땅과 거기에 있는 만물을 지으신 하나님께서 우리의 소소한 필요를 다 아시고 채워 주신다는 의미다.

순례자들은 창조주 하나님이 시온에 계신다고 믿었다. 그래서 하나님께 예배드리기 위해 시온성 예루살렘으로 올라가고 있었다. 올라가면서 소리 높여 성전에 있는 주의 종들에게 하나님을 찬양하라고 간곡히 부탁했다. 그러면 하나님의 복이 헐몬산의 이슬처럼 온 이스라엘 위에 임할 것이라고 노래했다.

우리도 하나님을 찬양하자. 찬양은 하나님의 복을 받는 비결이다.

〈시편 135편〉

구원의 주 여호와 하나님

이 시는 예배에서 부르는 찬송시다. 전체적인 구성은 하나님을 찬송할 이유들(1-4절), 찬양할 내용들(5-18절), 그리고 찬양받으시기를 원하시는 하나님(19-21절)으로 되어 있다. 갑자기 시상이 떠올라서 지은 시라기보다는 평소에 구원의 주 여호와 하나님을 찬양했던 내용을 모아 놓은 산문조의 시다. 먼저 서론 부분을 살펴보자.

"할렐루야 여호와의 이름을 찬송하라 여호와의 종들아 찬송하라 여호와의 집 우리 여호와의 성전 곧 우리 하나님의 성전 뜰에 서 있는 너희여"(1-2절).

마치 오케스트라가 일제히 장엄한 소리를 내는 것 같다. 지휘자의 두 손이 허공에서 춤을 추고 관중들은 숨을 죽인다. 잠시 후 무대 뒤에 서 있는 합창단원들이 노래를 시작하자 관중들도 허밍으로 따라 노래했다. 성전 뜰에서 제사장들과 회중들도 함께 하나님을 찬양했다.

"여호와를 찬송하라 여호와는 선하시며 그의 이름이 아름다우니 그의 이름을 찬양하라 여호와께서 자기를 위하여 야곱 곧 이스라엘을 자기의 특별한 소유로 택하셨음이로다"(3-4절).

'선하신 하나님', 그것이 하나님의 이름을 찬양할 첫 번째 이유였다. 다윗은 '하나님의 선하심을 맛보아 알지어다' 하고 가르쳤다(시편 34:8). 하나님의 선하심은 경험을 통해서만 알 수 있다. 우리의 감사와 찬송도 경험에서 나온다. 당신이 경험한 하나님의 선하심이 무엇인지 찾아보라. 아무도 '나에게는 그런 경험이 없다'고 말할 수 없을 것이다. 왜냐하면 하나님의 은혜가 우리에게 넘쳤기 때문이다.

시인은 이스라엘 백성들이 경험한 하나님의 선하심을 '선택'이라는 단어로 표현했다. 하나님께서 자신을 위해 이스라엘을 택하셨다. 이스라엘은 하나님을 온 세상에 전하는 일을 위해 택함을 받았다. 왜 하필 이스라엘을 택하셨을까? 모세는 하나님께서 그들을 사랑하셨기 때문이라고 한다. 이스라엘을 택하신 이유가 이스라엘에게 있지 않고 하나님의 사랑에 있었다는 말이다.

"너는 여호와 네 하나님의 성민이라 네 하나님 여호와께서 지상 만민 중에서 너를 자기 기업의 백성으로 택하셨나니 여호와께서 너희를 기뻐하시고 너희를 택하심은 너희가 다른 민족보다 수효가 많기 때문이 아니니라 너희는 오히려 모든 민족 중에 가장 적으니라 여호와께서 다만 너희를 사랑하심으로 말미암아 또는 너희의 조상들에게 하신 맹세를 지키려 하심으로 말미암아 자기의 권능의 손으로 너희를 인도하여 내시되 너희를 그 종 되었던 집에서 애굽 왕 바로의 손에서 속량하셨나니"(신명기 7:6-8).

하나님께서는 이스라엘을 통하여 온 세상에 그의 선하심이 널리 전파되기를 원하셨다.

"내가 알거니와 여호와께서는 위대하시며 우리 주는 모든 신들보다 위대하시도다"(5절).

'위대하시다'는 비교를 나타내는 형용사 '가돌'(גָּדוֹל)로서 모든 신들보다 더 위대하시다는 뜻이다. 시인은 그 점을 잘 알고 있었다.

하나님을 찬양할 두 번째 이유는 그가 세상을 창조하셨기 때문이다.

"여호와께서 그가 기뻐하시는 모든 일을 천지와 바다와 모든 깊은 데서 다 행하셨도다 안개를 땅끝에서 일으키시며 비를 위하여 번개를 만드시며 바람을 그 곳간에서 내시는도다"(6-7절).

하나님은 자신이 창조하신 세계를 보고 좋아하셨다. 온 세상 만물이 창조에 나타난 하나님의 선하심을 증명하고 있다. 아침 안개만 보아도 그의 선하심을 알 수 있다. 안개는 기후 조절에 기여하고, 대기 오염을 억제하며, 공기 중에 수분을 공급한다. 비와 번개와 바람도 우리 생활에 큰 역할을 한다. 이것들을 하나님께서 선한 의도를 가지고 창조하셨다.

하나님을 찬양할 세 번째 이유는 그가 이스라엘을 애굽에서 구원하셨기 때문이다.

"그가 애굽의 처음 난 자를 사람부터 짐승까지 치셨도다 애굽이여 여호와께서 네게 행한 표적들과 징조들을 바로와 그의 모든 신하들에게 보내셨

도다"(8-9절).

출애굽 사건은 이스라엘 백성들의 신앙생활의 기초가 되었다. 하나님께서 그의 백성들을 구원하시기 위해 애굽에 열 가지 재앙을 내리셨다. 그 일이 이스라엘 백성들에게 '구원자 하나님'에 대한 강렬한 징표가 되었다. 그래서 민족적 재난을 당할 때마다 이스라엘은 '애굽에서 우리 조상들을 구원하신 하나님'을 회상하며 기도했다. 출애굽 사건을 가장 간결하게 정리한 신앙고백이 신명기에 있다.

"너는 또 네 하나님 여호와 앞에 아뢰기를 내 조상은 방랑하는 아람 사람으로서 애굽에 내려가 거기에서 소수로 거류하였더니 거기에서 크고 강하고 번성한 민족이 되었는데 애굽 사람이 우리를 학대하며 우리를 괴롭히며 우리에게 중노동을 시키므로 우리가 우리 조상의 하나님 여호와께 부르짖었더니 여호와께서 우리 음성을 들으시고 우리의 고통과 신고와 압제를 보시고 여호와께서 강한 손과 편 팔과 큰 위엄과 이적과 기사로 우리를 애굽에서 인도하여 내시고 이곳으로 인도하사 이 땅 곧 젖과 꿀이 흐르는 땅을 주셨나이다"(신명기 26:5-9).

그뿐만 아니라 가나안 땅에 정착하는 과정에서도 이스라엘은 하나님의 구원을 체험했다.

"그가 많은 나라를 치시고 강한 왕들을 죽이셨나니 곧 아모리인의 왕 시혼과 바산 왕 옥과 가나안의 모든 국왕이로다 그들의 땅을 기업으로 주시되 자기 백성 이스라엘에게 기업으로 주셨도다"(10-12절).

가나안의 모든 왕들이 이스라엘을 대적하자 하나님께서 그들을 치셨다. 물론 이런 질문을 할 수 있다. '왜 하나님은 평화롭게 사는 나라의 백성들을 죽이시고 그 땅을 이스라엘에게 주셨는가?' 이 질문에 대한 대답이 창세기에 기록되어 있다. 하나님은 아브라함의 후손들이 4백 년 후에 다시 가나안 땅으로 돌아올 것을 미리 말씀하셨다.

"네 자손은 사 대 만에 이 땅으로 돌아오리니 이는 아모리 족속의 죄악이 아직 가득 차지 아니함이니라"(창세기 15:16).

하나님께서 가나안 일곱 족속들을 멸하신 까닭은 그들의 죄가 가득했기 때문이다. 물론 하나님께서는 이스라엘의 죄가 가득할 때에도 그들을 이방 나라의 포로가 되게 하셨다. 시인은 하나님의 공의로우심을 강조하고 있다. 천지와 만물과 나라들을 지으셨기 때문에 그것들을 다스리는 주권이 하나님께 있다.

하나님을 찬양할 네 번째 이유는 그의 영원하심 때문이었다.

"여호와여 주의 이름이 영원하시니이다 여호와여 주를 기념함이 대대에 이르리이다 여호와께서 자기 백성을 판단하시며 그의 종들로 말미암아 위로를 받으시리로다"(13–14절).

우리 하나님은 영원하시다. 시인은 '영원하신 주의 이름'과 '대대에 기억될 주의 이름'을 찬양했다. 현대인의 성경은 14절을 "여호와께서 자기 백성을 변호할 것이며 자기 종들을 불쌍히 여기시리라"고 번역했다. 이 번역이 원문에 더 가깝다. 영원하신 하나님께서 이스라엘을 돌보시고 불쌍히 여기신다는 믿음이 그들을 평안하게 했다. 그러나 우상을 숭배하는 민족들은 다 망할 것이다. 왜냐하면 우상은 생명이 없는 것들이기 때문이다.

"열국의 우상은 은금이요 사람의 손으로 만든 것이라 입이 있어도 말하지 못하며 눈이 있어도 보지 못하며 귀가 있어도 듣지 못하며 그들의 입에는 아무 호흡도 없나니 그것을 만든 자와 그것을 의지하는 자가 다 그것과 같으리로다"(13–18절).

우상뿐만 아니라 우상을 숭배하는 사람들에게도 생명이 없다. 하나님을 경배하는 이스라엘과 우상을 숭배하는 이방인들 사이에는 건널 수 없는 깊은 강이 있었다. 시인은 예배자들에게 하나님을 찬양하자고 다시 격려했다.

"이스라엘 족속아 여호와를 송축하라 아론의 족속아 여호와를 송축하라 레위 족속아 여호와를 송축하라 여호와를 경외하는 너희들아 여호와를 송축하라 예루살렘에 계시는 여호와는 시온에서 찬송을 받으실지어다 할렐루야"(19–21절).

이 세 절 가운데 '송축하라'는 말이 다섯 번 나온다. '송축'(바락, בָּרַךְ)의 원래 의미는 '무릎을 꿇다'다. 그러므로 송축은 하나님께 경배하기 위해 무릎을 꿇는 행위다.

"오라 우리가 굽혀 경배하며 우리를 지으신 여호와 앞에 무릎을 꿇자"(시편 95:6).

당신은 하루를 살면서 얼마나 자주 하나님을 생각하는가? 할 수 있는 대로 자주 주님을 바라보자. 주의 이름도 불러보자. 그리고 마음으로라도 그 앞에 무릎을 꿇어보자. 그러면 구원의 감격이 새로워질 것이다.

〈시편 136편〉

여호와께 감사하라

이 시는 135편과 거의 동일한 내용이지만 형식이 다르다. 이 시의 각 구절은 두 부분으로 나누어져 있어서 앞부분은 제사장들이 부르고, 뒷부분은 회중이 부르는 '돌림 노래' 형식이다. 특히 회중은 '그 인자하심이 영원함이로다'(키 올람 하스도)라는 구절을 반복하여 불렀는데, 이는 그들의 마음을 하나로 묶어주는 역할을 했다.

"여호와께 감사하라 그는 선하시며 그 인자하심이 영원함이로다"(1절).

짧은 구절이지만 긴 여운을 남긴다. 왜 여호와께 감사해야 하는가? 여호와 하나님의 선하심과 인자하심 때문이다. 시인은 '왜냐하면'(키, כִּי)이라는 부사를 선하심과 인자하심 앞에 각각 두고 있다. 그렇다면 '영원함'이라는 명사도 선하심과 인자하심에 연결해서 '하나님의 영원히 선하시고 영원히 인자하신 성품에 감사하라'로 읽어야 한다. 이런 성품은 다른 어떤 신에게서도 발견할 수 없었다.

"신들 중에 뛰어난 하나님께 감사하라 그 인자하심이 영원함이로다 주들 중에 뛰어난 주께 감사하라 그 인자하심이 영원함이로다"(2-3절).

모세는 하나님을 가리켜 '신 가운데 신이시며 주 가운데 주시라'고 했다(신명기 10:17). 하나님 외에 다른 신이 없으며, 하나님 외에 다른 주가 없다는 뜻이다. 그다음 4-9절은 창조주 하나님께 감사드리는 내용이다.

"홀로 큰 기이한 일들을 행하시는 이에게 감사하라 그 인자하심이 영원함이로다"(4절).

하나님께서는 누구의 도움도 없이 홀로 천지를 지으셨다. 그래서 욥의 교만을 깨뜨리실 때에 이렇게 물으셨다.

"너는 대장부처럼 허리를 묶고 내가 네게 묻는 것을 대답할지니라 내가 땅의 기초를 놓을 때에 네가 어디 있었느냐 네가 깨달아 알았거든 말할지니라"(욥기 38:3-4).

욥은 한마디도 대답하지 못했다. 왜냐하면 그가 그때 그곳에 없었기 때문이다. 우주는 기이하고 오묘하다. 인간이 지금까지 발견한 것들은 지구 모든 해변의 모래들 가운데 한 알에도 미치지 못한다.

"지혜로 하늘을 지으신 이에게 감사하라 그 인자하심이 영원함이로다"(5절).

스페인의 대건축가 안토니오 가우디(Antonio Gaudi, 1852-1926)는 '무엇인가를 창조해 내려고 하지 말라. 그 대신 하나님께서 창조하신 세계에서 영감을 받도록 하라'고 말했다. 예술가들의 작품도 순수한 창작품이 아니다. 하나님께서 지으신 세계의 모조품에 불과하다.

"땅을 물 위에 펴신 이에게 감사하라 그 인자하심이 영원함이로다"(6절).

하나님께서 마치 밀가루 반죽 펴듯이 땅을 물 위로 넓혀 주셨다. 땅 위에 사는 사람들은 농사를 짓고 집을 지으며 길을 내어 서로 연결된다. 나머지 부분은 각양각색의 식물들과 울창한 삼림으로 아름답게 덮인다.

"큰 빛들을 지으신 이에게 감사하라 그 인자하심이 영원함이로다"(7절).

요즘에는 핵융합으로 인공 태양을 만든다고 법석이다. 2024년 3월 한국에서 과학자들이 1억 도의 열을 48초 동안 유지하는 데 성공했다고 한다. 대단한 성과다. 그러나 그 열이 밖으로 나오면 주변의 모든 것들을 다 태우고 말 것이다. 한편 태양의 표면 온도는 섭씨 5,500도에 불과하다. 그 정도의 열량만으로도 지구의 절반을 밝게 비추고 생물들로 호흡하며 살게 한다.

"해로 낮을 주관하게 하신 이에게 감사하라 그 인자하심이 영원함이로다"(8절).

햇볕이 없다고 가정해 보라. 지구에는 빙하기가 도래하고, 식물은 광합성 작용을 하지 못해서 모두 죽고 말 것이다. 칠흑 같은 어둠 속에서는 아무도 살아남지 못한다. 햇볕이 뜨겁다고 불평하지 말고 감사드리자.

"달과 별들로 밤을 주관하게 하신 이에게 감사하라 그 인자하심이 영원함이로다"(9절).

밤은 또 얼마나 큰 복인가. 알래스카 앵커리지의 여름은 밤 11시에도 대낮처럼 밝다. 창문을 두 겹 커튼으로 막아도 잠을 이룰 수가 없다. 달과 별은 어둔 길을 밝혀주고 방향을 잃지 않게 해준다.

그다음 10절부터 15절까지는 역사의 주인이 되신 하나님께 감사드리는 내용이다.

"애굽의 장자를 치신 이에게 감사하라 그 인자하심이 영원함이로다 이스라엘을 그들 중에서 인도하여 내신 이에게 감사하라 그 인자하심이 영원함이로다"(10-11절).

단순히 출애굽 때문이 아니다. 애굽의 장자들처럼 죽어야 할 이스라엘의 장자들을 살려주셨기 때문에 감사했다. 그들도 하나님의 심판을 피할 수 없는 죄인들이었다. 그러나 양의 피를 우슬초에 묻혀 문 인방과 좌우 설주에 바르게 하심으로 죽음의 사자가 그 표를 보고 넘어가게 하셨다. 그것이 바로 유월절(逾越節)이다.

"강한 손과 펴신 팔로 인도하여 내신 이에게 감사하라 그 인자하심이 영원함이로다"(12절).

하나님의 강한 손과 펴신 팔이 아니면 어떻게 애굽 대제국의 권력자로부터 이스라엘을 이끌어 낼 수 있었겠는가.

"홍해를 가르신 이에게 감사하라 그 인자하심이 영원함이로다 이스라엘을 그 가운데로 통과하게 하신 이에게 감사하라 그 인자하심이 영원함이로다 바로와 그의 군대를 홍해에 엎드러뜨리신 이에게 감사하라 그 인자하심이 영원함이로다"(13-15절).

하나님께서 강한 동풍을 불게 하시니 바다가 갈라지고 양옆으로 물벽이 세워졌다. 이스라엘 백성들이 바닥을 걸어서 홍해를 건넜다. 그들이 다 지나갈 때까지 하나님의 능력으로 양쪽의 물 벽을 붙들고 계셨다. 다 지나간 후에 그 손을 거두시니 물 벽이 무너지고 바로의 군대는 수장(水葬)되었다.

그다음 16-20절은 이스라엘을 고난으로부터 구원해 주신 하나님께 감사를 드린다.

"그의 백성을 인도하여 광야를 통과하게 하신 이에게 감사하라 그 인자하심이 영원함이로다 큰 왕들을 치신 이에게 감사하라 그 인자하심이 영원

함이로다 유명한 왕들을 죽이신 이에게 감사하라 그 인자하심이 영원함이로다 아모리인의 왕 시혼을 죽이신 이에게 감사하라 그 인자하심이 영원함이로다 바산 왕 옥을 죽이신 이에게 감사하라 그 인자하심이 영원함이로다"(16-20절).

광야에서의 삶은 고난의 연속이었다. 마실 물도 없고 짐승에게 먹일 풀도 없는 곳, 낮의 햇볕과 밤의 추위로부터 보호받을 수 없는 곳, 불뱀과 모래바람의 위험이 도사리고 있는 곳, 먹을 것이 절대 부족한 곳 그리고 다른 유목민들이 칼을 빼 들고 호시탐탐 노리는 곳, 그곳이 바로 광야였다. 그런데 하나님께서 그 광야를 무사히 통과하게 하시고 약속하신 가나안 땅을 주셨다.

"그들의 땅을 기업으로 주신 이에게 감사하라 그 인자하심이 영원함이로다 곧 그 종 이스라엘에게 기업으로 주신 이에게 감사하라 그 인자하심이 영원함이로다"(21-22절)

남의 농사를 지어 주고 먹고사는 소작농들이 자기 이름으로 등기된 땅을 갖게 된다고 상상해 보라. 얼마나 감격스럽겠는가. 어느 날 갑자기 가나안 땅이 이스라엘의 이름으로 명의변경 되었다. 대한민국도 고 이승만 대통령에 의해 1948년 3월부터 토지개혁이 시작되었다. 소작농이 5년 동안 소출의 30%만(50%가 아니라) 내면 자기 땅이 되는 제도였다. 이 제도가 대한민국을 세우는 건국의 기틀이 되었다. 자랑스러운 일이다. 그러나 이스라엘 백성들은 가나안 땅을 무상으로 받았다.

"우리를 비천한 가운데에서도 기억해 주신 이에게 감사하라 그 인자하심이 영원함이로다 우리를 우리의 대적에게서 건지신 이에게 감사하라 그 인자하심이 영원함이로다 모든 육체에게 먹을 것을 주신 이에게 감사하라 그 인자하심이 영원함이로다 하늘의 하나님께 감사하라 그 인자하심이 영원함이로다"(23-26절).

"개구리 올챙이 적 생각 못 한다"는 말이 있다. 자신의 비천했던 시절을 기억하는 사람만이 진정으로 하나님께 감사드릴 수 있다.

〈시편 137편〉

바벨론 강가에서

1979년 독일의 밴드 그룹 '보니 엠'(Boney M)이 부른 "바벨론의 강"(Rivers of Babylon)이라는 노래가 있다. 디스코 풍의 박자와 멜로디가 강렬해서 몇 번만 들으면 따라 부를 수 있는 노래다. 요즘에는 라인 댄스(Line Dance) 애호가들이 즐겨 사용하는 곡이 되었다. 젊은이들은 이 노래만 나오면 어깨를 들썩이며 춤출 준비부터 한다. 노래의 첫 부분을 번역하면 다음과 같다.

바벨론 강가에
우리는 거기에 앉아
예, 우리는 시온을 기억하며 울었지
악한 자들이
우리를 포로로 끌고 가서
우리에게 노래를 요구할 때
우리가 어찌 이방인의 땅에서 주님의 노래를 부를 수 있을까
우리 입의 말과 우리 마음의 묵상이
오늘 밤 당신 앞에 열납되기를 바랍니다

이 노래의 가사는 시편 137편과 19편 14절에서 왔다. 그런데 어떻게 이 노래에 경쾌한 춤을 곁들일 수 있을까? 당시 유다 백성들도 그런 춤을 추면서 137편을 노래했을까? 라인 댄스가 잘못되었다는 말이 아니다. 춤을 추며 노래를 부르는 사람들이 과연 포로로 잡혀간 유대인들의 아픔을 공감하고 있었을까 하는 생각이 들어서다. 이제 시인의 마음을 나누어 보자.

"우리가 바벨론의 여러 강변 거기에 앉아서 시온을 기억하며 울었도다"(1절).

'여러 강변'이라고 했다. 바벨론에 포로로 잡혀간 남왕국 유다의 백성

들이 이곳저곳에 흩어져 종살이를 하고 있었다. 안식일 오후가 되자 그들은 잠시 시간을 내어 강변에 둘러앉았다. 그리고 하나님을 예배하기 시작했다. 침묵을 깨고 누군가 수금을 연주하기 시작했다. 그들은 시온을 생각하며 눈물로 노래했다. 솔로몬이 지었던 성전은 이미 불에 타 잿더미가 된 후의 일이다.

"그중의 버드나무에 우리가 우리의 수금을 걸었나니 이는 우리를 사로잡은 자가 거기서 우리에게 노래를 청하며 우리를 황폐하게 한 자가 기쁨을 청하고 자기들을 위하여 시온의 노래 중 하나를 노래하라 함이로다"(2-3절).

예배가 끝날 무렵 바벨론 사람들 몇이 찾아왔다. 그리고 조금 전 불렀던 그 노래를 한 번 더 불러 보라고 요청했다. 그들의 입가에 빈정거리는 웃음이 보였다. 그것은 '만군의 여호와의 백성이라고 자부하더니 너희 꼬락서니가 이게 뭐냐' 하고 비아냥거리는 조소였다.

바벨론 사람들이 누구인가? 이스라엘 백성들을 무자비하게 살육하고 남은 자를 포로로 잡아 온 원수들 아닌가? 성전과 예루살렘성과 가옥을 황폐하게 했던 자들이 아닌가? 다메섹의 하사엘왕처럼 이스라엘의 성에 불을 지르고, 장정을 칼로 죽이며, 어린아이를 땅바닥에 메어치고, 아이 밴 부녀의 배를 칼로 갈랐던 사람들 아니었던가?(이것은 당시 침략자들이 으레 저지르던 악행이었다) 그런데 그들이 지금 한낱 자기들의 기쁨을 위해 하나님의 거룩한 노래를 불러 보라고 요청하고 있다.

그 순간 수금을 타던 자가 자기의 수금을 강변에 있는 버드나무 가지에 걸어 버렸다. 조심스럽게 가지에 걸어두었다는 말이 아니다. 여기에서 '걸었다'라는 동사는 '매달아 죽인다'는 의미가 있다. 그는 수금의 줄들이 우두둑 끊어지도록 함부로 걸어 버렸다. 수금이 망가졌는데 어떻게 그들이 요청한 노래를 부를 수 있겠는가? 그는 마음으로 이렇게 생각했다.

"우리가 이방 땅에서 어찌 여호와의 노래를 부를까"(4절)

'이방 땅에서'는 '이방인 앞에서'로 이해해야 한다. 여호와께 드리는 노래는 이방인들을 즐겁게 할 노래가 아니었다. 아무리 큰 권력을 지녔어도 이방인들은 찬양과 경배의 대상이 아니었다.

"예루살렘아 내가 너를 잊을진대 내 오른손이 그의 재주를 잊을지로다 내가 예루살렘을 기억하지 아니하거나 내가 가장 즐거워하는 것보다 더 즐

거워하지 아니할진대 내 혀가 내 입천장에 붙을지로다"(5-6절).

시인의 마음속에 격렬한 감정이 요동쳤다. 비록 포로로 잡혀 온 몸이지만 어찌 예루살렘을 잊을 수 있겠는가. 차라리 오른손이 수금 타는 재주를 잊을지언정. 그는 자신에게 굳게 다짐했다. 혹시라도 그가 예루살렘을 잊어버리거나 가장 즐거워하는 것보다 더 즐거워하지 않는다면 혀가 입천장에 붙기를 원했다. 벙어리가 되겠다는 말이다. 그것은 예루살렘과 시온, 그리고 거기에 계시는 하나님에 대한 시인의 불타는 열정이었다.

"여호와여 예루살렘이 멸망하던 날을 기억하시고 에돔 자손을 치소서 그들의 말이 '헐어 버리라 헐어 버리라 그 기초까지 헐어 버리라 하였나이다 멸망할 딸 바벨론아 네가 우리에게 행한 대로 네게 갚는 자가 복이 있으리로다 네 어린 것들을 바위에 메어치는 자는 복이 있으리로다"(7-9절).

에돔 족속(에서의 후손)은 거슬러 올라가면 한 형제였지만 그들은 이스라엘이 망하는 모습을 보고 즐거워했다. 이스라엘을 철저하게 헐어 버리라고 차마 입에 못 담을 악담까지 퍼부었다. 시인은 하나님께서 그들의 악한 말을 기억하시고 심판해 달라고 기도했다.

시인은 하나님께 바벨론의 악행도 기억하시고 멸망시켜 달라고 기도했다. 아직 메대와 바사가 바벨론을 함락시키기 이전이다. 시인은 누군가가 와서 바벨론의 어린아이들도 바위에 메어치기를 소원했다. 그런 사람은 복을 받을 것이고 생각했다. 너무 무자비한가? 당시는 '이는 이로 갚을 때'였다. 무엇보다 이전의 침략자들과 바벨론 군대들이 그런 일을 예루살렘에서 저질렀다. 그리고 아직 예수님께서 오셔서 '원수를 네 몸과 같이 사랑하라'고 가르치시기 이전의 일이다.

오늘은 시인의 아픔만 함께 나누어 보자. 그 아픔 가운데서도 하나님 뵙기를 사모하던 시인의 간절한 소원만 공감해 보자. 포로로 잡혀간 상태에서도 거룩함을 유지하려던 그들의 숭고한 노력만 기억해 보자. 사랑은 공감이다.

〈시편 138편〉 다윗의 시

다윗이 감사하는 이유

다윗은 자신을 항상 낮은 위치에 두었다. 때문에 하나님을 찬양하며 하나님께 감사드릴 수 있었다. 자신을 높은 위치에 두는 사람은 하나님 앞에 엎드릴 수가 없다. 이 짧은 시에 감사라는 단어가 세 번 나온다.

"내가 전심으로 주께 감사하며 신들 앞에서 주께 찬송하리이다"(1절).

'전심으로 감사하며'의 반대말은 '대충, 건성으로, 별생각 없이 감사한다'는 말이다. '전심'(whole-hearted)과 '대충'(half-hearted)은 큰 차이가 있다. 전심으로 하는 감사는 감사의 내용이 분명하다. 그것은 오직 하나님의 은혜로 주어진 선물 때문에 드리는 감사다. 나로서는 도저히 성취할 수 없는 일을 하나님께서 이루어 주신 은혜에 대한 감사다. 그러나 대충 하는 감사는 내용이 모호하고 진지함도 없다. 꼭 하나님의 도우심이 아니더라도 그렇게 될 일이었다고 생각한다. 우연히 그런 일이 일어났을 것이라고 치부한다. 그들에게는 진정한 감사가 없다.

다윗은 온 마음으로 감사했다. 이 세상에 어떤 신도 하나님처럼 그를 구원할 수 없었다. 그래서 오직 하나님만 찬양했다. 우상을 숭배하는 나라들과 그들의 지도자 앞에서도 하나님 한 분만 참 신이라고 선포했다. 여기에서 '찬송하리로다'라는 동사는 강한 의지를 가지고 계속해서 하나님을 찬양하겠다는 결심을 나타낸다.

다윗은 그가 하나님께 감사드리는 두 가지 이유를 설명했다.

"내가 주의 성전을 향하여 예배하며 주의 인자하심과 성실하심으로 말미암아 주의 이름에 감사하오리니 이는 주께서 주의 말씀을 주의 모든 이름보다 높게 하셨음이라 내가 간구하는 날에 주께서 응답하시고 내 영혼에 힘을 주어 나를 강하게 하셨나이다"(2-3절).

첫째 이유는 주께서 주의 말씀과 주의 이름을 광대하게 하셨기 때문이다. 무슨 뜻일까? 하나님께서 약속하신 말씀은 어떤 경우에도 취소되거나 변경될 수 없다. 하나님의 언약은 세상 모든 약속들보다 위에 있다. 하나님의 말씀은 절대 신뢰할 수 있기 때문에 든든했다. 그래서 다윗은 감사했다.

성경에 나오는 하나님의 이름도 광대한 의미를 지니고 있다. 예를 들면, '엘 로이'는 감찰하시는 하나님이다(창세기 16:32). 하나님께서 광야로 길을 떠나는 하갈을 지켜보고 계셨다. '엘 샤다이'는 전능하신 하나님이시다(창세기 17:1). 99세 된 아브라함으로 하여금 자식을 낳게 해주셨다. '엘 올람'은 영원하신 하나님이시다(창세기 21:33). 아브라함이 브엘세바에 에셀나무를 심고 하나님의 이름을 '엘 올람'이라고 불렀다. 에셀나무는 키가 10미터에 이르는 상록수다. 하나님께서 그와 그의 자손들을 영원히 지켜 주시겠다는 약속이다. '여호와 라파'는 치료하시는 여호와다(출애굽기 15:26). 성경에는 하나님의 이런 이름이 30여 가지나 기록되어 있다. 그리고 그 이름과 함께 하나님께서 성취하신 광대한 사건들이 기록되어 있다.

하나님의 이름은 세상 모든 이름들 위에 뛰어난 이름이다. 다윗은 하나님의 말씀과 이름에 나타난 인자하심과 성실하심에 깊이 감사드렸다. 다윗이 감사한 마음으로 주의 거룩한 전을 향하여 예배를 드렸더니 하나님께서 그의 예배를 받으시고 그의 기도에 응답해 주셨다. 무엇보다 하나님께서 다윗의 영혼에 힘을 주어 강하게 해주셨다. 영혼이 강해야 하나님께서 맡겨주신 사명을 감당할 수 있다. 그래서 다윗왕은 살아생전에 많은 업적을 이루었다. 세상의 모든 왕들이 그 소문을 듣고 하나님께서 하신 일들을 노래했다.

"여호와여 세상의 모든 왕들이 주께 감사할 것은 그들이 주의 입의 말씀을 들음이오며 그들이 여호와의 도를 노래할 것은 여호와의 영광이 크심이니이다 여호와께서는 높이 계셔도 낮은 자를 굽어살피시며 멀리서도 교만한 자를 아심이니이다"(4-6절).

다윗이 감사드리는 또 하나의 이유가 있었다. 하나님께서 비록 높은 곳에 계시지만 낮은 자를 살피시고 교만한 자를 심판하셨기 때문이다. 바울은 하나님의 아들 예수 그리스도께서 사람의 모양으로 나타나사 자기를 낮추셨다고 했다(빌립보서 2:8). 하나님께서는 높은 곳에 있는 지도자들뿐만 아니라 낮은 곳에 사는 '땅의 사람들'도 똑같이 굽어살피셨다.

사무엘의 어머니 한나는 이렇게 기도했다.

"여호와는 가난하게도 하시고 부하게도 하시며 낮추기도 하시고 높이 기도 하시는도다 가난한 자를 진토에서 일으키시며 빈궁한 자를 거름 더미에서 올리사 귀족들과 함께 앉게 하시며 영광의 자리를 차지하게 하시는도다 땅의 기둥들은 여호와의 것이라 여호와께서 세계를 그것들 위에 세우셨도다"(사무엘상 2:7-8).

다윗은 세상의 모든 왕들에게 겸손히 자기를 낮추고 하나님의 말씀을 들으며 하나님의 영광을 노래하라고 권했다. 만일 그들이 교만하면 심판을 면치 못할 것이다.

마지막 부분은 다윗이 이 시를 지은 배경을 보여 주고 있다.

"내가 환난 중에 다닐지라도 주께서 나를 살아나게 하시고 주의 손을 펴사 내 원수들의 분노를 막으시며 주의 오른손이 나를 구원하시리이다 여호와께서 나를 위하여 보상해 주시리이다 여호와여 주의 인자하심이 영원하오니 주의 손으로 지으신 것을 버리지 마옵소서"(7-8절).

이 두 구절에는 '다니다, 살아나게 하다, 손을 펴다, 구원하다, 보상하다'라는 다섯 개의 미완료동사가 있다. 미완료동사는 '지속적이거나, 불완전하거나, 끝이 없는 동작'을 나타낸다. 그래서 미완료동사는 현재진행형이나 미래형으로 번역할 수 있다.

그렇다면 이 두 구절은 다윗이 현재 처한 상황을 가리키고 있다. 그는 지금 원수들의 분노에 직면하고 있다. 자칫 잘못하면 모든 것을 잃어버릴 처지에 있다. 매일같이 환난의 길을 배회하고 있다. 그는 하나님의 구원하심을 간절히 구했다. 그냥 구하는 것이 아니라 감사함으로 구했다. 감사는 모든 일이 잘된 후에 드리는 것이 아니다. 어려움 가운데서 미리 드리는 감사가 전심으로 드리는 감사다. 그래서 다윗은 환난 가운데서 미리 감사드렸다.

"내가 전심으로 주께 감사하며 신들 앞에서 주께 찬송하리이다"(1절).

지금 아무것도 할 수 없는 사면초가의 상황에 처해 있는가? 이전에 베풀어 주신 하나님의 은혜를 기억하라. 하나님의 이름을 묵상하라. 하나님의 약속들을 가슴에 품으라. 설령 아브라함에게 하신 약속이라도 믿음으로 받아들이면 당신에게 주신 약속이 될 수 있다. 그리고 기도하라. 받은 줄 믿고 감사함으로 아뢰라. 그러면 하나님을 뵈올 것이다.

〈시편 139편〉 다윗의 시, 인도자를 따라 부르는 노래

주께서 나를 아시나이다

다윗은 하나님과 자신의 관계를 네 가지 관점에서 묵상하고 있다. 첫째로 모든 것을 아시는 전지(全知)하신 하나님(1-6절), 둘째로 어디에나 계시기 때문에 피할 곳이 없는 무소부재(無所不在)하신 하나님(7-12절), 셋째로 자기를 지으신 전능(全能)하신 하나님(13-18절), 그리고 넷째로 악한 자를 심판하시는 거룩하신 하나님(19-24절)이시다. 하나씩 살펴보자.

첫째 단락의 주제는 '나를 다 알고 계시는 하나님'이다.

"여호와여 주께서 나를 살펴보셨으므로 나를 아시나이다"(1절).

'살펴보셨다'는 동사는 완료형이다. 완전하게 분석하시고 구석구석 들여다보셨다는 말이다. 하나님 앞에서는 아무것도 숨길 수가 없다. 철저하게 벌거벗은 투명한 존재가 된다. 하나님은 살펴보셨을 뿐만 아니라 계속해서 알고 계신다. '안다'는 동사는 현재진행형이다.

"주께서 내가 앉고 일어섬을 아시고 멀리서도 나의 생각을 밝히 아시오며 나의 모든 길과 내가 눕는 것을 살펴보셨으므로 나의 모든 행위를 익히 아시오니 여호와여 내 혀의 말을 알지 못하시는 것이 하나도 없으시니이다"(2-4절).

하나님께서는 다윗의 행동뿐만 아니라 그 동기도 아셨다. 다윗이 지금 누워서 무슨 생각을 하고 있는지, 아침에 무슨 계획을 하며 일어나는지 다 알고 계셨다. 다윗이 말하기도 전에 그가 무슨 말을 할지 이미 알고 계셨다. 이런 경우에 세상 사람들은 불쾌하고 불안할 것이다. 프라이버시를 침해당했다고 생각하기 때문이다. 그러나 다윗은 하나님께서 그를 철저하게 알고 계신다는 사실이 오히려 고맙고 감사했다. 그것이 바로 하나님 앞에서의 신자와 불신자의 차이점이다.

"주께서 나의 앞뒤를 둘러싸시고 내게 안수하셨나이다 이 지식이 내게 너

무 기이하니 높아서 내가 능히 미치지 못하나이다"(5-6절).

'앞뒤를 둘러싸다'는 말은 성을 포위하듯이 감싸고 있다는 말이다. 세상 사람들에게는 이 말이 답답하게 느껴질 것이다. 그러나 다윗은 그를 안전하게 지켜 주시는 하나님의 은혜로 이해했다. 하나님께서 계속해서 그의 머리에 손을 얹고 계시는데 마치 '다윗아, 너는 내 소유다' 하고 말씀하시는 것 같았다. 어둔 밤에 아버지 손을 잡고 걸어가는 어린아이처럼 하나님께서 그를 알고 계신다는 진리가 다윗을 안심시켜 주었다.

하나님이 나를 다 알고 계신다는 지식을 가진 사람은 청결하고 바른 삶을 살게 된다. 신앙생활이 담백하고 단순하게 된다. 변명이나 꾸밈이 없고 위선이나 거짓도 없다. 가끔 염려가 찾아오고 억울한 일을 당하겠지만 주님의 손에 맡겨드리고 편히 잠들 것이다.

둘째 단락의 주제는 '어디에나 계시는 하나님'이다.

"내가 주의 영을 떠나 어디로 가며 주의 앞에서 어디로 피하리이까"(7절).

사람들이 하나님을 피하는 이유는 두 가지다. 하나는 저지른 죄가 드러날까 두려워서요, 다른 하나는 교만하기 때문이다. 그러나 그들은 하나님을 피할 수 없다. 왜냐하면 하나님은 어디에나 계시기 때문이다.

"내가 하늘에 올라갈지라도 거기 계시며 스올에 내 자리를 펼지라도 거기 계시니이다 내가 새벽 날개를 치며 바다 끝에 가서 거주할지라도 거기서도 주의 손이 나를 인도하시며 주의 오른손이 나를 붙드시리이다"(8-10절).

하나님께서는 하늘에도 계시고, 스올(죽은 자들이 가는 곳)에도 계신다. 이 말은 '저 높은 곳과 저 낮은 곳' 사이 어느 곳에도 하나님이 계시지 않는 곳이 없다는 뜻이다. 영광스러운 자리에도, 수치스러운 자리에도 하나님이 다윗과 함께 계셨다. '새벽 날개를 치며 바다 끝에 가서 거주할지라도,' 이 말은 동녘에 떠오르는 햇빛의 속도, 즉 광속(光速)으로 지중해 서편의 해안을 향해 도망치듯 날아간다 해도 거기에 이미 하나님께서 와 계신다는 말이다. 하나님은 동쪽과 서쪽 사이 어디에도 계시지 않은 곳이 없다. 이런 표현들이 하나님을 믿지 않는 사람들에게는 역시 불편하게 느껴질 것이다. 그러나 신자들에게는 놀라운 위로의 말씀이 된다. '거기에서부터 여기까지, 그리고 여기에서부터 저기까지' 하나님께서 우리와 동행하시며 인도하시기 때문이다.

빛의 속도만큼 빠른 것이 감정의 변화다. 어떤 날은 기쁨으로 충만하고, 어떤 날은 우울감 속에서 길을 헤맨다. 그러나 하나님은 우리 감정의 급속한 변화 속에서도 우리와 함께하신다. 그런데도 가끔 우리는 어리석은 생각을 할 때가 있다.

"내가 혹시 말하기를 흑암이 반드시 나를 덮고 나를 두른 빛은 밤이 되리라 할지라도 주에게서는 흑암이 숨기지 못하며 밤이 낮과 같이 비추이나니 주에게는 흑암과 빛이 같음이니이다"(11-12절).

살다가 부끄러운 일을 당할 때에 우리는 타조처럼 일단 숨을 생각부터 한다. 칠흑 같은 어둠이 내려앉고 빛 한 점 없는 캄캄한 세상이 되면 하나님께서 우리를 찾지 못하리라고 생각한다. 그러나 하나님의 밝은 빛 앞에서는 어둠이 제 기능을 잃어버린다. 주 앞에서는 흑암이나 빛이나 다 똑같다. 밤낮의 구별이 없어진다.

하나님 앞에서는 피할 곳이 없고 숨을 곳도 없다. 그런데도 다시스로 도망가려던 요나는 어리석었다. '나를 바다에 던지시오' 하면서 죽음으로 하나님을 피해 보려던 그는 참으로 어리석은 선지자였다. 그러나 자비하신 하나님께서 끝까지 요나와 함께하셨다. 캄캄한 고기의 뱃속에서도 요나를 만나주셨다. 그러므로 지혜로운 자는 하나님께로부터 도망치려고 하지 않는다. 오히려 그의 임재하심 아래로 나아간다. 나를 지켜보고 계시는 하나님의 자비로움 앞에 자신을 노출시키고 회개하며 평안을 누린다. 그때 우리는 비로소 '나는 누구인가' 하는 질문의 해답을 찾을 수 있다.

셋째 단락의 주제는 '나를 지으신 하나님'이다.

"주께서 내 내장을 지으시며 나의 모태에서 나를 만드셨나이다"(13절).

이 구절 첫머리에 '왜냐하면'(키, כִּי) 이라는 접속사가 생략되어 있다. 그 접속사를 넣어서 읽어 보면 '하나님께서 나를 이렇게 잘 아시고 나를 떠나지 아니하심은 내 어머니 태중에서 나를 지으셨기 때문입니다' 하는 문장이 된다. 어느 날 다윗이 깊은 묵상에 잠겼다. '하나님께서 언제부터 나를 속속들이 아셨을까? 언제부터 나를 떠나지 않으시고 동행하셨을까?' 그렇게 묵상하다가 그는 그가 태어나기 전부터 하나님께서 그를 아시고 동행해 오셨다는 진리를 발견했다. 그러자 감사의 찬송이 터져 나왔다.

"내가 주께 감사하옴은 나를 지으심이 심히 기묘하심이라 주께서 하시

는 일이 기이함을 내 영혼이 잘 아나이다 내가 은밀한 데서 지음을 받고 땅의 깊은 곳에서 기이하게 지음을 받은 때에 나의 형체가 주의 앞에 숨겨지지 못하였나이다 내 형질이 이루어지기 전에 주의 눈이 보셨으며 나를 위하여 정한 날이 하루도 되기 전에 주의 책에 다 기록이 되었나이다"(14-16절).

'나를 지으심이 심히 기묘하심이라'는 말은 '나를 경이롭고(fearfully) 놀랍게(wonderfully) 지으셨다'는 뜻이다. 많은 사람들이 자신을 대수롭지 않게 생각한다. 자신은 태어나지 않았어야 할 존재라고 학대하며 저주까지 한다. 그래서 술에 취하고 쾌락을 좇아 살아간다. 그들을 지으신 하나님께서 이런 모습을 보시고 얼마나 슬퍼하실까. 다행히 다윗은 하나님이 하신 일을 찬양하며 감사드렸다.

여기에서 '지음을 받았다'는 동사는 '구별되었다'로 해석할 수 있다. 우리는 붕어빵을 찍어내듯이 지음받지 않았다. 하나님께서는 우리 각자를 독특하게 지으셨다. 그래서 우리는 존귀한 자들이다. '은밀하게 지음을 받고'라는 말은 어머니의 자궁 속 깊은 곳에서 오장육부가 하나하나, 마치 뜨개질하듯이 서로 연결되어 완전한 몸이 되게 하셨다는 뜻이다. 아직 형체(skeleton)가 완성되기 이전부터 하나님은 다윗을 보고 계셨다. 아직 세상에 태어나기 전부터 하나님은 다윗의 장래를 다 기록하고 계셨다. 이것은 운명론이 아니다. 다윗을 향하신 하나님의 선하신 계획이다. 이런 진리를 깨닫고 나니 놀라움을 금할 수가 없었다.

"하나님이여 주의 생각이 내게 어찌 그리 보배로우신지요 그 수가 어찌 그리 많은지요 내가 세려고 할지라도 그 수가 모래보다 많도소이다 내가 깰 때에도 여전히 주와 함께 있나이다"(17-18절).

하나님께서 그를 지으셨다는 사실을 깨닫고 나니 그와 동행하신 모든 날들이 더욱 보배롭게 느껴졌다. 자신을 보배롭게 볼 수 있는 눈이 열리면 헤아릴 수 없이 많은 하나님의 은혜를 깨닫게 된다. 그 숫자가 바다의 모래알보다 더 많았다. 그래서 아침에 잠에서 깰 때부터 하나님의 은혜로 하루를 시작하게 된다. 이런 진리를 깨닫고 나면 삶의 자세가 바르게 된다. 가슴을 펴고 당당하게 앞을 향해 걸어 나갈 수 있다.

넷째 단락의 주제는 '악한 자를 심판하시는 거룩하신 하나님'이다.

"하나님이여 주께서 반드시 악인을 죽이시리이다 피 흘리기를 즐기는 자

들아 나를 떠날지어다 그들이 주를 대하여 악하게 말하며 주의 원수들이 주의 이름으로 헛되이 맹세하나이다"(19-20절).

다윗은 심판하시는 하나님을 보았다. 하나님의 심판은 그의 거룩하심에서 나온다. 거룩은 악이 전혀 없고 오직 선하심과 인자하심만 있는 상태를 말한다. 악인들은 하나님의 거룩하심 앞에서 절대 함량 미달이다. 그래서 심판을 받게 될 것이다. 그럼에도 악인들은 하나님의 심판이 없을 것이라고 주장한다. 자기는 죄가 없다고 큰소리친다. 다윗은 그들을 싫어하고 미워했다.

"여호와여 내가 주를 미워하는 자들을 미워하지 아니하오며 주를 치러 일어나는 자들을 미워하지 아니하나이까 내가 그들을 심히 미워하니 그들은 나의 원수들이니이다"(21-22절).

다윗은 거룩하신 하나님의 영광을 존귀하게 여겼다. 반면 하나님을 미워하고 대적하는 악한 자들을 원수로 여겼다. 그는 언제나 하나님과 한편이 되기를 원했다.

"하나님이여 나를 살피사 내 마음을 아시며 나를 시험하사 내 뜻을 아옵소서 내게 무슨 악한 행위가 있나 보시고 나를 영원한 길로 인도하소서" (23-24절).

물론 하나님의 심판 앞에서는 다윗도 예외가 아니었다. 그래서 겸손하게 자신의 연약함을 인정하며 하나님께서 그를 영원한 거룩함으로 인도하시기를 간구했다.

하나님께서 나를 아신다는 진리를 깨달으면 마음이 청결하게 된다. 하나님은 어디에나 계신다는 진리를 깨달으면 늘 바른길을 선택하게 된다. 하나님께서 나를 지으셨다는 진리를 깨달으면 자신을 귀하게 여기고 품격 있는 삶을 살아가게 된다. 그리고 하나님께서 심판하신다는 진리를 깨달으면 악을 멀리하고 경건한 생활을 하게 된다. 할렐루야.

〈시편 140편〉 다윗의 시, 인도자를 따라 부르는 노래

다만 악에서 구하옵소서

예수님은 '다만 악에서 구하옵소서' 하고 기도하라고 가르치셨다. 왜냐하면 악의 세력이 우리보다 강하기 때문이다. 다윗도 하나님께 그를 악에서 구해 달라고 기도했다.

"여호와여 악인에게서 나를 건지시며 포악한 자에게서 나를 보전하소서"(1절).

악은 항상 폭력을 동반한다. 그러므로 '나는 악과 싸워서 이길 수 있다'고 큰소리치면 자칫 똑같은 악인이 되기 쉽다. 악인을 만났을 때에는 전능하신 하나님께 도우심을 구하며 피해야 한다.

"그들이 마음속으로 악을 꾀하고 싸우기 위하여 매일 모이오며 뱀같이 그 혀를 날카롭게 하니 그 입술 아래에는 독사의 독이 있나이다 (셀라)"(2-3절).

악인들이 모인 곳에는 항상 다툼이 있다. 그 다툼은 파괴적인 혀를 통해 시작된다. 악한 자들이 연합전선을 형성하고 다윗과 싸우기 위해 함께 모였다. 그들의 말은 마치 독사의 독과 같아서 언제든지 다윗의 인격을 무너뜨릴 수 있었다. 이처럼 악인들이 모여서 악한 일을 꾸미는데 누가 그들의 도모(圖謀)를 막을 수 있겠는가?

"여호와여 나를 지키사 악인의 손에 빠지지 않게 하시며 나를 보전하사 포악한 자에게서 벗어나게 하소서 그들은 나의 걸음을 밀치려 하나이다"(4절)

악인들이 다윗을 천 길 낭떠러지로 밀어뜨리기 위해 살금살금 다가오고 있었다. 피하려고 해도 마치 가위눌린 꿈처럼 피할 길이 없었다. 다윗은 있는 힘을 다해 '하나님, 저를 지켜주세요. 저를 저 포악한 자들로부터 보호해 주세요' 하고 부르짖었다.

"교만한 자가 나를 해하려고 올무와 줄을 놓으며 길 곁에 그물을 치며 함정을 두었나이다 (셀라)"(5절)

교만한 악인들이 아첨하는 말로 다윗을 얽어매려고 했다. 길에 감추어둔 줄이 갑자기 튀어 올라 다윗이 넘어질 뻔했다. 순식간에 머리 위로부터 그물이 내려올 때도 있었다. 갑자기 길 한가운데가 붕괴되고 깊은 함정이 드러나기도 했다. 이런 두려움 가운데서 다윗은 하나님을 찾았다. 그 길 외에 다른 길이 없었다.

"내가 여호와께 말하기를 주는 나의 하나님이시니 여호와여 나의 간구하는 소리에 귀를 기울이소서 하였나이다"(5–6절).

다윗이 찾는 하나님은 어떤 분이신가? 이 시가 139편 바로 뒤에 나오기 때문에 우리는 다윗이 마음에 그려보았던 하나님의 모습을 더욱 선명하게 볼 수 있다. 그분은 다윗의 모든 형편을 다 알고 계신다. 악인의 악한 꾀와 포악한 성품도 다 아신다. 그분은 어디에나 항상 계신다. 하나님이 자리를 비우신 사이에 악인들이 다윗을 해치지 못할 것이다. 그분은 어머니의 뱃속에서 다윗을 지으신 분이시다. 또 그분은 전능하신 창조주 하나님이시다. 아무도 그를 해칠 수 없다. 그리고 하나님은 반드시 악한 자를 심판하신다. 다윗은 단순히 하나님의 이름을 부르지 않았다. 그가 알고 있는 하나님을 마음으로 그려보며 그의 이름을 불렀다.

다윗은 악인들과 정반대 편에 서 있었다. 악인들이 포악했다면 그는 온유했고, 악인들이 악한 꾀를 도모했다면 그는 선한 일을 도모했으며, 악인들이 그들의 혀를 뱀같이 사용했다면 그는 그의 말로 낙심한 사람에게 소망을 주었다. 악인들의 손이 남을 해치는 데 사용되었다면, 그의 손은 가난한 자를 일으켜 주었다. 악인들이 다윗을 밀쳐 넘어뜨리려고 했다면, 다윗은 넘어지는 자를 붙들어 주었다. 악인들이 올무와 그물과 함정으로 그의 가는 길을 위협했다면, 다윗은 눈먼 사람이라도 편안하게 지나갈 수 있도록 평탄한 길을 닦아놓았다. 악인들은 교만하여 하나님을 두려워하지 않았지만, 다윗은 오직 하나님만 의지하고 겸손을 잃지 않았다. 겸손한 사람은 무엇보다 그가 받은 은혜를 잊지 않고 기억한다.

"내 구원의 능력이신 주 여호와여 전쟁의 날에 주께서 내 머리를 가려 주셨나이다 여호와여 악인의 소원을 허락하지 마시며 그의 악한 꾀를 이루지 못하게 하소서 그들이 스스로 높일까 하나이다 (셀라)"(7–8절).

아무리 믿음이 좋은 사람이라도 극한 시련과 환난을 당하면 하나님을 원망할 수 있다. 어떻게 하면 이런 영적 침체기를 벗어날 수 있을까? 다윗은 하나님께서 이전에 베풀어 주셨던 은혜를 기억했다. 화살이 비 오듯 쏟아질 때 하나님께서 그의 머리를 가려주셨던 날을 기억했다. 그때처럼 이번에도 하나님께서 그를 구원해 주실 것이라고 믿었다. 절대로 악인의 손에 그를 넘기지 않으실 것이다. 하나님께서 반드시 악인들의 꾀를 만천하에 드러나게 하실 것이다. 절대로 악인들이 스스로 교만하도록 허락하지 않으실 것이다. 다윗에게는 그런 확신이 있었다. 그는 계속해서 기도했다.

"나를 에워싸는 자들이 그들의 머리를 들 때에 그들의 입술의 재난이 그들을 덮게 하소서 뜨거운 숯불이 그들 위에 떨어지게 하시며 불 가운데와 깊은 웅덩이에 그들로 하여금 빠져 다시 일어나지 못하게 하소서"(9-10절).

다윗은 교만한 악인들이 쏟아내던 저주의 말들이 오히려 그들의 머리로 쏟아지게 해달라고 기도했다. 하나님의 심판이 뜨거운 숯불처럼 그들 위에 임하게 해달라고 부르짖었다. '불 가운데'와 '깊은 웅덩이'는 소돔과 고모라를 연상시킨다. 하나님의 심판을 면하고 다시 일어설 사람이 누구겠는가. 다윗은 악인들의 장래를 보며 말했다.

"악담하는 자는 세상에서 굳게 서지 못하며 포악한 자는 재앙이 따라서 패망하게 하리이다"(11절).

그러나 하나님을 신뢰하는 자는 반드시 구원을 받으며 하나님 앞에 서게 될 것이다.

"내가 알거니와 여호와는 고난 당하는 자를 변호해 주시며 궁핍한 자에게 정의를 베푸시리이다 진실로 의인들이 주의 이름에 감사하며 정직한 자들이 주의 앞에서 살리이다"(12-13절).

환난 때에는 하나님을 찾자. 그가 우리와 동행하심을 믿자. 악한 자들이 우리를 만지지 못할 것이다. 우리는 반드시 승리할 것이다.

〈시편 141편〉 다윗의 시

저녁에 드리는 기도

아침 기도 시간에는 하루를 계획하고 하나님의 도우심을 구한다. 저녁 기도 시간에는 하루를 정리정돈한 후 평온하게 잠자리에 든다. 정리는 필요 없는 것들을 버리는 것이고, 정돈은 남은 것들을 편리하게 사용하기 위해 종류별로 모으는 행위다. 다윗은 저녁 기도 시간에 무엇을 정리하고, 무엇을 정돈했을까?

"여호와여 내가 주를 불렀사오니 속히 내게 오시옵소서 내가 주께 부르짖을 때에 내 음성에 귀를 기울이소서 나의 기도가 주의 앞에 분향함과 같이 되며 나의 손 드는 것이 저녁 제사같이 되게 하소서"(1-2절).

하루를 분주하게 지내다 보면 하나님께로부터 멀리 떠나는 경우가 있다. 저녁 기도는 멀어졌던 하나님과의 거리를 회복하는 시간이다. 그 거리를 좁히는 주체는 내가 아니고 하나님이시다. 그분이 내게 가까이 오셔야 한다. 내가 가까이 가려고 하면 종교적 행위가 된다. 그러나 하나님께서 가까이 오시면 은혜가 임한다. 그래서 다윗은 '속히 내게 오시옵소서' 하고 부르짖었다. 그러자 하나님께서 다윗의 기도에 귀를 기울이셨다. 그의 기도가 성소에서 피우는 향불의 연기처럼 하나님께 올라갔다. 다윗은 그 장면을 상상하며 손을 들고 '내 기도가 저녁 제사같이 되게 하소서' 하고 속삭였다. 이윽고 하나님께서 그 자리에 임재하시고 다윗과의 관계를 회복시켜 주시는 아름다운 장면이 펼쳐졌다.

"여호와여 내 입에 파수꾼을 세우시고 내 입술의 문을 지키소서"(3절).

왜 갑자기 이런 기도를 드렸을까? 그날 낮에 해서는 안 될 말을 했기 때문일까? 그것이 아니면 지금 막 그의 입술에서 나가려고 하는 말이 하나님 보시기에 의롭지 않았기 때문일까? 그다음 구절이 우리의 의문을 해소해 준다.

"내 마음이 악한 일에 기울어 죄악을 행하는 자들과 함께 악을 행하지 말게 하시며 그들의 진수성찬을 먹지 말게 하소서 의인이 나를 칠지라도 은혜로 여기며 책망할지라도 머리의 기름같이 여겨서 내 머리가 이를 거절하지 아니할지라 그들의 재난 중에도 내가 항상 기도하리로다"(4–5절).

하루의 노동을 끝내고 집에 돌아오면 작업복을 벗고 샤워부터 한다. 마찬가지로 저녁 기도 시간에는 낮 동안 그의 영혼을 오염시켰던 악한 요소들을 씻어내야 한다. 이 세상은 악으로 가득 차 있다. 끝없이 경쟁하는 사회, 변명과 모함이 뒤섞인 사회, 시기와 질투가 스며들어 있는 사회, 달콤한 유혹이 모두를 함정으로 쓸어가는 사회, 서로가 적이 되는 불신의 사회, 악한 말이 끝없이 들려오는 사회, 약육강식이 일상화된 그런 사회다. 이런 세상에서 하루를 살다 보면 모르는 사이에 악에 물들게 된다. 그리고 그 악이 가장 쉽게 표출되는 곳이 바로 입술이다. 그래서 다윗은 그의 입술을 정결케 씻어 달라고 기도했다. 어떻게 입술에 파수꾼을 세울 수 있을까? 성령님께서 우리의 말들을 다스려 주시면 가능하다.

그뿐만 아니라 다윗은 '악인의 진수성찬을 먹지 말게 하소서' 하고 기도했다. 혹시라도 악한 유혹의 말들이 그의 마음에 남아 있지 않게 해 달라는 기도다. 그는 악인들의 입에 발린 칭찬보다는 의인들의 진실한 책망을 달게 받고 싶었다. 불의한 자들로부터 들었던 온갖 아첨하는 소리들을 그의 마음에서 제거하기를 원했다. 이런 기도는 권력의 정점에 있는 사람이 가장 드리기 힘든 기도다.

'그들의 재난 중에도 나는 항상 기도하리로다'는 이해하기 어려운 구절이다. '그들'은 악인을 가리킬까, 아니면 의인을 가리킬까? 전자라면 '악인들이 악한 행동을 할지라도 나는 항상 그들을 위해 기도하겠다'는 표현이고, 후자라면 '비록 의로운 자들이 재난에 빠질지라도 나는 항상 그들을 위해 기도하겠다'는 말이 된다. 문맥상으로 후자가 더 가깝다.

"그들의 재판관들이 바위 곁에 내려 던져졌도다 내 말이 달므로 무리가 들으리로다 사람이 밭 갈아 흙을 부스러뜨림같이 우리의 해골이 스올 입구에 흩어졌도다"(6–7절).

이 두 구절은 5절보다 더 난해하다. 이 시의 역사적 배경이 분명하지 않기 때문이다. 아마도 이 재판관들은 다윗이 지금까지 언급한 악인들을 의미할 것이다. 재판관이 저지르는 악은 나라의 군주가 행하는 악보다 더 치명적이다. 재판관은 그 사회에서 선과 악을 구별해 주는 최후의 보루가 되기 때문이다. 마침내 악을 행하던 재판관들이 높은 바위에서 떨어뜨려지는 형벌을 받았다. 고대 시대에는 그렇게 죄인들을 처벌하는 경우가 더러 있었다. 그제야 백성들은 다윗의 말이 옳았다고 인정했다. 그러나 때가 너무 늦었다. 사람들은 '밭을 갈아 흙덩이들을 부스러뜨려 놓은 것처럼 우리 뼈가 무덤가에 흩어졌다'고 탄식했다. 이는 악한 재판관들 때문에 그들이 그동안 느꼈던 좌절감을 표현한 말이다. 마지막으로 다윗은 하나님께 세 가지를 간청했다.

"주 여호와여 내 눈이 주께 향하며 내가 주께 피하오니 내 영혼을 빈궁한 대로 버려두지 마옵소서"(8절).

첫째로 자기 영혼을 지켜 달라고 기도했다. 악인들이 제멋대로 행동하는 세상에서 다윗은 오직 하나님께만 그의 시선을 고정시켰다. 그리고 주 안에서 피난처를 찾았다. '내 영혼을 빈궁한 대로 버려두지 마옵소서'라는 말은 '나를 무방비 상태로 놓아두지 마세요'라는 간청이다.

"나를 지키사 그들이 나를 잡으려고 놓은 올무와 악을 행하는 자들의 함정에서 벗어나게 하옵소서"(9절).

둘째로 악한 자들의 함정에 빠지지 않게 해달라고 기도했다. 하나님께 피해도 주께서 그를 지켜 주지 않으시면 무슨 소용이 있겠는가? 다윗은 하나님께서 직접 개입하셔서 악한 자들이 쳐놓은 올무와 파놓은 함정에서 그를 구해 달라고 간청했다.

"악인은 자기 그물에 걸리게 하시고 나만은 온전히 면하게 하소서"(10절).

셋째로 악인의 그물에서 벗어나게 해달라고 기도했다. 다윗은 하나님의 공의로운 심판을 원했다. 악인들이 자기들의 악행에 스스로 걸려들게 해달라고 기도했다.

이상이 저녁에 드렸던 다윗의 기도다. 기도는 우리들이 사용할 수 있는 가장 강력한 무기다. 기도로 악한 자들의 의도를 물리칠 수 있고, 기도로 하나님의 보호하시는 날개 아래로 들어갈 수 있다. 특히 저녁에 드리는 기도가 우리를 악한 세상으로부터 거룩하게 지켜 준다.

〈시편 142편〉 다윗이 굴에 있을 때에 지은 마스길 곧 기도

굴속에서 드리는 기도

이 시는 다윗이 사울왕을 피해 굴속에 들어갔던 때를 배경으로 하고 있다. 엔게디 광야에서 있었던 일이다(사무엘상 24:1-7). 굴 밖에서 군대들의 발자국 소리가 어지러이 들려왔다. 굴속에 몸을 숨긴 다윗 일행은 숨소리까지 삼키고 있었다. 그때 한 사람이 굴속으로 들어왔다. 다윗은 온몸이 얼어붙는 것 같았다. 자세히 보니 그는 바로 사울왕이었다. 다행히 그는 굴속에 있는 다윗 일행을 보지 못했다. 밝은 햇볕 아래 있다가 굴에 들어오면 더 어두운 법이다. 사울은 들어오자마자 생리 문제부터 해결했다. 그는 굴 입구를 향하고 앉았을 것이다. 곁에 있는 사람이 다윗에게 속삭였다.

> "보소서 여호와께서 당신에게 이르시기를 내가 원수를 네 손에 넘기리니 네 생각에 좋은 대로 그에게 행하라 하시더니 이것이 그날이니이다"(사무엘상 24:4).

그러나 다윗은 사울의 옷자락 끝을 베는 것으로 만족했다. 그마저도 하나님의 기름 부음 받은 왕에게 위협을 가했다는 생각에 마음이 찔렸다. 그는 손짓으로 주변 사람들을 진정시키고 사울로 하여금 무사히 굴을 빠져나가게 했다. 이 시는 다윗이 굴속에서 떨면서 마음으로 기도했던 내용을 후에 글로 적은 것이다.

"내가 소리 내어 여호와께 부르짖으며 소리 내어 여호와께 간구하는도다 내가 내 원통함을 그의 앞에 토로하며 내 우환을 그의 앞에 진술하는도다"(1–2절).

혹시 그날 다윗의 눈가에 맺힌 이슬을 본 사람이 있었을까? 그렇게 쫓겨다니는 날들이 하루이틀이 아니었다. 어느 하루도 마음 편한 날이 없었다. 그는 굴속에서 느꼈던 두려움과 원통함을 하나님 앞에 쏟아놓았다. 말하지 않아도 하나님께서 다 아시겠지만 그래도 말하지 않을 수 없었다. 그가 겪고 있는 환난과 곤경과 고난과 역경들, 그로 인한 말할 수 없는 괴로움을 날날이 하나님 앞에 털어놓았다. 때때로 우리의 기도에도 쏟아놓음이 필요하다.

"내 영이 내 속에서 상할 때에도 주께서 내 길을 아셨나이다 내가 가는 길에 그들이 나를 잡으려고 올무를 숨겼나이다 오른쪽을 살펴보소서 나를 아는 이도 없고 나의 피난처도 없고 내 영혼을 돌보는 이도 없나이다"(3-4절).

다윗은 '주님, 내 상한 마음을 알고 계시지요?' 하는 말로 기도를 시작했다. 세상 사람들이라면 원망과 불평부터 터져 나왔을 것이다. 마음을 다하여 하나님을 섬기는 것이 무슨 소용이냐며 좌절했을 것이다. 그러나 다윗은 '주께서 내 길을 알고 계십니다' 하고 긍정적으로 시인했다. 선하신 하나님께서 장래에 그를 선한 길로 인도해 주실 것이라는 믿음이다. 원수들이 숨겨놓은 올무와 함정을 하나님께서 알고 계시니 그를 안전한 길로 인도하실 것이라는 고백이다.

'오른쪽을 살펴보소서'라는 말은 '이 세상에는 나를 도울 사람이 아무도 없습니다'라는 뜻이다. 일반적으로 왕을 경호하는 사람은 그의 오른편에 선다. 그러나 다윗의 오른편에는 아무도 없었다. 6백여 명이 동고동락했지만 모두 다윗만 쳐다보고 있었다. 아무도 그의 피난처가 될 수 없었다. 그중에 다윗을 진심으로 위로해 주는 사람이 몇이나 되었을까. 그들 모두 자기 설움과 분노에 사로잡힌 사람들이었다. 그런데 역설적으로 하나님께서 이런 형편을 다 알고 계신다는 사실이 다윗에게 큰 위로가 되었다. 그의 기도는 깊이를 더해 갔다.

"여호와여 내가 주께 부르짖어 말하기를 주는 나의 피난처시요 살아 있는 사람들의 땅에서 나의 분깃이시라 하였나이다"(5절).

다윗의 기도는 '나는 피난처가 없습니다' 하는 탄식으로 끝나지 않았다. 오히려 '주는 나의 피난처입니다' 하고 반전시켰다. 인간은 우리의 피난처가 될 수 없다. 다른 사람을 구원할 만한 능력이 없기 때문이다. 오직 하나님만이 우리를 구원하시고 보호하시는 피난처가 되신다. 다윗은 훗날 모든 전쟁을 끝낸 후에 이렇게 노래했다.

"여호와는 나의 반석이시요 나의 요새시요 나를 위하여 나를 건지시는 자시요 내가 피할 나의 반석의 하나님이시요 나의 방패시요 나의 구원의 뿔이시요 나의 높은 망대시요 그에게 피할 나의 피난처시요 나의 구원자시라 나를 폭력에서 구원하셨도다"(사무엘하 22:2-3).

다윗은 한 걸음 더 나아가 '하나님은 살아 있는 사람들의 땅에서 나의 분깃입니다' 하고 고백했다. 출애굽한 이스라엘 족속들의 분깃은 가나안 땅이었다. 그러나 사울왕에게 쫓기고 있는 다윗에게는 땅의 분깃이 없었다. 하루하루가 동가식서가숙하는 신세였다. 그래서 그는 하나님을 그의 기업으로 삼았다. 여호수아는 레위 지파에게 땅을 분배하지 않았다. 그 대신 하나님 자신이 그들의 기업이 되실 것이라고 약속하셨다(신명기 10:9). 하나님의 성전에서 봉사하는 레위인들의 의식주를 하나님께서 책임져 주시겠다는 말씀이다. 다윗도 레위 사람들처럼 하나님으로 그의 기업을 삼기로 결심했다.

"나의 부르짖음을 들으소서 나는 심히 비천하니이다 나를 핍박하는 자들에게서 나를 건지소서 그들은 나보다 강하니이다"(6절).

다윗은 사울왕을 피해 굴에 숨어 있던 자신의 모습을 되돌아보았다. 초라하기 짝이 없었다. 따르는 자들 앞에서 체면이 말이 아니었다. 그를 핍박하는 사울은 3천 명의 정예병을 이끌고 다니는데 그에게는 6백여 명의 피난민들뿐이었다. 스스로 보기에도 비천했다. 그래서 다윗은 '주여, 나를 건지소서. 그들은 나보다 강하니이다' 하고 부르짖었다.

다윗은 기도를 통하여 현실 세계에서 믿음의 세계로 도약했다. 믿음의 세계에서는 하나님을 이길 자가 없다. 바로가 모세보다 강했지만 하나님은 바로보다 더 강하셨다. 굴속 같은 비참한 상황에서 벗어날 방법은 오직 하나님만 의지하는 절대 믿음뿐이었다. 하나님으로 피난처와 기업을 삼고 나니 다윗의 마음에 감사가 다가왔다.

"내 영혼을 옥에서 이끌어 내사 주의 이름을 감사하게 하소서 주께서 나에게 갚아 주시리니 의인들이 나를 두르리이다"(7절).

'주의 이름을 감사하게 하소서.' 이것은 영혼의 감옥에서 벗어난 사람이 부르는 승리의 노래다. 더 이상 두려울 것이 없었다. 더 이상 비천하지도 않았다. 이제 악인들은 다윗을 떠나고 의인들이 그와 함께 살게 될 것이다. 어떻게 인생을 시작했느냐보다 어떻게 인생을 마쳤느냐가 더 중요하다. 다윗은 영혼의 굴속에서 탄식하며 기도를 시작했다. 그러나 나중에는 거룩한 성소에서 하나님께 감사하며 기도를 마쳤다. 기도하는 사람에게는 반드시 선한 일이 일어난다.

〈시편 143편〉 다윗의 시

기진맥진한 자의 기도

다윗은 영혼이 몹시 지쳐 빈사 상태에 있을 때 이 시를 지었다. 그는 매일 밤 '내일 아침에도 해를 볼 수 있을까?' 하는 심정으로 잠들었다. 그가 이렇게 기진맥진한 까닭은 원수들 때문이었다. 다윗은 그런 상황을 하나님께 토로하며 기도드렸다.

"여호와여 내 기도를 들으시며 내 간구에 귀를 기울이시고 주의 진실과 의로 내게 응답하소서 주의 종에게 심판을 행하지 마소서 주의 눈앞에는 의로운 인생이 하나도 없나이다"(1–2절).

'간구'는 하나님의 은혜를 구하는 기도다. 다윗은 자신의 의로움을 내세우지 않았다. 그 역시 심판을 면할 수 없는 죄인이었다. 하나님 앞에서 의로운 인생을 사는 사람이 누구겠는가. 다윗은 먼저 하나님의 진실하시고 의로우신 성품을 묵상했다. 진실은 성실하심과 신실하심이다. 다윗은 그를 끝까지 버리지 않으실 하나님의 성실하심과 그를 마침내 정결케 하실 하나님의 의로우심을 간구했다.

"원수가 내 영혼을 핍박하며 내 생명을 땅에 엎어서 나로 죽은 지 오랜 자 같이 나를 암흑 속에 두었나이다 그러므로 내 심령이 속에서 상하며 내 마음이 내 속에서 참담하니이다"(3–4절).

원수들이 다윗 추적하기를 멈추지 않았다. 그의 형편은 마치 맨땅에 패대기쳐진 것처럼 비참했다. 그의 인격은 맷돌에서 갈려 나오는 곡식 가루처럼 부서졌다. 그의 생명도 오래전에 죽은 사람처럼 깊은 어둠 속으로 가라앉았다. 다윗은 그의 심정을 '상하고 참담한 마음'이라고 표현했다. 상한 마음은 거의 기절할 뻔한 상태요, 참담한 마음은 폐허가 된 모습이다. 희망이 사라지고 절망만 남았다. 이런 경우에 다윗이 할 수 있는 일은 기도 외에 아무것도 없었다.

"내가 옛날을 기억하고 주의 모든 행하신 것을 읊조리며 주의 손이 행하는 일을 생각하고 주를 향하여 손을 펴고 내 영혼이 마른 땅같이 주를 사모하나이다 (셀라)"(5-6절).

모든 것이 정지된 시간 속에서 다윗은 기억과 묵상과 생각이라는 세 가지 행동을 했다. 모두 마음으로 하는 행동이었다. 먼저 옛날을 기억했다. 하나님께서 그의 조상들을 위해 하셨던 일들을 기억했다. 그중에는 그가 골리앗을 이겼던 일도 있었다. 신앙은 하나님께서 행하셨던 일들을 기억하는 것이다. 손가락 하나 까딱할 수 없도록 지치고 좌절하고 참담한 상황에서도 기억은 할 수 있다. 좋은 기억은 복이 된다.

다음으로 다윗은 그 일들을 묵상했다. 묵상은 읊조림이다. 머릿속으로 옛일들을 되새김질하는 행동이다. 다윗은 그때 일어난 상황들을 다시 구성해 보고, 하나님의 음성도 들어보며, 사람들의 반응(감사와 감격과 놀람과 기쁨 같은)도 살펴보았다. 그러자 과거의 역사적 사건들이 현재라는 무대에서 재현되기 시작했다.

그 순간 다윗의 생각이 움직이기 시작했다. 생각은 분석과 적용을 의미한다. 다윗은 옛날의 사건들과 현재 자신의 상황을 비교해 보았다. 그때 역사하신 하나님, 그때 선하심과 인자하심을 보여 주셨던 하나님은 지금도 살아 계시며, 지금 자신이 경험하고 있는 고통으로부터 능히 구원해 주실 수 있다는 논리적 결론에 이르렀다. 그 생각이 다윗의 머리와 마음을 움직였다. 그러자 다윗은 주님을 향하여 두 손을 활짝 펴고 외쳤다. '주여, 내 영혼이 마른 땅같이 주를 사모하나이다.' 마른 땅이 비를 기다리는 것처럼 그의 영혼이 하나님의 은혜를 사모한다는 말이다. 이제 하나님께서 응답하실 차례다.

"여호와여 속히 내게 응답하소서 내 영이 피곤하니이다 주의 얼굴을 내게서 숨기지 마소서 내가 무덤에 내려가는 자 같을까 두려워하나이다"(7절).

절망의 상황에서 기억과 묵상과 생각의 과정을 거치는 동안 다윗의 영혼에 생기가 돌기 시작했다. 다윗은 하나님께 그의 기도에 빨리 응답해 달라고 재촉했다. '내 영이 피곤합니다'라는 말은 지금 그의 영혼이 숨쉴 기운도 없다는 말이다. 그러니 주의 얼굴을 숨기지 마시라고 간청했다. 하나님의 얼굴은 구원의 빛을 의미했다(시편 80:3). 다윗은 그렇게 하나님의 응답을 간절히 기다렸다.

"아침에 나로 하여금 주의 인자한 말씀을 듣게 하소서 내가 주를 의뢰함이니이다 내가 다닐 길을 알게 하소서 내가 내 영혼을 주께 드림이니이다 여호와여 나를 내 원수들에게서 건지소서 내가 주께 피하여 숨었나이다" (8-9절).

여기에서 아침은 이른 아침, 곧 동이 틀 무렵을 가리킨다. 도피하느라 기진맥진한 채 하루를 보냈던 다윗이 기어들어 가는 목소리로 기도했다. '주님을 신뢰하고 잠에 듭니다. 내일 동이 틀 무렵에는 주의 인자하신 소식을 꼭 듣게 해주세요.' 그리고 파수꾼처럼 아침을 기다렸다. 하나님께 그날 하루를 어떻게 살아야 할지 지혜를 구했다. 전심을 다해 그의 영혼을 하나님의 손에 의탁했다. 그는 암탉의 날개 아래로 숨어 들어가는 병아리처럼 자신을 하나님의 보호하심 아래 두었다.

"주는 나의 하나님이시니 나를 가르쳐 주의 뜻을 행하게 하소서 주의 영은 선하시니 나를 공평한 땅에 인도하소서"(10절).

다윗은 하나님의 뜻에 순종하기를 원했다. 그래서 하나님의 가르치심을 기다렸다. 그 말씀에 순종하면 선하신 하나님께서 그를 공평한 땅으로 인도하실 것이라고 믿었다. 공평한 땅은 악인들의 올무와 함정이 없는 안전한 땅이다.

"여호와여 주의 이름을 위하여 나를 살리시고 주의 의로 내 영혼을 환난에서 끌어내소서 주의 인자하심으로 나의 원수들을 끊으시고 내 영혼을 괴롭게 하는 자를 다 멸하소서 나는 주의 종이니이다"(10-11절).

다윗은 하나님의 이름과 영광을 그의 생명보다 더 귀하게 여겼다. 그가 살아나야 할 이유가 자신에게 있지 않았다. 하나님의 이름에 있었다. 하나님의 종 다윗이 광야와 수풀을 헤매다가 비참하게 죽어갔다는 소문이 돌지 않기를 바랐다. 오히려 다윗이 하나님의 구원을 받아 평탄을 길을 가고 있다는 좋은 소식이 퍼지기를 원했다.

하나님의 인자하심은 양날을 가진 칼이다. 하나님을 사랑하고 순종하는 자에게는 끝없는 사랑이지만, 그를 대적하는 자들에게는 두려운 심판이 된다.

다윗은 '나는 주의 종입니다' 하고 단호하게 외쳤다. 그러자 기진맥진해 있던 상태에서 벗어나 새벽에 솟아오르는 해처럼 생동감 넘치는 새날을 시작할 수 있었다.

〈시편 144편〉 다윗의 시

복 있는 백성

몇 편의 침울한 탄식시들 다음에 하나님을 찬양하는 시들이 시편의 나머지 부분을 채우고 있다. 이 시는 크게 세 단락으로 나누어진다. 첫 단락은 과거의 승전(勝戰)에 대한 감사(1-4절), 둘째 단락은 지금 하나님의 도우심을 구하는 기도(5-11절), 그리고 마지막 단락은 장래에 후손들에게 임할 평화와 번영에 대한 예견이다(12-15절).

"나의 반석이신 여호와를 찬송하리로다 그가 내 손을 가르쳐 싸우게 하시며 손가락을 가르쳐 전쟁하게 하시는도다 여호와는 나의 사랑이시요 나의 요새이시요 나의 산성이시요 나를 건지시는 이시요 나의 방패이시니 내가 그에게 피하였고 그가 내 백성을 내게 복종하게 하셨나이다"(1-2절).

'나의 반석이신 하나님'이라는 표현은 다윗이 즐겨 사용하는 관용구다. 반석 되신 하나님께서 다윗으로 하여금 승리하게 하셨다. 이런 고백을 할 때마다 다윗은 위기 상황에서 큰 용기와 위로를 얻곤 했다. 다윗은 처음부터 전사(戰士)가 아니었다. 평범한 목동이었다. 그러나 하나님께서 그에게 전쟁에서 승리할 수 있는 지혜와 능력을 주셨다. 골리앗을 물리치게 하셨고, 블레셋과 아말렉을 이기게 하셨으며, 크고 작은 전쟁에서 승리하게 하셨다. 처음에는 손으로 싸우게 하셨고, 나중에는 손가락으로 지휘하게 하셨다.

다윗은 '여호와를 내가 사랑합니다' 하고 고백했다. 왜냐하면 여호와가 그의 요새와 산성이 되시고, 구원자가 되시며, 피하여 숨을 큰 방패가 되셨기 때문이다. 연전연승의 결과를 보고 백성들이 다윗의 지도력과 권위 아래 복종했다. 만일 그가 전쟁에 나가서 일진일퇴하고 많은 백성들이 죽어 나갔다면 다윗의 통치적 기반이 약해졌을 것이다. 다윗은 승전의 공을 여호와 하나님께 돌렸다. 다윗이 하나님 앞에 겸손하자 하나님께서 그를 백성들에게 더욱 존경받게 해주셨다.

“여호와여 사람이 무엇이기에 주께서 그를 알아주시며 인생이 무엇이기에 그를 생각하시나이까 사람은 헛것 같고 그의 날은 지나가는 그림자 같으니이다”(3-4절).

다윗은 도대체 자기가 무슨 가치가 있다고 하나님께서 알아주시며 생각하시는지 이해할 수가 없었다. 그래서 겸손히 자기를 돌아보았다. 그의 삶은 헛것 같고 세상에 머무는 날들은 지나가는 그림자 같았다. 여기에서 ‘헛것’은 ‘한 번 숨 쉰다’는 말이다. 다윗은 지혜로워서 자신을 낮은 자리에 두었다. 그가 사는 날들을 한 차례의 ‘들숨과 날숨’에 비교하며 자신의 흔적을 그림자로 여겼다. 그러자 역설적으로 하나님께서 그를 높여 주셨다. 그러나 다윗에게는 아직도 싸워야 할 원수들이 있었다.

“여호와여 주의 하늘을 드리우고 강림하시며 산들에 접촉하사 연기를 내게 하소서 번개를 번쩍이사 원수들을 흩으시며 주의 화살을 쏘아 그들을 무찌르소서 위에서부터 주의 손을 펴사 나를 큰 물과 이방인의 손에서 구하여 건지소서 그들의 입은 거짓을 말하며 그의 오른손은 거짓의 오른손이니이다”(5-8절).

다윗은 하나님께서 그에게 전쟁에서 이길 수 있는 지혜와 능력을 더해 주시기를 간절히 원했다. 가장 확실한 방법은 하나님의 동행하심이었다. 다윗은 하나님께서 큰 비구름처럼 하늘로부터 강림하시는 모습을 연상했다. 강림하신 하나님께서 산을 스쳐 지나가시면 연기가 피어오를 것이다. 하나님께서 다윗과 함께 싸워 주시기 위해 전장터에 내려오셨다. 하나님께서 번개를 사용하여 원수들을 흩으시고, 두려움의 화살을 쏘아 적들을 무찔러 주실 것이다. 하나님께서 그의 능력의 손으로 다윗을 건져 주실 것이다. 하나님은 진실하시고 그의 오른손에는 능력이 있다. 그러나 이방인의 신들은 거짓을 말하며 그들의 손은 무능하다. 이런 믿음으로 다윗은 전쟁터에서 하나님을 찬양했다.

“하나님이여 내가 주께 새 노래로 노래하며 열 줄 비파로 주를 찬양하리이다 주는 왕들에게 구원을 베푸시는 자시요 그의 종 다윗을 그 해하려는 칼에서 구하시는 자시니이다 이방인의 손에서 나를 구하여 건지소서 그들의 입은 거짓을 말하며 그 오른손은 거짓의 오른손이니이다”(9-11절).

하나님은 그를 찾는 자를 반드시 만나주신다. 그것은 항상 새로운 만남이 되고, 그 경험은 새롭게 부를 노래가 되었다. 신앙생활은 하나님과 만나는 경험의 연속이다. 이 만남이 뜸해지면 신앙도 미지근해진다. 그래서 우리는 매일매일 하나님 만나기를 소원해야 한다.

하나님께서 칼을 빼 들고 달려드는 이방의 대적들로부터 다윗을 구해주셨다. 다윗은 그들의 입의 말과 오른손의 행위가 모두 거짓이라고 반복했다. 하나님의 신실하심을 강조하기 위해서다. 다윗은 하나님의 복이 과거와 현재뿐만 아니라 장래에도 계속되기를 소원했다.

"우리 아들들은 어리다가 장성한 나무들과 같으며 우리 딸들은 궁전의 양식대로 아름답게 다듬은 모퉁잇돌들과 같으며 우리의 곳간에는 백곡이 가득하며 우리의 양은 들에서 천천과 만만으로 번성하며 우리 수소는 무겁게 실었으며 또 우리를 침노하는 일이나 우리가 나아가 막는 일이 없으며 우리 거리에는 슬피 부르짖음이 없을진대 이러한 백성은 복이 있나니 여호와를 자기 하나님으로 삼는 백성은 복이 있도다"(12-15절).

이 다섯 절의 핵심은 '우리를 침노하는 일이나 우리가 나아가 막는 일이 없으며'라는 구절에 있다. 모든 전쟁이 그치고 평화가 도래했다는 뜻이다. 전쟁이 그치면 젊은 청년들이 많아진다. 딸들이 적령기에 좋은 신랑들을 맞아 가정을 이루게 될 것이다. 아들들이 '어리다가 장성한 나무들과 같다'는 말은 자식들마다 별 탈 없이 자라서 모두 어른이 된다는 말이다. 전쟁이 그치니 전사자들도 없었다. 남편이나 아들을 잃고 거리에서 슬피 우는 여인들이 없었다. 침략자가 없으니 곳간은 곡식들로 풍성하고, 들판의 양들은 천천만만으로 번성했다. 추수 때가 되면 수소들마다 무거운 곡식 자루를 짊어지고 집으로 들어왔다. 다윗은 이렇게 전쟁과 피 흘림 없는 장래 세대들을 마음으로 그려보고 있었다.

그런데 끝말이 조금 의외다. 다윗은 평화로운 시대에 사는 백성들이 복이 있다고 하지 않았다. '여호와를 자기 하나님으로 삼는 백성'이 복이 있다고 했다. 다른 말로 하면 여호와를 섬길 때 평화의 시대가 온다는 말이다. 참된 복은 정치나 경제로부터 오지 않는다. 그것들은 모두 헛것 같고 그림자 같아서 믿을 수가 없다. 오직 하나님만이 우리의 반석과 요새와 구원자가 되신다. 그리하여 다윗과 그의 백성들은 복과 번영을 누리게 될 것이다.

〈시편 145편〉 다윗의 시

주의 나라

어느 날 바벨론의 느부갓네살왕이 왕궁의 옥상을 거닐다가 이렇게 말했다.

"이 큰 바벨론은 내가 능력과 권세로 건설하여 나의 도성으로 삼고 이것으로 내 위엄의 영광을 나타낸 것이 아니냐"(다니엘 4:30).

그 말이 끝나자마자 그는 정신병자가 되어 7년 동안 짐승처럼 풀을 먹으며 살았다. 하나님께서 그의 교만을 치셨기 때문이다. 누구나 권력의 정점에 이르면 '이 모든 것은 다 내가 이룬 것이다' 하며 인정받고 싶어 한다. 그러나 다윗은 나라를 통일시키고 주변 열국들을 점령했음에도 늘 하나님을 '주'(主)라고 불렀다. 145편에 '주'라는 칭호가 24회나 나온다. 다윗은 자신을 하나님의 종으로 여겼다.

"왕이신 나의 하나님이여 내가 주를 높이고 영원히 주의 이름을 송축하리이다 내가 날마다 주를 송축하며 영원히 주의 이름을 송축하리이다 여호와는 위대하시니 크게 찬양할 것이라 그의 위대하심을 측량하지 못하리로다"(1-3절).

다윗이 하나님을 '왕이신 나의 하나님'이라고 부르는 순간 그는 보좌에서 내려와 무릎을 꿇었다. 그리고 두 손을 높이 들며 외쳤다. '내가 주를 높이고 영원히 주의 이름을 송축하리이다.' 자신의 위치를 아는 지혜, 그 지혜를 행동으로 옮길 수 있는 용기, 스스로 낮아짐을 기뻐하는 마음, 날마다 주의 이름을 송축하는 신실함, 오직 여호와만 위대하시다고 선포하는 겸손, 다윗의 위대함이 여기에 있었다. 그는 하나님의 위대하심 아래에서 위대한 왕이 될 수 있었다.

"대대로 주께서 행하시는 일을 크게 찬양하며 주의 능한 일을 선포하리로다 주의 존귀하고 영광스러운 위엄과 주의 기이한 일들을 나는 작은 소리로 읊조리리이다 사람들은 주의 두려운 일의 권능을 말할 것이요 나도 주

의 위대하심을 선포하리이다 그들이 주의 크신 은혜를 기념하여 말하며 주의 의를 노래하리이다"(4-7절).

동서고금을 막론하고 왕들은 자신의 업적을 기념하기 위해 공적비(功績碑)를 세운다. 그들은 후세가 자신을 기억해 주기를 바란다. 다윗에게도 그런 마음이 있었을까? 전혀 없었다. 다윗은 오히려 주께서 행하신 크고 능하신 일들을 찬양했다. 그가 행한 일들은 모두 하나님께서 그를 통하여 이루신 일들이었다고 고백했다. 다윗은 하나님께서 베푸신 은혜를 기념하기를 원했다. 그것은 입에 발린 말이 아닌 진심이었다.

다윗은 '존귀', '영광', 그리고 '위엄'이라는 특별한 단어들을 사용하며 주께서 행하신 일들을 묵상했다. 그리고 사람들이 주께서 행하신 일들을 말할 때에 자기도 같은 말을 하겠다고 각오했다. 다른 사람들과 함께 모든 영광을 하나님께 돌려드리겠다는 말이다. 다윗은 세상 모든 사람들이 주께서 베푸신 큰 은혜를 말하고 그의 의로우심을 선포하는 장면을 보고 싶었다.

"여호와는 은혜로우시며 긍휼이 많으시며 노하기를 더디 하시며 인자하심이 크시도다 여호와께서는 모든 것을 선대하시며 그 지으신 모든 것에 긍휼을 베푸시는도다 여호와여 주께서 지으신 모든 것들이 주께 감사하며 주의 성도들이 주를 송축하리이다"(8-10절).

다윗은 하나님의 능력뿐만 아니라 성품도 찬양했다. 다윗이 노래한 하나님의 성품, 곧 '은혜와 긍휼과 노하기를 더디 하심과 인자하심'은 구약성경의 핵심 내용이다(출애굽기 34:6; 느헤미야 9:17; 시편 86:15, 103:8; 요엘 2:13, 요나 4:2). 하나님은 너그러우셔서 그가 지으신 모든 것들에게 선을 행하시고 긍휼을 베푸신다. 그리하여 만물이 하나님께 감사드리고, 구원받은 성도들도 주를 찬송할 것이다.

"그들이 주의 나라의 영광을 말하며 주의 업적을 일러서 주의 업적과 주의 나라의 위엄 있는 영광을 인생들에게 알게 하리이다 주의 나라는 영원한 나라이니 주의 통치는 대대에 이르리이다"(11-13절).

다윗은 이 세 구절에서 '주의 나라'라는 관용구를 세 번 사용했다. 시작부터 다윗의 나라는 없고 주의 나라만 있었다. 그의 백성들은 없고 주의 백성들만 있었다. 다윗이 해야 할 일은 주의 나라의 영광스러움과 주께서 행하신 일들을 세상에 알리는 것이었다. 다윗은 주의 나라가 그 땅에 영원히 세워지며 그의 후손들도 주께서 통치하시기를 원했다. 다윗은 하나님 나라의 궁정대신과 같은 사람이었다.

"여호와께서는 모든 넘어지는 자들을 붙드시며 비굴한 자들을 일으키시는도다 모든 사람의 눈이 주를 앙망하오니 주는 때를 따라 그들에게 먹을 것을 주시며 손을 펴사 모든 생물의 소원을 만족하게 하시나이다"(14-16절).

가난한 사람은 항상 있게 마련이다. 그들 스스로 가난에서 벗어나려는 의지가 없다면 아무도 그들을 도와줄 수 없다. 가난의 문제를 해결한 지도자는 그때나 지금이나 아무도 없다. 오직 하나님만이 이 문제를 해결하신다. 하나님께서 희망을 잃어버린 자들을 붙드시고, 자포자기한 자들을 일으켜 세워 주신다. 그들이 주를 바라볼 때에 하나님께서 일용할 양식을 주시고 그들의 소원을 이루어 주신다. 다윗은 자신이 할 수 없는 일을 하시는 하나님을 목도하며 진심으로 찬양했다.

"여호와께서는 그 모든 행위에 의로우시며 그 모든 일에 은혜로우시도다 여호와께서는 자기에게 간구하는 모든 자 곧 진실하게 간구하는 모든 자에게 가까이하시는도다 그는 자기를 경외하는 자들의 소원을 이루시며 또 그들의 부르짖음을 들으사 구원하시리로다"(17-19절).

하나님께서 행하신 모든 일은 의로울 뿐만 아니라 은혜롭다. 사람은 의를 강조하다가 사랑을 잃어버리고, 사랑을 강조하다가 의를 소홀히 한다. 그러나 주의 나라는 '의와 사랑'이 균형을 이루고 있다. 단순히 가난하다는 사실 때문에 불의함을 묵과할 수는 없다. 마찬가지로 하나님의 자녀라고 해서 불의하게 응답하실 수도 없다. 하나님은 오직 그를 경외하는 자의 소원을 만족케 하시고 부르짖음에 응답하신다. 경외는 하나님을 두려워하고 사랑하는 마음가짐이다.

"여호와께서 자기를 사랑하는 자들은 다 보호하시고 악인들은 다 멸하시리로다 내 입이 여호와의 영예를 말하며 모든 육체가 그의 거룩하신 이름을 영원히 송축할지로다"(20-21절).

여기에서의 '사랑'은 히브리어 '아해브'로서 하나님을 향한 인간의 사랑을 의미한다. 하나님은 그의 나라 백성들을 악인들로부터 보호하신다. 다윗은 그런 하나님의 이름을 영원히 사랑하고 찬양하겠다고 결심했다. 왜냐하면 다윗 자신도 '주의 나라'의 백성 중 하나였기 때문이다.

〈시편 146편〉

내가 아는 하나님

하나님께서 우리를 아신다. 동시에 하나님도 우리에게 알려지기를 원하신다. 하나님께서 자신을 우리에게 알리시기 위해 그의 아들 예수 그리스도를 세상에 보내셨다. 이것을 하나님의 자기 계시(啓示)라고 한다. 성경은 하나님이 어떤 분이신가를 보여 주는 책이다. 그래서 호세아 선지자는 하나님을 알라고 권면했다.

"그러므로 우리가 여호와를 알자 힘써 여호와를 알자 그의 나타나심은 새벽 빛같이 어김없나니 비와 같이, 땅을 적시는 늦은 비와 같이 우리에게 임하시리라 하니라"(호세아 6:3).

우리가 하나님을 알아야 할 이유가 무엇일까? 시인은 하나님을 아는 지식이 바로 복이기 때문이라고 말한다. 이제 그 이유들을 찾아보자.

"할렐루야 내 영혼아 여호와를 찬양하라 나의 생전에 여호와를 찬양하며 나의 평생에 내 하나님을 찬송하리로다"(1-2절).

146편부터 150편까지의 다섯 편은 모두 '할렐루야'로 시작하고 '할렐루야'로 끝난다. 이 다섯 편은 성전 예배에서 불렀던 찬송들이다. '할렐루야'는 '여호와를 찬양하라'는 말이다. 그래서 1절을 '여호와를 찬양하라. 내 영혼아, 여호와를 찬양하라'로 읽으면 더 감동이 넘친다. 이 책의 제목 '찬양하라 내 영혼아'도 이 구절에서 나왔다. 2절은 그가 평생토록 여호와만 찬양하겠다고 다짐하는 말이다. 찬양 대신 사랑, 감사, 믿음, 소망 같은 단어를 넣어서 읽어도 은혜가 된다.

"귀인들을 의지하지 말며 도울 힘이 없는 인생도 의지하지 말지니 그의 호흡이 끊어지면 흙으로 돌아가서 그날에 그의 생각이 소멸하리로다"(3-4절).

인간은 사회적 존재들이기 때문에 서로 도움을 주고받으며 살아간다. 그러나 시인은 인생을 의지하지 말라고 가르친다. '의지하지 말라'는 말은 '신뢰하지 말라'는 말이다. 사람은 믿음의 대상이 아니라 사랑의 대상이다. 시인은 오직 하나님만 신뢰하라고 권면한다. 하나님은 영원하시지만 사람은 잠시 후에 소멸되기 때문이다.

"야곱의 하나님을 자기의 도움으로 삼으며 여호와 자기 하나님에게 자기의 소망을 두는 자는 복이 있도다"(5절).

왜 '야곱의 하나님'이라고 했을까? 야곱은 형 에서를 피하여 고향을 떠났다. 그리고 20년간 의지하며 살았던 외삼촌 라반을 피하여 다시 고향으로 돌아왔다. 오는 길에 형 에서를 만나 화해했지만 세겜 땅에서 몇 년 동안 방황했다. 우여곡절 끝에 조상들이 머물던 땅 헤브론에 정착했다. 그리고 얼마 후에 애굽 땅 고센에서 객지 생활을 하다가 운명했다. 그 험한 세월 동안 야곱은 오직 하나님만 의지하고 그에게 소망을 두며 살았다. 시인은 그렇게 사는 사람을 행복하다고 말한다. 왜냐하면 우리는 모두 나그네들이기 때문이다. 왜 우리가 하나님만 의지하고 그에게 소망을 두며 살아가야 할까? 시인은 몇 가지 이유를 들고 설명했다.

"여호와는 천지와 바다와 그중의 만물을 지으시며 영원히 진실함을 지키시며"(6절).

얼마 전에 캄차카반도에서 일어난 규모 8.7의 지진 때문에 태평양 연안에 사는 사람들이 쓰나미를 피하여 언덕 위로 올라간 일이 있었다. 그러나 바닷물은 겨우 3-4미터 높이로 일렁이다가 가라앉았다. 그나마 쓰나미가 태평양 동편에 이르렀을 때는 의식할 수 없을 정도로 미미했다. 그런데 지구 표면의 71퍼센트를 차지하고 있는 바닷물은 하루에 두 번씩 변함없이 밀려 왔다 밀려 간다. 창조주 하나님께서 달의 중력으로 그 많은 바닷물을 움직이신다. 동시에 지구의 중력으로 바닷물을 요동치 않게 붙드신다. 만물을 영원히 붙들고 계시는 하나님의 성실하심에 견줄 자가 누구겠는가. 그러므로 하나님만 신뢰하라는 말이다.

"억눌린 사람들을 위해 정의로 심판하시며 주린 자들에게 먹을 것을 주시는 이시로다 여호와께서는 갇힌 자들에게 자유를 주시는도다"(7절).

하나님을 신뢰할 또 하나의 이유는 그의 공평하심 때문이다. 하나님께서 악인을 정의로 심판하신다. 회개할 기회를 주시지만 그들의 죄를 영원히 모른 척하지 않으신다. 사람들의 욕심은 끝이 없다. 수천 마리의 양 떼를 가진 부자가 가난한 집의 양 한 마리를 탐내는 세상이다. 그러나 하나님은 주린 자들에게도 공평하게 먹을 것을 주신다. 억울하게 갇힌 자들을 풀어놓아 자유롭게 하신다.

"여호와께서 맹인들의 눈을 여시며 여호와께서 비굴한 자들을 일으키시며 여호와께서 의인들을 사랑하시며"(8절).

예수님께서 맹인들의 눈을 치료하셨다. 뿐만 아니라 영적으로 눈먼 자들의 눈을 여셔서 하나님의 나라를 보게 하셨다. 하나님의 말씀은 지금도 영적 세계를 보게 하는 명약(名藥)이다. 누구나 살다 보면 마음속에 비굴한 감정이 쌓여 간다. 실패의식과 열등감이 지배한다. 그러나 하나님께서 비굴한 자들을 일으키신다. 자신감을 회복시켜 주시고 감사로 넘치는 삶을 살게 하신다. 악한 세상에서 의롭게 살려는 사람들을 하나님께서 사랑하신다. 그들이 외롭지 않도록 동행하신다. 악한 자들이 의로운 자들을 이기지 못하게 보호해 주신다.

"여호와께서 나그네들을 보호하시며 고아와 과부를 붙드시고 악인들의 길은 굽게 하시는도다"(9절).

창조주 하나님께서 나그네들과 고아와 과부를 붙들어 주시기 위해 하늘로부터 내려오신다. 예수님께서 그렇게 내려오셨다. 우리를 구원하시기 위해 하늘 영광을 벗어두시고 사람이 되셨다. 그냥 사람이 아니라 종 같은 사람이 되셨다. 그리고 우리의 죄를 대속하시기 위해 그의 생명을 내어 놓으셨다. 하나님께서 나그네와 고아와 과부들을 괴롭히는 악인들의 계획을 좌절시키신다. 그가 이 세상의 주권자이시기 때문이다.

"시온아 여호와는 영원히 다스리시고 네 하나님은 대대로 통치하시리로다 할렐루야"(10절).

우리는 누군가를 축복할 때 기껏해야 '건강하세요' '복 받으세요' '평안하시기 바랍니다' '사업도 번창하기 바랍니다', 이런 관용어를 사용한다. 그런데 시인이 사용한 축복의 언어를 들어보라. 얼마나 광대하고 영원한가. 우리 자녀들에게 이렇게 축복해 보자. '여호와께서 너를 영원히 다스리시고 너를 대대로 통치하시기를 원하노라.' 그 순간, 자녀들의 영혼 속에 하나님의 복이 깃들 것이다.

〈시편 147편〉

찬양은 아름다워라

유다는 주전 606년부터 세 번에 걸쳐 바벨론의 침략을 받았다. 그러다가 주전 586년에 예루살렘이 함락되고 지도자들과 백성들은 포로로 잡혀갔다. 역사적으로 볼 때 이처럼 멸망한 나라는 다시 회복되는 경우가 드물다. 비록 예레미야가 '70년 후에 포로들이 돌아올 것'이라고 예언했지만 그의 말을 믿는 사람도 거의 없었다. 그런데 주전 538년에 그의 예언처럼 포로들이 예루살렘으로 돌아왔다. 그 이후 이스라엘 사람들은 성전에 올라갈 때마다 '여호와께서 시온의 포로를 돌려보내실 때에 우리는 꿈꾸는 것 같았도다' 하고 노래했다(시편 126:1). 147편도 하나님께서 행하신 놀라운 일들과 그의 인자하심을 노래하고 있다.

"할렐루야 우리 하나님을 찬양하는 일이 선함이여 찬송함이 아름답고 마땅하도다 여호와께서 예루살렘을 세우시며 이스라엘의 흩어진 자들을 모으시며 상심한 자들을 고치시며 그들의 상처를 싸매시는도다"(1-3절).

'할렐루야'는 '여호와를 찬양하라'는 말이다. 왜 여호와를 찬양해야 할까? 시인은 우리 성경에 생략된 접속사 '왜냐하면'을 두 번 반복하며 찬양의 이유를 설명하고 있다. '왜냐하면 하나님을 찬송하는 일이 좋고, 왜냐하면 하나님을 찬양하는 일이 즐겁고 아름답기 때문이다.' 하나님을 찬양하는 일이 왜 그렇게 좋고, 왜 그렇게 아름다운 일일까?

여호와께서 예루살렘을 다시 세우셨기 때문이다. 바벨론 군대에 의해 돌 위에 돌 하나 얹히지 않고 완전히 무너졌던 예루살렘, 풀이 무성해도 저주받은 성이라며 목동들이 들어가기를 꺼리던 예루살렘, 그 예루살렘 성의 성전과 성벽을 하나님께서 스룹바벨(주전 538-515)과 느헤미야(주전 444-432)를 보내시어 재건하게 하셨다. 포로 귀환을 예언했던 예레미야마저도 "너의 파괴됨이 바다같이 크니 누가 너를 고칠소냐" 하며 탄식했던 그 일이 일어났다(예레미야애가 2:13). 얼마나 놀랍고 감격스러운가. 시인은 눈을 들어 하늘을 쳐다보았다.

"그가 별들의 수효를 세시고 그것들을 다 이름대로 부르시는도다 우리 주는 위대하시며 능력이 많으시며 그의 지혜가 무궁하시도다 여호와께서 겸손한 자들을 붙드시고 악인들은 땅에 엎드러뜨리시는도다"(4-6절).

이방인들은 해와 달과 별들을 섬겼다. 그러나 이스라엘은 별의 숫자를 헤아리시고 별마다 이름으로 부르시는 하나님을 섬겼다. 이스라엘의 자긍심과 자부심은 나라와 백성의 크기에서 오지 않았다. 위대하신 하나님, 능력이 한이 없으시고 지혜가 무궁하신 하나님께로부터 왔다. 그는 겸손한 자를 보호하시고 악한 자를 심판하시는 하나님이시다. 이런 하나님을 찬양하지 않고 누구를 찬양하겠는가.

"감사함으로 여호와께 노래하며 수금으로 하나님께 찬양할지어다 그가 구름으로 하늘을 덮으시며 땅을 위하여 비를 준비하시며 산에 풀이 자라게 하시며 들짐승과 우는 까마귀 새끼에게 먹을 것을 주시는도다"(7-9절).

하나님을 찬양할 이유가 또 있었다. 그는 비를 내려 풀을 자라게 하시고 들짐승과 까마귀 새끼까지 돌보시는 인자하신 하나님이시기 때문이다. 풀잎과 꽃잎의 앞뒤를 자세히 살펴보라. 그 조화와 균형과 색깔의 경이로움에 감탄할 것이다. 하나님께서 지으신 세계, 그것도 아주 작은 부분에서 하나님의 솜씨를 발견하는 사람은 감사함으로 하나님을 찬양하며 살아갈 것이다. 하나님께서는 지금도 이런 사람을 찾으신다.

"여호와는 말의 힘이 세다 하여 기뻐하지 아니하시며 사람의 다리가 억세다 하여 기뻐하지 아니하시고 여호와는 자기를 경외하는 자들과 그의 인자하심을 바라는 자들을 기뻐하시는도다"(10-11절).

왕들은 힘 좋은 말들을 사들이고, 용맹한 사람들을 불러 모은다. 그러나 하나님은 자기를 경외하고 그로부터 사랑받기를 원하는 사람들을 찾으신다. 그들이 하나님을 기쁘시게 하기 때문이다. 유다가 망한 까닭은 말이나 용사가 없어서가 아니었다. 하나님을 경외하고 그의 인자하심을 사모하는 사람들이 없었기 때문이다. 그래서 시인은 예루살렘 거민들에게 하나님을 찬양하라고 외쳤다.

"예루살렘아 여호와를 찬송할지어다 시온아 네 하나님을 찬양할지어다 그가 네 문빗장을 견고히 하시고 네 가운데에 있는 너의 자녀들에게 복을 주셨으며 네 경내를 평안하게 하시고 아름다운 밀로 너를 배불리시며 그

명령을 땅에 보내시니 그의 말씀이 속히 달리는도다"(12–15절).

하나님께서 느헤미야를 보내셔서 성벽을 건축하게 하시고 성문을 견고한 빗장으로 걸어 잠그게 하셨다. 느헤미야의 말을 들어보자.

"해가 높이 뜨기 전에는 예루살렘 성문을 열지 말고 아직 파수할 때에 곧 문을 닫고 빗장을 지르며 또 예루살렘 거민으로 각각 반차[차례]를 따라 파수하되 자기 집 맞은편을 지키게 하라"(느헤미야 7:3).

예루살렘 성내는 어린 자녀들이 뛰놀 만큼 안전했고, 성 밖의 들판에는 곡식들이 무르익어 갔다. 시인은 하나님의 명령을 전달하기 위해 사방으로 달리는 하나님의 말씀들을 보았다. 무슨 말씀이었을까?

"눈을 양털같이 내리시며 서리를 재같이 흩으시며 우박을 떡 부스러기같이 뿌리시나니 누가 능히 그의 추위를 감당하리요 그의 말씀을 보내사 그것들을 녹이시고 바람을 불게 하신즉 물이 흐르는도다"(16–18절).

보통 사람들은 '눈이 온다' '서리가 내린다' '우박이 쏟아진다'고 말한다. 그러나 시인의 귀에는 그런 일이 일어나게 하시는 하나님의 명령이 들려왔다. 그는 자연현상 속에서 역사하시는 하나님의 능력을 보았다. 매서운 추위로 만물이 얼어붙을 때에 누가 그것들을 녹일 수 있을까? 일반인들은 계절과 기후의 변화를 보겠지만 시인은 그것들을 녹이시고 물이 되게 하시는 하나님의 능력을 보았다. 말씀(혹은 율례와 규례)은 이스라엘 백성들이 하나님께로부터 받은 특별한 은총이었다.

"그가 그의 말씀을 야곱에게 보이시며 그의 율례와 규례를 이스라엘에게 보이시는도다 그는 어느 민족에게도 이와 같이 행하지 아니하셨나니 그들은 그의 법도를 알지 못하였도다 할렐루야"(19–20절).

모세는 이스라엘 백성들에게 말했다.

"이스라엘아 이제 내가 너희에게 가르치는 규례와 법도를 듣고 준행하라 그리하면 너희가 살 것이요"(신명기 4:1).

지금도 하나님의 말씀이 우리를 바른길로 인도하신다. 눈에 보이는 현상보다 눈에 안 보이는 말씀을 보는 사람은 복 있는 사람이다.

〈시편 148편〉

만물들아, 하나님을 찬양하라

어린 시절 주일 낮 예배에서 불렀던 개회 찬송이 기억난다. 이런 내용이다. '이 천지 간 만물들아 복 주시는 주 여호와 전능 성부 성자 성령 찬송하고 찬송하세 아멘.' 비록 한 절의 짧은 찬송이지만 만물들과 함께 하나님을 찬양하는 감격이 가슴에 진하게 남아 있었다.

아시시의 성 프란치스코는 시편 148편의 내용으로 '태양의 찬가'라는 시를 지었고, 윌리엄 드레퍼(William H. Draper)는 그 시를 영어로 번역하여 〈온 천하 만물 우러러〉라는 찬송가를 작사하였다(새찬송가 69장). 이 찬송에서 초청을 받은 대상은 모두 13가지다. 그러나 시편 148편에서는 30여 가지의 초청을 받은 대상들이 무대에 등장한다.

이 시를 소리 내어 읽어 보자. 마치 많은 악기들과 합창단이 함께 연주하는 웅장한 교향곡처럼 들릴 것이다.

"할렐루야 하늘에서 여호와를 찬양하며 높은 데서 그를 찬양할지어다 그의 모든 천사여 찬양하며 모든 군대여 그를 찬양할지어다"(1-2절).

찬양은 단순히 음표에 가사를 더한 것이 아니다. 찬양은 소리라는 재료를 사용하여 그려내는 한 폭의 아름다운 그림이다.

시인이 위대한 지휘자가 되어 상상의 무대로 우리를 초청한다. 그가 눈을 지그시 감으며 손을 높이 쳐들자 하늘이 찬양의 시작을 알리는 '우웅' 소리를 내기 시작했다. 시인이 천사들과 천군들에게 눈짓을 하자 그들이 아름다운 목소리로 하나님을 찬양했다.

"해와 달아 그를 찬양하며 밝은 별들아 다 그를 찬양할지어다 하늘의 하늘도 그를 찬양하며 하늘 위에 있는 물들도 그를 찬양할지어다 그것들이 여호와의 이름을 찬양함은 그가 명령하시므로 지음을 받았음이로다 그가 또 그것들을 영원히 세우시고 폐하지 못할 명령을 정하셨도다"(3-6절).

시인의 손가락이 이번에는 해와 달을 가리키자 그들도 찬양에 합류했다. 윗몸을 뒤로 젖히고 두 손을 길게 펴서 좌우로 움직이니 하늘의 모든 별들이 찬양하기 시작했다. 그것들의 다양한 목소리가 크고 작은 종소리처럼 창공에 울려 퍼졌다. 이번에는 시인이 두 손을 높이 들고 위를 쳐다보았다. 그러자 하늘 위의 하늘이 묵직한 저음으로 찬양하고, 하늘과 하늘 사이를 흐르는 물들은 낭랑한 목소리로 찬양했다. 그 모든 것들은 하나님의 말씀으로 지음받았으므로 하나님을 찬양하는 것이 마땅하다는 표정을 짓고 있었다.

하늘 세계는 질서가 정연하다. 하나님께서 그것들을 우주의 법칙으로 묶어 놓으셨기 때문이다. 그들 사이에 중력이 균형을 잡고 있어서 서로 적당한 거리를 유지했다. 그 모습이 기묘하고 오묘했다.

"너희 용들과 바다여 땅에서 여호와를 찬양하라 불과 우박과 눈과 안개와 그의 말씀을 따르는 광풍이며 산들과 모든 작은 산과 과수와 모든 백향목이며 짐승과 모든 가축과 기는 것과 나는 새며 세상의 왕들과 모든 백성들과 고관들과 땅의 모든 재판관들이며 총각과 처녀와 노인과 아이들아 여호와의 이름을 찬양할지어다 그의 이름이 홀로 높으시며 그의 영광이 땅과 하늘 위에 뛰어나심이로다"(7-13절).

시인은 바다가 내려다보이는 언덕 위로 올라갔다. 그리고 몸을 굽히더니 두 손을 넓게 펴서 무엇인가 쓸어 모으는 몸짓을 했다. 그러자 오대양에 흩어져 살던 크고 작은 물고기들이 떼를 지어 모여들었다. 그리고 입을 벌려 하나님을 찬양하기 시작했다. 물고기들이 만들어 내는 찬양이 형언할 수 없이 아름다웠다.

잠시 숨을 고른 후에 시인이 고개를 들고 먼 지평선을 바라보았다. 그러자 멀고 가까운 곳에서 번개와 우박과 눈과 안개와 광풍이 뒤섞여 하나님을 찬양하기 시작했다. 그들이 내는 불협화음이 전혀 귀에 거슬리지 않았다. 그 소리에 큰 산과 작은 산들이 뛰놀기 시작했다. 과수원의 나무들과 레바논의 백향목들도 날갯짓을 했다. 나무들 사이로 짐승과 가축이 뛰어다니고, 숲속에서는 각종 기어다니는 것들이 제 모습을 드러내며, 형형색색의 날짐승들이 공중을 날아다녔다. 그들 모두가 만물이 부르는 노래에 맞추어 군무(群舞)를 추는 것 같았다.

이번에는 시인이 고개를 들더니 오케스트라 뒤편에 서 있는 찬양대원들을 올려다보았다. 거기에는 세계 모든 왕들과 고관들과 재판관들이 각각 예복을 입고 서 있었다. 시인이 그들에게 손짓을 하니 높고 낮은 음성들이 각종 악기들과 화음을 이루었다. 잠시 후 시인이 몸을 돌려 객석을 바라보았다. 그러자 총각과 처녀와 노인과 아이들이 모두 자리에서 일어났다. 오케스트라의 연주가 잠시 멈추었다. 따뜻한 고요함이 넓은 홀을 가득 채우고 있었다. 이윽고 시인의 지휘에 맞추어 객석에 서 있던 모든 사람들이 큰 목소리로 노래했다. "그의 이름이 홀로 높으시며 그의 영광이 땅과 하늘 위에 뛰어나심이로다." 무대 위의 합창단원들이 그 노래를 복창했다.

"그가 그의 백성의 뿔을 높이셨으니 그는 모든 성도 곧 그를 가까이하는 백성 이스라엘 자손의 찬양받을 이시로다 할렐루야"(14절).

하나님께서 다윗과 그의 백성들에게 뿔과 같은 강력한 힘과 불굴의 용기를 주셨다. 그들은 하나님을 믿고 순종하는 무리들이다. 그들은 하나님께서 찬양받으시기 위해 특별히 선택한 거룩한 백성이다. 아무도 그들을 이길 수 없다. 하나님께서 이사야를 통해 하신 말씀이다.

"내 이름으로 불려지는 모든 자 곧 내가 내 영광을 위하여 창조한 자를 오게 하라 그를 내가 지었고 그를 내가 만들었느니라"(이사야 43:7).

신약성경은 예수님을 구원의 뿔로 묘사하고 있다. 세례 요한의 아버지 사가랴가 성령의 감동하심을 받아 부른 노래 가운데 이런 내용이 있다.

"찬송하리로다 주 이스라엘의 하나님이여 그 백성을 돌보사 속량하시며 우리를 위하여 구원의 뿔을 그 종 다윗의 집에 일으키셨으니 이것은 주께서 예로부터 거룩한 선지자의 입으로 말씀하신 바와 같이 우리 원수에게서와 우리를 미워하는 모든 자의 손에서 구원하시는 일이라"(누가복음 1:68-71).

우리들도 시인처럼 만물을 바라보자. 그러면 모든 만남과 관계가 찬양의 내용이 될 것이다. 찬양은 하나님을 향한 신앙고백이요, 원수 사탄을 향한 선전포고다. 아침에 일어나서 이 찬송을 한번 불러보라. '이 천지 간 만물들아 복 주시는 주 여호와 전능 성부 성자 성령 찬송하고 찬송하세 아멘.'

우리는 매일 인생이라는 오케스트라를 지휘하기 위해 지휘대에 서야 한다. 우리 앞에 펼쳐져 있는 악보의 제목은 '찬양은 아름다워라'다. 오늘도 하나님을 찬양하자. 그리고 우리가 지휘자임을 잊지 말자.

〈시편 149편〉

새 노래로 하나님을 찬양하라

148편이 만물의 찬양이었다면 이 시는 성도들의 찬양이다. 이 시에는 '성도'(하시딤, חֲסִידִים)라는 단어가 세 번 나온다. 원래 바벨론 포로 시절 이후에 생겨난 이 명칭은 하나님의 율법을 사랑하는 경건한 사람들을 일컫는 칭호였다. 신약 시대에는 예수 그리스도의 보배로운 피로 죄 사함 받고 경건한 생활을 하는 모든 사람들을 일컫는 명칭이다.

"할렐루야 새 노래로 여호와께 노래하며 성도의 모임 가운데에서 찬양할지어다"(1절).

성도들의 공동체는 항상 새 노래를 불러야 한다. 왜냐하면 새롭게 하나님을 만나는 체험이 계속되고 있기 때문이다. 새로운 체험을 하면 오래된 찬송도 새롭게 부를 수 있다.

"이스라엘은 자기를 지으신 이로 말미암아 즐거워하며 시온의 주민은 그들의 왕으로 말미암아 즐거워할지어다"(2절).

비록 자연의 아름다움을 노래하고 성도들 사이의 복된 관계를 노래할지라도 찬양의 궁극적 대상은 오직 하나님 한 분뿐이시다. 이스라엘이 어떻게 한 국가가 될 수 있었던가. 하나님께서 아브라함에게 약속하시고, 애굽에서 기르셨으며, 젖과 꿀이 흐르는 가나안 땅으로 인도하셨기 때문이다. 하나님께서 그들의 왕이 되셨다. 그러므로 모든 성도들은 마땅히 왕 되신 하나님께 새 노래로 제사를 드려야 했다.

"춤추며 그의 이름을 찬양하며 소고와 수금으로 그를 찬양할지어다"(3절).

우리는 의자에 앉아서 찬송한다. 그러나 이스라엘인들은 찬양을 시작하면 다같이 일어나서 온몸과 온 마음으로 찬송한다. 그들은 사용할 수 있는 모든 악기들을 동원한다. 소고는 작은 북이고 수금은 현악기다. 그 외에도 제금(Cymbal), 비파, 양 뿔로 만든 나팔, 은으로 만든 긴 나팔, 피리와 거문고 등을 사용했다.

"여호와께서는 자기 백성을 기뻐하시며 겸손한 자를 구원으로 아름답게 하심이로다"(4절).

성도가 찬송을 부르는 까닭은 하나님께서 그들을 구원하셨기 때문이다. 하나님은 이스라엘이 범죄하고 떠났을 때에도 그들을 잊지 않으시고 버리지 않으셨다. 느헤미야는 회개하며 이렇게 기도했다.

"주의 크신 긍휼로 그들을 아주 멸하지 아니하시며 버리지도 아니하셨사오니 주는 은혜로우시고 불쌍히 여기시는 하나님이심이니이다"(느헤미야 9:31).

하나님께서 이스라엘 백성들을 기뻐하심은 하나님 자신의 사랑 때문이었다. 여기에서 '겸손한 자'는 '짓눌린 자'로 해석할 수 있다. 하나님께서 그의 백성들을 짓눌린 자리에서 일으켜 세우시고 그들에게 원수들을 심판할 권세를 주셨다.

"성도들은 영광 중에 즐거워하며 그들의 침상에서 기쁨으로 노래할지어다"(5절).

예수님은 우리를 영광스럽게 하시기 위해 이 세상에 오셨다.

"내게 주신 영광을 내가 그들에게 주었사오니 이는 우리가 하나가 된 것같이 그들도 하나가 되게 하려 함이니이다"(요한복음 17:22).

우리가 하나님의 영광 가운데 살면 기쁨이 충만하게 된다. 혹시 지금 마음에 기쁨이 없는가? 하나님의 영광을 사모하고 회복하라. 그러면 자다가도 하나님을 찬송하게 될 것이다.

"그들의 입에는 하나님에 대한 찬양이 있고 그들의 손에는 두 날 가진 칼이 있도다 이것으로 뭇 나라에 보수하며 민족들을 벌하며 그들의 왕들은 사슬로 그들의 귀인은 철고랑으로 결박하고 기록한 판결대로 그들에게 시행할지로다 이런 영광은 그의 모든 성도에게 있도다 할렐루야"(6-9절).

입술의 찬양은 원수들에게 두 날 가진 칼이 된다. 여호사밧왕과 백성들이 '여호와께 감사하세. 그의 인자하심이 영원하도다' 하고 찬양할 때 적군들은 피차 살육하다가 자멸했다. 지금도 우리가 하나님을 찬양하면 원수 사탄은 혼비백산하고 물러간다.

〈시편 150편〉

찬양하고 또 찬양하라

1편에서 시인은 '복 있는 자는 주야로 여호와의 말씀을 묵상하는 자'라고 했다. 마지막 150편에서 다른 시인은 '복 있는 자는 계속해서 하나님을 찬양하는 자'라고 말하고 있다. 이 짧은 시에 찬송 혹은 찬양이라는 말이 열한 번이나 나온다. '할렐루야'까지 합하면 13회에 이른다. 시인은 각종 악기를 동원하고 춤을 추면서 호흡이 다할 때까지 찬양하라고 외친다.

"할렐루야 그의 성소에서 하나님을 찬양하며 그의 권능의 궁창에서 그를 찬양할지어다"(1절).

찬양은 성소에서 해야 한다. 성소는 교회 건물만을 의미하지 않는다. 어느 곳이나 하나님께서 임재하여 계신 곳이 바로 성소다. 성소에 들어가서 하나님을 만나 뵈어야 한다. 하나님과의 교감이 없으면 찬양이 메마르고 무미건조하다.

가끔 우리는 아무런 느낌 없이 찬송을 부를 때가 있다. 아름다운 목소리와 정확한 곡조로 찬송을 부르지만 생각은 멀리 여행을 떠나고 감정은 허공을 헤맨다. 왜 그럴까? 성소 밖에서 찬양하기 때문이다. 우리는 찬양하기 전에 마음의 자세부터 바로 잡아야 한다. 겸손한 마음으로 성령님의 도우심을 구해야 한다. 우리의 찬양이 하나님을 영화롭게 하기를 간절히 소원해야 한다. 그렇게 찬송을 부르다 보면 어느새 우리는 하늘 위 궁창에 이르게 된다. 이것이 찬양하는 자가 받는 복이다.

"그의 능하신 행동을 찬양하며 그의 지극히 위대하심을 따라 찬양할지어다"(2절).

찬양에는 많은 이야기들이 담겨 있다. 찬양하면서 우리는 천지창조부터 시작하여 하나님께서 행하신 모든 능하신 일들을 기억하게 된다. 비교할 수 없는 하나님의 위대하심을 높여드리게 된다. 혼자서 찬송을 부르다가 갑자기 멈추고 싶을 때가 있을 것이다. 하나님께서 나에게 행하신 일들을 생각하다가 감격이 북받쳐 오를 때다. 그때는 한 줄기 흐르는 눈물이 아름다운 찬송이 될 것이다. 찬송은 하나님께서 베푸셨던 은혜를 기억하고 감사드리는 최상의 예배다.

"나팔 소리로 찬양하며 비파와 수금으로 찬양할지어다 소고 치며 춤추어 찬양하며 현악과 퉁소로 찬양할지어다 큰 소리 나는 제금으로 찬양하며 높은 소리 나는 제금으로 찬양할지어다"(3-5절).

이스라엘 백성들은 그들이 사용할 수 있는 모든 악기들을 동원하여 하나님을 찬양했다. 꼭 파이프 오르간이나 그랜드 피아노가 있어야 하는가? 무엇이든 소리 나는 것이면 다 악기가 될 수 있다. 부엌에서 일하다가 흥이 나면 젓가락으로 양푼을 두드리면서 찬양할 수도 있다. 음악적인 소질이 없어 곡조와 박자가 맞지 않으면 또 어떤가. 옛날 어른들은 곡조가 없는 찬송가를 가지고 구성지게 찬양했다. 그것도 찬송가 5백여 장을 모조리 한 곡조로 불렀다. 그래도 그들의 입가에는 미소가, 눈에는 눈물이, 그리고 마디가 굵은 손으로 치는 손뼉에는 기쁨이 가득했다. 찬송을 따라 부르지 못하는 노인네들은 틈틈이 '아멘'과 '할렐루야'로 추임새라도 넣었다. 찬양에는 모든 사람들을 하나 되게 하는 신비한 힘이 있다.

"호흡이 있는 자마다 여호와를 찬양할지어다 할렐루야"(6절).

이 구절로 시편 150편, 2,527절이 모두 끝났다. '호흡이 있는 자마다 여호와를 찬양하라.' 얼마나 장엄한 끝맺음인가.

우리는 항상 찬양해야 한다. 찬양은 우리가 영적으로 살아 있다는 증거다. 인생의 춘하추동을 지날 때에 하나님을 찬양해야 한다. 기쁠 때나 슬플 때, 넉넉할 때나 부족할 때, 항상 찬양해야 한다.

감사함으로 하나님을 찬양해야 한다. 왜냐하면 하나님의 은혜로 하루하루를 살고 있기 때문이다. '찬양하라, 내 영혼아, 여호와를 찬양하라.'

할렐루야.

가슴으로 읽는 성경 9 시편

찬양하라 내 영혼아

1판 1쇄 인쇄 _ 2025년 12월 10일
1판 1쇄 발행 _ 2025년 12월 20일

지은이 _ 김영길
펴낸이 _ 이형규
펴낸곳 _ 쿰란출판사

주소 _ 서울특별시 종로구 이화장길 6
편집부 _ 745-1007, 745-1301~2, 743-1300
영업부 _ 747-1004, FAX 745-8490
본사평생전화번호 _ 0502-756-1004
홈페이지 _ http://www.qumran.co.kr
E-mail _ qrbooks@daum.net / qrbooks@gmail.com
한글인터넷주소 _ 쿰란, 쿰란출판사
페이스북 _ www.facebook.com/qumranpeople
인스타그램 _ www.instagram.com/qrbooks
등록 _ 제1-670호(1988.2.27)
책임교열 _ 이주련 · 김준표

 ISBN 979-11-24013-28-1 94230
979-11-6143-143-7 (세트)

책값은 뒤표지에 있습니다.